文硕◎著

世界审计史

THE WORLD HISTORY OF AUDITING

立信会计出版社
LIXIN ACCOUNTING PUBLISHING HOUSE

图书在版编目（CIP）数据

世界审计史 / 文硕著．—上海：立信会计出版社，2018.8

ISBN 978-7-5429-5595-1

Ⅰ．①世… Ⅱ．①文… Ⅲ．①审计—经济史—世界 Ⅳ．①F239.21-09

中国版本图书馆 CIP 数据核字（2017）第 271201 号

策划编辑　黄成艮
责任编辑　黄成艮
封面设计　南房间

世界审计史
Shijie Shenjishi

出版发行　立信会计出版社
地　　址　上海市中山西路 2230 号　　邮政编码　200235
电　　话（021）64411389　　传　　真（021）64411325
网　　址　www.lixinaph.com　　电子邮箱　lxaph@sh163.net
网上书店　www.shlx.net　　电　　话（021）64411071
经　　销　各地新华书店

印　　刷　苏州市越洋印刷有限公司
开　　本　787 毫米 ×1 092 毫米　1/16
印　　张　34.75　　插　　页　4
字　　数　670 千字
版　　次　2018 年 8 月第 1 版
印　　次　2018 年 8 月第 1 次
印　　数　1–1 500
书　　号　ISBN 978-7-5429-5595-1/F
定　　价　210.00 元

如有印订差错，请与本社联系调换

文　硕

THE WORLD
HISTO
OF AUDITIN

RY

G

世界审计史

目　　录

CONTENTS

第一篇　国家审计的产生和发展

序

杨时展

哲学使人聪明，历史也使人聪明。哲学使人的思维更正确，历史使人的行为更正确。古人说，以史为镜，可以知兴替，正是如此。一部二十四史，有许多兴替之道可引以为鉴。我这几年时常提到“天下未乱计先乱，天下欲治计乃治”这句话，就因为它正是值得我们十分警惕的一鉴，甚至也是中国历史发展的一个规律。这里的“计”，指的就是审计和会计。

从历史上看，一个政权，审计一上轨道，就会政治清明，官员廉洁，社会一定昌隆；审计不上轨道，就会贪污不治，贿赂公行，社会一定衰败。远的不说，清政府、北洋政府、南京国民政府三个政府，就足够为我们说明这一点。而审计工作也只有在一个政权决心不重蹈前朝的覆辙，决心励精图治之时，才能够上轨道。写审计的历史，目的不在于“掉书袋”，识掌故，助谈资，而在于通过审计的历史，探究一个国家和社会经济透过审计反映出来的治、乱、兴、衰之由，及其所以致治之道，知所借鉴。一部审计史就是反映国家治乱兴衰的信息学。文硕教授今天这部《世界审计史》，正是着眼于此。

今天，我们国家正在大力进行廉政工作，大力反对官僚主义，大力回应人民诉求，大力讲求经济效益，正反映了我们国家励精图治的决心，自然得到广大人民的拥护。决心是必要的，但决心只是起点。政治如何能清廉，官僚主义如何才能反对得了，如何才能真正回应群众诉求，经济效益又如何才能提高，这些毕竟都是非常现实的问题，毕竟都不能不在决心之外，采取些确切有效的措施，方可有效。读了文硕教授这部专著，将在解决这些问题上，对我们有所启发。

我从来认为，审计工作的精义在于受托责任。有受托责任，才有审计，没有受托责任，就无所用其审计；理解受托责任，才能理解审计，不理解受托责任，就不能理解审计。受托责任的概念，不但是一切审计人员必须明确的基本概念，而且更是一切以人民公仆的身份、受人民之托或受出资人之托、承担国家工作和企事业工作的责任人必须明确的基本概念。没有这个概念，有时就难免忘乎所以，主仆倒置，乃至失尽人心。

什么叫受托责任（accountability）？这个名字在文硕教授的书中称为经济责任，它是文硕教授这部书的一个基本出发点。以我们国家为例，根据我国《宪法》，我国的人民是国家的主人。国家的一切权力属于人民，国家的一切资源为人民所有，人民代表大会代表人民，是各级政府的最高权力机关。人民将人民公有的国家资源，通过各级人民代表大会，委托给人民选举出来的该级人民公仆（各级人民政府和它们的工作人员），按照由该级人民代表大会通过的年度预算和国民经济计划所反映的人民意志，去经营管理。从法理上说，这就使各级人民代表大会和其同级人民政府发生了委托和受托关系，各级人民政府在接受了人民的委托之后就不言而喻地对同级民意机构负起了受托责任，就不言而喻地应以最大的忠诚，最经济有效的方法，最低的资源耗费，多、快、好、省的结果，完成人民的托付，并向人民报告，接受由同级民意机构产生的审计机关所进行的审计监督。国家工作人员的受托责任观念强，说明其素质好，审计工作就容易进行；国家工作人员的受托责任观念弱，甚至根本没有受托责任的观念，说明其素质差，审计工作就不好进行。我们今天的财政干部中，持有“财政不受同级审计机关审计”高论的，还不是个别人，和这些同志谈审计，谈受托责任，就不知从何谈起。

受托责任概念是一切审计工作的出发点。审计机关的主要作用就在于对同级政府提出的报告，对同级政府通过其会计工作所认定的（asserted，assessed）受托责任的完成情况，独立于同级政府之外，根据证据，不受任何干预地、客观公正地给予重认定（reassert，re-assess）。重认定的结果，如认为政府确已按照人民的几个“最”的要求，完成了人民的托付，就由这同一级人民代表机关，解除这些公仆们的责任；如认为不符合人民的意志和要求，而又情况严重的，就由人民另选人民认为能够称职的新政府，来代替不称职的政府。我国和西方国家，在谁是人民的问题上，有本质的不同，但在那些非本质的问题上，却没有什么两样。因此，在现代民主政治中，审计工作对民主政治的贯彻，不但是必不可少的，而且是关键性的。审计能很好地起作用的国家，就说明其有民主；审计不能很好地起作用的国家，就说明其没有民主或不是很民主。审计的历史是这样，民主的历史也是这样。

怎样才能使审计工作很好地起作用呢？

文硕教授这部书以极大篇幅，全面地向我们介绍了各主要国家的经验。这就是，无论什么审计形式，除了必须斩钉截铁地确立起受托责任这个概念之外，还得有一个良好的审计体制的保证。

审计的历史告诉我们，真想使审计工作起作用，审计机构就必须要独立于受托责任人的权力干预——政府自己花钱，自己办事，而又自己审计，绝无结果！非但没有结果，有时甚至比不审计还更增加人民的不信任感。

审计之所以一定要独立于受托责任人之外，审计结果一定要向委托人直接报告，而不能经由受托人转达，不仅仅是为了使审计机关能不受干预，客观公正地对政府是否完成人民托付的问题进行重认定，更在于使政府能从制度上保证自己不会干预，从而更有力地向人民证明自己对人民的忠诚，更有力地证明自己并无滥用人民托付的权力的情况，更有利于使自己为民公仆、公正无私的昭昭之心大白于天下，也更有力地取信于民，得到人民的支持。应该看到，人民是绝对务实的，是从政府的实际行动，而不是政治许诺（通过各年度的预算和国民经济计划）来决定其对政府的态度的。在这方面，我们绝不能抱任何唯心主义的幻想。由一个独立于政府之外的审计机关，将政府实现其许诺的情况，客观地加以认定，和原先的许诺对比，公之于众，只要政府是实事求是的，就一定能取信于民。审计机关客观认定的缺点，比政府自己主观吹嘘的成绩，更容易为人民所接受。正是由于这两方面的共同要求，才使近代国家 90% 以上的审计机关都独立于各级政府之外。各级审计机关独立于各级政府之外是人民对政府充分发挥监督作用的条件，也是使政府工作增加透明度，使人民充分理解、信任和支持的条件。

在今天的中国，四项基本原则必须坚持，不能有任何动摇。这可以说是全国人民的共同愿望。从这个愿望出发，我们确须冷静下来思考一番：如何才能顺应广大人民的这个要求，使坚持四项基本原则这一关系国本的问题，不仅仅止于人民的愿望而且成为各级政府从上到下一切工作人员的有力行动；不只是党的书面纲领，而是要成为党对各级公仆的严格要求，使人民从各级人民公仆的行动上确信人民公仆绝对只是人民的公仆，而不是对人民发号施令的主人；人民公仆的实际行动绝对符合四项基本原则的要求——绝对有利于加强党的领导，有利于实行社会主义，有利于人民民主，有利于马列主义、毛泽东思想的贯彻而不是和这些要求背道而驰，是十分必要的。将审计机关放在各级政府的领导下，使政府处于自己用钱、自己办事而又自己审计这种说不清的位置，究竟有利于坚持四项基本原则，还是不利于坚持四项基本原则？ 答案是清楚的。在这种情况下，即使人民不表示意见，政府又如何理直气壮地向人民交代，要求人民的信任？ 有人认为，今天这种体制，有利于对审计结果的处理。这句话的潜台词是人民代表大会没有处理的力量。且不问这种看法把全国人民代表大会这个国家的最高权力机关放在何处，只要看一看，恰恰还是今天，全国的审计人员几乎无不为“审计难、处理更难”而叫苦，那不就更有必要再听听，究竟还有什么理由非坚持我们今天这个审计体制不可？

历史地看，我们今天这个审计体制和我们今天这个廉政建设、励精图治、坚持四项基本原则的要求不相容；和我们今天这个增加政府工作的透明度，提高人民的向心力、凝聚力、支持率的要求不相容。我想，在我们读了文硕教授这部审计史后会明白无误地感到这一点。我完全同意民主离不开法制的观点。今天，我们有关审计的立法，审计的体制，显然已无法保证党的“十二大”、“十三大”一再提出的“高度民主”、坚持四项基本原则这些目标的实现，是到了重新考虑的时候了。

我也从来就认为，审计不但因受托责任的发生而发生，而且因受托责任的发展而发展。

在“普天之下，莫非王土，率土之滨，莫非王臣”的奴隶社会，奴隶主占有一切，奴隶主就是当然的托付人，而代奴隶主经营管理的一小部分体面的奴隶，则是受托人；在封建社会，封建君主、地主是托付人，而封建官僚和地主的管家（如红楼梦里乌进孝一类人物）则是受托人；在资本主义社会，以资产阶级为代表的纳税人为托付人，资产阶级的各级政府为受托人；在社会主义国家，广大人民群众为托付人，各级人民政府为受托人。从这一观点出发，不妨认为：人类社会的发展，反映为托付人和受托人不断因阶级势力的消长而发生的更替，反映为托付人从寡头而逐步大众化，反映为对受托责任完成情况的愈来愈严密的监督，反映为受托责任的愈来愈充实的内容。

在民主的启蒙时期，人民只要求政府取之于民的能有所限度，过此限度，人民有权拒绝。至于取之于民的如何花费，人民并不过问。随着社会的发展，民主意识的增强，人民逐渐要求一切取之于民的，必须用之于民，不按照人民意志来使用，人民就要求他负政治责任。随着社会的再进一步发展，民主权力的再进一步增长，人民又进而要求，一切取之于民的，必须经济有效地用之于民。用于民而不经济，用于民而没有达到人民预期的效果，政府仍要负责。近 20 年来，西方社会的生产力还在发展，民主的力量还在提高。污染、噪音、职工健康福利、妇女儿童保护、生态平衡的维护等，越来越引起广泛的关切和注意，人民又要求政府在受托责任中增加社会责任的内容，出现了社会审计（不是我国法令上的“社会审计”）。从这一观点看，一部审计史，也就是一部民主发展史，一部受托责任的发展史。文硕教授的书，是抓住了这个主线，一贯到底的。受托责任的最高形式是政治责任，在西方国家，负政治责任的意义是民意机关在政治上对政府的不信任，是政府的下台。这也正是近年来我将 accountability 这个词逐渐改译成受托责任而不译为会计责任、经济责任的理由。

审计的历史告诉我们，在民主社会，在审计能真正起作用的民主国家，审计和官僚主义是势不两立的。对官僚主义，审计是一种强烈的防腐剂和杀虫剂。从受托责任的观点出发，未有以对人民不负责任为主要特征的官僚主义能平安无事地通过审计这一关的，也未有审计给官僚主义留下滋生、繁衍的土壤的。历史就是这样，但凡审计制度雷厉风行的国家，官僚主义就很难猖獗起来，而官僚主义猖獗的地方，则一定就是审计制度不能充分发挥作用的角落。古今中外，殆无例外。

文硕教授在本书中通过介绍世界各国审计发展的历史，得出了这样一个结论：只有在政治民主化过程中才能逐步实现国家审计现代化；没有民主政治进程开辟道路，国家审计现代化进程就会步履艰难，甚至走弯路。同时，文硕教授又以英美为例，明确指出：政治现代化不一定马上就能实现国家审计现代化，这取决于国家审计人员和政治家对两者关系的认识深度。我非常同意这一观点。与此同时，我也觉得，没有现代化审计开辟道路，政治的民主化也很难不受严重官僚主义的干扰，不受到严重阻碍。民主，是现代审计的实质，审计，是现代民主的表现；民主，是现代审计的目的，审计，是现代民主的手段。没有现代审计这一手段，就很难达到现代民主这个目的；而没有现代民主这个目的，现代审计也就失去其意义。这也正是现代审计之所以必须从受托责任出发的依据。

受托责任的问题，说到底，是个“忠”与“不忠”的问题，而受托责任意识，实质上正是民主意识的问题。

民主政治的关键，不像我们今天一些人认为的那样，在于人民的素质。以“人民的素质差”为无法实行民主政治的理由，不说是“非马列”的，也是不符合实际的。初民社会的民智自然不及我们今天，可是，对于恩格斯描述的那个易洛魁人的氏族，希拉人的氏族，我们却完全没有理由否认其为一个民主社会。民主政治的真正关键主要在于人民公仆的素质。如果人民公仆有强烈的受托责任感，始终对人民忠心耿耿，始终认为自己是而且仅仅是人民的公仆，是人民的受托人，而不是反过来，像小平同志批评的一些干部那样，“不把自己看作是人民的公仆，而看作是人民的主人”(《邓小平选集》292 页)，那么，即使人民素质“差”，并不影响人民之为国家的主人。中国人民的素质果然“差”么？且不说中国人民的勤劳勇敢、聪明才智历来为世界所公认，中国人民对忠奸之辨，从来也一清二楚。对那位“恐托付不效，有伤先帝之明”直至鞠躬尽瘁，死而后已，一心辅助那位以素质差出名的蜀汉皇帝阿斗的诸葛亮，始终推崇；而对那位挟天子以令诸侯，从不把那位并不愚昧的献帝刘协放在话下的曹瞒，却始终只给他一个大奸侩的形象。

受托人的“素质”之必然高于托付人，是从来不在话下的，要不，就无所用其托付！今天西方人民的素质在我们的“人民素质论”同志的心目中自然是够高，够实行民主政治的了，可我不知道这些同志是否看到，就是这些素质够高的人民，也仍不免被那些素质比他们更“高”的、打着民主旗号、靠政治吃饭的政客们玩弄于掌股之间。这是他们的国体决定的，只能如此，岂有他哉。难道这些事实还不够说明，民主政治的真正关键在于公仆们的受托责任意识，在于公仆们对人民的忠与不忠，而不在于什么“人民的素质”么？人民中国的政治从来是以全心全意为人民服务为目的的，这也是我们的国体决定的，这一国体决定了我们的干部全心全意为人民服务的必然是大多数。只要我们的受托责任意识一明确，我们社会主义的优越性就必然能充分发挥出来。我们的审计制度能够健全运行之日，也就是我们的社会主义民主的充分发扬之日，我国的官僚主义粉碎之时！改革现行审计法制，来改变小平同志批评的“我们过去对民主宣传得不够，实行得不够”(《邓小平选集》162 页)的局面，从哪一方面看来，都将有利于我们国家的稳定，有利于四项基本原则的坚持，有利于高度民主的实行。

文硕教授是我们大家熟知的。他以前的许多著作，都以取材丰富、见解精辟、结构严密、文字清新见长。这部《世界审计史》不但保持了他的一贯风格，而且更为成熟，更有发扬。全书共四篇六十余万言，以受托责任为旨归，第一至第三篇叙述了各主要国家的国家审计、民间审计、内部审计发展的历史，强调了国家审计在各国民主政体和反对官僚主义中的作用，民间审计在各国市场经济中的作用，内部审计在加强企业管理、提高经济效益中的作用。第四篇专题审计史，以十一个专题分别介绍了各种审计技术发展的情况以及审计工作今后发展的大势，无不言之有物，读来更有山阴道上，目不暇接之感。在这部书的写作过程中，作者和数十个有关机构建立了联系，与许多国家的审计学者进行了沟通，收集了英、日、俄、德、法、西、葡、美及阿拉伯各国的大量资料和图片，历经寒暑，方才成书，可谓文硕教授迄今为止的一部力作，也是至今为止我所仅见的世界范围内第一部系统地、综合地介绍世界各个国家审计、内部审计和民间审计演进过程的世界审计通史。这说明改革开放以来，随着我国经济工作的发展，我国的审计工作和理论，也都在不断发展，有的人甚至登上了世界高峰。

学无止境。相信文硕教授一定会更加努力攀登。

1990年3月29日于武汉

序

郭道扬

文硕所著的《世界审计史》一书出版以来流传海内外，其中国家审计史部分还被日本津谷原弘教授译成日文，在日本正式出版，受到国内外会计、审计界人士的关注，得到教育工作者的好评。不少大学生及研究生学后认为，这部书史料丰富，结构安排合理，且论说系统、观点鲜明，是一项具有创新意义的科研成果。通读这部书，并与审计学结合起来加以研究，使人受益匪浅。这是这部书之所以畅销，至今让会计、审计界人士翘首待印再版之重要原因。

在人类进入信息经济社会之后，尤其是在新旧世纪交替之际，社会环境的重大变化，向任何一门科学的研究提出了更新的要求，自然，对审计史研究的要求也不例外。在课程设置体系中，分别增设会计史学与审计史学，并把历史、现实与未来结合在一起加以研究、加以讲授已十分必要。在审计理论研究中，只有以审计史学研究为基础，也只有对每一理论问题研究首先从历史渊源上加以追索，方可揭示理论内涵中的本质问题，把握这一理论的历史成因及历史进展，以及正确评价某一理论问题对实践的指导作用，这便是任何一个审计理论问题的研究都必须以历史研究作为起点的基本原因。

作序者于 1993 年赴台湾讲学时曾指出：历史是漫长的，而现时却十分短暂，它仅仅是由历史向未来演进的一个转换点；未来则迫近于现时，它以无限的时空一直向前延伸，然而未来却依赖于历史与现时，它通过现时的改革来完成历史性转换，最终达到描绘人类更加光辉灿烂的未来历史之目的。正是基于这一点，作序者认为，历史、现时与未来原本是一个不可分割的整体，它们只有密切地结合在一起，方能正确地、全面地阐明及评价人类社会的各个方面——政治、经济、科技、文化，乃至会计、审计的发生、发展状况及其历史运行规律。

在审计史研究中，人们已经认识到历史并非只是一面镜子，让人以其为据知兴衰，论得失，以及从中总结经验，吸取教训。而更为重要的是我们所揭示的历史运行规律，对于现实与未来均具有直接的指导性作用。历史规律既具有引导人们预测未来的作用，也直接影响人类社会中的各个方面由现实向未来的转换。就审计而言，审计控制表现为一个历史的延续发展过程，为发挥审计控制在现时经济发展中的作用，既必须研究历史的继承性问题，又同时有必要研究历史的延续性问题，以最终达到科学测试未来经济世界、审计世界发展大趋势之目的。

此次，再版的《世界审计史》不仅经过作者认真修订，而且增加了新的内容，使内容更加丰富、充实，使论说更加富有感染力度。尤其是新增的一些图片，为审计文献史料中的珍品，它不仅具有档案珍藏的价值，而且能进一步引导学术界对审计史学研究的重视，明确世界审计史发展中的重大历史事件，以及这些历史事件对世界审计发展所产生的影响。《世界审计史》是具有开创性的、直面现实的学术专著，它的再版再一次迎合了我国审计改革的要求，满足了教学及理论研究的需要，无论从古为今用、洋为中用的角度，还是对研究、探索我国审计与国际审计接轨问题均具有一定意义，故我乐于为此书再版作序，并深信这部书的再版将再次广泛受到欢迎。

2018 年 5 月于武汉

推荐序

周泉恭

从世界审计史学家到世界审计史学“+”

周泉恭

很多人爱用罗丹的雕塑《思想者》来指代学问家，但其实学问家大可不必那么古板封闭、孤芳自赏。学问家本应该是一个鲜活、有趣、立体的人，而后才是学问家。

最近有幸在浙江大学经管学院微信群里再度结识文硕先生，也算是时尚一把，来个网友约会，有机会与他直接交流。据他介绍，立信会计出版社正在再版他的经典名著《世界审计史》，而他现在的全部精力用于打造2000万字的中国音乐剧理论体系和百小汇儿童音乐剧产业体系，16年来孜孜不倦，开辟出一个全新的天地。他的所作所为，正在撼动中国戏剧理论体系的传统基石。跨界不离界，跨界如林间散步，这是他给我留下的最深刻印象。

在20世纪的学生时代，我就非常钦佩文硕先生的才华，一直认为文硕先生是当时中国崭露头角的青年世界审计史学家。现在看来，要变成世界审计史学“+”，这不仅指世界审计史学研究中本来就蕴含着太多的“+”，涉及审计、会计、经济、金融、政治等知识领域，也指个人生涯蕴含着无限的“+”，集中体现在人生无限的生命力、创造力和可能性。文硕先生从会计审计，到出版发行、广告营销、文化产业，再到音乐剧，无处不引导行业的潮流，而每当登临绝顶，则激流勇退，开始新的人生。五个“+”，横穿各个截然不同的领域，令我们望洋兴叹，望尘莫及。人生，原来可以如此丰富多彩！

我自求学时期，就对《世界审计史》留下深刻印象，并牢牢地记住了文硕这个名字。当时，在我的硕士研究生导师江西财经学院前院长裘宗舜教授的建议下，看过文硕先生的大部分著作，至今他的《西方会计史》和《世界审计史》依然是我的书柜必备之书。枯燥乏味的世界会计审计的演变历程，经他妙笔生花，读起来生动形象，妙趣横生。有才华的文硕，鲜活的文硕，这是我对文硕先生的第一印象。后来在各种媒体的阅读中不断碰到这个名字，但没有深究。这次文硕先生特邀我为本书作序推荐，再次唤起了我对这部弥补了我中国审计学术空白的经典名著的兴趣，又找其他相关资料认真地阅读，脑子里的印象较以前清晰了很多。

世界文明的繁衍和传承，无论是民间传统文化抑或政府组织内涵，其本质核心要义就是受托责任产生、发展和确认。梳理和厘定“受托责任”的历史脉络，在文硕先生的笔下竟然可以如此生动有趣。这对于推动和普及文明社会的基石概念，从而推广经济社会领域受托责任的确认和解除，将具有里程碑意义。

历史和文明，总要有史学来承载。文硕先生的《世界审计史》涉及国家审计、内部审计和民间审计，并有史料极为丰富的系列专题，犹如一道道闪电，一下劈开了人们眼前对于世界审计发展的茫茫黑夜，从而在物转星移、沧桑巨变之中，为我们记录了一段过去，照亮了未来。

据文硕先生介绍，他计划用下半生建构的数千万字中国音乐剧理论体系，正是从会计审计理论的思维出发的。从会计审计理论体系，到中国音乐剧理论体系，这几乎是一个不可能的跨越。这是无论如何也无法想象的一个巨大的“+”。

期待以十册中国音乐剧史为基础的中国音乐剧理论体系的铁门，被我所尊敬的文硕先生缓缓推开。让我们一起见证世界学术史上的奇观！

（作者为浙江匡吉资产管理有限公司创始合伙人，博士）

2018年6月

第一篇

国家审计的产生和发展

第一章 国家审计的起源

审计因经济责任的发生而发生，又因经济责任的发展而发展。

——杨时展

在审计史学上，审计的起源问题是一个争论颇大的课题。不同的审计学家和史学家对此解释不很一致，甚至很不一致。

正本清源，探史知今。本书就从探讨国家审计的起源问题开始。只有对国家审计起源问题有一个比较清醒的认识，才能准确理解国家审计的渊源、特点与本质。

一、国家审计起源的不同观点

综合起来，目前对审计起源主要有三种不同观点：

一种观点是审计源于会计，认为审计是会计发展到一定阶段的产物，是适应会计检查的需要而产生的。其论据有三：①会计是运用一定的记录方法，对所有的经济业务进行反映，并且以报告的方式达到特定的计算目的，以供分析和解释，这样，会计记录和报告是否真实、正确，就必须由有关人员进行检查。审计的“计”，一般指的就是会计的“计”，审计就是审查会计。②中国历史上曾将审计表述为“听其会计”，英语的 audit 和法语的 audition，均源于拉丁语 audire（听），这表明古代的审计是由会计人员大声朗读会计记录，审计人员听取这些记录，进而判断会计记录是否正确来进行的。在 14 世纪，英国的审计工作是通过听取账户记录（hearing the account）来进行的。③从审计发展过程来看，在相当长的一段时间内，审计的主要工作内容就是查账，就是以会计资料为对象，以会计和有关财经法规制度为依据。

另一种观点是审计源于财政监督的需要，认为古代审计就是对国家财政收支进行检查，是一种财政监督形式。其主要论据是：财政是国家实现其职能，参与一部分社会产品的分配和再分配的过程。这涉及国家、集体和个人之间的经济关系，所以，最高权力

“核算”一词源于拉丁语 calcul（石头）

者为了巩固它的统治基础，都重视财政收支的检查和监督，这种检查就是国家审计。

最后一种观点是审计源于经济监督的需要。这种观点认为审计从一开始就不是会计的附属品，两者是不同质的两个概念，因为会计产生于经济管理的需要，审计产生于经济监督的需要。

对于审计史上如此重要的课题，人们从不同的角度对它作出不同的解释，这是不难理解的。但是，问题的关键在于，哪一种解释能够更准确、更确实地把握国家审计起源的本质内容。

审计史学家理查德·布朗（Richard Brown）在论述审计起源的问题时曾经指出[①]：

审计的起源可追溯到与会计起源相距不远的时代……当文明的发展产生了需要某人受托管理他人财产的时候，显然就要求对前者的诚实性进行某种检查。

“审计”的原意是“auditors listen to an account”
只要有贸易往来和官僚主义，就有审计

他在这里，实际上提出了一个经济责任的问题，并且明确地论述了它与审计的关系。

笔者对该观点持赞同态度。我们在分析国家审计的起源问题时，应以经济责任（accountability）作为研究的起点。因为国家审计的产生和发展与经济责任内涵的演变是密切相关的。国家审计因经济责任的发生而发生，也因经济责任的发展而发展。经济责任不仅导致国家审计的产生，也制约着国家审计的发展。从这一意义上说，经济责任乃是国家审计起源的前提条件和客观基础。

二、国家审计起源的前提条件

审计学的产生、发展和消亡过程，遵循着它本身所固有的规律。从历史上来看，国家审计产生于经济责任关系的确立，并随着社会政治经济的发展、责任关系的演变而发展变化，最后，随着经济责任关系的消亡而消亡。所以，国家审计起源的前提条件是经济责任关系的存在。没有经济责任关系的存在，便不可能在人的思维体系上产生现实的冲动和真正的负担，以及在人的行为中表现充分的责任诉求；没有经济责任关系的存在，便不可能有审计行为、审计思想和审计制度的产生。

何谓经济责任呢?

美国审计总署（GAO）认为，经济责任是指受托管理并有权使用公共资源的政府和机构有向公众说明它们的全部活动情况的义务。

加拿大审计长公署（OAG）认为，经济责任是指对授予的某项职责履行义务，作出回答。它假设至少存在两方：一方授予职责，另一方接受这一职责，并承担责任，对履行这一职责的方式作出报告。

最高审计机关国际组织（INTOSAI）认为，经济责任是指授予一个被审计个人或实体的责任，显示他或它已经根据资金提供的条件对委托给他或它的资金进行了管理或控制。

一般而言，经济责任的含义在不同的历史条件下有不同的内涵与外延。这些定义是现代人作出的，但是，如果揭去盖在这些定义上的现代外衣，究其本质性的东西，对于探讨国家审计的起源也是适合的。结合当时的历史环境，可以认为经济责任是当财产管理制度的发展出现了财产所有权和管理权分离时，财产所有者将财产的经营管理权委托

受托经济责任关系的审计决定一个国家的兴衰

最高审计机关国际组织“专业准则委员会”

给财产管理者而形成的一种委托和受托关系。在这种关系中，财产所有者既有监督和审查受托管理者管理财产收支的情况和结果的权利，也有解除受托者经济责任的义务；财产管理者既有要求对其收支行为和结果进行审计，以解除其责任的权利，又有忠实地管理受托财产并报告管理结果的义务。所以，对于财产管理者的经济责任，财产所有者必然要求通过具有独立性的第三者加以审查，以维护自己的正当权益和解除财产管理者的责任。

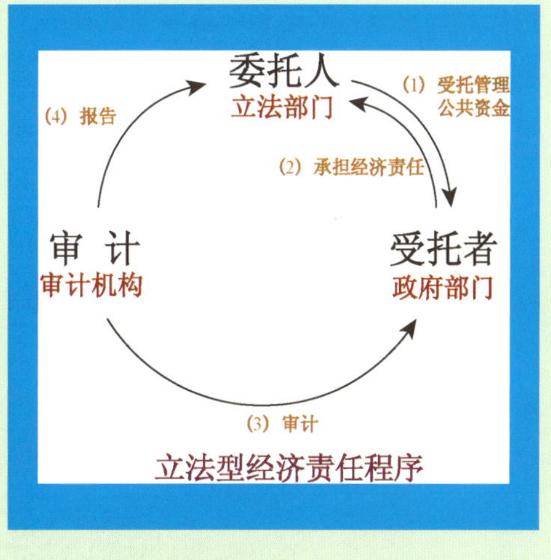

从世界公共经济责任发展史可以清楚地看出一条从传统国家审计进入现代国家审计的路径：与专制集权决裂的思想革命——人人生而平等、分权制约、纳税人看门狗、还政于民、商业革命、工业革命、民众理性的自由主义思潮，带来改变人类国家审计面貌的革命性变化，即从向上负责的专制集权导向的传统国家审计走向向下负责的民主政治导向的现代国家审计，无一不首先在欧美发生，并向世界各地辐射，中华民族也在近现代不同时期或深或浅地受到这股浪潮的影响。

可见，公共经济责任（public accountability），指的是负责公共资源管理的公营企业、机构和相关人士，有义务按承担的财政和社会责任进行管理，保证效益，并对公众公开披露其履行（或部分履行或没有履行）这种责任的程度。它唤起一个可信赖、忠诚和正义的品牌形象，是现代民主治理的标志。历史上，公共经济责任的概念与会计密切相关，从字面上看来自簿记。如今，这种责任已远远超出财务、会计范围，成为公营部门良好治理的象征。

三、国家审计出现的政治经济背景

在原始社会的环境和条件下，不可能产生上述意义上的经济责任关系。

原始社会初期，人类尚未从自然界分离出来，没有自我意识。所以，最初的原始人群没有内部纷争，人们共同劳动，平均分配，共同消费，没有私有制，没有剥削，也没有阶级，其状况比动物群好不了多少。在自然面前，人类处于原始的“天人合一”的境界。当时，没有国家。氏族是原始社会的基层组织，几个氏族按照亲属关系组成一个胞族；几个亲属胞族组成一个部落；几个亲属部落结成一个部落联盟。整个原始社会就是按氏族、胞族、部落和部落联盟这样一个有机的序列组织起来的。其中，氏族和部落是基本的组织形式，氏族的族长或部落的酋长，均分别由氏族或部落大会选举产生，并且可以由大会随时撤换。所有氏族内最重要的事务通常由氏族成员全体通过会议解决。氏族全体成员，包括男女都可以参加会议，都有发言权，所有成员都是平等的。

氏族组织的另一个特点是没有系统地采用暴力和强迫人们服从暴力的特殊机构。氏族的权力是靠氏族社会会议和首领的威信来维持的。氏族组织内部依靠传统的风俗、习惯来调整人们相互之间的关系和维持社会秩序，因而人们都能自觉地遵守，而不需要用暴力强迫人们遵守。恩格斯在描绘了从氏族到胞族和部落的全部氏族组织以后，曾经作了这样的评论[②]：

> 这种十分单纯质朴的氏族制度是一种多么美妙的制度呵！没有军队、宪兵和警察，没有贵族、国王、总督、地方官和法官，没有监狱，没有诉讼，而一切都是有条有理的。一切争端和纠纷，都由当事人的全体即氏族或部落来解决，或者由各个氏族相互解决；种族复仇仅仅是一种极端的、很少应用的手段……虽然当时的公共事务比今日还多……可是，丝毫没有今日这样臃肿复杂的管理机关。一切问题，都由当事人自己解决，在大多数情况下，历来的习俗就把一切调整好了……大家都是平等的、自由的，包括妇女在内……

人与客观自然界之间的差别和对立，并不是从外面加进来的，而是本身固有的，只

是当原始人在智力和体力均极为低下的情况下，还不能分辨这中间的差别和对立而已。但实质上，这种不能分辨的“直接性”，本身就包含着在进一步发展中必将得到分辨的“间接性”。因为，归根结蒂人类不能脱离客观的自然界而生存，相反，人类总是要紧紧依赖对于客观自然界的加工改造而生存。正是在这种生产实践中，人类的智力和体力得到了提高，从而能使自身与客观自然界逐渐区分开来[③]。但是，标志着人类真正进步的，不仅是人类从自然界分离出来，有了自我意识，区分了主体和客体，而且还表现在人群之间也冲破了无纷争的状态。也就是说，从人把自身与客观自然界区分开来，到进一步理解人与人之间的差别、对立并进行斗争，这才是人类从蒙昧到文明的真正起点。有了差别，就显现了潜在的矛盾，有了矛盾，就有了进一步发展的动力和互通有无、互相算计的关系。对于人类来说，发现了相互之间的差异，就可以进行相互比较，在认识和进行活动时，就要考虑相互关系，进而还可以进行互通有无的相互交换。当然，在原始社会生产水平极低的情况下，这种比较，这种相关性，往往表现为大同小异，甚至看不出存在什么差别。但是，大同小异的差别，毕竟是差别，它表明人类终于从那种了无自我、不分轩轾、浑浑噩噩的蒙昧境界里走出了第一步。从阶级社会历史的角度看，它是一大进步。

在原始社会发展的这个阶段上，如果人们自身缺少必需品，如维持生存的食物，而

一个女人正在教一些商人和银行家如何运用阿拉伯数字去进行管理经营

其他人拥有这种食物，却不予公平分配，那么，饥饿者是绝对不会坐以待毙的。生存的欲望必然会驱使他们要么去相互交换，要么去夺取，甚至吃掉同类。于是，原始社会无纷争的状态被打破了。这标志着原始公有制的灭亡和私人占有制度的产生，也标志着人类由“原始共产主义”进入到需要由种种责任和义务构成及履行的阶级社会。

无论是互通有无的交换，还是掠夺对方的东西，或是将同类吃掉，均表明当时的生产力水平极低，除了勉强维持生存，人们还没有剩余品。因此，这时人们之间的关系，可以说是一种原始的“自由”“平等”的关系，是一种维持人类仅仅能够生存的最低生活水平的一种“自由”“平等”。这时，人类处于远没有进入文明的蒙昧时代。在这样一个没有阶级、没有私有制的……原始共产主义……时代，人与人之间尚未形成一种责任关系，所以也就谈不上经济责任关系。

那种具有经济责任联系的受托—委托关系在人类进入奴隶社会的时候出现了。

随着生产力的发展，人们对生产手段和产品分配出现了观念和行动上的改变，私有观念和对生产资料“必欲据为己有而后快”的思想开始萌芽。物质生产发展到一定程度，特别是出现大量剩余产品，使社会上一部分人可以摆脱体力劳动，专门从事财政管理和监督、科学研究和文学艺术活动时，必然会引起人们之间关系和观念的震荡和变化。于是，在私有制和社会分工这两大因素的刺激下，人与人之间旧的生产关系，开始为一种人与人之间的新关系（责任关系）所取代，社会呈现出新的繁荣景象。也就是说，在原始社会末期，部落之间纯消耗的频繁战争，表明原始的公有制和旧的生产关系，已经无法适应发展的社会环境。为了使人类社会得以生存和发展，就必须以新的所有制和新的生产关系取而代之。这种新的所有制，就是私有制；这种新的人与人之间的关系，就是具有责任联系的、以往原始社会所没有的人剥削人、人压迫人的主奴关系。正是这种私有制和责任关系，标志着原始社会的终结和一种新社会的诞生，同时，也正是这种责任关系，标志着人类从野蛮进入文明。

如前所述，氏族组织只能处理在共同劳动、共同生活和社会成员互相平等基础上的社会事务。出现剥削现象和社会划分为对立阶级以后，它就无能为力了。新出现的奴隶主和奴隶在阶级利益上是根本对立的，相互间的矛盾也是不可调和的。奴隶主阶级为了维护自己的经济利益，镇压奴隶的反抗，需要在政治上占据统治地位，需要使用暴力机构维持他们对奴隶的剥削，建立一种适应他们要求的社会秩序。这种有组织的暴力机关，就是国家及为其忠心服务的国家机器。

国家与原始社会的氏族组织是有本质区别的。这主要表现在它创设了脱离人民而又凌驾于人民之上的公共权力机构。在原始公共制度下，公共权力属于全体氏族成员，不需要有任何特殊的强制机关。而国家不同，构成国家权力的包括军队、法庭、监狱和警察等强制机关。与这种特殊权力相适应，就要求人民缴纳捐税，同时也就产生了官吏。在这里，作为所有者的奴隶主统治者是委托者，作为管理者的代理官是受托者。所有者（国王—奴隶主的集中代表）和管理者（各级官吏——各种事务的管理者，受托责任的另一方）之间的关系不仅是行政上的隶属关系，也是一种人身依附关系。在这种体制中，

古代罗马，两个男人，一个站着，一个坐着，正用算盘和现金，在计算税收

国王授权各级官吏管理各项国家事务，而各级官吏也只向国王一人负责。

官吏对国王的责任基本上可分成政治责任、行政责任、法律责任和经济责任四种。为了检查各级官吏是否诚实地履行了经济责任，国家的各项开支、各项赋税收入是否符合国王的意愿，以国王为代表的统治者们就会委派另一些兼职或专职的人员代替他们去检查工作。这种经济监督行为，就是最初的国家审计工作。

当时，国家审计工作是统治阶级加强奴隶主专制主义的必然结果。审计人员的威势是从附着王权而来的。审计机关的主要职责是从经济角度监督各级官吏是否尽忠于国王，是否代表了以国王为核心的奴隶主统治集团的经济利益，是否充分发挥了国家机构的经济管理职能。审计机关打着国家的旗号，履行着奴隶主阶层赋予的特殊职能，其本质是奴隶主专政的工具。但是，这种机构和工作的出现，标志着奴隶主阶级开始重视监察、审核经济事务的管理，以维护其国家机器的正常维修和运作，以及他们自身的经济利益。

同时，这也表明，作为国家机器的特殊部分，审计机关和审计工作在接受委托、承担经济监督责任方面，都有着与国家管理机器不同的方面。其不同之处表现在，经济力量的大小决定着上层建筑的多寡。奴隶主阶级在感性认识上，可能也是深得其妙的。所以，国王在建立政权的过程中，委托一大批官吏从事管理工作，这种行为就是一种委托行为，而审计机关则以监督经济责任之大任，帮助利益集团达到巩固其统治地位之目的。这是一种从上至下的监督体制。专制制度下的国家审计机关的实质，就在于此。

四、国家审计的萌芽

在奴隶社会，最高统治者对他的统辖范围是一种全面占有的关系，而这个统辖范围中的一切物与人对最高统治者是全面隶属和臣服的关系。“普天之下，莫非王土；率土之滨，莫非王臣”。在这里，最高权力不对任何人具有责任关系，对下属的支配作用是绝对的、无限大的；而下对上的制约力量在常态下是十分软弱的。这是一种单向性很强的制约体系。在这种制约体系下，国家审计的制约目标只是受最高统治者之托管理国家资源的各级政府官员，并直接向国王负责。显然，这是一种向上的国家审计结构。

外国国家审计和中国国家审计，在早期发展过程中有一种相同性，那就是，都是经济责任的出现，催生了国家审计的思想。奴隶制政权一建立，统治者就在政治上自觉或不自觉地利用国家审计为巩固其统治地位服务，从而首次将国家审计的威慑力量与国家政权的巩固联系起来，使国家审计卷入了现实政治斗争的漩涡。不过，他们最初还没有

在古埃及，记录官是智力的缩影

认识到应将它放在一个独立的政治位置上让其独自发挥作用，也没有在官制设计上将它突出出来，而只让有关官员兼任这项工作。这种国家审计无疑使对最高统治者承担经济责任的官吏受到了挑战。我们称这一时期为世界国家审计的萌芽期。

古代埃及和中国是人类文明的两大发源地。

大约在公元前3500年，埃及开始进入奴隶社会。当时，法老作为国家的最高统治者，独揽全国的政治、经济、军事、司法和宗教大权，从而建立起一套较为完善的中央集权君主专制制度。为维护奴隶主统治阶级的统治地位，奴隶主统治者认识到有必要配备一种官员，创设一种机构，负责对全国各机构和官吏是否忠实地履行受托事项、财政收支记录是否准确无误加以间接管理和监督。所以他们试探着让一些忠实可靠的亲信负责对这些受托事项进行全面的经济监督。当时，行使这种职权的官吏是监督官（superintendents)。他们的权力很大，地位也很高，具有较强的独立性。例如，在仓库物资管理上，倘若没有监督官签发的支出命令书，任何东西均不得出库，甚至连官吏向国库申请每年公用的燃料，事先都必须从监督官那里取得支付证书。会计官员的收支记录是否正常、是否真实，各级官吏是否尽职守法，都处在监督官的严密监督之下。

在监督官中，最重要的职务当推“记录监督官”和“谷物仓库监督官”[④]。记录监督官负责对作为政府会计官的记录官（scribe）和其他各类官吏编制的会计账簿和收支计算书进行严格的审查。如果发现谁出现差错或有舞弊的行为，轻者处以笞刑或罚款，情节严重者以断肢或死刑处之[⑤]。谷物仓库监督官的主要任务是监督谷物税的征收，保证有足够的谷物供宫廷统治者享受糜烂、荒淫的寄生生活。他们每年须向君主提供一次收成决算报告书。如果这一年收成好，提供的金银财宝多，他们还会得到国王的勋章和奖品。

应该指出的是，这些监督官还负责财政监察、行政监督之类的事务。他们虽然还不是职责专一的审计官，但也包含了审计的萌芽。我们是否可以这样说，在古代埃及的机构中，已经适当地配备了负责审计监督的官员，但并未设置独立的审计部门和配备专门名称且责任明确的“审计官”。也就是说，古代埃及的国家审计是由监督官兼任的，它的发展尚处于萌芽状态。

时代造成了这种局限。在当时的社会经济条件下，奴隶主统治阶级不可能马上认识到应创设独立的审计部门，配备专司经济监督的审计官。

中国西周时期国家审计的发展与古代埃及大体相似。国家审计已成为奴隶制社会政权中一项专门的工作，并适当地配备了兼任经济监督的审计官员。尽管当时审计官员的职责尚不专一，且缺乏独立性，但却为延续3 000年之久的中国审计制度奠定了基础。

在论述西周审计制度之前，有必要首先介绍一下周朝主要官吏的设置情况。只有对周王朝官制有一个较为全面的了解，才能更深刻地理解当时国家审计的作用、地位和历史意义。

据《周礼》所载，周王是奴隶阶级的最高统治者，下设六卿，即天、地、春、夏、秋和冬六官，大宰乃天官之长，六卿之首，相当于后世的宰相。其中，国家财计机构大体可分为两大系统：一为掌握财政收入的"地官司徒"系统；一为掌握财政支出、会计核算和审计监督的"天官大宰"系统。

据《周礼·天官·宰夫》称："宰夫之职，掌治朝之法，以正王及三公、六卿、大夫群吏之位。掌其禁令，叙群吏之治。"这是说，宰夫负责政治监察，掌理治朝之法，监视官吏严格遵守和执行朝法。

据《周礼》称，宰夫"掌治法，以考百官府郡都县鄙之治，乘其财用之出入。凡失财用物辟名者，以官刑诏家宰而诛之，其足用长财善物者，赏之"。所谓乘，计算、复核之意也；所谓辟名，冒列虚账之意也。全句是说，宰夫应按照朝规，考核百官府郡都县的政绩，对于奢侈浪费、支出不当和虚列账册者，应根据治朝之法报请家宰加以诛罚；对于节省开支、财政充足、库府盈余又善于理财者，则随时上报，加以奖赏。

注释：

① Richard Brown: A History of Accounting and Accountants (Edinburgh: T.C.and E.C.Jack，1905)，p.74.

② 恩格斯：《家庭、私有制和国家的起源》，《马克思恩格斯选集》第四卷，第92–93页。

③ 王树人：《历史的哲学反思》，中国社会科学出版社，1988年版，第14–15页。

④ 片冈义雄：《ウルフ会计史》，片冈泰彦译，法政大学出版局，1980年版，第17页。

⑤ 迈克尔·查特菲尔德：《会计思想史》，文硕等译，中国商业出版社，1989年版，第6页。

第二章 欧洲古代社会国家审计的发展

如果有人说，查账简直太无聊了，那么，我就这样回答他：国家的繁荣富强要求我对会计账目进行审查，在这种情况下不允许我害怕麻烦。

—— Friedrich Ⅱ

《周礼》称："宰夫岁终，则令群吏正岁会；月终，则令正月要；旬终，则令正日成，而以考其治，治不以时举者，以造而诛之。"又说："宰夫考其出入，而定刑赏。"这是说，宰夫在每年终应对一年来的经济收支情况进行考核；每月终，应对一月来的经济收支情况进行考核；每月的上中下旬，应对十日内的经济收支情况进行考核，以作为评价官吏政绩优劣的根据。倘若发现某官吏有违法乱纪行为，宰夫可以越级向天官乃至国王报告，请求加以诛罚[①]。

此外，宰夫在每年夏历正月，告诫各官吏应尽力管理好周王所要求管理的一切事务，若发现有才能出众或成绩突出者，则呈送上级，加以推荐。

由此可见，宰夫并不是独立意义上的国家审计官员，审计工作只是其具体职务的一部分。也就是说，除审计以外，宰夫还承担监察业务，审计与监察是结合在一起的。而且，宰夫只是负责财政事务的小宰的下属官员，地位并不重

Friedrich Ⅱ

要。但有一点是值得称道的，即宰夫独立于会计部门，与掌管会计工作的司会是相互独立于对方的两大部门。从这点来看，宰夫虽然只是一位下大夫，但具有独立性和权威性，甚至可以对中大夫的司会进行审计监督。倘若发现司会存在差错和舞弊行为，可以上报大宰加以处理。此乃不折不扣的审计监督。

由宰夫执行的实地稽察审计是中国国家审计的萌芽状态。宰夫之职务的出现，不但是中国国家审计的起源，而且深刻地影响后世审计组织建制的发展。其后独立意义上的审计机构的建立和审计官员的出现，均与宰夫的设置有着密切的联系。

中国古代国家审计的杰出成就，引起了大西洋彼岸一位世界级审计史学家的高度重视。他就是迈克尔·查特菲尔德教授（Prof. Michael Chatfield)。他在其名著《会计思想史》一书中表达了对中国古代审计的敬佩之情。他指出[②]：

在内部管理、预算和审计程序方面，中国西周时代在古代世界可以说是无与伦比的。

一、古代罗马的国家审计

古代罗马国家审计官的职责与古代埃及和中国一样，也不明确，但却初步具备了立法监督的精神。这种差别显示罗马的国家审计更为先进。

当时，罗马共和国的最高行政机关，由两个权力相当的执政官掌握。由于他们的任期不长，而且彼此牵制，权力有限，因而罗马国家实际上的行政指挥中心是元老院。元老院由贵族和退任的执政官组成，它拥有决定内外政策、审查和批准法案、控制预算并

金库（aerarium）一词意为“提问的人”，内存现金和国家账目

支配国家财产的权力。当时主要的国库是萨特尼金库（aerarium saturni），内存各项经常收入和临时收入，必要的费用也从中开支。它名义上是在财务官的领导下，实际上对它拥有绝对支配权的是元老院，没有元老院的同意，任何人均不得从中提款。除萨特尼金库外，还有神圣金库（aerarium sanctius)。该金库收存从奴隶那里征得的税收。这些税款是作为预备金来使用的，唯有元老院才享有从中提款的权力。这种由立法机关对国库进行监督的制度，对后世现代立法国家审计模式的形成，有着深远的影响。

1796 年一份文献图示的财务官

元老院在处理日常的财政事务时，有财务官（quaesror）和监督官（censor) 协助工作。可以说元老院、财务官和监督官就是罗马共和政权组织的主干。

公元前 443 年，罗马设立监督官。监督官实际上就是当时的审计官，审计工作只是监察工作的一部分[③]。著名史学家利理（Liry）在其专著《罗马史》中论述道[④]：

> 那年建立了监察制度，开始时权力不大……户口调查已多年没有举行了，不能再拖着不办，而执政官因受多次战争的拖累，不能专司此事。于是元老院提出一份报告，认为户口调查不一定要由执政官主持，而应另设一官，由他决定调查方法并负责编制和保管一切资料。

由此可见，监督官系根据惯例从退职的执政官中选出，其主要任务是进行五年一度的人口调查，将国民姓名、家庭成员、奴隶数量和财产数额一一登记在调查簿上，然后按照财产的多少来指定谁属于哪一级，能否从军，能否担任公职并征收税额。他们也有权把地主贬为商人并课以重税，或把一部分人从某一部落迁移到另一部落，如从乡村移往城市。

正如史学家 W·杜兰特（Will Durant）在其名著《文明史》中指出的那样[⑤]：

监督官对国民进行登记

这两名监督官由百人会议的公民大会所选举，每五年改选一次。其任务之一是负责每五年一次的户口普查，查审人民的财产，以确定他们的政治和军事地位以及纳税数额。他们必须检查每一公职候选人的品格和与其有关的记录；监察其子女的声誉、对奴隶的待遇、赋税的征收和出纳；检查其对公共建筑的营造、政府财产和契约的授予以及土地的适当开垦。他们有权降低任何人的社会等级，并可开除道德败坏或犯罪的元老院元老。一位监察官在作出后一种决定时，不受另一位监察官的否决。他们可以提高奢侈品的税率，以抑制奢侈的风气。国家五年的预算，也由他们编制。

在哈德良和马卡斯·安理略统治时期，一些城市经常在公共建设（如兴建戏院和男女浴池等）方面挥霍浪费，致使城市财政经常出现巨额赤字，有的城市甚至因此而陷入经济崩溃、破败荒凉状况，这使统治者们大伤脑筋。为了制止类似现象继续发生，他们派出了一批监督官对这些城市的会计账目和兴建的公共设施进行就地审计。统治者根据监督官审计的结果，处理了一些管理不力的城市长官，并撤销了一些财政管理混乱城市的自治权，使之归并于省政府⑥。

帝国期间，民间金融业的发展成为帝国经济的重要因素。为了增加财政收入，预防和处理偷税漏税，政府部门曾一度将民间金融业也纳入了国家审计的范围之内。这项审计监督任务，在罗马城市由城市总监负责执行，在各省由城市长官设专人负责执行。当

古代罗马时期征税

左边坐着者为主人，手拿现金出纳账；右侧站立者为奴隶，手捧日记账

时，罗马全土分成皇帝行省和元老院行省两部分，前者占绝大部分，由皇帝直接管理，后者则由元老院直接管理，所以，地方长官按他们各自的省属，或者对皇帝直接负责，或者对元老院直接负责。私人金融家均得对审计官员公开他们的会计账册，并呈交他们的“营业执照”。这些会计账册主要分成三种：一是日记账（adversaria），或称备忘录；二是现金出纳账（codex accepti et expensi），用于反映关于金融业务的各项现金收支，系罗马式簿记中最重要的账簿；三是顾客总账（liber rationum）。

二、独具特色的希腊国家审计

19 世纪著名的美国史学家摩尔根在《古代社会》一书中指出：“迄今为止在全人类中，雅典按人口比例而言，乃为最卓越、最聪明、最有成就的一支。”他和革命导师恩格斯都认为，雅典的民主制度在当时是进步的。

审计监督制度就是这套内容丰富的民主制度中的重要方面。

如前所述，在 2 000 多年前的雅典城邦，内部公民在政治上是平等的：没有国王，官僚及官僚风气相对较弱；按抽签选举制选举官吏，并按轮番执政制掌管政权。当时，官吏从当选到卸任，总共才 1 年多时间。今年为官，明年为民。所以，这一段不长的时间

雅典公民投票时所使用的陶片

这个是雅典人的公共账目碑，下半部分密密麻麻的文字，是掌管公共祭祀活动的司库官组织节庆所支出的款项，镌刻于石碑之上以供大众监督

内，哪个当选的官吏都不可能形成自己盘根错节的势力网，谁都不敢专断朝政，骄奢横暴，无论是谁，都要过几道“关卡”，接受公民的严格监督[7]。

第一关是官吏上任前的资格审查。以执政官为例，他的资格，先由 500 人议事会审查，发现问题，议事会就提交给法庭裁决，以决定其任职与否。

第二关是检查称职与否的信任投票，1 年 10 次。在每一个主席团任期内，公民大会都要对执政官和将军举行一次信任投票，看其是否称职。倘若大多数公民对某官吏投不信任票，他就得去法庭受审。若发现问题，法庭就对他处以刑罚或罚金；若没有问题，则官复原职。

第三关是官吏卸任经济责任审查。

第四关是贝壳流放。上述几条，只能制约一般不法的官吏，但对权势过大的官吏则难以约束。有些人身居高位，大权在握，肆意践踏平等原则，不受法律约束，利用职权，贪赃枉法。在这类人当中，主要是雅典的将军。例如，泰米斯托克利是希腊最著名的将军，曾为雅典城邦的建立屡立功勋。但这位英雄后来却不严于律己，不仅贪赃受贿，甚至出卖国家利益。对于这样一位身建奇功而又权势赫人的特殊官吏，雅典人民就是采用贝壳流放法，将他逐出雅典的。

在这四道“关卡”中，我们尤感兴趣的，是由审计官执行的卸任经济责任审计。

刻录在大理石上的付款账户

当时，审计官是罗基斯塔埃（logistae）和埃乌苏诺衣（euthunoi)。罗基斯塔埃是最高权威，起初为 30 名，后来减至 10 名，每个部落 1 名，由抽签法选出，任职 1 年。500 人议事会的所有官员在卸任时，均必须按规定在离职后 30 天以内向他们报送自己登记的会计账册，不得拖拖拉拉，延宕时日。罗基斯塔埃只有在确实认为他们报送的账簿记录中不存在任何工作差错和贪污、受贿行为之时，才允许他们卸任离职。否则，就要将事件送交法院裁决，以正法度。倘若法院判决罪证属实，那么，就课以贪污或受贿数额的 10 倍罚金。在这样的情况下，一般都由罗基斯塔埃亲自担任法庭议长执行审理。埃乌苏诺衣亦为 10 名，并配备有按抽签法选出的称为帕勒德罗依（paredroi）的辅助官 2 名。他们的主要职责是：严格审核各官报送的财产目录、证据文书和会计账册；编写审计意见，并报告给罗基斯塔埃。此外，他们还负责应收现金的收回等工作。

那时候，只要有人在私事(或公事)方面要对任何一位已在陪审法庭报告账目的官吏提起诉讼，他就应该在其报告账目之日起3天之内，将自己的姓名和被告人的姓名，以及他控诉此人的罪行，再加上他认为适当的罚金数目，详细记录在一块账目板上，然后提交给审计官。审计官接受并审阅这些记录以后，倘若认为该起诉可以成立，就立刻分清它究竟是属于私人案件还是属于公众案件。如果系私人案件，即将该板交付司法执行官备案。司法执行官接受以后，再将该账目板向陪审法庭提出，由陪审官作出最后裁决。可见，官吏的责任观念在当时已深入人心，渗透到整个希腊政府，报送会计账册让审计官审查已蔚然成风[8]。

现珍存有关官吏贪污受贿的诸种诉讼史料中，有两件与古代雅典杰出的政治家伯里克利有关，那是发生在公元前5世纪中叶前后的事件：

（1）有人揭发古雅典大雕刻家、伯特浓神殿中雅典娜神像雕塑者菲狄亚斯（公元前490至公元前430年）有贪污黄金的嫌疑。当时伯里克利（Pericles）是菲狄亚斯的好友，所以，他毅然出庭为其申辩，据说激动之时竟痛哭流涕。但他的努力无济于事，菲狄亚斯最终还是被判了刑。

（2）审计官通过审查伯里克利报送的会计账册，认为他犯有擅自挪用公款罪，结

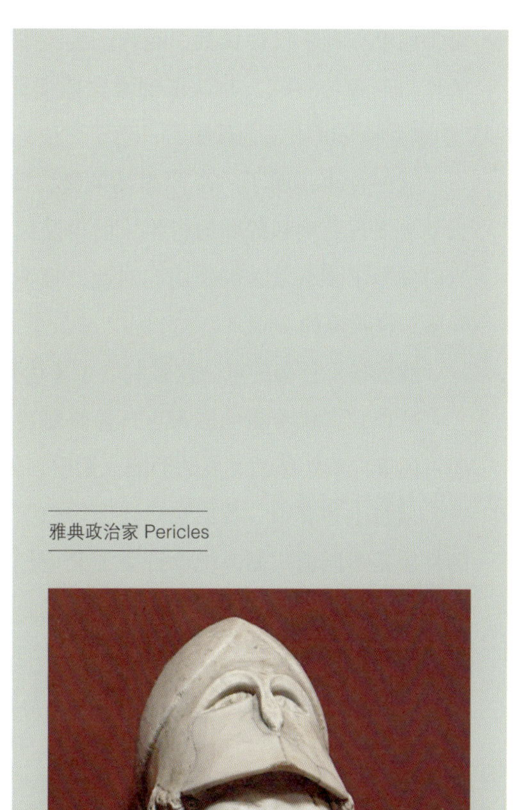

雅典政治家 Pericles

果，伯里克利不仅被罚款，而且还丢掉了将军的职务。后来，雅典人们有感于他对国家所作出的独特贡献，并认识到雅典确实缺他不可，才撤销了原判。当时就有人埋怨说："伯里克利与其报送会计账册，勿宁设法逃避报送账册更为得策。"[9]

这两件事说明了一个严肃的问题，即在古代雅典，无论他的官有多高，权有多大，只要被发现有徇私舞弊的行为，就得受到严厉的制裁。足见雅典的这套审计监督制度在当时发挥了多么重大的作用。对此，且不说古代埃及和巴比伦人，甚至连罗马人也感佩敬服，自叹莫如。

我国奴隶社会的审计监督制度也未达到这样高的水平。

所以，古代希腊的国家审计监督制度乃是希腊人的荣光和骄傲，它独具特色，在文明古国审计事业蓬勃发展的熊熊火炬中，闪烁着耀眼的光芒。

通过上述介绍，我们自然还会明白，审计虽然与会计有着千丝万缕的联系，但两者的性质是不同的。如果说会计主要是应经济管理之需而产生的，其主要职能是管理，那么审计主要是应经济监督之需而产生的，其主要职能是监督。历史表明，一个政权要想巩固自己的统治地位，发展自己的财政经济，就必须建立一套具有独立性和权威性的审计监督制度。否则，官吏就容易腐化堕落，政治就容易腐化衰败，经济就容易混乱不堪。雅典有了这样一套审计监督制度并遵照实行，所以，较之那些贿赂、裙带风盛行、贪污盗窃泛滥成灾的斯巴达之类的寡头城邦，他们的政治就廉洁得多，奴隶制经济发展的节奏也要快得多。

三、德国国家审计的发展

在封建德国的数百个公国中，以普鲁士和奥地利最为强盛。王公们驾驭着属于他们自己的官僚机构，促使各级官僚阶层依靠来自上层的指令性和命令性的管理方法，进行着强制性的封建政治统治和农庄经济管理。

在普鲁士威廉一世时期，官僚行政机构就初具规模，专制王权最终确立。他的箴言是："朕乃君王，故应为所欲为。"

1713 年 3 月 4 日，新继位的弗里德里希・威廉一世签署了一份对亲密朋友埃伦赖希・博吉斯拉夫・冯・克罗伊茨（Ehrenreich Bogislav van Creutz）的任命书。任命书中指示[10]：

我们特别委托他监督我们的、军用的和民用的出纳工作，这样，他就成为负责人而被委托管理出纳处的工作……应最谨慎地防止一切错误、贪污和混乱……尽一切办法防

普鲁士威廉一世：朕乃君王，故应为所欲为

止和限制所有不必要的开支并很好地管理其他事务……没有我们的预先知道和批准，不可有特殊的国家预算支出。当他在监督业务中发现哪怕是很小的混乱和错误，或者发现会计人员和其他官员不是以应有的忠诚、努力和准确来满足部门的要求，那么，他就应该毫不迟疑地与有关指定的团体联系，并处理这些事项，或者向我们汇报自己对此事的意见，而不可对我们有丝毫的隐瞒。正像他每次所做的那样，当会计账目由总出纳处编制出来以后，他应该作为代表亲自进行审查……

一般认为，这份任命书乃是总会计院（General Chamber of Accounts）创立的最早文件。从此，克罗伊茨出任总监督官，作为国王的代表，负责对政府的会计账目和各项收支进行审查。显而易见，这种国家审计已经完全独立于行政部门。

1714 年 10 月 2 日，国王又命令为总监督官配备 4 位顾问，以协助会计账目的审计工作。所以，有的人视 1714 年 10 月 2 日为德国国家审计机构的创立日。不过，现在大多数人都认为这个名为总会计院的审计机关正式成立于同年 11 月份，因为它的办公地点于 11 月设在柏林长桥处的邮政大楼。

关于这一审计机构的性质，威廉二世 1717 年 6 月 16 日在给“真正的秘密预算顾问”“总会计院的负责人和主席”克罗伊茨的一道命令中解释道[11]：

这一总会计院是一个特殊的团体，它应只从属于我们最高层人物，而不应从属于任何其他人……总会计院应在我们真正的秘密预算顾问、战争预算顾问和总监督官冯·克罗伊茨的主席团和由其任命的梅布里斯（Membris)的领导之下。

国王在 1713 年 3 月 9 日的一份公告中还明确指出[12]：

审计机关不要注意收入流入何方，而是应把国家的利益看作是最高原则，是一切。

总会计院的建立，为国王通览整个管理体系、澄清责任和巩固集权统治发挥了积极的作用。然而，9 年后，也就是 1723 年 1 月 19 日，新颁布的宪法决定取消独立的总会计院。根据 1723 年 2 月 9 日和 3 月 2 日的命令，审计机构改称为最高军事和国家会计院（der Bezeichnung Ober-Kriegs und Domanen-Rechenkammer），从此，审计监督部门成为下属机构，移至普鲁士第一财政部长的第二和第四局局长之手，全然失去了其独立性。

但审计官克罗伊茨一直到他生命的最后时刻都深受国王的信任。在 1733 年 2 月 18 日的葬礼行列中，伴随着阵阵悲哀的钟声，数十辆马车缓缓前行，规模壮观。当时，一位名叫施莫勒（Schmoller）的部长这样描述了克罗伊茨的性格特征⑬：

节俭、经济、简朴，喜欢有条不紊，是一个喜欢数字和账目计算的男人。而且，与国王的大多数宠臣一样严厉。他那双能鉴别人的能力的锐利眼睛和进行工作的条理秩序感，完全可以独立地使国家审计这部机器很好地运转起来。

弗里德里希·威廉二世体态骠悍，秉性暴烈，身高 2 米有余。他一向对宫廷礼仪和经济文化概无兴趣，唯独热衷于军事活动。他认为，要使国家强大，唯一的手段是强化军队；充足的财力加上一支严阵以待的军队，就可使自己免于沦为大国手中的玩物。所以，他年复一年地出入军营，从不知何为疲倦。可他对于经济和文化建设竟连一小笔钱也舍不得开销。这个“乞丐国王”紧缩开支，把盈余的钱全部花在军事上。显而易见，在他看来，国家审计主要是为军队建设服务的。也就是说，国家审计只有在为强化军队而发挥监督作用时，才具有意义。一旦面对政府官员们争权夺利，为照顾某些权贵的利益，他就会不惜削弱国家审计机关的应有权力。可见，在封建专制统治下，国王的喜怒哀乐，往往决定着国家审计机构的命运。

这种缺乏独立性的国家审计机构一直延续到 1740 年威廉二世一命归天，没有任何根本性的改动。

在 28 岁的弗里德里希·威廉二世继任普鲁士国王的时候，英国已经发生资产阶级革命，法国资产阶级革命也如箭在弦上，一触即发。相对来说，普鲁士显得弱小而落后。但弗里德里希·威廉二世不甘人后，决心利用和加强父亲留下的这支军队，进一步扩张普鲁士的版图，逐步实现他称雄欧洲的抱负。

经过长达 7 年之久的战乱以后，虽然普鲁士战果辉煌，但人民也受尽了苦难。兵役、徭役、饥馑和战火的摧残，将普鲁士搞得满目凄凉，全国损失约 40 万人口。面对破败不堪的王国，弗里德里希二世感到了惆怅并开始反省。但是，在惆怅中消沉下去或甘心于无所作为并不符合这个统治者的个性。他决心在危难之中兑现自己的诺言：“君主应时刻在岗位上。”所以，他从疆场回国不久，便采取一系列措施进行整顿和改革，其中也包括国家审计制度。

1768 年，国王签署命令重建总会计院，并任命约翰·伦贝特·罗登（Johann Rembert Roden）为该院的第一主席。国王非常信任罗登，总是委托他办理特别重要的审计工作。当罗登在病榻上苦度生命最后时光的时候，国王于 1780 年 11 月 24 日写信给他，让他告知，他将推荐谁作为自己去世后的继任者。罗登对此痛苦不堪，他躲闪地回答：希望重新复元，恢复健康。国王于 11 月 28 日再次写信给他，问他一旦病情恶化，他想推荐谁作接班人。罗登提出了几个他认为合适的人选。国王对此仍然不满意，马上给他下达了最后一道命令[14]：

……我必须知道，您所提议的人中谁是最好的和最优秀的，且具有更诚实正直和积极上进的品格。我祝愿你们长寿，我只是想确切地知道，在您离开人世时，我能将审计工作委托给谁……

罗登这才不得不向国王推荐财政顾问库默尔（Kummer）作为他死后的继任者，接替总会计院主席的职务。这一建议被国王接受。

罗登逝世以后，国王马上写信给他的遗孀[15]：

非常遗憾，死神夺去了我的秘密财政顾问和总会计院主席罗登。他是一个诚实和正直的人，失去这样的忠臣的损失正越来越向我逼近……

由此可知，威廉二世对国家审计是多么重视！1784年，弗里德里希大帝说过这样一句名言[16]：

一个人除非他不愿意统治一个国家，否则，他必须下定决心，掌握一个君主应该具备的知识，树立起信心，对工作和困难无所畏惧，这样才能树立起自己的威信，这也是统治阶级的需要。如果有人说，查账简直太无聊了，那么，我就这样回答他：国家的繁荣富强要求我对会计账目进行审查，在这样的情况下不允许我害怕麻烦。

当时，总会计院的主要任务是：发现差错；检查账目的内容和形式；注意杂乱无章的会计账目；改善收入，限制支出。威廉二世也曾一度认为，一个国家的政治、经济和军事三个方面，只有在协调治理情况下，才能达到富国的目的。在经济方面，他努力克服危机，繁荣经济，缩减不必要的开支。毫无疑问，国家审计在经济改革中发挥了重要作用。

正当分裂、保守和落后的德国在帝国皇冠的余辉、普鲁士军刀的淫威下洋洋得意、自我陶醉的时候，奥地利也处在虚假的“开明专制”之中。

查理六世的长女玛丽亚·特蕾西亚（Marir Theresia，1717—1780年）按《国本诏书》即袭哈布斯堡王朝王位以后，在国内采取“开明君主制”，对政治、经济、军事、外交、司法和教育等方面进行了一系列的改革，在一定程度上促进了奥地利封建制度的发展和

威廉二世的名言（1784年）

工商业的繁荣。1761年12月23日，她亲手签署命令，创立了奥地利审计法院的最早前身——“会计署”(Accounting Chamber)。[17]

该署的主要任务是：

（1）发现会计账目的差错，指出在公共资金的收入和支出方面的不足之处；

（2）实施预防性控制，即在女王作出决策之前，对悬而未决的经济事项表达意见；

（3）帮助改进会计方法；

（4）领导和管理所有的会计机构。

会计署的建立，为世界国家审计发展中挪威国家审计这股支流开辟了流程和河床。

但是，在后来的日子里，审计监督触犯了一些政府部门的利益，导致两者之间的矛盾激化，所以，1773年，统治者被迫取消预防性审计，显然，这一取消架空了会计署的审计权，虽然第二年又恢复了它的一些权力，但审计部门依然名存实亡，失去了活力。

约瑟夫二世（Emperor Joseph II，1741—1790年）1780年独掌政权以后，与玛丽亚·特蕾西亚一样，也实行“开明君主制”。为了巩固其封建统治，他对包括国家审计

玛丽亚·特蕾西亚

约瑟夫二世

在内的政治和经济制度进行了重大改革。1782年，约瑟夫二世命令所有属于奥地利君主的会计和审计业务，均划归“会计法庭”（Court Chamber of Accounts），从而使审计官员再次获得了曾一度失去的全部权力。

尔后，审计机构几度改组，如[18]：

1792年，弗朗茨二世（Franz II，1768—1835年）取消会计法庭，将国家审计权划归政务院及其中央监督部（Central Control Department）；1794年，建立最高国家审计机关（Supreme State Audit Institute），直接属于国王枢密院；1801年，撤销最高国家审计机关，由隶属于各级法院和长官的会计机构负责人代行

弗朗茨二世

审计职权；1805 年，建立会计总局（General Accounting Directorate）。该机构直接对国王负责，所以，当时，事实上不存在国家审计机构。

1854 年，会计总局改组成“皇家最高审计机关”（Imperial and Royal Supreme Audit Agency）。该机关相当于现在的部级，直接对国王负责，代表国王确保所有国家会计事项的完整性和合法性，并对财政部的资金管理进行审查。

四、英国国家审计的发展

英国国家审计可以追溯到中世纪。

最初，国家审计并未获得独立的地位，而只是王室财政制度的一部分。所以，要准确地理解英国国家审计的起源，首先应了解英国财政制度的早期历史。

英国王室财政制度创立于威廉一世时代（1066—1087 年），到享利一世统治时期（1100—1135 年），随着中央统治机构日趋完善，专制王权的进一步巩固，财政部门成为专制政权的重要组成部分。

当时的财政部下设两个机构：一是下院（Lower Exchequer），又叫收支局（Exchequer of Receipt）；一是上院（Upper Exchequer），又叫收支监督局（Exchequer of Account）。上院的基本职能是：① 综合管理王室收支；② 审查下院编制的会计账簿；③ 发挥法庭作用，处理财务方面的纠纷。下院的基本职能是：① 受王室委托，处理王室收支业务，管理公款；② 编制王室会计账簿。为了防止差错和舞弊，经得起上院的审查，下院建立了一套较为严格的会计账簿组织的内部牵制制度，它的做法是：王室会计账簿分设三个：第一账簿由会计官记录；第二账簿由司法官记录；第三账簿由国王的特别代理人记录。一笔经济业务发生后，三个账簿分别反映。其中会计官记录的第一账簿尤为重要，是上院审计的主要对象，它应经常与另外两个账簿核对。一年要进行两次会计报告，一次在 3 月末，称为中期报告；一次在 9 月 29 日，称为期末报告[19]。

1314 年，英国任命了第一任国库审计长（Comptroller General of the Exchequer)。

五、法国国家审计的发展

1789 年以前的法国，其国家审计已独立于行政部门而存在。当时，人民只是偶尔争取过预算的管理权和各级政府官员经济责任的监督权。政府各部的部长原则上对自己的公用资金的开支承担责任，而议会很少过问这些资金的实际使用情况。1256 年，法国国王圣路易颁布“伟大法令”，其中要求各城邦的市长、政府官员应与 4 名仲裁员（长老）

享利一世（Henry I of England，1068—1135 年）

财政部（Exchequer）起源于 12 世纪享利一世统治时期

托马斯·克洛威尔（Thomas Cromwell，1485—1540 年）：亨利八世统治时期（1533—1540 年）的财政部长（Chancellor of the Exchequer）

《英国国家审计史》(2017 年版）

Moustrat ars numera que virtus possit habere
Explico per numeru que sit proportio rerum

法国古代审计机构

一起，在圣马丁日，即11月11日前一天，来到巴黎，并随身携带城市的收支账目，以备王室审计官的审查。这些审计官是由国王任命的精通财经、法律和数学的教士，他们在巴黎一个教堂的专门大厅里对这些收支账目进行经常性审查。最后由财经委员会对他们的审计结果进行裁决。王室还特地委派1名专管皇室财产的首席骑士协助财经委员会的工作。

这是法国司法模式审计制度发展的最早证据。1778年，著名学者布什·丹格里斯（Boucher D'Argis）在其名著《百科全书》中指出[20]：

法皇从来视司法为皇家最光荣的职责，故初则亲自审判案件或亲临旁听；后则制订法律交立法部门与审计院执行之，而为之监督。立法部门掌民刑事诉讼，审计院掌财务之司法审判。

1318年7月18日，菲力普·勒·隆五世（Philippe V.Ditlelong）在蓬图瓦兹颁布法令。其中规定：

我命令所有的账目必须每年审查一次。

为了加强对政府部门经济责任的监督，1320年设立了审计厅，审计职权由国王指定其政治顾问与法律顾问负责掌握，组织规模不大，职权也经常变更。原则上，巴黎审计厅为皇家唯一对普通收支和特别收支进行审查的监督机构，兼为皇家的行政法院，后来为皇家与地方一切收支的审判官，除审计工作以外，还拥有刑事处罚权，对承担经济责任的官员进行监督，不允许有任何侵犯国家财产的行为发生。

大革命前夜。审计厅设厅长1人，司长12人，审计官78人，协审82人，核算员38人，检察长和检察官各1人，书记长2人，书记官1人，书记1人，会计2人，法警长1人。厅长和书记长是最重要的官员，为终身制的。审计人员由首相提出，然后通过考试，合格者，再由国王任命。15世纪以后，路易十一规定审计人员只有在其死亡或自动辞职时，才能被免职。协审有权出席审计会议，其服务期间采用半年制，分为两组：一组从1月1日至6月30日；另一组从7月1日至12月31日。

由此可见，法国国家审计虽然晚于英国，但有两点很值得称道。这就是封建统治者已通过颁布法律，要求实行审计监督，从而使各级政府机构和官员接受审计，成为一项强制性措施；而且，这种审计机构已具有司法权，开启了司法模式审计监督之先河。革命前的法国，国王拥有至高无上的权力。法国的王权是欧洲专制的最高典范。这种制度

菲力普·勒·隆五世审计指令

亨利・德・舒姆贝（1575—1632 年）：法国财政监督官（1619—1622 年）

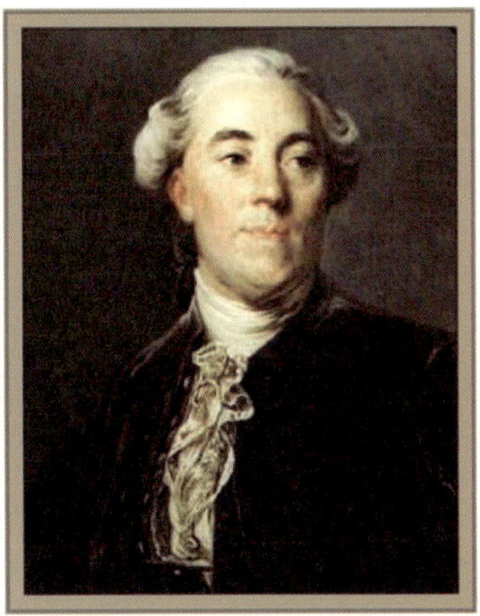

Jacques Necker, Finance Minister
to Louis XVI (1788—1789)

雅克布・内克：法国财政部主计长（Comptroller General of Finances，1681—1791 年）

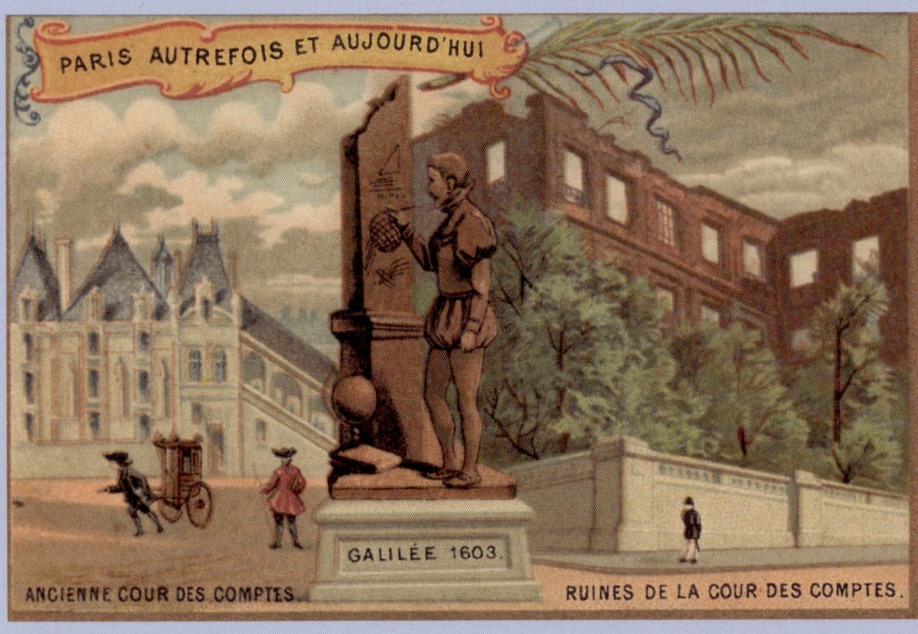

1603 年审计法院遗址

只承认一个原则，就是“朕即国家”，所以，法国当时的国家审计机构是一种向上的结构，纯粹是国王一人手中进行经济监督、巩固其统治地位的有力工具。

六、葡萄牙国家审计的发展

根据史籍介绍，葡萄牙国家审计已有 600 多年的历史。

1389 年 7 月 5 日，国家权力机关颁布了葡萄牙最早的国家审计条例。根据该条例，建立审核所（Casa Dos Contos)，负责以强制方式对官员的经济责任进行监督。这是对国家财政进行明确和有效管理的重要保证，旨在进行有效的会计管理，同时，谋求对会计账目进行准确和快速的结算和审计。当时，审核所位于里斯本城堡的一座塔楼中[21]。

在此之前，审计工作主要由里斯本审核所和国王审核所负责：前者的雏形出现于 13 世纪后半叶迪尼斯国王统治时期，其职责是掌握并审查全国所有税吏的收支事项；后者从 1370 年开始任命财政稽核员，负责对王宫税吏的经济职权进行审查，并参加王室财产和国库的上层管理。

1419 年 11 月 28 日和 1434 年 3 月 22 日，葡萄牙权力机关分别发表了第二个和第三个审计条例章程，从而进一步完善了专制统治下的皇家审计制度。

1627 年，根据菲利普国王二世的审计条例，审核所进行了一次重要的改革。其结果，国家的会计管理集中于王国王室审核所之手，包括海外殖民地。这次改革直到 18 世纪中叶，还影响着葡萄牙政府的财政管理。

王室审核所被取消以后，又根据 1761 年 12 月 22 日的法令成立了王室国库。王室国库（National Treasury or Royal Exchequer）意味着绝对的集权制，意味着负责王国所有的收支事项，以避免严重的收支分散状况。这种分散状况使权力部门无法对国家账目进行全面的和系统的管理和审查。王室国库由直接隶属于国王的国库总检查长领导。尔后，又先后改名为国库和审计法院[22]。

王室国库和国库总检查长更名为国库和当今审计法院的过程持续了很长一段时间。它从一个侧面反映了葡萄牙国家审计的发展过程。从结构上看，1849 年创立的审计法院至少是现在审计法院的雏形。在漫长的时间里，葡萄牙国家审计机构不断得到更替，逐步具备了复杂的组织结构，使封建统治者有效地对他的财政活动进行了控制。

与其他封建制国家一样，封建统治者均是因自己不受监督导致腐败。而且，历代统治者为协调国家财政模式所进行的国家审计的变革，都不过是在贯彻这样一条原则，即“变是为了使一切都不变”。这些改革措施在当时特定的形势下都是有效的，但确实又是专制性质的，其目的在于压抑民权，伸张君权，维持封建专制统治。

19 世纪葡萄牙审计法院

19 世纪中叶以后，特别是共和国成立以后，国家审计制度逐渐进行了改良。随着审计法院接受议会和国家经济界的代表参加委员会的领导工作，葡萄牙国家审计机构在新的政治和经济形势下逐步得到了完善，并实行了民主化。1933 年，新政权成立以后，重新确定了国家审计制度。直到今天，这些规章制度仍然在指导着现在的审计法院。

注释：

① 文硕：《文明古国的会计》，经济科学出版社，1986 年版，第 28 页。

② 迈克尔·查特菲尔德：《会计思想史》，文硕等译，中国商业出版社，1989 年版，第 8 页。

③ 文硕：《西方会计史》，中国商业出版社，1987 年，第 87 页。

④ 陶百川：《比较监察制度》，1978 年版，第 5 页。

⑤ 陶百川：《比较监察制度》，1978 年版，第 6 页。

⑥ J·W·汤普逊著：《中世纪社会经济史》(Economy and Social History of the Middle Ages)，1984 年版，第 55 页。

⑦ 任寅虎、张振宝：《古代雅典民主政治》，商务印书馆，1983 年版，第 45 页。

⑧ 亚里士多德：《雅典政制》，刊于《外国法制史资料选编（上）》，北京大学出版社，1982 年，第 126 页。

⑨ 片冈义雄：《ウルフ会计史》，片冈泰彦译，法政大学出版局，1980 年版，第 153 页。

⑩ 250 Jahre Rechnungsprufung，Frankfurt am Main 1964，pp.15–16.

⑪ 250 Jahre Rechnungsprufung，Frankfurt am Main 1964，pp.15–18.

⑫ 250 Jahre Rechnungsprufung，Frankfurt am Main 1964，pp.15–16，p.19.

⑬ 250 Jahre Rechnungsprufung，Frankfurt am Main 1964，pp.15–16，p.20.

⑭ 250 Jahre Rechnungsprufung，Frankfurt am Main 1964，pp.15–16，pp.22–23.

⑮ 250 Jahre Rechnungsprufung，Frankfurt am Main 1964，pp.15–16，p.23.

⑯ 250 Jahre Rechnungsprufung，Frankfurt am Main 1964，pp.15–16，p.10.

⑰ The History of the Austrian SAI（Resume）p.1.

⑱ The History of the Austrian SAI（Resume）p.2-3.

⑲ 片冈义雄：《ウルフ会计史》，片冈泰彦译，法政大学出版局，1980 年版，第 75–76 页。

⑳ 蒋明琪：《政府审计原理》，立信会计图书用品社，1941 年版，第 312 页。

㉑ Tribunal de Contas：1389 -1989，600 anos，1989，pp.7–8.

㉒ Tribunal de contas，p.1.

第三章 中国古代社会国家审计的发展

明于勘复，稽失无隐，为勾检之最。

——《新唐书·百官志》

一般来说，中国封建社会国家审计的发展可以分成下述五个阶段：

（1）奠基时期（春秋战国、秦汉时期）；

（2）发展时期（三国、两晋、南北朝和隋时期）；

（3）兴旺时期（唐代）；

（4）动荡时期（宋代）；

（5）中衰时期（元明清时期）。

塑像再现古代审计现场

一、奠基时期

西周末年，奴隶制度开始出现土崩瓦解之势。公元前 770 年，申侯联合缯和西夷犬戎进攻宗周，杀幽王。平王接位，被迫东迁，依附于诸侯，导致周王室日益衰微。从此，中国开始步入历史上的春秋战国时期。

春秋战国时期是我国历史上奴隶制向封建制转变的社会大变革时代。在这样的过渡时期，各诸侯国基本上继承了西周时期的国家审计制度。繁忙的军事角斗，使他们无暇集中精力进行国家治理，进行财政制度和审计制度的改革。当时，正值古希腊奴隶制鼎盛时期。在世界的西方出现了较为发达的奴隶制国家审计制度。古希腊官吏离任经济责任审计，将世界奴隶制审计制度和实践，推向发展的高潮。而在同时期世界的东方，由于政治水平不同，我国审计制度暂时处于落后状态。

春秋战国时期，国家审计工作由丞相、御使、尚书等官吏兼任，在两个方面取得了突出的成就。

一是《管子》提出了“明法审数”这一古老而又著名的审计原则[①]。

2012 年《中国审计》邮票“审计萌芽” 西周 史颂鼎

“明法审数”的含义有二：①审计人员应熟悉有关法律，并依法行事；②审计人员必须清楚国家财政收支情况，并据此进行审计工作。这条原则之立意并不是直接针对审计工作而言的，但它无疑已成为国家审计人员从事审计监督工作的标准和原则。

二是统治者制定了有关的审计处理法规。这些法规集中体现在《法经》一书中。

《法经》是魏国之相李悝总结前人的立法经验，于公元前 400 年制定出来的我国第一部较为完整、系统的法典。其中规定：对上计报告不实、隐瞒欺诈者，视其情节轻重定罪；凡故意作弊，假造账册者，视情节轻重适当定罪；对于遗失会计账簿者，应追究有关人员的责任；不得故意毁坏账册上的印章，违者按盗

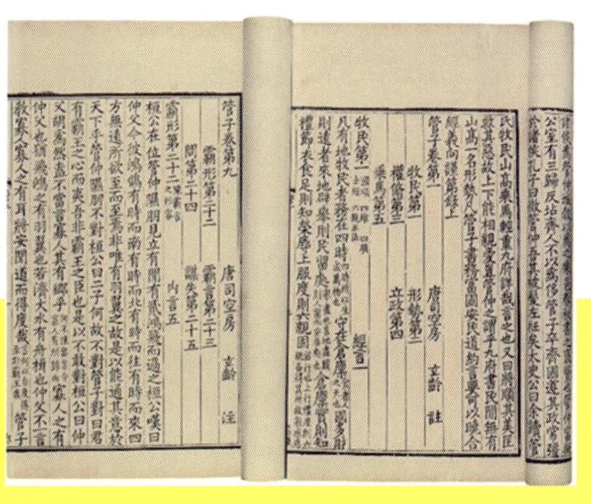

民牧民山高乘馬輕重九府詳哉言之也又曰將順其美匡
救其惡故上下能相親也
山高一名形勢凡管子書務富國安民道約言要可以曉合
經義向謹第錄上
管子卷第一　唐司空房　玄齡　註
牧民第一　形勢第二
權修第三　立政第四
乘馬第五
牧民第一　經言一
凡有地牧民者務在四時　守在倉廩　國多財
則遠者來地辟舉則民留處　倉廩實則知
禮節衣食足則知榮辱上服度則六親固

管子卷第九　唐司空房　玄齡　注
霸形第二十二　霸言第二十三
問第二十四　謀失第二十五
霸形第二十二　內言五
桓公在位管仲隰朋見立有間有貳鴻飛而過之桓公嘆曰
仲父今彼鴻鵠有時而南有時而北有時而往有時而來四
方無遠所欲至而至焉非唯有羽翼之故是以能通其意於
天下乎管仲隰朋不對桓公曰二子何故不對管子對曰君
有霸王之心而夫吾非霸王之臣也是以不敢對桓公曰仲
父胡為然盍不當言寡人其有鄉乎　寡人之有
仲父也猶飛鴻之有羽翼也若濟大水有舟楫也仲父不一言
教寡人寡人之有耳將安聞道而得度哉　管子

《管子》

李悝

窃罪处之，等等。

秦灭六国，结束了长期诸侯割据的局面，终于在公元前221年建立了我国历史上第一个统一的、多民族的、中央集权的封建专制主义国家。秦始皇废分封，立郡县，统一货币和度量衡，统一文字和车轨，下令摧毁战国时代各国边境所修筑的城郭，拆除了在险要地区建立的堡垒，大规模移民于西北与五岭等边远地区，修筑堤防，疏浚河道，兴建驰道，整治长城。这些措施对巩固全国的统一，加强中央集权的统治有重要意义。秦朝确立的中央集权制度，在以后各个朝代中得到承袭、巩固和发展。在我国的中央集权制度中，皇帝至高无上，有无限权力，政事不论大小，只能由皇帝一人裁决；全国划分作郡和县，郡守、县令一律由中央任命。俗话说，“君要臣死，臣不敢不死”。皇帝的话是圣旨，是最高的法律和法令。我国中央集权制的经济基础是封建土地所有制，地方地主权力小，无法和皇帝相抗衡，皇帝可以不受任何限制。可是在西欧就不同，封建领主在自己的庄园里主宰一切；强有力的封建领主、经济独立的自由城市以及自成体系的教会，制约了国王的权力。

汉承秦制。汉朝进一步巩固了秦朝建立起来的以封建中央专制集权为基本形态的政治格局。为了适应封建专制中央集权之需，秦汉专制皇帝“惧宰官之不修，立监牧以董之；畏监督之容曲，设司察以纠之”[②]，建立起一套由君主直接控制的监察系统，以实现对全国文武官吏乃至人民的全面监视。

这种“宰牧相累，监察相司，人怀异心，上下殊务”[③]的监察体系最初源于周代小宰之职，在秦时已经初具规模。秦汉在中央设御史大夫，掌管监察并担任副丞相，这既便

秦权

于协助丞相处理政务，又便于对丞相进行监督，有“典正法度，以职相参，总领百官，以职相监临”[④]的权力，对当时国家政务有很大的影响。御史大夫的主要职责是掌管法令规章、保管诏敕图籍法令、考课功绩和进行经济监督，所以其属官分成两个部分：一是以御史丞为首的部分，二是以御史中丞为首的部分。从职责分工来讲，御史中丞分管皇帝直接交办的监察工作，所以设在宫中。当御史大夫改为大司空以后，由于职务性质已经改变，御史中丞便与御史大夫脱离关系，到东汉时，御史中丞则成为御史台主，属少府，号曰“宪台”，专门行使国家监督。

秦汉时期御使监察业务中的审计工作主要有两大类型：

一是会计账簿审计。包括主持审理上计报告和审查皇室所有的会计账簿，即“御史察计簿，疑非实者，按之，使真伪毋相乱”[⑤]。

二是实施就地审计，即监理诸郡，如自秦汉始兴御史巡察地方各级官府的举动。

秦汉设机构，配官吏，实行审计监察，其主要依据是当时的法规制度。当时的许多法规，如《睡虎地秦简》《工律》《司空律》《金布律》和《田律》等，从会计核算、财物保管、官吏调任经济责任和违法行为诸方面，为进行审计工作提供了直接的法律依据。

在中国审计史上，秦汉时期与西周时期一样，只能算是奠基时期。与西周相比，审计组织已独立于财政部门，前进了一大步，但是，审计工作仍然是监察业务的一部分，尚未自成体系。

由此可见，无论是秦代还是汉代，封建统治者在建立中央集权专制制度的过程中，尽管没有将经济监督作为国家机器的一个独立的职能，但都在不同程度上注意到了进行审计监督的重要性。

二、发展时期

在中国国家审计史上，发展时期是一个非常重要的阶段。从某种意义上讲，它是处于混沌状态的国家审计之“绝响”，也开创了独立形态国家审计之“先河”。

三国两晋南北朝时期，虽然中国处于南北对峙、政权并立的所谓“乱世”时期，但总的来说战乱是短暂的，稳定是占主导地位的。由于政权的并立和对峙，各政权为了自身的生存和发展，大都采取了一些政治和经济的改革措施，使国家审计在和平与安定的间隙中取得了重大的突破，提高、充实和丰富了中国审计制度，其主要标志是出现了专职审计机构——比部。比部独立于财计部门，被审计史学家一致称颂为中国审计史上的一座里程碑。

作为审计机构的比部，源于三国曹魏时期的比部曹。据《晋书・职官制》记载：“至魏，尚书郎有殿中、吏部、驾部、金部……比部……度支、库部……三公、仓部、民曹……凡二十三郎。”青龙二年（234年），增都官、骑兵二曹，合二十五曹郎，比部有尚书郎一人。

尚书官名，最初出现于秦朝，隶少府。汉武帝时，为了强化君权，削弱宰相的权力，开始让尚书分曹办公。至东汉时代，正式以尚书台取代三公职掌，成为总理国家政务的中枢。三国时期的魏国，基本上沿用了尚书分曹办公的制度。至于比部曹隶属于何部尚书领导，由于史料罕见，不甚清楚。西晋尚书增至35人，东晋又减至15人，均含比部。南北朝时期也在机构设置中，适当地安排了隶属于吏部（或都官）的比部。

当时，比部主要负责三方面的事务：第一，对政府和部门经费开支和财务出纳进行财务审计。第二，主法制，考官吏，定刑赏。第三，负责传递、存档和保管诏书、律令和文书。显而易见，比部机构已完全独立于财政部门并同时具备行政监督和法律监督的性质。尽管比部事实上并未真正地发挥其职能作用，但它表明中国的国家审计正在发生深刻的变化，正在与萌芽状态的国家审计划清界限，而且，对后世审计组织的建设，也产生了积极的影响。

公元581年，杨坚篡夺北周王朝，建立了隋朝。公元589年，隋灭陈，统一全国。隋文帝创立的一些制度，为唐代所遵循。所以，隋朝年代虽然短促，仅有38年，却不能忽视它在历史上的作用。隋太祖在总结整理汉魏官制的基础上，正式确立了三省六部制度。在三省六部中，尚书省为全国政务之总汇，下设史部、礼部、兵部、都部、度支、工部六部，共二十四司。其度支部为国家财计主管机构，下统度支、户部、金部及仓部四大职能部门；都官部主管全国刑名及财务稽察。开皇三年（公元582年）四月，改“都官尚书为刑部尚书”。改度支尚书为户部尚书。将比部隶属于刑部，显然突出了比部的司法监督特性。隋炀帝以后，改诸司侍郎为郎中，并增设副职员外郎，至此，“比部郎中，员外郎各一人，掌勾诸司百僚俸料，调剑，逋欠，因知内外之经费”[6]，这就更清楚地说明了比部的基本职能是财务审计，即勾考国家机关的经费支出，各级官史的薪俸禄廪给受，以及财政收入，而对与刑部有关的逋欠财物的审查，则属于其附带工作。

隋朝比部体制建设比起奠基时期来，最突出的发展在于：将比部正式归于刑部之下，从而从组织体制上明确了比部的司法监督性质，为唐代比部建制的发展完善奠定了坚实的基础。

另一点值得大论特论的是，突出比部的财务审计职能，从而在官厅机构中确立了比部审计监督的地位和作用。这与前代笼统的“主法制”“掌诏书律令勾检等事”的职掌相比，是一个明显的进步。

如前所述，在三国两晋南北朝之前，审计职权一直主要分散在各种经济监察活动中。从三国两晋南北朝起，封建统治者对国家审计的固有特征、途径、制度和方向进行了有益的探索，从而引导国家审计以一个独立于财计部门的专业机构的姿态为日臻完善的封建专制统治服务。

事实上，经过三国两晋南北朝时代的酝酿，到了隋朝，我国比部体制的基本格局已经确立。唐代只不过是在此基础上加以发展完善而已。所以，严格地说，中国国家审计机构的研究应当自三国两晋南北朝时起。那时创建的比部体制经过隋朝的整理和总结，至唐代开始步入自身固有的财务审计轨道。

三、兴旺时期

唐朝是我国封建社会的盛世，“盛世”之誉驰名于世界。唐政权为了加强中央集权，因袭隋制而惩隋之弊，进一步发展和完善了隋以来的三省六部体制。

当时，在皇帝之下设中书省、门下省、尚书省。一般地说，中书省掌决策，门下省掌审理和封驳，尚书省为最高行政管理机关，下设吏、户、礼、兵、刑工六部共二十四司，具体负责执行各方面的行政事务，其中户部设本司、度支、金部、仓部、四司，总领全国财政大计；刑部设刑部、都官、比部、司门四司，总领全国“刑法、徒隶、勾复、关禁之政令”。比部是负责有关审计事宜的专业部门。

比部负责审查由基层职能部门和地方官府定期报送的会计报告。如《唐六典》记载：“诸司百僚俸料、公解、赃赎。成上、中、下差。凡京师有别借食本。每季一申省……比部总勾复之。”即每季的会计报告要上报尚书省，由比部进行审核。

审计官员的工作范围主要表达在《旧唐书·职官志》中这样一段话里：比部郎中、员外郎“掌勾诸司百僚俸料，公廨、赃赎，调敛、徒役、课程，逋悬数物，周知内外之经费而总勾之”；“凡仓库出纳、营选、佣市、丁匠功程、勋赏赐与、军资器仗、和籴屯收，也勾复之”。根据这两段文字，结合其他有关资料，可以知道，唐代比部的审计范围是较为广泛的，归纳起来，大致包括三个方面：第一，财政支出，包括中央和地方各部门的经费支出、中央机关各级官吏的薪俸禄廪支出、勋赏赐与支出、工程营建支出和军用开支；第二，财政收入和其他收入，指国家各项赋敛收入，以及赃赎、徒役和逃亡罪犯的遗物等项收入；第三，公库系统的出纳，包括仓储粮谷财物的支纳给受、丰年议价和籴谷物的出入和储藏。

加强制度建设，也是推动封建社会国家审计监督发展的重要步骤。在这方面，唐代也作出了自己应有的贡献。

唐代在发展国家审计的过程中，开始明确地涉及一些审计制度。这些制度详细规定了各种审计程序、送审时间和审计处理要求等重要事项。尤为引人注目、可以被后人借鉴的，是当时制定了考核审计官员的标准。据《新唐书·百官志》记载，当时吏部对所有官吏，视其职掌不同，分别立有不同的考功标准，其中对审计人员提出了“明于勘复，稽失无隐，为勾检之最”的准则。

“明于勘复”，是指应严格审查有关的会计账籍，保证会计资料的正确性、可靠性和客观性；“稽失无隐”，不仅指比部官员应充分地、公正地揭露错误弊端，而且指比部官员自身应客观公正，刚直不阿，不得因私隐匿事实真相。

一般地说，审计制度的制定，在一定程度上反映了当时国家审计所达到的水平。唐政权的统治者努力于此，确实是整个唐代国家审计完善的一个重要标志。

唐代是我国国家审计建制时期，也是我国国家审计兴旺时期，因而在审计史上值得大写特写。这一时期的审计遗产，是中华民族最优秀的精神财富之一，为后人提供了非常丰富的经验和指导。可惜，以后各朝代没有很好地加以总结、继承和发扬，致使中国封建社会国家审计的发展走了不少的弯路。

四、动荡时期

历史进入宋朝以后，中国审计发展迎来了它的第三个时期——动荡时期。对这段审计史进行考察，有助于从上下起伏的波浪式发展图景中识别出来有益的经验与教训。

宋朝审计制度的发展大致经历了两个交替嬗递的历史阶段：第一阶段从宋初至元丰改制，主要采用隶属于财政系统的行政模式国家审计制度，缺乏独立性和权威性成为这一时期审计制度最为鲜明的特征；第二阶段，元丰改制至宋亡，审计组织又划归比部主管，采用隶属于司法系统的行政模式国家审计制度。

宋初，最高统治者为了强化中央对财计大权的控制，将财计审计大权集于三司一身。所谓三司，指的是户部司、盐铁司和度支司。三司号称“计省”，三司使称“计相”，其职位仅次于宰相。

2012年《中国审计》邮票“古代审计”——南宋宣抚处置使司随军审计司铜印

这一时期审计建制的特点是在三司使下按照审计的对象不同设置审计机构。先后设立的审计机构有：三部勾院、都磨勘司、都理欠司、都凭由司、摧驱司等。其中三部勾院，即盐铁勾院、度支勾院和户部勾院之合称，各勾院分别置判官、勾复官各一人，负责审计全国各地粮谷钱物的出纳账籍；都磨勘司设判磨勘司官一人，以朝官充任，既复审全国各地所呈三部勾院的账籍，又审核三部本身的账籍；都磨勘司在南宋时与审计院并立，分别负责全国和诸军诸司的出纳账籍审计事宜；都理欠司，设判官一人，是一个专门负责清理债务的机构；都凭由司由判都理欠司官兼任，掌京师官物支付凭证的审批和注销事宜，凡是盐铁、度支、户部三部官物支付凭证，经审核无误，方盖印签发；催驱司由判三司开拆司官兼管，掌催促京城与京郊仓、场、库务等账簿凭证上缴审核之事；专勾司，设勾当官一人，由判三司开拆司官兼，分马兵、步兵两院，掌管军队粮饷出纳的勾考。专勾司到了南宋初年演变为审计院。

从当时的状况看，审计机构隶属于财政系统，是财审合一，显然有损于审计部门的独立性和权威性，因为这些审计机构都隶属于财计系统，财计机构的分组离合，势必影响审计体制的变动。加之审计机构本身不健全、不稳定，这种审计体制从一开始便留下随财计体制的变动而变动的后患。而且，宋初三司审计机构林立，事出多头，均由三司使总管，尚未形成一个统一的国家审计机构。宋初太祖太宗两代的审计工作略有成效，这在于除了统治者比较重视之外，有利的外部政治经济环境也是主要原因。到了仁宗以后，在官职冗滥、事权不一、军旅不精、经费不节的政治经济环境中，这种财审合一体制缺乏独立性和权威性的弊端便开始暴露出来。再者，二府三司的民、军、财权相互独立，互不相知，给财政收支管理和审计监督都造成一定危害，甚至出现了“财已匮而枢密益兵不已，民已困而三司取财不已”的怪现象。

元丰三年（1080 年）起，中国国家审计的这种局面开始改变了。

从这以后，直到元代，我们可以清楚地看到一些新的审计现象，证明国家审计又开始了改革时代。这些新的现象主要是唐代审计体制的回归。当时，宋神宗带头向旧官制发难，一举废除自宋初以来推行的“二府三司”体制，重新采用唐代“三省六部制”，由三司管理的业务又复归户部，同时将提取账司、都理欠司负责的审计业务归入仍隶属于刑部的比部。至此，一度夭折的颇具独立性的比部审计制度又得以再生，此后直至宋亡不废。

恢复后的比部体制、审计制度和审计程序基本上保持了唐代比部的风貌。比部为刑部第三司，设郎中、员外郎各一人，负责比部审计事务。

当时，宋初对审计人员的奖惩办法，在继承的基础上又有所提高。“元丰钩考隐漏官钱，督及一分赏三厘”⑦。即将原来的奖励 1/10 的标准，提高到 3/10。由此可见，统治者对审计监督工作是非常重视的。

关于比部的审计工作成效，宋史略有记载。据《宋史・食货志》记载：宗徽宗初年，吏习偷惰，自崇宁（1102—1106 年）至政和（1111—1117 年）前后 15 年间，比部共审查出违法事端 2 670 余件。所以，比部恢复后，积极开展工作，在财务审计方面曾一度取得了较大的成绩。

然而，时隔不久，自公元 1086 年 7 月起，经司马光倡导，在户部之下设都拘辖司，掌管全国财赋账籍的勾考，同时在户部之下设推勘检法官，掌管在京官司有关钱谷出纳勾考事宜，从而使宋代国家审计的发展又进入低潮。以后的审计机构虽然几经变革，但都是被隶属于财政系统的审计部门所把持。当然，看来无力与之抗争的比部审计并没有完全被架空，但总的来说其工作之展开已显得非常被动了。

可见，比部的外部审计作用事实上已流于形式，户部也在接二连三地滥设审计机构，侵夺比部之权，而这些机构往往又是因人因事而设，事毕遂罢，一哄而起，一哄而散，变动频仍，人浮于事。这种“头痛医头、脚痛医脚”的做法，从某种意义上讲，助长和怂恿了当时财计管理的混乱无序的局面，使北宋晚期财政经济蒙受了极大的损失。

最后，极有必要介绍宋代审计司和审计院。尽管它们是对内部审计机构的命名，但对后世国家审计机构的名称，有着直接的影响。元代的审计科、清末的审计院、民国时

中国审计博物馆复原的审计院景观

期的审计处和审计院，均渊源于宋代。

元丰改制后，在太府寺下设置左藏东西库、粮料科和审计司等25个职能部门，分管钱帛和财物等项出纳事项，其中审计司专门负责审查太府寺所属全部财物的出纳给受之数，它属于专门审查财物出纳的内部审计机构[⑧]。

审计院的设置出现在南宋初年，其前身是北宋时的“诸司诸军专勾司”。建炎元年五月，因避宋高宗赵构讳，改诸司诸军专勾司为审计院，与登闻检院、登闻鼓院、粮料院、官告院和进奏院一起，合称南宋“六院”[⑨]。

五、中衰时期

元明清三代，是我国封建社会最后出现的三个朝代。尽管审计机构隶属于监察系统——御史台和都察院，保证了审计工作的独立性和权威性，其机构之庞大，审计范围之广，是以前诸代所不可比拟的，但我们仍然称之为中衰时期。这是因为：

第一，元明清三代的审计业务只是监察工作的一部分，也就是说，当时缺乏独立的、专业性的国家审计机构；

第二，与同时期西方的国家审计相比，元明清三代的国家审计在整个世界国家审计中的地位显然已经降低。也就是说，当西方世界在民主政治的推动下大步走向现代国家审计之路时，我国的国家审计却仍然在封建专制的重压下痛苦地呻吟！

从全国政务的角度来看，元代中央行政主要分为四个系统，即管理政务的中书省、管理军事的枢密院、管理监察的御史台、管理宗教和吐蕃事务的宣政院。这四个系统互不统属，依照自己所管辖的事物的范围，“得自选官”，直接对皇帝负责。

其中，御史台是全国最高监察和审计机关，“掌纠察百官善恶、政治得失”。总台设大夫、中丞、侍御史、治书侍御史各二人，分管总台和所属各部门的监察和审计事务。御史台中央直属机构有殿中司，主管监察和审计在京的文武百官；察院，“司耳目之寄，任刺举之事”。地方的直属机构是诸道行御史台和诸道肃政廉防司。从中央到地方的监察官员都由御史台自选，奏准皇帝批准，这在历史上是绝无仅有的，说明了元代对监察和审计工作的重视和加强。

御史台官的审计范围扩大。据《元史・百官志》：“诸台官职……凡有司刑名，赋役……会计、司度、征收、营缮……勾稽……悉纠举之。”至正五年（1345年）制定的御史监察条例指出，委派监察御史，稽核各官府及仓储出纳账籍，对贪污和挪用官物者，派员纠察，“诸官侵使官物，或移易借贷者，委监察纠察”。由此可见，元代外部审计的工作重点已逐渐移至御史台，它表明了这一时期国家审计发展的动向。

忽必烈曾经说过，中书省是我的左手，枢密院是我的右手，御史台是我用来医治左右手的[10]。这三个系统再加上宗教思想上的控制，使皇帝能从多方面掌握各种政治情况，进而加强了皇权。

明 监察御史王忬佩的腰牌

中国政治的发展历程中，从明代至清代，历史上习惯于将它作为一个独立的比较完整的历史阶段进行研究。这一历史阶段上承2 000余年封建制度的发展，下启半殖民地半封建社会的开端。就国家审计的发展而论，这500多年也自成一个阶段。由于服从于高度集权的封建专制主义政治的需要，审计机构基本上隶属于作为监察系统的都察院，基本上保证了国家审计的权威性。

明初中央国家机关的设置，基本

上仍然沿用宋元旧制。在中央朝廷，设置中书省总行政、都督府主军事、御史台掌监察，三大府在主管范围内拥有较独立的职权，其中以中书省的权力最重。在地方上由行中书省总揽一省的军政监察司法事务，权力也较为集中。但是，当明王朝已经建立并初步巩固以后，这套组织形式就显得愈来愈与高度中央集权的政治制度相矛盾了。朱元璋继承并发展了中国封建社会历代最高统治者的治国秘诀之一，即在国家体制上极力做到中央权重，地方权轻；君主集权，臣僚分权；君主对重要事项拥有决策权，亲自驾驭国家机器运转，而各部门的职权则必须做到互相制约和监督。因此，洪武十三年（1380年），丞相胡惟庸案发之后，朱元璋借机对中央朝廷的官制进行了全面的、大幅度的变革和调整。

当时中央官制的改革主要包括以下几方面的内容：第一，撤销中书省和丞相一职；第二，提高六部的官秩职权，直接由皇帝领导指挥；第三，改御史台为都察院，改大都督府为五军都督府，使行政、军事、监督三权相互独立。至此，相沿1 000多年的宰相制度销声匿迹，封建专制主义中央集权政治已达到登峰造极的程度。作为政治制度的一个组成部分，明代的审计制度也随之发生一些变化。从审计制度的类型考察，明代的审计发展可以分为两个阶段：前一个阶段，是比部时期，大致从明初至洪武二十三年，即沿用唐、宋旧制，由比部独立行使外部审计职权。后一个阶段，从洪武二十三年至明末，为都察院的审计体制实施时期。

洪武元年（1368年），依唐宋旧制在刑部之下设总部、比部、都官部、司门部4司，其中比部改为刑部第二司。比部设郎中、员外各1人，主事6人。洪武二十三年（1690年），始分刑部4部为河南等12部，历时1 000余年的比部审计制度自此消亡。

洪武二十三年，外部审计由都察院和6科给事中行使。宣德十年（1435），在都察院下设十三道监察御史，分别负责全国各地的政治经济监察。在财计审计方面，监察御史“职责纠劾百官，辩明冤枉，提都各道，为天子耳目风纪之司”[11]，“巡视仓库，查算钱粮”。可见，御史审计的重点在仓库部门的钱粮出纳方面。除都察院系统的各种御使以外，明代还以六科给事中在京行使部分审计职权。十三道御使与六科给事中在当时被合称为“科道之官”。六科，即依六部分设吏、户、礼、兵、刑、工六科，稽查六部百司之事。其中，负责审计事宜的是户科。

都察院的御史和六科的给事中在具体职务上有一定的分工。一般而言，都察院的御使着重监察审计全国的官吏和一般机构，六科则是按吏、户、礼、兵、刑和工六部的业务进行对口监察审查，两者的关系是一种相辅相成的关系。

“清沿明制”。清朝结合满族的特点和需要，基本上沿袭明代的政体。中央以内阁为全国最高行政机关，以六部为政务执行机关。雍正八年（1730年），设置军机处，直接由皇帝控制，总揽全国军政、民政、财政大权，另设都察院负责全国政治经济的监察工作。

清代在审计制度建设方面较之明代有所继承，也有所发展。主要表现在，虽然分设御史、给事中之官，但整个外部审计集中于监察机构——都察院，开创了由监察系统全面负责审计工作的体制。当时称之为“台省合一”。

总的说来，无论中央或地方官厅，凡经费出纳，皆受都察院监察；各官厅所作报告，均须呈都察院审核稽考。这些审计事务一般由都察院户科和工科负责办理。

历史有时会出现奇特而有趣的现象。从不同的视角审视同一历史进程，可能会发现很不相同的，甚至迥然不同的景观。清朝的国家审计机构虽然不具有专业性，较之唐代是一个倒退，但它没有重复和并列的情况，具有明显的单一性和统一性的特点。它不仅是对中国有史以来审计机构多头重复的有益发展，而且为近代中国国家审计的建立奠定了基础。如果从上述意义上与过去进行比较，它确实是中国审计史上的一个高峰。但是，当我们将这个高峰移到全世界的坐标系上，就出现了完全不同的态势和景观。在这一段时期，西方国家正在经历产业革命和政治革命，不仅生产力突飞猛进，而且民主的浪潮一浪高过一浪。在国家审计领域，英国、法国和美国先后开始从民主政治的新层次上探索、建立和发展现代国家审计制度。如果以国家现代化为宏观背景，对东西方同一时期的国家审计进行比较，中国所取得的成就显然是黯然失色了。中国国家审计经过漫长封建社会的洗礼、折腾、浮沉和荣损，在后来的现代化进程中，已经落后了一个历史时代，犹如衰颓的老翁，失去了其原有和应有的活力和生机，而西方国家审计已经在工业革命的催化和社会变革的孵化，以及相对成熟的经济责任机制的条件下，开始在制约政府职能、加强民主政治方面龙腾虎跃、扶摇而上了。

注释：

① 《管子·幼官图》。

② 《全三国文》卷 21 载 夏侯玄《时事议》。

③ 《全三国文》卷 21 载 夏侯玄《时事议》。

④ 《汉书》卷 83《朱博传》。

⑤ 《汉书·宣帝纪》。

⑥ 《册府元龟》。

⑦ 《宋史·食货志》。

⑧ 《宋史·职官志》。

⑨ 李心传:《建炎以来系年要录》。

⑩ 叶子奇:《草木子》卷 3 下《杂制篇》。

⑪ 《明史》卷 73《职官二》。

第四章 趋同与逐异：民主政治的孕育

密纳发的猫头鹰要到黄昏到来才会起飞。

——黑格尔

一、趋同：民主政治的勃兴

在通向国家现代化的大道上，行进着两支浩浩荡荡的大军。一支是在病态和困境中不断调整、更新和发展的资产阶级大军；一支是20世纪初以来从帝国主义的薄弱环节中相继突破出来的无产阶级大军。尽管它们的国体或政体各不相同，但在建立国家机器的过程中，在财政经济体系上，基本上都建立了不同形式的现代国家审计制度。

使国家审计现代化的历史进程不断冲破旧的专制制度的樊篱向前迈进，这样一种不懈的动力究竟来自何方？

我们认为，现代国家审计制度的诞生不是偶然的，它有着极其深厚的社会背景。在这项伟大事业的背后，存在着一种无形的政治力量，这种力量就是近代世界民主政治的蓬勃兴起。

在专制制度下，国王或皇帝居于金字塔之顶，拥有至高无上的权力。笃奉着君权神授的信条，他们极力宣扬这一权力来自上帝或天。国王或皇帝的调节职能主要有两个方面：一是维持官僚机构的统一性和流动性，二是遏制官僚机构的腐化。但是，能否说由于有了皇权的调节作用，就可以有效地遏制官僚机构的膨胀和腐化，以保证官僚机构长期有效地运转下去呢？事实并非如此。历史规律告诉我们，人类的任何控制方法都不是万能的，当人们引进一种新的方法来解决某一类问题时，往往又会引出新问题、新弊病。正如童话中所讲的，魔法师让狗去看管羊群，为了监视狗不出差错，就命令一根棍子去监视狗，但怎么又能保证棍子不出毛病呢？国王或皇帝至高无上的权力和调节作用固然是凌驾于官僚机构之上的有效控制力量，但是又怎么能够保证国王或皇帝不腐化呢？事实上，由于国王或皇帝位于权力金字塔的顶峰，他上面没有别的力量可以控制他，所以，历史上国王或皇帝往往成为腐化的核心。上梁不正下梁歪。昏君常常是贪官污吏的总代

普天之下莫非王土、率土之滨莫非王臣
图为在印度莫卧儿王朝，国王被接受为不受任何监督的最终权力者和仲裁者

表，是吏制腐败的加剧者。

没有制约的权力必将导致权力的专横和腐化、欲望的失衡和泛滥。君主专制制度之所以产生令人难以置信的暴虐，从政体上讲是因为君主拥有绝对的权力，一切人都是他的臣民和奴仆，没有任何可以与之相抗衡或能够牵制他的合法政治权力和政治机构，除非采取宫廷政变和公开起义这两种暴力反抗的形式。但周而复始的是，罪孽的封建土地所有制及建筑其上的封建专制，对于“政变”和“起义”而言，不过是“换汤不换药”、治流而漏源的历史闹剧。正是基于这一严酷的事实，自古以来就有一些政治思想家寻求着政治运行的最佳方案，企图通过不同机构的设置来保障政治机器的正常运转，求得最大限度的政治协调和经济平稳。

14～15世纪，封建社会的叛逆者们向窒息着人类精神的封建专制制度，尤其是君权皇治这座壁垒发起了一次又一次猛烈的进攻。N・马基雅弗利（Niccolo Macchiavelli，1469—1527年）于1515年出版了《君主论》(IiPrincipe)，并于1531年出版了《罗马史论》(Discorsi)①。前者专论君主或专制政治，后者专论罗马共和国的发展，被誉为近代政治思想的先驱读物。16世纪，以法兰西斯科・浩特曼、朱理・布鲁塔和鲍埃西为代表的政治思想家组成的“反暴君派”，对君主专制制度进行了猛烈的抨击。他们尖锐地指出，君主专制制度是反社会的制度，在这种制度下，一切取决于个人专断，人民无权参与管理。所以，他们指出了“主权在民”“政府契约”“自然权利”和“人民在国王之上”的新思想，并从主权在民的原则中得出了必须限制王权的结论。英国1688年“光荣革

N·马基雅弗利在乌菲齐的雕像

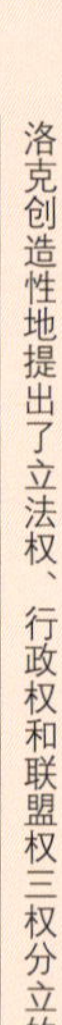

洛克创造性地提出了立法权、行政权和联盟权三权分立的思想

命”以后，洛克（John Locke，1632—1704 年）作为资产阶级的代表，在其成名之作《政府论》（上、下）（*Two Treatise of Government*，1690 年）中，总结了资产阶级夺权的经验，创造性地提出了立法权、行政权和联盟权三权分立的思想，从而确立了西方思想史上一个崭新的、颇具生命力的命题——“三权分立”。他认为，对人类的弱点来说，权的诱惑力太大了，倘若在同一人手里既有立法之权又有执法之权，那么，他们就容易不遵守自己所制定的法律，因而需要分权。这种分权，实际上是要求限制当时的王权，使自己代表的资产阶级能够从中获取部分权力。但由于他是一位君主立宪制拥护者，又极力保护王权，因此，洛克的分权学说实质上是一种带着阶级意义的等级分权。这种分权具有两重性，它既有利于资产阶级贵族和平民通过各种形式从君主那里分享权力，限制君权，同时又是向封建君主和贵族阶级妥协的产物，因为他要求承认并服从于国王的权力[②]。

法国著名的启蒙运动学者、资产阶级国家和法学理论的奠基人孟德斯鸠（Montesquieu，1689—1755 年）在 1748 年出版的《论法的精神》一书中继承并发展了洛克的分权学说。《论法的精神》共 31 卷，相当于 60 万汉字，系法国 18 世纪启蒙思想运动的政治、法律和哲学百科全书，是一部资产阶级政治法律学说的奠基性作品，被誉为“理性的法典”。孟德斯鸠认为，“不强迫任何人去做法律所不强制他做的事，也不禁止任何人去做法律所许可的事”；“从事物的性质来说，要防止滥用权力，就必须以权力制约权力”。这可以说是他的分权制衡学说的两块基石。孟德斯鸠认为，拥有权力的人都容易滥用权力，这是一条千古不易的经验。他把国家权力分成立法权、司法权和行政权三部分，指出：“当立法权和行政权集中在同一个人或同一个机关之手时，自由便不复存在了；因为人民将要害怕这个国王或议会制定暴虐的法律，并暴虐地执行这些法律。”权力不能合二为一，不

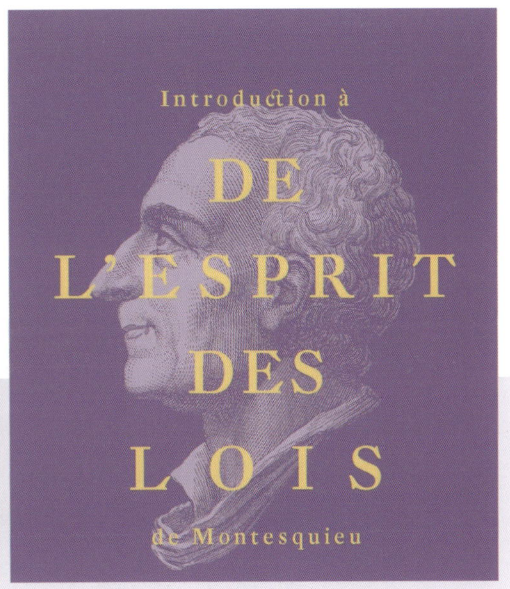

孟德斯鸠与《论法的精神》

能集于一手，这是洛克分权学说的进一步阐述。不过，与洛克相比，孟德斯鸠在分权史上的特色，主要不在于他的分权思想，而在于他所提出的制衡理论，即关于国家三种权力“彼此牵掣”和“协调前进”的学说。他认为，即便权力分而立之，也不是万事大吉的事，还必须以权力制约权力。根据孟德斯鸠所处的时代背景，他的理论是从洛克的带有阶级意识的等级分权，发展到比较明显的阶级分权，因为这一分权与制衡学说是在资产阶级反封建的斗争中发展起来的，它代表了资产阶级的利益，反映了资产阶级争取自由的要求。他认为只有权力之间的相互制约，才可能有真正的自由。当然，资产阶级的自由并非真正来源于分权，但是，正是这一分权与制衡理论的提出与阐述，使这一理论终于成为法国革命的指导思想之一，并引起了美国的独立和西方立宪运动的兴起。孟德斯鸠提出的这一理论原则，最终成为西方普遍遵循的一个宪法原则。

18 世纪法国著名的民主主义思想家卢梭（Jean Kacques Rousseau，1712—1778 年）在他的名著《社会契约论》(*Du contrat social*，1762 年）中，第一次完整地抛出了他的人民主权学说。他认为，“立法权力是属于人民的，而且只能是属于人民的”；国王和政府只是人民的代理机构；政府是根据与人民签订的契约创立的，政府的权力源于国民；虽然人民在签订国家契约时，为了自己和整个社会的利益，将自己的平等和自由交由国家和国家首领去行使，但是，人民的意志不曾交出；在人民签订的契约遭到破坏时，人民有权反抗，有权收回交给国家和首脑的权力[3]。这些理论被法国的革命战士用来打倒路易十六而得到广泛传播。事实上，卢梭的《社会契约论》在法国大革命中发挥了旗手和号角的作用，并成为美国《独立宣言》和法国《人权宣言》的蓝本。

在这些资产阶级启蒙思想家的民主思想的宣召下，一批又一批的资产阶级战士浴血奋战，同封建专制势力进行了针锋相对的斗争。在 17 和 18 世纪，以英、美、法为代表的先进国家相继建立了资产阶级的民主国家。“光荣革命”以后，英国资产阶级建立了按三权分立的原则确立起来的君主立宪政体。1792 年，法国资产阶级建立了法兰西第一共和国，并颁布了根据人民主权和三权分立的原则制定的新宪法。

美国宪法之父汉密尔顿和麦迪逊等，不仅从理论到实践把三权分立原则推进到了一个新的高度，而且使三权分立由过去的“等级分权”“阶级分权”进入到资产阶级统治权力之下的内部分权，从而使分权说有了实质上的差异。美国的独立及其宪法的制定，意味着向世界公告，彻底摒弃人类千百年来的封建专制制度。资产阶级以“分权学说”与“制衡原则”组成了国家权力机构。此时的国家权力之“分”已不是君主与贵族或平民的分权，而是一切统一于宪法之下的分权。

汉密尔顿认为，三权分立，各司其职，且“部门之间的相互制约甚至还是必要的”。他将孟德斯鸠的“以权制权”理论完全融于宪法之中了。1787 年的美国宪法规定：美国的中央政权是联邦政府，包括国会、总统和最高法院三部分。三权之间相互制约，任何一方不能随心所欲、为所欲为，从而对可能产生的新的腐败、专制和独裁在法律上予以了限制，从而对巩固资产阶级统治发挥了巨大的作用。

当然，在资产阶级私有制下，“人民主权”实际上是资产阶级的主权。资产阶级民主制下的议会、政府之类的国家机构，虽然不像在封建专制制度下掌握在君主一人之手，但它从来就不是由人民组成和建立的，而是由资产阶级组成和建立的。所以，资产阶级民主制只是用来巩固资产阶级专政的工具而已。

社会主义制度下的民主，才是真正意义上的民主。无产阶级专政的社会主义国家是人类历史上最高类型的新型民主和新型专政的国家。它与一切剥削阶级国家不同，不是少数人对多数人的统治，而是无产阶级领导的、以工农联盟为基础的、绝大多数人民对少数敌对分子的专政。所以，无产阶级专政的国家对广大人民来说是民主的，对少数阶级敌人来说是专政的[④]。1871 年，法国的无产阶级精英创立了巴黎公社，作出了无产阶级专政的第一次尝试。巴黎公社的一切权力属于公社社员所有，公社委员会是由普选方式产生的国家最高权力机关，行使最高司法审判、监督和检查权，领导所有的行政管理部门，同时，公社委员会委员应对选民负责，定期向选民报告工作，接受选民监督。与资产阶级议会不同，公社所建立的是立法和行政合一的新型政权机关。十月革命一声炮响，使社会主义制度在俄国广阔的土地上取代了资本主义。苏维埃政权作为一种无产阶级专政的新型国家，在政府体制建设方面有以下几个基本特点：第一，苏维埃是一种新型的国家政权的组织形式，它反映了无产阶级政权的民主化和群众化。根据民主集中制的原则，从苏联最高苏维埃到城镇、村庄、集体农场的苏维埃，组成了完整的、统一的国家政权的组织体系。各级苏维埃都是权力机关，它有着对其负责，从属于它的执行机关。它与群众有着十分密切的关系，它的成员是根据人民意志进行选拔和撤换的。第二，在国家机关的相互关系上，苏维埃制度不同于资产阶级国家的议会制和总统制。根据 1924 年和 1936 年的宪法规定，苏联最高苏维埃既是最高代表机关，又是唯一的立法机关，也是国家最高权力机关。国家行政机关和司法机关的权力都由它赋予。任何国家权力机关的权力都不能超过或平行于最高苏维埃。最高苏维埃通过它的常务工作机关——最高苏维埃主席团，直接管理国家大事。苏联人民委员会（后改称苏联部长会议）行使行政权，是最高执行机关，其成员由最高苏维埃任命，它必须向最高苏维埃及其主席团负责并报告工作。第三，苏维埃又是共产党领导工人、农民和广大群众的组织形式。共产党是苏维埃政权体系中的领导力量，它通过各级苏维埃实现对整个国家和社会的领导。

列宁苏维埃宣传海报

第二次世界大战以后涌现的一大批社会主义国家，都纷纷建立起具有本民族特色的民主政权组织形式。朝鲜民主主义人民共和国实行人民会议制。前南斯拉夫社会主义联邦共和国实行以代表团制为基础的自治民主制，政府包括联邦议会、联邦主席团和联邦执行委员会。前罗马尼亚社会主义共和国实行大国民议会制。《中华人民共和国宪法》的第三条规定："中华人民共和国的一切权力属于人民。人民行使国家权力的机关，是全国人民代表大会和地方各级人民代表大会。"全国人民代表大会和它的常务委员会行使国家立法权；国务院（即中央人民政府）是最高国家权力机关的执行机关，是最高国家行政机关，行使行政权。

由此可见，无论是资本主义国家，还是社会主义国家，它们在走向现代国家之路时，均有一个趋同现象，这就是从专制制度向民主政治的转化，而民主政治最基本的原则，就是分权与制衡。现代国家审计就是保障民主政治的核心——分权与制衡机制实现的不可或缺的方式之一，就是从经济监督角度出发对行政部门所承担的经济责任进行的一种制衡。

二、现代国家审计与政府经济责任

其实，"责任"含义的"责"字与"任"字在我国沿用已久，但二字连用则是从近代才开始的。经济责任作为一种经济关系早已有之，但形成思想体系和理论体系，则始于18世纪法国革命民主主义者的努力。无论是革命民主派的代表卢梭，还是雅各宾派政治家，均对经济责任的理论与实践，起过启蒙和推进作用。例如，法国政治家马拉一生以受托者自居，一生廉洁；罗伯斯庇尔被誉为"真正的受托者"。马克思在以公有制取代私有制的基础上，也建立了一整套社会主义的经济责任理论。这种以民主精神为精髓的现代意义上的现代经济责任关系，正是现代国家审计产生和发展的前提条件。

任何现代国家的功能从抽象意义上讲，至少应由两部分组成：一是立法机关，即以表达国家意志为主要职能的机关；二是行政机关，即以执行国家意志为主要职能的机关。前者通常有权用某种方式控制后者履行其职能的程度[⑤]。

现代西方学术史上大名鼎鼎的思想家马克斯·韦伯（Max Weber，1864—1920年）认为，议会民主的目的有二：一是选拔具有领袖才干的政治家；二是控制行政部门[⑥]。

著名的政治学家C·A·利兹（C.A.Leeds）在《政治研究》(*Political Studies*）中指出[⑦]：

马克斯·韦伯

立法部门对行政部门的控制方式包括：

（1）委员会的调查权。立法部门的各个委员会拥有调查权，不仅可以询问公务员和政府高级官员，而且在需要必要的信息时，可以召唤专家。

（2）质问权。立法部门应举行听证会，就政府政策和行政运转诸方面的问题，向政府提问。如果政府的回答不能令人满意，立法部门可以要求作更严格的调查。如果政府部门失去立法机构的支持，应全体辞职。

（3）财政控制。主要是指国家审计。国家审计通常是立法部门的职能之一。英国国家审计署和意大利审计法院均有义务向立法部门报告过去的公共支出情况。

（4）民政专员(ombudsman）控制。民政专员是政府特派员，专门负责调查平民投诉，保障公民权利。

显而易见，国家现代化就是政治现代化，它是一个抛弃专制制度，建立一种新型的政治秩序的过程。如果说在传统的专制国家，国家权力是绝对的私人所有，各级机构和官员只向国王一人负责，那么，在现代民主国家，任何行政机构均应对代表人民的立法机构承担一定的责任。这种责任可分为政治责任、行政责任、法律责任和经济责任四部分，是连接立法部门和行政部门，保证国家机器正常、有效地运行的重要纽带，是保证民主政治制度发挥作用的重要因素。缺少任何一个，国家机器就会经常出现故障，甚至后患无穷。在这四种责任中，经济责任是最基本的，从某种意义上说，它是一种测试（test），离开了它，不仅政府权力的运用会令人怀疑，而且立法机构的控制也不会被相信；它也是一种持续的提醒物，是一面镜子，将政府部门的全部活动折射到人民的眼前。

著名的政治学家E·A·里斯（E.A.Rees）在《苏联的国家控制》(*State Control in Soviet Russia*）一书中指出⑧：

所有政治体制研究的中心是国家性质的问题，而国家研究的中心则是控制和经济责任（accountability）问题。

经济责任与现代国家审计是密切相关的，是国家审计的直接目标和必然诉求。按民主制原则，所有政府行政机构和官员均受人民的委托，对公共资金和资源进行管理，所以，应受到严格的经济责任制度的约束。可以说，对这些受托管理者的经济责任加以监督，乃是现代民主政治的重要内容，它为滥用权力、贪污盗窃和效率低下设置了障碍，满足了使用公共资金必须光明磊落、公正廉洁的要求，并实现了公民负责行使主权的基本权力。一句话，没有近代民主政治，就没有现代意义上的政府行政机构和官员的经济责任；没有这样的经济责任，就没有现代国家审计制度。推动现代国家审计诞生的最深层动力，就是近代民主政治的孕育⑨。

三、逐异：现代国家审计的基本模式

从上述国家现代化的进程中，我们深切地感到了民主政治对于现代国家审计发展的巨大推动和支持作用，它改变了国家审计的发展走向：

传统国家审计源于专制集权，现代国家审计孕育自民主政治

专制政治的特点是神秘性、独裁性和随意性。这种制度下的传统审计是一种向上的审计结构，监督权逐级向上负责，最后集中到一人或数人之手。

民主政治的特点是透明性、民意性和科学性。这种制度下的现代审计是一种向下的审计结构，监督权对下负责，代表“民”对“官”进行审计监督制约。而且，民主的范围越大、民主的权力越真实，人民通过审计机构对政府经济责任的制约也就越强。

19世纪末20世纪初，一大批带着时代风尘的国家或前或后，几乎不约而同地推出具有独立性和权威性的国家审计制度，并速成蔓延全球之势，从而拉开了现代国家审计发展的序幕。可见，现代国家审计制度是建立在近代民主国家的基础之上的。

由于各国在社会制度、政治制度和发展程度上存在巨大的差异，在地理、历史、民族等方面存在巨大差异，这些国家审计机构的性质是各不相同的。

有的学者将现代国家审计分成下述六种模式。

（1）盎格鲁—撒克逊模式（包括美国、英国、爱尔兰和受英国传统影响的部分亚非国家）。其特点是：设置统一的审计组织。无论审计组织是否由议会组建，均与议会保持密切的联系，审计结果对议会负责。

（2）拉丁模式（包括法国、意大利、比利时和西班牙的部分审计工作）。其特点是：属于社团性组织，除西班牙外，一般不依附于议会，亦不与议会产生直接联系。

（3）日尔曼模式（包括前联邦德国、奥地利）。其特点是：虽然设置统一的审计管理组织，但以社团方式开展工作。审计组织无论是否隶属于议会，其拥有审计决策权的官员都受法律规定的制约。审计和咨询工作对议会和政府负责。

（4）斯堪的纳维亚模式。其特点与日尔曼模式相类似，所不同的是审计机构各司其职，互相协作。

（5）拉美模式。其特点是：审计工作在一般情况下由一个专门机构负责，但有时在一个国家里也可以有两个审计部门同时存在，其中一个部门负责审计工作，另一个部门负责司法监督工作。

（6）集中民主和集中经济国家的审计模式。其特点是：在一般情况下，审计工作由政府设立，该机构既可以是部级单位（如前苏联、匈牙利和捷克斯洛伐克），也可以是隶属于国家中央银行的司局级单位。

根据国家机构组织的分权制，可将国家审计机关分成具有立法性质、司法性质、行政性质和独立性质的四种模式。它们可以说是现代国家审计机构设置的基本模式[10]。

当然，上述划分法并不是绝对的。事实上，在有的时候，很难说这个国家的审计机关纯粹属于行政模式，而那个国家的审计机关纯粹属于司法模式。比如，西班牙审计法院隶属于立法系统，但它同时享有很高的司法权；日本会计检查院独立于三权之外，但它也享有司法权；前苏联监督机构和瑞士审计机构隶属于行政部门，但它同时与立法部门关系非常密切。我们之所以尝试作这样的划分，主要是为了论述方便起见。

注释：

① 北冈勋 杉本稔著：《政治学序说》，御茶の水书房，1987年版。

② 周敏：《对分权制衡原则的简略评介》，《法制日报》，1989年5月22日。

③ C.A.Leeds：Political Studies，日文版《政治の世界》，田中浩、安世舟译，御茶の水书房，1987年版，第88页。

④ 王邦佐、孙关宏、王沪宁主编：《政治学概要》，复旦大学出版社，1986年版，第110页。

⑤ ［美］F·J·古德诺著：《政治与行政》，王元译，华夏出版社，1987年版，第9页。

⑥ ［英］戴维·比瑟姆：《马克斯·韦伯与现代政治理论》，徐鸿宾等译，浙江人民出版社，1989年版，第120页。

⑦ C.A.Leeds：Political Studies，日文版《政治の世界》，田中浩、安世舟译，御茶の水书房，1987年版，第308–309页。

⑧ E.A.Rees：State Control in Soviet Russia，Macmillan Press，1987，p.1.

⑨ 文硕：《民主政治与现代国家审计》，《审计理论与实践》，1988年第12期，第16页。

⑩ 文硕：《现代国家审计》，《审计研究资料》，1989年第1期。

第五章 立法模式国家审计的开拓者——英国

现代立法国家审计的兴起，论过程，是演进的，但论结果，则是革命的。

——文硕

1680 年审计长座椅

立法模式国家审计机构派别，亦称英美派。顾名思义，这一派别的旗手是英国和美国。现在，世界上大部分国家都选择了这一模式，或充实，或损益，或发展，促进了英美派的进一步完善。

英国在掀起世界民权运动、建立合理财政制度的暴风骤雨中，最早打出了立法模式国家审计的旗帜。在这面迎风飘扬的旗帜下，监督行政部门经济责任的职权，由代表人民的议会掌握，开立法模式国家审计制度之先河。

一、对立法模式的探索

从政治结构的变迁来看，英国之所以能够最早建立资产阶级立法模式国家审计机构，与其早有资本主义国家政体的雏形——议会制度有关。

英国民族是世界上第一个政治民族。英国人民始终认为自己有责任掌握国家的命运。英国人最自豪的是他们的“自由”，他们自称是“生而自由的英国人”(free-born englishmen)。“自由”意味着反对压迫、反对暴政、反对侵犯人民的权利。尽管它听起来有时显得空泛和抽象，但在具体的历史时期，它又确实有具体的内容。

“自由”最早是在贵族与国王的斗争中确立的。贵族与国王进行斗争所留下的最重要的成果，就是大宪章和议会。1215 年 6 月 15 日，封建领主强迫英王约翰签订了世界审计史上著名的文件——《大宪章》(*Magna Charta*)。其中第 12 条款规定：国王在没有征得贵族同意时，不可随意收取贡赋，也不能任意向臣民勒索财款。这一文件的签署不仅使英王将批准国家赋税、监督国家财政的政治权力交给了议会，而且首次确立了这样一个原则，即国王的权力不应是无限的，它应受到某种制约；国王应在法律的控制之下。《大宪章》后来成为资产阶级要求权力分解、相互制约的法律依据，同时也为英国乃至世界现代审计的发展，奠定了政治基础。

1668 年“光荣革命”以后，1669 年又颁布了一部限制王权和保障议会权力的宪法——《权力法案》(*Bill of Rights*) 其中除宣称常备军为非法这一条外，所有的条款都是“自古就有的权力”，比如定期召集议会，议会言论自由，国家的赋税由议会决定，国民有请愿的权力，等等。但问题的关键不在于条款，而在于：是议会缔造了一个国王，这个国王根据议会的条件登上王位，并服从议会的法律。 如果不是议会的选择，这个国王是不能取得王位的。反过来说，议会既可缔造国王，也可以废除国王。国王成为虚悬的职位，议会下院才是权力的中心。议员由全国各地产生，选举结果将决定政府的去留。内阁既然由议会的多数派组成，它就必须对议会负责，也就是服从选民的选择。在这样一个体系中，议会负责立法，内阁负责行政，政府对议会负责，议会受选民制约。因此，

《大宪章》(*Magna Charta*)

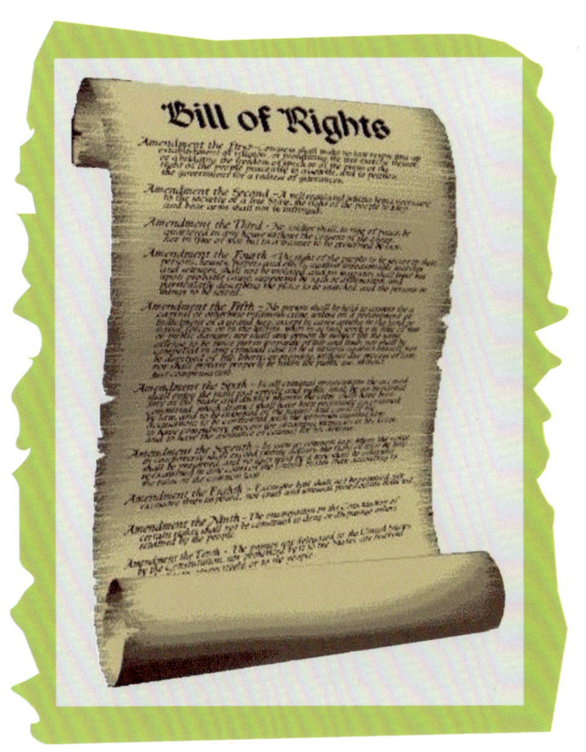

《权力法案》

从内涵上看，这是一种向下的权力结构，选民意向影响国策的制定。从此以后，国王附属于议会，而不是议会附属于国王。一个人统治国家的时代宣告结束，在以后的年月里，统治国家的将是议会——它虽然还不是真正的人民代表，却是一个由国家最富有的个人组成的团体。

有了这样一个合适的政治制度作保障，英国率先跑到了国家审计现代化的起点上。不过，“光荣革命”以后的近 150 年中，这个具有民主内涵的政治结构，却因不民主的手段而改变方向，成为寡头政治的工具。古怪的议会选举制将向下趋向的民主制翻转了过来。所以，英国的现代国家审计尽管早就被时代召唤着，但并没有一次到位，它在历史的曲折中挣扎着，逐渐向现代国家审计的大门迈进。

英国国家审计的现代化起步过程可以从两个方面加以考察：

一是监督国库的收支。在诺尔曼时代，这种权力由初级审核厅（the Lower Chamber）掌握，凡现金必须经它支付、秤量、检验；凡需要款项时，都从这里发放。1785 年，根据《更好地检查和审计本国王公共账目的法案》(*Act for the Better Examining and Auditing of the Public Accounts of this Kingdom*)，取消国库审计官（Joint Auditors of the

约翰·纽坡特（John Newport），1834—1835 年国库审计长

托马斯·斯坡林·莱斯（Thomas Spring Rice），1835—1866 年国库审计长

Imprest），组建了五人审计委员会（Five Commissioners）。该委员会拥有审查各部门公共账目的最大且最严格的权限①。1834 年，颁布了修订审计制度的法案。改设国库审计长（Comptroller of the Exchequer），负责国库公款的监督。财政部倘若不事先征得国库审计长的同意，不得从国库支付公款。审计长系终身职务，非经两院决议不得令其退职，而且，限制他不得兼任议席，从而保证审计长不介入任何政治纠纷，能以超然地位行使监督职权。因此，议会可于国库发放经费之时，加以严密监督，保护人民的利益。

二是监督从国库领款人员的支出账目。这种权力由高级审核厅（the Upper Chamber or the Exchequer of Account） 掌握，凡收受行政官和其他人员的各种报告，只要出现法律纠纷，均由该审核厅负责处理。尔后，改组为国库法庭（Judicial Court of Account），取消了财务监督职权。伊丽莎白时代，又任命国库预付金的审计人员，负责对会计人员的支出事项进行监督。1785 年，成立审计委员会（a Board of Commissioners），继续行使国库预付金审计人员的职权。4 年后，又将地税收入审计人员的职权交由该委员会掌理。

由此可见，当时的审计监督制度并不统一，而且，审计效率也不太高。这套制度主要有两大缺陷：

（1）主要由作为行政机构的财政部自行审核，故国家审计实际上是政府部门的内部审计，缺乏超然独立的地位；议会的经济监督只是间接的，而不是直接的。

（2）审查后的决算报告不报送下院，导致下院不了解经自己批准的经费由国库发放后使用的情况如何。

因此，英国国家审计现代化的下一步行动是：如何进一步完善现有的审计监督体制，也就是说，一方面加强议会对经费使用情况的监督，另一方面建立能真正体现立法监督思想的国家审计监督制度。1831 年，詹姆斯・格雷厄姆（James Graham）出任海军大臣；1861 年，下院设立决算审查委员会，为英国国家审计改革掀起了两次小小的高潮。

詹姆斯・格雷厄姆（James Graham，1792—1861 年）

格雷厄姆在海军预算演说词中，积极主张对各项支出的预算数与实际发生数进行调查，并强调海军部每年应将资产负债表呈送下院，所以，议会于 1832 年通过《海军账目法》（*Navy Accounts Act*），要求海军部每年应向下院报送决算报告。当时，高级海事法庭第一个依法向下院呈送了有关决算资料。这项规定和做法于 1846 年推广到陆军和军械所，到 19 世纪 60 年代出现了需经下院审查的会计账目愈来愈多的现象。但是，议会的大多数成员并不具备审查会计账目的能力，因此，有必要设置一个独立的专业机构来完成这项审查任务[②]。

1856 年，下院设立公共资金委员会（Public Money Committee）。该委员会审时度势，提出了三项建议：

（1）要实施有效的经济监督，必监守国库金的发放；

（2）议会必须自设超然的审计机构，负责审查公共资金的使用情况，并将审计结果

威廉·埃瓦特·格拉德斯通（William Ewart Gladstone）作为1859—1866年的财政部长，大力推动对英国国家审计改革，其主要标志就是《国库和审计部法案》

向议会报告；

（3）这种立法性质的经济监督，应普及到海军部和陆军部以外的一切行政机构。

这些建议提出以后，在议会马上引起强烈反响。1861 年，议会公布议事章程（a Standing Order），规定在下院应设立常设委员会（a Standing Committee）(后改称决算审查委员会）专门负责对决算进行审查，并向议会进行报告。

1866 年，议会通过了《 国库和审计部法案 》(*Exchequer and Audit Department Act*)。根据该法案，凡是英国岁入，均以国库公款的名义，存入英格兰银行和爱尔兰银行；它的所有权属于代表人民的议会，而不属于英王，并受议会的监督。该法案还规定，政府的一切收支，应由代表议会、独立于政府之外的主计审计长实施审查，主计审计长由英王任命，但只有经过议会两院的一致同意，才能令其辞退；主计审计长下属官员的任命，属于财政部的权限；国库审计部的组织，由主计审计长决定，但需经财政部的同意。1867 年，根据《国库和审计部法案》，成立了国库审计部，统一实施国库监督和经费账目检查。主计审计长（Comptroller and Auditor General）的全称为“国库收支主计长和公共会计审计长”(Comptroller General of the Receipt and Issure of Her Majesty's Exchequer and Audit-General of Public Account）[③]。

英国之所以能在立法监督方面完成国家审计的现代化，完全依赖于众议院决算审查委员会（the Committee of Public Account）。主计审计长代表议会进行审计工作，在审查过程中，与决算审查委员会保持密切的联系。该委员会的调查工作基本上都以主计审计长的审计报告为基础。

决算审查委员会的任命在每年 1 月或 2 月召开议会之前，根据下院条例处理。条例指出[④]：

> 应该有一个重要的委员会，叫作决算审查委员会，以便审查所有的账目，包括为满足公共事业而由议会拨给的款项，以及为委员会认可并报议会的账目。
>
> 本委员会不能超过 15 名成员，成员均于每届议会召集时由推选产生，其法定人员为 5 名。
>
> 委员会可以要求有关人员、文件和档案到会，可以不定期地发布通报。

委员会的构成反映了议会的构成。传统上，委员会的委员长由在野人士担任，正常情况下，由一名具有财政工作经验的前财政部政务次长担任。财务秘书是本委员会的成员，但在通常的情况下只有发言权，而无表决权。主计审计长和财政部高级职员一人，均常列席，以备咨询。其中主计审计长本来就是决算审查委员会的技术顾问，他们可以向委员长就审查问题的内容和可能的质问，提出参考性意见；财政部官员代表行政，回答人们就审查内容或财会单位出示的证据提出的一般性问题。

决算审查委员会在下院通过预算委员会就过量开支作出制裁以前，负责审查一切费用拨款过多的案件。

决算审查委员会没有行政权，只有建议权，与政治无关。政治是议会与政府之间的事。它的职权在于根据议会通过的政策，监督各行政部门的经济责任。

所有预算金额的账目和其他账目，均由决算审查委员会审查，然后，向议会报告，如概算形式和预算项目是否合理？各项经费支出是否经济、有效？应如何改进政府会计的方法和制度？对实际支出超过预算的金额，决定是否应建议议会予以追究？对违法的官吏，建议应如何处罚？不过，在实际工作中，所有账目都是先由主计审计长提出决算报告，然后由委员会进行严格检查。

决算审查委员会在审计报告中提出的种种建议，均供财政部和有关部委参考研究。对这些建议的评论或具体意见，均由政府通过财政部的会议记录公开披露。所以，审计报告中的建议是否实行，仍待决于财政部。若同意建议，立即通知收支机关遵行；若不同意者，则详细陈述其理由。

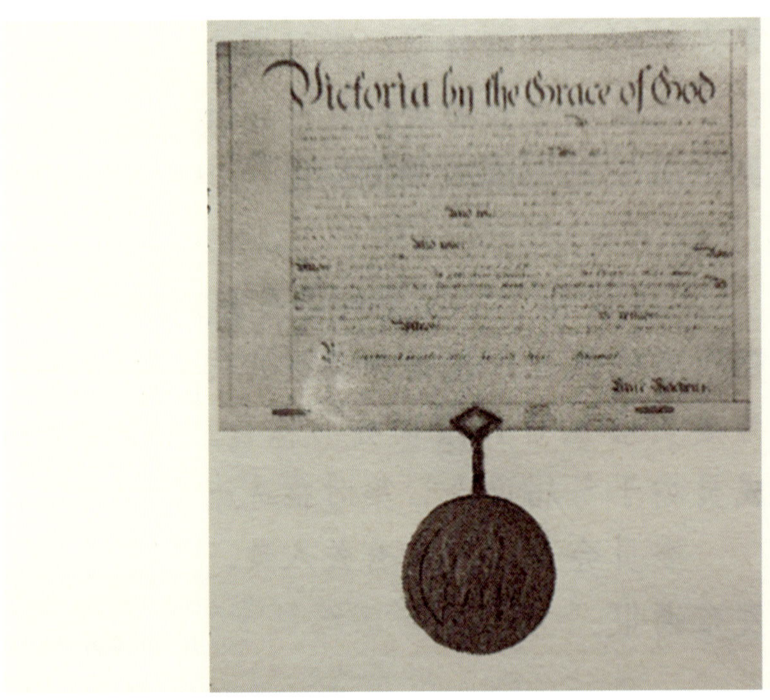
Victoria by the Grace of God

1866年英王对第一任主计审计长的任命书

二、挑战书:《国库和审计部法案》

1866 年 6 月 28 日,《国库和审计部法案》在伦敦议会的通过，不仅标志着现代英国国家审计制度的建立，而且宣告了世界上第一个现代立法模式国家审计制度的诞生。在英国人民争取财政监督权的过程中，这次具有历史意义的改革对于英国乃至整个世界国家审计的现代化，作出了开拓性的贡献。

世界著名的审计学者 E・莱斯利・诺曼顿（E.Leslie Normanton ）在评价这部法案时指出[⑤]：

> 1866 年，在伦敦的议会通过了一个法令。它更改了英国的国家审计和公共会计机构，以便既满足众议院及其所属的决算审查委员会当时的要求，又满足财政部这个行政部门财力管理方面的要求。这个新法律称为 1866 年《国库和审计部法案》。很多年来，很少有官方的和立法的举动受到如此赞扬……这次国家审计制度的改革不仅是必要的，而且是姗姗来迟的。

英国的宪法偏重于立法权，所以，从理论上讲，政府的支出应由议会给予信用，政府的决算应受议会审核。但实际上由主计审计长负责这项任务。故该法案充分体现了财务之立法监督的精神。

《国库和审计部法案》由 47 条款组成，相当于汉字 6 000 字。现分别介绍主计审计长的主计和审计职责的主要内容[⑥]。

1. 主计的职责

该法首先指出：“为了加强国库和审计部的工作，管理公款的收入、保管和支出，有利于账目的审核，特制定本法。”

国库发放既定费（consolidate fund service）和岁定费（supply service）两

CHAPTER 39.

An Act to consolidate the Duties of the Exchequer and Audit Departments, to regulate the Receipt, Custody, and Issue of Public Moneys, and to provide for the Audit of the Accounts thereof. [28th June 1866.]

'WHEREAS it is expedient to consolidate the powers and 'duties of the Comptroller of Her Majesty's Exchequer and 'of the Commissioners for Auditing the Public Accounts, and to 'unite in one department the business hitherto conducted by the 'separate establishments under them; and to make other 'provisions for the more complete examination of the public 'accounts of the United Kingdom:' Be it therefore enacted by the Queen's most Excellent Majesty, by and with the advice and consent of the Lords Spiritual and Temporal, and Commons, in this present Parliament assembled, and by the authority of the same, as follows:

Short title. **1.** This Act may be cited for all purposes as the Exchequer and Audit Departments Act, 1866.

Definition of terms. **2.** In this Act "the Treasury" shall mean the Commissioners of Her Majesty's Treasury for the time being, or any two or more of them; "the Bank of England" shall mean the Governor and Company of the Bank of England; "the Bank of Ireland" shall mean the Governor and Company of the Bank of Ireland; "the National Debt Commissioners" shall mean the Commissioners for the Reduction of the National Debt; "principal accountants" shall mean those who receive issues directly from the accounts of Her Majesty's Exchequer at the Banks of England and Ireland respectively; "sub-accountants" shall mean those who receive advances, by way of imprest, from principal accountants, or who receive fees or other public moneys through other channels; "the Secretaries of the Treasury" shall include the Assistant Secretary.

《国库和审计部法案》

种。前者系根据国库的继续法案，自国库统一基金拨付的费用；后者系由国会某一委员会每年重新议定的费用。两者的拨付程序不完全相同。

监督既定费的程序是：

（1）议会制定拨款法案的总额；

（2）英王颁布命令，依上项总额交付财政部加以处理；

（3）财政部依据上项命令，编制请款书（requisition）呈送主计审计长；

（4）主计审计长负责审核财政部请求的信用，如果没有异议，则就岁定费项目之下需要的金额，送交信用准拨证（a Grant of Credit）给英格兰；

（5）有了这个证明，财政部才能随时就所需款项以支付命令通知英格兰银行，自国库往来账户（exchequer account）的存款，转国库支付总监（paymaster general）的账户，以备支用；

（6）英格兰银行在支付以后，马上将转账金额及其预定的用途，通知主计审计长，让他们知道财政部与英格兰银行发放金额的数额，看是否与其核准拨发的数额相符；

（7）如果不遵照上述各程序办理，则负赔偿的责任。

监督岁定费的程序是：

（1）在每季之末，财政部编制岁定费需用金额表，请求主计审计长给予信用；

（2）主计审计长一经证明所需款项系议会核准之数，则送交信用准拨证给财政部；

（3）由财政部命令英格兰银行转拨信用于各支用机构的账户上。

由此可见，既定费与岁定费的监督程序并无实际上的不同。只是对岁定费的监督，不需要英王的命令。

2. 审计的职责

一般而言，主计审计长的主计业务不仅简单，而且省时。至于审计业务，则既复杂又繁忙。审计人员的职责包括检查财政部的收入与支出和监督公共部门的账目两方面。

1866 年审计法案的主要条款包括：

第 3 条指出，主计审计长由品行优秀的国民担任，然而，女王可以根据议会上下两院提出的理由免去其职位。担任主计审计长职务的人不能在国王管辖的部门或国王委任的大臣管辖的部门里兼职，亦不能在任期内被选为下院的议员和代表。同样，议会的议员也不能担任主计审计长。

第 5 条规定，主计审计长享有的权力和义务与国库主计长和负责审核国家账目的审计员完全相同。

第 6 条规定，主计审计长因死亡、辞职或其他原因缺位时，女王可以推荐、任命一名继位人。该继位人享有与主审计长同等的权力、威严和义务。

第 10 条规定，关税局和国内税务局，应按照财政部规定的时间和规则，将款项分别存入英格兰银行和爱尔兰银行设立的“国库往来账户”(the Account of Her Majesty's Exchequer)。所有拨给国库的其他公款都应记在前述账户的名下。这类拨款的账目应按财政部规定的方式，每天报送主计审计长检查。

第 11 条规定，上述两行的总裁和职员可以把存入英格兰银行和爱尔兰银行中国库往来账户的所有款项，看成是在他们的账户上建立的一份总基金；财政部为公益事业向上述两银行开出的，并经主计审计长同意的所有支票都可以从该总基金中得到兑现。

第 18 条规定，财政部对英格兰银行和爱尔兰银行所存国库的公款账目进行管理，并由主计审计长审查。

第 22 条规定，有关部门应在本法规定的日期或在此之前，编制拨款年账 (annual account of the appropriation)。年账编制好之后，由有关部门在规定的日期内报送主计审计长和财政部审核。主计审计长审核无误后，做成报告书，然后，将该年账连同报告书呈交下院。财政部有权决定这种年账应由哪些部门编制并提交主计审计长。主计审计长应审核账目并作书面证明和报告；报告书上应有审计长的签名。

第 23 条规定，为满足各个部门的要求，账簿的格式应按财政部的规定来设计；财政部有权规定每个公益事业部门的记账方法。

第 25 条规定，负责编制拨款账簿的部门应按主计审计长的要求，向他们报送拨款年账并附上该年账的资产负债表，以说明在前述拨款账簿结账时，该部门总账的借贷双方的余额，以便主计审计长审核拨款年账的余额。但是，如果主计审计长认为合适的话，可以要求上述部门提交一份已证明了的报表，以代替资产负债表。

第 28 条对主计审计长查阅会计部门的账簿的权限，作出了规定。它指出：为了审计工作的顺利进行和会计部门工作的展开，主计审计长有权随时查阅会计部门的账簿和其他文件。他还可以要求有关部门定期地或

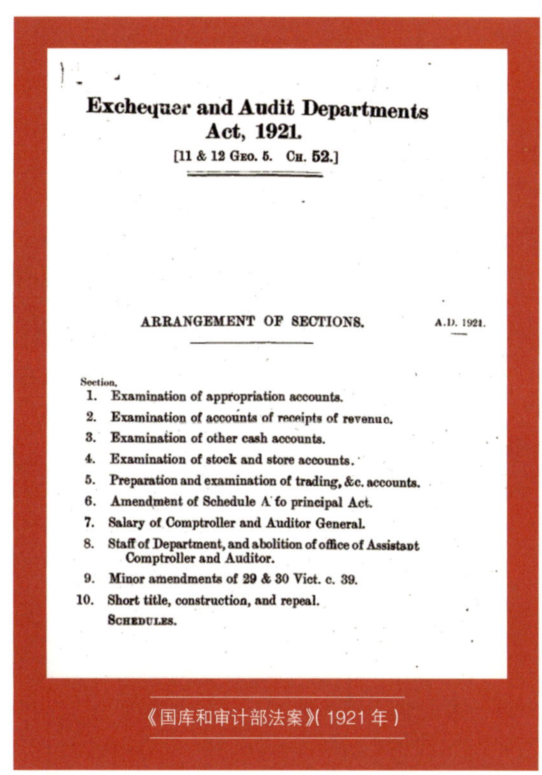

Exchequer and Audit Departments Act, 1921.
[11 & 12 Geo. 5. Ch. 52.]

ARRANGEMENT OF SECTIONS. A.D. 1921.

Section.
1. Examination of appropriation accounts.
2. Examination of accounts of receipts of revenue.
3. Examination of other cash accounts.
4. Examination of stock and store accounts.
5. Preparation and examination of trading, &c. accounts.
6. Amendment of Schedule A to principal Act.
7. Salary of Comptroller and Auditor General.
8. Staff of Department, and abolition of office of Assistant Comptroller and Auditor.
9. Minor amendments of 29 & 30 Vict. c. 39.
10. Short title, construction, and repeal.
SCHEDULES.

《国库和审计部法案》(1921 年)

不定期地向他报送现有的会计账簿。

第 32 条规定，如果财政部在规定的日期内，没有将主计审计长关于拨款账簿和既定费支出账簿的审计报告呈送给下院，那么，主计审计长应立即向下院呈送该报告。

第 30 条规定，主计审计长在审核账目时，可以根据具体情况，承认未盖章的收据的效力是合法的。这种批准只能在他认为合理并对公益事业有利的情况下作出。

第 43 条规定，会计官对主计审计长不核准或指控其账目不服时，可以向财政部申诉。财政部应进行进一步的调查，并作出公正、合理的决定，可以完全或部分撤销对上述人的不核准或指控。这时，主计审计长对财政部的决定不同意时，可以保留意见。

第 44 条规定，财政部认为适当时，可以免除有关部门向主计审计长呈送某些账簿的义务，不过，这类账簿只限于公款收支表以外的账簿。而且，他可依照法律、惯例和他的决定，使这类账目免受审核。但是，财政部决定的免受审核的账目记录副本应提交议会。

一般来说，当时，初审工作由财政部会计官办理，复审工作则由国库审计部的审计人员办理。前者系财政之行政监督，后者系财政之立法监督。

此外，1921 年的修订法规定：收入账目和物品账目，亦须由主计审计长审查后呈报议会，并规定各部经营的造船业、制造业和工商业编制的收支决算报告表，连同资产负债表和财政部规定的费用明细表，报送主计审计长审核。

总的看来，这部法案的内容是丰富的、深刻的。它第一次从法律上将数千年来沦为最高专制统治者手中的工具的国家审计，变成反对专制、追求民主的一把利剑。也就是说，它是英国议会向承担经济责任的行政部门和官员提出的挑战书，是现代国家审计借以宣告独立于行政部门的宣言。它彻底结束了传统国家审计的时代，为英国国家审计的现代化奠定了坚实的基础。

《国库和审计部法案》的颁布，使英国的国家审计在全欧洲乃至全世界声名鹊起。后起之士在它的影响下，奋起图进，尤其是美国、加拿大、澳大利亚、前南斯拉夫、前罗马尼亚和前波兰诸国的继起，使一个采用立法模式的发展风暴席卷全世界。

三、在战斗中茁壮成长

19 世纪时，合规性审计是审计人员传统的正式职能的全部，它是维持行政管理和财务行为的秩序和纪律所不可缺少的一项控制职能。但是，在现代国家复杂的经济活动中，它明显地表现出严重的缺陷。这就是，它不关心行政活动的经济性，对改善、简化、合理或改革丝毫不感兴趣，只是一个消极性的控制行为。

进入民主时代以后，政府每年都要动用巨额的开支，行政工作的失误有时会造成

1860 年红色预算箱：
在 1860—1965 年之间财政部长一直用它来作为预算公文包

惨痛的损失。最铺张浪费、最愚蠢、最计划不周的经济行为在法律意义上经常是“合规的”。许多人指出：行政人员的过失要比会计人员的过失带来更多的经济损失。

于是，从合规性审计的局限中解脱出来，将国家审计调整为对现代国家令人头痛的行政问题进行控制，成为许多西方国家改革和完善国家审计的重点。

在英国，是否在议会控制会计账目的早期就已经考虑过要使国家审计超出合规性审计的范围，至今还是一个谜团。在 1866 年《国库与审计部法案》中，丝毫没有提到在合规性控制之外再增加审计长的职责。只是他全面负责“验证和报告”账目，而对这种报告的范围却未作界定。还是从很早的时候开始，他就获准在行使其职责时可以在实际工作中享有相当大的自决权。

对于大多数国家部门来说，合规性审计是一件让人欢喜让人忧的新鲜事，对于庞大的陆军和海军各部门来说，尤其如此。它们在 20 世纪已习惯于远比其他国家机构享有更多的保护和自主权，又是最大的用钱户，因此，它们极不欢迎这项审计监督。在 1876 年对陆军部的账目全面实施严格的审计之前，甚至连财政部的高贵地位也受到警告。他们经常告知主计审计长，“你面临的任务有些棘手，因而最好尽可能取得本部门的合作”。主计审计长决不能“妨碍法律赋予国务大臣的自决权”，也不能“削弱或损害他的权力”。

这些警告并不是毫无根据的。多年以来，军队和主计审计长之间一直争论得喋喋不休。但正是这些争论，才使得主计审计长与决算审查委员会（事实证明也与谨小慎微的财政部）结成联盟，其权力得到了巩固和扩展。1877 年，军队总会计师宣称，主计审计长与管理军饷和津贴的“皇家御令没有任何关系”。决算审查委员会不同意这一观点，认为，主计审计长有权“在其有关军队拨款账目的报告中就其认为有必要的任何问题向议会陈述自己的观点”。在1881年的一次有关水兵的论辩中，财政部坚决主张[7]：

主计审计长有权决定，为了行使他的法定职能，需要哪些信息，在向议会传达他所拥有的与其报告的账目有关的任何信息时，他必须行使自决权。

1887年，陆军部发起攻势。主计审计长追问，为什么要以20先令价格与一供应商达成一项购买勋表的合同，而取消了另一厂家以14先令就能达成的合同？军方拒绝给予答复，理由是，《国库与审计部法案》并没有授权他“插手行政事务”。对此，决算审查委员会作出了重要声明：

如果主计审计长在其审计过程中了解到的事实表明，存在着不合理的开支或公款的浪费，他有责任提请国会对此加以注意。

财政部对此作了进一步阐明：

主计审计长在拟定对国会的报告时应该享有很大的自由，我们认为这一点十分重要。他可以对审计过程中发现的任何事实给予注意，并指出其财务影响。然而，由于他是议会的官员，自然不会对议会已经批准的任何事情提出疑问。如果他从对国库的影响的观点报告某一行政事务，其目的是向国会汇报，无可否认，采取这一措施将一直是他的权利，通常也是他的职责。

财政部接着又说，各个部必须提供必要的资料，以证明其付款的合规性。但是[8]：

如果有人根据某一方面的正当依据询问，为什么要花这笔钱？该部门可以拒绝回答。不过，它当然还得准备在必要时向议会证明这种拒绝是有理由的。

这样，陆军部在这次冲突中惨遭失败，从而极大地巩固了主计审计长的个人地位，扩大了他的自决权限。到1891年，陆军部又再次发动攻击。主计审计长故作礼貌地要求取得有关义勇骑兵队人数差异的问题上“国务大臣可能提出的任何意见”；由于人数的这一差异，估计每年多花费三五千英镑。陆军部的回答只是——这个问题是“一个行政问题，对此，国务大臣斯坦赫普先生无论如何都一定会拒绝授权主计审计长要求他提供意见”。这一武断的言辞引起了决算审查委员会强烈的回击，他们相信：

在履行议会赋予的重要职责时，主计审计长在将来应受到始终如一的优待，陆军部和其他各部应向其提供他可能需要的全部信息……

主计审计长没有因受到阻挠就放弃审计监督，并在必要时再对其加以报告。同样是针对陆军账目问题，委员会在其相同报告的另一处发起了以下攻击⑨：

一个完备的审计系统所提供的帮助理应受到的欢迎不是总能从负责行政工作的人员那里可得到的。

再一次惨败使陆军部丢尽了脸，海军部直至1895年才接受这场争斗。然而，战略和战术都有所不同。海军部现在知道，主计审计长是一个极难对付的对手。此时，主计审计长正在调查，为什么在船坞内造船与通过合同造船，以及在不同船坞内造船，成本都各不相同。这一新的研究领域大大超出了合规性范畴，它触及了对行政政策的评判。海军部据理力争，指出这些问题严格地说并不在法律赋予审计的基本目标之内。然而，海军部缺乏必要的信息，无法为成本差异作出令人信服的解释。决算审查委员会则认为，主计审计长的行动是“有充分理由的……显然是在尽他的公共职责”。财政部表示赞同，并补充道⑩：

类似的船舶，有的是由政府制造的，有的是由海军潜艇部队制造的，因而成本也各不相同。这些问题与公共利益密切相关。因此，当主计审计长行使其权限对其表示关注时，他显然没有越俎代庖。

显而易见，此举充分核准了立法部门和行政机关的代表可以参与一项不是以合规性为基础的审计业务，而是深深地触及政府部门政策的调查。

在1911年陆军部再次采取行动之前，没有发生进一步的正面冲突。主计审计长曾调查了不同陆军部队购买马匹的价格中存在的重大价格差异。当他询问是否曾考虑过在所有军队中采用竞争招标的合适性时，他得到了尖锐的反驳：这“不是账目审计的问题”。

决算审计委员会的回击是以谴责陆军部队发生大量额外开支为开端的。当时该委员会正着手处理陆军部方面的一些事情，陆军部会计官承认，尽管根据财政部在1887年法案中授予各部的自决权限，可以拒绝给予解释，但是，没有政策方面的理由可以说明，不应作出解释。令决算审查委员会“感到遗憾”的是，连这一点，也没有做到。委员会还注意到，从那以后，陆军委员会曾写信给主计审计长，许下诺言，“如果你提出了行政性的问题，在所有的普通案件中，我们都可以提供解释”。主计审计长对此“表示满意”。

这样，在第一次世界大战前，各个部想限制主计审计长的自决权的企图，以失败而告终。这要归功于决算审查委员会对他特权的坚决维护，而这样做又间接地维护甚至扩大了委员会自身的权力。一位老资格的委员会成员在1902年说，决算审查委员会的职能已经或超出了审查开支的正式手续，而扩大到审查开支“是否明智、诚实和经济”。与此同时，主计审计长自己也说，“在议会的鼓励下”，他开始以审查这一类问题作为自己的特色。

这是一个永无止境的研究领域。至少，通过这些尝试已经确立了国家审计从事这方面研究的权利。

然而，不应该指望这么早就能有多大的实质性收获，尽管南非战争的确为决算审查委员会提供了很大的用武之地。国家审计仍旧执行着合规性控制这一法定职能，甚至1921年新的《国库与审计部法案》也没有任何迹象表明这一着重点已经改变。正如主计审计长在1902年所承认的，这也许是由于审计机关还缺乏高度的专门化，“整个机制还不是为这项工作而建立的”。

四、对国家审计的改革

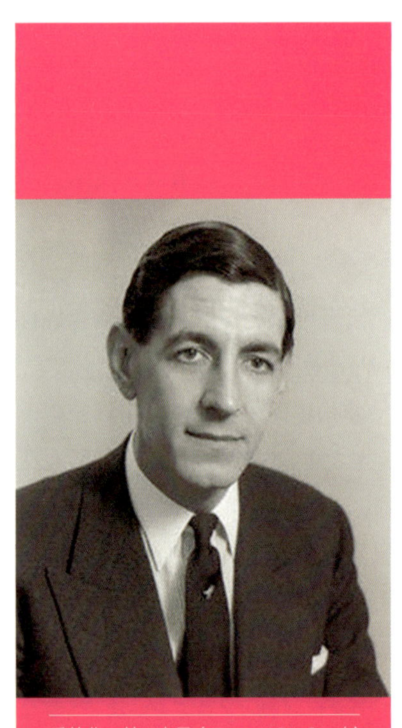

爱德华·杜·卡恩（Edward Du Cann）

英国传统的公共经济责任制度几乎整整一个世纪没有任何改革。与其他国家审计事业的迅速发展相比，英国国家审计一直处于停滞不前的状况。各种陈旧的规章制度束缚了国库和审计部的手脚。

进入20世纪70年代以后，这种萧条时期开始接近尾声。在倡导对公营部门的经济责任进行改革的同时，国家审计的改革也被提到日程上来了。

20世纪70年代初期，拉菲尔德委员会建议对地方政府的公共经济责任进行重大改革，并增设第二主计审计长。这一建议引起一群议会议员的兴趣。他们通过各种形式，敦促议会立刻采取相应的法律措施。

1976年12月9日，公共决算委员会主席爱德华·杜·卡恩（Edward Du Cann）在众议会表明了自己的观点。他认为，控制公共支出是公民关心的头等大事。

他接着指出[11]：

1866年的《国库和审计部法案》早已过时，它从许多方面限制了国家审计的检查范围，使议会无法深入了解地方政府、国营公司和子公司巨额公共支出的情况。

杜恩要求议会根据政府经营活动的巨大变化，迅速调查公共经济责任制。

另一位议员约翰·加勒特（John Garrett）在提出全面改革的建议以后，指出[11]：

在过去的100年里，议员们对我们的国家审计制度交口称赞。的确，国家审计师在重重限制下，仍然做了许多有益的工作。但是，现在这些条条框框已经造成了法律上的严重缺陷。是到改革的时候了。

1977年7月25日，众议院支出委员会（the Expenditure Committee）根据下属委员会出访法国审计法院和美国审计总署的调查资料，发表了一份报告。其中就国家审计提出了有说服力的建议。它指出，英国的国家审计已经过时，认为[11]：

应该修改《国库和审计部法案》，并原则上规定国库和审计部可以审查一切记录公共资金的账户……国库和审计部有权对接受财务审计的部门、机构、公司进行管理效率和效益审计，并为此相应修改国家审计师的雇用方针。

支出委员会没有采纳拉菲尔德委员会关于增设第二主计审计长检查地方政府的建议，但提议由现任主计审计长承担检查地方政府的责任。此外，支出委员会还建议修改国库和审计部法案，由众议院领导主计审计长和国库审计部，并由众议院和决算审查委员会协商任命主计审计长。

但是，政府不愿执行这些建议。1978年3月，政府总理就支出委员会的报告向议会提交了一份政府观察报告。这是一份保守性质的报告。它再一次否定了国营企业的公共经济责任的原则，拒绝了由主计审计长检查地方政府的有益建议。这位总理在谈及主计审计长检查政府活动的效率时竟指出[12]：

此事不予考虑，只有部长才能向议会汇报政府工作的效率。

政府方面也表示同意“在有些情况下，主计审计长取得使用公共资金团体的账户和记录是适当的……但应具体问题具体分析”。虽然政府没有说明在审计师检查和报告之前如何“具体问题具体分析”，但这种说法毕竟是一个重要的让步。

1978年7月6日，支出委员会针对政府观察报告，组织了一次讨论。该委员会对政府提出的“主计审计长在履行职责时，不受任何方面的指挥是非常重要的”观点，表示赞赏，但同时也对主计审计长目前仍受财政部支配这一事实，表示迷惑不解。所以，委员会极力主张：主计审计长、国库和审计部的职员应隶属于众议院，有权检查一切接受公共资金的团体运行效果和效率，而且，国库和审计部的人员配备和组织机构应能保证完成上述工作。

1978年8月16日，程序选举委员会（the Select Committee on Procedure）向众议院提出了一份详细的调查报告。报告共分八个标题，其中一个标题是财务控制，主要讨论主计审计长的作用，并坚决支持支出委员会的观点。该委员会认为应由众议院任命主计审计长，指出[13]：

国家审计师是议会的服务人员，审计活动的费用应由议会决定，而不是由财政部决定，从而保证由众议院而非财政部决定国家审计的作用、级别、资格和薪水。

进入20世纪80年代以后，立法部门与政府部门之间就扩大国家审计的作用的争论开始进一步激化。

1980年3月，政府就主计审计长的作用，发表了绿皮书。该绿皮书第64节归纳了向议会委员会、其他团体和个人征求的意见。

（1）主计审计长应发挥以下的作用：

第一，对政府部门的会计记录，实施基本的财务审计和合规性审计；

第二，对支出的公共资金的经济性和效率性进行检查；

第三，必要时，调查计划项目是否有效地达到了规定的政策目标。

（2）主计审计长和决算审查委员会之间，应保持有效的业务关系。

（3）主计审计长对非部级机关实施检查的主要目的，是检查部级机关对下属机构支出的监督制度和控制制度的有效性。

（4）决定是否对这种机构实施审查或检查，应视不同的情况而定。主计审计长不应将国营企业作为审计对象。

（5）《国库和审计部法案》授予财政部的特定命令权已经失效，应以适当的新立法取代之。

（6）政府可以对主计审计长控制预算的几种方案进行选择，但应考虑对国库和审计

历任主计审计长一览表
List of Comptrollers and Auditors General

- 1867 - Sir William Dunbar, 7th Baronet 1888 - Sir C Ryan
- 1896 - R Mills
- 1900 - D Richmond
- 1904 - Sir J Kempe
- 1911 - Sir H Gibson
- 1921 - Sir M Ramsay
- 1931 - Sir G Upcott
- 1946 - Sir F Tribe
- 1958 - Sir Edmund Compton
- 1966 - Sir Bruce Fraser
- 1971 - Sir David Pitblado
- 1976 - Sir Douglas Henley
- 1981 - Sir Gordon Downey
- 1988 - Sir John Bourn
- 2009 - Sir Amyas Morse

部职员的影响。

（7）行政部门和议会双方，均应重新确认主计审计长的独立性。

决算审查委员会于1981年2月发表了三卷本的报告书，以作为对这份绿皮书的反映。该报告书名为《主计审计长的作用》(*the Role of the Comptroller and Auditor General*)，系1980—1981年度决算审查委员会第一次特别报告书。决算审查委员会基本上同意绿皮书中表明的意见，但也提出了有益的改进建议。它严肃地指出⑭：

……现在的法律已经过时，没有反映出主计审计长实施审计的本质。在我国，用法律的形式规定对现在和未来大范围的公共支出进行审计的框架，以充分保证对议会承担的经济责任，这是不可或缺的。

所以，委员会提出了以下建议：

（1）在接受资助的团体主要由公共资金扶持的情况下，主计审计长有权对该团体的会计报告进行审查，而且，应将这些会计报告提交给议会。

（2）在非部级机关，主计审计长应调查其会计账簿和记录，并将检查结果向下院报告。

（3）应继续保留现行的对国营企业和其他公营公司进行财务审计的制度，但是，主计审计长应调查这些团体的会计账簿和记录，以便向众议院报告。

（4）在议会批准向私营企业或其他团体提供所有的补助金或贷款时，不管这些公司或团体是否具有盈利性质，主计审计长在必要时，均应将能够调查这些公司或团体的会计账簿和记录，作为提供补助金和贷款的条件。

（5）应继续保留现行的由地区审计官或公认审计人员对英格兰和威尔士地方的自治体实施审计的制度。但是，批准任命公认审计人员的责任，应由环境大臣移至地方政府外部审计主任检查官。主任检查官应继续就审计人员报告书中揭示的事项，编制年度报告书。地区审计局的职员应该从环境部划归主计审计长。主计审计长应就英格兰和威尔士地方政府审计中所揭示的一般性问题，向议会报告。

（6）应考虑将苏格兰地方政府会计委员会的职能移交给主计审计长。

（7）对国民保健机构的一般性审计，应由卫生部移至主计审计长。

（8）本委员会现在不建议变更主计审计长对北爱尔兰的作用。

（9）为了主计审计长履行职责，应创建国家审计署。

（10）国家审计署的经费，应由众议院预算承担。

（11）应为国家审计署单独设立日常会议录。

（12）法案规定，应设置决算审查委员会，由经下院表决任命的议员组成，其中包括委员长。该委员会的职责是：

·任命地方政府外部审计主任检查官；

·任命国家审计署的职员；

·规定国家审计署职员人数、报酬和其他工作条件；

·编制国家审计署年度支出预算方案；

·任命会计职员，负责国家审计署预算开支的会计业务。

（13）主计审计长为国家审计署的最高长官。国库和审计部，以及地区审计局的现职人员应调到国家审计署。

（14）新的审计法应规定，由财政部任命国家审计署的审计人员。

1981年7月，政府对决算审查委员会的提议作出了反应。它马上发表一份文件（Cmnd 8323），明确表示不赞成扩大国库和审计部的权限。

该文件第6节指出[15]：

政府依然认为，通过立法适当地规定主计审计长的权限，是有益的。但是，这并未迫在眉睫。过去两年的经验表明，现在的法律，实际上未必妨碍对国库和审计部、决算审查委员会的工作进行必要的改革……

就在政府和公共决算委员会为国家审计的作用问题争吵不休的时候，一位名叫诺曼·森特·约翰·史蒂瓦斯（Norman St John Stevas）的议员站出来说话了。

以他这样的身份论民主政治对于新的国家审计制度的需要，其感受应该是相当深

诺曼·森特·约翰·史蒂瓦斯

刻的。他在以个人的名义提交议会的一份提案中，陈述了扩大现行国家审计作用的必要性。经过面红耳赤的争吵和较大幅度的修订以后，议会于 1983 通过了一项名为《国家审计法》(*the National Audit Act*) 的新法案。1984 年，这部由三部分组成的法案付诸实施。而且，从 1984 年开始，国库和审计部的名称不再使用，审计机构定名为国家审计署 (National Audit Office)。

此外，对审计方法和审计师的资格要求，也进行了一些改革。这主要表现在：

1866 年的国家审计法案要求对经济业务进行详细审计。1921 年的修订法剔除了这种对经济业务进行 100% 的审查的做法，并间接地接受了测试的概念。最近，不仅采纳了系统基础审计 (systembased audit)，而且要求进入国库和审计部的新职员，均应接受专业资格考试。现在，还要求新职员应接受特许公共财务和会计协会的考试。

五、新的国家审计法案

随着国家审计的改革进程渐次展开，英国传统的审计制度面临着一场前所未有的挑战。在这场挑战中，许多自觉追求先进国家审计制度的志士仁人不避锋矢，进行了卓有成效的探索。《国家审计法》就是这种探索的成果之一[16]。

该法由三部分组成，相当于汉字 4 000 字。其中前言部分指出：

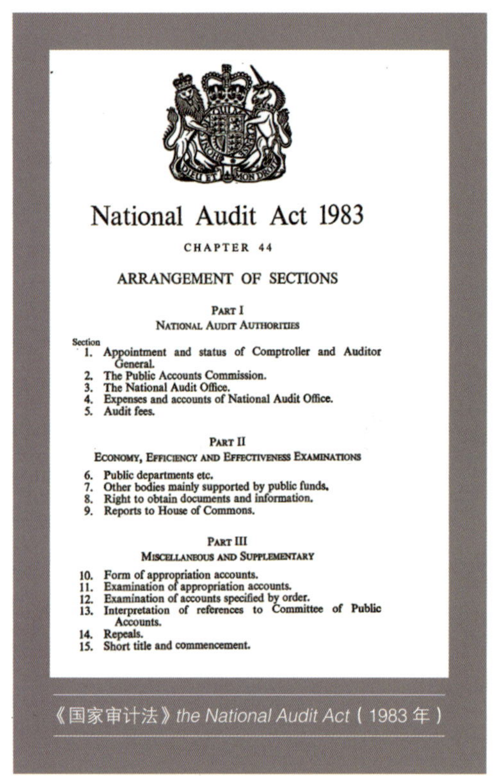

National Audit Act 1983

CHAPTER 44

ARRANGEMENT OF SECTIONS

PART I
NATIONAL AUDIT AUTHORITIES

Section
1. Appointment and status of Comptroller and Auditor General.
2. The Public Accounts Commission.
3. The National Audit Office.
4. Expenses and accounts of National Audit Office.
5. Audit fees.

PART II
ECONOMY, EFFICIENCY AND EFFECTIVENESS EXAMINATIONS

6. Public departments etc.
7. Other bodies mainly supported by public funds.
8. Right to obtain documents and information.
9. Reports to House of Commons.

PART III
MISCELLANEOUS AND SUPPLEMENTARY

10. Form of appropriation accounts.
11. Examination of appropriation accounts.
12. Examination of accounts specified by order.
13. Interpretation of references to Committee of Public Accounts.
14. Repeals.
15. Short title and commencement.

《国家审计法》*the National Audit Act*（1983 年）

本法将重新规定主计审计长的任命和地位，建立决算审查委员会和国家审计署，重新规定政府部门、机构和团体必须提高使用公共资金的经济性、效率性和效果性，从而加强议会对公共资金支出的控制和监督；本法将修改 1866 年和 1921 年国库和审计部法中的若干规定。

该法第一部分名为“国家审计机构”，主要内容是：

（1）由国王根据众议院的提名，任命主计审计长；

（2）主计审计长为众议院议员；

（3）主计审计长和国家审计署的任何职员都不受国王的领导，也不代表政府履行职责。

该法的第二部分名为“经济性、效率性和效果性检查”，主要内容包括：

（1）主计审计长可以检查任何部门、机构或其他团体在履行职能的过程中使用资源的经济性、效率性和效果性；

（2）如果主计审计长有充分的理由认为，适合本条款的机关和团体不论在哪一个会计年度从公共资金那里接受了收入的绝大部分，那么，就可以对该机关或团体在会计年度内使用资源的经济性、效率性和效果性实施检查；

（3）第 1 条不能解释为，授权主计审计长去检查被审查机关或团体的政策目标；

（4）主计审计长在合理的时间内，有权取得进行检查所必需的所有文件，有权要求负责文件的任何人或保存文件的任何人提供文件、资料和有关解释。

该法的第三部分名为“其他事项和追加规则”。第 11 条和第 12 条废除了财政部长在特定场合可以命令主计审计长的权限。

该法自 1984 年 1 月 1 日起生效。根据该法，成立了国家审计署。该署的最高长官为主计审计长。主计审计长决定职员的任命条件、任期和报酬。主计审计长每年向下院提出本署的经费预算。该法案第 4 条（2）规定[16]：

主计审计长应在1984年3月31日的会计年度和此后的每个会计年度，编制国家审计署经费预算方案。决算审查委员会应检查这一预算方案，必要时，该委员会应作适当的修订，然后报送给众议院。

为了监督这条法案各条款的实施，设置了著名的机构——决算审查委员会（Committee of Public Accounts）。该委员会随时向议会报告。该委员会成员组成如下：

（1）担任众议院议员的决算审查委员会委员长；

（2）众议院院长；

（3）由众议院任命的7名议员，他们均不能是英王的内阁成员。

在英国国家审计史上，《国家审计法》是一座新的里程碑。直到20世纪70年代，在英国，传统的国家审计意识赖以存在的社会和政治基础仍然相当强固。《国家审计法》的公布，使英国这个最早建立立法模式国家审计制度，但后来又落伍于世界的民族，在危机和挑战面前很快又重新站稳了脚跟。

英国国家审计署LOGO

注释：

① Michael Chatfield：A History of Accounting Thought，Robert E. Krieger Publishing Company，1977，p.190.

② Tribunal de Cuentas：Cronica 1981，Segundo Volumen，p.401.

③ 杨汝梅著：《近代各国审计制度》，上海中华书局，1931 年版，第 123 页。

④ Tribunal de Cuentas：Cronica 1981，Segundo Volumen，p.402.

⑤ B.Geist：State Audit—— Developments in Public Accountability，Holmes & Meier Publisher，Inc.N.Y.1981，p.23.

⑥ The Exchequer and Audit Departments Act 1866.

⑦ Epitome，Volume 1，p.62.

⑧ Epitome，Volume 1，p.207.

⑨ Epitome，Volume 1，p.290.

⑩ Epitome，Volume 1，pp.376–377.

⑪ B.Geist：State Audit — Developments in Public Accountability，Holmes & Meier Publisher，Inc.N.Y.1981，p.40.

⑫ B.Geist：State Audit — Developments in Public Accountability，Holmes & Meier Publisher，Inc.N.Y.1981，p.41.

⑬ B.Geist：State Audit — Developments in Public Accountability，Holmes & Meier Publisher，Inc.N.Y.1981，p.43.

⑭ 约翰·格林：《绩效审计》，徐瑞康、文硕译，中国商业出版社，1990 年版，第 98 页。

⑮ 约翰·格林：《绩效审计》，徐瑞康、文硕译，中国商业出版社，1990 年版，第 100 页。

⑯ the National Audit Act of 1983.

第六章

立法模式国家审计的发展者——美国

会计总署不仅被称为政府的"监察人"，而且享有很高的地位。在它的身上每花1美元，它通过其活动、审计和报告，至少可节约3美元。

——William Proxmire

由上述可知，立法模式现代国家审计的思想和实践最早出现于英国。但它的进一步完善和成熟，则是在美国。

J·雷蒙德·麦卡尔

研究国家审计的学者弗雷德里克·C·莫舍（Frederick C.Mosher）在《会计总署：追寻政府的经济责任》一书中，用2/3的篇幅论述了美国国家审计的演进。他将美国审计的发展分为三个阶段[①]：

第一阶段：J·雷蒙德·麦卡尔（J.Raymond McCarl，1921—1936年）审计制度时期。其特点是：重视会计和审计程序规则，依靠财政官员的个人责任。

第二阶段：大约相当于林赛·沃伦（Lindsay Warren，1940—1954年）和约瑟夫·坎贝尔（Joseph Campbell，1954—1965年）时期。其主要特点是：制订了一系列适合于职业会计师的文件，旨在处理愈来愈多的繁杂的经济业务，同时，响应国会1945年《政府公司控制法案》（*the Government Corporation Control Act*）聘请注册会计师对公营企业加强审计监督的要求。所以，在这一时期，广泛采用民间审计技术，对公营企业实施商业性审计，并修订雇用方针，把原有的大部分职员转移到各行政部门，开始招聘受过不同培训的新职员。

林赛·沃伦

约瑟夫·坎贝尔

第三阶段：埃尔默·B·斯塔茨（Elmer B.Staats，1966—1981 年）时期。当时，合规性审计的实施移至新设立的部门监察长之手，这种情形迫使有关政府部门联合对财务报告、分析和监督系统进行改良。所以，会计总署除按国会及其委员会的特殊要求提供服务以外，还应对总署自选项目进行调查，并向国会和感兴趣的部门提供“评价性”报告。

在本章中，我们拟按以下诸部分简单介绍美国国家审计的发展过程。

1969 年，埃尔默·B·斯塔茨（左）和罗伯特·科勒副审计长与尼克松总统在一起

一、美国国家审计的起步

从苏珊·康斯坦特号和五月花号载着寻找希望的欧洲移民到达北美起，美国便注定要成为欧洲的孩子。

1776 年 7 月 4 日，正值独立战争的高涨时期，第二届大陆会议隆重推出《独立宣言》。该宣言第一次用纲领的形式表明了资产阶级的政治要求：

我们认为这些真理是不言而喻的：人人生而平等，他们都从他们的“造物主”那边被赋予了某些不可转让的权利，其中包括生命权、自由权和追求幸福的权利。为了保障这些权利，所以才在人民中间成立政府。而政府的正当权力，则得自被统治者的同意。如果遇到任何一种形式的政府损害了这些权利，那么，人民就有权利来改变它或废除它，以建立新的政府。这新的政府，必须是建立在这样的原则基础之上，并且是按照这样的方式来组织它的权力机关，就人民看来那几乎是最能够促进他们的安全和幸福的。

这篇反抗殖民压迫和封建统治的宣言，当时在政治上起了很大的动员作用。独立战争的胜利，使北美 13 个州挣脱了英国殖民主义的束缚，实现了国家的独立，确立了比较民主的资产阶级民主体制。

美国独立以后，合众国的前途虽然仍摇摆不定，但并未妨碍原来在政治上动荡的社会稳步走向现代民主国家的进程。根据英国资产阶级革命的成功经验和他们所尊重的洛克和孟德斯鸠的分权与制衡理论，美国的政治改革家们一致认为，必须在民主政体的建设上彻底地、充分地贯彻执行立法、司法和行政三权分立与制衡的原则。所以，美国的民主在资本主义世界之所以较为先进，并不是因为它能够充分地表达公意，而是因为它拥有一套严格的民主程序和防错纠错机制。马克思指出，“现代国家最完善的例子就是北美”。

但是对于现代国家审计组织的建设，美国在起步阶段，却走过了一段不短的弯路。与英国一样，美国早年的审计也属于行政系统，与财务行政相配合，但后来改为隶属于国会。

早在 1775 年独立战争时期，大陆会议便适当地配备了专员负责财政会计和审计业务。尽管审计组织屡屡变更，但一直坚持由国会对国家财政进行立法监督。1781 年，战争到了最关键的时刻，为了增加财政收入，支援前线，改设财政监督官（superintendent of finance）。立宪政体确立以后，国会于 1789 年通过了设立财政部的条例。该条例规定，应在部内设置主计长（comptroller）、审计官（auditor）、国库官（treasurer）和登记官（register）4 位，其中审计长负责审计各行政机构报送上来的全部会计账簿，证明其正确

迈克尔·希勒加斯：财政部第一任部长
（1775—1789 年）

罗伯特·莫里斯：财政监督官
（1781—1784 年）

性和妥当性，然后，将证明连同有关会计凭证送给主计长。主计长负责检查由自己决定的行动、管理各类会计账册、收回拖欠美国政府的债务，并副签由财政部长发出的分拨公共资金的全部证明文件。显而易见，政府账目的结清最后在财政部，同时，为了调和与适应财务之立法监督的意旨，对财政部和国会的关系也作出了规定，指出财政部应接受国会的严密监督。

美国财政部徽标

1792—1798 年，邮政机关、陆军部和海军部曾先后配备了审计官，负责本部门的经济监督工作：

（1）1792 年建立邮政机构，由邮政总监（postmaster general）受理各邮政局长的会计账目，然后，按季将邮政收支会计记录报送到财政部，由财政部进行终审。

（2）1792 年，在陆军部内设立审计官。在国会指拨陆军经费的范围内，陆军部长若要动支国库金，必须经审计官的批准。

（3）1798 年 7 月，设海军部审计官，其职责与陆军部审计官相同。

1795年，国会进一步扩大了财政部主计长和审计官的职权。凡管理合众国的公款者，均有责任将其会计账目和凭证报送给审计官；对于未经核准的债务，由审计官呈报主计长作最后的裁决。

1817年，美国国家审计有了重要的、长足的发展。3月，国会通过公共账目迅速结清条例，在财政部增设主计长1位、审计官4位。原有主计长为第一主计长，新设的主计长为第二主计长。原有审计官和新设审计官依次称为第一至第五审计官，其职责各不相同。1836年，随着邮政部组织条例的修订，对邮政审计制度作了相应的改进，特设邮政部审计官，称为第六审计官，接管第五审计官审查邮政部的会计账目。1849年，曾设关税监督（commissioner of customs）与财政部第一审计官共同分担第一主计长的一部分任务[②]。

1893年，是美国国家审计史上重要的一年。这一年，多克里·克雷科雷尔委员会（Dockery Crekrell Commission）成立。该委员会在报告书中建议对会计和审计制度进行改组，并于第二年通过，史称“克雷科雷尔条例”。该条例规定：全部撤销第一、第二主计长及其助手以及关税监督，另设财政部主计长和副主计长，并将原来的第一至第六审计官改名称为财政部审计官（the auditor for the treasury department）、陆军部审计官（the auditor for the war department）、海军部审计官（the auditor for the navy department）、内政部审计官（the auditor for the interior department）、国务部审计官（the auditor for the states department）和邮政部审计官（the auditor for the post office department）。这6名审计官分署办公，在财政部长的领导下，对各部进行事后经济监督。在财政部内，审计官与金库出纳官（the treasurer of the united states）处于对立地位，倘若在具体业务中双方意见不一致，由财政部长之下的主计长（the comptroller of the treasury）作最后的裁决。所以，这种审计制度属于财政之行政监督，缺乏独立性，致使审计监督不力。这一方面是因为当时美国的行政权不像欧洲那样集中，另一方面是第一次世界大战之前政府职能不很突出的缘故[③]。

当时，尽管美国财政部拨出任何一笔款项，均必须经国会的批准，但并没有制订预算，也没有正式的收支计划。总统不必向国会提出任何年度收支预算，财政部只要将各行政部门和机构所需经费的大概数字汇总起来，经各部审计官审核后，交给国会就可以了。国会主要依靠两种手段对公共财政活动进行立法监督：一是拨款法案，其内容详尽，旨在控制和引导拨款资金的恰当运用；二是在行政部门内设置一套内部牵制系统，用来确保在资金支出的每个环节，不同的官员能够验证经济业务，从而提供了一种安全措施。它们经常是国会委员会进行调查的补充手段[④]。在政府支出较少，联邦赋税很轻的年代，人们并没有把这种不正常的审计监督方式放在心上。

上述原因使国家审计职能依附于财政管理机构而发展缓慢。尽管遇到各种各样的挫折和障碍甚至出现后退，但由于其内在的必要性，国家审计事业总是不断向前发展。

二、希望的曙光：对国家审计的改革

进入 20 世纪以来，美国民主政体与这种财政之行政监督制度之间的矛盾不断出现，所以，对这种审计监督制度提出异议的人越来越多。为了补救这个体系显而易见的缺陷，美国一些深受“政治愈民主、财政愈公开、审计愈重要”思想熏陶的政治家们勇敢地接受了英国现代立法审计监督制度的传统。他们一致认为，在燃烧着“神圣民主之火”的土地上，国家审计职能应自财政部移至行政权以外的超然独立机关，直接向国会负责。正是追求国家审计在政体结构上到位与和谐的这种意向，把美国引上了继承、探索和发展立法模式国家审计的道路。

这种声音反映到国会，引起议员们的极大兴趣。他们对提案中的一些问题进行了讨论，最后集中在主计长的任命和任期问题上。众议员同意主计长由国会任命，以确保其独立性。而且，考虑到每一届国会的寿命只有 2 年，无法保证主计长任期的连续性，又规定主计长任期为 15 年，不得连任。此外，国会规定，主计长只有在被弹劾或者国会一致决议时，才可免职。经过几番讨论，国会于 1920 年顺利通过了有关新建国家审计的法案。当时的总统伍德罗·威尔逊（Woodrow Wilson，1856—1924 年）对这项法案也极为赞赏，只是因为原案规定总统无权罢免主计长官，威尔逊认为违背宪法“任命权是授给总统的”规定，才否决全案，并于同年 6 月 10 日退回国会。

伍德罗·威尔逊总统

第二年4月，国会重新召集会议，两院再次将关于新建国家审计的原案分别提出。不过，这次主要对两项条款进行了修订[⑤]：

（1）将主计长和副主计长的罢免权，改为非经两院联合决议，不得罢免；

（2）如果一定要罢免，除经两院决议外，还必须依法经总统批准，才能罢免。

在制定和通过这部著名法案的过程中，还有一段令人寻味的小插曲。它给人们的某些启示，迄今仍然具有现实意义。

马萨诸塞州众议员路斯先生在国会讨论审计法草案时，对第312条（1）仅提审查收支，不提审查“公共资金的运用”（application of public funds）的做法提出了批评。他在众议院的议员席上强调：在通过法案时一定要加上这一用语。他指出[⑥]：

……在这一特定的条款中，我们能够使其含义更为明确。这一条款已经形成文字，但我担心本条的用语有可能导致在这个岗位上的某些从业人员认为他的职能纯粹是事务性的。就是“会计员”这个字所包含的职能，即所用的词汇意味着是簿记员、出纳员、司会员，而不是调查研究怎样用钱的人员，不是走出办公室去自找麻烦的人员，不是试图发挥首创精神寻找节约途径的人员。因此，我提议在出纳员、司库员、会计员这些词条之外，即在收入和支出之外再加上“运用”这个字。在这个议员席上，过去是否曾提出过对人民具有更大用处的单字修正案，我就不知道了。

随后，路斯先生又作了以下叙述：

主席先生，这样做的目的是务必使主计长不是单纯地从一个会计员的观点关心现金的收付，而是还要关心现金的运用是否经济和有效。

最后，与该提案有关的委员会主席、衣阿华州的众议员古特先生，就该修正案明确地表明了自己的态度：

本委员会的意图是，主计长不应该只是一个簿记员或会计员；他应该是一个真正的批评家，而且不论国会还是行政当局的政治情况如何，他都应该经常到国会来。如果他发现滥用资金——这是一种失职——他应该指出这种失职并将有关事实提请拥有拨款管辖权的委员会注意。因此我完全不反对这位先生的修正案。我认为它将有助于达到有用的目的。

1921年6月10日，哈定总统终于签字公布了国会提出的这项法案。这就是著名的

哈定总统的第一个内阁（1921 年）

《预算和会计法案》。根据该法案，在国会之下，设置独立的国家审计机构——会计总署（General Accounting Office，GAO），同时撤销财政部的主计长和审计官，并将这两项职权全部移交会计总署，从而使美国国家审计的发展实现了一次大的转折。

我们知道，美国分权模式的基本特征之一，就是三权密切制衡，其中立法部门对行政部门的最大威慑权，就是它掌握着对政府开支的全部经费详细地进行表决的权力，即所谓“国会掌管钱袋”。《预算和会计法案》的基本目的是在行政部门建立一套统一的预算制度。但是，国会也认识到，要取得制衡的效果，立法部门就应牢牢保留对“钱袋”的控制权。所以，1921 年的审计法授予主计长广泛的调查权，并要求他为国会及其任何一个对公共钱袋拥有管理权的委员会提供必要的服务[7]。自从增设了会计总署这一新机构，国会进一步强化了自己的监督权力。

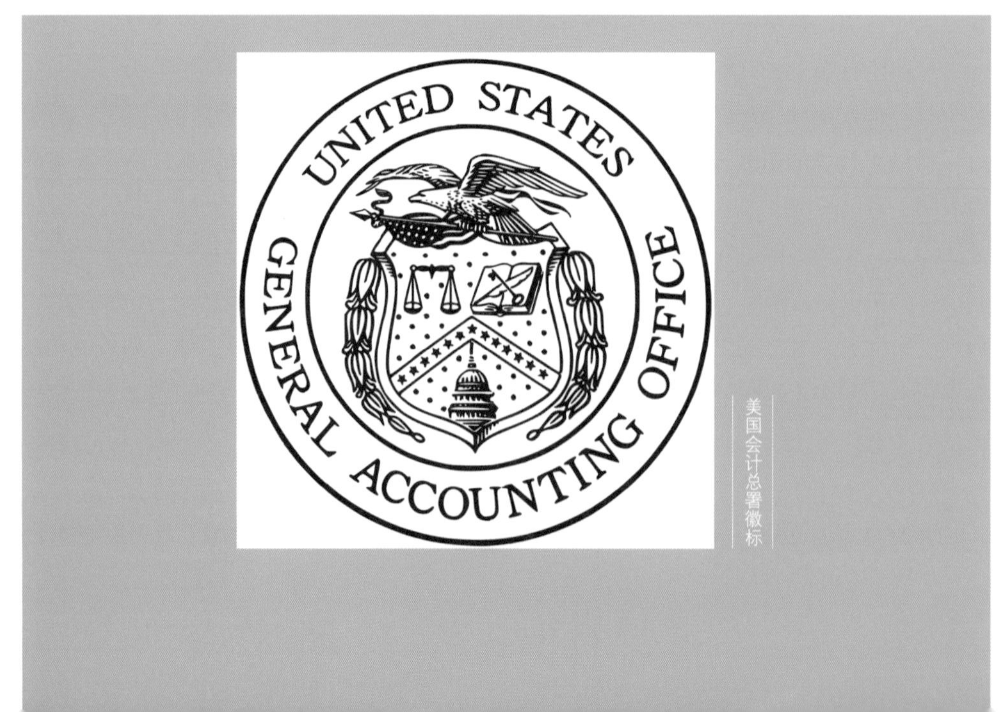

美国会计总署徽标

尽管在1921年会计总署创立时，人们对该机构是作为一个超然独立的机构，还是作为立法部门不可分割的一部分，或行使某种行政权这一问题，一直争吵不休，但有一点的意见却是一致的，这就是，会计总署有义务应国会及其委员会和议员的要求，向他们提供各种服务。

美国著名议员威廉·普罗克斯迈尔（William Proxmire）先生在为《美国会计总署》一书所作的"序"中对于国家审计与国会之间的关系有一段非常精彩的论述[⑧]：

会计总署的活动对于国会顺利地发挥其作用，是不可或缺的。没有会计总署和它所拥有的审计权与调查权，国会在监察和监督方面就几乎无能为力。而且，会计总署几乎是国会可用来调整行政部门片面的用款要求的唯一机构。

当时，会计总署共有职员1 700人，预算300万美元。第一任主计长名叫约翰·R·麦卡尔（John R.McCarl，1921—1936年）。早期审计工作的重点是对各项支出细目进行详细审计，而且偏重于合法性审计，故大多数在编人员均为律师或会计员。

会计总署的主要职责是：

——调查所有与公共资金的收入、支出和运用有关的事项；

——提出更经济、更有效地使用公共资金的立法建议；

——准备国会指定的各项调查和报告；

——事先决定所议各项支出的法律根据；

——解决和调整政府提出的或向政府提出的各项索取与要求；

——制定各项会计格式、制度和程序。

最初的会计总署的组织由行政部分、技术部分和事务部分三部分组成：

（1）行政部分。该署设会计总署办公室，由副主计长、总务长、法律专员和参事官直接辅助主计长的工作。其中，副主计长协助主计长处理全署的审计工作，主计长离职时，副主计长代行其职务；总务长负责全院的联络工作，并对主计长承担提高组织上、方法上和工作上效率的责任；法律专员系主计长的顾问，并兼任法律司司长；参事官直接对主计长负责，被指定担任法律和调查工作，并代表审计长出席国会各委员会。

（2）技术部分。该署设法律司、债款司、审计司、簿记司、邮政财务司和调查司分别负责有关审计监督工作。其中法律司负责撰写判决书、复核账目，以及处理本院发生的诉讼案件；债款司负责各政府部门的债权债务；审计司负责联邦政府一切会计官员主管账项的检查、审核与决定；簿记司负责各类会计资料的管理和基金的出纳；邮政财务司负责有关邮政事项的财务管理；调查司负责调查、研究、审核和报告政府的会计工作。

1921 年《预算和会计法案》

have been rendered homeless or are in needy circumstances as the result of the recent flood due to the overflow of the Arkansas River and its tributaries, and in executing this joint resolution, the Secretary of War is directed so far as possible to cooperate with the authorities of the State of Colorado, and the mayors of such cities on the Arkansas River or its tributaries as may have sustained damages.

Approved, June 8, 1921.

June 10, 1921.
[S. 1084.]
[Public, No. 13.]

CHAP. 18.—An Act To provide a national budget system and an independent audit of Government accounts, and for other purposes.

Be it enacted by the Senate and House of Representatives of the United States of America in Congress assembled,

Budget and Accounting Act, 1921.

TITLE I.—DEFINITIONS.

Title of Act.

SECTION 1. This Act may be cited as the "Budget and Accounting Act, 1921."

Meaning of terms.

SEC. 2. When used in this Act—

"Department and establishment."

The terms "department and establishment" and "department or establishment" mean any executive department, independent commission, board, bureau, office, agency, or other establishment of the Government, including the municipal government of the District of Columbia, but do not include the Legislative Branch of the Government or the Supreme Court of the United States;

Congress and Supreme Court, not included.

"The Budget."

The term "the Budget" means the Budget required by section 201 to be transmitted to Congress;

"Bureau."

The term "Bureau" means the Bureau of the Budget;

"Director."

The term "Director" means the Director of the Bureau of the Budget; and

"Assistant Director."

The term "Assistant Director" means the Assistant Director of the Bureau of the Budget.

The Budget.

TITLE II.—THE BUDGET.

President to send, annually to Congress.

SEC. 201. The President shall transmit to Congress on the first day of each regular session, the Budget, which shall set forth in summary and in detail:

Contents.
Estimates of expenditures and appropriations for ensuing year.
For Congress and Supreme Court without revision.

(a) Estimates of the expenditures and appropriations necessary in his judgment for the support of the Government for the ensuing fiscal year; except that the estimates for such year for the Legislative Branch of the Government and the Supreme Court of the United States shall be transmitted to the President on or before October 15th of each year, and shall be included by him in the Budget without revision;

Estimates of receipts for ensuing year.

(b) His estimates of the receipts of the Government during the ensuing fiscal year, under (1) laws existing at the time the Budget is transmitted and also (2) under the revenue proposals, if any, contained in the Budget;

Expenditures and receipts of the last year.

(c) The expenditures and receipts of the Government during the last completed fiscal year;

Estimates of expenditures and receipts of current year.

(d) Estimates of the expenditures and receipts of the Government during the fiscal year in progress;

Amount available November first of current year for expenditures.

(e) The amount of annual, permanent, or other appropriations, including balances of appropriations for prior fiscal years, available for expenditure during the fiscal year in progress, as of November 1 of such year;

Condition of Treasury at end of last year, and estimates for current and ensuing years.

(f) Balanced statements of (1) the condition of the Treasury at the end of the last completed fiscal year, (2) the estimated condition of the Treasury at the end of the fiscal year in progress, and (3)

各司设司长一人，直接对主计长负责。

（3）事务部分。该署的事务性工作部分由人事司和总务处负责。

三、一支利箭:《预算和会计法案》

在立法模式中，与《国库和审计部法案》齐名、被誉为这一模式的两大法案之一的就是美国的《预算和会计法案》。它结合美国的国情，以其丰富的内容不仅为美国国家审计的发展开辟了道路，而且壮大了采用立法模式的队伍。从此，一个号称“英美派”的阵容在国家审计领域初步形成。

美国著名的国家审计学者里查德·布朗（Richard Brown）教授指出[⑨]：

根据 1921 年《预算和会计法案》建立的美国会计总署，作为国家的公共审计机构，是两百多年来对公共审计必要性的一贯考虑的明显结果和具体体现。

本法由第一章释义、第二章预算和第三章会计总署组成，其基本目的，是加强对行政开支的审查和满足国家预算的需要。

根据该法案，成立了属于总统办公室的预算局（the bureau of the budget）。由总统任命一个局长领导。总统必须在国会每次正式会议开始时向国会提交一个统一预算报告，报告中除其他许多事情外，必须说明上一财政年度收支状况、新的一年的计划收支和国债状况。如果预算有赤字，总统必须提出弥补差额的措施；如果预算有盈余，总统可以建议减税。总统做预算所需要的资料由预算局局长从各部和其他支用机关搜集。局长将这些资料审查、整理和删改后呈交总统。总统将汇总了的各项预算加以审查，然后以特别咨文将整个预算提交国会。总统可随时以特别咨文向国会提出额外收入和支出的建议。

根据该法案，正式建立会计总署。该署独立于行政部门之外，负责对政府的会计资料进行检查、监督和审计，并就联邦政府的运转情况，向国会提出报告。

该法令有关国家审计的条款如下[⑩]：

第 301 条：国家依本法设立一个政府部门——美国会计总署。该署独立于行政部门以外，在主计长的管辖和领导之下，依法行使审计监督权。自 1921 年 7 月 1 日起，撤销财政部主计长和副主计长的职务。财政部主计长办公室的所有职员和雇员，从 1921 年 7 月 1 日起，成为会计总署的职员和雇员，并享有相同的级别和待遇。财政部主计长办公室的所有会计账目、记录、文件、家具、办公设备和其他财产都变为会计总署的财产。会计总署的印章由主计长掌管。

第 302 条：会计总署应设主计长和副主计长各一名。主计长和副主计长经参议院提名和同意，由总统任命。主计长和副主计长的年薪分别为 10 000 美元和 7 500 美元。副主计长经主计长的委托，代行主计长的部分职务，并在主计长缺位，或不能工作期间，或休假期间，继任主计长的职位。

第 303 条：除本条下文规定的情况外，主计长和副主计长的任期为 15 年。主计长不得连任。若经国会两院联席会议在听审后认为主计长和副主计长长期不能工作，或不称职，或玩弄职守，或渎职，或者有道德败坏的行为时，或者其他理由而被弹劾时，可通过联合决议，随时免去主计长和副主计长的职务。凡是以本条规定的方式被撤职的主计长和副主计长均无资格重新担任该职务。主计长和副主计长年满 70 岁时，应退职。

第 304 条：法律授予财政部主计长或财政部 6 个审计官的全部权力，以及授予财政部秘书长办公室簿记出纳处（the division of bookkeeping and warrant）的职责，只要符合本法的规定，都应转属会计总署，并在会计总署独行职权，不受任何其他官员的干涉。

邮政部审计官对邮政服务的账目和收据进行的行政审查自 1921 年 7 月 1 日起，应由邮政部的簿记局（the bureau of accounts）进行。该局的设立旨在对邮政服务业的会计账目和收据进行审查。簿记局由主计长（comptroller）领导，该主计长经参议院提名和同意，由总统任命，享有年薪 5 000 美元。主计长应履行现由邮政部审计官执行的行政监督职责和其他由邮政局长指派给他的、与前述有关的职责。邮政部审计官办公室负责对会计账簿进行行政审查的职员和雇员，自 1921 年 7 月 1 日起成为簿记局的职员和雇员，级别和薪金不变。

第 306 条：所有关于部门或机构行政管理的现行法规都适用于会计总署。所有会计账目、记录、文件和证件的副本，以及会计总署的账簿和活动记录副本，经主计长和副主计长验证后，应被视为证据，与《法律修正案》第 882 条和 886 条规定的附件和副本具有同等的效力。

第 309 条：主计长应当规定几个部门和机构的行政拨款形式、制度和程序，以及财政官员对账目进行行政审查的方法、方式和步骤。

第 310 条：撤销 6 个审计官办公室，自 1921 年 7 月 1 日起执行。除本条规定外，这些办公室的所有职员和雇员，从 1921 年 7 月 1 日起，成为会计总署的职员和雇员，其级别和薪金不变。这些办公室的所有会计账目、记录、文件、证件、家具、办公设备和其他财产以及与第 304 条规定的部门的工作有关的簿记与出纳处的所有会计账目、记录、文件、证件、家具、办公设备和其他财产都将成为会计总署的财产。会计总署暂时使用现由财政部主计长和 6 个审计官占用的办公室。

第 311 条：

（1）主计长有权指定、取消和决定那些依法不定期地调入会计总署的职员和其他雇员的报酬。

（2）除年薪超过 5 000 美元的职位以外，其他所有职位的任命均应符合有关文职人员法律和法规的规定。

（3）主计长任命的任何人所享有的年薪不得超过 6 000 美元，而且，主计长任命的享有年薪 5 000 美元的人不得超过 4 人。

（4）会计总署的所有职员和雇员，不论是转进来的还是由主计长任命的，都应履行主计长交给他们的职务。

（5）主计长特别指定的职员或雇员的公务行为与主计长的公务行为具有同等的效力。

（6）主计长应制定必要的工作规则和条例。

第 312 条：

（1）主计长无论是在政府所在地还是其他地方，都有权调查所有与公共资金的收入、支出和运用有关的事务，并在总统要求时和每次国会例会召开时，分别向总统和国会递交审计报告。该报告包括他认为有利于及时、正确地解释和处理会计账目的立法建议，以及在有关公共资金的收入、支出和运用上，他认为适当的其他事项的立法建议。在这类例行报告或国会召开会议时提交国会的特殊报告中，主计长应提出提高经济性和效率性的建议。

（2）主计长在接到国会两院或两院中负责管理收入、拨款或支出的任何委员会的指令时，应进行上述调查并作成报告。主计长还应根据任何一个委员会的要求，指示所属人员向委员会提供其所要求的帮助和信息。

（3）主计长有义务向国会报告任何联邦部或政府机构的违法开支和签订合同的情况。

（4）他还应就各联邦部门和政府机构对账目和债权进行行政检查的适当性和效果性，以及各部对财务人员的机构账目进行调查的适当性，向国会提出报告。

（5）根据预算局的要求，主计长应不定期地向预算局提供有关支出和核算的情况。

第 313 条：按照主计长的要求，所有的部门和机构都应向他报告工作职权、职责、活动、组织、经济活动和工作方法的情况。为了收集这类情报，主计长或经他授权的职员雇员都有权接近和查阅任何会计账簿、凭证，以及这些部门和机构的记录。

第 314 条：公务员委员会（The Civil Service Commission）应当为审计总署的会计师建立一个名簿，凡申请进入该名簿的人都应由主计长提问考核。

美国的政治家们在引进英国先进的国家审计制度时，不仅采取了继承的态度，如《预算和会计法案》明显表现了立法审计监督的思想，而且提供了美国过去不曾有过的新鲜见解，同时，进一步发展了英国立法模式国家审计的思想，使美国当之无愧地成为从英国手上接过这根接力棒、带领世界各国走向立法道路的新舵手。

从向传统国家审计挑战的角度来说，《预算和会计法案》把国家审计这种经济监督形式涂上一层民主的色彩，大大地增强了立法部门对行政部门进行监督的力量。该法案的颁布，无疑是从立法机构这块阵地向行政部门拉开的一支利箭。从此以后，它作为美国审计界最先进的一种法律武器，简直就是政府部门一切贪污浪费、腐败低效者眼中的洪水猛兽，使他们心惊肉跳，惶惶不可终日。

在美国审计史上，《预算和会计法案》是一部具有跨时代特征的典范杰作。它使国家审计建制在隶属关系上完全与美国政体结构相吻合，字里行间反映出来的新思想反映了资产阶级的需要和追求，标志着美国国家审计发展新时代的来临。

四、围绕会计总署的一场争论

会计总署的建立，使美国政府的一种思想变成了现实，这就是，在现代民主国家，行政机构的开支应受到某些依照法律或宪法而建立的机构的检查。但是，自 1934 年起，有关方面对这种国家审计机构进行了批评。

1934 年，美国一位名叫 A・E・巴克（A.E.Buck）的政府财务官员撰文指出，主计长的权力是不一贯的、不合逻辑的。他认为，会计总署的政策和工作事实上削弱了财政部和预算局的财政权力，会计总署的主计长实质上正行使一种本质上属于行政的权力，因为主计长和他所领导的会计总署除负责国家审计任务以外，还承担为各联邦机构、会计系统和财政部中央会计系统制定会计原则和各项制度的任务。所以，巴克极力主张将会计总署的行政职能移交财政部，同时，成立一个新的国家审计机构以取代会计总署。

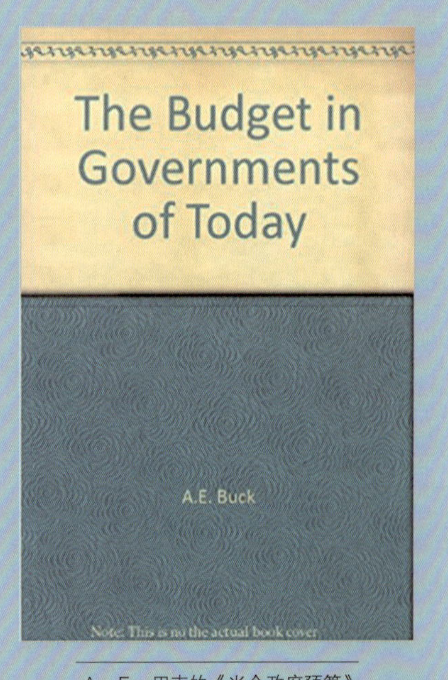

A・E・巴克的《当今政府预算》

1937 年，罗斯福总统的行政管理委员会，也向主计长发动了一次重要的攻击。该委员会在讨论财务管理和监督时宣称，主计长办公室没有制定出一套综合的、适当的会计制度，而且，主计长行使的基本上是行政权力，所以，他的经费监督权应该移交财政部长，他的职称应改为审计长（auditor general），会计总署应改名为审计总

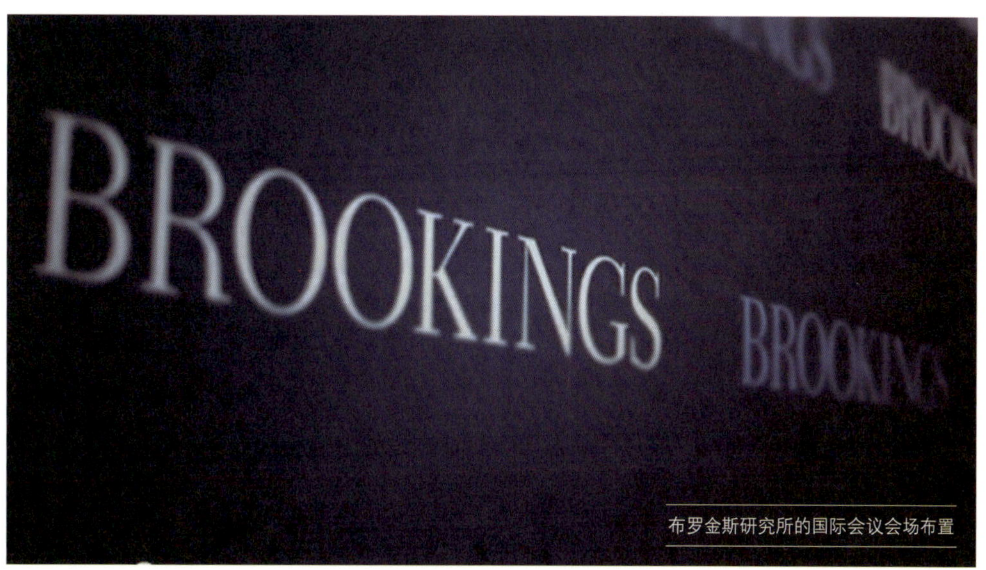

布罗金斯研究所的国际会议会场布置

署（General Auditing Office），再者，它的权力应限于经费审计。

上述观点马上带来一场争论。布罗金斯研究所（Brookings Institute）认为，国家审计乃是申请拨款和结清与调整账目的基础，这种功能必须由国会的专门机构来执行，“应将它作为国会管理公款的必然结果”。他们指出，“保护国库是宪法赋予国会的一种责任，只有由专司审计的官员持续地、不断地注意，这种责任才能履行”。所以，他们建议，一定要将会计总署的名称改为审计决算署（Office of Audit and Settlement），主计长的职称应改为审计长。

这场争论的焦点集中在会计总署的行政职能部分，许多观点显然不能说是错误的，但其结果并不明显，因为迄今为止，会计总署的名称和隶属关系均无变动。政治实践证明，行政机构被期望于忠实地遵守工资标准、契约程序、差旅制度和其他经费开支方面的规章制度，但仅有这种思想是不够的，必须由立法部门设置某些实际的监督机构，来确保这一点真正实现。对于这一点，论战双方都是一致同意的。

五、国家审计的新进展

美国与联邦德国、英国、法国的区别在于，它们的预算法规特地为国家审计的行为提供了很大的自决权。

1921 年的《预算与审计法案》授权主计长“调查……与岁入、支出和公共资金的运用有关的一切事务”。法案的同一节还责令主计长向国会提交报告，并根据要求向总统提交报告。在报告中，他要提出“使公共开支更经济或有效的建议”。因此，他可以在极为广泛的原则基础上，在这一领域广泛地实施享有自主权的审计。

然而，会计总署正当乳臭未干之时，在执行其职责方面还缺乏想象力；在华盛顿，它在日常“打勾再翻过来”的凭单审计上积聚了大量的工作人员，这种审计基本上是把目光局限于合规性。第一胡佛委员会对会计总署极为苛刻，它对授予会计总署财务权以使之负责介绍会计制度和解决申诉明显表示不满。该委员会认为，这些原本应该是政府行政部门的职责。会计总署应受到指责，因为它不仅越俎代庖，而且把事情做得一塌糊涂：

该机构没有去从事重要的任务，都把时间浪费于审核早已通过行政方式审核过并已支付的千百万收据和信用证，并对原本有条不紊的事务作无休无止的琐细分析。会计总署自成立以来就很少向国会提交具有重大意义的审计报告，国会对此应给予严厉的批评。

委员会认为，会计总署应当成为“国会在查寻公共资金的浪费和滥用过程中的有力帮手”，这使得多年以来各方对美国审计机关所作的批评达到了顶点。

然而，国会却担心，如果采纳了减少主计长的权力的建议，它自己也可能受到削弱，因此，当时的改革是在一个更加保守的基础上进行的。

会计总署初建时，共有职员 1 700 人，负责合法性审计、审查行政部门职员的诚实性、审查是否严格遵守总署制定的会计格式和程序。必要时，向国会报告工作，协助国会履行其职责。审计工作集中在华盛顿地区，职员多为律师和会计官[11]。

1936 年第一任主计长麦卡尔任期告终后一段时期，主计长职位暂时空缺。罗斯福总统经过一次失败的努力以后，于 1940 年提名林赛•沃伦（ Lindsay C.Warren ）担任。沃伦是北卡罗来纳州人，自 1925 年起，就担任国会议员，不仅担任过行政部经费委员会主席，而且是 1939 年改组法的起草人。他就任主计长以后，不愿意在任何方面修改其权力，但积极谋求与行政机关的合作，避免 30 年代所发生的争论和苦恼。同时，他还努力与国会密切合作，共同探讨改进行政工作，并向国会各委员会提供各种资料。从此，会计总署的作用发生了较大的变化。

截至 1945 年，美国政府拥有 101 家大型公司，其中大部分完全为联邦政府所有。但由于许多公司是自筹资金，与每年拨款程序无关，因而不受国会的控制。第二次世界大战期间，这些公营公司缺乏财务控制和效率低下成为突出的问题。针对这一情况，哈里•F•伯德（Harry F. Byrd）负责的委员会在进行一系列调查后建议，公营公司也应接受会计总署的审查，其结果是国会于 1945 年颁布的《政府公司控制法案》(*The Government Corporation Control Act*)。该法要求总署聘请职业会计师，运用民间审计技术，对公营公司进行年度审计。尽管所有这些业务对于会计总署来说并非完全陌生，但毕竟不同于往常。会计总署缺乏必需的、技术全面且熟练的审计人员，因此，主计长沃伦迅速建立了公司审计部（the Corporation Audits Division），并呼吁美国注册会计师协会推荐在私营部门工作、具有丰富的民间审计经验的合格人才。当时担任协会秘书长的约翰·凯里（John Carey）推荐了T·科尔曼·安德鲁斯（Coleman Andrew）。安德鲁斯出任公司审计部主任伊始，就对公营部门的审计工作进行了设计，并在评价财务管理和内部控制效率方面，做了许多有益的工作。在沃伦和安德鲁斯的带动下，会计总署不仅成功地扩大了它所实施的审计范围，而且成功地实现了扩大审计工作范围的预期目的[12]。

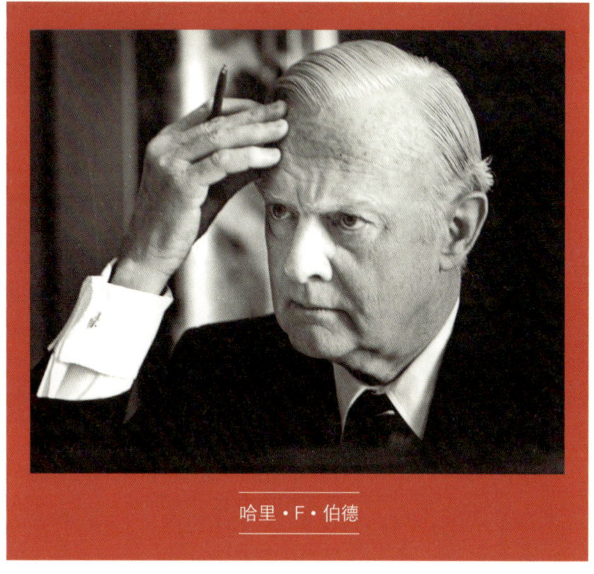

哈里·F·伯德

1945 年的《政府公司控制法案》是一座重要的里程碑，它预示着美国国家审计工作的重点将转向经济性、效率性审计和综合审计上，因而为会计总署输入了新的思想和实践。

1949 年，政府行政部门的组织研究委员会提出国家审计制度是过时的和累赘的，是应该现代化的时候了。他们认为，国会既然在创立会计总署时宣称它将独立于行政机构，并在《1945 年立法机关改组法案》（*the Legislative Reorganization Act of* 1945）中特别强调指出“会计总署是政府立法部门的一部分”，就不能安排它承担许多实际上属于行政事务的工作。该委员会建议，应于财政部长之下，设置会计长（accountant general），负责制定会计程序和会计标准。接着，委员会马上指责会计总署的做法，批评它要求每一笔财务开支凭证和有关资料，都要报送华盛顿总署，以备审查和结账。该委员会建议，不必再将所有收支凭证和有关资料都送往华盛顿，而应考虑改用抽样审计法，以代替全部的详细审计法。

1950 年，国会又颁布《预算和会计程序法》（*the Budget and Accounting Procedures Act of* 1950）。该法的第一部分将 1921 年预算和会计法中有关预算的各种规定赋予新内容，使之更富有弹性；第二部分概述联邦政府的会计目的，并规定主计长应在与财政部长和预算总局局长协商之后，“制定行政部门应遵守的会计原则、标准和有关要求……”现行有关政府账册、支用经费和开立账目的制度由财政部长和主计长共同协商修正。该法进

总统签署《预算与会计程序法》(1950 年)

一步强调主计长有权依照"公认审计原则"，对政府机关的会计程序和控制进行审查，不再实施详细审计。为了壮大审计队伍，总署开始在华盛顿地区以外其他联邦政府机构派驻审计人员。

数十年来，会计总署再次将其努力方向转到"项目效果审计"(program audits)，即确定是否正在接近预期结果或效益，是否正向立法机构或其他权力机关规定的目标前进，被审机构是否考虑了以较低成本达到预期效果的其他可供选择的方案。促进这种转变的动力来自两个方面。第一个动力是来自会计总署主计长埃尔默 • B • 斯塔茨。自 1966 年接受了为期 15 年的任命以来，斯塔茨将自己在预算总局任职中所积累的工作经验运用到他的新职务中，谨慎而坚定地带领会计总署向着对项目效果进行评估的方向前进。为了达到他的目标，他以经济方式对原来按行政方式组建的会计总署进行了改组，设立若干局、处，分别负责各项专业业务、人事和内部事务。尤其引人注目的是，斯塔茨减少传统的法律和会计专业职员，重视聘用具有各种专业技术的人才，如工程师、电子计算机专家、系统分析家和管理人才[13]。

促使会计总署改变职能方向的第二个动力来自国会。当时，自由党正为防务费的急剧上升而忧心忡忡，保守党则对日益扩大的社会福利系统的开支而叫苦不迭，所以，无论是自由党人还是保守党人，均对项目效果评估的立法问题表现出极大的兴趣。此外，由于越南问题和水门事件，国会越来越重视确保制定和执行政策所需要的信息来源的独立性。这种因素也是促使美国会计总署扩展其审计职能的原因之一。1967 年，美国国会发出了第一个要求会计总署对项目效果进行评估的指令。当时，国会议员温斯顿 • 普劳蒂 (Winston Prouty) 建议，会计总署不仅应审查经济机会署 (the Office of Economic Opportunity) 的财政收支系统的完整性、财务状况的真实性和管理业务的效率，而且应审查该组织经办的项目和有关活动在何种程度上达到了《1964 年经济机会法案》(*the Economic Opportunity Act of* 1964) 规定的目标。1969 年，由亚伯拉罕 • 里比科夫

（Abraham Ribicoff）主持的政府经营委员会（Government Operations Committee）的听证会，曾就美国会计总署作为国会信息来源的潜在能力进行了广泛的讨论。最后的结论认为："许多国会成员和本委员会长期以来一贯认为……如果会计总署集中力量进行项目效果评估、审查经济活动和提供新的建议，其工作将会更有意义、更为有用。"[14]

美国将崭新的审计主题和题材带进国家审计领域，是功不可没的。经济性审计、效率性审计和项目效果审计的兴起，逐渐改变了传统上一直采用财务审计的倾向，推动了世界范围内对于绩效审计的探索。美国作风和美国特色的实践，不仅显示了新阶段的特色，而且使美国取代英国，当之无愧地成为新的历史条件下领导立法模式国家审计派别走向新世纪的领袖。

美国会计总署现任审计长查尔斯·A·布什（Charles A.Bowsher）在追忆美国国家审计的发展历史时指出[15]：

开始时，美国会计总署实际上是一个会计机构，我们审核所有的付款凭单，确定这些付款是否得到批准。第二次世界大战以后，联邦政府的规模越来越大，我们担负起第二个责任——财务审计。当时的审计长林赛·沃伦不想按第二次世界大战以前的样子重建会计总署，而是将它建成一个从事财务审计的机构。他认为，将来应由行政机构来担任会计

温斯顿·普劳蒂

查尔斯·A·布什

的职能。到了 1966 年，埃尔默·斯塔茨当了审计长，他又把工作推进到了项目效果审计，即不仅检查财务方面的问题，还要检查这些项目获得的效率性和效果性。——这就是我们今天的现状。

在采用立法模式国家审计制度的现代国家中，起步较晚、发展较快且成熟较早的是美国。美国开创了现代国家审计中财务审计与绩效审计相结合的传统。这一结合为国家审计的发展开辟了新的、无限广阔的道路。现在，在国家审计领域，运用绩效审计的概念和方法来审查政府行政部门和公营企业的经济性、效率和效果性，已受到世界许多国家的普遍重视。

美国会计总署庆祝建署 50 周年（1971 年）

注释：

① Richard E.Brown：Accounting and Accountability in Public Administration，The American Society for Public Administration，1988，pp.124–125.

② 蒋明祺著：《政府审计原理》，立信会计图书用品社，1941 年版，第 295 页。

③ 杨汝梅著：《近代各国审计制度》，上海中华书局，1939 年版，第 149 页。

④ Richard E.Brown：The GAO—Untapped Sourse of Congressional Power，The University of Tennessee Press，1970，p.10.

⑤ 蒋明祺著：《政府审计原理》，立信会计图书用品社，1941 年版，第 296 页。

⑥ The United State General Accounting Office：Comprehensive Audit Manual，Chapter one.

⑦ 文硕：《现代国家审计》，《审计研究资料》1989 年第 1 期，第 7 页。

⑧ Richard E.Brown：The GAO — Untapped Sourse of Congressional Power，The University of Tennessee Press，1970，Foreword，p.8.

⑨ Richard E.Brown：The GAO — Untapped Sourse of Congressional Power，The University of Tennessee Press，1970，p.9.

⑩ Budget and Accounting Act of 1921.

⑪ Roger L.Sperry：GAO 1966—1981，An Administrative History，U.S.General Accounting Office，1981，pp.9-10.

⑫ Dale L.Flesher：The Roots of Operational Auditing in English-Speaking Nations，in A.T.Craswell：Collected Papers of the Fifth World Congress of Accounting Historians，the University of Sydney，1988.

⑬ Richard E.Brown：Accounting and Accountability in Public Administration，The American Society for Public Administration，1988，pp.279–280.

⑭ Richard E.Brown：Accounting and Accountability in Public Administration，The American Society for Public Administration，1988，pp.282–283.

⑮ 汤云为：《美国政府审计现状》，《审计研究》1986 年第 5 期，第 24 页。

第七章 立法模式国家审计的后继者

采用代议制的政府体制的主要宗旨之一，是要求行政部门就立法机构批准授予的经费的使用情况，向立法部门进行报告说明。尔后设立一个独立于行政部门之外的审计机构专司其职。

这个观念对于任何现代国家来说，应该是一种常识。如前所述，这种常识最早被英国和美国在建立现代国家的过程中付诸实施了。从此，这潮流滔滔滚滚，带来了现代立法模式国家审计发展的普遍繁荣。许多国家在建立现代国家的颠簸和曲折中，在民主政治强有力的推动下，也纷纷向着立法模式靠拢，并从理论、方法、组织和标准诸方面，为这一模式的进一步完善，作出了各种努力和贡献。它们是英美派的后来者和继承者，其中不仅包括加拿大、澳大利亚、奥地利、以色列和挪威这样的资本主义国家，也包括像前南斯拉夫、罗马尼亚和波兰这样的社会主义国家。

可见，立法模式国家审计派别在不断地发展自己，壮大自己，成为世界国家审计史

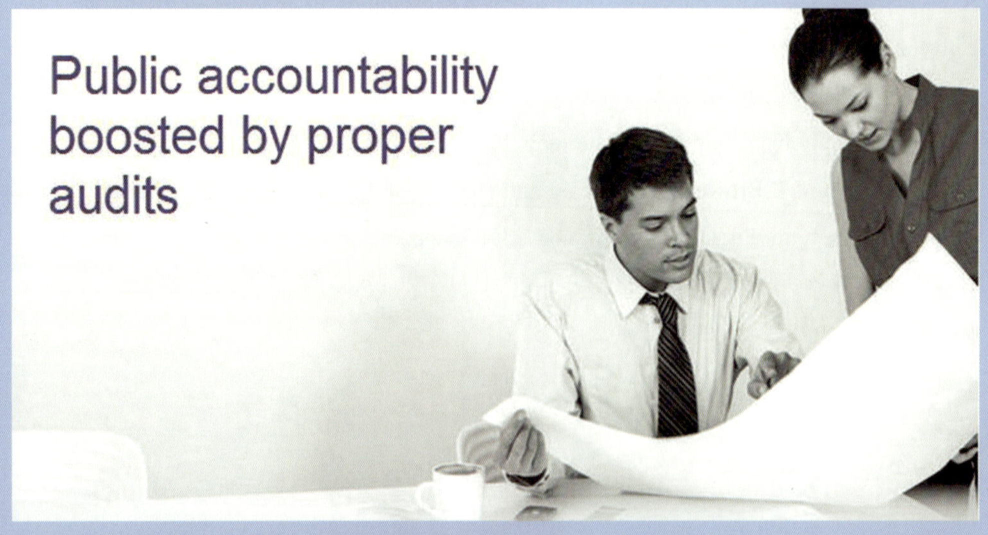

适当的审计提高公共经济责任

上一支强大的队伍，左右了世界国家审计组织发展的历史进程。所以，英美派的影响是世界性的，代表了世界国家审计机构发展的主流。

一、加拿大国家审计的现代化

加拿大在走向现代国家之路时，在政治和经济方面，与欧美国家，尤其是英国，有着非常密切的联系。1867 年，应加拿大政府之邀，英国议会对加拿大的政治制度进行了设计，从而使加拿大几乎全盘接受了大不列颠模式。

建立现代化的国家审计制度，理所当然地成为改革的重要目标之一。

与其他先进的国家一样，在加拿大，国会控制（parliamentary control）成为新型国家审计的政治基础。国会控制是建立在这样的概念基础之上的，即：①未经国会批准，不得征税；②未经国会批准，不得支出公共资金；③公共资金只能按国会认可的目的和限额使用。1867 年的宪法和财政管理法（the Financial Administration Act）之类的法规明确指出了政府对国会的经济责任。

然而，国会最初并未设置专门的审计机构承担对这种经济责任进行监督的任务。当时，英国国家审计的改革也仅刚刚起步。所以，审计长由财政部的一位副部长担任。第一任审计长是财政部副部长约翰·兰顿（John Langton）。这种审计制度显然缺乏独立性[①]。

1878 年 4 月，曾在亚历山大·马更些的自由党内阁内担任财政部长的里查德·卡特赖特（Richard Cartwright）对由应接受审查的部门实施审计监督的制度，表示了自己的不满，并提

1867 年后，加拿大联邦任命兰顿为联邦审计委员会的负责人。1870 年，他被任命为财政部副部长

THE HON. SIR RICHARD J. CARTWRIGHT.

里查德·卡特赖特

出了改革议案。他在下议院指出，由一个人同时担任财政部副部长和拥有立法权的审计长二职，是毫无道理的；然而，这种状况一直延续至今，现在是该结束它的时候了。所以，他在议案中提出：加拿大应仿效英国立法模式审计制度，“应使公共账目的审计摆脱行政部门的干涉”，“最好任命一位名叫加拿大审计长的官员，其工资每年不得超过 3 000 加元”[②]。这项提案得到了国会两院的一致赞同。当时，保守党、自由党成员几乎是争相称赞议案中有关更完善的国家审计需要任命一名独立的审计长的那一部分。这种两党表示一致意见的情况实属罕见。所有的人都同意这位新任的官员作为国会的议员。

当时，只有个别人对建立这样新型的国家审计制度存有异议。他们认为，这样大的权力相当于又任命了一名总督。不过，这种意见并不占上风。保守党人查理斯·塔珀（Chartes Tupper）明确指出：这份提案将增进国会的权力，“而不是政府的权力”。就连不习惯于赞美别人的约翰·麦克唐纳（John A.Macdonald）爵士都称赞卡特赖特提出了如此开明的提案。

当时的审计法规定，审计长应负责对政府账目和支出进行监督，并将“拨款账户总额中他认为是未经适当审核的亏绌和他认为不能核准的支出”，向国会报告。换句话说，审计长应保证公共资金的支出不超出规定的范围，并与国会准许的用途相符。审计法还规定，他可以在费用发生之前或之后加以审计监督。所以，审计长不仅是传统意义上的审查官，而且是公共资金支出的主计长。

约翰·洛恩·麦克杜格尔

正是在这样的热烈气氛中，约翰·洛恩·麦克杜格尔（John Lorn Mcdougall，1878—1905 年）出任加拿大第一任审计长。

麦克杜格尔是渥太华南兰夫鲁国会的议员，渥太华山谷选民区的一位木材商。这位意志坚定的人一走马上任，便风风火火地干了起来。在任期的最初几年里，他主要忙于组织办事机构和制定审计程序，因此，当时任何对抗政府的主要活动都没有参加。但不久，对于政府办的几件违背国会意志的事，他急了，而且是急红了眼。

引起麦克杜格尔与行政部门之间第一次对抗的原因是：他拒绝批准由于某部门职员升迁而应付的附加工资，因为这项支出违背了《民事劳务条例》；但司法部副部长

Z·A·拉希（Z.A.Lash）认为并非如此。

1879年6月，拉希先生气势汹汹地写信给麦克杜格尔，指出审计长的职责和权力仅限于务必使政府希望得到的任何一笔拨款均能投票通过并按指定的用途拨给政府部门，而且，审计长无权过问政府对于国会通过的拨款的合法支配权。最后还讽刺说，“国会从没打算让你担任审查所有行政法令合法性的预审法官”。可以说，这封信为审计长与历届政府之间的“战争”点燃了开战的第一炮[③]。

麦克杜格尔在给国会的年度审计报告中以令人惊奇的详细程度公开了包括这封信在内的所有与政府部门的来往信件。这些信件表明他认为自己是任何涉及公共资金支出问题的仲裁人，不管这些是有关城市公共事业部门中职员升迁的问题，还是有关购买英国马具而不是加拿大马具的问题，还是死去议员葬礼费用的支付问题。他还明确表明，他决不打算让内阁部长或副部长们指挥他应该做什么，或不该做什么。

1883年，麦克杜格尔又拒绝批准将印刷财政部长预算演说词法文版6 000册所需费用368.60加元支付给蒙特利尔的印刷商T·伯索姆（T.Berthiaume）。他在给财政部副部长的信中指出：他认为，印刷演说词的费用应为188.05加元，这也是他准备批准的最大数额。财政部提出了不同意见，但未见效，于是将此争论提交给了财政委员会。财政委员会行使了它的特权，否决了麦克杜格尔。不过，财政委员会后来为印刷合同制定了一项标准，这些标准明显与麦克杜格尔的意见是一致的。可见，在这次争议中麦克杜格尔最终被证明是正确的。然而，否决审计长却开了先例。麦克杜格尔在任职期间余下的22年里曾近百次地遭到否决，这一次是第一次[④]。

在麦克杜格尔的审计生涯中，最使他出名的是对南岸铁道公司（South Shore Railway Company）承建里切鲁河（Richelieu River）大桥的审计工作。据说该公司架设此桥的成本为21.7万加元。当时政府的政策规定可以为铁路桥的建造工程提供15%的补助金，因此，麦克杜格尔接到命令，要求批准为该公司拨款3万多加元。但当他得知被视为该合同中主要部分的桥桩要价为每米1加元时，顿起疑心。曾经当过木材商的麦克杜格尔知道桥桩的价格每米应为0.35加元。还有其他一些令人生疑的现象。例如，没有投标人来投标，没有设立一套会计账簿，甚至没有银行账户。于是，麦克杜格尔聘请了一位经验丰富的工程师对大桥工程进行估价，结果表明工程造价应为9.8万加元，因此，拨给南岸铁道公司的补助金应为14 700加元而不是原来所说的3万多加元。该公司的经理无条件地接受了这个决定。这样一来，审计长为国家节约了一大笔资金[⑤]。

由此可见，麦克杜格尔是一位工作勤奋且富有献身精神的审计长。他很正直，决心揭露一切乱用公共资金的现象。他的朋友们甚至他的对手们常用“有能力、勤奋、忠实和勇敢”这样的形容词来描绘他的行为。当然，他也得罪了不少政府要员。这些人不断

威尔弗里德・劳里埃总理

对他的工作横加指责，认为他一次又一次“超越适当的职责范围”。一位部长大发牢骚，说“他根本不满足于当审计长，而是想成为一个独裁者。他实际上是想控制并指挥国家的公共事务”。

一些有识之士对审计长的工作给予了充分的理解和支持。1895 年，当反对党领袖、几年后担任总理的威尔弗里德·劳里埃（Wilfrid Laurier）看出政府企图让审计长只扮演一名会计官的角色，单纯从事查阅账目、检查单据是否填写适当这样简单的工作时，他感到十分震惊。不久，他在下议院作了一次极富说服力的长篇讲演。在演说中，他为审计长的权力和责任做了辩护，认为审计长有权以挑剔的目光检查所有款项，并坚决查出一切不合理的开支。

加拿大是英国国家审计的忠实继承者。但较之英国模式，加拿大新建的审计制度在许多方面还不尽完善。这主要表现在两个方面：

（1）政府想方设法在审计长广泛的权限内设置了许多例外条款。各部门能够并且经常设法用向财政部长申请信用证的方法逃避审计部门对支出款项的监督。有了这种信用证，某一部门就可以在自己的银行账户中自由地存入一整笔款项，并躲开审计长而自行从该账户中开出支票，直到信用证有效期满。

即使在没有使用信用证的情况下，审计长拒绝批准某一支票也并不一定意味着这张支票不能开出。审计条例列举了一些具体情况，在这些情况下财政委员会可以否决审计长。

（2）加拿大引进了决算审查委员会制度，由决算审查委员会负责检查审计长的报告和会计账目，并根据检查结果向国会报告。然而，事实上，当审计长枉费心机试图与委员会合作，共同讨伐政府过度支出行为时，得到的常常是无情的沉默。

在麦克杜格尔任职的最初一两年里，他与决算审查委员会的关系看起来确实是既和谐又富于成效。委员会对于审计长的大部分建议都给予认可。审计长反过来又心甘情愿地遵从委员会的要求，为它提供额外的信息。但没过多长时间，麦克杜格尔就发觉决算审查委员会的成员们更感兴趣的是追逐丑闻，证明政治论点，而不是研究他的报告，或给予他所需要的支持。麦克杜格尔在写给国会的报告中经常对加拿大决算审查委员会没能成功地遵循它的母国相同机构的工作方式表示惋惜。

比较起来，英国和加拿大决算审查委员会除名称相同以外，几乎没有共同之处：

（1）在英国，决算审查委员会是由经过挑选的为数不多的财务方面的专家组成的，人数通常在 11～15 人之间；在加拿大，不到 25 年，决算审查委员会的成员由 21 人增至 97 人，几乎占下议院全体成员的一半。

（2）在英国，委员会的主席是英王（英国政府）的反对党成员；而加拿大委员会的主席则是由政府官员中选举出来的，其中包括六七名内阁部长。

（3）在英国，委员会的会议都是秘密召开的，加拿大委员会的会议则是在众目睽睽下进行的。

显而易见，在这样的情况下，加拿大决算审查委员会在帮助国会对承担经济责任的政府部门实行有效监督方面，效果不会太显著。经过一大批政治家和审计学家的不懈努力，这种局面才逐步改观。

加拿大改革时期的政治家们不仅冲击传统的国家审计制度，而且筚路蓝缕，改变了加拿大国家审计的面貌。特别难能可贵的是，许多政治改革家正努力借鉴从英国和本国审计的各种实践中总结出来的经验，加速实现加拿大国家审计的现代化。

二、挪威国家审计的现代化

在挪威，为国家审计争得现代地位是同 19 世纪初资产阶级民主运动密切相关的。

早在 1540 年，挪威第一次对政府账目实施了审计。当时，由财政部负责记录会计账簿，同时负责对收支事项进行审查。1679 年以后，财政部被分成若干办事处，负责有关的会计核算和审计事项。这一审计组织实质上一直延续到 1814 年。

19 世纪初，严重的民族危机催生了挪威的民主思想和民主运动。1814 年，由于立法机关接受瑞典君主作为挪威国王，挪威终于从丹麦的统治下获得独立。同年 5 月 17 日，

1814 年 5 月挪威制宪大会

颁布了挪威历史上第一部宪法，其中第 75 条款规定：

议会（stortinget）的责任和特权是任命 5 位审计官，负责对国家的会计账目和出版刊行的账目摘要进行年度审计。为了达到这一目的，会计账目应在议会拨款年度 6 个月内呈送给审计官，并提供给批准国家会计官会计账簿的办事机构。

根据这项法案，1816 年任命了第一批国家审计官。审计官的职责仅限于对 国家的主要分类账进行监督，而作为主要分类账基础的特殊分类账则仍由王室大臣实施审查。实际上，许多审计责任都落在肩挑许多重担的财政部身上。其结果，基层审计工作，也就是特殊分类账的审计工作被忽视了。所以，各方面对政府各部门控制本系统会计制度的能力，愈来愈不信任。于是，1822 年，政府对现存的审计体制进行了改革，新建了审计部（Audit Ministry）。该部除特殊情况以外，负责同时对主要分类账和特殊分类账进行审查。

19 世纪 50 年代至 90 年代，挪威出现了一股争取民族自决权的思潮。著名的政治家约翰·斯维尔德鲁普（Johan Sverdrup，1816—1892 年）通过选出的机构领导了这场斗争。他积极参与创立改革协会，成为反对派领袖；亲自起草决议；试行陪审团制；促进防卫机构的民主化；在出任首届左翼政府首相期间，通过了内阁对议会负责的法案，完成了真正的议会制度，即政府由来自议会的内阁大臣组成，内阁大臣单独或集体对议会负责。在这场民主运动中，斯维尔德鲁普十分重视国家审计的监督作用，希望通过这种制衡监督，去唤起政府部门对自己所承担的经济责任的觉醒，以推动他们的政治改革宏图付诸实现。

约翰·斯维尔德鲁普

这位挪威政治史上非常有影响的人物早在 1857 年就被提名为国家审计师，但是，一直到 1860 年才正式当选。总共算起来，他在议会任职期间，有 21 年兼任国家审计师（1860—1881 年），即便在就任议会上院议长（1862—1869 年）和议会议长（1871—1884 年）要职时，也从未辞去国家审计师职务[⑥]。

为了更好地利用国家审计为民主运动和政治改革服务，1875 年，他们通过了解世界

挪威庆祝审计机关成立 150 周年（1966 年）

国家审计大势，再次提出了一份报告，主张对政府和行政部门加强审计监督。他们在报告中尖锐地指出，这些本来由 1814 年的宪法第 75 条确定的治国之术，实际上已形同虚设；只有加强对特殊分类账进行审查，才能保证审计活动与议会的规定不致发生偏差，从而真正达到审计监督的目的。

的的确确，在寻找追求民主的途径时，这些政治改革家把国家审计的作用提到推动政治变革的高度上来了！

三、奥地利国家审计的现代化

在奥地利，把国家审计归入现代化之伍，而且尊奉为民主政治的重要一环，应该从第一次世界大战以后算起。但是，要深刻认识国家审计如何挣脱封建传统观念的束缚，就有必要给奥地利国家审计的发展划出一条明显的界限来。对照起来，则可以理解，奥地利国家审计的现代化，不仅在审计发展上是进步的，就社会发展来说，也是顺应历史潮流的。

这条明显的界线应确定在 1919 年。在这之前和之后，是奥地利国家审计发展的两个世界。

在 1919 年以前，如前所述，尽管国家审计组织的名称屡更，时而叫会计署，时而叫会计法庭，时而叫最高国家审计机关，时而又叫会计总局，但专制使它只能是权力祭坛上的牺牲品。在黑暗的封建社会里，被授予的审计权只能作为维护封建专制统治的监督性工具来使用。这种审计监督权只是最高封建统治者个人权力的延伸，审计官只是最高统治者的具体代言人。

艰辛地开拓着的民主政治运动，为奥地利国家审计的发展开创出一个崭新的局面，而这种局面的正式出现，是在第一次世界大战以后。

1919 年年初，奥地利经过政体改革，颁布了奥地利审计史上意义深远的《政府审计法》(*The Government Audit Act*)，其中对现代审计的组织和职权，作了详尽的规定。根据该法，设立最高审计法院（Supreme Court Of Audit），直接隶属于国民议会，负责审查政府部门的经济活动和政府负债，审查政府部门对公共资金的使用是否合法，并对经营活动的经济性和效率性进行审计[⑦]。显而易见，这种审计机构的目的是抑制君权，伸张民权，而不是维护君权，保护君权。奥地利正是沿着这个方向，实现了国家审计的现代化。

1920 年 10 月 1 日，奥地利颁布了本国的宪法，其中第 121～128 条对国家审计作了全面的规定，从而为国家审计的现代化奠定了基本的宪法基础。

作为审计法院的前身，“审计厅”成立于 1761 年，旨在“突出财务事项中的所有疾病，特别是与支出有关的疾病”

现简要介绍当时的国家审计如下：

审计法院直接隶属于国民议会，由院长和必要的辅助人员组成。院长由中央委员会推荐，由国民议会任命和罢免。在担任该职前 4 年内，不曾出任联邦政府和各邦政府的官员。院长不属于任何政治团体。

审计法院负责对联邦政府和享有国家财政补贴的企业的全部会计资料、基金和财产实施审计，并应联邦政府或部长的要求，办理特种审计任务，最后，将审查结果向要求者报告。审计法院还负责调整联邦政府的决算，编制审计报告，呈送国民议会审查。不过，法院在呈送报告之前，应先将报告原文通知联邦政府主席国务员。政府应在 3 个星期内向法院递交书面意见，并请法院将该意见与审计报告一起呈送国民议会。若政府对审计报告没有异议，法院应在限期前将其送到国民议会。议会收到报告以后，按比例选举的原则，选举一常任委员会专门审核审计报告。委员会应在 6 个星期内将审核结果报告议会，然后，由议会公布原审计报告。

审计法院还以各联邦议会隶属机关的资格，对各邦政府实施财务审计和合法性审计。在受到各邦政府或议长的请求时，也需办理特种审计。各邦政府每年应将年度决算呈送议会。法院应将审计结果通知邦政府，同时，与该邦政府本身的决算书一起，一并呈送议会。这些规定，适应于联邦首都维也纳自治区。

1925 年新规定，倘若对有关审计权限的法律规定的解释有争议时，法院或联邦政府应呈请宪法法院裁判，裁判不公开，其程序以命令决定。

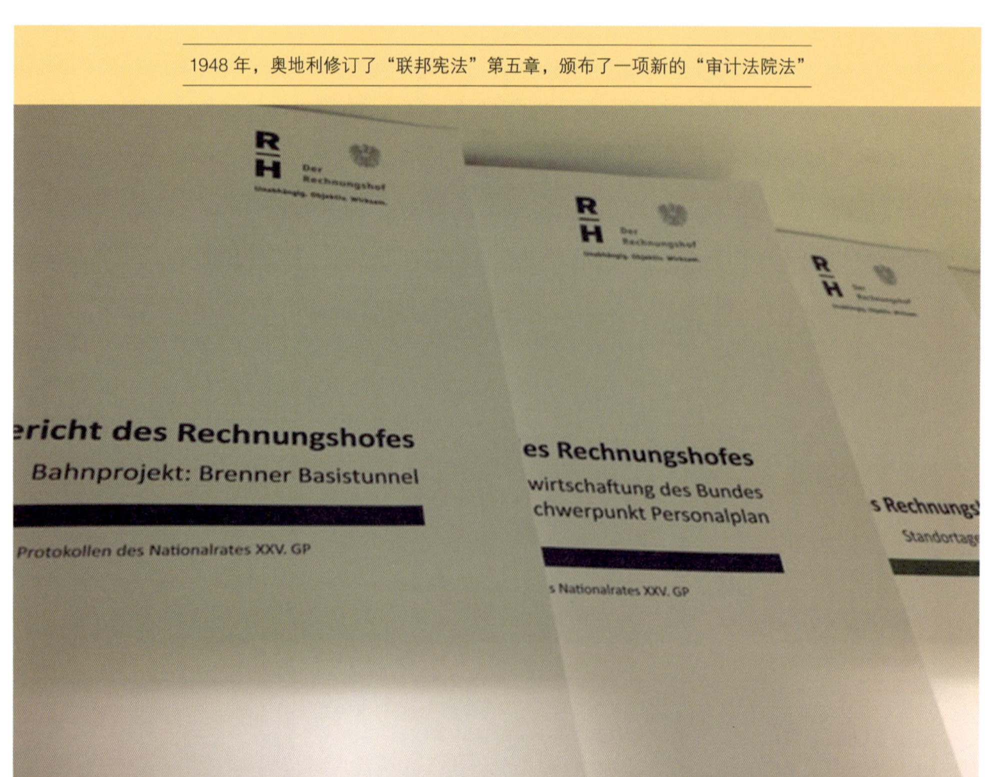

1948 年，奥地利修订了“联邦宪法”第五章，颁布了一项新的“审计法院法”

1929 年 12 月 7 日，修订颁布了宪法。新宪法规定，法院对居民满 2 万人的县、市和城，有权进行一部分或全部审计，并就地检查其账册凭证，然后将审计结果报告有关议会。

四、西班牙国家审计的现代化

西班牙的国家审计起源于中世纪皇家财政时期。随着平民阶层进入议会，同当时议会内的贵族和神职人员平起平坐，并要求对皇家财政开支进行监督，审计便由此而生，承担起议会制约贵族权势的重要使命。从 1250 年，卡斯蒂利亚人取得平民阶层进入议会的权利开始，对掌管国库的财政活动进行审计就成为议会的职能之一，它同议会的政治职能同时诞生，制约着国王的权力。当时，行使监督公共财产管理工作的机构叫统计局，亦称皇家统计局或大统计局。此时，在议会的所有权力当中，没有任何一种权力可同在国王面前说实话以共同管理国家财政的审计权力相媲美。

1928 年 11 月 10 日，国王费尔南多七世颁布诏令，通过一项建立经济监督和在管理公共财富上追究责任的制度，成立了西班牙王国大审计法院，以期使公民对国家财政管理有所信任。从此，西班牙王国大审计法院，取代了大统计局的职能，成为审理在国家收入管理工作中发生的经济责任案件的机构。大审计法院的权力有双重性：一方面具有检查性质，另一方面又具有审判性质。大审计法院的权限甚至可以涉及大会计法官，还有一名会计监察。审计法院最初成立的目的，在于监督国家财政的合法性。因此，最初审计法院只进行财务的合规性审计。

1935 年，西班牙王国撤销大审计法院，成立审计法院。其职能未变，但调整了隶属关系，审计法院作为财政部的一个附属机构开展工作。审计法院设有一位院长和几名助手，审计法院成员的任命由政府决定，解除职务的权力则在国家元首。王国审计法院的任务，是按预算法令和其他一般性纪律要求进行合规性审计，关注的是各部门在合法条件下，是否严格执行预算。随着公共部门职能扩大及其对经济和社会活动的影响，要求对公共部门的效率加强监督，即：对公共部门不但要求其守法，还要求它在经济活动中具有高效率以及同私营部门竞争的能力。1977 年西班牙颁布的预算法中，提出了效率性审计的内容。规定对财务审计时，必须进行效率性审计。方式是对成本及有关部门工作的投入、产出或利润，对有关计划指标的完成情况进行分析。对国有企业由自治机构来进行效率性审计，如果国有企业直接隶属于政府部门机构，则由有关的部来进行审计。从而扩大了审计的范围和内容。

1982 年 5 月 12 日，依照宪法制定的《审计法院组织法》获得通过。新的审计法院

西班牙国王费尔南多七世

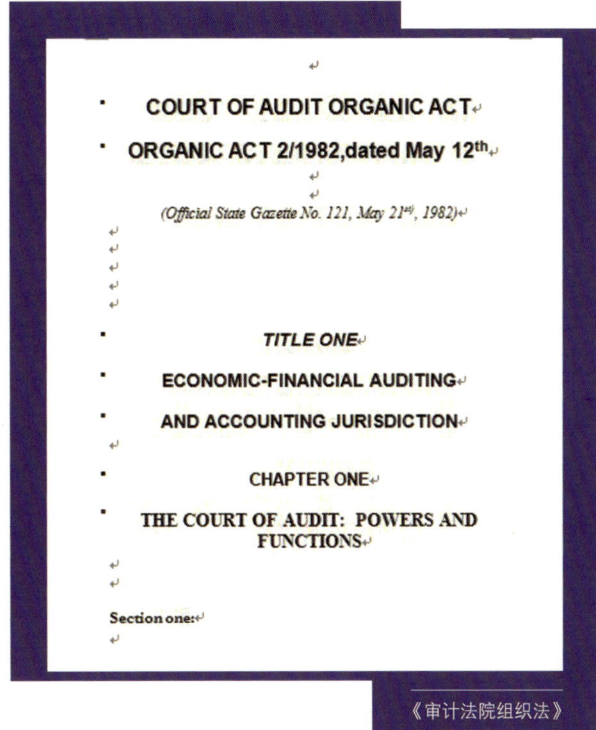

COURT OF AUDIT ORGANIC ACT

ORGANIC ACT 2/1982,dated May 12th

(Official State Gazette No. 121, May 21st, 1982)

TITLE ONE

ECONOMIC-FINANCIAL AUDITING

AND ACCOUNTING JURISDICTION

CHAPTER ONE

THE COURT OF AUDIT: POWERS AND FUNCTIONS

Section one:

《审计法院组织法》

宣告成立。西班牙王国审计法院更名为西班牙审计法院，并直接隶属于议会。由议会和参议院以3/5的多数选出了12名审计委员，并从中产生院长、财务审计部主任及法律审理部主任。《审计法院组织法》确定了审计法院的性质、职能和作用，加强了它在西班牙经济与社会生活上的地位。

西班牙宪法和《审计法院组织法》，认定审计法院是对国家和公共部门的经济财政活动进行外部监督的最高审计机构。审计法院直接隶属于议会，并具有职能上的独立性及人员上和经费上的独立性。赋予审计法院审计监督和司法监督双重职能。在审计内容上，规定审计法院不仅要进行合规审计，也可进行效益性和经济性审计，以便全面而整体地审核被审计对象的全部经济活动。这样，审计监督就在立法、司法和行政的权力制衡中成为司法监督权的重要组成部分。它完全独立地行使监督职能，为保证国家法律和政策法令的贯彻执行，同立法和行政执行机关相互制约，协调工作。

《审计法院组织法》通过之后，审计法院在职能上将传统的合法性监督同效率性和及时性监督结合起来，并兼有司法职能，使审计工作更加完善。特别是1984年2月以后，审计法院公布了对西班牙银行、对各部机动车管理机构、对亚马逊航运公司（ENASA）委内瑞拉分公司的投资，以及对核安全委员会等单位的审计结果以后，舆论界反应强烈，审计法院的工作也受到了社会的广泛重视。

五、第三世界国家的反应

如前所述，对世界现代国家审计影响最大的一种审计模式，莫过于立法模式。立法模式由于英国的创建和一大批先进国家的追随者们的努力实践，特别是由于美国的添砖加瓦，而不断增添新的活力，成为20世纪国家审计界中影响最大的派别。第三世界许多国家对这种模式的反应、接受和传播也是积极的。

1962年11月11日，科威特颁布新宪法，其中第151条明确规定⑧：

依法建立财务控制委员会，它的独立性应受到法律的保障，并直接向国会报告。它应协助政府和国会双方在预算拨款限额内，对国家资金的收支进行监督。该委员会应就审计活动和审计结果，向政府和国会报送年度报告。

1964年7月7日，颁布《关于建立审计局的第30号法案》(*Law No.30 of the Year 1964—Regarding the Establishment of Audit Bureau*)，同时组建了科威特审计局。该法案的第一条规定："建立名叫审计局的独立的财务控制委员会，它隶属于国会。"审计局的任务是对公共资金进行有效的监督，即保护公共资金，防止挪用公共资金，保证公共资金按拨款目的适当使用。

显而易见，审计局是隶属于国会的独立机构。它对公共资金行使的财务监督，是国会对行政部门进行控制的一部分。

坦桑尼亚审计部（the Audit Department of Tanzania）的历史可以追溯到其独立以前。当时，英国曾在坦噶尼喀配备审计官，负责审计监督工作。1961年12月9日独立以后，政府颁布了《国库和审计条例》(*the Exchequer and Audit Ordinance*)，从而以现代的公共财务控制制度武装了国家。

由于认识到使用公共资金是一种经济责任，人民和他们的代议机构（国民议会）有权知道这些资金的使用情况，因而坦桑尼亚宪法明确规定，应任命独立于行政部门的主计审计长。

宪法规定：

（1）审计长不受其他任何个人和机构的干扰和控制；

（2）审计长可以接近所有的会计账簿、会计记录、会计报告和其他有关会计的文件。

中美洲联邦解体后，哥斯达黎加于1848年建立共和国。但最高审计机构或审计长公署（Comptroller General's Office of the Republic）直到20世纪40年代末才建立。根据1949年宪法第183条至184条，国家审计机构协助立法议会对公共财政活动进行监督，而且在执行任务时，拥有绝对的独立性。1950 年又颁布审计细则，对审计机构的活动范围、工作任务和职权作出了具体的规定。

审计长公署由审计长和副审计长领导，他们由立法议会任命，直接对立法议会负责，任期为 8 年，可以连任，只有在被证明不称职或品行不端时才能被免职。

1960 年 8 月 16 日，塞浦路斯由英国殖民地成为一个独立的主权国家。1960 年公布的宪法对国家审计的权力、职能和义务作出了规定。宪法规定：审计长应“代表共和国监督所有的收支事项，审查和监察关于现金、其他资产和负债的所有会计账簿”。宪法为了保证国家审计的独立性，规定审计机构不受任何部委的控制，并由共和国总统任命，由总统决定审计长的任期和审计官员的条件。

宪法并没有明确规定审计长和议会的关系，但实际上，两者通过决算审查和开发计划委员会（Public Accounts and Development Plans Committee），保持着非常好的工作关系。决算审查和开发计划委员会简称为决算审查委员会（Public Accounts Committee，PAC），其主要任务是检查由会计主任记录，并经审计长审查的会计记录。

按宪法有关条款，审计长享有较高的独立性。这种独立性是由下述三点保证的：

（1）国家审计机构的预算由议会直接拨给。这样可保证有适当的资金满足审计长的需要。审计长有权从预算中提取一笔资金聘请有关的审计专家。

（2）审计长可以独立地控制职员的使用，以保证完成额外的任务和及时安排空缺的岗位。审计长拥有充分的权力决定工作的条件和职员工资。

（3）审计长可以进行各种审计工作，并直接向众议院报告。

埃及国家审计发轫于 1942 年。这一年，建立了国家审计局（State Audit Bureau），直属于总统办公室，负责检查和验证公共资金账户，主要办理合规性审计、合法性审计和财务审计。

1964 年，埃及新建中央审计组织（Central Auditing Organization）。审计法规定，国家审计部门是一个独立于政府的、帮助人民议会对公共资金进行经济监督的国家机构。审计长由总统提名，然后由人民议会任命，而且应该在收到会计账簿 2 个月内，向人民议会报送关于国家年终决算的年度报告，同时，中央审计组织还应定期向人民议会报送审计活动的全部结果。人民议会有权要求审计部门对任何行政部门、公营企业和其他公营机构的经济活动进行审计和调查，并有权得到国家审计机构在工作中收集的任何数据、信息和报告。

注释：

① CA Magazine，Auditing the Government of Canada—the centennial year，1978.

② Sonja Sinclair：Cordial but not Cosy— A History of the Office of the Auditor General，McClelland and Stewart，p.17.

③ Sonja Sinclair：Cordial but not Cosy— A History of the Office of the Auditor General，McClelland and Stewart，pp.20–21.

④ Sonja Sinclair：Cordial but not Cosy— A History of the Office of the Auditor General，McClelland and Stewart，p.21.

⑤ Sonja Sinclair：Cordial but not Cosy— A History of the Office of the Auditor General，McClelland and Stewart，pp.24–25.

⑥ Supreme Audit Institution of the Kingdom of Norway，Oslo，16th January 1989，p.11.

⑦ The History of the Austrian SAI，Resume，pp.3–4.

⑧ The Directory of Audit Bureau，State of Kuwait Audit Bureau，1985，p.17.

第八章

中国对国家审计现代化的追求

走向世界是不能脱离走向自己的深处的，而且更重要的是走向自己的深处。

——作者

正如马克思所说，西方资本主义的发展迫使各个国家和民族推行资本主义文明制度，这是不可逆转的必然趋势，全世界各个国家或迟或早都会发生历史的转轨。即：传统社会的运行机制，在外国侵略势力的冲击下发生改变，在打破常规和失去平衡以后，进入斗争和变革之中。从一定意义上说，两个世纪以来的中国历史就是一部转轨中的历史。中国封建社会走完了18世纪的乾隆盛世，便与外国资本主义激烈冲突，备受欺凌，饱尝酸辛。一切斗争、探索、成功和失败均反映了转轨中的艰难。在这样一个历史转轨的过程中，尽管民主之光时闪时灭，给黑暗、沉闷的专制封建社会带来一丝丝微弱的明亮，但由于古老的中国内部结构的强大惰性，与外部世界产生了罕见的自我隔离机制。这种情形，严重阻碍了中国国家审计从传统向现代转轨的速度，推迟了我国国家审计的现代化进程。

历史再次证明，只有在政治现代化的过程中才能逐步实现国家审计现代化。没有政治现代化开辟道路，国家审计现代化就会步履维艰，甚至误入歧途。

中国国家审计的现代化不是西方资产阶级国家审计发展足迹的简单再现。它的发生、发展都受到中国社会矛盾的严格制约，带有鲜明的中国特色。

一、清末国家审计现代化的悲剧

大约1个世纪以前，西方帝国主义的坚船利炮开始轰击中国的大门。这次叩关而来的不再是长城之外茹毛饮血、比中原农耕地区落后整整一个社会形态的游牧民族，而是以近代资本主义大工业为后盾，从中国人远未了解的天涯海角远隔重洋飘泊而来的先进的资本主义文明。中国人所面临的，不再是同化与被同化的问题，而是灭亡的危机。在

西方日益强大的压力下，以要求平等、反对封建专制主义、重振中华民族雄威为主要目标的民主浪潮开始挟着爱国主义的雷电，起京师，卷黄浦，在洞庭左右、大江南北奔腾翻滚。中华民族终于悲壮地迈开了从传统社会向近代社会艰难的步伐。在专制和民主的激烈冲突中，中国的国家审计也一步一步地加入了把皇帝从“天上”赶回“人间”的队伍。

1904 年，发生在中国国土上的日俄战争，以日胜俄败而宣告结束，诱发了俄国 1905 年的资产阶级革命。这一结局，对于实行封建专制统治的中国是个强烈的震动，“世之论者，咸以专制与立宪分两国之胜负”，给立宪的要求提供了新的依据和理由。驻法公使孙宝琦率先提出“以政务处为上议院、都察院为下议院”的提议，重复十多年前陈虬的主张。两江总督周馥、湖广总督张之洞、两广总督岑春煊等，也先后响应立宪要求。张謇认为：

国家之危非甲午、庚子所得比方乎！不变政体，枝枝节节之补救无益也……

日俄之胜负，立宪专制之胜负也……今全球完全专制之国乎？一专制当众立宪，尚可悻乎！

甚至一些满洲贵族也以“日以立宪胜，俄以专制败”为辞，要求清廷实行君主立宪。清政府为了争取舆论，笼络立宪派，欺骗人民，于 1905 年 8 月派出载泽、戴鸿慈、李盛铎和尚其享四大臣赴日本和欧美各国考察。他们回国后，向那拉氏密陈“立宪”可以“皇位永固”“内乱可弥”“外患渐轻”。第二年 9 月，清政府正式宣布“预备仿行宪政”，并规定从改革官制入手，敲响了筹备立宪的开台锣鼓。从此以后，直到清政权被推翻前，立宪问题，即民主政治问题，一直是清朝政治生活中的重要议题。

赵炳麟

可见，随着反对封建专制潮流的激荡和西方资产阶级政治思想飓风的袭来，光绪三十三年（1907 年），清廷开始引鉴国外（主要是日本）的经验，在中央对局部机构进行改良，其中财政、审计机构首当其冲。清末流产的审计院及其实施草案，便是中国国家审计引进和改良的开端。

光绪三十二年（1906 年）七月初三，署京畿道、掌辽沈道监察御史赵炳麟上奏，主张审计院与内阁责任制应同时建立：“为组织内阁宜确定责任制度，以为立宪精神，而免专权之流弊。”他接着指出：

审计院及行政裁判院宜同时设立。君民所以实握督责之机关者，曰检查岁用，曰行政诉讼。审计院不立，则行政官之岁入、岁出，借贷国债，皆无人计问，而财政上之责任弛矣。行政裁判院不立，则行政官之畸重畸轻，违背宪法，皆无人评定，而法律上之责任弛矣。欲行责任制度，必立监督机关，宜照光绪三十二年编定官制原案，将审计院及行政裁判院同时设立，而实行其职务，一以坚国民之信服，一以制行政之专横，庶责任机关转为完备。

同年七月初六，出使各国考察政治制度的礼部尚书戴鸿慈在奏请预备立宪的奏折中，建议仿照日本和普鲁士的政治体制，设置独立的会计检查院：

……此外有宜于内阁之外增置而别为独立机关者。一曰会计检查院，考各国财务行政，均操之户部大臣，而监督之者则为国会及会计检查院。凡国库金之出入，会计员之决算报告，均须经本院判决，当者认可，不当者使之辨正，仍不改，则一面奏呈君子，

戴鸿慈在美国考察（1906年芝加哥）

一面牒告长官，加以处分。此院之职务，殆与司法裁判同为独立之性质，故能破除一切弊端。中国户部徒掌本部收支，而各部岁计出入之当否，户部无从过问，各省奏销则凡外销一项，亦皆无从稽核，是全国财政无一监督之机关也。查普鲁士于未立宪法之先，即有会计检查院。日本于明治初年，亦就大藏省先设检查局，嗣因未能独立，效力颇少，乃离政府而直隶君主，监督之权遂由此而扩大。今宜仿普、日之制，特置会计检查院，设正卿、少卿各一人，凡关于检查会计之事，各地方行政官皆受其监督指挥。其官吏等同于司法裁判，非经惩戒裁判所判决者，不受别项惩罚，然后，机关始称完备。

由此可见，戴鸿慈在此强调中国必须设立一个独立于财政部门和内阁的财政监督机关——会计检查院，而且，审计人员必须享有司法权。

广东东莞人杨晟年青时留学日本，后来入德国柏林大学和莱比锡大学攻读法律和军事。光绪三十年至三十一年任出使德国大臣。他在光绪三十二年七月二十八日的奏折中称：

……检定出纳之官，如各国所谓会计检查院者。夫内外百司莫不有会计出入之事，政府监督势难遍及，且以行政官自相检查，亦恐流于瞻徇，故必有一司独立于政府之外以检定之。况各国国会有担负财政之责，即有监督之权，今国会未开，不能不有一勾考之地以求整顿之法，盖举通国之盈虚，筹全局之大计，理财行政官有不能顾及不能合一者矣。

光绪三十二年九月十六日，庆亲王奕劻等奏折称：

……虑其（著者按：指内阁）权之太重也，则有集贤院以备咨询，有资政院以持公论，有都察院以任弹劾，有审计院以查滥费，有行政裁判院以待控诉。凡此五院，直隶明廷，不为内阁所节制，而转足以监内阁，皆所以巩固大权，预防流弊。

光绪三十二年九月二十日，裁定奕劻等核拟中央各衙门官制谕称：

……其应行增设者，资政院为博采群言，审计院为核查经费，均著以次设立。

在这股国家审计改革思潮的影响下，清政府为了延缓王朝灭亡的进程，继续欺骗人民，在调整中央国家机器的同时，对国家审计制度，也尝试着进行了改良。他们一方面参照国外，特别是日本的国家审计模式，另一方面借鉴宋代审计机构的命名，在中央设置独立于行政执行系统，并与内阁平行的审计院。该院直接向最高统治者负责，颇似日本会计检查院的组织。

现根据我国第一部审计法规《审计院官制草案》，简要介绍审计院的概况。

1. 基本职责

审计院负责检查中央各部、院的出纳款项之报销，核定其虚实。

2. 机构设置和分工

审计院设正副使各一人，正使主管本院事务，为全院之长，重大事项应会同副使商量，副使协助正使处理院务，遇到正使出缺，由副使代理。下设六司，每司设掌佥事一人，共六人，负责本司审计事务。佥事三十六人，分别负责本院事务。另设一、二、三等书记官和录事各若干人。

3. 有关审计处理纠正条款

审计院在审查各项报销账目时，如认为正确无误，则由审计官员出具核销批文，下发该单位钱物出纳官员。若发现遗漏、谬误和其他可疑情节者，应酌定期限，通知各单位转交有关收支官分别，限期更正，并将账目单据移送审计院备核，其情节较重者，应派本院佥事彻底检查。

审计院对于已由各该衙门收支官更正的账目，仍发现不真实、不详尽之处，或由佥事检查落实后，确有欺诈舞弊之情节，应依情节轻重，奏咨有关机关惩处。

4. 审计官员组织管理

审计院佥事以上各官均不得兼任他项官职，亦不得任资政院参议员。

审计院佥事以上各官，非犯刑法及处分则例者，不得罢黜，其处分则例另定之。

5. 审计议决与报告

审计院以会议形式议定对所审各项报销账目的结论。一般来说，重大事件由院会议议决，一般事件由司会议议决。会议决议采取少数服从多数的原则确定。若双方意见人数相等，由议长决断。每年年终，审计院应按时向清皇作一次审计报告。

这次国家审计现代化的尝试最终流产了。但它的提出也给后人留下了不少有益的启示。其中主要的是当时的政治家和改革家在冲破封建专制的网罗、追求国家现代化的过程中，清醒地看到了反对专制统治必然导致抛弃传统国家审计制度、再造现代国家审计制度这一历史规律。从这一意义上说，清末国家审计的改革反映了整个世界国家现代化的一个趋势。中国近代国家审计和传统国家审计的显著区别之一，是改变了与西方国家审计隔绝的状况，开始了中西国家审计的合流。当然，这种合流是在世界各国政治现代化这一宏观背景下进行的。

我们认为，晚清国家审计改良在中国国家审计的发展史上是一个极为重要的事件，它标志着西方民主政治对我国国家审计的发展开始产生深刻影响。从消极意义上说，晚清国家审计的发展受到了西方民主政治的刺激；从积极意义上说，晚清国家审计已经开始迎合世界国家审计现代化的大潮，开中国国家审计现代化的先河。

二、现代国家审计的引进与改良

火红的枪炮，伴随着震撼辽阔大地的雄壮的呐喊声，宣告了辛亥革命的成功。1912年元旦，孙中山就任临时大总统，建立了资产阶级领导的民主共和国——中华民国。从此，延续两千多年的封建专制结束了，中国历史又揭开了新篇章。

列宁指出："这里的亚洲的共和国临时大总统是充满着崇高精神和英雄气概的革命的民主主义者。"的确，孙中山作为伟大的民主主义者，他在就任临时大总统以后，立刻为扫除封建专制主义余毒，把中国建成真正的民主国家而进行了艰苦的努力。他领导的南京临时政府颁布了一系列根据自由、平等和主权在民的原则制定的资产阶级民主法令。从思想意义上说，这些法令也是资产阶级运用政权力量进行的一次巨大规模的民主思想普及宣传，极大地冲击了传统的封建专制主义。先前神圣至尊的帝王变得卑污至贱了，先前被视为异端邪说的"民主""共和"变成了人人争贴的时髦标签。民主观念已深入人心。

从1912年辛亥革命到1949年中华人民共和国成立，在北洋军阀政府和国民党南京政府中工作的爱国知识分子，目睹政体陈旧、吏政腐败的状况，参照发达资本主义国家的政体形式，对中央政府进行了一系列的改良。在审计体制建设方面，同样做出了许多有益的工作。他们在总结我国古代审计制度的成功经验的基础上，领会日本和欧美国家审计建制的基本精神，逐步健全和完善了我国近代的国家审计体制，先后设置了审计处、审计院（北京政府时期）、审计局、监察院审计科（司）、审计院（南京政府时期）、监察院审计部，并相继制定了一系列审计法规。

（一）北洋政府时期的国家审计建设

1. 北洋军阀政府审计处（1912年9月至1914年6月）

刚起步之时，地方审计制度的建设早于国家审计制度的建设。1912年，各省实行地方自治。为了加强财计监察，许多省设立审计机构，其中，有广东核审院，湖南会计审查院，云南会计检查院，陕西会计检查所，湖北、江西审计厅、贵州审计科，吉林审计长等。直到民国元年（1912年）九月，北洋军阀政府才宣布成立审计处，隶属于国务院，掌管全国审计工作，同时，改各省审计机构为审计分处，负责所在省的审计工作。

审计处设总办1人，下设5股，每股设主任1人，办事员、总务员、书记员若干人。

地方设审计分处，任命处长 1 人，下设 3 科，每科设科长 1 人。

在审计处成立之初，即颁布《暂行审计规则》《执行规则》《收支凭证之证明条例》等审计法规。不久以后，废除《暂行审计规则》，同时，颁布《审计条例》。该条例分为总则、审查收支、检查国库、检查国债、检查工程及买卖借贷、检查簿记、处分和附则共 8 章 29 条。民国元年（1912 年）十一月，又颁布了《暂行审计外债用途规则》。

2. 北洋政府审计院（1914 年 6 月至 1928 年）

1914 年，北洋政府废止审计处暂行章程，公布《审计院编制法》，改审计处为审计院，隶属于大总统。

（1）审计组织机构。审计院设院长 1 人，由大总统特任，总理全院事务；副院长 1 人，由大总统任命，佐理院长职务，又设审计官、协审官若干人，由院长呈请大总统任命，具体负责各厅事务，又设书记官长、书记核算官若干人。审计官、协审官以上官员除非违法或受处分，否则不得随意罢免或减薪。

（2）审计范围。凡法令规定的大总统、副总统岁费和政府机密费用之外的一切财政收支，均在审计之列，具体有六：

a. 总决算；

b. 各官署每月收支计算；

c. 特别会计收支计算；

d. 官有财物的收支计算；

e. 由政府发给的补助费或特与保证之收支计算；

f. 法令特规定应经审计院审查的收支计算项目。

（3）各种决算的审计报告书应包括的项目。

a. 总决算和主管官署决算报告书之金额，与金库出纳之计算金额是否相符；

b. 岁入征收、岁出支用、官有物的买卖，让与利用，是否与法令规定及预算相符；

c. 有无超过预算的支出。

（4）审计方式。送达审计与就地审计相结合。税捐收入计算书及经费支出计算书，按月编制呈送审计院。审计院月末、月初进行审查，并随时派员赴各机关部门就地检查。

（5）审计院有随时调阅被审计单位有关资料的权力。

（6）解除或者确认受审单位或个人的经济责任。经过审查，正确无误，发给核准状，解除出纳官吏的责任；如有错弊，通知主管长官处分当事人。

这一期间，先后颁布的法规主要有《审计院编制法》《审计法》《会计法》《审计官惩戒法》《审计法实施规则》和《支出单据证明规则》。

从上述可见，北洋军阀政府时期的国家审计形式上已具备了近代国家审计的基本条

监察院院长（1930—1964年） 于右任

件。但是，由于北洋军阀政府政治反动，吏政腐败，经济衰竭，其审计机构形同虚设，根本没有发挥作用。

（二）南京国民政府时期的国家审计建设

南京国民政府时期，曾先后设置审计院和“监察院—审计部”。在这之前，还曾经在桂林大本营之下设置审计局（1923年3月至1925年7月）；在广州国民政府之下设置“监察院—审计科（司）”（1925年8月至1928年6月），并颁布了有关审计暂行条例。1927年，南京国民政府成立之后，国家审计建制才步入正轨。

1. 审计院（1928年7月至1928年9月）

民国十七年（1928）三月，南京国民政府公布《审计院组织法》。同年四月公布《审计法》（草案），于七月一日成立审计院。审计院隶属于国民政府，下设两厅一处：第一厅负责审查预算，第二厅负责审查决算，总务处负责文书和行政事务。

审计院设院长、副院长各一人，由国民政府任命，秘书2～4人，每厅（处）各1人，审计、协审、核算员若干人。院长、审计、协审非经法院判决剥夺公民权利或惩戒处分，不得令其退职；副院长、审计、协审不得兼任其他官职，不得兼职律师或会计师挂牌开业，不得兼任企业机关的董事经理和其他要职。

审计院的主要职权是审核：①国民政府岁入岁出总决算；②国民政府所属各机关每月的收支计算；③特别会计的收支计算；④官有财物的收支计算；⑤由国民政府发给的补助费或特与保证各事业的收支计算；⑥其他经法令规定应由审计院审核的收支计算。此外，对于不经济支出，虽与预算或支出法案相符，也应加以驳复。

民国时期日本出版的国民党中央监察委员会　明信片

2. 监察院—审计院（1928 年 10 月至 1949 年）

1928 年 10 月，国民党中央执行委员会常务委员会通过试行五院制的《国民政府组织法》。该法不仅奠定了国民政府五院制的基础，而且为新的国家审计制度的执行提供了法律保障。该法第 46 条明文规定：“监察院为国民政府最高监察机关，依法行使弹劾、审计权。”从此，国民政府推行五权宪法，设置行政院、立法院、司法院、考试院和监察院五院。同时，改审计院为审计部，隶属于监察院。

审计部设部长、副部长、总领部务，下设三厅一处（秘书处），厅（处）设厅（处）长，下设审计、协审和稽察若干人。1933 年，宣布废副部长制，改设政务和常务两次长。1936 年以后，审计部增设会计主任和统计主任各 1 人，同时改秘书处为总务处。1949 年，《审计部组织法》又经修订，将审计部长改为审计长，将政务和常务 2 位次长改设为副审计长 1 人。

审计部负责审查全国财政。其会议的议决须经半数以上的出席者同意方可执行。如赞同与反对票相等，则由会议主席决定。

审计部的主要职责是：

（1）监督政府所属全国各机关预算之执行；

（2）审核政府所属全国各机关之计算和决算；

（3）核定政府所属全国各机关之收入命令和支付命令；

（4）稽察政府所属全国各机关财政上之不法或不忠于职务之行为。

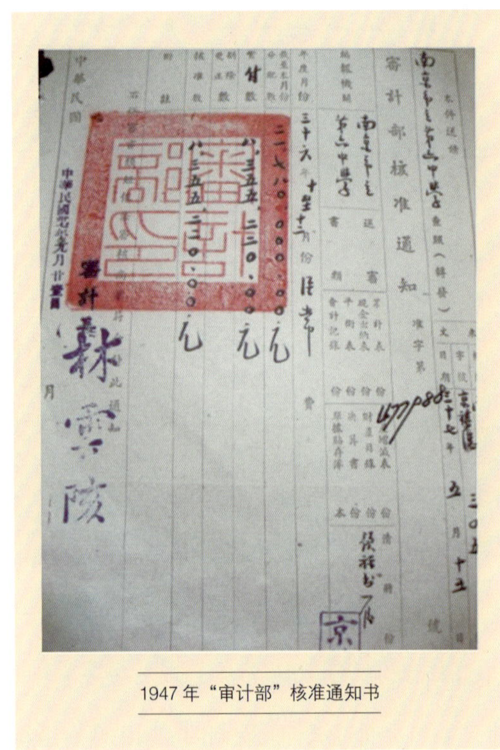

1947年"审计部"核准通知书

为工作方便，在各省设立审计处或审计办事处。凡中央机关的财务，由审计部办理审计，各省市的财务则由各省市审计处或审计办事处办理审计。

从以上简略回顾，我们可以看出，正是通过许多政治改革家和进步审计专家的不懈努力，国家审计才走上现代化之路，从而对传统的中国审计产生强有力的冲击。

当然，必须指出的是，虽然对于传统国家审计的变革因素从20世纪起已经明显出现，但是，这些变革因素终究未能推动国家审计在民主政治链环中真正发挥经济监督作用，因为在国民党统治时期，封建传统仍然禁固着森严的中国，各种监督制度都是治民不治官，治下不治上。这种民主政治的不彻底性，使近代国家审计终于没能彻底地完成审计组织、审计方法和审计制度的现代化。在政治没有现代化的时代，国家审计不可能现代化。

第九章 司法模式现代国家审计的开拓者——法国

我要通过积极的监督，使不忠于职守的行为得到制止，使公共资金的合法利用得到保障。

——拿破仑

国家审计的近代化进程具有政治的性质。就其归趋而言，是要在变专政统治为民主政治的过程中，从为少数人服务的传统审计向为大多数人服务的现代审计转化。英国在思考国家现代化和国家审计现代化问题时，选择了立法模式国家审计制度，而法国则在特殊的环境下，为了使本国发展成为司法型审计，在国家审计组织、制度和方法方面，作了具有开拓意义的探索，从而在世界国家审计近代化过程中起到了参与、丰富和补充的作用。

司法模式国家审计的经验最初来自法国

司法模式国家审计的经验最初来自法国。这种模式的特点是具有司法权，强化了国家审计的职能；而且，审计人员一般都享有司法地位。它是国家审计现代化的方式之一，采用者多为西欧大陆和南美一些国家。

一、国家审计的初步改革

1789年7月14日，法国国王路易十六在记事簿上写道："今日无事。"便乐融融地与朝臣们歌舞升平去了。他竟不知道，巴黎正在发生一桩具有重大历史意义的事件：愤怒的巴黎人民攻占了巴士底狱！后来，当他知道巴士底狱已被攻破时还满不在乎地说："这是一次暴动。"他旁边的一个侍从公爵马上答道："不，陛下，这是一场革命。"确实，这次法国资产阶级革命不仅从根本上改变了整个法兰西民族的政体和命运，而且有力地冲击了欧洲的封建体系，极大地影响了世界历史的进程。正如列宁指出："这次革命给本阶级，给它所服务的那个阶级，给资产阶级做了很多事情，以至整个19世纪，即给予全人类以文明和文化的世纪，都是在法国革命的标志下度过的。"①

如前所述，革命前的法国，国王拥有至高无上的权力。法国的王权是欧洲专制的最高典范。这种制度只承认一个原则，就是"L'etat，C'est moi"（朕即国家）。所以，当时法国国家审计机构是一种向上的结构，它伸张的是王权，压抑的是民权，纯粹是国王个人手中对下级进行经济监督的工具。

只有政治现代化，国家审计才能现代化。旧的国家制度对新的国家审计已经构成了严重的束缚。摆脱这种束缚的出路，就在于必须首先打破那些束缚国家审计发展的政治

巴士底日

枷锁与镣铐。

法国为了摆脱专制的镣铐，追求民主政治，走上了一条充满着艰辛苦难的国家现代化之路。1789 年 7 月 14 日攻克巴士底狱的成功，宣告了一个腐朽的旧法国的结束，一个革命的新法国的开端。巴黎在一夜之间换上了红白蓝三色旗。尽管其中的白色仍然象征着王权，但红蓝两色代表的却是取得胜利的巴黎人民。专制在弹指一挥间被革命推翻，议会开始确立起最高权威的地位。路易十六屈服了，他接过三色帽徽，卑顺地向臣民们保证要忠于宪法。从此以后，议会先后从国王手中争得了预算权和税收权，以及国家收支的批准权和监督权。1789 年颁布法律时的声明指出："所有公民都有权亲自或通过代理人考察公共捐税的需求，有权自行决定对这种捐税是否赞成，并有权监督捐税的使用。" 1791 年 9 月 3 日颁布的宪法重新收录了这一条符合逻辑的基本原则，并授权制宪议会"监督国库收入的使用和汇报情况"。当时，人民普遍认为，立法者在检查账目方面所拥有的至高无上的权力是制宪议会法律结构的基础[②]。

这种形势导致政治家对传统的巴黎审计院（La Chambre des Courptes de Paris）表示不满。尽管巴黎审计院在 1789 年 10 月发表了一份名为《各审计院的会计工作和审计工作情况》的报告，其中申辩是过去政策的不合理，导致审计工作没有成效，但国民议会各方面仍然从客观角度对审计院的工作提出了尖锐的批评，认为大革命前的审计院虽然拥有由 13 名成员组成的委员会、72 名高级会计师、38 名审核员、80 名听审员、1 名大法官和 1 名大律师，但是腐败无能，费用开支大，效率低，缺乏系统的工作方法，而且尽管审计官员的薪水很高，却经常出现接受贿赂的丑闻，所以，国民议会各方面一致要求重建国家审计机构。所以，自 1790 年 1 月 30 日起，国民议会决定国库部和税务总署将当年和前几年的账目交给由议会直接任命的人审查，从而宣告了审计院的终结。1790 年 6 月 21 日，国民议会制定了临时性的审计办法，同年 12 月 22 日，又要求不得再向审计院呈报各种会计账簿，并任命了一个清理委员会负责制定新的会计制度和审计制度。

可见，在法国现代审计就要诞生的时刻，从组织入手的国家审计变革的浪潮来到了。历史又面临着一场重大的审计组织的变革。

不过，对于究竟应如何建立新的国家审计制度，主要存在两派意见。巴茨男爵布里瓦·勃麦兹（Briois Beaumetz）先生在 1791 年 5 月 25 日代表清理委员会坚持认为，是审计工作的迟缓和监督工作空洞无物导致审计院工作的瘫痪，同时极力支持应由人民代表享有审查行政机构经济责任的权力。但他同时指出，议会的工作已经过于繁重，不可能将全部精力投入到审计工作中去，而且，议会缺乏审计方面的经验，使精明的会计人员得以逃避审计，所以，这项工作必须由一个拥有 10 个部门和 60 名成员组成的、独立于

Veue de la Saincte Chapelle, et de la Chambre des Comptes de Paris.
Israel Silvestre delin. et sculp.
Israel Henriet ex. cum privil. Regis

17 世纪，圣礼拜堂、审计法院和巴黎宫大门

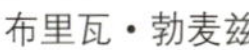
布里瓦·勃麦兹

德·塞尔农

行政权力之外的特别委员会来完成，至于对账目的纠纷，则由会计所在地区的法院进行仲裁。为此，巴茨男爵提出了关于建立会计法庭的计划，根据这份计划，法庭成员将从“没有竞选过最高法院的省份中产生”③。

德·塞尔农（De Cernon）议员认为，应该在呈报账目的国库部和审核账目的议会之间寻求能承担责任的中间人，而这个中间人绝不是一些普通职员，他们应该精通会计知识，并在检查和审查以后，将审查结果报送一个专门委员会。这个委员会重新审核以后，再向议会提供意向性建议。“中间人可以从最高法庭这样的部门中选出。”④

最后，国民议会将各方意见统一在成立会计署（Bureau de comptabilite）上。会计署由15名不隶属于行政部门的审计官组成，在“会计人员和国家之间充当中间人的角色”，负责审查有关部门的会计账目。国民议会同时要求按最高法院的模式成立会计法院，负责处理会计署无法处理的账目纠纷。该法院与最高法院一样，受议会监督。

具有行政管理经验的前任省长马鲁埃先生（M.Malouet）对这种国家审计制度发表了不同意见。在他看来，审计院的存在本身是合理的，只要除去其工作中的弊病，结合现代国家的特点加以重建即可。他明确指出⑤：

设立一个由15名专员组成的会计署，立法机关再根据他们向一个专门委员会呈送的报告对账目进行审查。……这些程序完结以后，再由一个特别法院就有争议的问题对争议各方进行裁决。这种作法漏洞百出，甚至没有价值。

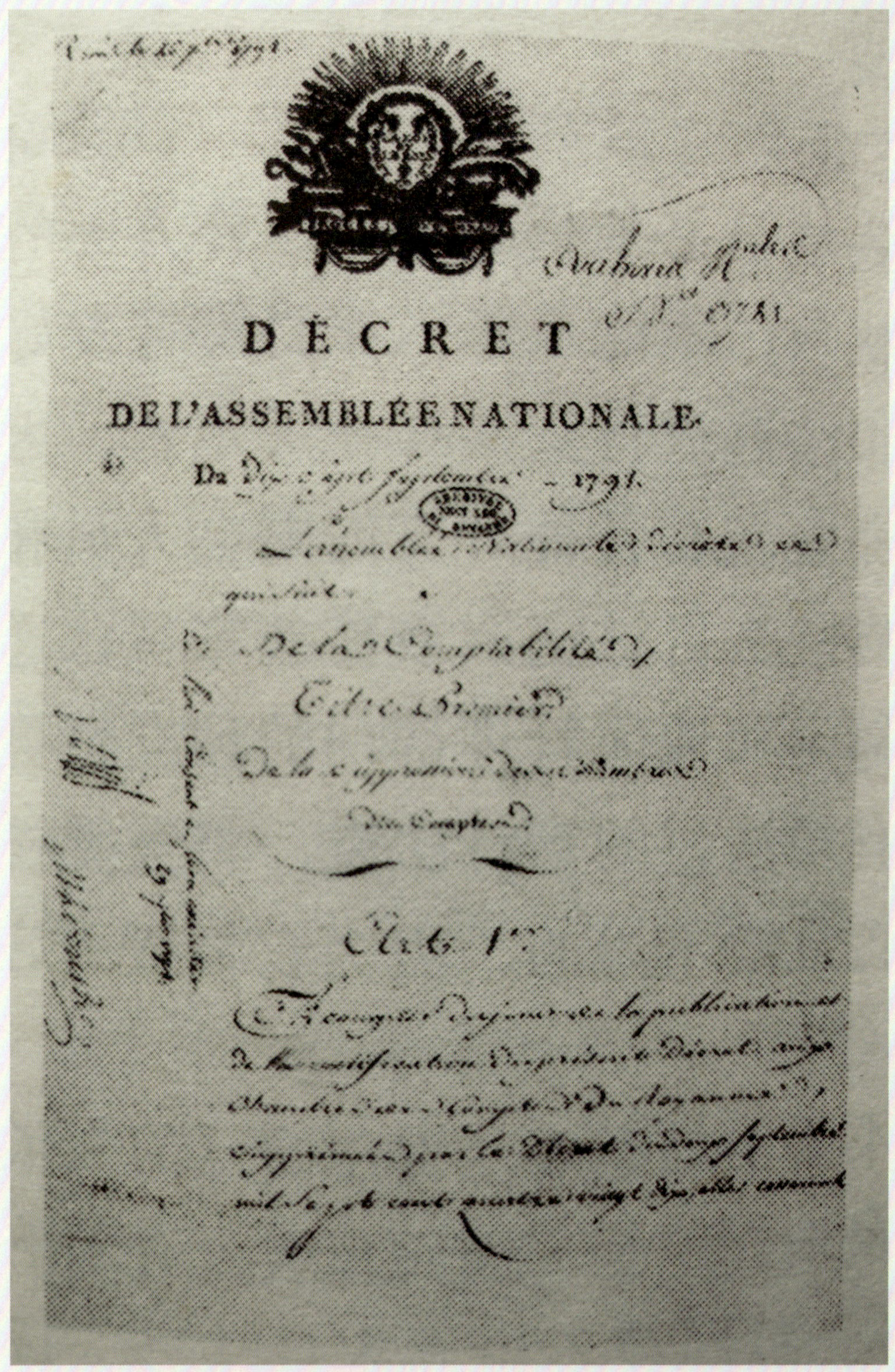

DÉCRET
DE L'ASSEMBLÉE NATIONALE
Du ... 1791.

1791 年 9 月 17 日至 29 日通过的国民议会法令第一页中，责令审计法院停止行使一切权利，建立国家会计署，法令抬头为皇帝徽章因此，马鲁埃先生坚决主张创立最高审计法庭（Tribunal Supreme de Comptabilite）。法庭成员必须具备审计工作方面的经验和学识。他强调，对于公共账目，不能像私人账目那样友好地解释一下就了事，必须建立一个法庭进行实实在在的审查，因为只有法庭才能审判、才能约束那些左右各种开支的财会人员和行政官员，才能郑重其事地宣布哪些账目被退回或哪些账目已通过审查。中央法庭的尊严比任何部门和地区管理部门的独立性更为重要。如果没有一个常设的具有司法权的审计法院，将拨款权交给一个没有人负责的集体就是再危险不过的，因为它将毁灭这个王朝。

马鲁埃始终抱着不退让、不妥协的态度，对于自己的主张绝对支持，不容反对者有讨论的余地。但是，国民议会没有采纳马鲁埃的建议，经过讨论，几乎一致同意不设立审计法庭。1791 年 7 月 4 日至 8 月 25 日制定的法律要求审计院停止一切活动。同年 9 月 17 日至 29 日的法律要求正式建立会计署。

二、反复时期

会计署建立以后，虽然拥有 15 名审计专员和雇用的少量审计人员，但发挥的作用并不充分。由于革命一直处于动荡之中，特别是当时国王的权力仍然很大，议会对政府的制约权仍然含糊，民主制度的原则远没有确立，故会计署的权威性问题没有得到很好的解决，日常工作最多只是检查一下空洞的国库总账，地方会计的账目则由国库和各财政机构审查。会计署没有处分权，所有账目的争讼都交由各地区法院裁决，因而无法对不履行经济责任的行为采取强制性措施。

1791 年 9 月 29 日颁布的法律取消了会计署审计专员的决定权，极大地削弱了国家审计工作。为了保住官位，审计专员们在汇报疑点，并向财政委员会提出解决办法时，总是尽量将报告写得很长很长，以此来体现其责任心。而财政委员会为了查清疑点并解决困难，只得逐页逐页地审查，以便能够将账目结清完毕。议会为了表明自己认真完成了任务，也只能重复财政委员会的工作。这种做法导致的结果是什么账目也查不清，什么案件也处理不了，什么是非也不能澄清。

共和三年（1795 年）2 月 18 日，法国从两个方面对国家审计制度进行了改革：一方面，各地区法院不再审理财务纠纷，避免继续割裂账目的清理工作；另一方面，会计署对账目的审理可视为终审，国民议会只负责最后解除会计人员的职务，从而第一次分清了预审和终审的概念。但是，会计署仍然隶属于财政委员会，审计专员亦由后者任命。

共和三年的宪法规定：审计专员的人数减至 5 人，由立法议会选出，每任 5 年，每年改选 1 人，以便使国家审计工作保持相对的稳定。审计专员一方面应就各种舞弊和重

法国审计法院审计长的黑色天鹅绒貂皮官袍
Cour_des_Comptes_robe_du_premier_president

要人员的失职等行为向立法议会进行通报，并提出符合共和国利益的处理意见，另一方面负责对国家财政状况进行宏观监督。共和四年12月18日颁布的法律强调，决定一经审计专员们作出，就必须贯彻执行，他们甚至可以罢免不合格的会计人员。共和五年10月7日，又依法成立了审计委员会。该委员会是立法议会的下属机构，负责检查国家审计署的工作，并将有关情况每年向立法议会通报一次。因此，在审计院被撤销5年以后，一个类似的国家审计体系重新建立起来。审计机构有权对账目进行最终审理并作出终审判决，这使得各种权力得以统一。

这一新的审计体制的确立，再次恢复了法国国家审计制度中拥有司法权的古老原则。共和八年（1800年），会计署一位名叫古萨尔（M.Goussard）的审计专员宣称："国家会计署是一个能够在其工作范围内行使司法权的法庭，我们不能将它与君主政体时期采用的工作形式混同起来，因为目前的国家审计制度是令人瞩目的改变、简化和完善了的工作形式。"[6]在法国大革命那种动荡和变化无常的时期里，国家审计署没有像其他公共机构那样陷入瘫痪状态，而是具有一定的稳定性。

不过，国家会计署也遭到国库下属机构的抵制。根据共和二年5月30日的法律中关于舞弊行为的规定，国库成立了一个由400人组成的特别机构，负责对有关账目的单据进行分类和审查，使之在呈报会计署之前就符合规定。从名义上讲，审计工作应由会计署负责，但国库坚持首先对付款事项进行合规性审计，并以此为名不再向会计署呈报账目。这场争论一直持续到共和八年。共和九年5月2日，又建立了受财政部管辖的清理局（Bureau de Liquidation Provisoire）。该局由5名成员组成，负责1791年之前账目呈报的准备工作。它受行政机构的领导，自然有一定的权力。它的成立实际上是在分割会计署的权力。

国家会计署在国库的极力阻挠下，处境每况愈下。它的工作能力被暗中或公开抵毁，它的政绩也受到怀疑。到18世纪末，国家会计署的作用愈来愈受到各方面的怀疑。人们认为这个机构官僚气太足、工作人员没有必要的独立性、与会计人员交往过密，其工作方法也存在许多缺陷。所以，校正和再造现有的国家会计署已迫在眉睫。

三、改革国家审计的前夕

1799年11月9日“雾月政变”以后，拿破仑建立了统治。在当时特定的历史条件下，拿破仑为了巩固和保卫资产阶级革命成果，缔造近代资本主义国家的大厦，决心建立一个保证统一意志的、高效能的政府。

会计署审计专员古萨尔（Goussard）先生为了改变现行审计制度缺乏独立性和权威性的状况，出版了一本小册子，其中总结了审计委员会的观点，即审计工作不能视同为一般的行政工作，“这项工作与法庭的工作一样，负责对会计人员和其他负责管理公共财产的人进行评价和审查”，兼有行政和司法两种工作的特点，但无论从哪方面看，会计署都应隶属于司法机构。国家会计署如果类似于一个法院或高等法院，就应该具有独立性，因为自由和独立是司法权力的基本属性[7]。

1806年，宫内传出消息，称皇帝“正在着手组建新的会计署”。曾在审计院任职25年、时任偿还公债基金会行政官员的杜·特朗布莱（Du Tremblay）向拿破仑提交了一份建议参照以前巴黎审计院的模式创立皇家审计法院（Cour imperiale de Comptabilite）的计划。他在计划中提出[8]：

会计署的工作是非常重要的，因为审理账目并非仅仅要求深入研究账目的细节，而且要求全面了解有关会计工作的法律。各项裁决应该准确，以忠实于法律；工作人员应

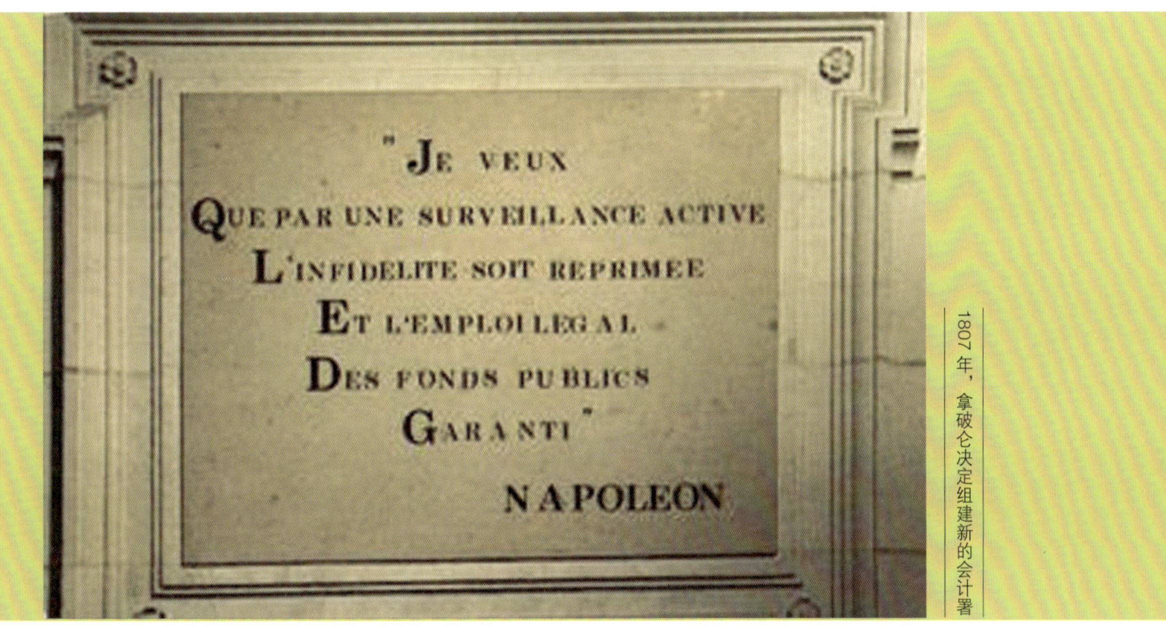

1807年，拿破仑决定组建新的会计署

能区分舞弊行为和需要从行政方面进行改进的某些程序上的不足；应有秉公办事的精神和极大的勇气对讨厌的枝节穷追不舍；应具备出众的素质。

几乎同时，皇帝还接到其他方面的建议，如一名叫作勒尼奥·德·丹杰利（Regnault de Saint-Jean d'Angely）的行政官也递交了一份别具一格的报告。他指出⑨：

目前，看来应重新组建审计法院。但是，为了避免人员过于臃肿，在组建之初就应该对人数进行限制。该法院可根据不同的政府部门设立相应的部门，人员亦可划分为两个不同的等级：第一等级是法院各部门的成员，他们在日常工作中享有特权，负责审查账目，并在每份账目审查完毕后写出情况汇报；第二等级只负责在开庭或会议期间与第一等级一起裁决账目，享有的特权极少……法院设第一主席一人，每部门设主席一人、检查长二人和首席律师二人，权限可与国务委员会商妥。

显然，这两位国家审计官员正在刻意倾注于一项古老而又全新的国家审计构架。他们与其说是在再现传统审计程式，毋宁说是在再造司法模式国家审计制度，以寻求国家审计的新取向，揄扬法国资本主义精神。

由法国中央银行、审计法院和荣誉军团颁发的拿破仑勋章（1769—1821 年）

拿破仑对这些计划非常重视。负责草拟新的国家审计机构计划的高丹先生（Gaudin）后来回忆说，拿破仑曾对他说过："为了维护纳税人的利益，我们还是需要建立类似于旧审计院那样的机构，使其有权追查已知的舞弊行为……财政部长应该按照我的意见尽快将大革命后的审计法院的计划报给我。"拿破仑接着说，这个法院不能变成简单的办公室，舞弊行为一经发现应立刻让他知道。

当然，许多人出于各种考虑也极力反对对国家审计制度进行改革。比如，财政部长、国库部长和其他使用公共资金的部长们惧怕拥有司法权的新的国家审计机构会限制他们的自由，并向对财政上的舞弊和混乱状况深恶痛绝的皇帝揭发他们在这方面的行为。所以，部长们又提起旧审计院的野心，希望皇帝相信新建审计法院只会给自己带来麻烦。

但拿破仑力排众议，坚持进一步加强国家审计监督。在他的督促下，高丹夜以继日地赶写"关于建立皇家审计委员会（或院）的计划"[Projet d' organisation d'une Commission（ou Chambre ）imperiale de comptabilite]。他写完计划草案刚两天，皇帝便派人于午夜时分带来手谕，向他索要刚写好的新建审计法院的草案。为了不让皇帝久等，高丹立刻将它送去。拿破仑审阅以后，马上指示付印，并报送国务委员会，组织进行审议。这份计划规定新设的国家审计机构设主席 1 人、副主席 1 人、审计专员兼法官（终身）15 人和一些审计人员兼协审员。高丹认为，在国家审计职能中，没有司法可言，审查账目只是一项简单的行政工作，所以坚持新设皇家审计院，而不设审计法院。

国会委员会并不重视高丹的计划，因为他们收到了另一份报告。该报告主张创立真正的审计法院，设第一主席 1 人、主席 3 人、审计法官 18 人。它深得国务委员会的赞赏。首席大法官坎巴塞莱（Cambaceres）指出[10]：

今天，法院这个词纯粹是一个荣誉称号，它仅仅意味着最高司法机构可以借皇帝的名义行事。从根本上说，法院称号对我们来说并不意味着接受旧体制，它与其说承袭了从前的思想，不如说符合皇帝创造的、与封建时期迥然不同的新称号……我认为：①负责接受和审阅账目的新机构既属于司法范畴，又属于行政范畴；②法院这个名称要比院好，因为比较符合它的地位；③新机构的名称是非常具体的，谁都不必担心其权力受到侵害。

当时，一位大法官宣称：审计法院将由宪法解决创立问题，它作为公共财富和会计官员的审判官，可以给人以荣誉，也可以给人以处罚；它可以迅速地、出色地进行裁决，使审计人员成为一切错误、贿赂和浪费行为的天敌。

四、司法模式的最终确立

1807 年 9 月 16 日，法国正式通过法令，决定新建的国家审计院采用法国最高法院的体制，地位上仅次于最高法院，权力相同，具有终审权，从而解决了国家审计机关的权威性问题。

1807 年 11 月 5 日，原大司库勒布兰亲王正式组建了审计法院。这是一个司法模式的

拿破仑建立法国审计法院

具有权威性的国家审计机构。各级机构的公共会计官员均须向该院汇报账目，逐项反映一年的收支情况，违者罚款。同时，还应向法院提供证据，证明自己诚实地履行了自己的经济责任。审计法院经过审查，如果证明他们在收支和遵守法律方面尽职尽责，就发给一张移交清楚的证明书，否则，就通过欠款判决，勒令他们向国库偿还拖欠款项。

1807 年 9 月 16 日法律的基本条款如下所述。

（1）审计法院设 1 位第一院长、2 位院长、18 位会计师，数名政府任命的审核官和审计官。

（2）审计法院设 3 个部，每部 1 位院长和 6 位会计师。

（3）政府任命的审核官，负责本行政部门报送会计账目的审核，然后将审计结果提交审计法院，并负责解释审计报告；审核官无讨论权，只能向审计法院提供本部门的情况。

（4）审计法院院长实行终身制；审计法院的地位仅次于最高法院，享有与其相等的权力；审计法院的裁决为终审判决。

（5）审计法院拥有充分的权威对所有的会计账目和皇帝拟定的国家、地区、重要城市的预算执行情况进行审查。

（6）财政部长必须执行审计法院的最终判决。

（7）唯有枢密院能够推翻审计法院的裁决。

（8）节余金额和罚款应如数上缴国库。

（9）审计官对每一本会计账目应准备两本评价的小册子：一本记录自己的怀疑和有

争议事项；另一本在必要时记录收支的性质和是否违法的意见。

（10）审计官应根据 2 本评价小册子编制年度报告提交法院院长。

弗朗索瓦·巴比·马博（François Barbé-Marbois，1745—1837 年）：审计法院审计长（1807 年）

1807 年审计法院的建立，标志着法国首创的司法模式国家审计机构，具备了进一步丰满的结构和形态。该法院对于将国家审计的职能法治化的尝试，内容是十分丰富的，但在处理与议会和皇帝的关系时，却显得软弱无力。审计法院不是立法机构的附属物，它首先服务于皇帝，不能干扰皇帝行使职权。皇帝也严格限制法院与议会之间的关系。

审计法院的另一特色是它的稳定性，即终身制。在 19 世纪，尽管革命与反革命交替地跳跃，社会一会儿突飞猛进，一会儿急剧后退，充满了动荡和不安，但审计法院一直没有受到重大的冲击。审计法院的终身制有效地避免了动乱年代可能出现的报复行为。

随着国家政治现代化的发展，国家审计也在革命与反革命的循环跳跃中进一步完善。1869 年，审计法院规定，它的基本任务是审查并验证政府会计人员的账目，协助议会和政府监督财政法的贯彻执行情况，从而使审计法院从皇帝的魔掌中挣扎出来，使之成为一个独立的介于立法和行政之间的最高审计司法机构。

由此可见，只有干净利落地消除了封建社会的残余，才有可能干净利落地建立起资本主义的政治制度，继而才有可能发展一套体现现代民主精神的国家审计制度。法国堪称司法模式国家审计机构的最杰出的典范。

五、突破司法审计局限的尝试

法国审计法院在 1949 年就其控制职能向法国预算改革委员会提交报告时指出，“在最近几年发生的变革要比在整个 19 世纪内发生的变革更为深刻”。这不仅是指在战后立法之下形成的方法和程序（其目的是将控制范围扩大到国有工业、社会保险机构和公共事业的组织和秩序），也适用于审计法院认为属于其高级财务控制职责的任何方面，从而区别于传统的司法审计。

根据 1807 年的成立章程，司法控制严格地局限于合规性问题，因而不能为批评行

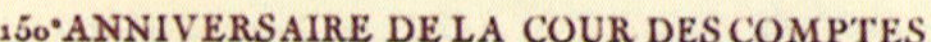

Une Séance des Gens des Comptes au XVIe Siècle

(miniature ancienne)

PREMIER JOUR
D'EMISSION

FIRST DAY COVER

ENVELOPPE OFFICIELLE

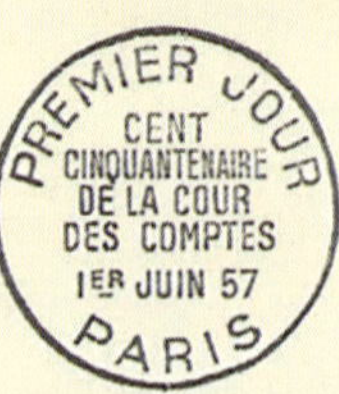

拿破仑创建审计法院（1807—1957 年）150 周年纪念

政行为提供令人满意的手段。可是，审计法院也负责每年起草一份由拿破仑本人过目的报告，而且——正如 1866 年《国库与审计部法案》的情况一样——报告的内容也没有在法律中作详细规定。这一报告最重要的表现形式，是使政府和立法机关“明确真相，摆脱偏见”，因而可以被看作是审计法院的“高级财务控制”职能的由来。然而，由于对审计人员所施加的限制，这项职责的覆行也同样受到阻碍。直到第三共和国在最后几年进行改革时，各部的账目——与会计人员的账目截然不同——才得以及时提交给审计法院，没有受到严重的耽搁。直到 1941 年，法律才准许派出审计人员从事地方调查。以前，审计法院的控制和报告仍然主要是司法性的，因而，受到合规性和个人责任的观念的支配。但是，这种情形此时已不复存在，自从 1938 年以来，审计法院的报告以《正式议事录》的形式加以印行，公共舆论界因此可以取得。每一份报告都是一份令人瞩目的文件，以极其广泛的评述和极为坦诚的言词讨论“行政问题”。第二次世界大战以后，审计法院曾寻求报告行政工作的弊端，尽管这些弊端在形式上是合规的。在战后短缺和重新建设的困难时期，审计法院将其任务调整为遣责国家不能负担的“无益的公用事业和奢侈的购买”。

欧内斯特·德罗耶（Ernest de Royer）：审计法院审计长（1863—1877 年）

审计法院的一位地方法官曾写下以下一段一针见血的话[11]：

最初，国家审计只局限于审核账目的总数，将余额与库存现金作比较，算出证明交易确已实现的凭证。它自己并不判断交易的是非曲折，更不会通过交易来评价行政人员的业绩；它要在记录中找出（但不作任何评论）那些对生产不利的税收，这些税收的征收成本与净产值是不相称的。它还要找出那些无益的付款，它们之所以是合规的只是由于它们已记入议决基金，并以凭单为依据。另一方面，最发达形式的国家审计……以各种方式进行各种层次的调查，以便向各省说明行政工作的质量。在这种制度之下，国家审计不能确保交易是合法的或合规的，但交易必须与健康的企业行为的需求相一致。事实上，一项违规行为如果是基于维护国家利益的需要而产生的，要比另一项由于法律不严密而确认其为合规的浪费行为得到宽容。

审计法院已在起初极端原始的基础上逐步发展起来，但是，它还没有发展到最发达的形式。

六、法国模式的影响

法国的审计法院曾在一枚勋章上打上了这样的铭文：

国家审计代表民选议会所行使的这种调查职能，从根本上说是民主的。关于这一点，法国审计法院的一位地方法官曾说出了下面这段令人瞩目的话：

控制是这样一种职能，它的实质是独立于行政当局和决策机构……它是一种揭露问题并加以批判的职能，它的存在是与别人的不完美相联系的。

这就是为什么它常常受到怀疑……对于权力主义和正派主义的时代和观点来说……对“控制”的不信任和敌意是缘由于它的“批判精神”——在所有的正统观念看来，这是一个主要的异端邪说，因而被宣布为“消极的”“破坏的”。从这方面来考虑，控制职能是偏向于公众，而不是偏向权力当局的。这丝毫不是它的过错。

法国派的特点是将国家审计法治化

第二条道路是司法模式，这一经验最初来自法国，故亦称法国派。这一派别的特点是将国家审计法治化，从而强化了国家审计的职能。所以，在国家审计现代化的过程中，其作用和意义也就显得突出和独特。西欧、南美和非洲一些原为法国殖民地的发展中国家尽管远隔千山万水，各有不同的文化、经济和政治背景，但先后都按照司法模式，建立起现代国家审计制度。

1861 年 3 月 17 日意大利全国统一，建立了意大利王国。依据 1862 年 8 月 14 日第 800 号法令，将原先分设在都灵、佛罗伦萨、那不勒斯和巴勒莫的四个法庭撤销，合并建成新的统一的意大利审计法院。可以说，意大利王国成立后的第一件事就是建立审计法院。第一任审计法院院长就是意大利王国的国王。

1862 年第 800 号法令授予审计法院会计司法权和事前审计的职能，这一点为此后的许多法规所遵循，但这些法规都未明确界定审计和司法职能。直到 1948 年，意大利宪法才对审计和司法职能作了明确的规定。

1934 年 7 月 12 日批准的第 1214 号法令里所规定的审计法院的职能和 1938 年 8 月 13 日颁布的第 1038 号敕令所规定的程序原则，至今仍有效。1939 年 2 月 9 日颁布的第 273 号敕令中规定，授予审计法院新的职能，修改或取消现有职能，或以任何方式影响审计法院职能的任何法律，都应在征求审计法院联合法庭的意见之后方能通过。审计法院不仅对国家预算的执行情况实行事后监督，而且对政府的各项法令实行事前监督。

1945 年，在意大利的每一个区域设立了地区审计办公室。1953 年 3 月 21 日第 161 号法令，将审计程序予以简化；1958 年 3 月 21 日第 259 号法令规定了审计的对象是定期接受国家资助的那些机构，与此同时也建立了相应的审计法庭。

1981 年 12 月 22 日颁布的第 786 号敕令，随后又经修改成为 1982 年 2 月 26 日第 51 号法令，该法令第 13 条规定，省以及拥有 8 000 人以上的市镇，在经地区审计机关审查后 30 天内，必须向审计法院提交年末资产负债表和由市镇议会任命的审计师编写的报告，并附上审计法院所需其他文件和资料。

每年的 7 月 31 日，审计法院应通过专门的机构，向议会议长提交收到的年末财务报表清单、编制的审计计划以及审查上述报表必须遵循的准则。在任何情况下，审计法院都应对那些年末有赤字的地方机构进行详细检查，确定其赤字数额，包括资产负债表外的赤字。由地方监督机关向审计法院提供有关表册。审计法院应在 5 月 31 日以前就当年财政管理的审计结果、地方机构行政活动所取得的进展向议会提交报告。

1988 年 8 月 23 日第 362 号法令的第 7 条规定，审计法院应该每 4 个月向议会提交一份报告，说明本期间内批准的法律中会出现哪些有争论的事项，以及确定各项费用数额的技术方法。

塞内加尔原为法国殖民地。1958 年 11 月 25 日成为“法兰西共同体”内的自治共和国。1959 年 4 月，同马里组成“马里联邦”。1960 年 8 月 20 日退出“马里联邦”，宣布独立，成立塞内加尔共和国。在国家审计建设上，塞内加尔接受了法国审计制度，在最高法庭内设立专门的审计机构实施审计业务。塞内加尔没有设置专门的国家审计机构实施经济监督。1964 年之前，由于缺乏合格的人才，一直由最高法院第二庭兼管审计工作。最初，法院曾试图请求法国审计法院从人员配备上提供帮助，但由于法国审计法院人员紧缺，实在难以抽调审计法官而没有成功。所以，最高法院认识到，单独建立一个实力雄厚的司局级审计机构，是非常必要的。1964 年，第三庭，即审计庭取代第二庭，行使像法国审计法院那样的审计监督权。该局由 1 名庭长、2 名法官和 1～2 名审计官组成。现在的审计庭分为审计法官处、公共财务官审计处和公营企业审计处 3 个处。

阿尔及利亚审计法院（The Algerian Cour des Comptes）是一个宪法规定的机构。根据 1976 年颁布的宪法，审计法院建立，负责控制国家、党派、地方当局和各种国营企业财务。国家宪章第二章“国家机构”中指出，“审计法院是负责行政管理控制的首要国家机构。它对费用和财政资金的使用进行控制（审计），防止浪费、舞弊和滥用现象的发生”；“它还通过严格的后续检查和非常谨慎的审计，对管理工作和集体生产资料的使用加以监督”。

阿尔及利亚审计法院虽然创建于 1976 年，但是直到 1980 年才开始行使其权力。1980 年 3 月又颁布法律，对审计法院的组织、功能以及处理和调查权作出了具体的规定。

根据上述法律，阿尔及利亚审计法院被置于共和国总统财务顾问的管理之下。但是，这并不意味着审计法院对共和国总统办公室负责，其目的只是为了创造一种精神上的联系而不是一种法律上的联系。最重要的是在其初创阶段给予审计法院一种政治和精神上的影响力，使它能够在最广泛的范围内行使其权力。

为了保证审计法院能够顺利地完成给予它的任务，进一步加强它的独立性和工作的完全自主权，立法者给予审计法院成员法官的地位。审计法院成员由法院主席任命，而且只有经过上一级法院的建议才能对他们进行处罚和调动。他们受到特殊的保护并享有司法特权，他们在履行职能时，只服从法律。

目前，阿尔及利亚审计法院分为 10 个法庭。每一个法庭负责审查一个或若干部门的工作。按照更为专业化的划分，一个法庭可以再划分为几个部分。这种部门的划分使审计法院可以按照所招聘人员的培训范围、经验和才能将他们分配到有关法庭。

拿破仑创立审计法院 200 周年

Bicentenaire
de la Cour des Comptes
1807/2007

PREMIER JOUR D'EMISSION

N°141

法国审计法院历任审计长一览表

Premier président	Décret de nomination	
François Barbé-Marbois	1807	
Jean-Baptiste Collin de Sussy	24 mars 1815	[Bull 1]
François Barbé-Marbois	22 juin 1815	
Félix Barthe	4 avril 1834	[Bull 2]
Joseph Jérôme Siméon	27 mai 1837	[Bull 3]
Félix Barthe	31 mars 1839	[Bull 4]
Ernest de Royer	1er février 1863	[Bull 5]
Jules Petitjean	29 décembre 1877	[JORF 1]
Paul Louis Gabriel Bethmont	23 octobre 1880	[JORF 2]
Gustave Humbert	15 février 1890	[JORF 3]
Ernest Boulanger	4 octobre 1894	[JORF 4]
Henri Labeyrie	27 mars 1900	[JORF 5]
Félix Renaud	9 juillet 1901	[JORF 6]
Charles Laurent	9 mars 1907	[JORF 7]
Alfred Hérault	3 juin 1909	[JORF 8]
Georges Payelle	17 octobre 1912	[JORF 9]
Maurice Bloch	16 mai 1933	[JORF 10]
Maurice Chotard	23 septembre 1933	[JORF 11]
Pierre Guinand	1er septembre 1936	[JORF 12]
Émile Labeyrie	19 octobre 1937	[JORF 13]
Jean Drouineau	24 août 1940	[JORF 14]
Édouard Le Conte	17 juillet 1945	[JORF 15]
Pierre Brin	30 décembre 1947	[JORF 16]
Édouard Parent	25 septembre 1952	[JORF 17]
Roger Léonard	2 février 1955	[JORF 18]
André d'Estresse de Lanzac	27 août 1969	[JORF 19]
Lucien Paye	19 janvier 1970	[JORF 20]
Désiré Arnaud	20 juin 1972	[JORF 21]
Bernard Beck	9 mars 1978	[JORF 22]
Jean Rosenwald	14 octobre 1982	[JORF 23]
André Chandernagor	7 décembre 1983	[JORF 24]
Pierre Arpaillange	8 octobre 1990	[JORF 25]
Pierre Joxe	10 mars 1993	[JORF 26]
François Logerot	8 mars 2001	[JORF 27]
Philippe Séguin	21 juillet 2004	[JORF 28]
Alain Pichon, doyen des présidents de chambres, assure l'intérim		
Didier Migaud	23 février 2010	[JORF 29]

注释：

①《列宁全集》第29卷，人民出版社，1990年版，第334页。

② E.L.Normanton：The Accountability and Audit of Government：A Comparative Study，Manchester University Press，1966，p.5.

③ Histoire de L'administration Francaise La Cour des Comptes，1984，pp.320–321.

④ Histoire de L'administration Francaise La Cour des Comptes，1984，p.322.

⑤ Histoire de L'administration Francaise La Cour des Comptes，1984，pp.323–324.

⑥ Histoire de L'administration Francaise La Cour des Comptes，1984，p.328.

⑦ Histoire de L'administration Francaise La Cour des Comptes，1984，pp.333–334.

⑧ Histoire de L'administration Francaise La Cour des Comptes，1984，pp.341–342.

⑨ Histoire de L'administration Francaise La Cour des Comptes，1984，pp.342.

⑩ Histoire de L'administration Francaise La Cour des Comptes，1984，p.346.

⑪ E.Chalandon，Que peut la Cour des Comptes？Revue de Paris，November 1950.

第十章 行政模式现代国家审计的先行者——苏联

计算和监督是把共产主义第一阶段调整好，使它能进行工作的主要条件。

——列宁

行政模式是国家审计的变异，是另一种发展方式，它提供了另一种选择。这一模式的特点是：它属于政府行政系列，是国家行政部门的一部分。以东欧和北欧为代表，尤其在社会主义国家里有着较为稳固的基础，它们实际上共同构成了一个行政模式的阵营。

一、新时代路标上的新课题

巴尔塔尔·坎彭豪森男爵

1656年3月10日，在沙皇阿列克谢·米哈伊洛维奇（the tsar Alexei Mikhaylovich）统治时期，会计委员会或会计事务委员会成立，旨在提高财务控制的效率。1711年，彼得一世从根本上改变国家管理体制，其中包含国家会计。在凯瑟琳二世统治下，开始在地方财政部门加强审计工作，促进了地方会计和簿记的发展。俄罗斯历史上第一位国家监察官是1811年1月28日任命的巴尔塔尔·坎彭豪森男爵（Baron Baltazar Kampenhausen）。

国家检察官塔塔日诺夫（V.Tatarinov，1863—1871年）的改革再次优化了审计专业，从而强化了国家的财务控制职能。从1868年起，开始陆续出版监察机构关于预算执行的年度报告。俄罗斯历史上第一部国家监察法于1892年通过，要求配备国家审计人员，而且，开始寻找适合俄罗斯立法和行政分离的最有效的财政控制形式。

蒸汽机的轰鸣声宣告了产业革命的到来。从此，资本主义转动着工业革命和自由贸易这两个车轮，开始了伟大的飞跃，开始了科学与民主的双重历史大合唱。与此同时，它也孕育着取代资本主义的社会主义理论和运动。

第一次世界大战以后，已跻身于资本主义列强之中的俄国的经济状态比西方更恶劣，阶级矛盾比西方更尖锐。全国 40% 的男子被拉去服役，土地荒芜，食品短缺。绝大多数企业生产萎顿，倒闭的达 1/4，国家财政赤字与日俱增，同时对外债台高筑，1917 年举债额竟达 150 亿卢布。死去的劳动者得到了解脱，活着的则无法再忍受日益深重的苦难的煎熬，反抗的烈火在俄罗斯大地上熊熊燃烧起来。

马克思在俄国的追随者们，自始至终与劳动大众站在同一条战壕中，并逐渐地成长为他们的领路人。这样，怎样实践马克思共产主义理论的问题，就被提到历史的议事日程之上。伟大的无产阶级革命家、俄国工人政党的多数派领袖列宁认为，鉴于资本主义发展不平衡和俄国的特殊国情，无产阶级革命可以首先在落后的俄国取得胜利。具体的进程可分为两步：第一步，无产阶级必须而且能够掌握资产阶级民主革命的领导权，通过组织政党，联合农民同盟军，举行武装斗争，来推翻封建专制制度；第二步，通过建立工农联盟的民主专政政府，而不是资产阶级政府，来取代专制政权，以便使无产阶级能够尽快地走过和结束民主革命阶段，向社会主义迈进。1917 年，列宁领导了十月革命，

十月革命一声炮响

开始了把这一战略思想付诸实现的历史新纪元，同时，也开始了由马克思主义政权来建设社会主义国家审计制度的第一次尝试。

各种政治制度的中心问题是国家的性质问题，而国家问题的中心是国家监督和经济责任问题。新生的苏维埃政权将来的道路在很大程度上取决于党对这些问题的态度。

1917 年，布尔什维克在俄国接管权力以后，并没有管理国家的经验。国家建设和无产阶级革命的许多实际问题摆到了苏联马克思主义者的面前。国家监督是这些课题中非常重要的组成部分。列宁拒绝接受西方资产阶级三权分立的国家组织形式，主张打破资产阶级的国家机器，以新的国家机器取而代之。这种新的机器以巴黎公社为模式，充分强调无产阶级专政。

列宁最喜欢说的一句苏联格言是“信任，但要检查”。他认为，在完成社会主义革命和建立苏维埃政权之后，国家监督具有重要意义。他在《国家与革命》中令人信服地、简明扼要地阐述了由社会和国家进行监督的必要性。他写道：“在共产主义的‘高级’阶段到来以前，社会主义者要求社会和国家对劳动标准和消费标准实行极严格的监督，不过这种监督应当从剥夺资本家和由工人监督资本家开始，并且不是由官吏的国家而是由武装工人的国家来实行。”[①]可见，列宁是从政治和经济的角度，将核算和监督看作是无产阶级专政的积极的、行之有效的工具，用来镇压被推翻的剥削阶级的反抗，把社会主义国家及其国民经济调整好，使它能正确地进行工作。他特别强调将民主集中制、集体制、法律和公开性原则作为社会主义监督机关（包括工人监督机关、国家监督机关和党的监督机关）组织和活动的基础。列宁指出：监察机关的任务，不仅仅是，甚至主要不是“捕捉”和“揭发”错误，而是善于及时纠正管理工作中的缺点，防止滥用资金。列宁还多次指出，共产党必须对监督机关的活动实行经常领导，同时指出国家监督应与劳动者的社会监督结合起来[②]。

列宁：“信任，但要检查。”

列宁在论述无产阶级专政的内容时，非常强调无产阶级专政的民主方面。他认为，发扬民主，引导工农群众直接参加社会主义国家的管理和监督，对反对官僚主义，加强政权建设具有重要意义。

列宁关于社会主义监督的政治经济内容和使命、监督的组织原则和任务、监督机关的工作作风和工作方法的重要指示，是苏联共产党和苏联政府在解决社会主义监督机关的实际问题时所依据的理论基础，也是走上社会主义道路的世界各国人民所运用的科学共产主义理论的重要组成部分。

新生的苏维埃政权根据列宁的监督思想，从苏联国家的具体任务和条件出发，为创立社会主义监督体系作了大量的工作。

为了解决国家监督问题这个新的、棘手的问题，他们在国家组织内建立了党的监督、国家或部门监督和社会监督三大监督系统。其中党的监督包括两个方面：一是党内监督；二是党对其他国家或群众性团体的监督。在俄语中，国家监督一词意味着西方人理解的行政监督和经济监督，也包括部门内部监督和外部监督两个方面。社会监督或公众监督是直接的、分享的社会主义民主的一部分，是十月革命胜利后俄国在国家行政管理上的一大创新，旨在让民众直接参与国家管理，建立一种以大众权力为基础的新型国家，一种更向社会负责的国家，为过渡到没有国家的、建立在人民自治原则之上的共产主义作准备。

二、行政模式的最初尝试

根据列宁在《国家与革命》一书中提出的“人民监督”的思想，苏联共产党决心彻底粉碎沙皇集权的、官僚主义的国家监督机器，使社会主义的监督基础牢牢扎根于广大的人民之中。所以，党广泛吸收成千上万的优秀工人、士兵参加国家机关工作，发动群众直接参加国家管理和监督工作。

早在1811年，苏联旧政府就建立了一个名为“国家会计检查总署”（Chief Administration for the Revision of State Accounts）的监督机构。1836年，该总署改名为“国家监察部”（Department of State Control）。1905年，当部长委员会成立时，国家监察官（State Controller）成为该委员会的一员，享有部长的权限。在俄语中，“Control”一词意味着监察、证明、控制、检测、管理、监督或审计。当时，国家监察部不仅负责财务监督和预算收入部门会计账目的审计工作（相当于法国的审计法院和英国的国家审计署），而且负责改进国家体制。这种审计监察机构显然是一种直接向沙皇一人负责的传统的机构。一些开明之士曾经试图按英美模式改革国家监察部，但没有成功[③]。

十月革命胜利以后，革命者按照社会主义国家的要求，接管并改造了国家监督部。

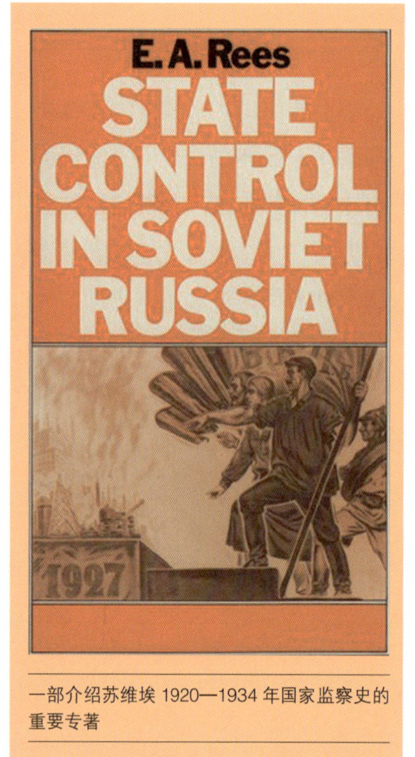

一部介绍苏维埃 1920—1934 年国家监察史的重要专著

1917 年 11 月全俄苏维埃中央执行委员会任命 E·E·埃森（E.E.Essen）领导国家监察部的工作。1917 年 12 月全俄苏维埃人民委员会（部长会议的前身）批准了两项法令：一是《关于成立国家监察委员会》；二是《关于人民委员会国家监察人民委员的权力》。前者要求成立委员会领导国家监察部的工作；后者要求确保在人民委员会中有国家监察部的代表④。1918 年 1 月 18 日，人民委员会通过了一项“关于中央监察委员会”的法令，首次尝试建立一个新的统一的国家监督系统。该委员会不仅负责改组国家监察部，而且负责联合国家监察部和附属于地方苏维埃的会计监督团体与各工厂、机关监督委员会。

1818 年 7 月 10 日，全国苏维埃第五次代表大会一致通过了第一部苏维埃宪法——《俄罗斯苏维埃联邦社会主义共和国宪法（根本法）》。它是世界历史上第一部社会主义类型的宪法，是第一个宣布国家政权属于劳动人民的宪法。该宪法共 6 篇 17 章 90 条，其中规定，撤销原来的中央监察委员会，成立国家监察人民委员部（the People’s Commissariat of State Control），负责财务控制和审计监督工作。该部归全俄苏维埃人民委员会领导，不仅在其他各人民委员部设有监察人员，而且在国家各级政权机关和各加盟共和国设立了分支机构。

然而，国家监察人民委员部并没有很好地完成这项大规模的监督工作。1918 年，各委员部相继建立了自己的部门控制机构。例如，最高国家经济委员会设置了监察团监督工业部门，红军成立了它的最高军事监察团。

国内战争引起的混乱，也促使一种新的群众性监督系统即工会成立的工人监察团（the Worker’s Inspectorates）在工业、运输和食品供应领域兴起。工会中央委员会成立了各种监察团，如附属于供给人民委员部的食品供给工人监察团，隶属于运输人民委员部的铁路工人监察团，以及隶属于莫斯科苏维埃的莫斯科工人监察团。这些机构使成千上万的产业工人能够像监督员和卫士一样对生产、运输、食品装运和定量分配直接进行监督。

所以，直到 1918 年年底，苏联同时存在三种不同的监督体系：①国家监察人民委员部；②各部内部的监督机构；③工人监察团。这些分散的监督体系导致人民委员会议在管理国家行政机构、控制地方苏维埃和工会时遇到了相当大的困难。

1918 年 12 月，全俄苏维埃中央执行委员会提议成立新的最高监督检查团（Supreme Control Inspectorate）来领导和协调现有的机构。1919 年斯大林也向中央委员会提交了一份报告，其中指出：完全有必要成立一个监督和监察委员会，负责调查各人民委员会及其地方机构的缺点[5]。这份报告引起了全俄苏维埃委员会的重视，并马上设立了监督和监察委员会。该委员会不同意建立新的监督机构，而是主张由国家监察人民委员部作为国家监督的最高机关，不仅负责财务监督，而且负责改进政府行政管理。至于部门内的监督机构和工人检查团应服从国家监察人民委员部的领导。这样，人民委员会议可以掌握管理国家各种机器的有力工具。这项计划虽然得到了列宁的赞同，但受到各方面的强烈反对。

1919 年 3 月，在党的第八届全国代表大会关于组织问题的决议中指出："苏维埃共和国的监督工作应当彻底改组，以便建立具有社会主义性质的切实认真的监督。党组织应在社会主义监督工作中起领导作用……"[6]会后，全俄苏维埃中央执行委员会马上任命斯大林为国家监察人民委员部的负责人，从而加强了国家监督的地位和权力，增进了国家监察人民委员部与政治局的直接联系。

1919 年 4 月 9 日，斯大林向全俄苏维埃中央执行委员会提交了一份法令草案。在这份报告中，斯大林着重指出现有的工人监督团体应联合为一个统一的整体。他主张，所有的监督力量都应统一在国家总监督之中，这种改组将把国家监察人民委员部民主化，让工农大众更多地参与监督。全俄苏维埃中央执行委员会批准了这项法令。这项法令要求，国家监察人民委员部协助人民委员会议工作，并监督所有的人民委员部、地方政府部门和苏联政府各机构。它不仅进行财务监督并负责改进国家的行政工作，而且监察政府法令和党的指示的实施情况，揭露违法事件，并就简化政府机构提出建议。

斯大林

1919 年，苏维埃政府为建立统一的国家监督体系作了有限的、大胆的尝试。但 1919 年 4 月的政令由于各方面的阻挠，并没有得到真正执行。各种监督机构仍然存在，仍然独立行使职权。所以，事实上国家监督体系没有统一起来。

三、新的国家监督制度的建立

1919 年秋天，苏维埃和工会对政府集权倾向愈来愈不满。在共产党内也出现了两个派别：一是工人反对派，二是民主中心主义派。前者要求把工业从国家转给工会，后者决心保存地方苏维埃的权力，并重振苏维埃的民主。

在 12 月召开的党的八大会议上，莫斯科工人监察团的一位名为 I•P•费坚涅（I•P•Fedenew）的代表提出了一项计划，旨在让国家监察人民委员部保持中立。他建议扩展前 18 个月涌现出来的志愿工人监察团的工作。他认为，这些由工会和苏维埃建立起来的地方性群众监督团体应建立一个新的工农监察团进行协调。该机构应完全独立于国家监察人民委员部而隶属于全俄苏维埃中央执行委员会，同时，地方监察团则隶属于地方苏维埃。

在苏维埃代表大会上，费坚涅又提出应通过清除资产阶级专家，建立无产阶级队伍来改进经济机构；应大力发展群众性监督，来监察官僚主义。工农检查团是一个真正的人民权力组织，是连接国家和社会的中介，它可以保证社会主义政权不与劳苦大众失去联系。

苏维埃代表大会认为该建议非常重要，立刻指示全俄苏维埃执行委员会提出组建工人监察团的方案。

1919 年 12 月 12 日，全俄苏维埃中央执行委员会为解决这一问题成立了一个委员会。该委员会由中央执行委员会、全俄总工会和国家监察人民委员会的代表组成，讨论了三个提案。

一个提案是国家监察人民委员部提出的。它认为，国家监察人民委员部由人民委员会议领导，是实施国家监督的唯一机构，工人监察团应暂时由国家监察人民委员部领导，以便为委员部培养无产阶级干部。一旦这个任务完成，便解散工人监察团。这一提案实际上是 1919 年 4 月 9 日政令的翻版，得到了政治局的支持。

总工会的提案与上述提案形成鲜明的对照。它指责国家监察人民委员部的方案将导致官僚主义，严重地压抑了工人监督运动。其中指出⑦：

> 工人监察团与国家监督的统一不会使国家监督迅速恢复生气，相反，会导致工人监察员脱离无产阶级大众，导致工人监察员沾染例行公事、形式主义和其他国家监督官员所具有的官僚主义的坏毛病。

所以，总工会的提案提出了一个新的监督系统，主张工人监察团作为全俄苏维埃中央执行委员会的一个独立部门，其地位应独立并高于国家监察人民委员部。工人监察团的领导由中央执行委员会的代表担任，2 名副职则由总工会任命。地方监察团也根据同样的办法组织起来。这种工人监察团对控制国家行政和经济有广泛的权力，其主要特征就是大众参与了国家监督工作，体现了人民当家作主的精神。

莫斯科工人监察团提出了第三个方案。与总工会的观点一样，它也设想了一个新的工农苏维埃监察团，隶属于中央执行委员会。但这一观点没有正式公开，和者也甚寡。

1920 年 1 月 23 日，政治局指责了总工会的观点，并同意了国家监察人民委员部的计划，同时责令中央执行委员会和国家监察人民委员部“不得在国家行政部门内建立新的机构，但可以改进现有的国家监察人民委员部”。

但是，第二天，列宁分析了监督机关 2 年来的工作经验，得出了如下的结论：必须通过各企业和机构根据社会原则所进行的工人检查形式，将国家监督与社会监督结合起来。所以，他立刻写信给斯大林，表示他想将 3 个方案合并为 1 个方案，旨在让劳苦群众，包括男人，尤其是妇女参加工农监察，参加国家监察人民委员部的官员进行的各项调查工作。

1920 年 1 月 28 日，政治局讨论了这个问题，并通过了改组国家监察人民委员部的决议——《关于工农检查院》。该决议于 1920 年 2 月 7 日得到了中央执行委员会的批准。决议明确要求，国家监察人民委员部改名为工农检查人民委员部（People’s Commissariat of Worker’s and Peasants’ Inspection），直接接受中央执行委员会常委会的领导，处在政府工作的中心，处于一种通过提供信息和建议来影响政府决策的地位。独立的工农监察团隶属于国家监察人民委员部。该委员部继承了其前身监督预算和财务的职能，并负责监督和改进国家行政机关、经济组织和社会团体的组织和工作，监督政策的实施，与官僚主义作斗争，接受并处理群众来信中关于官员犯罪和滥用权力的案件，就国家行政的简化和合理化提出建议，让民众参与监督工作，培训他们管理国家机器。

1920 年 10 月在莫斯科召开了第一届全俄监察工作会议。在会议上，斯大林阐述了国家监察的作用。他认为，人民委员部应行使两种基本职能：第一是改进行政管理效率，尤其是簿记和会计工作；第二是促使国家机器无产阶级化，并提供培训未来行政官员的基地。他指出，不应将国家机关看成是异己的团体，应该避免警察方式，而应该与国家机关合作，认真研究其组织和工作中存在的缺点。他还强调，监察人员应该坚持真理，不姑息任何人，无论对方处在什么位置；监察人员应从“品质上无可挑剔地纯洁”的官员中选举产生。

帝国主义武装干涉被粉碎以后，战时共产主义下的管理国家经济的那一套办法已经过时。在各行各业内部，要求改革的呼声日益强烈。列宁提出应改弦更张，即以“新经济政策”来取代“战时共产主义”。他在1920年年底提出，“经济任务、经济战线现在又作为最主要的任务和基本的战线提到我们面前来了”，重申“把全部注意力转到这种经济建设上去”，同时，再三呼吁进行政治改革，主张精简机构，克服官僚主义，提高工作效率，防止为人民服务的机关蜕变为压迫人民的官僚机器，建立一套有效的权力监督制衡系统。

苏共第十次大会召开以后，马上对中央的党政机关进行了改组。在革命领袖列宁的直接领导下，党的任务是进一步提高国家行政管理的效率，把社会主义政权更牢固地扎根于社会之中。

工农检查人民委员部在这一策略中处于中心位置。1921年，政府曾试图将人民委员部的工作从详细的财务监督转向更广泛地关心国家行政管理的改进上。新经济政策的引进，也将新的任务和责任放到工农检查人民委员部的面前。

列宁在1921年1月给矿工工会大会的演讲稿中强调工人全面参与国家监察工作是与官僚主义作斗争的一种办法。同年6月，工农检查人民委员部建立了一个特别委员会帮助经济组织逐渐适应新经济政策。9月2日，委员部明确规定了新经济政策下国家监察的三大基本任务：一是改进经济组织的会计工作；二是在检查私营部门时维护国家利益；三是进一步加强金融和材料储备的调查。

1922年3月16日，中央执行委员会的一项法令为国家监察工作规定了各种新任务：禁止或阻止各机构制定会引起国家财产损失的违法规定；处罚有关的官员；建议各机构改进其工作中的缺点；要求撤换渎职的官员。

工农检查人民委员部拥有大量的监察官员和行政官员。1917年国家监察部拥有3 000人，1920年国家监察人民委员部拥有人数达10 000名，1922年，工农检查人民委员部的官员增至12 000人。5年之内人数的增加，充分反映出行政监察和财务控制在范围和深度上已大大地扩展了。同时，国家监察人员反对官员犯罪的活动也取得了重大成绩。1921年和1922年委员部就分别向法院提交了2 385起和2 682起案件。这些案件涉及各种犯罪，如管理不当、贪污腐化和玩忽职守等。

1920年9月，苏联共产党为了加强党内监督，成立了自己的中央监察委员会（Central Control Commission）。该委员会由党代会选出，负责加强纪律，纯洁党的队伍，全面监督党不断变化的社会和思想成分，同时，还领导着一支庞大的附属于地方党组织的监督委员会网络。

在1922年3月召开的第十一次大会上，许多人强烈批评权力都集中在斯大林手中。但列宁坚定地为他辩护。列宁指出，国家监察是一项艰巨的工作，要完成这一任务，就必须由一个很有声望的人来领导，否则，我们就会被许多事情缠住手脚。

四、改组国家监察制度

列宁于 1922 年 10 月 12 日发病住院以后，不得不放下手中的工作。但是，他仍然在思考一系列困扰党的难题：民族问题，新经济政策的前途，农民问题，经济发展问题，以及党和国家的监督问题。

他于 1923 年 1 月 25 日和 3 月 4 日，分别在《真理报》报上发表了《我们应如何改组工农检查人民委员部》和《宁肯少些，但要好些》两篇文章，详细阐述了他再造国家监察制度的设想。他认为，为了解决党和国家的组织问题，应将政府监督机构和党的监督机构合二为一，也就是说，应合并中央监察委员会和工农检查人民委员部。大幅度地削减工农检查人民委员部的规模，将检查人员从 1 200 人减至 300～400 名，而且留下的人员大部分是技术专家，有行政管理方面的经验，掌握了“科学的劳动组织”和簿记方面的知识，从而使工农检查人民委员部从一个主要从事财务监督的机关变成小型的高度专业化的机构。这样安排将使党的中央监察委员会和工农检查人民委员部双方都受益，因为工农检查人民委员部拥有专业和技术能力，而党的中央监察委员会拥有具备无产阶级觉悟的革命干部，政治上可靠，可以帮助党确定它的方针，避免采取简单和极端的办法来解决问题。两者可以相互补充[8]。

列宁与斯大林

L·B·克赖西

V·M·斯米尔诺夫

这项计划提出以后，引起强烈的反响，立刻在党内掀起了一场关于国家组织的大争论。苏共十二大一位代表称列宁的文章像“一颗炸弹”惊呆了许多共产党员。一些人表示反对，另一些人则表示坚决支持。这是20世纪20年代第一次，也是唯一一次严肃地讨论国家监督问题，而且还引出了有关政权性质、国家与社会关系的性质等基本问题。

右翼对列宁改革计划的反对意见集中体现在《监督与生产》《*Control or Production*》一文中。该文的作者名叫L·B·克赖西（L·B·Krasin），是一位著名的老资格党员、工程师、经验丰富的管理者、一位在许多政策问题上想法与众不同的人，也是右翼的主要发言人。他的观点代表了经理、管理者和专家中很大一部分人的观点。

他很吃惊和不理解，为什么列宁要合并中央监察委员会和工农检查人民委员部，并让它变成整个苏维埃机构的心脏和大脑。他认为，现存的各种各样的监督机构是不可容忍的官僚主义的主要原因。加强国家监督反映了一种对管理的简单理解，只会加剧官僚主义。他提醒人们，这是一种倒退，倒退到了1917—1918年的工人监督运动阶段，倒退到了战时共产主义的管理做法。这些早期的对于监督的尝试尽管在政治上是必要的，但它们在管理上是一种灾难，对生产有毁灭性的效果，并且导致材料和资源的巨大浪费。所以，他主张根据“最大的生产和最小的监督”的原则重建国家机构。他最后指出，维护党的政治路线，维护国家的权力一定不得阻碍生产的恢复，为防止这一点，在国家和党领导机关中必须给管理人员、生产者和党员以一定的权力。

左翼对列宁的计划也进行了猛烈的攻击，其代表人物是V•V•奥辛斯基（V•V•Osinskii）、V•M•斯米尔诺夫（V•M•Smirnov）和Y•拉林（Y•Larin）。他们得到的支持主要来自工会和苏维埃。

奥辛斯基认为，关于合并中央监察委员会和工农检查人民委员部的计划直接违背了党的十一大制定的党政分开的原则。党和政府的联合将导致政府受制于党的局面，将会导致党取代政府机构并承担行政职能，而它又没有必需的技术能力行使这些职能。两者的联合只会在政府机关内养成无责任心和官僚主义的惰性。他概括了民主集中制拥护者关于改革政府机构的方案。他明确指出，党和政府的责任必须严格分清，苏维埃的权力必须保留。人民委员会议应按西方“内阁制”进行改革，向改组后的中央执行委员会和苏维埃议会负责；应根据行政和立法分立的原则改组政府，以便使政府更负责任，恢复苏维埃民主。他还建议党代会取消党的中央监察委员会。

绝大多数党员拥护列宁的改革计划。他们对克赖西和奥辛斯基的观点进行了尖锐批评，表示坚决拥护党对国家机器的监督，认为党不能放松对国家机器的管理，相反，必须保持思想上的警惕性，应运用阶级的方法处理国家监督问题。工农检查人民委员部认为联合两大监督机构会加强国家监督工作，因而表示欢迎。

苏共十二大会议于1923年4月17日召开。究竟应由谁来控制国家监督机构的问题

苏维埃党的十二大会议宣传画

再次成为讨论的热点。在这次会议上，斯大林肯定了列宁的国家监督计划。他认为应保证党对国家进行监督，国家监督也只能朝这个方向发展。他指出，列宁的计划为改组中央监察委员会和工农检查人民委员部准备了一个非常有序的系统，并且使改组后的国家监督变成一个改进国家机器所有零件的工具。其他代表也发言指出：人们应注意新的资产阶级思想在国家机关中的影响，这一社会阶层试图将国家行政部门从党的监督中解脱出来。有的代表明确指出：党的监督是按社会主义而不是资本主义的路线组织和发展生产的重要保证；党如果没有中央监察委员会和工农检查人民委员部，就没有有效的工具来领导和指挥国家机器。十二大也指出[9]：

把苏维埃国家与工人阶级对立起来，把党与苏维埃国家对立起来的错误是非常危险的，它破坏了我们党的历史使命。

最后，十二大批准了党“集中监督”管理模式的计划，正式宣告合并中央监察委员会和工农检查人民委员部，从而使党能够对整个国家行政机构进行直接监督。从此，一直被人瞧不起的效益低下的工农检查人民委员会变成了党的机构和国家机构之间的主要纽带。1923—1930 年，中央监察委员会和工农检查人民委员部成了苏联最具权威的机构之一。

苏联国家监督机关以后几经改组和调整，发展成独树一帜的行政模式国家审计制度。这一模式的突出特点是：经济监督与行政监督相结合，而经济监督基本上相当于国家审计工作。也就是说，这一模式的审计职能与政府机构的其他监督职能混为一体，没有严格地加以区分。第二次世界大战以后，这一模式马上传播到东欧新兴的社会主义国家，盛极一时，形成东欧派。1965 年 12 月 9 日，苏联最高苏维埃又通过了《关于苏联人民监察机关》的法律。根据这项法律成立了苏联人民监察委员会（the Committee of People’s Control）。该委员会是全国人民监督体系的首脑机关，由苏联最高苏维埃设立，任期 5 年，在经济和社会文化建设，以及国家管理的其他范围内实行的监督工作主要受苏联部长会议的领导，同时经常向苏联最高苏维埃和苏联部长会议报告工作。委员会主席是苏联政府机关的成员。该委员会的主要任务是对各部委、地方各级政府、大小企业、团体的经济业务和计划执行情况，以及社会文化建设进行监督。这种国家监察工作已在全国范围内形成为一个统一的组织网络，从而加强了人民监察的民主性，有效地吸引了人民群众参加监督国家事务和社会事务[10]。

1991 年苏联最高苏维埃通过了一部法案，取消了人民监察委员会，建立了独立的国家审计机构——苏联监察局（the USSR Chamber of Control），后又改称为预算监察委员会（the Budgetary Control Committee of the State Duma of Russian Federal Assembly）。但是，到 1995 年 1 月 1 日，根据一项新的审计法案，原预算监察委员会取消，一个新的国家审计机构正式诞生。该机构名为会计局（the Accounts Chamber of the Russian Federation），现已成为 INTOSAI 的正式成员。国家审计发展的新篇章，从此被掀开。

俄罗斯联邦成立会计局 20 周年纪念

注释：

① 《列宁选集》第三卷，人民出版社，1995年版，第254页。

② ［苏］利·米·科拉马罗夫斯基：《审计与监督》，人民出版社，1986年版，第7页。

③ E.A.Rees：State Control in Soviet Russia，The Rise and Fall of the Workers' and Peasants' Inspectorate，1920–34，Macmilian Press，1987，p.14.

④ ［苏］利·米·科拉马罗夫斯基：《审计与监督》，人民出版社，1986年版，第10页。

⑤ E.A.Rees：State Control in Soviet Russia，The Rise and Fall of the Workers' and Peasants' Inspectorate，1920–34，Macmilian Press，1987，p.16.

⑥ 《苏共代表大会、代表会议和中央全会决议和决定》(第二卷)，莫斯科政治出版社，1970年版，第76页。

⑦ E.A.Rees：State Control in Soviet Russia，The Rise and Fall of the Workers' and Peasants' Inspectorate，1920–34，Macmilian Press，1987，p.22.

⑧ E.A.Rees：State Control in Soviet Russia，The Rise and Fall of the Workers' and Peasants' Inspectorate，1920–34，Macmilian Press，1987，pp.43–49.

⑨ E.A.Rees：State Control in Soviet Russia，The Rise and Fall of the Workers' and Peasants' Inspectorate，1920–34，Macmilian Press，1987，p.60.

⑩ B.Geist：State Audit—Developments in Public Accountability，Holmes & Meier Publishers，Inc. New York，1981，pp.183–185.

第十一章 东欧国家审计的曲折进程

一、东欧国家审计的改革进程

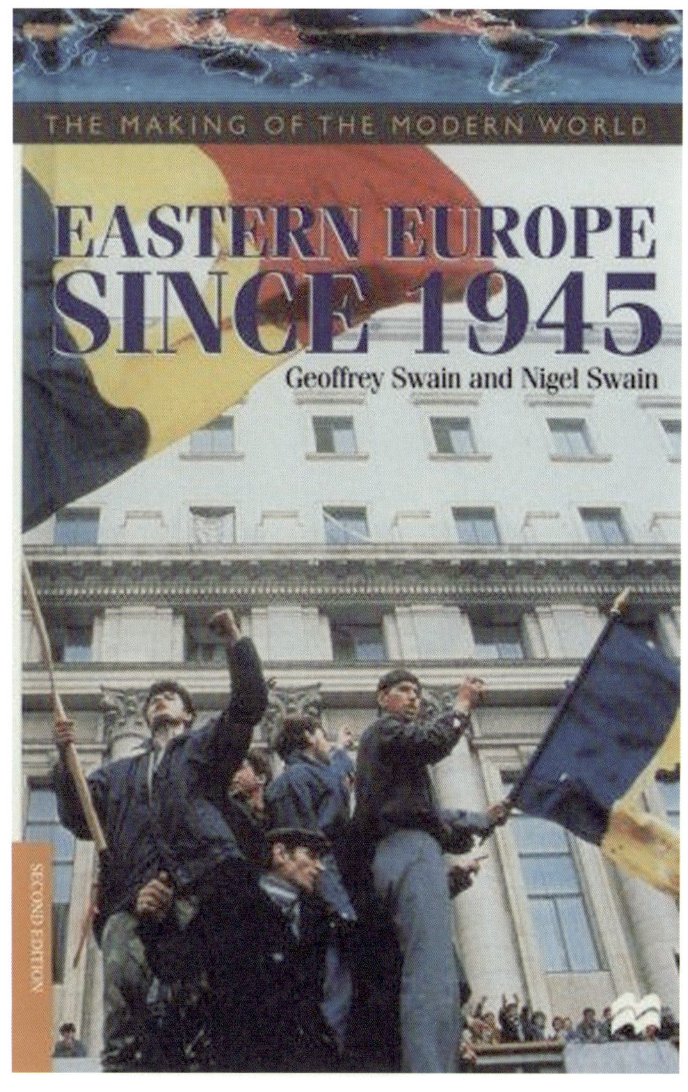

第二次世界大战的枪林弹雨，将东欧各国原有的社会政治与经济结构变成一片废墟。这些国家按照苏联的意志，建立起清一色的苏式体制。但由于历史规律和国情的显著差别，由南斯拉夫带头，各国不久相继走上了体制改革的道路。

在这样的历史环境下，东欧各国首先建立了清一色的苏式行政模式国家审计制度。这种中央集权式的审计制度是苏联审计模式在国土外的延伸，是行政模式扩展运转疆域的体现。但是，不久以后，随着改革斯大林模式的呼声不断高涨，一些东欧国家开始循着国家审计发展的内在规律，在不同程度上进行了改革，使呈封闭状态的东欧集团出现了分裂。

东欧国家何以会从铁板一块迅速分化呢？必须深入考察当时世界政治和经济发展的格局，才能回答东欧各国自愿放弃或沿用苏式国家审计体制这一现象的根本原因。

第二次世界大战后的东欧，面临着恢复和发展经济的艰巨任务，所有的社会力量都注重国民经济的迅速发展。这种共同的政治基础，也有利于共产党在执政后，迅速没收敌占财产，并进一步对所有的工业企业实行国有化，建立起高度集中的计划经济制度。事实上，面对战后百孔千疮的经济和人员、资金、设备的奇缺，没有一个强有力的集中机构统一管理，保证重点，经济恢复很难奏效。这一客观条件有力地加速了中央集权计划经济模式的确立。

在苏联人探寻集中计划经济的管理模式时，资本主义世界的经济危机，也是促使东欧国家毫不犹豫地接受苏联模式的原因。20 世纪 30 年代，是资本主义经济风雨飘摇的年代。1929 年的一个星期五，华尔街的股票突然下跌，谁也没有想到，它竟是资本主义经济又一次滑向深渊的征兆！从此，整整 3 年，不景气的阴云笼罩着资本主义世界，资本主义经济和谐的美梦彻底破灭。与此同时，马克思主义对社会主义的理论阐述已经变成了现实运动，以往被视为异端邪说的社会主义学说已在现实生活中开花结果了。社会主义经济制度已在地球的一角建立，并带来了经济的高度增长，成绩斐然，与西方资本主义经济一片萧瑟形成鲜明的对照。在 30 年代，苏联的工业增长速度高达两位百分数，尤其是重工业，更是突飞猛进。这种粗放型的发展，依靠不断地调动资源，增加投入而得到维持。这是在资本主义实行经济封锁和军事威胁的严峻形势下不得不采取的应急政策，然而，其结果却产生了另一种效应，这就是，它有力地表明，苏联实行的社会主义制度比资本主义制度更加优越，可以避免西方的经济危机。这当然给东欧各国以充分的信心。当时，人们深信不疑，认为苏联模式就是社会主义的模式，斯大林成了 20 世纪的马克思，他对马克思主义的解释就是人民毋庸置疑的真理。在这种强大的意识形态的作用之下，东欧各国自觉地以斯大林模式为典范，建立新的社会、政治和经济体制。

这种形势，必然趋使这些国家也全盘接受作为苏式集权体制一部分的行政模式的国家审计制度。然而，在各国竞相以苏联模式为参照系建立集中计划经济体制的 2 年后，随着改革浪潮的兴起，以南斯拉夫为代表的一些国家开始图谋变革，寻求着能真正体现人民监督思想的国家审计制度，进一步完善社会主义制度。

当时，东欧社会主义国家的审计机构归纳起来，大致可分成三类：

一类是以苏联人民监督为模式的监督机构，如捷克斯洛伐克的人民监督委员会（the Committee of the People’s Control）、匈牙利的中央人民监督委员会（the Central Committee of People’s Control）和保加利亚的国家监督委员会（the Committee of State Control）；

另一类是隶属于财政部的审计组织，如东德的国家审计局（Staatliche Finanzrerision）；

还有一类是采用立法模式的监督机关，如南斯拉夫的社会簿记总局（Social

Accounting Service，SAS）、罗马尼亚的最高财政监督院（the Higher Court of Financial Control）和波兰的最高监督局（The Supreme Board of Control）。

苏联解体以后，东欧的政治和经济格局出现了重大的变化。从对国家审计模式的选择来看，呈现出一种非常明显的向立法模式国家审计制度靠拢的趋势。可以说，时至今日，东欧国家审计制度进入了一个以立法审计模式为主体的新时期。它反映了东欧各国在新的政治经济形势下对国家审计运行模式的新考虑和新选择。

二、前捷克斯洛伐克国家审计的发展

第二次世界大战以后，前捷克斯洛伐克在苏联的帮助下，建立了共产党领导的联邦制度，并在经济领域里通过国有化措施，逐步建立起高度集权的计划经济体制，同时，于 1951 年成立国家监察部，加强社会主义国家监察工作。以后经多次机构变动，改称人民监察委员会，归联邦政府领导。委员会主席为联邦政府成员。联邦人民监察委员会共有工作人员约 300 人。

前捷克斯洛伐克联邦人民监察委员会的职责主要有：①负责统一、协调各级人民监察委员会的监察工作，并遵照联邦政府的方针，统一检查对联邦政府的重要决议或其他措施的落实情况；②组织联邦成员共和国的联合监察活动，或授权共和国人民监察委员会监察属于联邦共和国管辖的部门的活动；③负责协调同联邦其他中央机关专业性的监察工作；④颁发有关监察工作方法的通用法律条例；⑤关心对监察工作方法的研究和对监察人员的培训、教育；⑥开展监察领域的国际联系。

捷联邦人民监察委员会设主席 1 人，副主席 5 人，并设有 16 人组成的部务委员会、13 个职能司和产品质量监察委员会。

（1）部务委员会。部务委员会成员除主席、副主席外，还有党中央有关部的副部长、国家银行行长、企业总经理、研究所所长等有丰富政治经验的专家参加。部务委员会不定期开会，主要讨论人民监察委员会的工作计划、重大案件的监察情况报告等，讨论通过后，大部分议案要报联邦政府审批，有的还要报党中央主席团审批。部务委员会根据讨论的内容，还邀请政府有关部长或副部长列席。

（2）职能司。联邦人民监察委员会下设 13 个职能司，分管 13 个方面的监察工作。

（3）产品质量监察委员会。主要负责对工厂进行产品质量检查，质量不合格的产品不允许出厂；对产品质量不合格的问题进行分析、找出原因，责成有关部门和单位采取措施加以解决。该委员会的职权比司要大。

联邦人民监察委员会每半年制订一次工作计划，确定监察重点。制订计划前，联邦

捷克最高审计院总部设在布拉格

人民监察委员会主席要听取政府总理、党中央主管书记的意见；制订计划后，要呈送联邦政府和党中央主席审批才能执行。

联邦人民监察委员会根据党和国家的工作重点，确定相应的监察重点。例如，1986年，联邦人民监察委员会着重抓了违纪、滥用职权等不正之风，数十人被撤职，数百人被法办。1987年，联邦人民监察委员会又着重对压缩基建规模、降低成本、充分利用固定资产、降低电力消耗；铁路运输的装备与文明、冶金集约化、提高土豆质量、制订先进的技术经济参数、提高外贸工作水平、物价问题等进行了监察。

三、匈牙利国家审计制度的发展

匈牙利国家审计发展的历史悠久。早在18世纪，就成立了审计机关，专事国家的财务审计。

在实行社会主义制度时期，匈牙利从中央到基层单位建立了完善的人民监察系统，在巩固国家社会、加强纪律、反对滥用职权和贪污、浪费等各种腐化现象等方面发挥了重要作用，成为社会主义民主与法制的重要组成部分。

1958 年，匈牙利成立中央人民监察委员会，与此相适应，在首都及其 22 个区、全国 19 个州和各大城市都建立了人民监察委员会。首都和各州的人民监察委员会，受中央人民监察委员会和同级地方政府的双重领导，地方各级人民监察委员会，一般有 11～12 名成员，由各行各业的代表担任，委员会下设办事处，负责日常工作。匈牙利各级人民监察委员会的办事处，共有工作人员 660 人，其中监察业务干部 350 人。

同时，在匈牙利有比较完善的人民监察网络。全国共有 25 000 名义务监察员，每年参加 2～3 次检查，他们参加监察工作无任何报酬，对工作突出的，由所在的人民监察委员会建议其单位给予奖励或表扬。

匈牙利中央人民监察委员会是全国最高的监察机关，直接受部长会议领导，委员会的主席、副主席和委员由共和国主席团选举产生，设主席 1 人、副主席 2 人、委员 14 人，任期 5 年。委员会的委员一般由各方面的负责人和群众代表担任，其中包括中央有关部的部长或副部长、工会、共青团的负责人、大企业的总经理、党报副总编、有关党组织的负责人和工人代表等。

匈牙利人民监察委员会的任务主要有：检查政府各部门贯彻执行上级机关决议的情况；对国家经济、福利、卫生、文化发展目标的实现情况进行监察；为巩固国家和公民的纪律，保护、增加和发展社会财富，使劳动进行得更有组织和更经济化提供协助；反

匈牙利国家审计署积极参加 INTOSAI 举办的各项活动

对贪污、办事不负责任、漠不关心和浪费，为揭发滥用职权和对滥用职权的人进行有效追究而斗争，等等。

匈牙利人民监察委员会除对国家权力机关、部长会议、法院、检察院不行使监察权外，可以去需要去的任何地方执行监察和了解情况，在检查时可以翻阅所有材料；可以对任何一个国家的、社会的合作社组织和私人工商业经济活动进行调查。在调查期间，根据所掌握的材料，有权对被调查国家机构和合作社领导人或工作人员暂停工作，有权对国家机构和合作经营中使用的物资和资金（工资和由国家预算拨款的投资除外）予以冻结，还可以根据有关法律规定的条件，建议对被调查单位采取防止破产的措施，或建议进行经济制裁。

匈牙利中央人民监察委员会每月召开一次会议，除全体委员外，还邀请党组织负责这方面工作的领导人、最高检察院检察长和政府 1 名主管部长参加。每半年制订一次检查计划，确定若干专题，与社会团体协商，征求他们意见，报政府审批后分不同层次开展检查：

凡涉及企业、农业合作社一类单位的具体问题，由义务监察员先进行调查，提出报告送其单位领导签字。如果调查不符合事实，单位领导不同意的，也可提出反证，再由上一级监察委员会进行检查。

凡属各州应该解决的问题，由各州人民监察委员会进行检查和采取措施。首都和 19 个州的检查计划中，有一半项目是中央人民监察委员会下达的。

重要的、特定的专题，由中央人民监察委员会直接进行检查，根据检查内容，一般由 8～10 名专家和专业人员组成检查组，事先按检查专题组织短期培训，以掌握检查所需的有关政策和知识。检查结束后，应当写出检查报告，并征求被检查部门的意见，然后上报政府审批。匈牙利人民监察委员会每年要就最主要的问题，向政府汇报一次；委员会主席每 5 年还要向国会汇报一次开展监察工作的情况。

根据 1989 年 10 月 23 日的宪法修正案，现在的匈牙利国家审计署（the State Audit Office of Hungary）作为民主的关键制度体制，于 1990 年 1 月正式开始运作。2011 年，新的审计法案正式颁布。从此，SAI 不仅执行其核心审计任务，具体负责从合法性和有效性的角度，对国家预算执行情况、国家行政机构的财务运作、国家公共资金的运用和地方政府财经进行审计，而且开始发挥分析和咨询的功能，直接向议会报告审计结果。

四、保加利亚国家审计的发展

保加利亚国家审计的历史悠久。1880 年年底，第二届国民议会通过了最高审计署法案（the Supreme Audit Office Act），该法案于1880年12月20日在第94号官方公报上公布。1883年2月15日，第三届国民议会以第17号官方公报的形式颁布了《国家审计署法》(*the National Audit Office Act*)，对国家审计的组织机构、基本管理和运行办法进行了详细规定。1885年2月14日，第六届普通国民议会以第15号官方公报的形式，通过了最高审计署法。1925年3月9日，第21届国民议会以第272号官方公报的形式颁布了最高审计署和区域审计署法案。

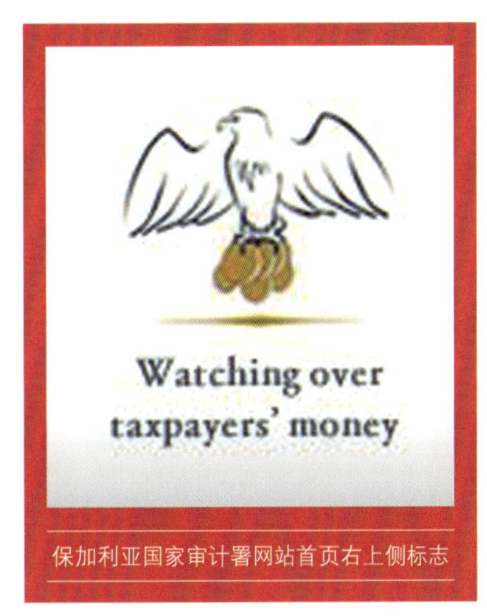

保加利亚国家审计署网站首页右上侧标志

1944年保加利亚社会主义革命取得胜利，建立了人民共和国。此后不久，就设立了国家监察委员会，负责全国的监察工作。1962年更名为党和国家监察委员会，由保加利亚共产党中央和部长会议共同领导，后改名为国家监察委员会，由国务委员会领导。1971年保加利亚共产党新党纲提出，国家和社会监察机关行使维护法制、完善国家机关工作和吸收劳动人民参加国务活动三方面职能。随后保加利亚便将国家监察委员会更名为国家和人民监察委员会，改由部长会议管辖。后来，国家和人民监察委员会又曾一度隶属于国务委员会。1986年年初，为了适应社会主义组织自治和科技革命的要求，克服官僚主义，保加利亚对政府机构进行了较大改革，国家和人民监察委员会又由隶属国务委员会重新归部长会议领导至今。

保加利亚从中央到地方有比较完善的国家和人民监察系统，它们是保证保加利亚建设和改革顺利进行的重要因素之一，是国家政治体制中不可缺少的组成部分。

（1）保加利亚国家和人民监察委员会。法律规定，它是对全国进行总的社会主义监察的最高机关，负责执行国家的监察政策并领导全国的监察系统，同时直接对中央各部、主管机关、地方人民会议执委会和专门机构、国营经济组织和合作社组织的活动进行监察。

为了加强监察工作，中央国家和人民监察委员会在各部、综合体和主管部门设监察区，负责对党和政府下达的任务的执行情况进行经常的防范性的监察，检查计划和法令的完成情况，停止不合法的决定的执行和劣质产品的生产，提出对责任事故人员进行追究的建议。对于未及时发现违法情况或未采取措施防止，或未向上级和主管方面报告的，监察区的领导和专家要承担党内、行政和物质责任。

（2）州、乡、市、区国家和人民监察委员会。保加利亚的各州、乡、市、区按地区原则建立国家和人民监察委员会，负责对本地区所有单位（不论其隶属关系如何）完成任务和遵纪守法情况进行监察。各级监察委员会主席由中央国家和人民监察委员会任命、工作受上一级监察委员会直接领导，并向其报告工作。

各级监察委员会还根据地方人民会议执委会主席的委托进行检查，向人民会议通报工作。

（3）人民监察小组。保加利亚按地区和生产原则，在全国各基层单位广泛建立了人民监察小组，人民监察小组一般由 15 人以下的人民监察员组成，人民监察员由群众推荐产生，任期 2 年，但可随时罢免。人民监察小组在本单位党组织直接领导下进行工作，同行政领导、社会团体、街道工作者和专家密切配合解决监察中的问题，一般每季度要召开一次会议，以便根据党和国家政策与实际工作的需要等拟订工作计划、组织检查、培训人员、讨论通过小组向党组织和行政领导提出的建议和报告，等等。人民监察小组还至少每半年向其劳动集体或居民区报告一次工作。

对于人民监察小组提出的批评和建议，有关的领导要在 1 个月内作出答复或改正，逾期不答复或改正的，人民监察小组可以向上级监察机关反映并追究责任。

保加利亚《国家和人民监察法》规定，国家和人民监察机关的任务是：

保加利亚国家审计署

（1）对国家机关、经济组织、社会团体和地方机构执行法律和法规、社会经济发展计划、合理利用资源、提高生产效率和产品质量、技术进步、环境保护以及居民服务、干部责任、维护国家财产等各方面情况进行监察；

（2）协助国家机关、经济组织、社会团体和地方机构掌握生产和管理的科学组织方法，吸引劳动人民参加国家和社会管理工作；

（3）与违反国家法纪、官僚主义、本位主义、经营不善、浪费或滥用职权的现象作斗争，帮助机关在工作中注意防止破坏、揭露问题产生的原因。

国家和人民监察机关在工作中采取民主和集中、国家和社会相结合的原则。各级监察委员会检查工作的结果，一般要向本单位和上级监察委员会报告，必要时可征得党政领导同意在职工会上进行讨论。对监察委员会检查报告中提出的问题，行政领导要限期解决或给予答复。

国家和人民监察机关在检查中，发现违法或造成经济损失时，有权追回损失，或交审计机关检查，并可将违法行为的材料提交检察机关起诉。同时，国家和人民监察机关根据检查的结果，有权对责任人员进行批评、警告、降职降薪、在原单位调任低薪工作以至开除处分，并在保守国家机密的情况下将检查结果在报刊、广播、电视上公布。

五、前南斯拉夫国家审计的发展

如前所述，20世纪40年代以来，东欧国家基本上按照苏联的行政模式完成了社会主义国家审计的现代化。但是，自50年代初，南斯拉夫首先突破苏联传统模式，独立自主地探索本国的改革之道，大踏步地汇入了世界性的立法模式的洪流。

这应从南斯拉夫银行体制改革说起。

第二次世界大战后初期，南斯拉夫照搬苏联的经验，全国的预算和国营企业的财务，均由中央各部委集中管理。从50年代开始，南斯拉夫围绕破除苏联形成的传统模式，从内外两方面进行了改革：对内，一方面实行工人自治，把国营企业交给工人管理，将国家所有制变为社会所有制，并将企业经营成果与劳动者的物质利益直接挂钩；另一方面打破原有的经济管理体制，充分利用市场机制。对外，敞开国门，实行开放政策，以积极利用外资，加速经济发展。许多人把这种以自治制度和市场经济与计划经济相结合为特征的政治经济管理体制称为“自治市场经济”或“自治计划体制”。不言而喻，南斯拉夫银行体制的改革自然是要使新的银行制度适应“自治市场经济”体制的要求。

从1954—1965年，南斯拉夫银行体制的改革大体上经历了以下两个阶段：

在第一阶段（1954—1961年），随着整个经济体制由集中向分散转化，将自1946年革命胜利后逐渐按苏联模式形成的、以人民银行为主体的单一银行体制，分解为数家专业银行。这是南斯拉夫银行制度的首次分散。1955 年，建立外贸银行；1956 年，从人民银行中分离出投资银行和农业银行；1955 年，建立了自治银行、合作银行和自治储蓄三大银行；1959 年，首次颁布《社会簿记条例》(*The Law on the Social Accountancy Service*)，规定在人民银行内，设立一个负责统计和监督社会资财的分配和使用。以及工厂企业是否履行社会义务的机构。这一时期银行制度改革的主要特点是分散组织机构，由专业银行和地方银行各显其能，但职能不分散，大部分短期银行业务仍然由国家银行——人民银行办理，只是长期投资业务分给了投资银行。

在第二阶段（1961—1965 年），南斯拉夫的银行体制以前一段的改革成果为基础，朝着分散化的方向深化改革，其特点是分解银行职能。这时对人民银行的改革尤为引人注目。一方面，将人民银行变成名副其实的“银行的银行”，不再与企业单位直接发生业务联系；另一方面，1963 年，从人民银行中分离出一个名叫“社会簿记局”(Social Accountancy Service，SAS) 的机构，直接由联邦议会领导。南斯拉夫国家审计机构就是这样在银行改革的高潮中诞生出来了。

这种国家审计制度是社会主义国家审计史上的独创，是在苏联监督模式的冰冻期出现的第一枝报春之花。南斯拉夫人“言人所不敢言，为人所不敢为”，使那些沉醉于行政模式国家审计机构的人们无法理解。然而，时间的流逝却证明了他们的自主与勇敢在社会主义国家审计史上产生了突破性的示范意义。在以后罗马尼亚和波兰国家审计的改革中，或多或少都可以看到它的影子。

南斯拉夫社会簿记机关由联邦社会簿记总局和各共和国、自治省的社会簿记局组成，不是一个专业国家审计机关。该机构除通过事前审计和事后审计对公共资金使用的合法性和会计记录的准确性进行审计以外，还是全国的出纳中心、社会金库和总簿记机关。

社会簿记总局的组织结构具有以下特点：

（1）科学性：社会簿记机关的设置符合现代国家的要求，体现了社会主义人民监督的思想，至少在社会主义国家独树一帜。

（2）独立性：总局及各局局长由联邦、共和国和自治省议会任免，任期 4 年，一般可连任 2 次，特殊情况下可连任 3 次。其工作直接向同级议会负责，从而保证了审计机关的独立性。这种独立性有效地保证了社会簿记局的工作不受干扰，使它们能够客观地行使其审计职能。

（3）统一性：在涉及全国性的问题上，社会簿记局的工作程序、工作方法、规章制度对全国都是统一的，各级机构均按统一的方针办法进行工作。

（4）民主性：社会簿记总局设立由总局、各级局长、议会代表、共盟代表、社盟代表和工会代表组成的管理委员会，就重大问题共同进行协商。而且，各局还设有“社会监督委员会”，听取各界代表的不同意见，接受广范围的社会监督。

南斯拉夫解体，领土分成斯洛文尼亚共和国、克罗地亚共和国、波斯尼亚和黑塞哥维那、塞尔维亚共和国、黑山共和国和马其顿共和国六个主权独立国家以后，六国国家审计的发展进入一个新的历史时期。

六、波兰国家审计的发展

波兰最高审计署（the Supreme Audit Office，NIK）的历史一直与波兰错综复杂和不断变化的政治、经济、文化相交织，是波兰人民努力创造现代文明国家的一个迷人故事。它表明，最高审计署的地位总是反映着一个国家民主化和现代化的程度。可以说，一个国家拥有一个独立、能干和非政治化的国家审计机构，并以勤勉和专业的方式保护公共资金的支出和效益，已成为一种时代共识。

波兰国家审计的现代化经历了曲曲折折的过程，展示了它几经波折的审计改革实践，可以给人以许多有益的启示和深沉的思考。

早在16世纪，波兰设有两个官员负责控制支出，他们与议会提名的税收人合作：一个负责控制皇家基金的支出，另一个负责监测国家资金的支出。1591年，设立了国库法庭（波兰语：Trybunał Skarbowy）以监督公共资金，从而加强议会对财政的控制。在18世纪，国库法庭被两个财政委员会取代，一个是波兰王国，另一个是立陶宛大公国（两个州一起构成波兰立陶宛联邦）。这两个委员会隶属于议会下院，负责对公共账户进行审计和报告。1775年，成立了常设理事会（波兰语：Rada Nieustająca），这是一个现代政府的原型。它由财政部管理国家财政，但议会保持立法和控制权。这种模式自那时以来一直在演变。1795年，俄、奥和普鲁士签订第三次瓜分波兰的协定。根据该协定，波兰领土被全部瓜分，从欧洲地图上消失长达123年。

1807年，拿破仑建立华沙公国之后，在华沙建立审计总局（The Chief Office of Accounts），负责审计国家和地方政府的账目。不久，受俄罗斯沙皇统治的波兰王国（亦称波兰议会）根据1816年和1821年的法令，成立了审计署（the Office of Accounts），其主要职责是审计所有公共账户，并有权就预算草案发表意见。可惜，该机构在1867年停止运作，纳入俄罗斯体制结构。

1918年，第一次世界大战后，波兰赢得了独立。1919年2月，国家元首毕苏茨基签署了直接隶属于元首的最高国家监察局（Supreme Chamber of Control，SCC）的法令，其职责是审计国家收支、管理公共资产，监测各政府机构的业绩和各基金、自治实体的管理，并进行国家预算的审计，从而确保了公共财政的全面监督。这种监察机构初步具备了现代审计的模型。

1921年3月通过的宪法规定，最高审计署（the Supreme Audit Office，NIK）根据共同责任原则，有权审查整个国家行政部门的财务和会计。NIK审计长直接向议会下院（Sejm）负责。1921年6月3日，通过《国家审计法》，并于1939年在波兰第二共和国结束前生效。它规定，NIK是一个与议会合作的独立机构。

波兰最早的国家审计机构是1808年在华沙建立的审计总局（the Head Chamber of Accounts）[①]。该机关后改称最高审计局（the Supreme Chamber of Accounts）。从1919年以后，为了强化审计机关的独立性，又创建了最高监督局（The Najwyzsza Izba Kontroli，Supreme Chamber of Control，SCC），共600名审计官员，负责对公共资金进行事前审计和事后审计。这种审计机构初步具备了现代审计的模型。

1945年以来，波兰在苏联的帮助下，成为社会主义大家庭的一员，并建立了中央集中计划管理的经济体制，同时在国家审计制度建设上仿效苏联，首次建立了行政模式的监督局（Control Board，1944—1949年），不久以后，又以新的最高监督局（Supreme Board of Control，1949—1952年）取而代之。1952—1957年，也就是斯大林主义时期，负责审计工作的是国家监督部（Ministry of State Control）。

由于深受1956年自由"波兰十月"的影响，波兰大胆排除别国的干扰，开始探索本国改革之道，从而吹响了波兰第一次改革的前奏曲。同年十月，曾在1946年因反对沿袭苏联模式而被投进监狱的哥穆尔卡重新回到党的领导岗位。他顺应"解冻"的国际环境和国内的改革呼声，开始以改革来探寻"适合波兰具体情况"的社会主义道路。这使波兰成为继南斯拉夫之后，第二个企图摆脱苏联模式的社会主义国家。最高监察院

（Supreme Chamber of Control，SCC）就是政治和经济改革的产物。该机构隶属于最高权力机关议会，代表立法部门对行政部门承担经济责任的情况进行监督。这是新型的社会主义立法模式的国家审计机构，是社会主义阵营中的又一朵国家审计的奇葩。

进入 20 世纪 70 年代以后，在动乱之年接替哥穆尔卡的爱德华·盖莱克虽然从"十二月事件"中吸取教训，正确地提出了要把维护劳动者利益，经常与工人阶级保持联系作为工作中心的主张，但没有找到实施自己主张的正确方法，而是不顾经济发展的内在规律，发动了以"高速发展战略"为先导的改革。1973 年，又推行"新经济财政政策"。1976 年，波兰为了加强集中监督，加强宏观控制，颁布了最高监察院法（1976 SBC Act），其中第六条款规定：监察院只受部长会议主席领导，对行政部门的经济活动进行检查。这一改革措施与其说是进步，勿宁说是倒退。它否定了 1957—1976 年立法国家审计模式，重新回到了行政模式的旧框框中。不过，波兰行政模式国家审计机构与苏联行政模式国家审计机构并不完全相同，至少在下述两点上存在区别：

（1）最高监察院纯粹是一个政府机构，与党不存在必然的联系；

（2）最高监察院的工作重点是在财务经济领域进行系统检查和审计，同时减少了工作中的政治色彩。

政府政策的一再失误，终于酿成了 1980 年以"团结工会"为首的工人与政府的巨大冲突。这场冲突使本来已经岌岌可危的波兰经济走向崩溃的边缘。但是，这一昂贵的代价也不是白付的，它既教育了波兰人民，也教育了波兰执政党。这就是，人们都认识到，只有彻底的改革，才是波兰的出路。1980 年秋，波兰党和政府马上建立了经济改革委员会，开始新的改革。

波兰国家审计的改革和深化，就是立法模式国家审计的再度兴起。1980 年 10 月 8 日，波兰颁布新宪法和新最高监察院法，导致最高监察院再次隶属于议会。这是又一次淡化、怀疑和背离行政模式的结果，是一个历史性的转折，其影响是深远的，以至在 1976 年曾极力拥护旧的国家审计制度的人也赞扬不已。

国家审计学者里查德·沙瓦罗斯基（Richard Szawlowski）指出：

> 最高监察院隶属于议会，不仅强化了立法部门的监督力量，而且全面改进了本院自身的审计和监督工作。

1989 年，波兰人民共和国再次成为波兰共和国。1995 年，波兰关于国家审计职能与机构的新法付诸实施。根据该法，最高审计院 (the Supreme Audit Office，SCC) 依然独立于行政与司法部门，直接向 Sejm（相当于议会的下议院）汇报审计结果。这部新法从许

波兰最高审计署加强国际合作

多方面加强了 SCC 的独立性，并赋予审计长更明确的目标和权力。

七、前罗马尼亚国家审计的发展

罗马尼亚社会主义的国家审计最初是在否定旧的、封建主义的国家审计制度的过程中，依照苏联模式实现自身的现代化的，但是，自 1973 年以后，罗马尼亚又走上了立法模式国家审计的发展道路。这里阐述的内容旨在说明，1973 年以前的行政模式国家审计制度是如何不适应社会主义国家建设的需要，人们怎样在改革苏联模式、兴起立法模式的进程中对行政模式国家审计制度进行反省，迎来了新的社会主义国家审计制度的诞生。

1831 年 7 月 1 日颁布的《蒙特尼亚组织条例》和 1832 年 1 月 1 日颁布的《摩尔多瓦组织条例》均设专章对财政收支审计作出了规定。在蒙特尼亚，财政官员负责管理各类会计账簿，并且定期编制季度收支报告，然后报送国君，由国君再提交从公众议会选出的 6 人委员会审查。在公众议会以后，根据法律规定成立公众监督院，该院由 12 人组成，由 1 名监督长领导，财政部授予其检查监督的职权，独立行使监督权。这种公众监督院的机构乃是罗马尼亚国家审计的渊源。1862 年，这一机构同财政部合并，在财政部内设财政监督署，直接由财政部领导。其基本任务是，调查研究和抽查财政附属各分理处的财会工作，对违反和错误地执行法律、条例和指令规定的行为向财政部报告。1864 年又对这种监督体制进行了根本的改革，成立了独立的专门机构——高级审计院。其主要任务是对预算的执行情况实行审计监督。高级审计院具有司法权，其主要任务是：调查研究和决定国库收支；审查各县总出纳、宫廷和中央行政管理机关的收支；对所有财会分理处的收支情况进行间接监督。在每年议会开会之前，高级审计院必须编制和公布年度工作报告，说明审查账目的情况。高级审计院还要草拟监督的立法文件，根据审查和清理以往的账目，编制“收支相抵申报单”，其中要指出预算执行的结果和审查管理的结果。1864 年 12 月 5 日通过的国家总会计法，以及 1866 年 7 月颁布的宪法，对财政及其监督作了专门规定，把高级审计机构作为一个合宪性的组织机构。这个时期的监督工作也制定了一些标准，并从 1929 年开始执行《审计法》，对开展审计工作起到了一定的积极作用。高级审计院一直到 1948 年才被撤销。

随着君主制的灭亡、社会主义所有制的建立，罗马尼亚的政治、经济发生了翻天覆地的变化。此刻，传统国家审计的发展已经谢幕，历史开始转向一个崭新的阶段。曾经在历史上起过进步作用的旧的国家审计制度现在已经转化为无产阶级专政的绊脚石了。

为了适应形势的发展，1848 年 12 月 1 日，罗马尼亚建立了财政部监督局，同时，在各部、中央机关和各人民委员会成立了内部财政监督机构。财政监督局的主要任务是使用和管理国家的预算拨款；审查社会主义组织自有资金的使用，并对经济单位的内部监督组织和职能的执行情况进行监督。

为了不断改进国家机关的工作，加强财经纪律，提高管理物资与资金的责任感，1949 年 9 月又成立了一个直属部长会议领导的机构——国家监督委员会。其基本任务是：监督物资与资金的清点与保管，监督国民经济计划、国家预算和货币管理制的执行情况，

罗马尼亚审计法院

以及监督对有关编制执行预算决算的法律的遵守情况。国家监督委员会有权中止执行被监督单位非法采取的措施；下达强制性指标，克服被确认的缺点；对犯错误的职工给予纪律处分和撤销劳动合同，并责令他们赔偿由于他们的过错所造成的财产和物资损失；将触犯法律的刑事犯罪行为报告给国家司法机关予以惩处。

1971 年，成立了中央经济和社会活动工人监督委员会。这是一个党政合一的机构，负责在各个经济和社会活动领域，对执行党的决议和遵守国家法令的情况进行统一的、全面的监督。

然而，上述审计制度都很难在国家政体运行中有效地发挥经济监督与制衡的作用。于是，国家审计的发展提出了改革苏联模式、改革现有的审计体系、追求和新建国家审计制度的历史要求。

1973 年，罗马尼亚新建了最高财政监督院（the Higher Court of Financial Control），该院直属于相当于我国全国人民代表大会的罗马尼亚社会主义共和国国务委员会，院长由国务委员会副主席兼任，副院长和有些部的主任均属副部级，业务干部不仅要有一定的学历，还必须在经济部门工作 10 年以上。其主要任务是：对中央国家机关的工作实施财政监督；监督全国社会经济发展计划中财政指标的完成；监督财政信贷杠杆在经济管理中的运用；监督确保国家资财的正确核算和合理使用；协调财政金融监督活动；对国家高级领导干部违反财经法纪和造成损失浪费的案件行使司法权。于是，一个从内容到形式真正体现人民监督思想的新型国家审计制度正式诞生了。

可见，罗马尼亚国家审计的改革是在对苏联模式的反省过程中进行的。一旦审计的地位从行政部门移至立法部门，并且将这种深刻的变化实实在在地反映到具体的经济监督中去，那么，国家审计也就具有了空前的高度和深度，也就获得了无限的战斗力。

罗马尼亚审计法院官方徽标

最高财政监督院具有司法权，设有审判法庭，主要审判的对象：一是审判前面提到的那些高级领导干部；二是审判监督院自己检查的重大案件，不管涉及的干部职务高低；三是由其他部门处理的经济案件，被处理者不服时，上诉到最高监督院的案件。

最高财政监督院院长对司法委员会的终审判决行使监督权。在 1 年期间内，他可以采用反对这种判决的特殊控诉。如果院长认为终审判决完全违反法律的规定或者判决的根据不足的话，院长甚至可以在采取特殊控诉之前就决定延缓执行有关判决。

最高财政监督院还担负着指导和协调财政银行监督的任务。在行使协调财政银行监督机关工作职权时，定期接受和审查财政部、国家银行、专业银行、各部委，以及其他中央机关报送上来的财政银行监督机关工作计划草案。在行使这些职权时，最高财政监督院根据党和国家各项决议所规定的任务，并按照每个时期的需要确定指导财政银行工作的主要方针。

东欧政治体制出现重大变更以后，上述监督体制在 1990 年被废止。1992 年依法重建罗马尼亚审计法院。该法院是对国家和公共部门财政资源的形成、管理和使用进行外部后续财务控制的最高机构，同时还根据现行法律的规定行使管辖权。此外，审计法院从"3E"的角度分析财务管理的质量。

八、1989 年以后东欧国家审计的新进展

1989 年以来，东欧的政治与经济形势发生了根本性的转变。所有这些，均对东欧国家审计的发展有着直接的影响。随着各国新宪法的颁布，国家审计的机构设置、业务种类、范围和作用都有不同程度的变化。如何在新的政治、市场、经济的环境下，更好地发挥国家审计的作用，东欧各国作出了不同的反应。

1992 年 11 月 25 日，随着捷克斯洛伐克联邦共和国的解体，所有的中央集权机构，包括前联邦的国家审计机关均被废除，取而代之的是两个国家审计机构：一个是捷克国家监察部（Ministry of State Control），一个是斯洛伐克最高审计署（the Supreme Audit Office）。1993 年 1 月 1 日，两个国家审计机构同时开始运作，并可望加入 INTOSAI 和 EUROSAI。

1990 年 1 月 1 日，匈牙利正式成立了匈牙利国家审计署（the State Audit Office of the Hungarian Republic），从而取代了中央人民监察委员会。审计署负责监督国家行政机构的财务运作和国家公共资金的运用，并直接向议会报告审计结果[②]。

1995 年，波兰关于国家审计职能与机构的新法付诸实施。根据该法，最高监察院（SCC）依然独立于行政与司法部门，直接向 Sejm（相当于议会的下议院）汇报审计结果。这部新法从许多方面加强了 SCC 的独立性，并赋予审计长更明确的目标和权力[③]。

取得国家独立以来，克罗地亚为了谋求新的法制体系和自由市场机制，从国家审计建设方面做了大量的工作。1993 年，通过颁布国家审计法正式成立了克罗地亚国家审计署（Croatian State Audit Office）。审计长由议会选举产生。1994 年，国家审计署又采用了 INTOSAI 的审计标准，招聘了 130 多名国家审计人员[④]。

克罗地亚国家审计署对议会负责，属于立法型审计机构

阿尔巴尼亚国家审计的发展可以分成三个历史时期：第一时期是1925—1943年。当时的国家审计机构名叫国家高级财务委员会（the National Higher Financial Counsel），其法定地位由宪法确定，审计长的权力与地位另有法律规定。第二次世界大战期间，国家审计工作一度中断。尔后，1945—1992年，先后由国家监察委员会（the State Control Commission）和审计部（the Department of Auditing）负责执行国家审计工作，两者均属于行政系统，前者属于部长会议；后者属于财政部。1992年以后，阿尔巴尼亚议会根据国际标准、原则与经验，通过学习INTOSAI的标准和文件，借鉴许多国家的审计经验，尤其是美国审计总署的经验，于1992年8月通过颁布法律正式成立了国家监察局（the State Control Service）。这一新的国家审计机构对政府行政部门保持完全的独立性，直接向议会报告审计结果，属典型的立法型国家审计机构[⑤]。

1990年6月22日，立陶宛共和国正式创立了国家监察署（the State Control Office）。这是一个直接对议会负责的最高国家审计机关，其任务是检查和审查国家预算，并对公共资金运用的经济性、效率性和效果性进行审查。到1995年6月，又根据INTOSAI和EUROSAI的标准和经验，正式颁布了新的国家审计法。该署还出版了名为《国家监察》（*State Control*）的杂志，宣传国家审计的政策和方法。

1995年1月，爱沙尼亚议会通过了《国家审计署法》（*the State Audit Office Act*），同时废除了1990年的审计法。根据该法，国家审计署（SAO）是一个独立的、地位由宪法规定的立法模式审计机构，不仅负责遵循性审计和财务审计，而且执行绩效审计。审计长根据总统的提名由议会任命，任期5年[⑥]。

注释：

① International Journal of Government Auditing，April 1994，p.17.

② International Journal of Government Auditing，April 1990，p.3.

③ International Journal of Government Auditing，July 1995，p.7.

④ International Journal of Government Auditing，July 1995，p.5.

⑤ Audit Profile：International Journal of Government Auditing，January 1996，p.15.

⑥ International Journal of Government Auditing，July 1995，p.5.

第十二章 独立模式国家审计的开拓者——德国和日本

国家审计部门作为一个独立的机构，显然在制衡和牵制系统中发挥着重要的作用。但是，要将它归属于三种权力中的一种，是不容易的。由于财务监督涉及行政和立法两个部门，所以，不能认为国家审计机构是某种国家权力的一部分。

——Hans Schafer

国家审计是由同一圆心的两个层面所构成的。外显的表层结构是以实存状态呈现于社会的经济监督形态，它主要包括国家审计组织机构、审计人员、审计法规、审计方法和技术。内在的深层结构是政治制度，从一定意义上说，这是只能感受的隐形结构。事实上，两者是相互渗透的、政治制度制导着国家审计，国家审计承载着政治制度。

当代国家审计已经不再是那个几千年来以向上负责为特征的审计的自然继续，而是已被民主政治这个新的动力驱动着迈进了新的发展轨道。自 1640 年英国资产阶级革命推翻英国封建专制制度，确立了资产阶级的统治以来，对整个人类国家审计影响最大的，莫过于近代民主政治。近代民主政治的孕育，乃是区分传统国家审计和现代国家审计的重要标志。

上述三条道路的发展，明显地体现了国家审计现代化的三条轨迹。但是，有的国家面对各有千秋的三种模式，没有简单地作出非此即彼的抉择，没有向任何一种模式认同，建立现代国家的目标，驱使它们走上了现代国家审计的第四条独特之路。

按这种模式的观点，国家审计机关只有独立于立法权、司法权和行政权，才能不带政治偏向地、公正地行使监督职能。这一思想的萌发，无疑为国家审计组织的理论和实践注入了新的动力。

于是，历史又给世界国家审计组织体系提出了新的要求。先是德国，后是日本，结合本国的政治实践和审计传统，比较早地适应了历史的这种要求。

不过，这种独立于三权之外的国家审计模式不是一个速成品，而是在建设现代国家的长期政治经验中一步一步地形成的。

一、德国独立模式的产生和发展

如前所述，1714 年，普鲁士总会计局（the Prussian General Accounting Chamber）正式成立。这是一个独立于行政部门之外的外部审计机构。1723 年，又并入行政部门。至 1796 年，总会计局改名为“高级会计署”（the Superior Accounting Chamber），由国王直接控制。1824 年 12 月 18 日，国王发布命令，使国家审计机构重新获得了独立性[①]。这种独立性不仅是相对行政部门而言的，对立法部门和司法部门也具有意义。也就是说，国家审计机关已独立于三权，是具有自治权的部门，不只对国王负责。这是独立模式国家审计机构的最早尝试[②]。

当时，普鲁士已开始采用君主立宪制度，高级会计署与议会之间的关系得到加强。有关法律要求国家审计机构应将对预算账目的审计结果提交给普鲁士议会。不过，审计机构和立法部门之间不存在领导与被领导的关系。

1714 年，普鲁士国王弗雷德里克·威廉一世创建了第一个外部审计机构

1868 年，是德国国家审计史上重要的一年。这一年 7 月 4 日，普鲁士会计厅（the Superior Chamber of Accounts）被命令对 1867—1869 年财政年度的联邦预算进行监督，并以北德联盟审计法院（Court of Audit of the North German Alliance）名义，行使这项职能，从而确立了具有近代意义的国家审计制度。1871 年，德意志帝国（即第二帝国）建立以后，会计厅改名为"德意志帝国审计法院"（Audit Court of the German Reich），负责对国家的会计账目进行审计，但是，高级会计厅仍然作为普鲁士审计机构而存在，直到 1945 年才停止审计业务。1872 年，国家审计法正式生效。该法对国家审计的范围和性质作出了具体的规定。1905—1909 年，第一次对在非洲的各殖民地进行了就地审计。1909 年，审计法院的代表第一次参加了议会的预算委员会的会议，同年，审计机构对会计程序和会计惯例进行了精简。1910 年，德意志帝国监督法（the Control Act of the German Reich）正式生效。1922 年 12 月 31 日，以德国新宪法第 85～87 条为基础，正式颁布国家财政法。该法共 132 条，凡 6 章，其中第 2 章和第 4 章，与国家审计有关。1923 年，德意志预算法正式生效。

在 19 世纪以前德国各邦的审计机构中，当数普鲁士高级会计厅的历史最长，巴扬的高级审计厅的审计制度最为特殊[③]。

1871 年，德意志帝国在凡尔赛宫建立。中间穿白色制服者为俾斯麦

普鲁士的审计制度，系由各机关在结账后，经过内部行政审查，编成计算书，再与证明文件一起，报送高级会计厅。该院由数部组成，每一个部设一人为审计师，并配备审计员数名。该院应就出纳官是否诚实地履行经济责任表明审计意见，而且，还应将全年度审计结果，编成审计报告，报送普鲁士议会。

巴扬的审计制度采用二级制。凡是各部直属机构的会计账目，先由各部内部审计机构进行初审，然后由高级审计厅派遣审计委员会进行终审。在审计过程中，审计委员会应严格审查各机关使用公款的合法性。如果主管单位与审计委员会的意见一致，终审即告结束，否则，审计委员会应提出报告，由审计会议作出最终决定。年终时，该厅应将以往工作情形，编成报告，并根据初审的会计资料编制总决算，然后交财政部，再由财政部报送议会审议和公诸于众。

当德国的《预算法典》(Reichshaushaltsordnung）在1921年被通过而成为法律时，它所面临的背景正是战后的政治、经济和财政混乱。这无疑是法典没有把会计总署限制于合规性控制的一个原因。根据法典的规定，审计人员不仅要审查征收岁入和使用国家基金与资产的程序是否合规，还要审查这些程序是否满足经济上的需要。会计总署尤其要调查④：

制度是否得以遵循，是否已经登账，所发生的国家开支是否可以在不损害行政工作的目标的情况下加以消除或削减。

这样，在魏玛共和国之下，会计总署全权受托寻求行政工作的效果性和经济性，这一受托责任现已传给联邦审计法院。早在1925年就已经有人指出，这种控制代表了“审计职能的一个重要的扩大和增加”。或许，它构成了整个国家审计工作的主要部分。1922年，会计总署署长被任命为国家经济专员（Reichssparkommissar)，他享有特殊的权力，并配有自己的工作人员。

与20世纪20年代时相比，现在实施这种控制的着重点有所不同。当时所强调的是通过废除正式账目记录和全部机构，以达到直接的节约。这种做法产生于以英国“盖狄斯大裁减”为代表的现代思想；这种思想所追求的是恢复到1914年以前的行政活动准则和费用开支水平，并倾向于将经济危机归罪于没能做到这一点。现在，在高度发达的国家，公共舆论和公用事业都已变得明智而谨慎。一个国家走出经济困境的方式已不再是单纯地削减公共开支，行政工作的有效性仍然是人们孜孜以求的目标。人们相信，即使很难看到直接的节约，但从长期来看将会受益匪浅。行政机构将不再由于自身的低效率而使规模日趋膨胀，而且，它的工作也会做得更好。因此，在德国和其他地方，现在所强调的是合理化，而不是“大裁减”。控制技术也得到了发展，这一方面是以周密的账目审计为基础，另一方面又以研究的“组织和方法”为基础。“帕金森教授法”中对危险行为的防范，是在坚持不懈地批评违法行为的同时，对有效性所作的坚韧不拔的、艰苦卓越的控制；这不仅仅是控制合规性，也是控制健康的企业行为。

汉堡自由汉萨同盟城（联邦共和国的一个省）的会计署长最近说[5]：

按照正式法则实施的审计……今天已在国家结构中占据了合法的地位，但它并不代表审计机构唯一的活动领域。国家审计人员心里的盘算比加数器的键盘跳动还要快。对预算执行情况的考虑已经向前发展了，着眼点不仅是在法律上和算术上正确无误，还包括在履行行政职责过程中表现出的经济合理性和有效性……几个州通过的法律授予其审计部门的任务是，综合监督行政部门的全部预算活动和商业活动。所有的审计部门在实践中都已承担了这一职责，国会则坚决认为它们应该这样做。

我们已经看到，在较大的西方国家，国家一级的情况与德国的州是一致的。在其他一些国家，相当广泛的总括控制是独立于法律而发展起来的。在英国，这一发展得到了决算审查委员会的全力支持。

很明显，一些地方的实践远远地走在基本法的前面，这一点饶有趣味。在合规性标准之外已经有了令人瞩目的发展，这是在不同国家独立发生的，并没有什么可称为一般性指导理论。这实在是在现代行政问题的压力之下所产生的一种必然结果。

第二次世界大战以后，德意志帝国审计法院设在波茨坦的总部收牌停业，同时，该法院设在汉堡的派出机构率先恢复审计活动。后来，又在“特殊任务审计法院”（Audit Court for Special Tasks）名称下继续开展审计工作。1946—1949 年，在美国、英国和法国占领区设立了地域性派出机构。1948 年，关于在法兰克福建立联合经济区域审计法院（Audit Court of the Combined Economic Area）的法案正式生效。1950 年，通过了创建联邦审计法院（Federal Court of Audit）的法律。该法全面规定了国家审计机构的权力和责任。1969 年，修正了基本法第 114 条款，规定国家审计机构在解除责任程序中直接向议会进行报告，并为国家审计提供了新的法律依据。1969 年，进行预算法改革，促使国家审计的顾问作用进一步提高。其结果是，联邦审计法院与立法机构的联系愈来愈密切。

1985 年，为了完善国家审计体制，《联邦审计法院法》（*Federal Court of Audit Act*）出台。该法案规定，联邦审计法院既不属于立法部门，也不属于司法部门和行政部门，而是一个独立的财政监督机构，只对法律负责，只作为顾问，为立法部门和政府部门提供帮助。而且，第一次规定法院院长和副院长由议会选举产生[6]。

1950 年，颁布创建联邦审计法院（Federal Court of Audit）的法律

1998 年年初，9 个区域审计署（Regional Audit Office）成立，旨在优化和加强政府审计工作。同时，废除了前审计署。自 2000 年 7 月 1 日起，联邦审计法院（the Federal Court of Auditors ，Bundesrechnungshof）的总部设在波恩，在波茨坦有一个分支机构。自 1998 年 12 月 1 日起，搬至前帝国审计法院大楼。

现代国家审计人员已不再是一个只负责实施规章制度的警察，尽管他们仍然要适当注意这些规章制度的执行情况。他们甚至也不只是扮演批评家的角色，尽管他们的批评作用还有待于大力发挥。他们首先是政府活动中勤勤恳恳的、公正无私的事实调查人。

德国审计法院的一位院长曾将他的部下描述为“财务管理的浓密丛林中的侦察兵”。

联邦审计法院与法国审计法院的重大区别在于：虽然德国国家审计人员与法国国家审计人员一样，也享有司法独立性，但不像法国那样，直接拥有处理权，可以直接进行终审判决，而只是采取批评态度，根据自己在审计过程中发现的问题和收集的资料，向立法部门提供信息，以待最后的裁决。所以，不能只根据德国国家审计人员拥有司法权，便将德国划入司法模式国家审计系列。

莱茵河畔的波恩联邦审计法院

二、日本对独立模式国家审计的继承

随着西方的强盛称雄，日本将目光投向了新兴的资本主义世界。从 1867 年“明治维新”开始，日本引入西方政治制度，大力革新国家审计，逐步吸收了西方资本主义政治制度和经济思想构建新的国家审计范式。1869 年 5 月 8 日，日本仿效西方在会计官之下设立了一个名为“监督司”的国家审计机构，是王政复古以后设立的最早的财政监督机构。监督司最初隶属于会计官，以后随太政官的官制改革而变动。1869 年 5 月 8 日至同年 7 月 7 日，监督司隶属于会计官。7 月 8 日至 8 月 10 日，监督司隶属于大藏省。8 月 11 日至 1870 年 7 月 9 日，监督司隶属于民部省。1870 年 7 月 10 日至 1871 年 7 月 27 日，监督司复归大藏省。监督司的主要职权是：检查支出的合法性；检查奖赏和政府官员俸禄的正当性；审查会计账簿；监察金库；监督基建实况；检查购进物品的价格；查阅修改和废弃法规的情况；审查省内官员的身份[⑦]。

1871 年 7 月 27 日，大藏省撤销监督司，并于同年 8 月 10 日设置检查寮，旨在仿效当时美国的财政和审计制度。1877 年，检查寮改称为检查局。与监督司不同的是：监督司同时进行财务审计和监察业务，而检查寮和检查局则主要负责财务审计工作，具体讲，审计工作包括预算调查、出纳查阅、决算检查、实况检查、簿记改正和编制年报。

从监督司到检查局这一段的历史过程，是日本国家审计近代化的前奏和前史。正如日本会计检查院指出的一样[⑧]：

“随着监督司、检查寮和检查局及其名称的变化，其检查内容在不断充实，检查权限在不断强化，检查工作的实施促进了当时的国家财政。可以说，以后创立的会计检查院的基础，就是在这一时代奠定下来的。”

进入19世纪80年代以后，日本政府认识到，一个行政模式的国家审计机关无法对其他部门的经济责任进行有效的监督。在财政部与其他各部争权夺利的情况下尤其如此。所以，1880年3月5日，取消检查局，在太政官内设立了独立的经济监督机构——会计检查院，以图充实财政监督机构。与欧美先进国家一样，这是一个政治中立的、对决算进行检查的经济监督机关。

1881年10月颁布的开设国会的诏令成为实行立宪政治的转机。当时，对于日本采用什么政体，尚有不同的意见。政府赞同普鲁士君主的帝国内阁制，而不主张采用英国君主立宪议会制。1882年，伊藤博文奉命访问欧洲，调查先进国家制定的宪法。在准备制定宪法的同时，政府设置了会计法制定委员，负责制定会计法草案。在草案有关会计检查院的部分，建议仿效法国和比利时的以判决会计官员经济责任为基调的国家审计机构，采用司法模式国家审计制度。

日本政府决定以普鲁士国的立法精神为基本方针制定宪法以后，1887年3月，会计检查院渡边院长接受了赴欧美各国调查审计和会计制度的任务。出发之前，当时的内阁总理大臣伊藤博文指示渡边院长，希望他重点调查德国和普鲁士的国家审计制度。

从1887年5月24日至1888年12月2日，以渡边院长为首的三人考察团对欧美先进的国家审计制度进行了长达559天的调查研究。首先，对美国财政部进行了考察，然后经英国到达柏林，根据以德国系列的立法思想作为制定宪法范式的方针，对德国国家审计制度进行了重点调查。在德期间，普鲁士王国审计长和德意志帝国审计机构审计长热情接待了日本代表团。当时的德国是由22个邦3个自由城市组

渡边 像

《大日本帝国宪法》是日本基于近代君主立宪而制定的首部宪法，公布于 1889 年（明治 22 年）2 月 11 日，并于 1890 年（明治 23 年）11 月 29 日施行。很多情况下，该部宪法也被称作“明治宪法”或“帝国宪法”

成的联邦帝国。帝国的中心是普鲁士，正处于强盛顶峰阶段。除德国以外，还对意大利、法国、俄国、奥地利、比利时和荷兰的国家审计制度进行了考察。

回国后，渡边院长对考察结果进行了总结，并组织编写了《欧洲大陆各国会计检查院事务处理报告》一文。而且，马上向各位大臣汇报了访问结果和看法，同时呈送了关于预算、出纳和决算审计的报告书。此外，向法制局报送了一份会计检查院编制方案。该方案由 41 条组成，没有采纳会计法草案中以法国国家审计制度为模式的思想，而是以普鲁士王国的审计制度为基础写成。1889 年 1 月，立法局批准了会计检查院编制方案。

明治宪法于 1889 年 2 月生效。该法规定，一切权力归天皇。天皇在行政、军事和外交方面拥有极大权力，下设国务大臣协助他行使统治，同时成立帝国国会，负责对预算和法令进行审议和审查。国会是一个批准由天皇颁布的一切法令的组织。至 5 月 10 日，公布会计检查院法，从而确立了立宪性质的财政制度和监督体系。

1889 年会计检查院法的主要规定包括：

（1）会计检查院直隶于天皇，独立于国务大臣。

（2）为了避免各种干扰因素，会计检查院的决议必须由总会议或部会议作出，召开总会议时，以院长为议长；召开部会议时，则以部长为议长。决议采用少数服从多数的原则，在赞同与反对相等时，由议长决定。

（3）会计检查院对国家总决算进行事后审计，审计方式主要是报送审计和就地审计。

（4）会计检查院应根据宪法第 72 条的规定，即“国家岁出岁入的决算由会计检查院

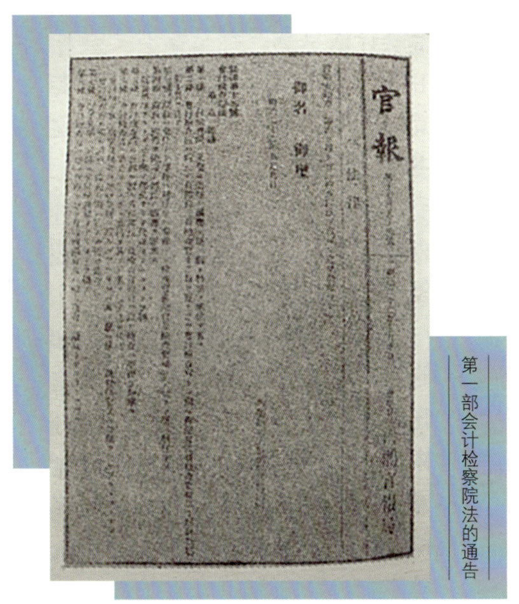

官報

第一部会计检察院法的通告

检查确定，政府应将检查报告向帝国议会报告”，向天皇报送年度报告，同时向国会进行报告。

（5）会计检查院应在审计报告中详细指出各种不正当的行为，如审查超支或预算外支出是否经议会批准。

（6）会计检查院应对国家账目和政府收支进行财务审计。

（7）结束审计工作以后，确定是否应对承担经济责任的官员进行处罚。这种处罚制度来自法国，具有司法约束性。

该法案一直影响到第二次世界大战以后，对日本国家审计的发展产生了重要的影响。后人认为，对院长、部长和检查官实行终身制，与直属天皇和总会议表决制度一起，乃是保障国家审计人员独立地进行审计业务的三大支柱。

第二次世界大战以后，日本国决心重建现代国家，向政治民主化和文官政府发展，同时，建立健全的民主财政秩序，所以，对旧的宪法进行了重要的改进。1947 年 5 月 3 日，日本现行宪法正式公布，规定了公共财政的民主结构，明显地强化了国会的控制权。

这部宪法第 90 条规定：

全国的收支决算每年由会计检查院检查，内阁在下一个年度，应同时向国会报送检查报告和决算。

由此可见，该宪法的主要内容是：

（1）全国的收支决算，每年应由会计检查院审查。

（2）内阁应在下一年度将决算和审计报告一起向国会报送。

（3）只有会计检查院才拥有决算的审计权。

（4）会计检查院是依宪法而设立的机构，只要不修订宪法，就不得取消该机构，而且，不能改变其名称。

（5）会计检查院完全独立于内阁和国会，是内阁和国会以外的机构。

（6）会计检查院不再隶属于天皇，因为现行宪法改变了天皇总揽统治权的地位，强调了主权在民的现代国家思想。

同一天，《会计检查院法》生效。现将该法的特点介绍如下：

（1）取消了会计检查院隶属于天皇的做法，密切了与国会的关系，从此，会计检查院成为一个独立于国会、内阁和司法部门的经济监督机构。

（2）重建组织，取消用少数服从多数的原则集体商议的制度，让决策机构成为少数人进行决策的团体，在该团体的指挥监督下，设置了进行检查的强有力的事务总局。这

1946 年 10 月 29 日，通过《修改帝国宪法修正案》表决的枢密院正式会议

样，区分了决策机构和执行机构，以达到避免责任不明、作出公正决策之目的。

（3）扩展了检查范围，将审计对象分为必须检查对象和选择或任意检查对象两部分。

（4）废除委托检查制度。

（5）规定会计检查院可以将审计结果直接反映给行政部门。

（6）改进了会计人员的责任。

（7）经检查，如果发现处理国家会计事务的职员渎职，应将事情经过通告检察厅。

（8）会计检查院有义务就会计人员提出的疑难问题表明意见。

从国家审计史的角度看，日本国家审计组织能发展到独立模式，在很大程度上不能不归功于它在国家审计近代化过程中对德国国家审计制度的继承。现行会计检查法是一部非常有特点的国家审计法案。作为一种观念，它在经济监督方面彻底动摇了日本人历代相承的为君主服务的审计观，将国家审计学引向民主政治的路途；作为一种模式，它使日本继德国之后，成为独立派国家审计的出色代表；作为一套体系，它破坏了过时的带有专制特色的审计传统，推出了现代国家审计制度的图景。更重要的是，它通过改造当时的国家审计制度而影响了此后的日本审计制度的发展。

注释：

① 联邦德国审计法院 Egbert Kaltenbach 先生 1989 年 11 月 14 日给笔者的来信。

② Egbert Kaltenbach：Important stages in the development of government auditing，Historical outline，p.1.

③ 蒋明琪：《政府审计原理》，立信会计图书用品社，1941 年版，第 327–328 页。

④ RHO. Section 96（4）. Section 26（1）also direct that Budgetary Funds are to be administered in an efficient and economical manner.

⑤ Dr.H. Weichmann，Die Tatigkeit der Rechnungshofe im Staat，an address to the XI Congress of the International Institute for the Administrative Science，Wiesbaden，2 September，1959.

⑥ Federal Court of Audit Act，11 July 1985.

⑦ ［日］会计检查院：《会计检查院百年史》，1980 年版，第 4–10 页。

⑧ ［日］会计检查院：《会计检查院百年史》，1980 年版，第 44 页。

第十三章 独立模式国家审计的继承者——荷兰

近代掀起的以民主政治为驱动力的这场国家现代化运动，彻底改变了建立在专制统治之上的传统国家审计。这一革命性的变迁以迅猛异常的速度，推动着全球范围内国家审计的发展，并引起一系列前所未有的审计理论、方法与制度的变革，从而使一个崭新的现代国家审计初见端倪。各国在走向政治现代化的过程中，根据国情，究竟应采用何种审计模式，日益成为政治家们普遍关心的问题。

荷兰以成熟、自信的态度，坦然面对携民主政治狂潮而来的国家审计现代化趋势，并选择继承德日独立模式审计制度，将其纳入荷兰政治体系。

总的说来，可将有 600 多年历史的荷兰国家审计，分为以下三个阶段[①]：

（1）第一阶段（1386—1813 年），为荷兰国家审计现代化的探索时期；

（2）第二阶段（1814—1945 年），为荷兰国家审计发展停滞不前时期；

（3）第三阶段（1945 年以后），为荷兰独立模式国家审计的确立时期。

图像解释：低地国家，里尔审计院（the Chamber of Accounts）铜牌，查理五世时期，日期 1545 年。正面：至高无上的查理五世半身像，拿着剑和球。反面：勃艮第钢叠加在勃艮第十字架上；上方是双头鹰；两侧是西班牙和米兰的盾牌；下方是金羊毛宝石和弗兰德盾

一、对于国家审计现代化的探索

荷兰国家审计院成立于 14 世纪，当时的荷兰由现在的荷兰、比利时、卢森堡组成，属勃艮第君主的领地。此后许多审计机构相继成立，形成了各类审计机构并行工作的局面。到 1795 年，荷兰将各类审计机构合而为一，成立了领导全国政府审计工作的国家审计院。

自从西欧出现货币后，贸易活动围绕着货币展开，商人、城市政府和国王需要了解贸易活动中有关货币收支的情况。当时的审计院分地区设置，管辖各地的纳税账目和税款交纳，并管理王室领地、财产和有关收入。审计院相当于国家档案馆，保存有各种明细账、租约、合同等资料。初期审计院受国王的指派，国王批准检查并妥善保存各种账目和收据。

16世纪荷兰爆发了独立战争，战争的结果是南部荷兰继续归属菲利普国王，北部荷兰则建立了自己的政权。战争给审计院的发展带来了重大影响。荷兰南部的审计院继续为菲利普二世掌管，而北部荷兰，即荷兰共和国，按财产权的划分，各省纷纷建立了各自的审计院。由于中央政府没有财产权，建立一个全国性的审计院困难重重。直到1608年各省和中央政府才达成协议，正式组建国家审计院。

国家审计院由为国王服务，转变成为荷兰议会和政府服务。它负责审计各省的贡款和共同支出，以委员会形式承担总体责任。委员会由审计人员组成，7个省各出2名。国家审计院组建几年后，由于各省间缺乏信任，于1651年分成两个部门：一个部门审计中央的收入，另一个部门审计各省的收支。这种结构使国家审计院成为当时世界上很特殊的审计院，它的许多规定到20世纪仍然有效。

受法国1789年大革命的影响，荷兰从独立联合政体转为一个统一的国家。但这一变化当时并没有影响到国家审计院，新的国家政府没有直接改变财政制度和相关体系。此后，随着新政府行使职权，原国家审计院在旧体系下生存已日渐困难，需要成立一个新机构。1799年8月，7个国民审计委员会取代了审计院的工作。但与原国家审计院相比没有根本性的变化，只是其从属于议会。直到1802年，新的审计院即国民审计院成立，

1795年荷兰被法国占领，荷兰共和国灭亡，建立了法兰西第一共和国的傀儡政府巴达维亚共和国，从此，巴黎对荷兰政治的影响日益增加

审计工作再度统一。

1806 年，拿破仑一世在荷兰建立荷兰王国，封自己的兄弟为国王。相应地，其审计院变为一个类似法国审计法院的会计委员会。与法国审计法院不同的是会计委员会的报告不是递交议会，而是呈送国王。

1810 年荷兰王国成为法国的附属国。法国的审计法院取代了原荷兰的审计院。不久，法国军队从荷兰撤走，审计在《宪法》草案中几乎被遗忘，只是在最后颁布的《宪法》中给予审计院以合法地位。《宪法》中规定设立国家审计院，对议会批准的支出是否在法定范围之内进行审核。可见这时国家审计的权限是十分有限的。

二、国家审计的曲折发展

1813 年法兰西第一帝国崩溃后，奥伦治王朝接管政权。1815 年正式成立荷兰王国。19 世纪前半期，国家审计院和国王关系密切，只有国王能审阅审计院的报告，国王通过审计院制订各项开支计划和财务方针。由于国王关心账目，所以审计院的收支审计报告虽然细致，但冗长、拖沓。1827 年，新的审计体系取代了旧体系，增强了公开性。从 1842 年起审计院每年向议会提交年度报告，并公开财务状况。

随后几年，受政治的影响，国家审计院应是怎样的审计体系在高级官员间引起争论。最后，审计院（委员会）决定采纳 1841 年制定的规定，保证了审计院的独立性。

1841 年的法规把审计院委员会的人数减到 7 人，委员会的成员把审计工作视为一件荣耀的工作，但缺乏审计方面的专业知识。随后一个时期各方面都要求减少委员会成员数量，因而其法定人数到 1933 年已减少至 3 人，委员会成员的工作负担相应加重了。

1927 年荷兰通过预算和会议法案，肯定了审计方式的选择。规定只有支出发生后才能审计。审计范围逐渐扩大。

20 世纪 30 年代，随着审计工作量日益增加，国家审计院招收了一大批短期雇员，工作能力有差距，工资亦低，而且年度报告写得晦涩难懂却又含糊其辞，很少能引起议会的兴趣。

1940 年德国进入荷兰。审计院仍按原来的法规继续履行它的职责，缩小审计范围，只有荷兰和德国发生巨额资金交易时才进行审计，而且只是检查账目的正确性，不再审查交易的公正合法性。另外，授救组织和定量配给办公室的成立，为审计院增加了许多新的工作内容，这时审计院固定人员保持在 75 人，短期雇员保持在 180 人左右。

1940 年 5 月 14 日流亡的王室成员、大臣和高级官员在英国伦敦建立了荷兰政府。其间发生的一大笔开支，需要有一个独立的审计组织处理，为此成立了伦敦审计院。但伦

1954 年 12 月 15 日，荷兰通过《荷兰王国章程》(*HetStatuut*)，迎来荷兰国家审计的新时代

敦审计院受到诸多方面条件的限制，其工作开展得并不顺利。1945 年 5 月第二次世界大战结束，伦敦审计院解散。海牙国家审计院取代伦敦审计院，完成了其在伦敦的有关事务。

三、独立模式国家审计的确立

1945 年第二次世界大战结束后，荷兰审计院开始重建。国家主要通过改善政府活动绩效来削减政府支出。议会亦认为，审计工作的重点应放在绩效审计上。1956 年，财政大臣决定任命一个委员会，为《预算和会计法》进行总体咨询。到了 60 年代，人们才逐渐开始关注绩效审计。新的《预算和会计法》在 1976 年正式生效。1981 年年初对该法做进一步修改，修正后的法案于 1988 年正式生效。

在 1945—1988 年间，荷兰审计院最重要的发展是：由其自身执行审计尽可能地转向由内部审计部门来执行。审计院认为，审计实践证明其不可能独立完成一个整体的审计过程。审计院应是评估工作计划和内部审计部门的报告，并从事必要的、内部审计部门无法实施的审计。这样做并非增加了审计风险，而是既减少了审计工作量，节约了人力、时间，又可将审计风险限定在可计算并可接受的范围以内。

20 世纪 50 年代中期，议会的争论集中在审计院的工作重点是否应放在绩效审计上。结论是为了给议会和公众提供更多的信息，审计院应执行更有效益的审计，即它应该审查政策目标实现的程度，而不是对政府目标自身进行评价。1976 年的《预算和会计法》要求，审计院必须关注政府各部门和组织机构国内事务运作的绩效，进行专门的绩效审计。其后，绩效审计有了较快的发展。1980 年绩效审计项目有 221 件，到 1985 年达到 781 件。

《宪法》和《预算和会计法》为审计院的独立性提供了一系列的保障，它们对审计院（委员会）委员的任命和罢免，以及审计院的权限作出了规定。审计院由 3 名委员组成，他们共同决策，在发表意见时集体负责。在审计院委员发生空缺时，由议会议院即下院提出 3 名候选人，王国政府通过发布皇令从候选人中任命 1 名。一般说来，候选人名单上的第一位会得到任命。因此，事实上，委员是由议会二院任命的。通过发布皇令，从 2 名委员中任命 1 人为审计院长。审计院的委员一旦被任命，政府和议会就不得将其罢免，除非他们自己提出请求，或到 70 岁法定退休年龄，或最高法院判决等。审计院独立行事，不受任何对工作可能不利的影响。共同决策对于审计院的独立性很重要，委员们之间互为影响，可以避免倾向性和极端行为。另外，3 名委员都有不同的政治背景。

荷兰审计院

审计院的组织结构、职责和权限在《预算和会计法》等主要法规中作了规定。审计院的主要任务是对中央政府的活动和支出开展合规性审计和绩效审计。审计院认为：财务审计是他们应尽的义务，效益审计是他们的权力。审计院一直以财务审计为基础，并做到经常化、制度化。同时，也对一些重要支出项目和重点项目（单位）进行专项审计和审计调查。《宪法》规定，只有依据法律才能向审计院授予其他任务。

国家审计院既独立于政府，也独立于议会，但必须向议会提交审计报告和年度报告。议会无权干预审计院的审计工作。《预算和会计法》规定：议会可以请求审计院开展绩效审计，由审计院自行决定是接受还是拒绝这种请求。审计院一般根据审计工作的安排和人员情况来做出决定。当然，审计院会尽可能满足议会的要求，以助其更有效地履行其职责。

英国学者诺曼·丹尼尔（Norman Daniel）曾使用“文化屏障”（culture barrier）一词来说明文化冲突问题。在不同文化背景的交流中，必然存在着差异。就审计发展而言，在不同文化、社会和政治制度中形成的国家审计思想等，总会阻碍各国政治家相互之间的有效交流。

在与近代展开的国家现代化的冲击、交流中，双方基本上是以“民主政治”的观点方式，直接或间接地、独创或继承性地去了解和接受对方的国家审计思想的，故在初期不免具有浓厚的政治意味。荷兰早期从推进民主政治发展的意义上，引进立法模式国家审计制度，后经曲折演变，又选择德日审计模式，从而牢牢地树立起作为独立模式的国家审计形象。在此基础上，荷兰又系统地挖掘、制订了一系列先进的、能体现国家审计科学性的具体方法、准则与制度，力求与国际水平同步。

注释：

①《世界主要国家审计》，中国大百科全书出版社，1996年版，第389–391页。

第十四章

回顾与比较

一、传统国家审计与现代国家审计

传统国家审计和现代国家审计，表现的是国家审计发展的两条截然不同的走向。专制制度下的传统审计是一种向上的审计结构，监督权逐级向上负责，最后集中到一人或数人之手；民主政治下的现代审计则是一种向下的审计结构，监督权对下负责，代表“民”对“官”进行经济监督与制约。

在专制制度下，皇帝居于金字塔之顶，拥有至高无上的权力。根据君权神授的信条，这一权力来自天，因而皇帝又称为天子。皇帝对他的统辖范围是一种全面占有的关系；在这种统辖范围内的一切物与人对皇帝这个最高掌权者是一种全面隶属和臣服关系。由此可见，在这种权力互动关系中，上对下的支配作用是绝对的，无限大的，至高无上的；而下对上的制约作用在常态下是十分软弱无力的。这显然是一种单向性很强的权力制约

现代国家审计是一种积极发挥“纳税人看门狗”(Taxpayer watchdog) 作用的向下型顶层设计审计体系

体系。

专制君主通过层层的任命组织了一个庞大的官僚群来管理国家。各级官吏产生于自上而下的任命，自然是谁任命他们，他们就对谁负责。这样，层层向上负责，最终，整个官僚系统向皇帝一人负责，而皇帝是不受任何人监督的，不向任何人负责。这个层层向上负责的权力体系在这里达到了上限，也就是说，达到了负责的零点。所有的负责到零点这里终结。

在这样的政治制度下，君主与官员之间形成的经济责任关系是向上型的。这就决定了国家审计只向上负责，伸张的是君权，压抑的是民权。

现代国家理论认为，社会的主体存在是广大的公众；权力存在于社会，所以必然负责于社会，权力的负责指向是向下的。这就决定国家审计对全社会负责，是向下指向的，它伸张的是民权，压抑的是王权。

传统国家审计是一种向皇帝集权服务的向上型顶层设计审计体系

可见，维系着传统国家审计的经济责任关系是一种个人性质的经济责任关系；贯穿于现代国家审计的经济责任关系则是一种公共性质的经济责任关系。

事实上，行政当局为了逃避受托责任，为了隐匿行政工作的阴暗面，使之不受侵害，还在进行一场无休止的抗争。这是要求结束政府会计和行政工作的处于秘密状态的那场古老的斗争的延续，那场斗争是针对国家事务只是专业人员的秘事这一传统观念而发起的。在任何情形下，不管以什么作为借口，每一次免除控制都是对民主的一种违背，都是权力主义和正统主义对批判精神的一次胜利，都是对既得利益和特权的一种保护。

在现代思想看来，受托责任还没有推广到足够大的范围内，而且对它的分配和运用还不均衡，还有许多冷僻的阴暗面被有效地“保护”在公共调查之外。人们正开始觉得，这种情形不仅是不民主的，而且在经济上也是无效益的。“民主的要求”，是一个现代经济学家说[①]，“权力应该受到制约，并且应该对社会责任负责……一定要寻求使所有大型机构对社会更加全面负责的方式，不管它们是企业单位、行业工会还是政府部门。”

以色列国家审计机关领导人纳班泽博士在对国家审计进行比较时指出[②]：

国家审计师至少可以促使立法机构注意事实，并作出自己的结论。公共经济责任的最终目的是提供资料。独裁主义者限制资料流动，使人们无法了解那些花费公共资金，执行政府方针的团体的各项活动。在极权主义国家中，永远不能上演行政管理的政治剧。即便存在经济责任关系，也不是公共经济责任关系；即便设置国家审计机构，也不是独立的外部审计机构。由国家审计机构发表公正的内部资料，公开议会的讨论结果并见诸报端，虽然不是生活的精华，也不是权力的本质，但至少是一种较高程度文明开化的标志。

二、现代社会对公共经济责任的需求

没有什么能比以前所未有的规模发展壮大的公共管理部门和国有企业更具有 20 世纪的特征了。公众自身和他们选出的代表们都需确保这些部门和企业处于有效的控制之中，而且不能让它们逃脱法律的制约。在通常的情况下，人们对这些部门和企业的财务活动知之甚少，而它们自己提出的报告必然是一些自辩之辞而非自白书。如果主管人员的个人利益与公众利益之间的秘密问题存在难以言表的冲突，那么问题更趋深奥。一个显然的真理是，能够在一种完全隐秘的状态下工作的管理者比那些需要按照民主程序按部就班地对其行动方案作出报告的人具有更大的权力。公开性促使权力透明而使责任增加，隐秘性则使权力增加而使责任减少。当隐秘性已大到压倒受法律支持的责任地位时，责

为什么我们需要公共经济责任

任危机也就产生了。

能够拯救这种危机状况的传统方法，或许唯一的方法，是确立或扩张法定经济责任。历史证明，解决公共经济责任问题的最有效的手段是借助独立国家审计这一手段。尽管这种审计并不能解决所有问题，但只要在法律保护下认真实施国家审计并精选国家审计师，那么就可向公众作出这样的合理保证：所有严重的浪费、无效率或财务上的滥用职权行为都将予以揭露。这可能是公众防止政府滥用钱财的最佳方式。每当管理者（无论是行政部门的，还是立法部门的）与一般公众的信息渠道不畅或出现漏洞时，它还是一种极有价值的传输信息的媒介。

这与其说是19世纪公共管理中有限的监督手段，不如说是现代公共经济责任之精华。没有它，那些公共基金的使用者或投资者就不可能处于负责的管理者的地位，现代民主政治的实施就会受到阻碍。所以，现代国家审计是现代民主政治的重要内容。

三、四条国家审计现代化之路

在国家审计从传统走向现代之时，世界审计史的经验所表明的审计现代化道路基本上有四条：第一条是立法模式；第二条是司法模式；第三条是行政模式；第四条是超然独立模式。可以不过分地讲，它们是汇入现代国家审计大江的四支主流。

对国家审计现代化的后来者来说，任何一国的经验都不构成一种绝对仿效的模式。落后国家在实现国家审计现代化的过程中必须善于从各种模式中找到适合本国发展的经验，走出自己的路。所以，无论在审计组织取向上是立法模式、司法模式、行政模式还是独立模式，任何国家都不能割断审计组织与本国政治、经济制度和民族文化传统的联系。

倘若我们将五彩缤纷的国家审计特色进行理论抽象，可以清晰地发现，从审计的独立性角度进行分析，立法模式、司法模式和独立模式均属于一种独立性的结构，而行政模式则属于一种非独立性或半独立性的结构。

凡是选择立法模式、司法模式和独立模式的国家，基本上都是采取了“三权分立”的政府结构，设置审计机关的目的在于从经济监督的角度，为分立权力体系构造一个相互制衡的机制，以保证国家资产的安全、有效和政府官员的廉洁、奉公。三者之间的主要差别在于：司法模式偏重于强调审计机关的权威性，用法律的形式强化了这种权威性的要求，并通过权威性的扩大实现其独立性；立法模式偏重于审计监督对整个国家机器正常运转的制衡作用，用强化服务性的方法来保证审计机关的独立性；独立模式偏重于对分立的三权保持中立地位，在不受任何一方影响的前提下实施审计监督，以保护国家

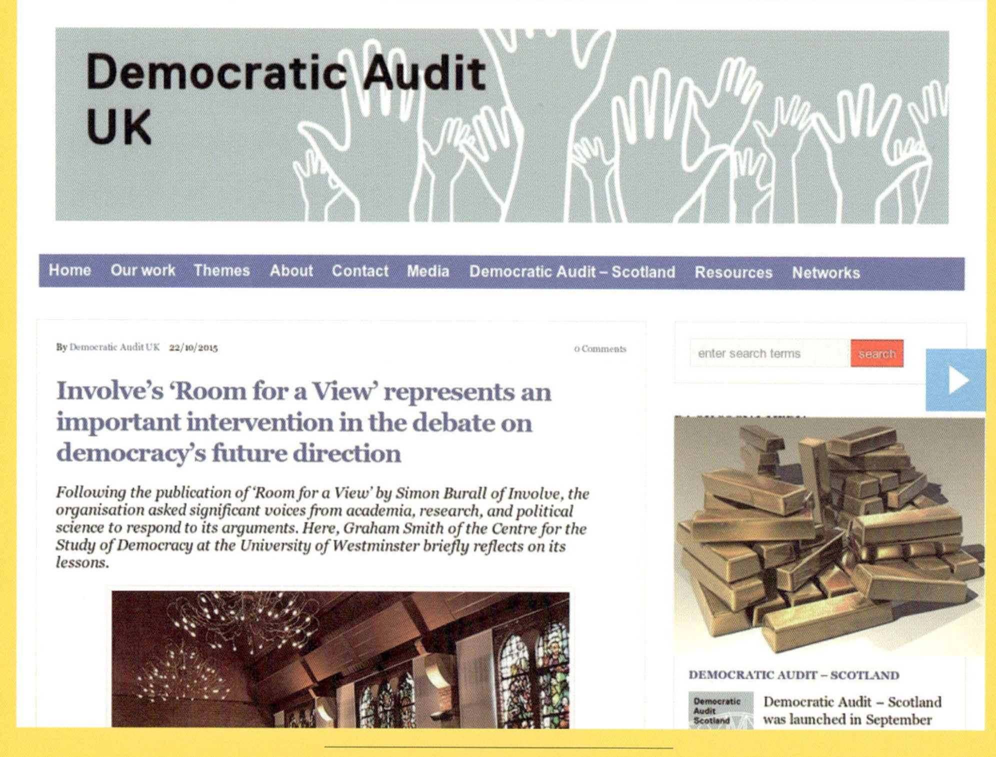

民主审计，乃当今国家审计发展的最大趋势

的最大利益。三种模式虽然在体制上存在结构差别，但作为一种独立的政府监督机构的特征却是相同的。

行政模式与此不同。走上这条发展道路的国家，同时也是选择非“三权分立”政体的国家。这些国家的立法、行政和司法三大权力系统之间的关系，都不是平衡制约的关系，而是一种相互隶属的层次结构关系。在这种政体中国家审计的本质是一种上级权力系统对下级权力系统的监督和管理。审计机关和被审对象在整个政治权力管理系统中的关系，其实是上下级之间的监督和制约的关系，审计机关代表的显然是一种更高层次的权力体系。因此，审计监督的独立性是有缺陷的或不完整的。

如果我们从审计机关提供的服务进行分析，不同模式的审计机构提供的审计服务也是有区别的。

立法模式主要向议会提供服务，审计的重点基本上是围绕议会的财政权范围展开的，其核心是监督国家财产的收支和分配，旨在保证预算、结算资金的合规性和有效性。在国家大力干预社会经济生活的当代社会，这种模式的国家审计机构的宏观服务职能较强。

立法部门审查国家预算的意思

虽然它并不直接干预政府和部门的决策，但其对国家资金使用情况的建设性批评，往往对议会的宏观决策产生积极的影响，并能通过审计结果公开化对资金使用人产生有效的约束。

司法模式虽然也向议会提供服务，但由于审计机关同时拥有一定的司法权力或司法职能，需要根据经济责任的履行情况，奖励或惩罚政府各级官员，因而提供的服务更多的是一种具有微观特征的服务。这种模式相对于立法模式而言，更侧重于审查和追究当事人的财务责任性，而不仅仅局限于向议会提供建设性的批评和建议。

独立模式由于超脱于三权分立之外，故它同时向立法机关和行政部门提供服务，但更偏向于立法部门。与立法模式一样，其宏观服务的职能也较强。

总而言之，同样作为独立的国家审计制度，立法模式和独立模式偏重于向议会提供以财政预决算为轴心的宏观服务，而司法审计模式则偏重于向议会提供以财务责任为核心的微观服务。

行政模式是一种非独立或半独立的审计模式，它提供的审计服务主要是一种围绕上级权力的决策需要展开的服务，上级机关的意志在相当大的程度上左右着审计机关的工作目标和范围。因此，审计机关在行使监督职能的同时，往往还带有其他监督职能（如东欧派的行政监督和计划监督），或审计职能变异成一种单一的财政监督，在职能上与政府部门的财政职能混为一体（如北欧派财政部属的国家审计机关）。

注释：

① Michael Shanks，The Stagnant Society，London，Pengiun Books，1961.

② E.Normanton：《政府审计师的配备》，《审计研究资料》，1989 年第 5 期，第 18 页。

第二篇

民间审计的产生和发展

第一章 近代民间审计的诞生：英国捷足先登

英国审计制度萌芽于16世纪英国庄园和城市财政中对掌管会计事项者诚实性的检查。进入19世纪以后，又经英国社会急速工业化和当时议会的一再立法的培育而得到显著发展，最终作为会计师制度开花结果。

——A.C.Littleton

在英国工业革命时期，世界审计处在一个痛苦且充满革新活力的转折过程中。新旧经济观念的冲突和混合，导致以所有权和管理权的分离为重要特征的股份公司的发展成为热潮。这不仅意味着旧的经济范式陷入危机，崭新的资本主义市场经济秩序的形成，也标志着股东和债权人与企业管理当局之间新型的经济责任关系的最终确立。这种经济责任关系正是英国民间审计产生和演化的最深层的内驱力。

英国工业革命（1875年）

一、荣誉应属于谁：乔治·沃森和查尔斯·斯内尔

1720 年，名噪一时的“南海公司”（the South Sea Company）倒闭的消息传来，犹如晴天霹雳，惊呆了正陶醉在黄金美梦中的债权人和投资人。当这些“利害关系者”证实数百万英镑的损失将由自己承担的时候，他们一致向议会发出了严罚欺诈者，并要求其赔偿损失的呼声。

面对舆论的压力，议会组织了一个由 13 人组成的特别委员会，调查南海公司破产事件。经过秘密查证，发现该公司的会计记录严重失实，明显地存在着蓄意篡改数据的舞弊行为。于是，议会决定聘请一位精通会计实务的斯内尔先生对南海公司的分公司“索布里奇商社”（Sawbridge & Company）的会计账目进行检查。

查尔斯·斯内尔（Charles Snell，1670—1733 年）出生在英国伦敦市，他是伦敦市堆斯特·莱恩学校的习字和会计教师，授课内容不仅包括簿记实务，而且包括审计实务。他在一本教科书中，专设“商人审查会计记录所采用的实务方法”一章，详细介绍商业审计业务。他实践经验丰富，理论基础扎实，在伦敦地区享有盛誉。

斯内尔接受议会委托以后，首先对事件背景和原因进行了调查。他发现，“南海公司”创建于 1710 年，以发展南大西洋的贸易为目的，获得了在美洲地区专卖非洲黑奴给

1720 年南海公司泡沫事件

南海公司创办人牛津伯爵

西班牙的 30 年垄断权，兼营捕鲸业。它的最大特权是可以自由地从事海外贸易活动。但该公司在 10 年里没有取得任何成功。后来得到议会的批准，以国家公债约 1 000 万英镑换作公司的股票，国家债权人换作公司的股东。1713 年与西班牙缔结了《乌特来克条约》，由公司供应非洲黑奴给西班牙的美洲地区市场，公司享有特权。

由于这项计划的提倡者把美妙的前景吹上了天，以至在全国掀起了一股投机狂热。成千上万的人赌博似地购买有价证券，根本不顾后果。在 1720 年 4 月至 7 月之间，南海公司的股票价格由 120 英镑涨至 1 020 英镑。公司利用众人的这股狂热，提出了各种令人眼花缭乱的计划。当然，其中有些计划确实鼓舞人心，但大多数是荒唐的或虚幻的。据英国商业史学家 T·G·威廉斯（T.G.Williams）介绍，"共有 11 种渔业计划，10 个保险计划，2 个汇兑公司，4 个盐业公司，2 个糖业公司，12 个美洲殖民或贸易公司，2 个建筑公司，18 个土地公司，6 个油脂公司，4 个河港公司，4 个专门供应伦敦的煤炭、牲畜、饲料和铺路公司，6 个麻业公司，5 个丝棉工业公司，1 个蚕桑公司，15 个矿业公司，还有 60 多个莫名其妙的企业，谁都可以为在一定时间定能实现的目标而筹集到款项"。[①]

一幅讽刺股民疯狂葬身南海的漫画

不久，几家公司同时控告南海公司，英国人才恍然大悟。一切都是骗局。股票价格马上一落千丈，南海公司宣告破产，从而使数以万计的债权人和股东蒙受损失。针对这一情况，斯内尔应议会特别委员会的要求，于 1721 年编制了一份审计报告书，它开宗明义地表明这是“伦敦市彻斯特·莱恩学校的习字教师兼会计师查尔斯·斯内尔对索布里奇商社的会计账簿进行检查的意见”，接着指出了企业存在舞弊行为，但没就企业出于何种目的编制虚假的会计记录表明自己的意见。

议会根据该审计报告，除没收全部董事的个人财产以外，还将一名负直接责任的经理逮捕，押进了伦敦塔；同时，颁布了《泡沫公司取缔法》，旨在防止不正常的股份投机，禁止设立舞弊性质的股份公司，禁止非股份公司采用股份公司形态并禁止股份公司从事特许证规定的业务范围以外的经营活动。这种抑制股份公司发展的举动表明，当时

The Art of Writing

In its Theory and Practice

BY

Charles Snell Writing Mar.

At the Free Writing School in Foster-Lane London

With whom Youth may Board.

GEORGE BICKHAM SCULPSIT.

Printed for and Sold by Henry Overton at the White Horse without Newgate London 1712

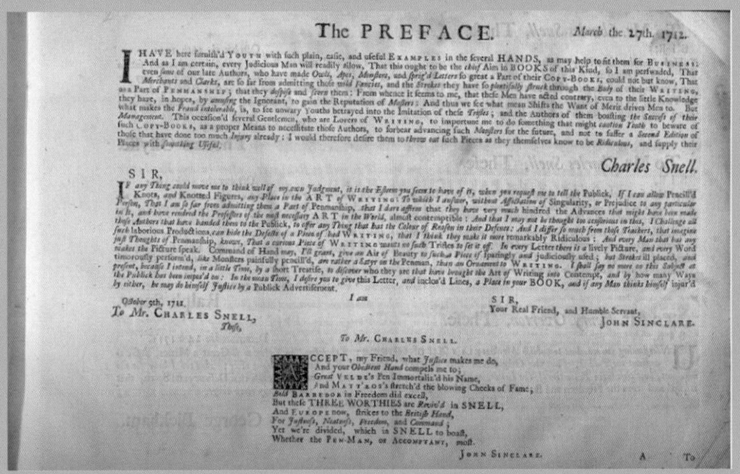

The PREFACE. *March the 27th. 1712.*

I HAVE here furnish'd YOUTH with such plain, easie, and useful EXAMPLES in the several HANDS, as may help to fit them for BUSINESS: And as I am certain, every Judicious Man will readily allow, That this ought to be the *chief* Aim in BOOKS of this Kind, so I am perswaded, That even *some* of our late Authors, who have made *Owls*, *Apes*, *Monsters*, and *sprig'd Letters* so great a Part of their COPY-BOOKS, could not but know, That *Merchants* and *Clarks*, are so far from admitting those *wild Fancies*, and the *Strokes* they have so *plentifully struck* through the *Body* of their WRITING, as a Part of PENMANSHIP; that they *despise* and *scorn* them: From whence it seems to me, that these Men have acted contrary, even to the little Knowledge they have, in hopes, by *amusing* the Ignorant, to gain the Reputation of *Masters*: And thus we see what mean Shifts the Want of Merit drives Men to. But what makes the *Fraud intolerable*, is, to see unwary Youths betrayed into the Imitation of these *Trifles*; and the Authors of them boasting *the Success of their Management*. This occasion'd several Gentlemen, who are Lovers of WRITING, to importune me to do something that might *caution Youth* to beware of such COPY-BOOKS, as a proper Means to necessitate those Authors, to forbear advancing such *Monsters* for the future, and not to suffer a *Second Edition* of those that have done too much *Injury* already: I would therefore desire them to *throw out* such Pieces as they themselves know to be *Ridiculous*, and supply their Places with *something Useful*.

Charles Snell.

SIR,

IF *any Thing could move me to think well of my own Judgment, it is the Esteem you seem to have of it, when you request me to tell the Publick, If I can allow* Pencill'd Knots, *and* Knotted Figures, *any Place in the* ART *of* WRITING: *To which I answer, without Affectation of* Singularity, *or* Prejudice *to any particular Person, That I am so far from admitting them a Part of* Penmanship, *that I dare affirm that they have very much* hindred the Advances *that might have been made in it, and have rendred the Professors of the most necessary* ART *in the World,* almost contemptible: *And that I may not be thought too censorious in this, I Challenge all those Authors that have handed them to the Publick, to offer any Thing that has the Colour of Reason in their Defence: And I differ so much from those Teachers, that imagine such* laborious Productions *can hide the Defects of a Piece of bad* WRITING, *that I think they make it more* remarkably Ridiculous: *And every Man that has any just Thoughts of* Penmanship, *knows, That a curious Piece of* WRITING *wants no such* Trifles *to set it off. In every Letter there is a* lively Picture, *and every Word makes the* Picture speak. Command of Hand *may, I'll grant, give an* Air *of* Beauty *to such a Piece if sparingly and* judiciously *used; but Strokes* ill placed, *and* timorously perform'd, *like* Monsters painfully pencill'd, *are rather a Satyr on the* Penman, *than an Ornament to* WRITING. *I shall say no more on this Subject at present, because I intend, in a little Time, by a* short Treatise, *to discover who they are that have brought the Art of Writing into* Contempt, *and by* how many Ways *the Publick has been impos'd on: In the mean Time, I desire you to give* this Letter, *and* inclos'd Lines, *a Place in your* BOOK, *and if any Man thinks himself* injur'd *by either, he may do himself Justice by a* Publick Advertisement.

October 9th, 1711.
To Mr. CHARLES SNELL,
These.

I am
SIR,
Your Real Friend, and Humble Servant,
JOHN SINCLARE.

To Mr. CHARLES SNELL.

ACCEPT, my Friend, what *Justice* makes me do,
And your *Obedient Hand* compels me to;
Great VELDE's Pen Immortaliz'd his Name,
And MATTAOT's stretch'd the blowing Cheeks of Fame;
Bold BARBEDOR in Freedom did excell,
But these THREE WORTHIES are *Reviv'd* in SNELL,
And EUROPE now, strikes to the *British Hand*,
For *Justness*, *Neatness*, *Freedom*, and *Command*;
Yet we're divided, which in SNELL to boast,
Whether the PEN-MAN, or ACCOMPTANT, most.

JOHN SINCLARE.

A To

查尔斯·斯内尔的专著：《写作艺术》（The Art Of Writing，1712年）

的英国并没有充分地认识到以所有权和管理权分离为特征的股份公司的经济作用，而且，没有制订出一套科学的维持资本主义市场经济秩序的管理制度。他们只是简单地通过禁止设立股份公司，来保持资本主义资金市场的稳定，保护股东和债权人的利益不受损害。这显然是一种因噎废食的做法。

尽管如此，南海公司破产事件还是孕育了查尔斯·斯内尔这样一位民间审计职业的先驱者。现在，查尔斯·斯内尔已被认为是世界第一位受聘对股份公司的会计记录进行审查的会计师，他编制的报告是世界最早的由会计师呈送的审计报告。所以，南海公司的破产事件，揭开了民间审计走向现代的序幕。从现代民间审计的直接历史渊源来说，斯内尔先生受议会之聘对采取股份公司形态的南海泡沫公司进行审查，乃是现代民间审计发展的先声。

当然，究竟谁是世界上第一位民间审计师，目前仍然是民间审计发展史学上一个有争议的问题。一部分学者认为，第一位民间审计师的荣誉非乔治·沃森（George Watson，1654—1723 年）莫属。

乔治·沃森 1654 年出生于苏格兰爱丁堡，他是一个商人的儿子。完成学业后，他在一家商社担任学徒，不久后被送往国外学习簿记技术。1676 年再次回到苏格兰。过硬的专业水平，使他在长达 20 年内稳坐爱丁堡一家著名公司“会计师兼出纳员”（accomptant and cashier）的宝座。在业余时间，他或为自己记账，或协助他人记账。1696 年，他离开这家工作多年的公司，成为苏格兰银行的会计师和出纳员，同时担任几家公司和商社的财务人员。但是，他没有放弃自己公司的业务。他的公司主要办理票据交换工作。由于他提供的服务质量上乘，故深为同事所尊敬[②]。

乔治·沃森（George Watson，1654—1723 年）

沃森终生独身，在当地还是一个著名慈善家。他于 1741 年捐款创办了一家以他的名字命名的医院，1871 年该医院成为一所日间学校，并于 1974 年与其姊妹学校乔治·沃森女士学院合并，成为现在的乔治·沃森学院，位于爱丁堡克林顿路。

由此可见，沃森作为苏格兰第一位会计师是当之无愧的。但世界上第一位民间审计师的荣誉应属斯内尔先生。因为沃森只不过是企业的一名会计，并没有亲自做过查账业务。

乔治·沃森学院 250 周年匾

二、经济危机和公司法对民间审计的催生

在英国乃至世界史上，工业革命都是一个辉煌灿烂的事件。它使英国由世界上第一个工场手工业占统治地位的国家变成大工业占统治地位的国家，经济中心开始从庄园转移到城市，产业规模日益膨胀，企业资金亦加速扩大。这种对资金高度集中的要求，迫使英国政府重新认识股份有限公司的经济意义。1825 年，议会毅然废除了 1720 年颁布的《泡沫公司取缔法》(The Bubble Act)。1834 年和 1837 年，又通过了由国王授予特许证来设立股份公司的法案。

在这样的情况下，整个社会发出了一种呼唤，呼唤股份公司在这种形势的引导下能够尽其所能，在英国市场经济建设中发挥巨大的保护作用。

股份有限公司的诞生和发展，将审计事业的发展纳入了一个新的经济框架之内，是近代民间审计产生的经济背景。

股份公司是集中管理资本的重要手段，对刺激企业的发展有着巨大的推动力，它犹如磁铁一般，吸引许多人解囊投资，但由于所有权和管理权的分离，这些股东和债权人不可能直接接触经营的各个方面，要了解公司经营的详细情况，只有求助于数字和报告书。这表明股份公司的组织形式实际上是一种以经济责任为纽带的委托经营，而这种委托经营必然要求有来自外部的控制手段，这种独立的“外部控制”(outside control) 就是公司审计。

适应这样的历史要求，与国家审计和内部审计不同的、后来成为审计发展主流的民间审计终于在英国应运而生，在资本主义市场经济秩序中找到了自己的位置。这是审计领域的一次革命。从此，世界审计形成了国家审计、民间审计和内部审计三足鼎立的多姿多彩的格局。

企业（股份公司）审计是建立在股东、债权人与管理者之间关于企业管理的经济责任关系的基础之上的。它的基本作用在于，从第三者的角度，就股份公司会计报告的准确性和真实性，提供一份具有客观性的证明，从而将值得信赖的财务信息传播给股东和债权人。换言之，民间审计师的职责就是通过监督职能，将管理当局履行经济责任的情况向股东和债权人报告。

决定民间审计产生和发展的经济责任与决定着国家审计和内部审计产生和发展的经济责任是完全不同的。与国家审计有关的经济责任将国家审计定格在国家政体运行中发挥作用，与内部审计有关的经济责任将内部审计定格在企业管理中发挥作用，而与民间审计有关的经济责任则将民间审计定格在市场经济秩序中发挥作用。

资本主义经济的发展并不是一帆风顺的，它经历着繁荣、危机、萧条、复苏的周期。

1815 年，英国第一次出现经济危机，尔后，每隔 8 年或 10 年重演一次，每次都使一大批股份公司倒闭，使成千上万的股东和债权人蒙受损失，整个资本主义社会的市场经济秩序陷入极端混乱之中。这种触目惊心的现实，使英国议会认识到，如果股份公司的发展失去控制，将给市场经济秩序带来灾难，所以，有必要制订法案，对股份公司进行社会性监督，以维护资本市场的完整性和稳定性，保护广大的投资者的利益。

1844 年，议会颁布了《股份公司法》(*Joint Stock Companies Act*)。该法案明确规定：董事有登记账簿的义务，而且，该账簿须经董事以外的第三者审查；执行审计业务的监事由股东大会选举产生；公司董事应编制“详细而真实的资产负债表”，这些账簿和报表须经公司监事的审查；并且，董事应在股东大会前 10 天将资产负债表的副本与监事审计报告书一起，提交给股东和公司登记人员。该法案有两点具有特别重要的意义。第一点是鼓励公司采用股份公司形态，因为在 18 世纪初期，由于发生了许多股份投机的欺诈事件，尔后 100 年事实上禁止设立公司，故股份公司的经济作用在初期尚未为公众所认识。鼓励公司采用股份形态，无疑对现代审计的发展起着促进作用。第二点规定董事应接受监事的审查，这一方面体现了议会的立法目的，另一方面也表明监事作为股东代表，负责审查董事的会计记录，其重要性已为法律所承认。但审计目的受中世纪审计意识的束缚，仍限于审查董事的诚实性，没有什么新的发展。几个月后，除再次肯定 1844 年公司

英国议会颁发 1844 年《合股公司法案》

法中关于监事审计的条款以外，新规定："监事可以用公司的费用聘请有记账技能的会计师和其他人协助办理审计业务；监事和会计师应根据公司的账簿，编制报告书。"这些规定对近代审计的产生同样具有积极的推动作用。但是，这些法案规定的担任审计人员的监事，并不是精通账务的专家，而仅仅是外行的股东，或是股东的代表。而且，虽然法案规定允许监事聘请会计师协助工作，但 19 世纪中叶以前的会计师都未经统一考试，审计技术并不熟练，其业务范围广及破产事务、清算事务、信托事务、保险事务和会计事务，与法律事务关系密切，单就会计事务来说，也仅限于公司账簿记录和决算事务，以及检查、修正有争议的账簿记录的事务。这些会计师并不是现代意义上的审计人员，从事审计只是他们的副业。甚至有人认为当时的会计师，仅仅是对加法很熟练的计算专家。从某种意义上说，他们是联结中世纪审计人员和今日的特许会计师的中间存在。所以，由他们协助办理的审计业务往往是不彻底的。这种简单的、朴素的审计仅限于审查全部支出是否编制了相应的支出凭证；资产负债表是否与总账余额相吻合。这种状况一直持续到 1875 年。不过，监事审计虽然是外行审计，但它对牵制董事的受托行为还是起到了一定的作用。1945 年的公司法增设了必要时可以聘请会计师协助办理审计业务的条款，为职业会计师审计的发展奠定了一个良好的开端。

当时，董事会对股东大会负责，成为英国股份公司的惯例和法律

进入19世纪中叶以后，股份公司的经济意义和优越性逐渐为公众所理解，经过议会的努力和经济危机的冲击，公司法更加健全，英国企业审计发展到一个崭新的阶段。1855年和1856年的有限责任法和公司法，规定了资产负债表和公司章程的标准格式。资产负债表的标准格式是非常先进的，资产和负债按种类分类，并设置了呆账科目，反映了工厂设备折旧和固定资产两方面，保留利润也分成“意外损失备用”和“分红备用”两部分。在章程的标准格式中，收纳了1845年公司条款总则中所有的审计和会计规定，并增设了许多新内容，其中最重要的条款是：账簿应按复式记录形式记账，规定监事不一定必须是企业的股东。让会计师从助手地位直接担任监事，这表明会计师的审计技术越来越熟练，地位也越来越高。但是，在当时并不是所有的监事都由会计师担任。

杰克和股份制巨人（Jack and the Giant Joint-Stock，1858）

一个小城访谈节目的卡通画（1858年），讽刺“怪物”股份制经济

1862的公司法更加发展了1844—1845年公司法和1855—1856年公司法的会计规定和审计精神，并另设了一个补助性规定，称为《股份公司经营的法规》。其中规定：董事应真实地在账簿上反映商品、现金收支和债权债务；应每年编制一次资产负债表和收支计算书，并将它提交给股东大会；公司的会计工作至少要接受一个以上监事的检查，监事应审查资产负债表的真实性；各位监事应提交资产负债表的副本，并有编制资产负债表及其有关账簿记录、证据文件的义务；监事必须将“资产负债表是否包括法律所规定的全部内容、是否真实地反映了公司的财务状况”的意见，报告给股东。监事的检查和报告义务在该法案中更加明确；关于资产负债表格式的规定也更加详细，这里的资产负债表不是借方贷方余额的简单罗列，而是有分析地将资产、负债和资本按一定的顺序排列，在借方列资本和负债，在贷方列资产，这是典型的英国式资产负债表。在这一法案中，又一次强调监事在办理审计业务时可用公司的费用聘请会计师或其他人员；监事不

当时的贸易委员会副主席罗伯特·罗维（Robert Lowe）被称为"现代公司法之父"，因为他在起草1856年公司法的改革中发挥至关重要的作用

再必须是公司的股东。这表明会计师审计的地位已更加巩固，因而，1862年的公司法以"会计师的朋友"而闻名[3]。从此以后，股东对公司董事的监督，逐渐不再由股东代表实施，改由处于第三者立场的社会上的特许会计师代行，实现了民间审计的一次重大转折。

从上述内容可见：1836年的经济危机，导致1844年和1845年的公司法的出台；1847年的经济危机，带来了1855年和1856年公司法的颁布；1857年的经济危机，又迫使议会推出了1862年的公司法。正是在经济危机和公司法的反复循环中，民间审计在一步又一步地向前迈进。也就是说，民间审计作为法定制度框架的形成，很大程度上应归因于经济危机的冲击和公司法的推动。

三、民间审计群体的兴起

如前所述，公司法的相继颁布，在呼唤着民间审计队伍的成长和壮大。适应这样的历史要求，一支新的审计群体在19世纪的英国开始形成。他们或者独自挂牌开业，或者合伙结成审计事务所，逐渐取代着股东审计委员会。

19世纪中叶以前的会计师与古代埃及、巴比伦的记录官一样，拥有各种职能。当时，普遍使用的头衔是"会计师兼代理商""商人兼会计师""会计师兼经纪人""习字教师兼会计师""估价人兼会计师"和"会计师兼公证人"。

在18世纪中叶以前，许多法律事件与财务问题有关。如果出现破产或其他法律事项，往往由律师亲自编制计算书。后来，律师们在处理直接或间接包括复杂的会计问题的诉讼时感到力不从心，便开始委托精通簿记的人代行有关会计问题。许多会计业务都是在律师事务所进行的，有时，民间审计组织建立以后，一些会计师同时是会计协会和律师协会的会员。大多数会计业务是法律业务的副业，在这样的情况下，会计师的公正无私和个人的诚实性比簿记技术更为重要。而且，这些会计师均未经统一考试，审计技术并不熟练。他们是估价人、财产管理人、保险统计人、破产管财人和倒闭公司的清算人，并不是近代意义上的审计人员。

H·W·罗宾逊（H.W.Robinson）曾在《爱尔兰会计史》(*A History of Accountants in Ireland*）中指出[④]：

英国民间审计“是由破产催生、由差错和舞弊孕育、与清算共同成长，最后才确立起来的”。

19 世纪英国究竟有多少会计师，从来就没有一个精确的统计数字。这里只想以伦敦地区为例，推测当时会计师人数的增长情况，如表 2.1.1 所示。

表 2.1.1 伦敦市会计师人数表

年份	1811 年	1820 年	1840 年	1843 年	1845 年	1860 年	1870 年	1900 年
人数（人）	24	44	107	160	210	310	464	1 118

在表 2.1.1 中，第一眼看到的，自然是 19 世纪后半期会计师人数增长的加快。这是整个民间审计队伍壮大的一个缩影。

颇有声势的会计师群体之所以骤然形成，除公司法的推动以外，主要还有三大原因[⑤]：

（1）1842 年颁布的《债务者救济法》规定，300 英镑以下的债务者，可以向破产法庭提出救济申请书，同时附上反映自己债务数额的“详细真实的明细表”。那些欲利用该法案的债务者为了编制债务明细表，无疑要求助于会计师。

（2）在 1840—1845 年的“铁路狂”(the Railway Mania）期间，商务部为了抑制铁路事业的盲目扩张，要求铁道管理人员在向议会报送建设铁路方案之前，应提出反映“建

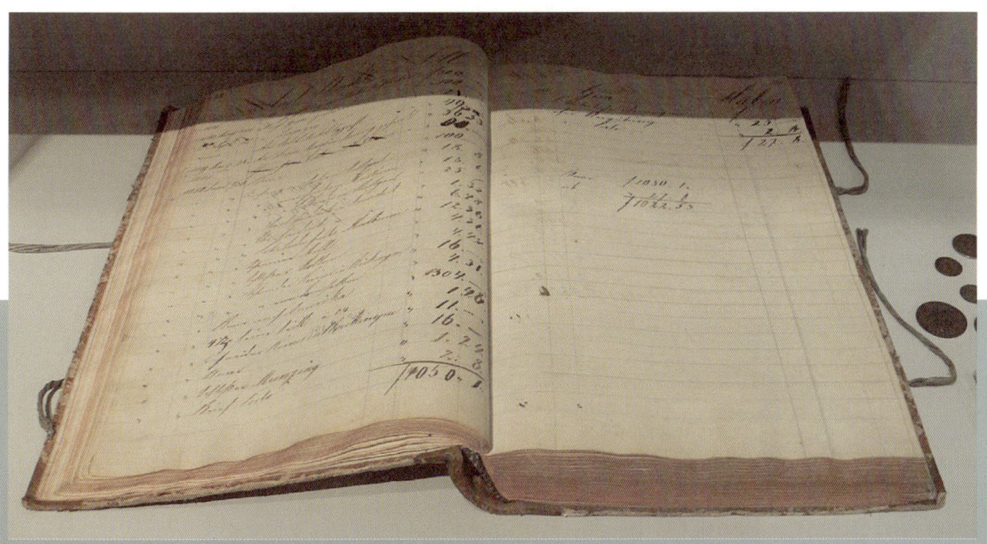

会计（accounting）和会计行业（accountancy）两个词，分别源于 18 世纪使用的 accompting 和 accountantship，19 世纪中叶在英国开始使用。而“会计人员（会计师）”(accountant）一词源自法语 compter，从意大利语和拉丁词 computeare 派生而来。图为 1828 年的会计总账

设、运行和营业费概算金额”的报告书，从而为会计师的活动开拓了新的途径。1845 年的《铁道公司条款联合法案》第 101 条款至 108 条款规定：铁道公司应任命股东担任审计人员，并详细提出，他们也可以聘请职业会计师协助执行审计业务。

（3）1831 年的破产法设置了破产法庭，并授予大法官以挑选 30 名以内的法定管财人的权限。这些法定管财人包括商人、金融家、会计师和贸易商。这是英国政府第一次正式重视会计师，从而大大地提高了会计师的声望。自 19 世纪以来制订的法案，甚至包括公司法，均没有像破产法那样，为会计师规定了那么多的工作。按破产法的规定，破产人应按法院的要求，提出资产负债表和会计账簿，并就它们的真实性宣誓。能否在破产法庭上通过最终审讯，应依法定管财人关于账簿正确性的报告令人满意的程度而定。

希望解除责任的债务人为了使自己的会计报表通过检查，一般都聘请会计师进行公证。债权人如果不同意破产处理，也经常聘请会计师对破产人向法院提交的计算书进行调查。1869 年的破产法实施后，职业会计师不仅估价和管理倒闭财产，而且代表债权人对破产企业进行清算。于是，许多不称职者自称会计师去承办这些工作，致使“在该法律公布后数年内，会计师人数增加了两倍”。

1869 年相关法案

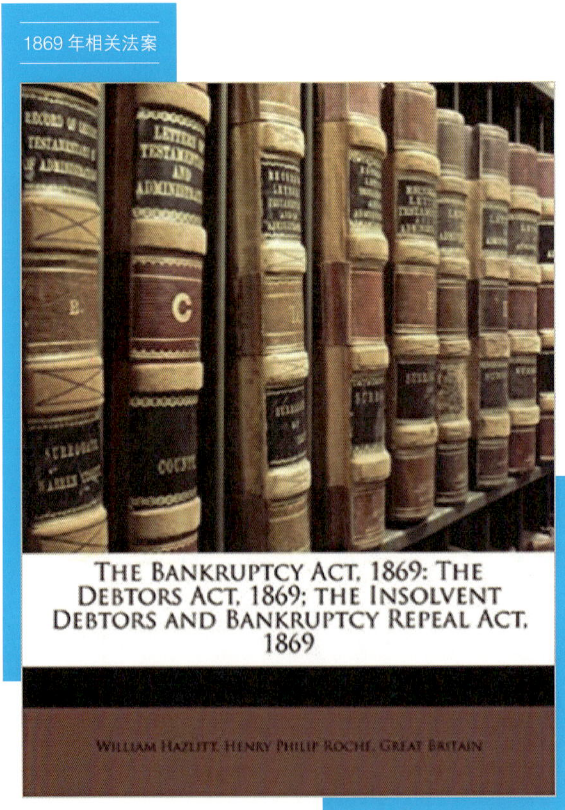

层出不穷的会计师最初几乎不受法律和职业规范的约束，极易获取报酬的特点吸引了大量的新手。这些会计师们缺乏经验，专业技术水平低，声名狼藉。

19 世纪一位律师评论说："会计师似乎是这样一种人，他们甚至不会算账。"

现在库珀斯·莱布兰特国际会计公司创始人之一厄尼斯特·库珀（Ernest Cooper）也说："我们的社会地位不那么令人羡慕。"

那些对会计职业怀有特殊兴趣的精英们试图联合起来，努力改变会计师的不佳形象。所以，为了帮助公众从接踵而至的投机者中识别哪些是可以胜任的职业会计师，苏格兰、英格兰和爱尔兰先后创立了经政府特许的地方性和全国性民间审计组织（如表 2.1.2 所示）。

表 2.1.2 英国民间审计组织简表

地区	年份	协会名称
苏格兰	1853 年	爱丁堡会计师协会（Society of Accountants in Edinburgh）
	1853 年	格拉斯哥会计师和保险统计师协会（Institute of Accountants and Actuaries in Glasgow）
	1867 年	阿伯丁会计师协会（Society of Accountants in Aberdeen）
英格兰	1870 年	伦敦会计师协会（Institute of Accountants in London）
	1870 年	利物浦会计师协会（Incorporated Society of Liverpool Accountants）
	1871 年	曼彻斯特会计师协会（Manchester Institute of Accountants）
	1872 年	英国会计师协会（Society of Accountants in England）
	1877 年	谢菲尔德会计师协会（Sheffield Institute of Accountants）
	1880 年	1880 年英格兰·威尔士特许会计师协会（Institute of Chartered Accountantsin England and Wales）
爱尔兰	1888 年	爱尔兰特许会计师协会（Institute of Chartered Accountants）

注释：表中苏格兰三家协会于 1951 年联合成立"苏格兰特许会计师协会"。

此外，1853—1919 年其他民间审计组织主要包括：

（1）苏格兰会计师协会（Scottish Institute of Accountants）（1880 年）。

（2）会计师和审计师协会（Society of Accountants and Auditors）（1885 年）。

（3）财政官和会计师协会（Corporateion of Treasures' and Accountants' Institute）（1885 年）。

（4）苏格兰会计师公会（Corporation of Accountants in Scotland）（1891 年）。

（5）注册会计师协会（Institute of Certified Public Accountants）（1903 年）。

（6）伦敦会计师公会（London Association of Accountants）（1904 年）。

（7）中央会计师协会（Central Association of Accountants）（1905 年）。

（8）成本和工作会计师协会（Institute of Cost and Works Accountants）（1919 年）。

四、苏格兰民间审计组织的建立

如前所述，随着民间审计群体的形成，苏格兰的会计师们已明显地感到，建立自身的组织将促使民间审计职业活动更好地开展。

1853 年 1 月 17 日，爱丁堡会计师协会成立迈出第一步。那一天，民间审计人员亚历山大·韦尔·罗伯逊（Alexander Weir Robertson）在与他的职业同行商量之后，向 14 位开业会计师发出了如下邀请信[⑥]：

数位同仁决定就联合爱丁堡职业会计师一事做出明确的安排。如幸蒙您的赞同，敬请于本月 20 日（即下星期四）下午 2 时光临敝舍。

丹大士街 15 号

1853 年 1 月 17 日

VICTORIA R

VICTORIA, by the Grace of God of the United Kingdom of Great Britain and Ireland, Queen, Defender of the Faith, to all to whom these presents shall come, Greeting: WHEREAS WE, considering that an humble Petition has been presented to Us by James Brown, Donald Lindsay, Thomas Robertson Chaplin, Thomas Mansfield, Henry George Watson, Archibald Borthwick, Ralph Erskine Scott, Archibald Horne, Thomas Scott, William Moncreiff, Charles Murray Barstow, David Robertson Souter, George Auldjo Esson, Alexander Weir Robertson, Kenneth Mackenzie, James Wilkie, Thomas Goldie Dickson, Robert Christie junior, John Spence Ogilvy, George Mitchell, Archibald Gibson, George Murray, George Auldjo Jamieson, Alexander Thomas Niven, James Ogilvy, Frederick Hanes Carter, Charles Pearson, Robert Spottiswoode, John Charles Fraser, Alexander Jamieson, Charles Woodrow Thomson, David Cormack, William Russell, John Menzies Baillie, Christopher Douglas, James Adam Brown, Patrick Morison, James Jobson Dickson, Samuel Raleigh, Donald

摘自“爱丁堡会计师协会皇家章程”（1854 年）

接到这封邀请信以后，8 位有识之士在指定的日期和地点聚会。阿奇博尔德·博思威克（Archibald Borthwick）先生主持了会议。他在会议中指出：过去会计师们为建立爱丁堡协会做过一次又一次各种各样的尝试，但迄今这些尝试均毫无结果。现在，曙光已经出现在我们的面前：追随尝试者们的足迹可以实现渴望的目标。

根据这一想法，与会者决定成立一个协会。该协会由爱丁堡专门从事民间审计工作并被认可的成员组成。在这次会上，还起草了关于成立爱丁堡会计师协会章程和规则的草案，并决定下次会议对这些章程和草案作进一步的讨论。

更多的人参加了 1853 年 1 月 22 日召开的第二次会议。会议充分讨论和修订了章程草案，并将参加会议的人员分成小组，分别负责接纳将被邀请加入协会但未出席会议的人员。与会者都同意会员的名单应尽快确定。

1853 年 1 月 31 日再次举行了会议，47 人出席。与会者就许多事项进行了充分的讨论，并成立了一个委员会。其中，会议决定，协会将由普通会员和荣誉会员组成，普通会员应是在爱丁堡开业的会计师，荣誉会员可以是以前从事民间审计职业的人们，或者是人寿保险公司的经理和法院的工作人员。

按照计划，1853 年 2 月 4 日召开了另一次会议，詹姆斯·布朗（James Brown）被选为协会主席。会议不仅通过了以布朗为首的协会委员会，而且通过了爱丁堡会计师协会章程和规则，其中第 6 条规定："接纳新会员入会须通过全会、年会或者特别会议。他们必须由两个会员推荐，再通过无记名投票，通过的票数为与会者的 3/4。"普通会员和荣誉会员应分别每年缴纳会费两几尼和一几尼。

詹姆斯·布朗：爱丁堡会计师协会 1853—1864 年会长

在 1854 年 2 月 1 日召开的协会第一次年会上，主席和委员会一致认为，申请协会皇家执照的时候已经来临。至 5 月，委员会批准了由约翰·克拉克·布罗迪（John Clerk Brodie）起草的呈交维多利亚女王的请愿书的草案。

请愿书这样写道⑦：

请愿者从事的会计师职业是一个长久而又崇高的职业，而且近年来显得愈来愈重要。正如在爱丁堡所看到的一样，会计师的业务范围复杂而又广泛……鉴于这种种情形，请愿者希望结成一个名为爱丁堡会计师协会的组织，本着将正在从事民间审计职业的人们团结成一体的宗旨，追求相同职业患难与共的目标。请愿者认为，如果将爱丁堡开业的会计师联合为一个整体，具有共同遵守的誓约、制订考试和接收会员规则和章程或其他事项的权力，将会保证会员的合格性，从而确保会计业务很好地开展，这无疑大大有助于公众利益。

1854 年 10 月 23 日，由帕尔默斯顿议员根据女王陛下的命令签发的皇家证书在圣・詹姆斯法院签发。12 月 2 日注册登记并盖上了大印。同月 18 日，送交协会。

1853 年 9 月，格拉斯哥 1841 年 1 月 1 日以后才开始从事民间审计职业的 27 名会计师联名写信，寄给 15 名 1841 年以前就成为职业会计师的前辈。他们在信中指出：作为格拉斯哥的会计师，早就渴望成立一个会计师协会，只有通过这个途径，会计师们才可能达到共同的目标；过去，前辈们提出过许多建议和计划，但都由于各种原因被延误了。谈到破产法的修改迫在眉睫，使得成立职业协会更为必要时，信上继续说：要使格拉斯哥从事民间审计职业的人们在成立协会的每一个细节上都达到一致是不可能的，所以，应将 1841 年 1 月 1 日以后开业的并仍然在民间审计职业的会计师组成一个会计师委员会或协会，同时，制定会计师协会章程和接纳会员的准则和规则。

1853 年 10 月 3 日，9 位接到请求的老会计师在一起开会。詹姆斯・麦克莱兰（James McClelland）先生主持了会议。该会旨在讨论倡议者建议的合理性。最后，会议决定应该热诚地支持请求信表达的愿望，成立一个会计师协会。会议指定了一个四人委员会，让他们与由四名请求信的签名者组成的委员会共商大事，采取措施组织协会和制定章程，以提交下一次会议。

1853 年 11 月 9 日，年长的会计师们召开会议，通过了章程草案，并成立了以麦克莱兰为主席的第一届委员会。从此，格拉斯哥会计师职业协会正式成立。到 1853 年 12 月 16 日为止，协会共接纳了 43 名会员。协会和委员会开会的地点固定在皇后街国家银行大楼股票交易所内。

1854 年 5 月 17 日，委员会召开会议，第一次讨论了申请皇家特许问题。申请的经过与爱丁堡基本一致，但爱丁堡已经捷足先登。经过慎重考虑，委员会决定协会正式采用“格拉斯哥会计师和保险统计师协会”名称，并以该协会的名义申请皇家特许。

请愿书这样写道[⑧]：

在苏格兰，很久以来会计师就是一个令人瞩目的特殊职业；最初从事该项职业的人数很少，但多年以后，从业人数猛增，就格拉斯哥而言，就有数量可观而且可敬的人们从事会计师工作。作为一个会计师，需要广泛而又繁杂的知识；它不仅仅包含保险统计师的业务内容，事实上那只是它的一个分支，它包含所有算术方面的知识，它还包括更广的领域，应熟悉整个法律，尤其是苏格兰的法律知识都是必不可少的；会计师经常被郡法庭和苏格兰境内最高民事法庭——高等民事法庭雇用，来协助法庭调查有关会计事务……显然从事这项职业必须接受多方面的教育。格拉斯哥会计师协会——请愿者都属于这个组织——的成立，将会保证他们的工作有效率地开展，以及维护他们属于的这个职业在格拉斯哥的地位；请愿者认为，如果组成这样一个整体——具有共同遵守誓约，具有制订考核和接收会员的规章的权力及其他常规权力，将会极大地帮助他们实现上述的目标。

1855 年 3 月 15 日，苏格兰颁发了格拉斯哥会计师和保险统计师协会的皇家证书。1855 年 12 月 7 日，协会会员们在女王大酒店举行了庆祝酒宴。

1866 年年底，詹姆斯·梅斯顿（James Meston）先生和威廉·米尔恩（William Milne）先生在开业会计师的一次会议上首先倡导建立阿伯丁会计师协会。12 名会计师在申请皇家特许的请愿书上签了名。

请愿书这样写道[⑨]：

请愿者——阿伯丁的会计师希望联合起来，在阿伯丁成立一个协会以实现后续的目标。请愿者从事的会计师职业近年来在阿伯丁已具相当的重要性……鉴于这种种情形，请愿者希望将自己组成一个协会，叫“阿伯丁会计师协会”，本着把正从事该职业的人们团结成一体的宗旨，追求相同职业患难与共的目标。如果请愿者能联合起来成为一个团体，具有共同的誓约，具有制定考核和接收会员规章的权力，将会保证会员的合格性，从而保证会计师业务很好地开展，这无疑大大有益于公众的利益。

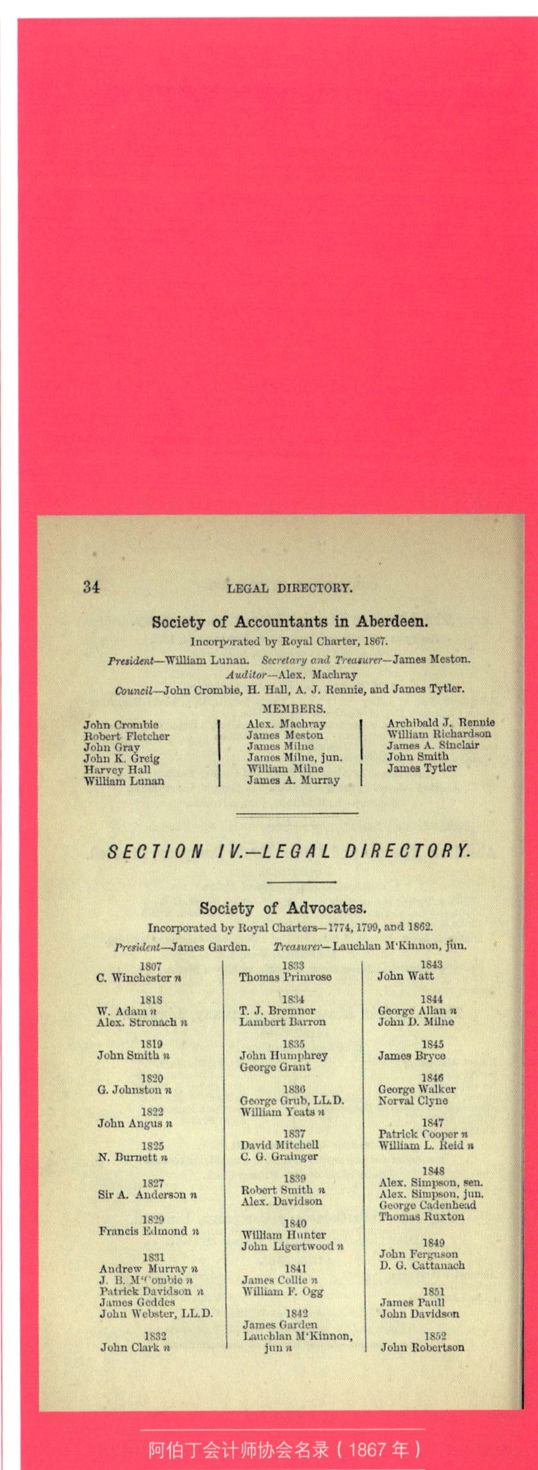

34 LEGAL DIRECTORY.

Society of Accountants in Aberdeen.

Incorporated by Royal Charter, 1867.

President—William Lunan. *Secretary and Treasurer*—James Meston.
Auditor—Alex. Machray
Council—John Crombie, H. Hall, A. J. Rennie, and James Tytler.

MEMBERS.

John Crombie	Alex. Machray	Archibald J. Rennie
Robert Fletcher	James Meston	William Richardson
John Gray	James Milne	James A. Sinclair
John K. Greig	James Milne, jun.	John Smith
Harvey Hall	William Milne	James Tytler
William Lunan	James A. Murray	

SECTION IV.—LEGAL DIRECTORY.

Society of Advocates.

Incorporated by Royal Charters—1774, 1799, and 1862.

President—James Garden. *Treasurer*—Lauchlan M'Kinnon, jun.

1807
C. Winchester *n*

1818
W. Adam *n*
Alex. Stronach *n*

1819
John Smith *n*

1820
G. Johnston *n*

1822
John Angus *n*

1825
N. Burnett *n*

1827
Sir A. Anderson *n*

1829
Francis Edmond *n*

1831
Andrew Murray *n*
J. B. M'Combie *n*
Patrick Davidson *n*
James Geddes
John Webster, LL.D.

1832
John Clark *n*

1833
Thomas Primrose

1834
T. J. Bremner
Lambert Barron

1835
John Humphrey
George Grant

1836
George Grub, LL.D.
William Yeats *n*

1837
David Mitchell
C. G. Grainger

1839
Robert Smith *n*
Alex. Davidson

1840
William Hunter
John Ligertwood *n*

1841
James Collie *n*
William F. Ogg

1842
James Garden
Lauchlan M'Kinnon, jun *n*

1843
John Watt

1844
George Allan *n*
John D. Milne

1845
James Bryce

1846
George Walker
Norval Clyne

1847
Patrick Cooper *n*
William L. Reid *n*

1848
Alex. Simpson, sen.
Alex. Simpson, jun.
George Cadenhead
Thomas Ruxton

1849
John Ferguson
D. G. Cattanach

1851
James Paull
John Davidson

1852
John Robertson

阿伯丁会计师协会名录（1867 年）

请愿得到批准。1867 年 3 月 18 日，皇家特许会计师协会成立。5 月 10 日，阿丁堡会计师协会建立了以威廉·卢楠（William Lunan）先生为主席的第一届委员会。

从以上关于苏格兰三家特许会计师协会建立的简单论述中可以看出，虽然各自的起点均不太高，但都在自己所在地区市场经济的孕育下茁壮成长。在世界民间审计职业的形成过程中，苏格兰发挥了开拓性的作用。

1951 年，三大协会正式合并，成立了苏格兰特许会计师协会。

五、英格兰·威尔士特许会计师协会的成立

在 19 世纪下半叶，英国的资本市场规模翻了几翻。在这样庞大的资本市场上，单个审计人员要树立起具有独立性和职业能力的信誉，是一件必须付出高昂代价的事。一种既能减少这种代价，又能为投资者提供满意服务的办法就是成立职业审计师协会。这种协会负责鉴定审计师的资格，保证每个民间审计师均具有独立性和职业能力。

这种理想最早被苏格兰审计人员变成了现实。这马上引起英格兰民间审计界的高度重视。

1870 年，伦敦九位著名的会计师多次聚会，一起商议成立伦敦协会（London Society）的可行性。协会的宗旨是提高伦敦地区职业会计师的水平和地位，促使他们提高审计效率和社会有用性，对会计师在专业上遇到的所有问题提出协会的意见。但是，申请皇家特许的计划受到了挫折，协会被要求报送会计协会的章程。这些发起人后来成为数家国际性会计公司的创始人。

1872 年，伦敦协会改名为会计师协会（the Institute of Accountants），开始向来自各省的申请人敞开大门。但是，该协会要求申请者缴纳昂贵的入会费，并制定了严格的会员资格；协会禁止会员办理“混合”业务，在这种业务中，会计仅仅是其中很小一部分；协会还禁止给掮客和介绍业务的其他人支付佣金。这些制度使许多申请者望而止步。

于是，对会计师协会各项措施不满的人在 1872 年另立组织，取名为会计师公会（Society of Accountants），与会计师协会展开了激烈的竞争。这些怀才不遇者通过广告、更吸引人的条件和较少的规则招集了众多的会员。到 1877 年，它的会员人数超过了会计师协会。

1878 年，当会计师协会提议通过《国会法案》（Parliamentary Bill）的时候，两大民间审计组织的竞争达到了白热化程度。该法案要求官方承认“正式会计师团体”（the Incorporated Institute of Official Accountants）。其他地方性会计团体，如利物浦会计师协会、曼彻斯特会计师协会和谢菲尔德会计师协会，均要求加入协会。但会计师公会起草

了请愿书，反对国会法案。它指出："人数上，它已大大超过协会；能力上，它也并不逊色。"⑩

经过修正的倡议提交给议会后不久，会计师协会被告知，皇家已特许会计师协会与其他四家民间审计团体组成联合会。于是，1880 年 5 月 11 日，英格兰·威尔士特许会计师协会（Institute of Chartered Accountants in England and WaleS，ICAEW）正式成立。威廉·特克安德（William Turquand）先生出任第一任主席。自 1870 年起，特克安德先生就是职业界的活动家。同时代的年轻人厄尼斯特·库珀在评论他时指出："他是一位彬彬有礼的绅士。他总是衣着整洁，是一位理想的专业人员。"

"英格兰·威尔士特许会计师协会"成立伊始，便起草道德标准，限制通过广告招揽客户，收取昂贵的入会费，取消佣金支出，而且，还投资兴建了一座图书馆。在经过仔细的酝酿讨论之后，协会章程最终于 1882 年 3 月获得了枢密院的批准。章程旨在保证会员达到较高水平的专业熟练程度，高质量地遵守职业道德规范，及时清除违背章程的人。

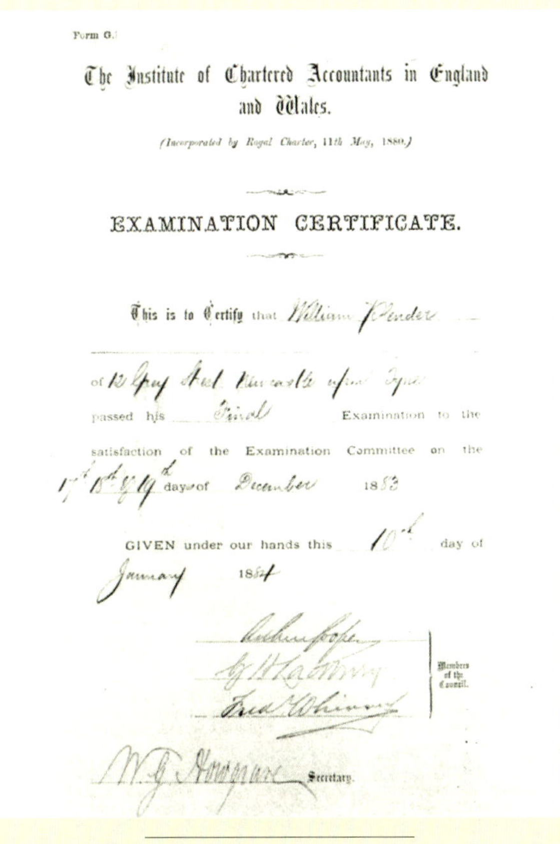
Form G.

The Institute of Chartered Accountants in England and Wales.

(Incorporated by Royal Charter, 11th May, 1880.)

EXAMINATION CERTIFICATE.

This is to Certify that William Pender

of 12 Grey Street Newcastle upon Tyne

passed his Final Examination to the satisfaction of the Examination Committee on the 17th 18th & 19th day of December 1883

GIVEN under our hands this 10th day of January 1884

Members of the Council.

Secretary.

ICAEW 早期考试证书（1884 年）

最初，协会只有会员587名，第二年达到1 025名，1883年为1 275名，1884年为1 316名，1885年为1 352名，1886年为1 444名。从1882年7月开始，接收新会员均要通过三次严格的考试，许多考试科目超出以前的簿记范围，其中审计学是主要科目。一部分人因为具有丰富的经验而免于考试。尔后，由于考试制度趋于严格，协会会员人数的增长速度开始缓慢下来。

四大会计师事务所的创始人都曾是ICAEW的会长

三次考试科目分别是[11]：

第一次考试——

书写，短小的英语作文，算术，代数，欧几里得几何学，地理，英国史，初级拉丁语。选修科目：任选下列中的二种科目——拉丁语，希腊语，法语，德语，物理，化学，动物生理学，电气学，磁学，地质学，高等数学。

第二次考试——

簿记，会计学，审计学，合伙会计和遗产管理会计的调整，受托管理者的权力和义务，清算和破产管财人。

第三次考试——

除对第二次考试中的各科目进一步提问以外，还应考试：破产法原理，股份公司，商业实务，仲裁和判决。

谢菲尔德特许会计师兼协会主席乔治·沃尔特·诺茨（George Walter Knoz）于1896年回忆说，当时有一个考生连续13次参加协会的考试，但均未成功。协会很同情他，但认为他不应该再参加考试。这位考生仍然坚持参考，协会最终婉言谢绝了他。他表示不服，立刻去法院，试图借助法院压服协会。法院经过多方调查，裁决协会获胜，因为协会是在自己的权限范围内行使职权。但是，这位考生不甘心失败，他大做广告，声称自己是特许会计师。协会立刻向法院起诉，要求法院出面禁止。最后，根据他自己的要求，以接受罚款而告终。后来，他依然自命为"注册审计师"，但在前面加了一组重要的限定词："不是英格兰·威尔士特许会计师的会计师"。

到 19 世纪末，英国形成了一个比较完整、比较系统的民间审计组织体系。这个体系，充分满足了保证资本主义资金市场正常运转的社会要求，它在树立民间审计职业的光辉形象的同时，为后来整个世界民间审计组织的发展，树立了一个出色的榜样。

英格兰·威尔士特许会计师协会最早和现在的徽标

六、法庭判决对近代民间审计的推进

在英国，对近代民间审计的直接催产，不只是公司法和民间审计群体两个因素，法庭对有关审计案件的判决，也具有同样重要的影响。

当时著名的经济纠纷包括：格拉斯哥银行倒闭事件（1878 年）、利兹地产建筑投资公司与谢泼德事件（1887 年）、伦敦大众银行案件（1895）、利对纽查特尔沥青公司案件（1889 年）和雷克斯对凯尔桑特案件（1931 年）。它们通过法院的判决，或进一步明确了审计范围和审计人员的责任，或更新了传统的审计观念，其影响迄今犹存。

以前，人们一直认为审计人员是一名侦探，他应以怀疑一切和先入为主的框框作为指导思想，以证明会计记录存在差错和舞弊。但 19 世纪末叶的法庭判决纠正了这样的错误观点，明确指出审计人员属于监察人（watchdog），而不是一名侦探（bloodhound）。著名英国法官林德利在其判决中曾经指出："一名审

计人员不能仅仅局限于检查各种会计记录和进行数学验算。他的首要任务应是谨慎地审查会计记录不出差错，或者杜绝虚假账目。为了履行这一职责，他们必须具有调查研究的指导思想，而不是随便地怀疑。”他还强调：“在审计人员进行调查研究时，不能过分地要求他谨慎。因为他不是一位承保人，所以不能保证会计账目是精确地作成的……但他必须是忠实的。例如，他不得证明他相信的东西是一种事实。同时，在他确信某东西是事实之前，务必采取合理的关注和技巧……如果在查账过程中，对某些事实没有必要怀疑，那么，只需作细微的留意就足够了；如果在检查账目时发现疑点，那么，就有必要非常谨慎地加以核实。但是，即便在这样的情形下，也不能要求审计人员过分小心地工作。因为作为审计人员，只能以行动来证实他的意见是符合具有专业知识的专家的身份和观点的。”这些观点，目前在英美各国得到了普遍的承认和运用。

由此可见，那时候，法院通过法官的审判实践，反复指明审计人员的责任、范围、途径和方法，与公司法和民间审计组织一起，施展着各自的能量，步调一致地推动民间审计向近代的门槛迈进。

七、审计业务比重的发展

19 世纪 80 年代，会计师的工作性质开始发生变化。如前所述，1869 年的破产法导致会计师大量介入破产清理工作。但是，1883 年的破产法规定了官方清算人，从民间会计师手中夺去了一部分清算工作。这部法案不仅使会计师清理破产事项的业务大幅度减少，同时也致使特许会计师人数下降。1883 年前 4 年中，破产法院每年平均受理 9 400 件破产案，1883 年以后，法院受理的破产案减至 4 250 件。

当破产清理业务退居次要地位的时候，为股份公司提供审计服务的业务逐渐变得重要起来。

这里仅以后来成为国际性公司的惠尼审计事务所为例（如表 2.1.3 所示），介绍 19 世纪英国职业会计师工作的不同性质和审计业务的变化。

表 2.1.3　惠尼审计事务所收入表（1849—1930 年）

年份	清算	会计	审计	信管托理　遗管嘱理	其他	税务
1849 年	75%	8%	—	12%	5%	—
1860 年	86%	8%	2%	4%	1%	—
1870 年	94%	2%	2%	2%	—	—
1880 年	72%	11%	11%	4%	2%	—
1890 年	46%	10%	37%	4%	3%	—
1900 年	20%	17%	53%	6%	5%	—
1910 年	53%	4%	35%	3%	4%	1%
1920 年	45%	10%	38%	1%	4%	2%
1930 年	6%	11%	67%	3%	6%	6%

资料来源：

E.Jones，Accountancy and the British Economy 1840—1980，the Evolution of Ernst & Whinney，London：B.T.Batsford，1981.p.47. p.98.

当时，正值股份公司快速发展的大好时机。事实上，直到 1862 年公司法颁布，公司并不普遍。组建公司在当时还是比较困难的。这种组织形式仅被需要大量公共资金的大型企业（如铁道、运河或银行）所采用。1880 年时，这种类型的公司如雨后春笋般地涌现出来。据统计，1864 年年初，仅有 891 家公司根据 1862 年公司法注册；到 1880 年，注册公司已达 14 445 家之多，平均每年约有 1 500 家公司注册登记。这种形势，为英国职业审计的新发展创造了极好的条件。

厄尼斯特·库珀先生 1921 年在论及股份公司这种发展的重要意义时指出[12]：

我们从不将当前的地位归功于自己，也不归功于协会或理事会。我们深知，主要因素是股份原则的发展。1879 年和以前的法案要求银行，以后又要求每个公司聘请审计人员，这对民间审计职业的发展起了非常大的促进作用。将来，随着小业主和其他商人采取有限责任的公司形式，我们职业的前景将是令人振奋的。

截至 1920 年，民间审计职业已经控制了近 100 000 家有限公司的 95% 的审计工作。

八、两位审计文献的开拓者

弗朗西斯·威廉·皮克斯利（漫画）

19 世纪末的英国，随着近代民间审计制度基本框架逐渐形成，产生了第一批审计文献的探索者。他们以亲身实践作为创作源泉，谱写了审计文献史上光辉的第一章，受之无愧地成为审计科学建设的筚路蓝缕的开拓者。这些人中以皮克斯利和迪克西两位审计学者最为著名。

弗朗西斯·威廉·皮克斯利（Francis William Pixley，1852—1933 年）1852 年 7 月 5 日诞生在英国一个以远洋航行为业的家庭里。1878 年，他加入当时著名的会计师协会。1880 年，该协会与其他四家会计师组织联合创办了英格兰·威尔士特许会计师协会，他便成为新协会的发起会员之一。皮克斯利也是当时一位大获成功的实业家，他所创办的会计师事务所，迄今仍以“克拉克·皮克斯利会计师事务所”为名，活跃在英国民间审计领域[13]。

皮克斯利一生对审计事业的卓越贡献，不仅表现在民间审计实务方面，也突出地表现在审计理论的建树上。1881 年，他成功地编著了世界上第一部关于审计基础文献和实务的名著《审计人员——他们的义务和职责》一书。

根据1881年2月《会计师》(*The Accountant*)杂志可知，《审计人员》初版的目录包括[14]：

（1）公司法的历史；

（2）选举审计人员的方法；

（3）会计和审计法规；

（4）簿记理论与审计；

（5）审计基础理论；

（6）公司发表的计算书的格式；

（7）、（8）资产负债表和损益账户中的重要项目；

（9）审计人员的义务和职责。

皮克斯利在第7版中发展了审计学的内容，增添了“审计人员的地位”“分配红利时应得利润”和“审计证明和报告”诸章。这是第一次科学地探求审计文献的尝试，不仅创造性地提出了一系列审计学科的基础理论，而且在推动审计科学发展的过程中，发挥着重要的作用。这本书一共再版了13次。

皮克斯利的其他专著还有：《特许会计师职业》(*The profession of a chartered accountant*，1897年)、《股东手册》(*The shareholder's handbook*，1886年)、《会计师词典》(*The accountant's dictionary*，1922年)和《如何阅读资产负债表》(*How to read a balance sheet*，1937年)。

在探索审计文献的路上，和皮克斯利结伴而行的，是劳伦斯·罗伯特·迪克西(Lawrence Robert Dicksee，1864—1932年)，他生长在伦敦一个艺术家庭里，17岁时，便在一家公司担任簿记员工作。5

《审计人员——他们的义务和职责》(1896年版)

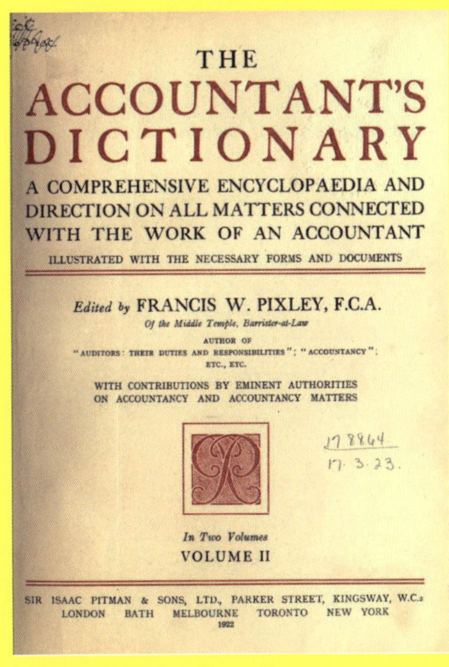

《会计师词典》(The accountant's dictionary，1922年)

年后通过考试，成为英格兰·威尔士特许会计师协会会员。不久，他辞去簿记员工作，与彼得·普赖斯合伙在加的夫地区挂牌开业，承办会计和审计业务，同时在当地的技术学校传授簿记课程。1902年，他担任伦敦经济学院兼职讲师和伯明翰大学会计学教授，走上了研究会计和审计的学术之路，直至1926年载誉退休。[15]

劳伦斯·罗伯特·迪克西

迪克西教授不仅具有丰富的实践知识，而且具有高深的理论水平，是当时一位著名的高产作家。在他贡献给人类的17部专著中，以1892年出版的教科书:《审计学——审计人员的实务手册》(*Auditing*：*a practical manual for auditors*）最为著名，被公认为现代审计理论的奠基作之一，较之皮克斯利，对世界审计学的发展产生了更加深刻的影响。该书主要根据英国的公司法和法院判决编著而成，可以说集中地反映了当时英国审计思想和制度的精华。后来，该书又采纳英国会计师协会的建议，在书中增设了会计和审计程序的章节，使其内容愈加丰富。迄今为止，该书已发行过19种英文版本，1976年，英国阿诺出版公司又再版了它的美国版本。

皮克斯利和迪克西适时地迎合了当时对审计学发展的需要，他们的全部探索成就，具有鲜明的创新特征，从而引导审计登上了科学的大雅之堂。这种努力，与现代民间审计制度框架的形成相辅而行，也为现代民间审计的繁荣作了必要的准备。

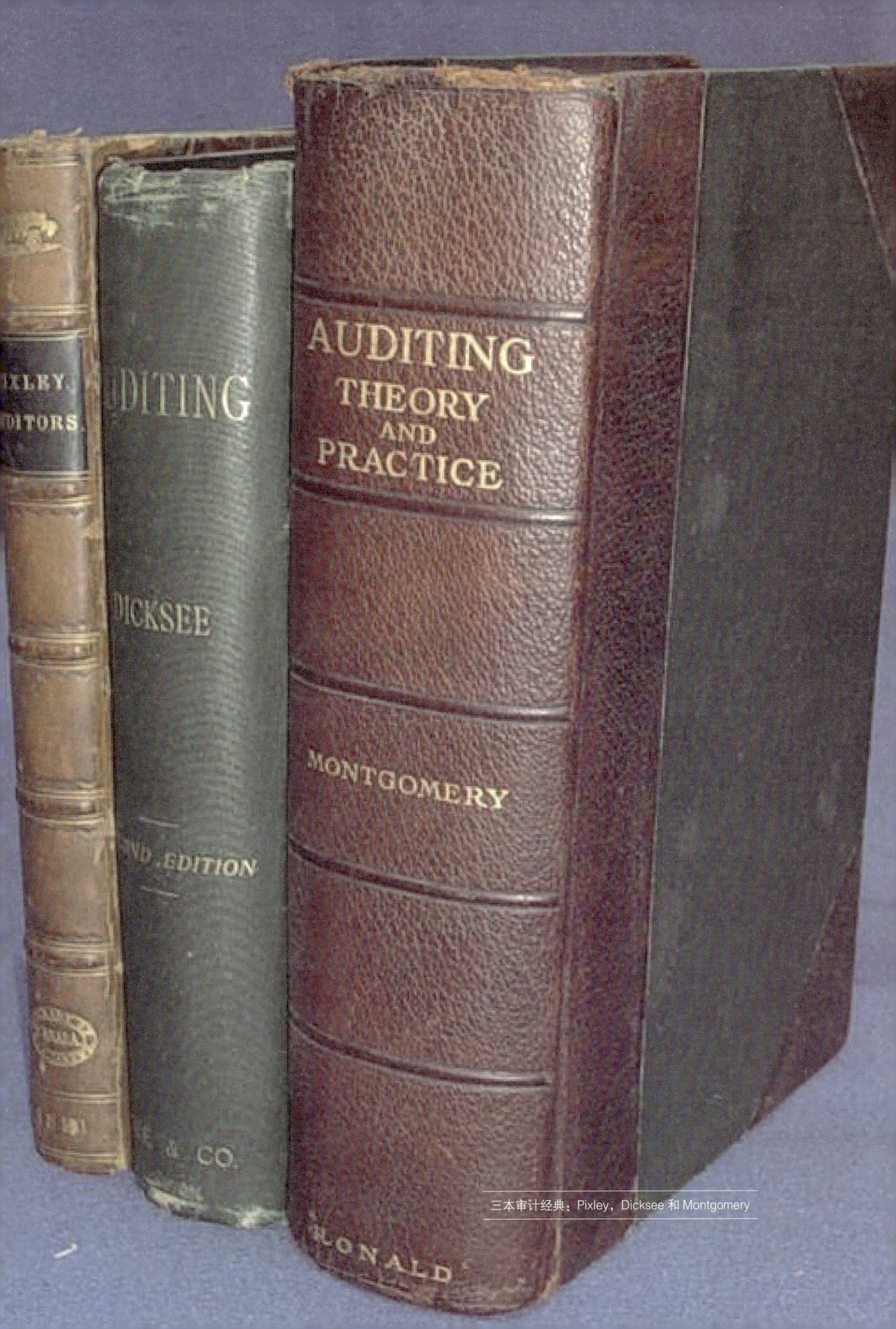

三本审计经典：Pixley，Dicksee 和 Montgomery

注释：

① T・G・威廉斯：《世界商业史》(The History of Commerce) 中国商业出版社 1989 年版，第 89-90 页。

② Wilmer L.Green: History and Survey of Accountancy，Standard Text Press，1930，pp.49-51.

③ M.Chatfield：A History of Accunting Thought，Robert E.Krieger Publishing Company，1977，p.147.

④ H.W.Robinson：A History of Accountants in Ireland，Institute of Chartered Accountants in Ireland，1964，p.30.

⑤ 片冈义雄：《ウルフ会计史》，片冈泰彦译，法政大学出版局，1980 年版，第 177 页。

⑥ ICAS：A History of The Chartered Accountants of Scotland，1954，p.21.

⑦ ICAS：A History of The Chartered Accountants of Scotland，1954，p.21.

⑧ ICAS：A History of The Chartered Accountants of Scotland，1954，p.21.

⑨ ICAS：A History of The Chartered Accountants of Scotland，1954，p.21.

⑩ Leon Hopkins：The Hundredth Year，Macdonald and Evans，1980，p.4.

⑪ [美] 迈克尔・查特菲尔德：《会计思想史》(A History of Accounting Thought)，文硕、董晓柏、王骥等译，中国商业出版社 1989 年版，第 224 页。

⑫ Leon Hopkins：the Hundredth Year，Macdonald and Evans，1980，p.4.

⑬ J.Kitchen and R.H.Parker：Accounting Thought and Education：Six English Pioneers，Icaew，1980，p.23.

⑭ A.C.Littleton：Accounting Evolution to 1900，Russel & Russel，1933，p.317.

⑮ J.Kitchen and R.H.Parker：Accounting Thought and Education：Sis English Pioneers，Icaew，1980，p.23.

第二章 近代民间审计的发展：美国后来者居上

你们的协会和注册会计师职业在建立和维持资本市场的完整性方面，发挥着至关重要的作用。独立的审计人员为经营企业和政府机关的财务报表提供可信性。没有这种可信性，债权人和投资者就几乎无法作出给我们的经济带来稳定性和活力的决策。没有你们，我们的财务市场就将土崩瓦解。

—— Ronald Reagan

美国著名的史学家 J·D·爱德华（J.D.Edwards）认为，美国民间审计的发展可以分为五个阶段[①]：

第一期：民间审计师出现的时代（1748—1895 年）；

第二期：民间审计职业法制化和组织化时代（1896—1913 年）；

第三期：第一次世界大战以后民间审计业务大发展时期（1913—1928 年）；

第四期：法定审计确立时期（1928—1949 年）；

第五期：民间审计师地位提高和社会责任增强的时代（1950—1960 年）。

显而易见，这种分期是从民间审计职业本身的发展出发的，没有考虑与职业发展有关的社会和经济影响因素。在本章中，笔者试图将民间审计放到社会经济背景中，从一种宏观角度论述美国民间审计在资本主义市场经济秩序中的发展历程。

一、美国民间审计职业的兴起

1748 年，是美国民间审计发展的起点，也可以说是美国民间审计史上的一座里程碑。

这一年，本杰明·富兰克林（Benjamin Franklin）将他在富兰克林—哈尔出版公司中的股份卖给了大卫·哈尔（David Hall），价值 18 000 英镑。根据合同，哈尔应在 18 年

年轻时期的本杰明·富兰克林（Robert Feke 绘画）

内每年一次，每次 1 000 英镑分期付给富兰克林，同时撤销富兰克林作为合伙人的资格。于是，富兰克林委托詹姆斯·帕克（James Parker）作为自己的代表与哈尔结算。帕克对设备财产和原材料盘存进行了评价，并向富兰克林提出了名为“你与哈尔氏账目一览表”（State of your Account with Mr.Hall）的报告书。该报告书迄今仍保存于哥伦比亚大学图书馆。许多审计史学家认为，这件事是目前可以确证的美利坚合众国最早的民间审计业务。

由此可见，大约在 18 世纪，一些美国人已经在大西洋沿岸的若干商业城市从事民间审计工作。从当时流传下来的人名簿和广告来看，19 世纪中叶之前，美国民间审计师的业务主要从事会计业务，如帮助委托人建账、结账、转账和记账。但是，19 世纪 70 年代以后，特别是进入 80 年代以后，民间审计师开始发挥民间审计固有的职能，不仅审查会计记录，而且编制审计报告，逐步确立了民间审计事业。如表 2.2.1 所示。

19 世纪末，随着美国工业化的急速推进，随着个人企业向股份公司的转变，英国的会计师们频繁地访问美国，对自己的委托人在那里建立的铁路、酿酒厂的会计账簿和财产进行审查，并在美国开设民间审计事务所。他们给美国带来了在当时称得上是最新知识的近代民间审计制度的基本框架和详细审计技术，为美国近代民间审计的起步输入了新鲜血液。当时，企业开始合并，并向公众出售有价证券，导致对民间审计人员和会计师事务所的迫切需要。现在的八大会计师事务所中有四家就是由移居美国的英国特许会计师创办的。这些英国的特许会计师用他们的先进审计制度和方法，培训美国的职员，从而为美国近代民间审计的发展打下了基础。

比如，19 世纪后期美国经济的支柱是铁道业。在 1888 年 6 月 30 日，在州际商业委员会管辖的 1 418 家铁道公司中，只有纽约·安大略西部铁道公司接受过巴罗·韦德和格斯里会计师事务所的审计业务。而其他的 1 417 家公司一概将会计师事务所拒之门外。但随着 1893 年 6 月经济危机的爆发，大部分铁道公司都向会计师事务所伸出了求援之手。

再如，在 18 世纪后期到 19 世纪初期的美国企业合并运动中，由于对合并后的新公

Industrial Revolution

Mass Production for Profits

Steam for Power

Coal for Energy

19 世纪的美国民间审计犹如铁道业，逐步走上盈利之路。

司的优先股的评价必须以合并企业过去的平均利润为基础，所以，职业会计师经常被请来审查被合并企业的收益力和财务状况，并被要求报告 3～5 年内的年度利润。

民间审计业务的确立，带来了合伙民间审计事务所的建立和民间审计团体的组建。从单个营业到 2 个或 2 个以上会计师以合伙关系挂牌开业，这是民间审计公司发展的趋势。美国会计师合股经营的形成显然是步其他行业（如医生和律师）和他们的先行者英国会计师之后尘。

一般而言，民间审计事务所是以无限合伙形式演化而来的。这种合伙形式至少在两方面对促进审计师的职业能力和独立性作出了贡献：

一个贡献是通过无限责任实现的。如果审计师采用有限责任成立事务所，他们可用来约束其行为的资产便会减少。相反，无限责任的合伙形式为审计师的独立性提供了更大的约束力。

另一个贡献是合伙人之间的相互监督。因为每个合伙人都要对其他合伙人的业务活动负责，每个合伙人都有相互监督的内在动机。这种相互监督无疑增强了民间审计的执业能力。

正如民间审计事务所从独资向合伙转变是自然发展的结果一样，无论是民间审计还是对社会有益的民间审计职业团体的形成，也是非常自然的。

在民间审计公司建立以后，能够自称在民间审计业务中是专家的人还很少。这些人没有用有效的手段来控制自己的职业。

1882 年 7 月 28 日，美国第一个民间审计组织在纽约正式成立。该组织名为“纽约会计师和簿记员协会”（the Institute of Accountants and Bookkeepers of the City ol New York，IABCNY）。1886 年 6 月 23 日，又改名为会计师协会（the Institute of Accounts ，IA）。

该协会的目的和宗旨是：

进行职业评估，推动知识进步和改善成员素质，其途径是：
第一，在技术知识理事会上进行讨论和进行商业实践；
第二，在职业活动和社会责任中帮助其成员。

该协会只活动了 25 年时间，或许更长一些。在这一段不长的时间内，其精力主要花在会计教育和为会计职业著书立说上。在美国，这是会计职业中提供教育机会的最早努力，其他的民间审计组织如表 2.2.1 所示。

表 2.2.1　美国早期的民间审计组织

设立年份	所在地	协会名称
1866 年	纽约	维齐和维齐会计师事务所（Veysey and Veysey）
1876 年	辛辛那提	纳尔逊·谢泼德和库克会计师事务所（Nelson Shepard and Cooke）
1883 年	纽约	巴罗·韦德和格思里会计师事务所（Barrow Wade Guthrie and Company）
1883 年	纽约	詹姆斯·耶尔德会计师事务所（James Yalden and Company）
1890 年	纽约	德洛伊特·德弗和格里菲思会计师事务所（Deloitte Dever Griffiths and Company）
1891 年	纽约	普赖斯·沃特豪斯会计师事务所（Price Waterhouse and Company）
1893 年	芝加哥	阿瑟·扬会计师事务所（Arthur Young and Company）
1895 年	纽约	哈斯金斯和塞尔斯会计事务所（Haskins and Sells）

1886 年，英国曼彻斯特市著名的会计师埃德温·格斯里因业务之需，来到纽约市。在此期间，他接受了费城最有名的会计师约翰·海因斯（John Heins）之邀，于同年 12 月初对费城进行了访问。两位民间审计巨匠会谈的主题是计划组建公共会计师协会。

一些人提议，将协会定名为“特许会计师协会”（Chartered Accountants' Institute），但格斯里极力反对，他建议海因斯使用“特许会计师”以外的名字，因为使用特许会计师这一称谓将会与在美国工作的也使用“特许会计师”名称的英国会计师在业务范围内发生冲突。在当时看来，这个意见是值得重视的。因为那时候，委托人将大多数重要的业务交给来自英国的受人尊重的会计师办理。在大量的外国投资者看来，英国会计师来自民间审计的发源地，并且经验丰富。

美国公共会计师协会会标

1886 年 12 月 22 日，6～7 人在一起聚会，讨论如何使民间审计职业为更多的人所理解，为达此目的应该做些什么。格斯里被选为这次大会的主席。

这次大会还通过了由约翰·海因斯提出的一项重要提案。该提案指出：为了增进和保护职业利益，会计师们现在应建立自己的协会；只有能够挂牌开业的会计师才能成为协会会员。同时，该提议建议将美国民间审计组织命名为“美国公共会计师协会”（the American Association of Public Accountants）。

1887 年 8 月 20 日，纽约州的法律正式承认美国公共会计师协会。该协会是美国现在最大的民间审计组织美国注册会计师协会的前身。根据美国注册会计师协会的统计，至 1896 年，协会共有会员 45 名，其地理分布是：纽约 37 名，马萨诸塞 3 名，加利福尼亚 2 名，佐治亚、伊利诺伊和新泽西各 1 名。

随着民间审计业务的确立，适应会计教育的需要，涌现了一大批民间审计教育先驱者。他们出版了各种教科书，创立了各种学校。

从民间审计师开始挂牌开业，到民间审计师业务的法制化，前后经历了约 150 年。

美国确立了民间审计业务，组织了民间审计职业团体，并兴办了旨在培养专业人才的民间审计教育，如表 2.2.2 所示。爱德华认为，这一时期亦可称为美国民间审计职业的古代史（ancient history of the American profession）。

表 2.2.2 美国早期的民间审计教育机关

年　份	内　容
1818 年	J·贝内特（J.Bennett）为了教授簿记和数学，在纽约创立了学校——这就是美国最早的会计学校
1851 年	路易斯安那大学创立了大学水平的商业学校。1857 年废除
1853 年	设立布赖恩特和斯特拉顿学校（Bryant and Stratton School）——是最早开设会计科目和有关学科的商业学校
1868 年	伊利诺伊州立大学为了培养管理人员讲授簿记内容
1881 年	宾夕法尼亚州立沃顿财经学校（Wharton School of Finance and Economy）建立——美国最早在课程表中开设会计学的商业大学

二、法制化和组织化：民间审计职业的成型

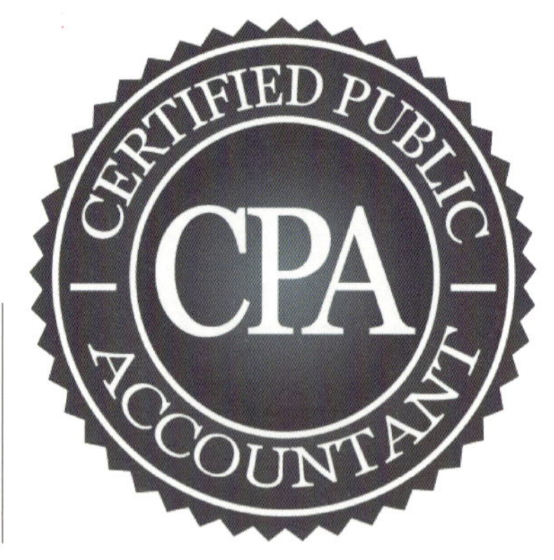

注册会计师协会会标

美国民间审计发展史上的第二个里程牌是纽约州《管理公共会计师职业的法案》(An Act to regulate the Profession of Public Accountants) 的制定。

1895 年，一些审计人员促使纽约立法机关通过注册会计师法案的努力失败以后，公共会计师协会再次任命了一个三人委员会，致力于促成注册会计师法案的通过。1896 年 4 月 17 日，纽约州的立法机构第一次通过了注册会计师法案，规定对有资格的会计师，应授予注册会计师 (Certified Public Accountant—CPA) 称号。

法案的主要内容如下[②]：

1896 年法案第 312 部分

众议院于 1896 年 4 月 3 日通过；

参议院于 1896 年 4 月 7 日通过；州长于 1896 年 4 月 17 日签署

纽约州管理公共会计师职业的法案

纽约州的人民通过其在参议院和众议院的代表，通过了如下法律：

第一部分：任何美国公民，或者正式宣告准备成为美国公民的人，在纽约州居留或者定期来纽约处理经济业务的人，年龄在 21 周岁以上者，品行良好，并持有大学评议会颁发的作为专业会计师开业的资格证明，应当被称为或晓谕为注册会计师 (Certified Public Accountant)。不允许任何人冒用此称谓，或者冒用缩写字 CPA，或者任何单词、字母或图形，以表明使用同样符号的人就是注册会计师。

第二部分：大学审议会应根据该法制定出考试规则，以考核申请开业证书的人。为了达到该目的，任命一个三人考试委员会。该委员会成员在 1897 年以后应由注册会计师组成……

第三部分：审议会有权自由决定免试发给第一部分提到的证书，但是，这些人应在本法通过之前作为公共会计师开业 1 年以上并在银行开户，并且，应在本法通过以后 1 年内，以书面形式申请证书。

第四部分：对本法的任何违反将作为轻罪论处。

第五部分：本法立即生效。

“注册会计师”作为一个有确切法律含义的专业名词，这是第一次。

尔后不久，美国各州也相继颁布了同样的法案。这标志着美国的注册会计师已得到官方的正式认可。

1917 年，美国会计师协会考试委员会开始实施“统一的”注册会计师考试，数年内，几乎所有的州采用了这样的考试制度，从而提高了民间审计人员的专业素质。

第一次注册会计师考试是由纽约考试委员会于 1896 年 12 月 15—16 日两天内举行的。到 1913 年，美国注册会计师人数已超过 2 200 人。

宾夕法尼亚州公共会计师协会建立以后，一些人愈来愈认识到，建立民间审计职业对于教育的依赖要远甚于对通过注册会计师法的依赖。于是，该协会理事会于 1902 年决定建立专门机关，开设会计理论、会计实务、审计和商法四门课程。

现将课程设置和任课教师列示如下：

会计理论：罗伯特・蒙哥马利（Robert H.Montgomery）
会计实务：W・M・莱布兰德（W.M.Lybrand）
审　　计：J・W・弗恩利（J.W.Fernley）
商　　法：H・G・斯托克韦尔（H.G.Stockwell）

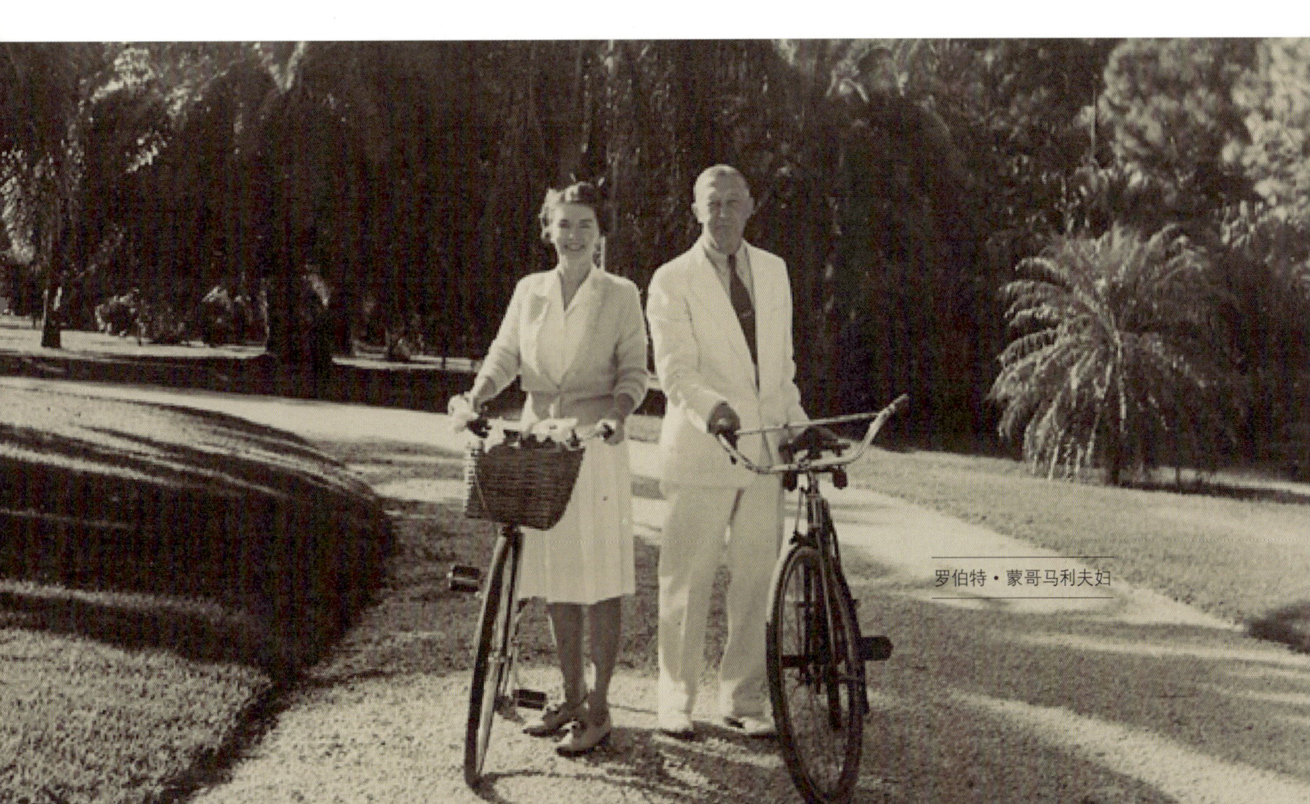

罗伯特・蒙哥马利夫妇

1900 年，纽约大学决定新建商业·会计·财务系。这是世界上第一个在大学中设置的会计系。1901 年，纽约大学开设了会计课程，内容包括会计理论、审计、金融、商业经济学和商业法，并任命 C·W·哈斯金斯（C.W.Haskins）先生为会计系主任。

哈斯金斯主任的目标是：将学校中经验丰富的教师与开业会计师结合在一起，以满足州考试委员会根据 1896 年法案对学员的要求。

1905 年 11 月，《会计杂志》（*The Journal of Accountancy*）作为民间审计职业的正式杂志公开发行创刊号。这一期对审计职业作出了如下的评价③：

10 年来，民间审计有了长足的发展。许多州正式承认民间审计是一门职业，这种承认是通过考试，以获取注册会计师称号来体现的。在美国最大的大学中，有五所已设立了会计系。许多最重要的铁路公司和工业公司都定期地聘请注册会计师检查它们的账册。

由于各州法律相继承认注册会计师，民间审计职业获得了飞速的发展。组建全国性的民间审计团体，成为许多有识之士的共识。1897 年，全美注册会计师协会（National Society of Certificate Public Accountants）正式成立。该协会的宗旨是：提高职业水平；联合全国的注册会计师，建立统一的民间审计组织；通过授课，交流职业知识；建立职业图书馆；确保 CPA 字母为各州法律所承认。C·W·史密斯（C.W.Smith）先生任该协会的第一任会长。当时，共有会员 67 名。

1899 年，全美注册会计师协会与美国公共会计师协会合并。这一举动无论对两个团体，还是对整个民间审计界，均是一件好事。但不久，一项严峻的挑战摆到了合并没有几年的美国公共会计师协会的面前。

从理论上讲，美国公共会计师协会是全国性的，但实际上，它基本上只是纽约市民间审计团体。因此，到 1902 年，全国至少建立了 8 家会计师协会。1902 年 7 月，在伊利诺伊公共会计师协会的一次会议上，乔治·威尔金森（George Wilkinson）宣读了一份文件。他指出：明确各州民间审计职业团体之间的关系是非常必要的，这些协会在处理审计事务时，缺乏目标的一致性。所以，他建议联合各州现存的职业团体，建立真正的全国性民间审计组织。1902 年 10 月，在数位颇有影响的会计师的大力支持下，美国公共会计师协会联合会（the Federation of Societies of Public Accountants in the United States）正式成立，同时在华盛顿召开了联合会的第一次会议。在这次会议上，通过了联合会的章程和附则，选出了常任官员。这些官员包括：联合会主席查尔斯·哈斯金斯；秘书长乔治·威尔金森；财务干事罗伯特·蒙哥马利。

联合会的宗旨是④：

（1）协助各会计协会加强联系，这些协会根据美国几个州的法律已经组织起来或正在组织中；

（2）鼓励尚未成立组织的各州建立公共会计师协会；

（3）鼓励制定统一的注册会计师法案；

（4）确保联合会在公共会计职业界得到承认；

（5）促进和协助对本职业的年轻会员进行培训，在各协会建立统一的效率标准；

（6）在全美传播联合会的宗旨和公共会计师在工业和金融业发展中的重大作用；

（7）进一步增进公共会计师的总体利益。

1904 年 9 月，在圣路易斯世界博览会期间，联合会成功地组织了第一届国际会计师会议。91 名会计师出席了会议。在为期 3 天的会议中，威尔金森被选为会议秘书长，全面负责会议的事务性工作。约瑟夫 • E • 斯特雷特当选为会议主席。斯特雷特在开幕式致词中建议两家全国性民间审计机构合并，从而为美国公共会计师协会联合会并入美国公共会计师协会奠定了基础。不久，两家组织共同成立了一个由双方代表组成的联合委员会。经过几轮磋商，一致同意在对美国公共会计师协会的章程和机构作必要的修改后，在该协会的旗帜下组建全国性职业组织。

1905 年，两个组织正式合并。新的全国性协会的目的是：

（1）友好地团结各州协会和本职业的会员；

（2）鼓励制定和统一注册会计师法案。

不久，由于各州注册会计师法条款内容不同，考试标准各异，因而民间审计界要求在全国建立统一组织的呼声日益高涨。于是，1916 年，美利坚合众国会计师协会（Institute of Accountants in the United States of America）成立。第二年，改名为美国会计师协会（American Institute of Accountants，简称 AIA）。尔后，协会名称屡更，至 1957 年，民间审计组织又改名为美国注册会计师协会（American Institute of Certified Public

美国注册会计师协会会标

R·H·蒙哥马利《美国经营手册》封面

Accountants，简称 AICPA）。

三、从英国式审计到美国式审计

英国开端的审计技术和方法，是一种“详细审计”（detailed audit）。它要求以经济业务为基础，通过审核所有的经济业务、会计凭证、会计账簿和会计报表，来发现记账差错和舞弊行为。这种方法的开发，乃是19世纪末英国民间审计师们建立的功勋，故亦称“英国式审计”。

20世纪早期的美国，经济形势发生了很大的变化。当时，随着工业的发展，股份公司的规模不断发展和扩大，需要大量手续和费用的详细审计表现出无法适应这种形势发展需要的弱点，传统的详细审计方法受到了挑战。在这种挑战中，美国人成为主要的发难者。

这应从资产负债表审计说起。

资产负债表审计（balance sheet audits）一词最早由蒙哥马利（R.H.Montgomery）提出。他在1911年《美国经营手册》（The American Business Manual）一书中提出：“资产负债表审计指的是对资产和负债是否正确地反映了目前真实的财务状况的审计。”[⑤]6年后，被人们广泛接受，一直沿用至今。

著名审计学家斯蒂文·吉尔曼（Stephen Gilman）认为，资产负债表审计在数年内迅速普及的原因有三：一是审计委托人希望节约经费；二是资产负债表审计得到联邦贸易委员会和联邦准备局的大力支持；三是资产负债表审计的特殊保守主义为金融家大为赞赏[⑥]。

A·C·利特尔顿教授在论及资产负债表审计发展的原因时指出[⑦]：

A·C·利特尔顿

随着时间的推移，审计师日益认识到以前他们在核查总数和过账程序等方面所作出的努力得不偿失，而应当将主要精力集中在下列两种分析性审查上：一是对资产负债表关键账户的审查；二是对那些比簿记员具有更大权力的高层人士进行弄虚作假的可能性加以审查。这两种审查同样可以很好地满足银行的需要，即对借款人的资产负债表进行独立的验证，以便作出信贷决策。为了信贷目的而进行的资产负债表审计就是这些环境因素综合作用的结果。

日本著名的审计学家岩田严教授从20世纪40年代开始，撰写了一系列关于资产负债表审计的专著和论文，其中的许多观点对学术界产生较大影响，甚至成为迄今日本占主导地位学术观点的依据。他在1955年正式出版的《会计原则和审计标准》一书中指出："资产负债表审计发展的原因可以从银行、接受信用者和会计师之间的三角关系中寻求。也就是说，银行要求借主提供经会计师证明的正确的资产负债表，借主希望审计收费便宜……于是，资产负债表审计发展起来。可见，美国会计师业务的发展在很大程度上是由于银行要求借主报送经审查过的财务报表。"

美国19世纪末的资本市场并不是全国性的，而是地域性的，而且，公司资金的筹集主要依靠银行贷款，而不是通过发行股票。为了充分了解借款人的偿债能力，银行方面逐渐要求借款人报送经审核的资产负债表。因为这种报表不仅是了解企业偿债能力的线索，在企业不履行债务时，还可以作为证据向法院提出。他们已认识到，最能反映未来的流动性的方法，就是考察流动资产与流动负债的比例。周转资本的安全边际和2：1的流动比例成为判断企业有无偿债能力，决定是否给予贷款的标准。

1895年2月9日，纽约州银行协会理事会建议加盟银行要求申请贷款单位按统一报表委员会规定的格式，报送有关资产和负债的财务报表。1907年，美国银行协会信贷信息委员会（the Committee on Credit Information）建议，应向已经由注册会计师审查资产负债表的贷款人提供较为优惠的贷款条件。第二年，美国银行协会总会批准了该委员会的这一要求。

在这样的环境下，会计师们开始将主要精力集中在两种分析性审查上，即对资产负债表的关键账户进行审查和对那些比簿记员具有更大权力的高层人士进行作弊的可能性加以审查。从此，审计的焦点从雇员移至管理当局；所有流动资产与流动负债的关系的真实性比现金账户的真实性更受重视；对重要账户进行分析审查的资产负债表审计逐渐取代了对传统的交易事项进行的详细审计。

1913年，美国会计师协会进行过一次信用审计实态调查。该协会向3 400家资金在10万美元以上的银行发出了问卷，852家银行作出了答复。其中，回答名为"贵行是否要求贷款申请人提出的计算书应附上会计师的审计证明”这一问题时，各种反映的比例分别如表 2.2.3 所示⑧。

表 2.2.3 调查问卷统计表

要求审计证明	43 家	5.1 %
希望	599 家	70.3%
不赞成	9 家	1.0%
无论怎样均行	201 家	23.6 %
合计	852 家	100.0%

但是，当时企业向银行报送的资产负债表无论在内容上还是在形式上均不统一。所以，会计师协会在 1917 年年初，编制了《关于资产负债表的备忘录》(Memorandum on Balance Sheet Audits)，经联邦准备局审议，于同年 4 月，在联邦准备局公告上以《统一会计》为题发表，第二年又改题目为《编制资产负债表的认可方法》(Approved Methods for the Preparation of Balance Sheet Statements) 并广为传达，促进了资产负债表编制方法和资产负债表审计的标准化。但后来经与审计实务经验对照，发现仍存在一些不明确之处，于是，经联邦准备局同意，1929 年发表了《财务报表的验证》(Verification of Financial Statements)，至此，确立了资产负债表审计的程序。

1907 年的金融恐慌 (The Panic of 1907)：随着许多州和地方银行、企业相继破产，1907 年开始的金融恐慌最终蔓延到全国各地。图为银行恐慌期间的华尔街 (1907 年 10 月)。

资产负债表审计是以少数重要的会计账目进行集中的、彻底的审查为基础实施的，所以，不对全部的经济业务进行检查，即可对公司的资产负债表进行验证。与主张进行详细审计的英国学者不同，蒙哥马利和其他美国学者在自己的教科书里已初步认识到了选择检查的潜在优点，明确主张应将审计范围与评价被审查企业的内部控制联系起来。内部控制组织愈健全，花在详细检查舞弊和差错上的时间就愈少，这样，审计人员可将更多的时间用在重要账户的实质性分析上。到 20 世纪 20 年代，审计人员开始将对内部控制的初步评价作为审计的基础，此乃美国民间审计的新思想。

资产负债表审计的繁荣，时间上，是 1917 年《关于资产负债表的备忘录》发表以后，至 30 年代美国经济大危机全面爆发之时的近 40 年之间。从英国式详细审计发展到美国式资产负债表审计，无疑给现代民间审计的发展带来了新思想、新方法、新范围和新理论。

四、法定审计的出台

如前所述，美国民间审计是在与英国不同的经济背景下从详细审计向资产负债表审计演变的，而且取得了新成就。这些成就使美国领先于英国，成为世界民间审计发展新潮的带头人。但是，在美国的审计结构中依然存在着一些不适合于市场经济秩序健全发展的因素，如缺乏强制性规则要求对公司披露的财务信息的真实性进行审查，1929 年的经济萧条使这些问题明显化。

1926 年 8 月，哈佛大学 W・Z・里普莱教授（William Zebina Ripley，1867—1941）就在 Atlantic Monthly 上对大型企业经营者的会计操作法进行了严厉的批评。他指出：尽管股东拥有获得准确的企业经营管理信息的权力，但在纽约证券交易所上市的著名公司并没有全部发行年度报告书，只说明了企业的概况，而没有揭示财务信息，只公布了资产负债表，而没有发行损益表。他还列举了一些具有代表性的大型公司的名称，并强调联邦交易委员会应主动介入这一领域，以制约这些大企业的弄虚作假、玩弄股东的做法。

对于里普莱的这一提案，当时的美国总统没有明确表明自己的态度。他认为："政府应该拥有保护股东的权利，故应将民营企业置于州政府的管理之下，但联邦交易委员会是否拥有介入企业会计的权限，还值得进一步研究。"面对来自各方的指责，注册会计师行业的领袖人物乔治・O・梅（George Oliver May，1875—1961 年）在第二年 9 月 AIA 年会上坦率地承认：审计人员的任务就是审查公司的会计报表是否以会计准则为编制基础，但在这一点上，注册会计师以前并没有充分地履行自己的责任，所以，AIA 应就企业内容披露的各个问题，尤其是会计准则的建立，与纽约证券交易所进行合作。按梅的建议，AIA 会长向纽约证券交易所理事长呼吁，希望双方为改善财务披露制度携手合作，

里普莱教授（William Zebina Ripley，1867—1941 年）

乔治 • O • 梅（George Oliver May，1875—1961 年）

1929—1933 年经济危机使该国陷入大萧条，失业率高达 24.9%

但对方无情地拒绝了这一请求。碰了一鼻子灰的AIA断然与纽约证券交易所中断了任何联系。由里普莱的批评点燃的民间审计行业改革财务披露制度之火至此熄灭。

1929年10月21日，纽约证券市场发生股价暴跌，从而揭开了1929—1933年震撼整个资本主义世界的大危机的序幕。紧接着，生产下降、银行和企业破产、工人失业，成千上万的股东和债权人蒙受巨大的损失。美国的资本市场像一匹脱缰的野马，严重地打乱了资本主义社会的正常经济生活。

在这样的环境中，两大变化的出现对美国民间审计的发展产生了深远的影响。一是企业管理者受托经济责任的范围扩大。也就是说，企业管理的责任性不再仅仅表现在与股东和债权人的关系上，而且表现在与其他许多利害关系者的直接关系上：工人与企业提供的就业机会，顾客与企业提供的投资收益和安全保障，等等，无不密切相关。对企业财务信息的社会需要的增多和经济责任关系的强化，无疑有力地推进了现代民间审计的发展。二是企业日益倾向于从证券市场筹集资金，而不倾向于从银行获取短期贷款，从而导致最重要的会计信息从短期财务状况（流动资产与流动负债之间的比例关系）转向盈利能力（期间净收益与投入资本之间的关系）。

这时，已成众矢之的的纽约证券交易所深感仅凭自身能力在改善会计实践和财务报告方面已回天乏力，开始认识到与AIA合作的必要性和迫切性。于是，交易所股票上市委员会助理J·M·B·霍克萨依（Hoxsey）亲赴AIA1930年度年会，发表了题为“保护投资者的会计”的演讲，真诚地希望AIA全力配合，从而改善了双方一直冷淡的关系。作为积极的反映，AIA成立了以梅为主任的“与证券交易所合作的特别委员会”（AIA特别委员会），立即进行了一系列富有成效的工作。

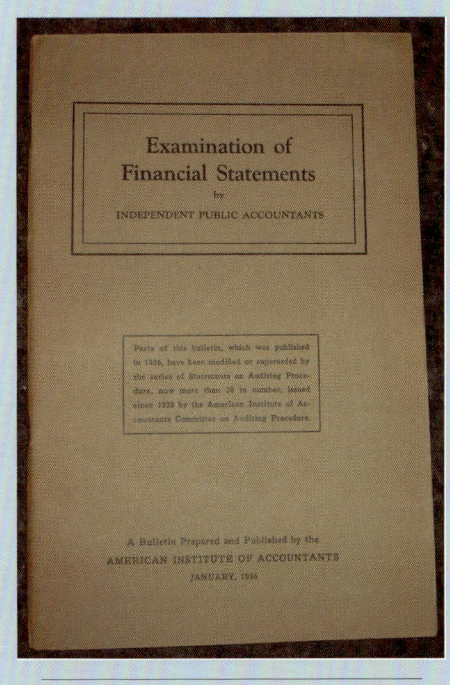

《独立注册会计师对财务报表的检查》（1936年）

1934年1月，美国会计师协会与证券交易所合作的特别委员会与纽约证券交易所上市委员会将1932年9月以来相互传递的信件加以汇总，发表了名为《股份公司会计的审计》（*Audits of Corporate Accounts*）的文件，后加以若干修订，于1936年发表了《独立注册会计师对财务报表的检查》（*Examination of Financial Statements by Independent Public Accountants*）修订版。这一份报告的特点是，它在原来的信用目的的基础上，明确规定应审查财务报表，并向股东报告，尤为强调损益表审计。从这一点上看，美国民间审计的重点已从以保护债权人为目的的资产负债表审计，转向以保护投资家为目的的损益表审计。

美国政府在经济危机的冲击下，也认识到缺乏正确可靠的财务报表是导致这次市场崩溃和萧条的重要原因之一。

1932 年 4 月，美国参议院金融和通货委员会就证券交易事项举行了一次听证会。最后，听证会得出结论，认为充分披露财务信息将有效地防止财务报表出现差错和弊端，同时建议援引英国的公司法的基本内容。罗斯福总统采纳了这一建议，并将它作为 1932 年总统演说的主要内容。罗斯福认为，为了使资本主义体制再现生机与活力，当务之急是恢复投资者的信心，刺激投资，改革财务报告制度可以说是诱发投资的有力手段。为了给大多数人避免经济破产提供法律保障，为了进一步完善资本主义的资金市场，保证其正常运转，美国政府通过制定各项政策，对扰乱资本主义市场经济秩序的弊病进行了干涉和管理。其中，为了保护投资者，美国政府于 1933 年 5 月 27 日和 1934 年 6 月先后颁布了《证券法》(*Securities Act*)和《证券交易法》(*Securities Exchange Act*)。

两部法案授权证券交易委员会不仅负责对两部法案的实施情况进行协调和监督，而且负责管理会计和民间审计实务。

在实施保护投资者的法定审计之前，1932—1933 年，证券交易委员会和美国会计师协会为了改进民间审计工作进行了讨论，并相互通信，交换意见，发表了两项重要的成果。第一，1933 年 1 月 6 日，证券交易所发表声明，凡是申请上市的公司应提交经独立的公认会计师或注册会计师证明的财务报表，而且，每年均必须提交同样的经审核的财务报表；第二，1933 年 10 月 24 日，委员会致信各个上市公司，详细提出了六个事项，其中包括审计范围和审计人员的责任。

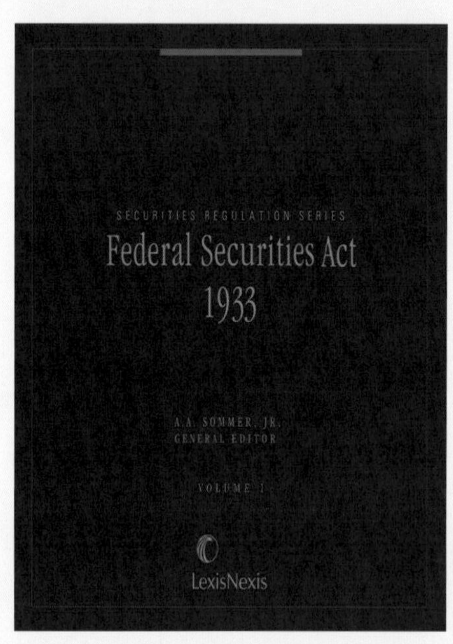

美国 1933 年《证券法》封面

这种保护投资者的思想在 1933 年 5 月 27 日付诸实施的《证券法》中得到体现。该法在三方面对民间审计职业形成一股冲击。

第一，它规定，每个企业在向各州发行有价证券之前，应按本法 Schedule A 的规定向联邦贸易委员会进行证券发行登记，同时报送并公开由“独立的公认会计师或注册会计师”(independent public or certified accountant)加以证明的财务报表。这样强制公司接受审计的规定，促进了审计职业的发展。

第二，明确了独立的公认会计师或注册会计师的责任。该法第11条规定：“假如注册报表的任何一部分……对重要事实作了不真实说明，或者故意隐瞒报表所要求的、保证报表不被误解所必须说明的重要事实，购买这种证券的任何人均可对每一位会计师(除非证实在取得证券时，他早已了解上述不真实或隐瞒事项)起诉……”

这一条从以下五方面扩大了审计人员的责任，它超过了普通法所规定的责任范围：①原告的契约关系并不是必要条件，不确定的第三者(即公开市场上的证券购买人)，也可以对审计人员起诉；②第三者的责任并不要求证实有欺诈或重大过失行为成立，一般过失即构成过失的要件；③过失的举证由原告移交被告，原告只需证明有重大不实的事实即可；④审计人员被要求遵守保持“应有谨慎”所规定的关注标准——合理调查，以确信财务报表既不虚假，也不会引起误解；⑤原告不需要证实自己依赖财务报表或审计人员报告。只要原告对“不实或隐瞒的指控”得到证实，审计人员即会被送上被告席。这种规定对于民间审计职业界来说，显然有点过分。

第三，授权联邦贸易委员会制定有关财务报表编制和报告的规则。这对民间审计职业界，尤其是领袖人物们，是一个很大的震动。因为它有损害民间审计职业独立性的可能。

1934年6月6日，《证券交易法》付诸实施。该法是在罗斯福总统政权下，作为新政的一环而制定的。它规定，在国家证券交易所上市之前，应进行有价证券发行登记，并向证券交易委员会报送经过审核的年度财务报表，同时，新设证券交易委员会取代联邦贸易委员会，负责监督本法的执行。

该法还新规定了善意的“辩护”，即审计人员通过证明“自己行为是善意的，并且不知道该报表是虚假的或引人误解的”，可以开脱责任。因此，审计人员只需证明没有欺诈和重大过失即可。

《证券法》对审计证明的要求只适用于发行新证券的时候，而《证券交易法》不仅要求向证券交易委员会报送的财务报表应接受审计证明，而且，在全国规模的证券交易所注册的财务报表也应接受审计证明。所以，《证券交

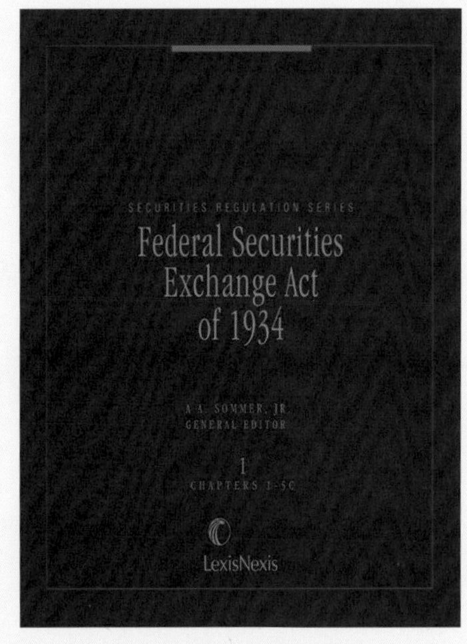

美国1934年《证券交易法》封面

易法》对审计的规定，将民间审计业务向前推进了一大步。

根据1933年《证券法》第24条和1934年《证券交易法》第32条，如果因财务报表不实而违反证券法，审计人员要承担民事责任；如果这种违反行为被证实是故意的，那么，审计人员还要受到刑事处罚（判罚1万美元或5年以下有期徒刑，也可以两者并罚）。

可以说，美国披露公司的财务报告制度是以1933年的《证券法》和1934年的《证券交易法》为基础形成的。两法对民间审计职业的发展有影响的内容主要有：

（1）两部法案均要求会计师对注册发行证券报告书或报告书中的财务报表进行审计证明。

（2）如果上述注册发行证券报告或报告书中存在虚假或存在导致误解的说明，那么，会计师应负民事责任。

（3）授权证券交易委员会制定会计原则。

自此，在一片危机声中，作为法定审计的财务报表审计就应运而生了。这是美国政府谋求医治资本主义资金市场病症的一种药方，是美国审计史上一个应该纪念的时刻。借助于法律的威慑力量，新的审计思想的挑战，是旧的传统无法匹敌的了。

本部分论述财务报表审计的诞生，不可能、也没有必要对两部法案的立法经过和全部内容作一个详细的、全面的介绍。以下试图通过一个鸟瞰式的表（表2.2.4）看看有价证券法案颁布前后，美国公司对民间审计的利用情况。

这里，分两部分介绍。首先看法定审计前利用注册会计师审计的情况（见表2.2.4）。

表2.2.4 法定审计前利用民间审计情况表

纽约证券交易所上市股票债券公司	引进注册会计师审计的公司数	没有引进注册会计师审计的公司数	没有在年度报告中明确指出公司数
1056家（100%）	701家（100%）	259家（25%）	96家（9%）

《证券法》和《证券交易法》的颁布，预示了整个美国乃至世界审计发展的主流，确实是一个良好的开端。保护广大的投资者，事实上成了新时代世界民间审计发展的一个共同的宗旨。从此以后，美国的上市公司纷纷自愿委托社会上的会计师实施审计业务，形成了一股风气。到1936年6月30日为止，总共有2 295家公司在全美22家证券交易所注册登记发行有价证券。这些公司均应向证券交易委员会报送年度报告书，其中1 739家公司的财务报表由独立的注册会计师进行了验证。

当然，有一点应该注意，这就是：《证券法》要求独立的公认会计师或注册会计师进行审计证明，SEC也强制上市公司接受独立的公认会计师的审计证明，但都没有要求只有注册会计师才能办理审计业务，不是注册会计师的公认会计师也可以进行审计业务。

美国证券交易委员会（the US Securities Exchange Commission，SEC）徽标

表 2.2.5 可以说明当时民间审计的执业状况：

表 2.2.5　1935 年 9 月 1 日接受审计业务的证券发行登记书

（1）由注册会计师或 AIA 会员办理的审计证明	937 件（78%）
（2）由加拿大特许会计师办理的审计证明	51 件（4%）
（3）由非注册会计师和非 AIA 会员的公认会计师办理的审计证明	217 件（18%）

尽管如此，自从有价证券法案公布以后，自愿聘请注册会计师对在股票市场公开的财务报表进行审查的公司在数量上确实大大地增多了。这直接推动了传统审计的更新和财务报表审计的发展。“财务报表审计”从此成了审计史上的一个专有名词。这样，审计人员通过审计报告，在肯定了正确、可靠的会计信息的同时，也否定了缺乏公允性和真实性的会计信息，从而有效地帮助了利益集团作出投资决策，维护了资本主义资金市场的稳定性，因而明显地提高了现代民间审计在整个资本主义世界经济秩序中的作用。

现代民间审计制度与金融制度、保险制度和会计制度一样，已成为现代经济制度不可缺少的环节。应该再次强调的是，现代民间审计是在解除管理当局经济责任的旗帜下建立起来的，在资本主义市场经济秩序中起着保护性质的监督作用。

五、美国管理咨询业务的兴起

以上论述了美国民间审计自 20 世纪初以来的发展历程。它们表明：

第一，审计目的发生了两次重大的变化，即从查错防弊发展到就财务报表是否公允地反映了企业的财务状况和经营成果、是否符合公认会计原则表明意见，进而发展到对整个企业的经营活动作出评价；

第二，审计的重点已从资产负债表转至损益表，实现了从英式审计向美式审计的转变；

第三，自20世纪40年代起，逐步建立了一套被誉为“现代审计三大支柱”的公认审计标准、公认会计原则和内部控制系统；

第四，通过颁布《证券法》和《证券交易法》，建立了法定的财务报表审计制度。

现在要进一步考察的是，20世纪40年代以后对美国民间审计影响最大的管理咨询业务的产生和发展过程。

美国著名的审计史学家J·D·爱德华（J.D.Edwards）指出：“在20世纪50年代，抵达顶峰的注册会计师业务的重大发展是管理咨询领域的兴旺。”

为什么在第二次世界大战以后，民间审计界会突然对管理咨询业务感兴趣呢？这种情形是由一系列的因素造成的，归结到一点，就是许多民间审计师的委托人不仅需要注册会计师在通常的范围内提供帮助，而且还需要注册会计师丰富的知识结构，提供比其他任何人多得多的服务。

如前所述，早期的民间审计人员基本上有两派：一是属于英国派；二是属于美国派。

美国在内战结束以后，迎来了工业迅速发展的兴旺时代。但是，许多企业因无法在国内筹集足够的周转资金来发展生产而不得不从国外，尤其是英国和法国引进投资。作为精明的商人，英国投资家往往委托本国的民间审计师对其财务状况进行检查。这些来自国外的民间审计师中有许多人自愿留在美国，并建立了自己的民间审计公司。这些人和他们在这个国家建立或创办的公司，思想上无疑在很大程度上受英国惯例的影响。这一新兴行业的魅力已引起一大批在经济领域工作的有志青年的热情，他们投入审计职业以后，在对待注册会计师的服务方面，与来自国外的民间审计师的观念大部分是一致的。

弗雷德里克·温斯洛·泰勒（F.W.Taylor）《科学管理原理》（1911年）

有趣的是，大约在同一时期，即19世纪末20世纪初，出现了以弗雷德里克·温斯洛·泰勒（F.W.Taylor）为代表的科学管理理论。这一理论给企业管理的各个方面以极大的影响，并且更新了许多进入新兴会计行业的年轻人的思想和观点。自然，刚进入民间审计职业的人要比有英国或经济背景的人更容易接受科学管理的召唤。对他们来说，民间审计事务不仅包括传统的服务项目，而且包括许多科学管理范畴内的服务。当时，就有几家民间审计公司试行这种广范围的服务方式。至第二次世界大战以后，具有美国特色的管理咨询服务被越来越广泛地接受。

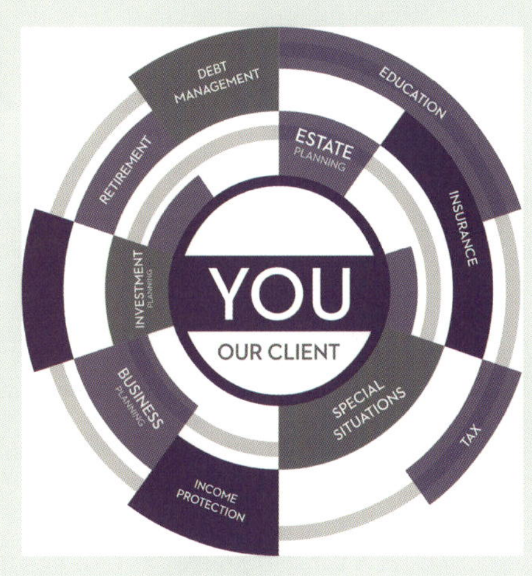

1953年秋天，美国注册会计师协会会长设置了协会的第一个管理咨询服务委员会（Committee on Management Services），负责组织和研究管理咨询业务。1957年，该委员会首次出版了关于管理咨询的小册子，其中规定这类业务的内容包括全面管理、财务、生产、销售、行政管理、购进、交通和运输，以及人事八个方面，旨在帮助委托人更有效地利用有限的人力、物力和财力，提高企业的管理绩效。

从20世纪初开始，一些民间审计公司就开始提供管理咨询服务。自第二次世界大战以后，这项业务又有了重大发展。在八大会计公司的角逐中，管理咨询业务成为胜负的关键。为了扩大管理咨询服务范围，会计公司大都采用收买与合并策略，以求速成。例如，塔奇·罗斯会计公司曾经先后收买合并了专门从事零售生产力服务和精于策略规划的两家公司。库珀斯·莱布兰德会计公司1985年在澳大利亚收买合并了一家管理咨询公司，使该会计师事务所在澳大利亚的民间审计市场遥遥领先于其他公司。英国的库珀斯·莱布兰德会计公司致力于管理咨询业务，使其1984年总收入在英国八大民间审计公司的排名跃居第一，首次超过毕马威民间审计公司。国际性民间审计公司之首的阿瑟·安达信公司的管理咨询业务最活跃，也最成功。1983年，它的管理咨询业务的收入占全事务所收入的27%，1984年增至30%。

管理咨询业务的兴起和发展，为现代民间审计向纵深发展提供了广泛而美好的前景。

注释：

① James don Edwards: History of Public Accounting in the United States, The University of Alabama Press, 1978, p.3.

② Edwards：p.69.

③ Edwards：pp.81-82.

④ Edwards：p.85.

⑤ R.H.Montgomery，The American Business Manual，P.F.Collier & Son，1911，p.1095.

⑥ Stephen Gillman，Accounting Concepts of Profit，The Ronald press Co.，1939，pp.31-37.

⑦ A・C・利特尔顿：《会计理论结构》，林志军、黄世忠、谢琳琳、苏锡嘉译，中国商业出版社 1989 年版，第 134 页。

⑧ 千代田邦夫：《アメリカ監査制度史》，中央经济社 1984 年版，第 118 页。

第三章

德国民间审计的发展

世界民间审计这座辉煌灿烂的大厦，是许多国家与英美一起努力开拓、协同奠基的。一部民间审计史本来就是各国杰出的人物和历经数代人共同努力写成的。所以，作为一个新的时代的审计现象，像德国这样的与英美同一时代的国家对民间审计发展所作出的贡献，我们也要加以介绍。

一、监事审计制度的出现

19 世纪 50～60 年代的工业高涨，使 70 年代初的德国工业得到了很快的发展。当时，有两方面的因素共同对德国民间审计的发展产生影响。

其一，随着股份有限公司的涌现，公司资本的所有权与管理权的分离已普遍存在。

其二，手工业者和普通劳动者创办了各种形式的合作自助组织。

在这两种情况下，股东和合作社的成员均要求保护他们投入的股本，从而导致法律上第一次对审计工作作出具体的规定。

1861 年，政府以法兰西法典（Code de Commerce）为范本，制订了《普通德国法典》（*Allgemeines Deutches Handelsgesetzbuch*）。在这部法典中，设立了监事会条款，要求董事编制的资产负债表和利润分配方案应接受监事会的审查。合作社法仅仅简单地规定审计人员必须是专家。审计师必须经商会或法院任命，并在商会或法院注册、领取执照。

1870 年，又仿照 1867 年的英国公司法，制定了《股份公司第一次修正法》（*Aktiennovelle*），该法规定，在公司内部设监事会，取代政府监督；监事会一方面应负责监督董事的业务执行情况，另一方面应负责决算文件和利润分配方案的审查，并将审查的结果报告给股东大会，从而使监事会在公司的地位更加巩固。但是，大多数监事出身于资本家、地主、官吏、预备军人，对专业知识不熟悉，所以，政府不得不求助于会计人员，委托他们办理审计业务。法院为了处理公司破产诉讼事件，也委托经宣誓而获取资格的审计人员负责审查公司的会计记录。

以此为契机，德国涌现了一批以账簿审计为职业的审计人员。1788 年，汉堡只有 13

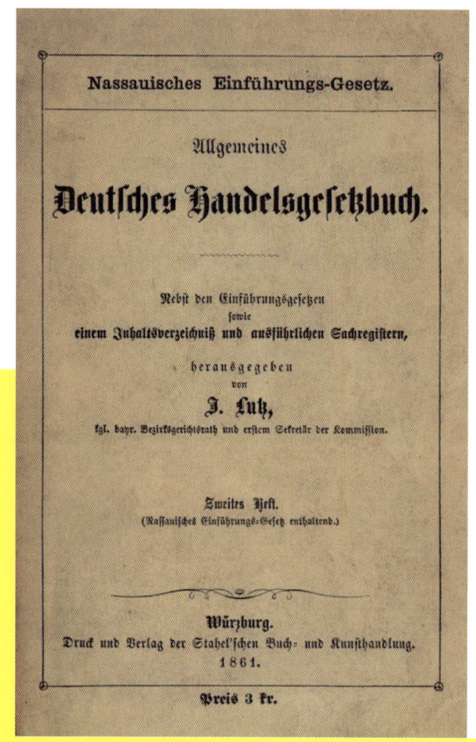

Nassauisches Einführungs-Gesetz.

Allgemeines

Deutsches Handelsgesetzbuch.

Nebst den Einführungsgesetzen
sowie
einem Inhaltsverzeichniß und ausführlichen Sachregistern,
herausgegeben
von
J. Lutz,
kgl. bayr. Bezirksgerichtsrath und erstem Sekretär der Kommission.

Zweites Heft.
(Nassauisches Einführungs-Gesetz enthaltend.)

Würzburg.
Druck und Verlag der Stahel'schen Buch- und Kunsthandlung.
1861.

Preis 3 kr.

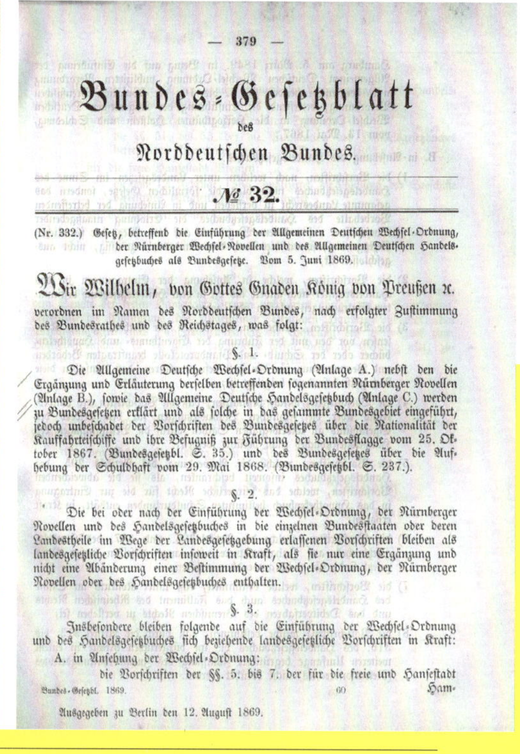

— 379 —

Bundes-Gesetzblatt
des
Norddeutschen Bundes.

№ 32.

(Nr. 332.) Gesetz, betreffend die Einführung der Allgemeinen Deutschen Wechsel-Ordnung, der Nürnberger Wechsel-Novellen und des Allgemeinen Deutschen Handelsgesetzbuches als Bundesgesetze. Vom 5. Juni 1869.

Wir Wilhelm, von Gottes Gnaden König von Preußen 2c.

verordnen im Namen des Norddeutschen Bundes, nach erfolgter Zustimmung des Bundesrathes und des Reichstages, was folgt:

§. 1.

Die Allgemeine Deutsche Wechsel-Ordnung (Anlage A.) nebst den die Ergänzung und Erläuterung derselben betreffenden sogenannten Nürnberger Novellen (Anlage B.), sowie das Allgemeine Deutsche Handelsgesetzbuch (Anlage C.) werden zu Bundesgesetzen erklärt und als solche in das gesammte Bundesgebiet eingeführt, jedoch unbeschadet der Vorschriften des Bundesgesetzes über die Nationalität der Kauffahrteischiffe und ihre Befugniß zur Führung der Bundesflagge vom 25. Oktober 1867. (Bundesgesetzbl. S. 35.) und des Bundesgesetzes über die Aufhebung der Schuldhaft vom 29. Mai 1868. (Bundesgesetzbl. S. 237.).

§. 2.

Die bei oder nach der Einführung der Wechsel-Ordnung, der Nürnberger Novellen und des Handelsgesetzbuches in die einzelnen Bundesstaaten oder deren Landestheile im Wege der Landesgesetzgebung erlassenen Vorschriften bleiben als landesgesetzliche Vorschriften insoweit in Kraft, als sie nur eine Ergänzung und nicht eine Abänderung einer Bestimmung der Wechsel-Ordnung, der Nürnberger Novellen oder des Handelsgesetzbuches enthalten.

§. 3.

Insbesondere bleiben folgende auf die Einführung der Wechsel-Ordnung und des Handelsgesetzbuches sich beziehende landesgesetzliche Vorschriften in Kraft:

A. in Ansehung der Wechsel-Ordnung:

die Vorschriften der §§. 5. bis 7. der für die freie und Hansestadt Ham-

Bundes-Gesetzbl. 1869. 60

Ausgegeben zu Berlin den 12. August 1869.

《普通德国法典》(1861 年):《普通德国法典》联邦法律公报，北德意志联邦（1869 年 6 月 5 日）颁布

名独立账簿审计人员，负责清理破产和审查会计账簿。1888 年，增至 36 人。同年，由 12 人组成的汉堡商业会议所制定了德国最早的经宣誓担任账簿审计人员的制度。其他商业会议所也相继制定了关于账簿审计师宣誓和任命的制度。按这些制度，商业会议所有权任命账簿审计人员并要求他们宣誓，所以，由这种商业会议所任命的职业会计人员亦称宣誓账簿审计人员。作为自由职业的审计人员就是这样诞生的。

经济危机的爆发，迫使德国政府于 1884 年制定并颁布了《股份公司第二次修订法》（*Zweite Aktiennovelle*）。该法进一步强化了监事的责任和义务。1896 年，柏林设立了柏林会计师协会（Verband Berliner Bucherrevisoren），其影响迅速波及全国，两年后，成为全国性审计组织，故改称为德国账簿审计人员协会（The Association of German Accountants, Verband Deutscher Bucherrevisoren，简称 VDB）。该协会最初只有 5 名会员，1906 年增至 147 人，1926 年又增加到 874 人。1926 年，成立德国簿记专家联合会（The Federation of Book Experts in Germany，Bund de Buchsachverstandigen）和柏林职业会计师和信托公司协会（Association of Professional Accountants and Trustee Companies of Berlin）。1929 年，

德国账簿审计人员总数约 1 800 人。这些审计人员最初的业务主要是财务审计，后来，承担起经济咨询的业务。

在早期德国，除账簿审计人员以外，负责财务审计的还有信托公司。这是德国审计制度的重要特征。1890 年，国有银行（Reichs Bank）创办了德国信托公司（Deutsche Treuhandgesellschaft）。该公司是为管理对美投资事项而设立的。为了保证银行在经济危机的冲击下能够不受损害，公司任命本单位的一批会计人员，负责对有关企业和客户的经营管理情况进行指导和审计，同时进行信用调查。

二、强制审计制度的确立

在股票法审计制度确立以前，德国审计发展的主流是根据被审计单位的自由意志决定的任意审计。自从 1931 年根据股票法进行强制审计以来，直到今日，审计发展的主流可以说是股票法审计。

德国股票法审计制度是在英国特许会计师审计制度的影响下诞生的。第二次世界大战后，又深受美国注册会计师审计制度的影响。20 世纪 30 年代之前，只存在作为自由职业的账簿审计人员。1928 年，德国最大的保险公司——法兰克福·阿尔格梅纳保险公司（Frankfurter Allgemeine Versichrungs）宣告破产，它使政府于 1930 年颁布了《股份公司和股份合资公司法第一草案》(*Entwurfeines Gesetzes uber Aktiengesellschaften und Kommanditgesellschaften auf Aktien sowie Entwurf eines Einfuhrungsgesetzes nebst erlauternden Bemerkungen*)。以 1931 年达姆施塔特国民银行破产为标志，德国股份公司的倒闭抵达高潮。所以，政府为了加强对公司进行监督，于 1931 年 9 月又修改了公司法，颁布了著名的《关于股票法、银行审计和租税减免的紧急命令》(*Ver-ordnungdes Reichsprasidenten uber Aktienrecht*, *Bankaufsicht und eine Steueramnestie*)，其中增设了新的条款，明确指出应由经济审计师对大型股份公司、银行和保险公司进行年度审计。根据该项紧急命令，经济审计师在每一个事业年度由股东大会选举产生，负责审查本事业年度的资产负债表、损益表和营业报告书，并将审计报告报送董事会和监事会，再由监事会综合自己的审计结果和经济审计师的审计结果，以书面的形式提交股东大会，从而开始了强制审计的新时代。同年，联邦政府与各州协商研究，共同制定了经济审计师的资格条件和职务细则，要求经济审计师申请者，应通过在各地工商会议所举行的考试。这就是德国审计史上有名的“州际协定”(Landervereinbarung)。1932 年，德国账簿审计人员协会解散，同时创建了经济审计师协会（Institut der Wirtschaftsprufer，IWP）。

Die aktienrechtlichen Vorschriften der Verordnung des Reichspräsidenten über Aktienrecht, Bankenaufsicht und über eine Steueramnestie.

Vom 19. September 1931 (RGBl. I S. 493).

Auf Grund des Artikel 48 Abs. 2 der Reichsverfassung wird verordnet:

Erster Teil

Vorschriften über Aktiengesellschaften und Kommanditgesellschaften auf Aktien

Artikel I

1. Die §§ 226, 227 des Handelsgesetzbuchs sind in folgender Fassung anzuwenden:

§ 226. (1) Die Aktiengesellschaft darf eigene Aktien oder Interimsscheine erwerben, wenn es zur Abwendung eines schweren Schadens von der Gesellschaft notwendig ist; der Gesamtnennbetrag der zu erwerbenden Aktien darf zehn vom Hundert oder einen etwa von der Reichsregierung festgesetzten niedrigeren Hundertsatz des Grundkapitals nicht übersteigen. Im übrigen darf die Aktiengesellschaft eigene Interimsscheine nicht, eigene Aktien nur erwerben, wenn auf sie der Nennbetrag oder, falls der Ausgabebetrag höher ist, dieser voll geleistet ist und wenn

1. die Gesellschaft damit eine Einkaufskommission ausführt oder
2. der Gesamtnennbetrag der zu erwerbenden Aktien zusammen mit anderen eigenen Aktien, die der Gesellschaft bereits gehören, zehn vom Hundert oder einen etwa von der Reichsregierung festgesetzten niedrigeren Hundertsatz des Grundkapitals nicht übersteigt und die Aktien zur Einziehung erworben werden; als hierzu erworben gelten die Aktien nur, wenn sie binnen sechs Monaten nach Erwerb eingezogen werden.

(2) Die Wirksamkeit des Erwerbs eigener Aktien wird durch einen Verstoß gegen die Vorschriften des Abs. 1 nicht berührt, es sei denn, daß auf sie der Nennbetrag oder, falls der Ausgabebetrag höher ist, dieser noch nicht voll geleistet ist.

(3) Dem Erwerb eigener Aktien und eigener Interimsscheine steht es gleich, wenn eigene Aktien oder eigene Interimsscheine zum Pfand genommen werden oder wenn Aktien der Gesellschaft von einem andern für Rechnung der Gesellschaft oder unter Übernahme einer Kursgarantie durch die Gesellschaft erworben werden.

(4) Steht eine Handelsgesellschaft oder bergrechtliche Gewerkschaft auf Grund von Beteiligungen oder in sonstiger Weise unmittelbar oder mittelbar unter dem beherrschenden Einfluß einer Aktiengesellschaft oder Kommanditgesellschaft auf Aktien (abhängige Gesellschaft), so darf sie Aktien oder Interimsscheine der herrschenden Gesellschaft nur nach Maßgabe der

《关于股票法、银行审计和租税减免的紧急命令》(1931 年 9 月)

德国著名学者R·路德维齐在论述1931年9月制定法定审计制度的目的时指出[①]：

最近的（破产）事件反映了对股份公司会计制度进行监督和详细审计的必要性。正规的财务审计可以保证股份制度的健全性和安全性。从股份公司的数量乃是国家资本的重要储藏库这一角度看，实行这种制度是非常必要的。所以，诚实的审计无论与公司和债权者的利益，还是与全体国民经济的利益，都是一致的。

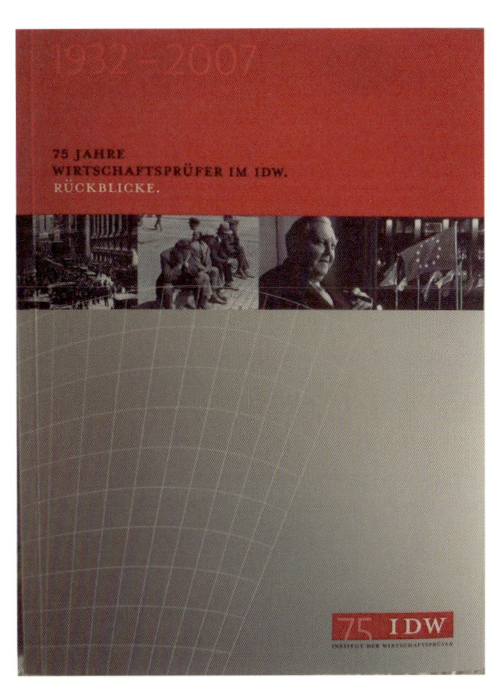

德国经济审计师协会（1932—2007年）成立75周年特刊

可见，在世界性经济危机的孕育下，德国民间审计的发展出现了历史性的转折：以1931年为标界，在此之前，审计业务主要由非专家的监事负责进行，从此以后，审计业务委托给专业审计人员实施。在1931年股票法中，设专门条款对强制审计制度作出了具体的规定。这时，由独立审计人员进行审计的制度吸取了英美会计师制度的思想。这种审计的目的，一是为债权者、股东乃至整个国民经济的利益服务，即为公共利益服务，二是为公司自身的利益服务。

从此以后，无论法律上的形态如何，一定规模以上的企业决算均应接受审计师的审查，从而大大提高了经济审计师和经济审计公司的社会责任。

1961年，联邦德国政府制定了《关于经济审计师职务规则的法律》(*Gesetz uber eine Berufsordnung der Wirtschaftsprufer*)。该法简称《经济审计师法》(*Wirtschaftspruferordnung*，*WPO*)，详细规定了经济审计师和经济审计公司的业务内容、经济审计师会议所的任务和组织，以及经济审计师的义务和处罚方面的内容。该法案还赋予经济审计师公会制订会员业务规则的权限。因为所有经济审计师均须加入该公会。1964年，又发表了《经济审计师和宣誓账簿审计人的业务指南》(*Richtlinen fur Berufsausubung der Wirtschaftsprufer und vereidigten Buchprufer*)的文件，指明了职业审计人员应依据的业务指针。

经济审计师法规定，经济审计师的主要任务是：①年末决算审计和其他业务审计及其证明；②税务商谈和税务代理；③在法院担任会计业务的鉴定人。此外，经济审计师

Andreas Wagner
Das Publizitätsgesetz
Vorschlag für eine systematische Neuregelung
kassel university press

1969 年披露法案专题研究专著

还负责经济、技术和法律问题的谈判，以及专业学校的授课等业务。1977 年，加入经济审计师会议所的经济审计师为 3 429 名，经济审计公司为 498 家，而且，自营经济师减少，受聘于经济审计公司的经济审计师逐渐增多的趋势非常明显。

可见，在联邦德国，根据股票法的规定，股份公司和股份合资公司应接受经济审计师或经济审计公司实施的强制审计。但是，联邦德国还存在许多有限大型公司或个人企业，它们对国民经济有着重大影响，如果根据股票法，它们不在强制审计之列。所以，政府为了加强对这些企业的控制，于 1969 年制定了《关于一定企业和康采恩计算的法律》(*Gesetz uber die Rechnungslegung von best-timmten Unternehmung und Konzern*)，规定无论企业的法律形态如何，一定规模以上的企业必须披露年度决算书并接受决算审计师的强制审计。所以，该法亦称《披露法》(*Publizitatsgesetz*)。

根据该法，在连续 3 个事业年度的决算日，如果至少符合下列 3 个标准中的 2 个标准，那么，就应在事业年度的前 3 个月内，编制上一年度的资产负债表、损益表和营业报告书，并报送决算审计师：

(1) 资产负债表总额超过 1.25 亿马克；

(2) 年收入额超过 2.5 亿马克；

(3) 职员年平均超过 5 000 名。

适用该法律的企业包括：①有限企业、法人企业和个人企业；②矿业合伙；③从事营业的社团；④从事营业的民法上的财团；⑤金融机关或保险公司，或在营业登记簿上注册的公司。

三、德国民间审计教育的发展

20 世纪 30 年代之前的审计教育和考试制度是德国民间审计的杰出成就。为了适应

社会对审计职业不断增长的需要，莱比锡商业大学建立了一所审计学院（the Institute of Auditing）。在该院，只有理论和实务考试合格者，才能成为审计人员。②不久，其他大学也纷纷仿效莱比锡商业大学的做法，举办了各种审计人员讲习班。许多职业审计师协会也要求它的成员必须经过严格的专业考试，然后，到实践中去积累经验。1924 年，德国所有商会的最高机构——德国工商组织颁布了第一份统一的审计师考试守则。德国的考试制度以严格而饮誉于世。

目前，在德国，要取得经济审计师的资格，必须符合下列条件。

（1）教育条件。应具有大学学历，掌握有关经营学、经济学、法学、技术学和农学方面的知识，或者拥有 10 年的实务知识。

（2）国籍。拥有德国国籍，或者拥有美国、加拿大或欧洲共同体加盟国国籍。

（3）培训。必须经过 5 年培训，其中 4 年在经济审计师事务所从事审计工作。

（4）考试。经过培训以后，应进行笔试和口试，其中笔试包括审计学、经济学、商法和税法四门科目，笔试合格者再进行口试，考试科目与笔试相同。

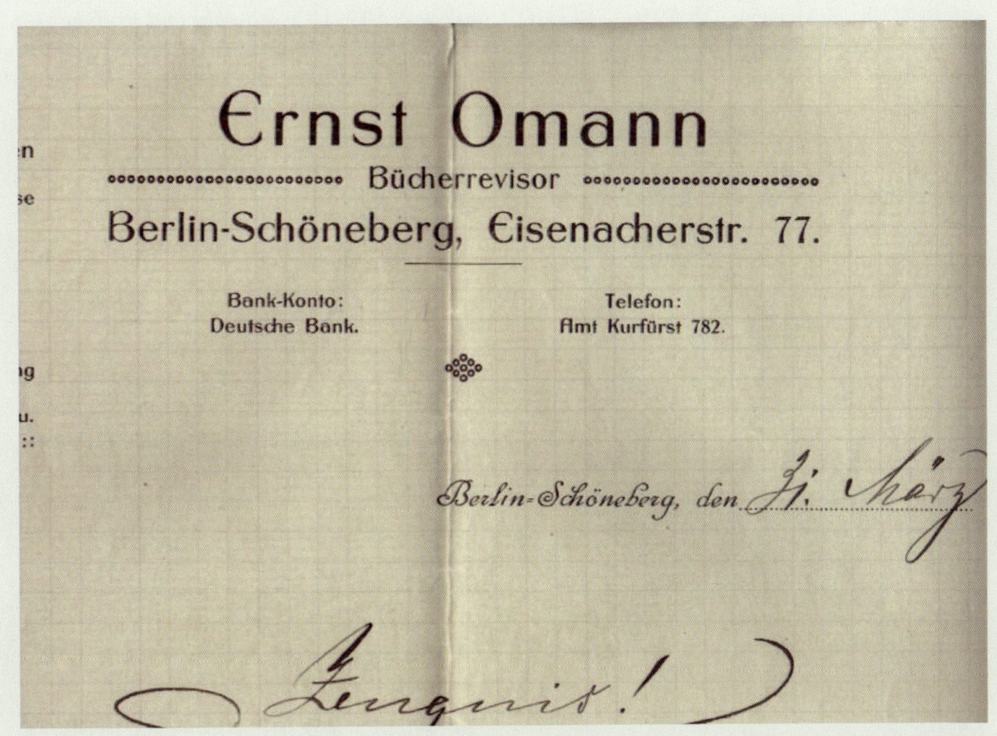

Ernst Omann

Bücherrevisor

Berlin-Schöneberg, Eisenacherstr. 77.

Bank-Konto: Deutsche Bank.

Telefon: Amt Kurfürst 782.

Berlin-Schöneberg, den

Zeugnis!

当时的账簿审计人员证书

四、德国审计文献的发展

在探索审计事业的过程中，德国人出版了大量的审计文献。这些审计文献是德国审计宝库中的重要财富。

K·威索基教授（K.Wysocki）从审计文献史的角度将德国文献史的发展分成四大部分[③]：

（1）以特定审计类别为研究对象的审计文献；

（2）有关职业法规和业务政策的法规；

（3）以合著和手册的形式综合论述审计制度的文献；

（4）以确立审计学为目的的文献。

其中：

第一部分审计文献论述的对象是账簿和年度决算书的审计。这类文献缺乏系统性和科学性，可分为两类：

（1）只论述账簿和年度决算书审计的文献，如H·梅尔兹（H.Meltzer）1931年编写的《德国审计人员的规范书》（*Deutscher Revision-Spiegel*）；A·特莱恩（A.Hertlein）和K·梅斯纳（K.Meisner）于1956年编写的《企业决算和审计》（*Abschlu und Prufung der Unternehmungen*）。

O·希特纳《审计实务》（1949年）

（2）除账簿和年度决算书审计以外，还论述审计技术之类的其他课题。但是，从本质上讲，还是以账簿和年度决算书审计为审计学的对象，如O·希特纳（Otto Hintner）于1949年编写的《审计实务》（*Praxis der Wirtschaftsprufung*），E·洛依特斯伯格（E.Loitlsberger）于1953年编写的《审计理论》（*Zur Theorie der Prufung*），此外，还有业务审计、信用审计、流动性审计、组织审计、成本和价格审计、揭发舞弊审计和税务审计。

第二部分和第三部分审计文献是对审计学的初步探索。

第四部分是以研究审计学为目的的文献。

20世纪初，是德国审计学的确立时期。在这一时期，人们或出于审计实务的需要，或出于审计教育的需要，出版了各种各样的个人色彩很浓厚的审计学专著。这些关于会计和审计的著作均由当时著名的学者和实务工作者编著，无论是他们捕捉研究对象的方法，还是其审计思想，对德国以后审计学的发展，都提供了重要的启示。例如，1925年，I·施雷尔（I.Schreier）出版了《控制和审计》(*Kontrolle und Revision*)。该书在当时是全面论述审计制度的启蒙著作，为后世许多学者和实务工作者所引用。1930年，W·沃斯（W.Voss）编著出版了《审计和信托制度手册》(*Handbuch furdas Revision-und Treuhandwesen*）一书。

当时，影响最大的审计学著作是由著名经济学家倡导编著而成的《审计和信托制度》(*Revisions-und Treuhandwesen*)。该书出版于1926年，系《经营经济学概论》(*Grundri der Betriebswirtschaftslehre*）中的第十卷。这部全集旨在将审计确立为经营经济学的制度之一，并将审计学的地位纳入经营经济学的体系之中。当时，流行的观点认为，经营经济学分成三大领域：一是商业经济学；二是银行经济学；三是工业经济学。这本书的编者在书中极力倡导建立一门特殊经营经济学，这就是监督学。

这本审计文献的内容是极为广泛的，与其他审计文献相比，它是从一种宏观视野对审计课题进行综合论述，不仅研究以账簿和资产负债表为对象的审计技术，而且论述各种审计类型、作为审计主体的审计机构和国家审计官。

这本专著是由13篇论文组成的，13名学者参加了编写，其目录如下[④]：

（1）审计和审计制度的海外潮流；

（2）信托公司组织；

（3）审计职能的范围和审计人员的业务；

（4）审计作为法律制度的发展；

（5）资产负债表审计概论；

（6）收益性审计；

（7）合伙审计；

（8）审计报告；

（9）期中审计；

（10）银行审计；

（11）存货审计；

（12）信用审计；

（13）税务审计。

可见，这部专著中的论文的内容是各不相同的，其中大部分是作者根据自己的丰富经验编写而成的。许多学者认为，该文献是探索审计学的一次尝试，是建立近代审计学的一座里程碑。

另一本对德国审计学的建立产生重要影响的审计文献是当时信托协会理事赫尔曼·A·埃特尔（Hermann Anatol Ertel）编纂的《审计和信托制度手册》（*Ein Haudbuch fur das Revision-und Treuhandwesen*）一书。该书出版于 1933 年，主要根据当时发表的一系列论文编辑而成，实际上它是上述《审计和信托制度》的解说书。1935 年和 1938 年再版两次。

这本书的特点是：它以企业法、会计法、税法和职业法为基础，不仅详细论述了审计技术，而且将会计师审计作为一门职业加以介绍；此外，还介绍了与会计师的审计活动有着密切联系的建议、鉴定评价和信托事项。

日本学者高柳龙芳教授指出：该手册“是论述非常详细的解说书，因此，成为职业会计师的座右铭，发挥着专业辞典的作用”⑤。

157

Reichsgesetzblatt

Teil I

1943	Ausgegeben zu Berlin, den 30. März 1943	Nr. 32

Tag	Inhalt	Seite
23. 3. 43	Verordnung über den Zusammenschluß auf dem Gebiet des wirtschaftlichen Prüfungs- und Treuhandwesens	157
23. 3. 43	Sechste Verordnung zur Durchführung der Verordnung über die Vereinfachung und Vereinheitlichung der Organisation der gewerblichen Wirtschaft	158
26. 3. 43	Verordnung über Zolländerungen	159
28. 3. 43	Dritte Verordnung zur Durchführung der Gewinnabführungs-Verordnung (Dritte GADV)	160

Verordnung
über den Zusammenschluß auf dem Gebiet des wirtschaftlichen Prüfungs- und Treuhandwesens.
Vom 23. März 1943.

Auf Grund der Verordnung zur Sicherstellung der Durchführung kriegsnotwendiger Aufgaben auf dem Gebiet des wirtschaftlichen Prüfungs- und Treuhandwesens vom 14. August 1942 (Reichsgesetzbl. I S. 521) wird im Einvernehmen mit dem Reichsminister der Justiz verordnet:

§ 1

Reichskammer der Wirtschaftstreuhänder

(1) Zur Sicherstellung des Berufseinsatzes für kriegswichtige Aufgaben werden Wirtschaftsprüfer, Wirtschaftsprüfungsgesellschaften und vereidigte Buchprüfer (vereidigte Bücherrevisoren) in der Reichskammer der Wirtschaftstreuhänder zusammengeschlossen.

(2) Personen und Personenvereinigungen, die auf dem Gebiet des wirtschaftlichen Prüfungs-, Beratungs- und Treuhandwesens berufstätig sind, können der Reichskammer der Wirtschaftstreuhänder beigeschlossen werden.

§ 2

Hauptstelle für das Wirtschaftstreuhandwesen

(1) Die Hauptstelle für die öffentlich bestellten Wirtschaftsprüfer und die Hauptstelle für das Prüfungs- und Treuhandwesen werden zu der Hauptstelle für das Wirtschaftstreuhandwesen zusammengeschlossen.

(2) Die Hauptstelle für das Wirtschaftstreuhandwesen ist rechtsfähig; sie hat ihren Sitz in Berlin.

§ 3

Öffentliche Bestellung der Wirtschaftsprüfer

(1) Wirtschaftsprüfer werden auf Grund bestandener Fachprüfung vom Reichswirtschaftsminister öffentlich bestellt, der auch die Vereidigung regelt.

(2) Als Wirtschaftsprüfer kann auch öffentlich bestellt und vereidigt werden, wer den Beruf nicht selbständig ausübt, sofern die Unabhängigkeit der Berufsausübung rechtlich und tatsächlich gesichert ist.

§ 4

Öffentliche Bestellung der Buchprüfer

(1) Der Reichswirtschaftsminister regelt die öffentliche Bestellung und Vereidigung der Buchprüfer.

(2) Die bisherige Berufsbezeichnung vereidigter Bücherrevisor wird durch die Berufsbezeichnung vereidigter Buchprüfer ersetzt. Die Führung der Bezeichnung Bücherrevisor ist vom 1. Juli 1943 an verboten.

Strafbestimmungen

§ 5

(1) Wer den zur Lenkung des Berufseinsatzes ergehenden Bestimmungen und Anweisungen des Reichswirtschaftsministers oder der von ihm bestimmten Stelle vorsätzlich zuwiderhandelt, wird mit Gefängnis und mit Geldstrafe oder mit

Reichsgesetzbl. 1943 I　　47

德国 1943 年的重要文件《关于合并审计与信托业的指示》

进入20世纪60年代以后，学者们对传统的审计制度进行了认真的总结，并出版了一大批审计著作，其中最为有名的，当推斯密特先生（F.A.Schmitt）于1968年出版的《新审计手册》(*Das neue Revisions-Handbuch*)。

本书的目录如下：

一、审计种类

1. 内部审计

2. 外部审计

3. 强制审计

4. 法定特殊审计

5. 信用能力审计和揭发舞弊审计

6. 正常的税务审计和临时的税务审计

二、股票法审计

1. 股票法修正草案和新股票法中有关审计的规定

2. 股票法审计的对象与范围

3. 年度决算审计

4. 资产负债表借方审计

5. 资产负债表贷方审计

6. 损益表审计

7. 营业表审计

8. 审计报告

9. 康采恩决算书和营业表审计

10. 联合企业附属报告书的审计

11. 特殊审计

12. 设立审计、合并审计、组织变更审计和整理业务审计

三、其他特殊审计

1. 信用审计

2. 揭发舞弊审计

四、合伙审计

1. 合伙法规

2. 审计规定

3. 审计实施和审计实施

五、税务审计和内部控制

这本手册无论对审计方还是对被审计方，均称得上是一本通俗易懂的审计实践指导书。对于学习审计的人来说，它还是一本珍贵的教科书。

五、德国审计的现状和趋势

第二次世界大战以后，欧洲经济复兴也波及西德。伴随着市场经济的急速发展，尤其是 1965 年公司法颁布以后，联邦德国民间审计出现了一系列新的发展动向。

战后，联邦德国的政治和经济出现了混乱。为了整顿资本市场，以最快的速度筹集资金发展疲软的经济，政府认识到有必要重新建立股票市场。经过长时期的讨论，于 1965 年公布了经修订的股票法。这是西德经济体制改革的一个重要步骤。

联邦德国经济师审计制度是由股票法所规定的，所以，不可能不受到股票法精神的影响。

1965 年修订股票法的重要目的之一，就是促进大型企业能够顺利地进行资金筹集。第二次世界大战以后，西德股份企业已经失去作为资金筹集手段的作用。所以，为了满足企业筹集巨额资金的需要，有必要修订股票法，吸引全体国民将资金直接投入大企业。

1965 年的股票法主要在下述方面对原法进行了修订：

（1）强化了股东的地位；

（2）改善了股东收集信息的方法；

（3）保护少数股东；

（4）扩大了决算审计师对康采恩公司的审计权。

其中第 162～404 条是有关审计的规定，不仅包括审计对象、审计范围、决算审计师的选任、责任与资格、审计报告和监事审计，而且包括舞弊、违反报告义务和违反保密义务诸事项。

联邦德国民间审计的新动向主要表现在⑥：

（1）企业纷纷聘请审计人员提供管理咨询服务，并要求审计人员不仅对企业过去的财务报表正确与否发表客观性意见，而且应对企业的未来发展，提出有益的建议。

（2）随着审计国际化的发展，西德民间审计组织也开始与世界八大会计师事务所携手合作，积极参加现代民间审计的国际大循环。

（3）1967 年和 1970 年，经济审计师协会在总结自 1933 年以来发表的专业意见书的基础上，分别颁布了《决算审计中通常的审计实施原则》和《决算审计中通常的证明原则》，从而使联邦德国的民间审计制度更加完备，更具有现代性。

Jubiläumsausgabe
IDW Praxishandbuch zur Qualitätssicherung 2016/2017
Mit Arbeitshilfen zur internen Qualitätssicherung und zum risikoorientierten Prüfungsvorgehen bei der Prüfung kleiner und mittelgroßer Unternehmen
IDW Prüfungs-navigator – der digitale Leitfaden
IDW (Hrsg.) / 10., überarbeitete Auflage
IDW
IDW VERLAG GMBH

《IDW2016—2017 年度质量保证实用手册》

注释：

① 高柳龙芳:《ドイツ监查制度论》，关西大学出版部 1981 年版，第 68 页。

② Rosa-Elisabeth Gassmann：Survey of the Development of Auditing in Germany，Working Paper Series，Volume I，AAH，p.43.

③ 高柳龙芳:《ドイツ监查制度论》，关西大学出版部 1981 年版，第 68 页。

④ 高柳龙芳:《ドイツ监查制度论》，关西大学出版部 1981 年版，第 68 页。

⑤ 高柳龙芳:《ドイツ监查制度论》，关西大学出版部 1981 年版，第 68 页。

⑥ Hans J.Dykxhoorn：An Update and Overview of the German Accounting Profession，Working Paper Series，Volume I，AAH，p.193.

日本和加拿大民间审计的进程

第四章

一、日本民间审计的发展

日本的审计与英、德一样，也是从监事审计起步的。这种监事审计从一开始，就深受德国和英国的影响。

1881年，德国律师赫尔曼·罗埃斯勒（Carl Friedrich Hermann Roesler，1834—1894年）受明治政府之委托，负责起草日本商法草稿，并于1884年分上、下两卷出版刊行，其中第203～235条款，对监事的审计权限、任期和性质，作出了规定。这些规定表现了日本国监事审计制度的萌芽，开日本监事审计之先河。

赫尔曼·罗埃斯勒

该草案规定，监事"负责监视董事和发起人处理的经营业务，尤其是公司的创立是否违法；是否符合业务处理规则、条件和公司的决议；检查是否存在差错"。可见，当时，监事的职责是监督董事的业务和检查会计计算，相当于现在所谓的经营审计和财务审计。同时，商法还规定，监事由股东选出，人数在3～5名之间，任期2年，可由董事和经理兼任，必要时，监事有权召集股东大会。

1890年4月26日，该商法草案经太政官审议通过，作为法律第32号正式发表。公布的商法关于监事审计的规定在语言表达方面与罗埃斯勒的商法有所不同，但内容几乎完全一致。唯一的不同之处在于：在商法草案中，规定监事审计是任意审计，企业配备专职人员与否，依企业规模和需要而定；而在这一部商法中，则明确规定监事系股东代表，监事审计为常设机构。这是日本监事审计的重要发展。

但是，在旧商法付诸实施的两三年间，日本的经济形势出现了急剧的变化，在公司数量时增时减的同时，公司收购、合并和破产的事件层出不穷，而旧商法对此并无具体的规定。于是，日本的有识之士认识到有必要对旧商法加以修订。1899 年的新商法就是这样出台的。

新商法实质上是日本最早的商法典。它对旧商法中有关监事审计的规定作了重要的修订，主要表现在以下三方面：

（1）监事的任期和人数。旧商法规定监事的任期为 2 年以内，新商法规定为 1 年；旧商法规定监事人数为 3 人以上，新商法剔除了以法律的形式规定监事人数的条款。

（2）禁止董事等兼任监事。新商法规定，监事应站在公正不偏的立场对董事执行的公司业务和管理的公司财产进行公平且诚实的审计，所以，严禁董事或经理兼任监事。

（3）监事的职责。旧商法规定，监事应对计算书、财产目录、资产负债表、事业报告书、利息或红利分配方案进行审查。新法认为这类列举有遗漏，故规定监事应对董事向股东大会报送的文件进行调查，并向股东大会报告自己的意见。

赫尔曼·罗埃斯勒夫妻墓碑

新商法公布10年后，由于公司设立成风，公司倒闭纷纷出现，有关人士对商法提出了各种不同的意见。许多人主张，应仿效1900年英国公司法从股东以外的人或注册会计师中选出监事，负责审查公司的会计记录。1909年发生的日本民间审计史上著名的“日糖事件”，将责难监事审计制度的声音推向高潮。

日清战争以后，由于台湾制糖原料的大量涌入，日本各地相继建立了许多制糖公司。其中，以大日本制糖股份公司规模最大、资金最雄厚，当时，在糖业界处于垄断地位。但是，该公司在处理糖税问题和保护内地糖业问题方面营私舞弊，甚至贿赂当时的议员，以谋求抗税。事情败露后，引起民愤。在1908年11月召开的股东年会上，一部分股东对公司的财务状况和经营成果提出了疑问，然而当时的董事长声称除公司经理以外，没有谁知道。于是，为了调查实情，5名监事进行了审计工作。审查结果表明，该公司偷税350万日元，而且虚假利润高达85万日元[①]。

这次公司舞弊事件以日本精糖股份公司经理自杀、2名董事和21名议员被逮捕而告终，这次事件使一般公众对监事审计制度提出了强烈的批评。人们一致认为，应寻求真正有能力的人担任监事之职。一种意见主张，应开通道路，从股东以外的能者中选出监事；另一种意见主张，应学习英国公司法，由注册会计师进行审计。所以，农商务省在同年11月颁布了《注册会计师制度调查表》，大力宣传在日本实行英国式会计师审计制

1909年时，日本糖总产量达450万担，同年爆发贪污舞弊案——“日糖事件”。由于大日本制糖决算造假一事在1909年1月被报纸披露，股票大跌，社长与董事引咎辞职，相关董事和受贿议员被判刑

度的必要性，遂使现代民间审计制度在日本首次扎下了根。

1914 年，日本会计审计所创立。1915 年，宫原会计审计所和城生审计事务所创立。1916 年，东五郎会计人事务所在神户创立。1921 年 6 月，日本会计士协创立。3 年后，改称为日本计理师会。1925 年 10 月和 1926 年 3 月，又分别创立了日本政府提出的《计理师法案》(第 31 号)。9 月 7 日，又颁布了计理师施行令，规定只有通过考试才能成为计理师。这是日本的民间审计第一次为法律所接受。

第二次世界大战以后，随着财阀解体、引进外资和证券民主化，政府为了重振日本经济，于 1948 年 4 月以法律第 25 号向全国正式公布了“修订证券交易法的法律草案”。该草案明确要求所有在证券交易所上市的公司的财务报表，均须接受计理师的审计证明。这是日本最早的以证券交易法为根据的民间审计制度的规定。

同年 1 月，“计理师制度调查委员会”对计理师制度进行了重大改革。至同年 7 月，政府又颁布了“注册会计师”(法律第 103 号)，它标志着从独立的立场对“财务报表进行审计或证明”的注册会计师的诞生。从此，废除计理师法，并改“计理师”名称为“注册会计师”。

为了使证券交易法审计作为一项制度确立起来，1950 年 3 月，政府对证券交易法进行了部分修订，新规定：所有在证券交易所上市的股份公司的资产负债表、损益表和其他财务报表均得接受与本企业无特别利害关系的注册会计师的审计证明，从而确立了注册会计师审计制度的法律基础。同年 7 月，当时的经济安定本部企业会计标准审议会又发表了“审计标准”和“审计实施准则”，为注册会计师办理审计监督业务，提供了明确的准绳。1951 年和 1953 年，通商产业省先后颁布了《企业内部控制》和《内部控制实施程序纲要》，对完善审计方法意义深远。以后，随着经济形势的发展变化，该省又多次对证券交易法进行修改，使民间审计制度日趋完善。

1964 年年末至 1965 年，接连发生了数起注册会计师进行虚假审计证明的事件，给正在顺利发展的民间审计制度以很大的冲击。为了重新树立公众对民间审计制度的信任，有关部门采取了一系列完善审计制度的有力措施。

第一，改善行政措施，如新设证券审计官制度，对公司提交的有价证券报告书进行重点审计；规定注册会计师可以发表“反对意见”和“保留意见”之类的审计报告；制订了一些惩罚不讲职业道德的注册会计师的措施。

第二，修订注册会计师法，如新设审计法人的规定。

第三，修订审计实施准则、审计标准和审计报告准则。

第四，为了防止总公司利用分公司营私舞弊，采用了合并财务报表审计制度。

第五，修订证券交易法，规定倘若注册会计师未查出财务报表的舞弊行为和记账差错，从而给债权人、股东带来损失，那么，注册会计师或审计法人应负赔偿损失的责任。

由上述内容可知，日本现代民间审计制度框架的形成，早期主要受德国和英国的影响。第二次世界大战以后，日本几乎全盘接受了最先进的美国民间审计制度。

二、加拿大民间审计的进程

加拿大现代民间审计制度的框架，是在英国的直接影响下，于 19 世纪末 20 世纪初开始形成的。但自 20 世纪 40 年代以后，美国的影响逐渐占了上风。所以，加拿大民间审计兼具英美模式的形态。

19 世纪 50 年代以后，经济危机在资本主义历史中第一次具有了明显的世界性特点。它起自美国，接着席卷英国和欧洲大陆各国，加拿大也深受危害。1864 年、1869 年和 1875 年，加拿大政府先后颁布了三部破产法。这些法案均要委派代理人对倒闭债务人的财产进行管理、清算和分配。这些代理人一般由债权人选举产生，在清算破产企业过程中，他们很快成为熟练的会计专家。在英国会计师团体这一外部因素的刺激下，蒙特利尔和安大略地区的会计师们首先开始酝酿组织属于加拿大自己的民间审计职业。

现在，一般认为，蒙特利尔会计师协会（the Association of Accountants of Montreal，AAM）是加拿大第一个正式的民间审计组织。1879 年 6 月 11 日，蒙特利尔地区的有识之士召开了会计师会议，讨论组建会计师协会，并呼吁魁北克立法部门颁布公司法。1880 年 7 月 24 日，魁北克立法部门正式授予他们建立协会的特许证。根据 1898 年著名的会计师约翰·麦克唐纳尔德（John Macdonald）草拟的名为“公证会计师的职责范围”的文件可知，该协会会计师的职责主要包括四个方面，即：① 为各类企业设计会计方法；②改正不合适和低效率的会计方法；③资产管理；④审计业务。1927 年，该协会改

安大略特许会计师协会全新徽标亮相

CA Chartered Accountants of Ontario

名为魁北克特许会计师协会。1883 年 2 月 1 日，安大略特许会计师协会（the Institute of Chartered Accountants of Ontario）也经特许成立[②]。

在他们的带动下，加拿大各地的会计师组织也相继创立，共同促进了加拿大民间审计职业的发展。这些协会分别是[③]：

（1）1886 年 5 月 28 日，马尼托巴特许会计师协会；

（2）1900 年 1 月 12 日，新斯科舍特许会计师协会；

（3）1905 年 4 月 8 日，不列颠哥伦比亚特许会计师协会；

（4）1908 年 6 月 12 日，萨斯喀彻温特许会计师协会；

（5）1910 年 12 月 10 日，艾伯塔特许会计师协会；

（6）1916 年 4 月 29 日，新不伦瑞克特许会计师协会；

（7）1921 年 4 月 27 日，爱德华王子岛特许会计师协会；

（8）1949 年 3 月 31 日，纽芬兰岛特许会计师协会；

（9）1976 年 12 月 3 日，育空地区特许会计师协会；

（10）1979 年 3 月 30 日，西北地区特许会计师协会。

最初，这些协会的规模均不大，没有收集会费，各协会彼此独立，互不往来。安大略协会曾经试图联合蒙特利尔协会，共同创建全国性的民间审计组织，但遭到谢绝。直到 20 世纪初，各协会才迈出联合的第一步。1902 年 5 月 15 日，经联邦特许证认可，加拿大第一次成立了全国性的“特许会计师自治协会”（DACA）。该协会的目的是：①促使没有建立民间审计组织的省份，成立会计师组织；②协助各省协会争取统一的立法，以便更好地保护和管理各地职业的发展；③促使各省协会采用统一的考试标准和成员资格标准；④为了会员的利益，敦促各省协会之间相互提供优惠条件；⑤考虑职业道德问题；⑥保证对影响共同利益的事务采取一致的行动，并以咨询人员的身份帮助各省协会的工作。1911 年，自治会首次发行季刊《加拿大特许会计师》。该杂志 1920 年改为双月刊，1932 年改为月刊，现在发行量已达 30 000 册。1951 年，特许会计师自治协会改名为“加拿大特许会计师协会”（The Canadian Institute of Chartered Accountants，CICA）。目前，加拿大共有 12 家独立的会计师协会。

进入 20 世纪 70 年代以后，加拿大民间审计与整个世界民间审计发展的趋势进一步联结了起来。而且，它在考虑和容纳先进的审计制度精华的同时，又致力于寻求适合本民族审计发展的道路。这主要表现在三个方面：

（1）1970 年，对传统的学徒制度和预考、中考、终考三步走的考试制度进行了大刀阔斧的改革，大大简化了考试程序。按新的考试制度，大学毕业并从事实务 3 年的会员

LEADERSHIP THROUGH THE YEARS

Clem King
1939-1955

Mike Howarth
1955-1960

Doug Thomas
1960-1972

Ken Fincham
1972-1992

Michael Rayner
1992-2001

The leaders–the directors and the presidents–who steered the CICA instilled purpose and drive into the organization. Their vision and effort helped transform it into the powerful body it is today.

David Smith 2001-present

加拿大特许会计师协会历届会长

申请者只需通过一次笔试即可，重点考试科目为财务会计、审计理论与实务、管理会计与财务和税法，及格率高达53%～55%。会员的素质可以与英美两国并驾齐驱。1977年，加拿大特许会计师协会会员增至25 629人、学生会员数为8 051人。

（2）加拿大特许会计师协会设立“审计标准委员会”，负责开发加拿大公认审计标准。1980年，该委员会先后发表了《会计处理的变更》《国际审计标准》《审计报告的保存》和《公认会计原则变更时审计人员的报告》诸文件。1981年，又先后发表了《对其他审计人员的信任》和《EDP系统审计》等指南。

（3）进一步完善了证券交易法审计制度。目前，加拿大各省均设有交易所和特许会计师注册部门。凡是到这些交易所上市的公司的财务报表，均得依法接受特许会计师的审计证明。随着资本市场正式成为加拿大市场经济运行的中心环节，这种法定审计制度愈来愈显示出其重要性。

总而言之，加拿大一方面吸收了被称为英国式的股份公司监事制度，另一方面也摄取了被称为美国式的证券交易法审计制度，揉两者为一体，并汲取其他国家民间审计的精华，结合自己的情况不断发展，奠定了加拿大现代民间审计制度的基础。

现在的“加拿大特许会计师协会”除传统业务之外，每年还就联邦预算的审查和执行发表意见和评论
（图片源自CICA官网）

注释：

① 青木茂男：《日本会计发达史》，同友馆 1976 年版，第 83 页。

② Harvey Mann：The Evolution of Accounting in Canada，1972，pp.24-28.

③ Harvey Mann：CAs in Canada...The First Hundred Year，pp.26-27，CA Magazine，December，1979.

第五章 世界各国民间审计的发展

从以上各章介绍的各主要国家民间审计的发展情况可以看出，世界上任何一种适应经济发展和社会需要的职业诞生以后，都必然会通过各种渠道，灌输或传播到世界各国，从而唤起国际性的反响。民间审计的发展亦是如此。它诞生在英国，发展于美国，然后被许多先进的资本主义国家采用，形成一股引人注目的浪潮。

在这股浪潮的冲击下，世界上大多数国家先后接受了这种渗透着现代观念的崭新的审计职业，并主动地糅进许多具有民族性的东西，与英国、美国和其他先进国家一起，共同开创了民间审计发展的新时代。

一、欧洲民间审计的发展

文艺复兴时期，资本主义商品经济在北部城邦如威尼斯、热那亚和佛罗伦萨得以迅速发展。人们创办各种企业，进行商业活动。当时的企业主要分成两类：一类是以佛罗伦萨为代表的由许多出资人组成的合资企业；另一类是以威尼斯为代表的家庭合伙企业。从某种意义上说，意大利的这种合伙企业乃是现代股份有限公司的先驱。当时，投资者为了逃避教会法中有关货币不能生息的规定，经常将他们的资金委托给海外贸易者，并分享短期合伙利润，从而开创了这样一个先例，即直接从事贸易活动的合伙人对合伙企业的全部债务负连带清偿责任，而直接参加经营活动的投资者只在投资额范围内承担风险，并可以分享利润[①]。由于所有权与管理权的分离，投资者不仅对自己投入资本的使用情况十分关心，而且在按合伙人投入资本的比例分配利润时也要求由精通会计知识的专家加以监督。正是委托者和受托者之间关于经营管理的财务责任关系的确立，为意大利民间审计的发展创造了条件。

1581 年，意大利通过一项法律，正式批准建立威尼斯会计师协会（Collegio dei Rexonati）。这是世界审计史上最早的民间审计组织，开民间审计组织之先河。该协会对入会者的要求非常严格，要求会员申请者的年纪在 18～24 岁之间；在民间审计事务所从事实务补习 6 年；应由 45 名主考人（其中包括 30 名会计人员）组成的考试委员会对他们进行面试；只有协会的会员才能从事民间审计工作。到1669年，该协会成为一个相当有权威的民间审计机构。几年后，意大利民间审计事业得到进一步发展。16世纪后半叶，查尔斯·埃曼纽尔三世（Charles Emanuel）在法律上承认：只有特许清算人（Chartered Liquidators）才有资格进行民间审计业务，旨在防止公众遭受无能的会计师的欺骗，让民间审计职业获得它应有的承认。1669年，米兰颁布了一项法案，规定了民间审计职业的范围。1739年，米兰的会计创立了一个类似的民间审计组织。但是，该协会直到1745年才正式运转。当时，政府已经通过法律，对入学者的资格作出了规定。

19世纪早期，拿破仑一世要求在意大利实施一项法律：只有意大利的特许会计师才能从事会计职业，即使在民族地区，特许会计师在其业务方面也享有相当高的地位。1836年，保罗·格里哥里十六世在教会管辖的各国任命了一批特许会计师，并严格规定，只有他们才能承担会计工作。

100年以后，意大利成立了佛罗伦萨会计协会。1879年，在罗马首次召开了全国会计师会议。在这次会议上，参会者提议全国各省组建会计师会议，从而导致民间审计事业在意大利兴旺发达起来。

当然，这些早期的民间审计职业对英国和美国民间审计职业的发展几乎没有任何影响，所以，充其量只能说它们是民间审计发展的一支序曲。

在法国，民间审计作为一门职业要追溯到1881年。当时，法国巴黎成立了法国会计师协会（the Society of French Accountants），旨在通过考试发展会计科学。直到1916年，共和国才正式承认该职业。1927年，又得到法律的认可。该法规定，在获得会计工作职业之前，必须经过内容广泛、综合性的考试，考试1年2次，同时，要求有5年的会计实习期。考试和证书分为三等：记账员、会计员和会计专家。1913年，会计专家（Expert Accountants）成立了巴黎会计专家协会（Company of Expert Accountants of Paris）。此后，法国其他地方也相继建立了地方性的民间审计组织。不久，它们联合成立了“法国及其殖民地会计专家协会联合会”（Federation of Companies of Expert Accountants of France and the Colonies）。

比利时的民间审计职业起步较晚。1831年，法院在开庭之前，开始委派内行的簿记员对法院当事人的账簿和事务进行审查。1903年5月，比利时成立了第一家民间审计组织——比利时会计师协会（Chambre syndical des Experts Compatables），成员包括会计师和会计专家。这些民间审计人员都经过专业考试，具有合适的执业资格。但是，法律最初并没有承认民间审计职业。1909年，丹麦颁布一项法律，正式确认会计为一种职业，并授权由商业和航运大臣负责管理会计师规则，同时任命了国家会计师。该大臣有权制止国家会计师从事与民间审计职业不相称的交易和职业。当时的法令规定，只有丹麦公民才能担任国家会计师。

1904 年之前，奥地利的审计事业发展缓慢。直到 1904 年，奥地利才创建了第一家民间审计组织，名为维也纳会计专家协会（the College of Expert Accountants in Vienna）。第二家民间审计组织创立于 1913 年，但 7 年后，并入维也纳会计专家协会。1920 年，一些会计人员又建立了财政部会计专家协会（Union of Expert Accountants of the Treasury Department）。1927 年，为了团结全国各地的民间审计组织，政府通过一项法令，促成了"维也纳账簿检查者义务联合体"（Compulsory Community of the Book Reviewers in Vienna）的建立。但各地的民间审计组织仍保持独立的地位。通过这种统一性组织，民间审计师的教育和立法均得到了充分的发展。

在 19 世纪的挪威，民间审计职业的地位并不理想。1910 年，克里斯蒂拉商会（Christina）承认了公共会计职业。当时，会计师有"专家会计师"和"委任会计师"两种。1929 年，国家颁布了一项法律，其中认可了国家会计师职业，并为国家会计师提供了各种保护。根据该法令，任何一个居住在挪威的年满 27 岁的公民，如果其他方面均符合法律要求，便可以成为一名"国家审计师"。申请者必须通过国家考试，内容主要包括会计学和审计学。国家审计师的资格受法律保护，而且，每隔 5 年应将证书交政府有关官员签字，否则无效。

1911 年，芬兰成立芬兰会计师协会（the Finnish Accountants Association），改变了芬兰民间审计职业的落后状态。该协会在民间审计教育和专业证书方面，做了大量的工作。至 1925 年 5 月，政府解散了会计师协会，同时成立了"商业部认可的会计师协会"（Association of Accountants'recognized by the Central Chamber of connerce）。要成为新协会的公认会计师，申请者必须达到 30 岁，而且需受过高等教育，并具备一定的实践经验。

在 20 世纪初的瑞士，民间审计职业还鲜为人知。虽然法院经常委派会计师提供专业服务，但会计师仍然感到自己不如其他职业重要。事实上，民间审计工作在瑞士没有得到法律的承认。1916 年，瑞士建立了会计专家协会（Association of Swiss Expert Accountants），旨在通过考试提高民间审计职业的水平，并对会计师的活动进行规定。当时，各大学也有权向私人颁发会计专家证书，故他们不愿将这种权力交给瑞士会计专家协会。为了解决这种矛盾，1925 年，又成立了瑞士会计师协会（Swiss Chamber for Accountants），负责主持民间审计师考试，从而使各大学放弃了颁发会计专家证书的权力。

在捷克斯洛伐克民间审计事业发展的早期，三大民间审计组织有力地推动了捷克斯洛伐克会计师事业的发展。这些协会的活动得到各大商会的支持。这三大协会是[②]：

（1）Germium ucetnich a Bilancnich Znalcu in Pragal；

（2）Syndikat Ucetnich Znalcu a Oybornyck Revidentu Ceszoslovenskre Republiky；

（3）Verband der deutschen Buchsachverstandigen und Bucherrevisoren in der Cz.Sl. Republik mit dem Sitzein Aussig。

1899 年，瑞典会计师协会（the Swedish Accountants' Association）正式成立。要成为会计师，申请人必须年满 25 岁，具有 3 年实践经验，而且，应通过瑞典商业大学的考试。考试内容不仅包括有关会计、审计和法律方面的，也包括政治经济方面的特殊问题。

在荷兰民间审计起步阶段，会计师先驱们在如何管理会计职业方面分成三大派别：一种认为，应由政府管理民间审计职业；另一种观点认为，应制定法律保护会计师资格；还有一种观点认为，民间审计职业应完全自由化。大多数会计师不同意由政府管理民间审计职业，但希望政府给会计师以合法资格。

1895 年，荷兰会计师协会（the Netherlands Institute of Accountants）正式成立。至 1906 年，一部分会员对协会的管理体制不满，故另立山头，建立了荷兰会计师学会（Association of Netheland Accountants）。1919 年，消除分歧以后，后者重新并入协会。

民间审计法规最完善的，当推罗马尼亚。其 1921 年的法律不仅承认民间审计职业，而且保护国家任命的会计师资格。根据该法，创建了"委任簿记员和会计专家协会"（Association of Authorized Bookkeepers and Expert Accountants）。要成为协会会员，必须通过考试，包括口试和笔试。政府规定某些组织的会计账簿，必须接受协会会员的检查。

二、拉丁美洲民间审计的发展

与欧洲各国比较起来，拉丁美洲各国审计的发展相对而言要落后得多。这一点主要反映在审计立法和审计组织上。

早在 1836 年，阿根廷就颁布了管理会计活动的法律。该法规定，除非他是阿根廷公民，并年满 25 岁，否则，不得进行与会计职业有关的活动。最初，这项法律将会计业务限于 8 名会计师，但是，至 1863 年，取消了这种限制。19 世纪末，一些会计师联合创办了会计师协会（the college of Accountants）。全称原文为 Collegio de Doctores en Ciencias Economical y contadores Publicos。当时，还允许外国人参加考试。授与资格的会计师主要有两种：一是商业专家，负责完成相当于簿记员的职责；二是公共会计师。1903 年的破产法设置了一条关于会计师的条款，它要求民间审计师每年登记一次。1907 年公布的法规对民间审计的发展起了重要的推进作用。该法要求，股份公司必须按政府标准报送其资产负债表，以接受检查，同时规定，股份公司应该聘请自己的审计师、律师和经济学博士。

智利在民间审计组织方面获得了突出的成功。从一起步，便建立了三大民间审计组织。这些协会是：Sociedad de Contadores Titulados Por el Estadoof Santiago；Asociaction de Contadores de Chile of Santiago；Asoci acion de Contadores Titulados of Talca。其目标是，协调民间审计人员的工作。但直到 20 世纪 30 年代，政府仍然没有从法律上给予承认。

在美洲国家中，民间审计组织最早为法律承认的，是乌拉圭。1825 年，乌拉圭政府正式颁布了承认和管理民间审计活动的法律。1919 年的法律对会计活动作了更严格的限制。它承认了全国会计师和簿记员协会（Asociacion Nacionalde contadoresy Peritos Mercantiles），鼓励会员开展民间审计活动。

1922 年，波多黎各建立了波多黎各会计师协会（Porto Rican Institute of Accountants），旨在提高会计工作的水平。为了达到这一目的，协会促成政府于 1927 年颁布了一项类似于美国注册会计师法的法律，并举办了会计师资格考试。

墨西哥的主要民间审计机构是墨西哥注册会计师协会（Mexican Institute of Certified Public Accountants，IMCP）。该协会依法成立于 1917 年，由注册会计师组成[③]。

三、澳大利亚和南非民间审计的发展

在大洋洲和非洲，分别以澳大利亚和南非民间审计的成就最为突出。

1885 年 11 月 20 日，南澳大利亚民间审计组织的发起者们召开了阿德莱德会计师协会（the Adelaide Institute of Accountants）成立大会。这是澳大利亚第一个民间审计组织。不久，改名为南澳大利亚会计师协会（Institute of Accountants in South Australia）。1887 年，又成立了维多利亚注册会计师协会（the Incorporated Institute of Accountants in Victoria，IIAV）。从历史上看，在澳大利亚民间审计发展史上，它所产生的影响比其他民间审计团体要大得多。IIAV 于 1918 年改名为澳大利亚联邦注册会计师协会（incorporated Institute of Accountants Commonwealth of Australia），1921 年，又改名为联邦会计师协会（the Commonwealth Institute of Accountants，CIA）。该协会的会员成为澳大利亚会计师公会（ASA）的骨干。该协会在民间审计发展早期，是一个杰出的专业组织。

悉尼公共会计师协会（the Sydney Institute of Public Accountants）创建于 1894 年，至 1908 年，与澳大利亚公共会计师社团（the Australian Corporation of Public Accountants，ACPA）合并，组成澳大利亚特许会计师协会（ICAA）的前身[④]。

经过各方势力的融合，呈现了今日澳大利亚会计师公会和澳大利亚特许会计师协会两大民间审计组织垄断行业的局面。

1894年，南非建立了名为南非共和国会计师和审计师协会（the Institute of Accountants and Auditors in the South African Republic）的机构。这是南非最早的民间审计组织。1903年，又成立南非特许会计师协会（Institute of Chartered Accountants in South Africa）。尔后几年，又相继建立了德兰士瓦会计师协会（the Transvaal Society of Accountants，1904）、开普会计师和审计师协会（Cape Society of Accountants and Auditors，1907）、纳塔尔会计师协会（Natal Society of Accountants，1909）、奥兰治自由邦会计师和审计师协会（Society of Accountants and Auditors in the Orange Free State）、罗纳西亚会计师协会（Rhodesia Society of Accountants，1918）。从1921年开始，各民间审计组织合并，旨在按最高的专业原则发展民间审计工作，并让年轻人接受民间审计方面的培训和教育。其会员均使用“南非特许会计师”称号。

四、世界民间审计的现状

1985年，国际会计师联合会向成员国和协会发出问卷，对各国会计师现状进行调查。据不完全统计，全世界共有民间审计师90万人，其中欧洲占24%，北美占49%，中南美占4.5%，大洋洲占11%，亚洲占11%，非洲占1.5%。

可见，全世界的会计师约有一半以上活跃在北美大陆，其中绝大多数是美国注册会计师协会会员。在中南美地区，会计师人数主要集中在阿根廷（约2.3万人）和墨西哥（约8 000人）。在大洋洲的澳大利亚，共有会计师6.2万人。在亚洲地区，会计师主要集中在印度（约3.2万人）、菲律宾（约2.3万人）和日本（约7 000人）。在欧洲，会计师最多的是英国，约15万人，法国约1万人，联邦德国和荷兰约5 000人。在非洲大陆，会计师较多的是南非，约1万人[⑤]。

注释：

① 迈克尔·查特菲尔德:《会计思想史》，文硕、董晓柏等译，中国商业出版社1989年版，第117-121页。

② Wilmer Green:History and Survey of Accountancy，Standard Text Press，1930，p.197.

③ Stephen A.Zeff：Forging Accounting Principles in Five Countries，Stipes Publiching Company，1972，p.91

④ Robert W.Gibson：Two Centuries of Australian Accountants，The Accounting Historians Notebook，Vol.11，No.1 Spring，1988，p.20.

⑤ 王德升、阎金锷:《审计文集》，中国人民大学出版社1988年版，第204-206页。

第三篇

内部审计的产生和发展

第一章 古代内部审计的发展

内部审计在古代就有。但是，只有到近代这棵大树才开始根深叶茂。内部审计的历史从古到今，经历了一个缓慢而艰苦的过程。

——Lawrence Sawyer

本篇论述的是内部审计的发展历史，重点放在20世纪以来世界内部审计思想和实践的演进上。但是，现代内部审计有其历史的渊源，而这一渊源可以追溯到远古时代。

一、上古的内部审计

人“是一种社会的动物”。自从出现私有制，人类从事生产活动和其他活动，都是在一定的经济责任关系的制约下进行的，这就需要某种意义上的管理活动，从而产生了古代的内部审计工作。人类步入奴隶社会以后，出现了私有制，奴隶主为了坐享其成，过不劳而获的寄生虫般的生活，往往将自己的私有财产委托给精明能干的代理人去加强管理，从而产生了经济责任关系。这时，所有者奴隶主就必然会委派亲信作为第三者审查受托者是否诚实地履行经济责任。这些第三者是大奴隶主庄园的管家和监工，他们受奴隶主委托，对下属各庄园的管理者进行经济监督。不过这些管家和监工并不是独立意义上的内部审计人员。他们除审计业务外，还负责其他的监督。在奴隶制政府机构中，也出现了部门内部审计的萌芽。比如，西周时代的司会，它虽然负责政府会计工作，但同时也行使内审之权，无论是日常的会计核算，还是所有的会计报告，均须经司会之手进行考查。这可以说是原始意义上的内部审计。

可见，奴隶社会是内部审计的萌芽时期。这些上古的内部审计思想虽然还处于简单状态，但是，都成为以后管理思想发展的渊源。

神与吝啬者，在 16 世纪早期的比利时，当时的人们相信，虽然人类可以制作账目，但上帝才是最终的担保人和审计师

石棺浮雕：4 世纪，奴仆手拿账册向主人汇报。可以看到主人忧心忡忡，“压力山大”的表情

二、中世纪的内部审计

进入中世纪以后，内部审计有了进一步的发展。其主要标志是出现了独立的内部审计人员。中世纪的内部审计是一个承上启下的阶段，它继承了奴隶社会内部审计的思想，为近代内部审计奠定了较为坚实的基础。在这一段时期，内部审计主要采用寺院审计、城市审计、行会审计、银行审计和庄园审计诸形式，这些形式是中世纪内部审计的源流。

首先看寺院审计。

在 11 世纪左右，寺院制度在西欧广为流行。这些寺院不仅拥有庞大的地产，而且还从事食盐、牧畜之类的贸易，发展饲养业和进行抵押放款。有的寺院还成了当地的贸易中心。

这些寺院的经济管理组织是较为严密的。在住持下，设有一个院长（prior）和一个或一个以上的副院长。院长手下配备许多专职的负责寺院各部门和财产管理的管理人员（obedientiaries），其中总务长权力最大，由他全面管理寺院的土地、动产和各项收支业务。隶属于他的有：地窖管理员、储蓄所和作坊的监督员、会计员或出纳员。为了加强寺院管理，监督受托人员经济责任的履行情况，寺院还适当地配备了审计人员。他们的主要任务是：审查会计人员编制的会计账目和财产清单；对记账差错和舞弊，以及浪费和奢侈行为进行处理。这些审计人员是具有一定专业会计知识的僧侣，从僧侣中选出。至于审计人员的地位和职能发挥，各寺院并不相同，有的寺院审计人员直接对院长负责，由寺院授权处理寺院内部审计业务；有的寺院审计人员只是总务长手下的经济监督人员，

在古代，寺庙作为一般公众的银行，不仅代理私人存款，也提供贷款。为了保证这些数额巨大资金的安全，寺院经常要配备专人查账。图为希伯来大学挖掘、发现的 36 枚金币。这些硬币可以追溯到拜占庭皇帝的统治阶段，从公元前 4 世纪中叶到公元前 7 世纪

在这样的情况下，审计人员的独立性相对来讲要差一些[①]。

再看城市审计。

随着西欧商业的复兴，在西欧土地上重新出现了以手工业和商业为中心的城市。

最初，城市仍然由封建领主管辖。进入 11 或 12 世纪以后，城市居民不堪忍受封建领主的剥削压迫，普遍展开了要求自治权的斗争。他们或以金钱购买，或通过武装斗争，都在不同程度上获得了自治权。自治城市由市民选出市长、法官和市议会，他们受市民的委托，负责管理城市。那些负责城市财政管理的官员应定期在作为市民代表的审计人员面前朗读会计账目，审计人员通过听取账户记录（hearing the accounts），对他们的受托经济责任进行审查。1298 年和 1311 年伦敦市的会计官先后两次接受审查。最初由市长、市参议员和其他有关人员组成的审计委员会进行审计业务，后来改为从市民中选举产生 6 名诚实善良的代表担任审计人员。1316 年，都柏林市要求税收人员将收支预算书报送到“市民或审计人员面前”，接受审计。1456 年，又制定了通过听取账户记录对本市各种会计账户进行审查的规定。1456 年，爱尔兰各城市，出纳官的会计账簿受到详细的审查[②]。在 15 世纪苏格兰的一些城市，各机关的官员是在市长、参议员和市民面前接受审计监督的。16 世纪，詹姆斯一世的法律规定：城市官员（包括市长、议员等）的会计账簿均得接受审计人员的审查。在法国、德国和意大利诸国，也在不同程度上实施过城市审计业务，如著名的汉萨同盟，就曾配备数名审计人员。

行会审计也是中世纪内部审计的重要形态。

在英国，自 11 世纪起，就存在有特定目的的人的结合体（行会），每个行会一年要召开 1～4 次总会，议事内容包括选举产生理事和审计人员。理事是行会的执行人员，其主要任务是征收会费和罚款，调查行会的财产状况，仲裁行会成员间的纠纷，并登记反映行会经济业务的行会账户。审计人员从行会成员中选举产生，是行会成员的代表，主

中世纪行会和工艺生产
图为 Petrus Christus，金匠，1449 年，纽约大都会艺术博物馆

要任务是定期对行会账户进行审查。理事必须在召开总会之时将行会账户提交出来，让审计人员审查。审计人员审查完毕，即向行会成员就账户记录进行口头报告。

可见，行会审计是以行会成员和理事之间关于行会业务和财产管理的委托受托关系为成立基础的。审计的重点与城市审计一样，是审查作为受托人的理事在处理经济事务方面的诚实性。

十字军东征，给意大利的商业和金融带来了极大的繁荣，同时也导致银行内部审计的产生。佛罗伦萨是当时意大利的金融中心。这里的巴尔迪银行、佩鲁齐银行和阿恰伊渥奥利银行，被誉为“基督教世界的支柱”。在西欧各地，到处有佛罗伦萨的代理店，为了对这些分店加强控制，银行家们采用了某些内部审计形式。例如，梅迪席银行曾专门设置内部审计人员，对各分店的财务报表进行审计，预防呆账和信用过期。当时，对于本国的分店，一年审计一次；对于国外分店，要求代理人一年来佛罗伦萨报送两次会计记录[③]。

在中世纪，数庄园审计最具特色。当时，西欧庄园不仅是封建制度下的政治单位，也是重要的经济单位。庄园主为了更好地进行庄园管理，加强对农奴的剥削，自己不再

中世纪金融家

中世纪西欧农庄

直接参加管理活动，而将这些任务委托给数名庄园管理者去执行，并在庄园主和数名庄园管理者的经济责任关系中建立了比较严密的内部审计制度。

在数名庄园管理者中，以监视人、总收入官和审计人员三者尤为重要。监视人员负责掌握土地和租地人的情况，编制地租账；总收入官是最重要的官吏，庄园经营就是以他为轴进行的，他对庄园经营负全部责任，主要任务是根据地租账征收地租和通行费，并编制反映庄园收支业务的庄园账目。不过，欲从收入中开支须经庄园主点头同意。一般来说，总收入官总是希望高估损失，低估收入和自然增产值，提出对自己有利的会计账目。审计人员的任务是接受庄园主的委托，定期检查账目记录，审查总收入官编制的会计账簿的小计和合计是否正确，加法运用有无差错，根据付款单审查开支原因，并陈述审计意见，然后将庄园账户和审计意见一起提交给庄园主，接受他的最终审阅和批准[④]。

可见，庄园审计是以庄园主和总收入官之间关于庄园管理的委托受托关系为基础的。正如《会计思想史》著者迈克尔·查特菲尔德所指出的一样："在中世纪所有的会计职能中，这种审计与现代审计颇为相似，而且对现代实务有着最直接的影响。"[⑤]但审计的重点仍然是审查受托者的责任履行情况，通过审查账簿来了解经办人员是否诚实。

通过对中世纪几种内部审计形式的介绍，我们可以知道，这种审计的突出成就，就是出现了独立的内部审计人员。这对奴隶制社会的内部审计，是最艰难的突破，也是内部审计的重大发展，但它的审计目的仍然是查错防弊，审查单位内部承担经济责任者的诚实性。

注释：

① ［美］J・W・汤普逊：《中世纪经济社会史（下）》，商务印书馆1984年版，第235页。

② A.C.Littleton：Accounting Evolution to 1900，Russell & Russell，1933，pp.260-261.

③ 迈克尔・查特菲尔德：《会计思想史》，文硕等译，中国商业出版社，1989年版，第55页。

④ A.C.Littleton：Accounting Evolution to 1900，Russell & Russell，1933，p.261.

⑤ 迈克尔・查特菲尔德：《会计思想史》，文硕等译，中国商业出版社，1989年版，第35页。

第二章 近代内部审计的发展

19 世纪末 20 世纪初，内部审计领域发生了一场深刻的变革。过去以行会审计、庄园审计、寺院审计、金融审计和合伙企业审计为主要形态的传统意义上的内部审计，逐渐为一种新型的内部审计制度所取代。对于企业管理者来说，这项新制度并不止是推陈出新，而且是近代企业管理所不可缺少的重要组成部分。

一、催生近代内部审计的适宜环境

19 世纪末 20 世纪初，资本主义进入垄断阶段。这一时期，产业结构和经营机制出现了新的变化，垄断企业开始成为资本主义经济的重要特征。在少数发达的资本主义国家里，一些大型股份企业为了开拓垄断资本利润的新来源，瓜分世界市场，纷纷将“过剩”资本输出到国外，输出到发展中国家，在那里设立分支机构和分公司。例如，美国的胜家缝纫机器公司最先到欧洲进行直接投资，美国的威斯汀豪斯电气公司，以及英国、荷兰合资建立的尤尼莱佛公司、瑞士的雀巢食品公司，都先后到国外投资设厂，开始跨国性经营，充当资本主义国家资本输出的重要工具。这时，总公司开始撤离管理第一线，变直接管理为间接管理，与分公司只保持松散的关系，对分公司（尤其是海外分公司）只起控股作用，分公司拥有较大的自主权，其主要财务责任就是必须按控股额向总公司支付股东的红利。这种管理层次增多、实行分权管理的情况，给企业管理者提出了这样一个难题：一方面，必须制订各种管理手续、方法和方针，确定各基层

小乔治·威斯汀豪斯（George Westinghouse）
美国的威斯汀豪斯电气公司创始人

雀巢公司丹麦分公司

部门（主要是分公司）在经营管理中履行职责的标准，另一方面，必须采用新型的控制方式，对这些标准手续和方针的遵守情况进行管理。

所以，对于企业管理者来说，合理地解决新形势下出现的这一新问题，已迫在眉睫。

如果采用以前的控制方式，继续聘用民间审计人员对下属分公司的财产、会计记录和经营情况进行审查，已无法满足管理之需。因为民间审计人员一般只办理一年一度的一次性审查。随着企业管理的复杂化，一年一度的审计也有必要改为半年、一季度或一月审查一次。在这样的情况下，总公司如果仍然依赖民间审计人员无疑所花费用太大，而且往往得不偿失。于是，企业管理者便将目光转向企业内部，千方百计从职工中选拔具有经营管理知识和能力的特殊人才，让他们从企业自身的利益出发，对分公司的管理责任进行经常性监督。这些特殊的人才与“外部审计人员”相对应，被人们称为“内部审计人员”。由他们组成的机构，被称为“内部审计机构”。

内部审计职业的创始人维克多·布瑞克在《前程无量》一书中指出[①]：

在内部审计师职业建立以前的岁月里，工商企业和其他各种组织的活动范围变得愈来愈庞大，愈来愈复杂。这些变化的到来，致使对控制和经营效率的管理更加困难。管理人员再也不能亲自观察责任范围内的所有活动，甚至不再有充分的机会去接触直接或间接向他们报告的人。于是，他们开始寻求能够处理这些新问题的所有可能的途径。愈来愈多的管理部门发现有必要任用一些专门的职员去检查和报告正在发生的事情，并对其原因进行深入的调查。这些专业人员就是“内部审计人员”。

所以，近代内部审计是19世纪末20世纪初，随着大中型企业管理层次的增多和管理人员经济责任的加重，基于企业单位内部经济监督和管理之需而产生的。

二、近代内部审计的演进

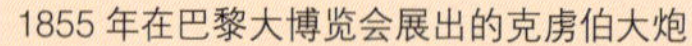

在内部审计迈向近代的早期，起带头作用的是英国。19世纪末，在一次次经济危机的严重打击下，深受股份公司破产之苦的股东和债权人强烈要求对企业的会计记录和资产管理加强监督。为了满足这些正当的要求，英国议会于1844年率先制订公司法，从法律制度上明确要求企业设监事之职，行使内部审计之权，从而初步确立了近代内部审计制度。

19世纪后半叶，中国建立的以西方企业管理为模式的银行、兵工厂、造船厂和矿山等大企业，有的在内部设立了“稽核”之职，负责对本单位的财务收支和经营活动进行审查和评估。

在19世纪末，德国克虏伯公司在军火工业中占据着统治地位，它是一个将采煤、冶金、机器和军火生产合为一体的巨大康采恩。1875年，该公司也实行了内部审计制度。该公司的审计手册指出[②]：

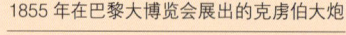

1855年在巴黎大博览会展出的克虏伯大炮

审计人员应确定是否正确地遵循了法律、合同、政策和程序；企业的所有业务是否符合所确定的政策，并取得成功。就此而论，审计人员应提出建议，以改进现存设备和程序，并以改进管理的建议方式，对合同加以批评。

这表明，该公司已配备审计人员，并初步实施了合规审计和经营审计。

在美国，铁道部门是最早认识到审计的必要性并建立内部审计制度的行业。

它们在19世纪末就配备了内部审计人员，负责巡视各铁路售票机构、检查现金记录的正确性，故这些审计人员亦称“巡回审计师”。约在1919年，美国一家大型铁路公司就曾利用内部审计人员对餐车业务进行了财务审计和经营审计。这些审计人员在审计报告中不仅揭露了工作差错和舞弊行为，而且详细列举了浪费现象[②]。

内部审计的概念越来越深入人心

日本在明治和大正时代，就出现了实行内部审计的公司。审计人员不仅进行财务审计，也进行经营审计。当然，这种经营审计大多数不是为了健全现代化的管理制度，而是带有对经济管理的效果进行评价的性质。其审计方式主要包括：

（1）由总公司派出检查人员进行审计；

（2）由商法规定的监事实行内部审计；

（3）由专职内部审计部门进行审计；

（4）由兼职内部审计师进行审计；

（5）临时进行内部审计工作。

其中，以第（1）、第（2）种形态最为普遍。例如，住友公司从明治时代起，就由总公司审计人员对住友仓库、住友电气和住友金属等公司进行审计。日本内部审计的先驱者神马新七郎在回忆录中指出[③]：

最近，在我国的学术界和实际部门，研究内部审计之风十分盛行，实在令人欣喜。但是，这仅仅是最近的事。记得在大正时代末期，我们在进行公司会计和成本核算时，各部门报告的经营报表和会计报表，未必都是可靠的；而且，公司为了达到内部控制的目的，制定了各种规章制度，包括经营规程、成本核算规程、预算控制规程和工资计算规程等，并在公司内部付诸实施，而实际上，这些规章制度并没有严格贯彻执行。于是，公司为了保证各部门提供的各项报告的正确性，为了充分贯彻执行公司的规章制度，决定在公司内部设置单独的部门，承担内部审计工作。这种趋势产生于大正时代末期。就是在这种形势之下，我公司萌发了建立内部审计制度的动机。昭和四年1月1日，我受命担任第一任审计科长，尔后，又出任董事长，并兼职审计部长。

1923年，澳大利亚维多利亚州成立了电力委员会。第一任董事长是第一次世界大战以后从欧洲战场上退伍下来的一位将军。他在管理实践中认识到要搞好企业经营，就必须加强管理工作，其中强化内部控制是不可缺少的工作，而要推动这项工作，就必须设置一个能替代他从事经常性检查、评价和监督的机构。所以，他于1923年4月9日，向

澳大利亚维多利亚州电力委员会在历史上发挥着内部审计先驱的作用

董事会提出了一份富有历史意义的备忘录，其中一开始就写道④：

在这个备忘录所提出的概括性的提纲中，从管理授权的功能、职责、范围及其绩效责任出发，应设立诸如内部审计的机构。

他接着写道④：

内部审计人员在电力委员会中不是行政长官；他们应直接向委员会负责；有权接触所有的凭证、账簿、统计资料、信件和文件，对委员会资产的安全、经营支出的适当性，以及影响经济利益的事项进行检查，向委员会的主席提出审计报告。

可见，早在20世纪20年代，在澳大利亚一些企业就已经确立了内部审计的性质、机构、职责、权力和工作范围。这表现了澳大利亚企业家的远见卓识。

第一次世界大战后，尤其是在两次世界大战之间，主要资本主义国家经济力量尚不平衡，跨国公司无论在数量上或规模上都得到了迅速发展，分公司的分布面比以前有了一定的扩展。这种管理层次的增加和控制范围的扩大，导致盗用公款、会计记录混乱等一系列的问题明显地突出出来。为了调整和控制企业的经济活动，除铁道部门以外，联合商业企业、电力企业、煤气企业、石油开采行业、汽车制造企业、钢铁制造业和其他一些行业，也纷纷在企业内部设立内部审计机构，培育内部审计人员，推动了近代内部审计制度的完善。例如，福特汽车公司在20世纪20年代前后，在欧洲各国设立了许多具有较大独立性的分公司，并经常派出巡回审计人员和地区监督员进行间接的控制。

注释：

① Victor Brink：Foundations of Unlimited Horizons，IIA，1977，pp.2-3.

② Dale Flesher：The Roots of Operational Auditing in English-speaking Nations，p.3.

③ 青田茂男：《现代内部审计》，1984年版，第一章。

④ 参加南太平洋地区内部审计学会和考察澳大利亚企业内部审计工作的报道，《审计研究》，1989年第四期，第41页。

第三章 现代内部审计的兴起

现代内部审计不是自发地发生的，而是管理人员和内部审计师为了适应管理现代化的要求，自觉地追求和提倡的结果。

进入 20 世纪 40 年代以后，资本主义企业的内部结构和外部环境进一步复杂化，尤其是随着跨国公司的迅速崛起，不仅管理层次的分解比以往任何时候都更加迅速，而且企业与企业的竞争日益激烈。企业管理者对于降低成本、提高经济效益的要求更加迫切。公司在作出经营决策时，不再考虑一家公司局部的得失，而是考虑整个公司的最大利益，不仅考虑公司的现在，而且要考虑未来的发展。

这种形势对内部审计提出了一系列新的要求：①全面推广以内部控制系统为基础的审计方法，抛弃传统的详细审计法；②发展内部审计职业，创建内部审计团体；③建立内部审计理论体系，指导内部审计实践；④在财务审计的基础上，进一步扩大经营审计的范围；⑤制订内部审计特有的审计标准。内部审计人员和管理人员勇敢地挑起了历史重任。

一、第一本内部审计专著的出版

1941 年，是现代内部审计发展的一座重要里程碑。这一年，发生了两起对现代内部审计的兴起有着重大影响的大事：第一件是维克多·布瑞克（Victor Z. Brink）出版了第一部内部审计专著，宣告了内部审计学的诞生；第二件是在约翰·瑟斯顿（John B. Thurston）的领导下，24 名有识之士联合倡导成立了“内部审计师协会”，这标志着内部审计已成为引人注目的职业，形成了自己的群体。

自 19 世纪末 20 世纪初以来，内部审计在企业管理近代化过程中的作用越来越受到管理部门的重视。许多企业开始从加强管理的角度设置内部审计机构，配备内部审计人员。在这样的历史转折过程中，有一个人在敏感地捕捉着审计发展的最新需要，把观察的焦点集中在内部审计理论的研究上，并先声夺人地推出关于内部审计的拓荒之作，宣告了内部审计学科的正式诞生。他就是维克多·布瑞克。

维克多·布瑞克 (Victor Z. Brink)

维克多·布瑞克1906年6月13日诞生于美国，曾就学于内布拉斯加大学，并取得工商管理硕士学位。毕业后，留校任讲师。1934年，他就任精炼石油公司内部审计员。1939年年末，进入哥伦比亚大学攻读博士学位。1941年荣获哥伦比亚大学经济学博士学位。第二次世界大战后，他转回实务领域，曾担任公证会计师合伙人两年，在福特公司任审计主任15年，晚年又担任哥伦比亚大学名誉教授，同时担任管理咨询顾问[①]。

布瑞克是在20世纪30年代末动笔写作内部审计专著的。当时，他正在哥伦比亚大学攻读博士学位。在罗伊·凯斯特教授（Roy B. Kester）的直接指导下，他将博士论文重点放在内部审计上。该论文以内部审计性质和范围为主轴展开全书的基本框架，对诸多内部审计理论和实践问题，进行了大胆的探索。正是凭着这篇论文，他顺利地通过了博士论文答辩，荣获博士学位。不久，布瑞克将这篇论文扩编成书，书名为《内部审计——程序的性质、职能和方法》(*Internal Auditing——Nature*，*Functions and Methods of Procedure*）由罗纳尔出版公司于1941年1月正式出版发行。

现将《内部审计——程序的性质、职能和方法》一书的目录列举如下：

VICTOR Z. BRINK, PH.D., C.P.A., C.I.A.

MANAGEMENT CONSULTANT

December 26, 1990

Dear Prof. Wen:

Thanks so much for the copy of "The World History of Auditing" which I received from you. I delayed my response because my son-in-law was coming and he speaks Chinese fluently. So he was able to give me a better understanding of your coverage. Hopefully also a way might be found to have the book published in English — or perhaps made available in manuscript form.

My own book "Modern Internal Auditing" is now being revised by Robert Moeller, who is the head of EDP auditing at Sears in Chicago. It is scheduled for late 1991 or early 1992 and I am looking forward to that. Also I hope to go to NYC for the 50th IIA Conference.

Again my sincere thanks for the book and may I wish you the best for the new year and the years ahead

Sincerely

Victor Brink

布瑞克与文硕通信，讨论《现代内部审计》中文版翻译事宜

第十二章　内部审计师的其他定期活动

第十三章　内部审计师的其他特殊活动

第十四章　工作底稿、审计结果和审计报告

第三篇　成本考虑和结论

第十五章　内部审计服务的评价

第十六章　内部审计部门与外部审计师的配合

第十七章　结论和展望未来

附录

A. 公共会计师事务所采用的评价内部牵制的问卷

B. 公共会计师事务所采用的检查客户内部程序的手册

C. 参考文献

布瑞克在本书序中指出[②]：

编写本书的目的有二：一是对形成和指导内部审计项目，以及提高详细审计工作绩效；二是使会计人员和负责公司行政管理事务的公司管理人员，也有可能更深更好地理解内部审计作为更有效地加强控制的工具的潜在优点。

在编写本书过程中，笔者不仅运用了自己在实际审计工作（包括公营性质和私营性质两方面）的经验，而且对其他实务进行了调查工作……人们对内部审计的兴趣愈来愈高。在过去的25年里，工商企业越来越认识到内部审计可以使其组织运转更有效率……这个在工商企业中运用内部审计的运动，也受到公证会计师们的欢迎。

《内部审计——程序的性质、职能和方法》是世界上第一部系统论述内部审计的专著。它提供了加强控制和提高绩效的有效途径。它是作者根据第一手资料，并通过大量调查编著而成的。罗纳尔德出版公司在征订广告中指出：该书“将为解决内部控制问题，提供必不可少的和不断的帮助”，并称该书是“有效运用内部审计的指南”[③]。

《内部审计——程序的性质、职能和方法》一书的出版，与“内部审计师协会”的创立，并称为20世纪40年代内部审计发展的两件大事，而震动了世界审计领域。它们标志着内部审计取得了质的飞跃：一方面，内部审计第一次从实践上升为理论，从而有力地确立了内部审计学科；另一方面，内部审计已走向组织化，成为深受社会欢迎的专业队伍。1973年，该书更名为《现代内部审计》（*Modern Internal Auditing*）作为第三版发行；1982年，布瑞克又与赫伯特·维特（Herbert Witt）合作，推出了第四版；1986年，

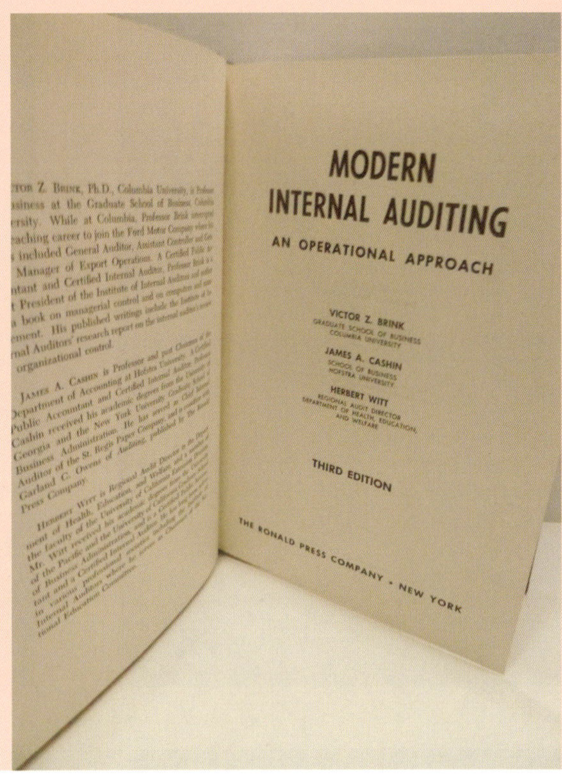

1973 年，该书更名为《现代内部审计》(Modern Internal Auditing）作为第三版发行

还出版了继续教育版，赢得了世界性声誉。《现代内部审计》(第四版）由内部审计管理、内部审计的方法、内部审计的评价及其与各界的关系四部分组成，系作者根据自己多年担任公证会计师、内部审计师、管理咨询顾问和教授的丰富经验编写而成，既有精辟的理论分析，又有实践经验的总结，洋洋 50 余万言，反映了内部审计理论与实践的最新成就，是内部审计人员的必读之书。《现代内部审计》从出版之日起经久不衰，不愧为审计学领域屈指可数的经典名著。

布瑞克治学严谨，知识渊博，除《现代内部审计》以外，还出版了其他的优秀专著，其中包括《管理和计算机》(1974 年)、《前程无量》《国际内部审计师协会的历史：1941—1976 年》(1977 年)、《管理政策》(1978 年）和《内部审计案例研究》(1986 年)。

布瑞克还是内部审计职业的杰出奠基人和领导者之一。1941 年 12 月，他与另外 23 名有志之士一起，联合发起成立了“内部审计师协会”。尔后，在该协会担任各种职务，如国际计划委员会、对外关系委员会和国际事务委员会委员长、研究部主任，并于 1950—1951 年，被一致选为内部审计师协会主席。在他担任主席期间，内部审计师协会获得了长足的发展。

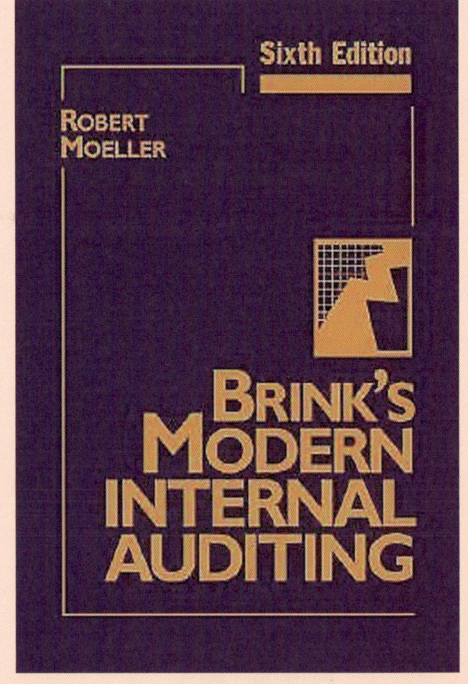

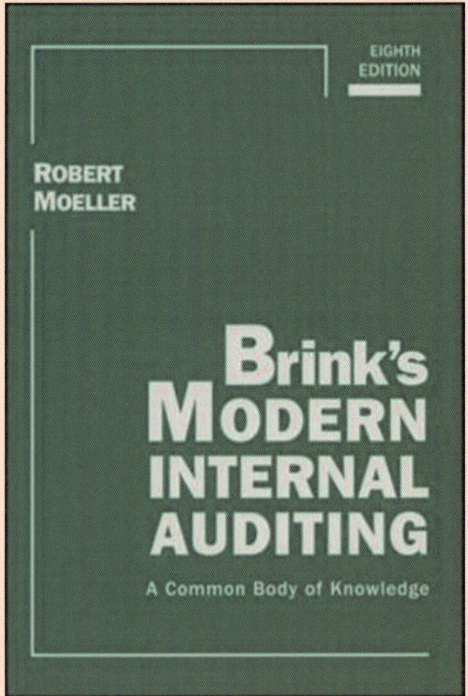

《现代内部审计学》的几个版本的书封

由于布瑞克教授对内部审计学和内部审计组织作出了突出的贡献，内部审计师协会于1967年授予他协会的最高奖——布雷德福·卡德默斯奖（Bradford Cadmus Award）。人们对他在内部审计的大变革年代里努力探索新路的精神，一直怀着深切的敬意和由衷的钦佩。

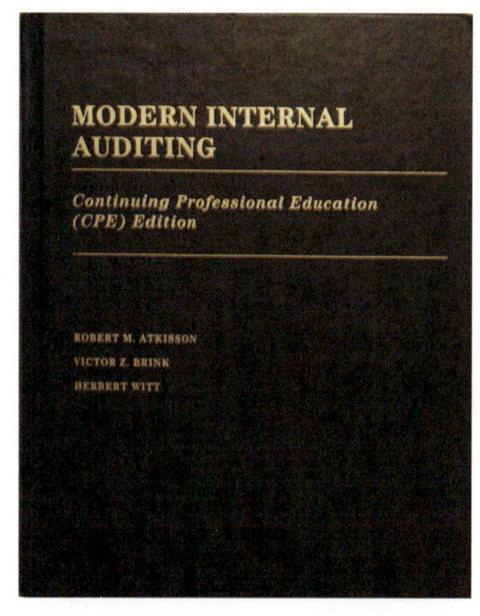

二、第一个内部审计组织的创立

布瑞克在其名著《前程无量》一书的扉页，郑重地写着：

诚以本书献给约翰·B·瑟斯顿：

《前程无量》的总设计师和讲授内部审计概念的最有说服力的发言人。

以 IIA 第一任执行主任（the first managing director of the institute）名字命名的布雷德福·卡德默斯奖（Bradford Cadmus Award）

约翰·B·瑟斯顿（John. B. Thurston）是20世纪享誉世界的内部审计领导人，就是他挑头组织一批富有经验的内部审计人员创建了世界上第一个内部审计组织。

瑟斯顿毕业于威廉学院和纽约法律学院。他生活的时代正是内部审计逐渐成熟的时代。当时美国的许多企业都设置了独立的内部审计机构，配备了专职内部审计人员。一个偶然的机会，促使他走上了组建内部审计组织的道路。

1941年夏初，他以北美公用事业公司内部审计负责人的身份，出席了由几家企业召开的内部审计会议。会议结束时，代表们委托他编写一份总结性文件。瑟斯顿经过仔细考虑，写出了名为《内部审计——现代管理必不可少的需要》（*Internal Auditing——A Vital Need of Modern Management*）的文件，该文尽管得到许

约翰·B·瑟斯顿（John. B. Thurston）

多内部审计同行的赞许，但其中体现的思想却无法付诸实施。于是，他萌发了创建内部审计组织，以更好地发展内部审计职业的念头。当他将这一想法告诉他的挚友、哥伦比亚工程公司审计主任罗伯特·米尔恩（Robert B.Milne）时，得到对方的大力支持④。

1941 年 1 月，罗纳尔德出版公司出版了布瑞克的专著《内部审计——程序的性质、职能和方法》。这部书立刻引起了瑟斯顿的注意。他意识到，这部出自年轻人之手的专著可以给他提供理论上的帮助。于是，他亲自面见已在哥伦比亚贸易学院执教的布瑞克，请求提供帮助，布瑞克爽快地答应了。

下一步就是选定有志于草创内部审计组织的人员。在瑟斯顿、米尔恩和布瑞克的倡导下，40 位活跃在实践中的内部审计人员报名参加，其中 24 人表示愿意直接参加筹备活动。1941 年 9 月 23 日，24 位响应者出席了在纽约市威廉俱乐部召开的筹备会议。会上，与会者热烈讨论了建立新的内部审计职业的潜在可能性和可行性，最后一致认为，此举实属必要，并推荐瑟斯顿担任筹备负责人，同时任命一个以阿瑟·霍尔德（Arthur E. Hald）为主席的委员会负责起草协会章程和申请许可证。11 月 10 日，纽约教育长官正式批准了成立协会的申请。第二天，内部审计师协会宣告成立。在 12 月 9 日召开的第一届年会上，瑟斯顿被推举为协会第一任会长。这不仅是瑟斯顿奋斗经历中辉煌的一页，也是内部审计史上一座重要的里程碑。

1941 年内部审计协会会徽

瑟斯顿不满足于自己的成就。1943 年，他出版了自己编著的《内部审计——一种新的管理技术》（*Internal Auditing——A New*

Management Technique）一书，该书共450页，收集了1943年以前发表的有关内部审计的重要文章和文件。这是第一部由协会赞助出版的文献，它首次介绍了内部审计职业的历史、职能和作用，收到了良好的效果。

瑟斯顿自从确定以发展和繁荣内部审计事业作为自己的奋斗目标以后，便坚定地朝着这个目标走下去。后来，他虽然辗转几家大型公司，但一直从事内部审计工作。最后，创办了自己的咨询公司，提供内部审计服务。不幸的是，1951年3月25日，瑟斯顿因劳累成疾而过早地告别了自己所热爱的事业，年仅43岁。

瑟斯顿是一位杰出的内部审计职业的导航人，他像透镜聚焦一样将毕生的精力倾注到内部审计事业上，在推动内部审计职业发展中起过重要的作用。现在，人们都亲切地称他为"内部审计师协会之父"。为了纪念这位卓越创始人和第一任会长，内部审计师协会特设瑟斯顿奖（Thurston Award），每年评选一次，用以奖励在《内部审计师》会刊上发表优秀论文的作者。

三、内部审计职业的发展

内部审计师协会建立以后，得到了迅速的发展。1942年9月15日，在纽约设立了第一个分会，1943年1月27日和7月29日，分别在密歇根和芝加哥地区设立了第二个和第三个分会。1944年和1945年，在加拿大分别设立了多伦多分会和蒙特利尔分会。这是协会在美国以外的国家设立的最早的分会。它标志着内部审计师协会已具有国际性特色。1941年只有会员24名。至1947年，会员增至1 322名。1974年，协会在英国伦敦召开了年会。这次年会在内部审计职业发展史上具有重大的历史意义。因为它是协会第一次在北美以外的国家召开的国际性会议。它表明，内部审计师协会已真正成为国际性的组织。当时，27个国家的代表出席了会议。

目前，协会在全世界100多个国家有34 000多名会员，并按照不同的地区和区域，组织了165个分会和11个国家分会。在美国有18 000多名会员，在世界各地有15 000多名会员。11个国家分会是：英国、法国、意大利、南非、以色列、印度、中国、马来西亚、澳大利亚、日本和新西兰。

协会由理事会管理。协会各国际委员会形成的网络为协会的工作提供指南，它们形成了3个咨询委员会：专业开发委员会、专业实践委员会和专业服务委员会。

协会还负责协会两本刊物的出版：一本是专业月刊《内部审计师》，它的大部分读者在美国和加拿大，但是每一期仍有5 000多册寄往世界各地。会员期刊《今日内部审计师协会》也在世界各地有很多读者。《管理部门报告》是向协会领导人提供的另一本刊物。

国际内部审计师协会成立 75 周年纪念会标

内部审计师协会已经被国际会计师联合会（IFAC）接纳为成员，通过这个组织，内部审计师协会将参与制定国际审计标准，并确保对内部审计工作给予了充分的认识。

1966 年，威廉·斯密斯（W.S.Smith）出任协会会长以后，马上设置了职业发展委员会负责探索内部审计师证书项目的可行性。当时，许多内部审计师主张，应像民间审计职业建立注册会计师称号那样，设立注册内部审计师称号。从 1973 年开始，协会正式进行注册业务，从而为内部审计师提供了一个获得专业职称的机会。目前，全世界已有 16 000 名内部审计师获得了注册内部审计师的称号。它表明，内部审计的职业地位已经达到了一个新的高度。

如果说内部审计师专业证书项目是对内部审计人员个人资格的考察，那么，质量保证项目则是根据内部审计师协会的标准对内部审计组织进行的评价。这项服务引起了越来越多的内部审计主任和审计委员会的兴趣，因为它能够提高内部审计部门的信誉。评价工作已经在美国和加拿大开展，其他一些国家和国际组织也要求开展这个项目。1986 年，质量保证复查中心开始对内部审计质量复查。现在，该中心对不同工业部门的内部审计组织开展了这项业务。

为了发展内部审计学术事业，协会出版了大量的内部审计专著。其中比较突出的有：

（1）《内部审计——一种新的管理技术》（*Internal Auditing——A New Management*

Technique）。该书是协会最早赞助出版的内部审计论文集，出版于 1943 年，共 450 页，由约翰·瑟斯顿主编。出版以后，收到了很好的社会效果。

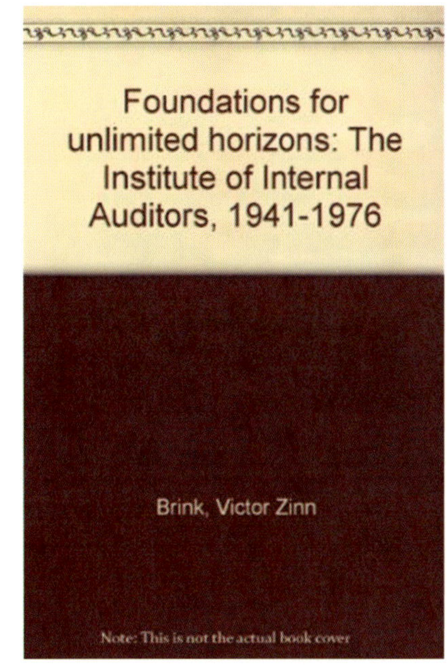

（2）《内部审计文献目录》（*Bibliographies of Internal Auditing Literature*）。该书是内部审计师协会出版的第一部文献目录。

（3）《审计师抽样手册》（*Sampling Manual for Auditors*）。这是一部尝试将统计技术运用于内部审计领域的开拓性手册，对内部审计实务作出了较大的贡献。

（4）《系统的可审性和控制》（*System Auditability and Control*）。该书由 IBM 公司提供 50 万美元的赞助，并且得到标准研究协会 47 名顾问的协助，旨在探索内部审计师在数据处理过程中的作用。

（5）《现代内部审计实务》（*The Practice of Modern Internal Auditing*）。该书由劳伦斯·索耶编著，出版于 1973 年。它突出实务，深入浅出地介绍了许多新的内部审计技术和方法，成功地将现代管理科学与内部审计职业实践融为一体。

（6）《前程无量》（*Foundations for Unlimited Horizons*），由维克多·布瑞克编著。该书是一部系统介绍内部审计师协会历史的专著，由 6 章组成。

在完善内部审计职业过程中，协会还设置了各种奖。其中著名的有[⑤]：

（1）瑟斯顿奖（Thurston Award）。约翰·瑟斯顿于 1951 年去世以后，协会设立该奖以奖励在会刊《内部审计师》发表的优秀论文，每年评选一次。

（2）布雷德福纪念奖（The Bradford Cadmus Memorial Award）。设立于 1965 年，奖给在内部审计领域作出重大贡献的人士。它是协会的最高奖。

四、现代内部审计之父——劳伦斯·索耶

劳伦斯·B·索耶（Lawrence B.Sawyer）是一位律师、作家、会计师和内部审计师。他曾在美国审计总署担任内部审计总监，而且是内部审计师协会的活跃分子。作为协会的会员，索耶经常出席各种会议，积极参加讨论，丰富了自己的内部审计思想。40 多年的审计经历，使他掌握了大量的第一手资料。这对于他后来的研究、写作和教学十分有

劳伦斯・B・索耶（Lawrence・B・Sawyer）

益。他已发表过近百篇学术论文，出版过数本学术专著，其中包括《现代内部审计实务》（1973 年）、《现代内部审计》（1974 年）、《管理和现代内部审计》和《内部审计手册》。他还举办过各种学术讲座和研讨会，参加过录像教学。在当代审计发展史中，索耶在发展内部审计方面，占有重要地位[6]。

索耶在现代内部审计理论研究和教育方面取得的成就，与他幸福美满的家庭生活是分不开的。他在南加州的舒适住宅中每每回忆自己的内部审计研究生涯，都会不无感慨地提到自己的妻子和女婿。

他的处女作、也是成名之作《现代内部审计实务》（*The Practice of Modern Internal Auditing*）就是在女婿的鼓励下，经过两年半废寝忘食地努力而编著成功的。他一方面继承了前人的优秀成果，另一方面又将自己的丰富经验与现代管理科学融为一体，从一种崭新的角度，对各种内部审计实践问题进行了系统的、孜孜不倦的研究。这是他一生中收获最大的一个时期，也是他一生的重要转折点。1973 年，潜心数年编著而成的内部审计新著，由内部审计师协会正式出版了，并且立刻产生了广泛而深刻的影响。所以，他马上又出版了《学生指南》和《教师指南》两本配套材料，以满足内部审计教学的需要。但是，他没有因著述的成功而沾沾自喜、固步自封。尔后，他

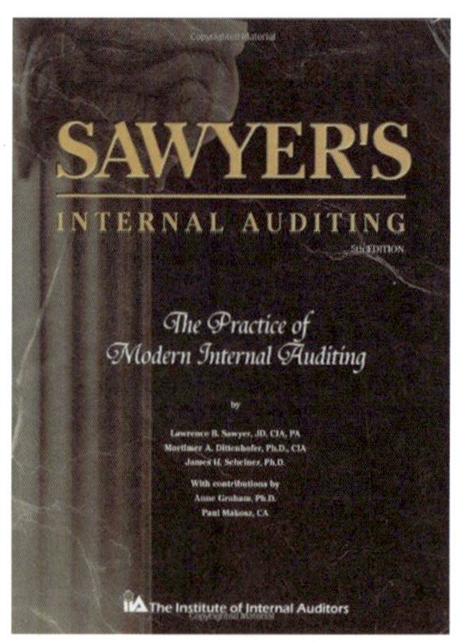

《现代内部审计实务》书封

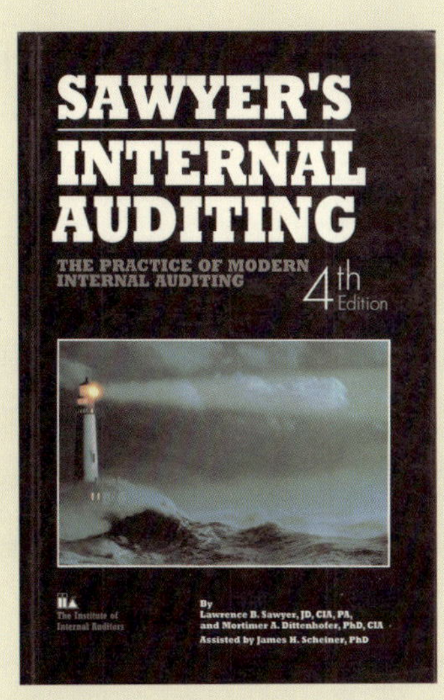

《现代内部审计实务》第四版

又花了 8 年时间，继续以顽强的意志阅览更多的资料，研究新的问题，对第一版进行了全面的修订和补充，增添了许多新的内容。1981 年，修订版正式由内部审计师协会出版。该书由 6 篇组成，共 25 章，详细地介绍了体现现代特点的内部审计技术、方法、报告、管理和其他事项，将整个理论建立在现代管理学基础之上。1988 年，出版了该书的第三版，并改名为《索耶内部审计》(*Sawyer's Internal Auditing*)。从布瑞克 1941 年出版《内部审计》以来，经过 30 多年的时光，到索耶发表的这部惊人之作，内部审计才形成了一个比较完整的理论实务体系，表现出鲜明的时代特色。著名的内部审计学家佛瑞德里克·E·明茨(Freqeric E. Mints)在评价本书时指出：《现代内部审计实务》一书在内部审计文献中迈出了重要的一步。

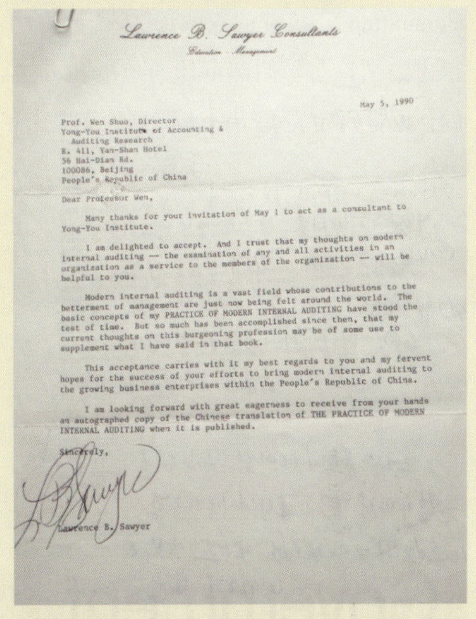

Lawrence B. Sawyer Consultants

Education Management

May 5, 1990

Prof. Wen Shuo, Director
Yong-You Institute of Accounting &
Auditing Research
R. 411, Yan-Shan Hotel
56 Hai-Dian Rd.
100086, Beijing
People's Republic of China

Dear Professor Wen,

Many thanks for your invitation of May 1 to act as a consultant to Yong-You Institute.

I am delighted to accept. And I trust that my thoughts on modern internal auditing — the examination of any and all activities in an organization as a service to the members of the organization — will be helpful to you.

Modern internal auditing is a vast field whose contributions to the betterment of management are just now being felt around the world. The basic concepts of my PRACTICE OF MODERN INTERNAL AUDITING have stood the test of time. But so much has been accomplished since then, that my current thoughts on this burgeoning profession may be of some use to supplement what I have said in that book.

This acceptance carries with it my best regards to you and my fervent hopes for the success of your efforts to bring modern internal auditing to the growing business enterprises within the People's Republic of China.

I am looking forward with great eagerness to receive from your hands an autographed copy of the Chinese translation of THE PRACTICE OF MODERN INTERNAL AUDITING when it is published.

Sincerely,

Lawrence B. Sawyer

索耶与文硕通信，讨论《现代内部审计实务》中文版翻译事宜

索耶称得上是当代世界第一流的内部审计权威人士，现代内部审计的重要奠基人。为了表彰他对内部审计职业所作出的卓越贡献，内部审计师协会向他颁发了内部审计最高奖——布雷德福纪念奖，并四次向他颁发了瑟斯顿奖。

五、政府部门内部审计的发展

在企业内部审计事业方兴未艾之时，一些国家的政府部门的内部审计也得到了长足的发展。其原因是复杂的，归纳起来，主要有两方面：

（1）随着政府职能的扩大，特别是在凯恩斯革命的冲击下，各部门的经费开支迅速增长，社会各界开始关心经费的管理和使用情况。政府部门的领导人为了更好地履行自己扩大了的经济责任，建立或强化了内部审计部门。

（2）为了管理和控制经费支出，使其真正实现预期的社会效益和经济效益，政府部门的领导人积极将内部审计作为内部控制的一部分，作为政府管理人员的助手。

在澳大利亚，自 1945 年以来，连续几任审计长均提到政府部门的内部审计工作发展不够，需要进一步发展。1964 年，财政部要求各部严格检查内部审计人员的工作，确保内部审计工作由具备资格和能力的人员来实施。

1966 年，公务员委员会（the Public Service Board）指定了一个联合委员会（Joint Committee），负责调查联邦 21 个部内约 500 个内部审计机构的职责和作用。联合委员会得出的结论是：内部审计的范围和方法因单位的不同而不同，所以，有必要对内部审计的作用进行定义。于是，该委员会提出了下述定义⑦：

内部审计是一个独立的事后的评价部门，它在一个部门内部发挥作用，并为管理当局提供服务。它的对象是该部门的收入、支出、储备、人事、有关的经营活动，该部门内部有关单位的财务、会计和供应活动。

GIAA——英国政府内部审计机构
（Government Internal Audit Agency）

进入 20 世纪 70 年代以后，虽然大部分部门反复对内部审计机构进行评价和检查，但是，审计长还是不断地埋怨内部审计部门效率不高。于是，1971 年，公共决算委员会对各部内部审计工作的进展情况进行了一次普查。调查结果于 1972 年 9 月作为委员会第 39 号报告报送给了议会。委员会严肃地指出：虽然内部审计部门有所改进，但由于内部审计人员流入其他部门，这种改进夭折了。

1973 年 7 月，公务员委员会提请各部注意公共决算委员会的意见。1 年以后，公共决算委员会又进行了一次调查，旨在了解各部门为了发挥内部审计的作用，都采取了哪些措施。审计长对调查结果仍然不满意。

1977年，公务员委员会从管理角度，对政府部门的内部审计工作进行了联合检查。这次检查涉及澳大利亚7个部门、8个公司和信托机构，其目的是鼓励各部和信托机构提高其内部审计组织的效率。调查结束后，委员会在征求了审计长的意见以后，向公众简要地介绍了提高内部审计效率的计划，同时宣布成立联合执委会，由公务员委员会、审计署和财政部的代表组成。该执委会的建立，为“澳大利亚内部审计局”的成立创造了条件。

公务员委员会还建议⑧：

（1）全体内部审计人员的教育方案；

（2）执行公务员委员会在国家审计组织和其他机构协助下制定的高水平的审计标准；

（3）运用和开发先进的审计技术，特别是广泛使用以内部控制系统为基础的审计技术；

（4）如果可能，检查各部门和机构的组织和分工。

同时，委员会还要求有关负责人在下述方面进行合作：

（1）采纳所建议的、具有过渡性质的内部审计标准；

（2）采纳以系统为基础的审计；

（3）制定内部审计章程；

（4）加强合规性审计；

（5）扩大内部审计范围，将非财务审计引入内部审计工作中，引进效果性审计和效率性审计；

（6）支持公务员委员会制定的教育方案；

（7）对内部审计组织进行检查。

为适应各部门的急需，公务员委员会在与审计署和财政部磋商以后，制定了“内部审计标准说明”（Statement of Interim Internal Audit Standard）。这些标准吸取了澳大利亚会计师协会、特许会计师协会和美国会计总署审计标准的内容。

自1979年5月以来，公务委员会的大部分精力放在制定管理人员和内部审计师的教育方案上。方案中不仅包括培训计划和课程，借此向内部审计师介绍以系统为基础的审计，而且包括为部门管理者准备的课程，以增加他们对内部审计部门的兴趣。审计署与委员会齐心协力，安排课程，举办专题讨论会，并且制定了综合性的《基本审计手册》（*General Audit Manual*）。该手册主要供本署审计官员使用，其中也介绍了一部分内部审计最基础的技术、方法和标准。

国际内部审计协会召开会议情景

中国的内部审计事业起步较晚。1983 年 8 月 20 日国发 130 号文件规定：

> 我国拥有数十万个国营企业和大量的行政事业单位，审计的对象多，范围广，任务重，建立和健全部门、单位的内部审计是搞好国家审计监督的基础。对下属单位实行集中领导或下属单位较多的主管部门，以及大中型各事业组织，可根据工作需要建立内部审计机构和配备审计人员，实行内部审计监督。

根据国务院的指示精神，我国的一些部门和单位开始组建内部审计机构，并建立起一支良好的内部审计队伍。至 1988 年为止，全国已有 40 000 个部门和单位建立了内部审计部门，配备了 10 万多名内部审计人员。1985 年 8 月，国务院发布了《内部审计暂行办法》，对内部审计的性质、任务、职权和程序，作出了具体的规定。审计署根据该规定，发布了《关于内部审计工作的若干规定》，为内部审计发展提供了法律上的条件。

1987 年 4 月 5 日，在北京正式成立了中国内部审计学会。这是我国专门研究内部审计科学的群众性学术团体。年底，中国内部审计学会作为团体会员加入了国际内部审计师协会。

注释：

① Victor Brink 博士给笔者寄来的简历。

② Victor Brink：Internal Auditing，The Ronald Press Company，1941，Preface。

③ Victor Brink 博士给笔者寄来的出版社当时的订单。

④ Victor Brink：Foundations for Unlimited Horizons，IIA，1977，pp.4-6.

⑤ Victor Brink：Foundations for Unlimited Horizons，IIA，1977，pp.35-36，pp.54-55.

⑥ 索耶先生给笔者寄来的简历。

⑦ Public Service Board Circular No.1968 / 26，July 1968.

⑧ Internal Audit in the Australian Public Service，Accounting History Newsletter，p.14.

第四章 经营审计的发展

理解内部审计的这一扩大了的作用，对于估计内部审计当前所处的环境、它所受到的新的压力，以及由此导致的内部审计发展的前景是十分重要的。

——Victor Brink

正当一批内部审计师在为内部审计现代化和职业化而不懈努力时，一种新的内部审计业务以前所未有的速度大步走进了内部审计领域。它突破传统的财务审计范围，给内部审计领域带来了一阵阵清风。这就是经营审计业务。现在，它已成为内部审计发展的主流。

经营审计的发展，不仅扩大了内部审计的专业视野，而且吸引了一大批精明强干的人才；不仅提高了内部审计工作在管理当局心目中的地位，也为审计人员赢得了更高的报酬。

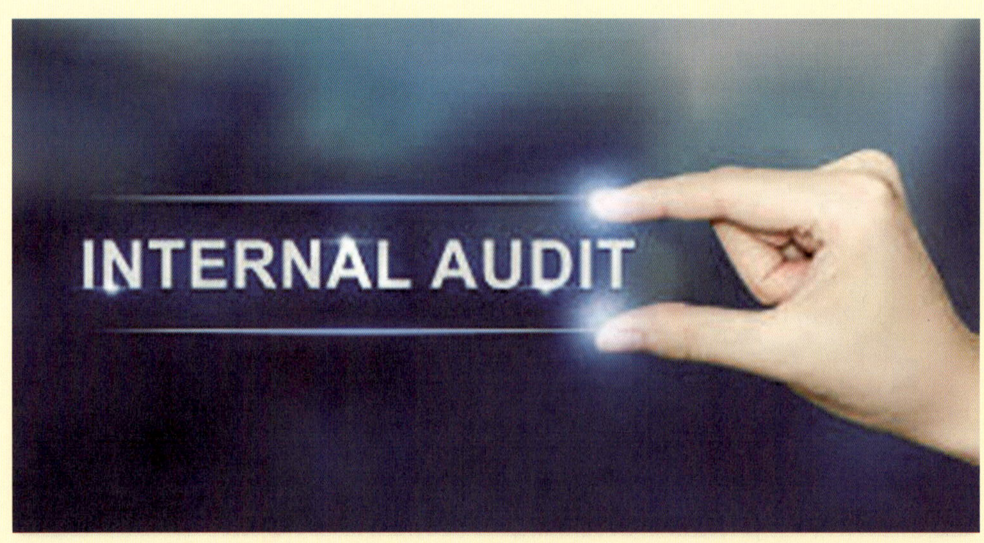

一、经营审计产生的原因

现代内部审计以经营审计为重点并非偶然。它是随着社会经济的发展，企业管理人员经济责任的扩大而逐步形成的。

第二次世界大战以后，各个企业都发生了巨大的变化。勇于承认现实的公司已经感到：竞争在加速，资源日益昂贵，顾客的要求越来越高。对于这些企业来说，满足上述要求，应对上述挑战的最好办法，就是努力改变企业的组织结构，降低成本，提高质量，满足特殊顾客的需求，并比竞争对手改进得更快些。该过程通常称为“观动向看需求”。在这个过程中，需要割除臃肿的组织机构，加速采用新技术（计算机、机器人技术和电信技术），不断提高工作人员的素质，并紧紧依靠精确的实时信息进行决策。只有这样，才能掌握更多的信息、技术和技能，占有更好的信息和技术优势。总而言之，现代企业要在竞争日益激化的环境中稳操胜券，就必须以最高的速度、最高的效率和最佳的效果作出反应。

在这种形势的推动下，内部审计师逐渐觉察到良机已经到来。他们认为，这是对内部审计职业的挑战。如果毫无准备或不愿意转变，不愿意正视转变时期提出的新要求，及时地为管理者提供高质量的服务，就会使自己陷入困境。于是，内部审计师们在财务审计基础上，建立了以提高企业经济效益为内容的经营审计，由此从过去的只起防护性作用，向对企业管理作出更大贡献的方向迈出了坚定的步伐。

第二次世界大战以后，经营审计成为内部审计的新业务

二、早期两篇经营审计论文

20 世纪 40 年代之前，内部审计从方法上看，主要是财务审计。进入 40 年代以后，这无疑妨碍了内部审计对当时日益复杂的企业管理方面的经济责任的监督，限制了内部审计师在企业管理现代化过程中作用的发挥。从内部审计的发展来看，恰恰是这种基本上单一的财务审计的形态束缚了它的手脚，使它难以越出传统的疆界，走向一个新的天地。

20 世纪 40 年代末 50 年代初，在《内部审计师》杂志上先后发表的两篇有关经营审计的论文，作为执行经营审计的理论动员，在当时的影响确实是很大的。

1948 年 3 月，阿瑟·肯特（Arthur H. Kent）在《内部审计师》杂志上发表了《经营审计》（*Audits of Operations*）一文，详细论述了传统的财务审计以外的审计活动。在这以前，人们提及这一领域，往往称之为“非会计事项审计”，而不叫“经营审计”。

肯特是美国加利福尼亚标准石油公司的总审计师。他毕业于英格兰利物浦学院和师范学院，后来，先后在英格兰和新英格兰致力于教育工作。1917 年受聘于加利福尼亚标准石油公司，并于 1931 年 1 月起，全面负责本公司的内部审计工作。此外，肯特还担任过西雅图政府部门的高级雇员。

在这篇论文中，肯特首先论述了经营审计的定义，并对财务审计和经营审计的目的进行了比较。然后，根据自己在经营审计方面积累的经验，详细介绍了经营审计的应用方法。

肯特指出[①]：

> 非常自然，下面所列举的许多事例是出自我所在的公司，但我确信，这些典型事例的目的和应用方法对任何一家公司都是适用的。
>
> 对公司经营活动的了解和本身所具备的优秀判别力，将使您能够根据公司所处的特殊环境，正确地应用经营审计。

肯特在结论中指出[②]：

> 你们中的一些人也许正在实施我所论述的经营审计，另一些人则仍然将自己完全局限于财务审计之中。如果您属于后一类，您也许会问我：在公司里面，能做些什么与您论述的经营审计有关的事情呢？
>
> 我想我会这样回答：当您认为有可能实施经营审计时，您应一次又一次地将一些分析结果传递给您的管理部门，而这些分析对产生巨大的经营效率则是非常有益的。

然后，您可以用尽可能最好的办法，辅助管理部门经营公司。您会发现，他们会更多地寻求您的帮助。

或许，在有些地方，您的审计部门一起被管理部门看作是会计工作的另一种形式。如果说有用，也只是在数字核查中奏效。但是，逐渐地，在他们的眼中，您会受到欢迎的，甚至会被认为是高效率管理的一个非常重要的帮助。

最初，这篇文章是肯特在内部审计师协会洛杉矶分会会议上宣读的学术论文。这是世界上第一篇论述经营审计的开拓性文献。而且，它通过对新型审计的理论探索，还引导出了一整批介绍经营审计的出色论著。

费拉德瑞克·E·敏茨：现在，我们需要发展一种新的、有特色的职业

1954 年，费拉德瑞克·E·敏茨（Frederic E. Mints）在《内部审计师》杂志第 7 期上发表了第一篇以《经营审计》（*Operational Auditing*）为题的技术性论文。

敏茨先生是洛克希德航空公司常驻审计师。他在这篇文章的“序言”中指出[③]：

经营审计通过对企业经营活动进行分析性检查，来决定企业活动是否与管理政策相一致，以此保证管理目标的实现。经营审计的这种评估作用对改善管理工作具有极大的帮助……现在，我们需要发展一种新的、有特色的职业。这并不意味着要赋予管理人员一些比注册会计师的工作更精深的内容，而是要为管理当局提供一种崭新的、富有特色的、不能通过其他途径得到的服务。

笔者认为，从财务审计出发是唯一自然的途径。我们中的绝大多数最初都是作为会计师得到培训的，大部分时间都花在公共会计业务上。但是，必须认识到，我们所扮演的新角色是作为高层管理当局的助手，因此，不能将自己局限于财务管理工作中。除审核账户、保证出纳员的手不伸向钱箱以外，我们应该做而且能够做许多其他的工作。自

从内部审计师协会建立以来，许多有远见的审计专家就一再提出，应将内部审计工作扩展到其他业务领域。

接着，敏茨通过列举两个实例，有说服力地介绍了自己在实际工作中的经营审计经验。他指出[④]：

经营审计在洛克希德航空公司以若干形式实践了许多年。可以说，它并没有达到瓜熟蒂落的圆满地步，但也的确取得了一定的发展。所以，我敢肯定地说，经营审计同样可以在你们公司实施。现在，我们公司以3年为循环期。在循环期内，我们将45%的时间用于财务审计，55%的时间用于经营审计。

敏茨在文章的最后指出[⑤]：

人们常说，昨日的梦想变成了今日的现实。我想，我们这些人已经作了很长时间的经营审计梦，现在是该实现梦想的时候了。常有一些这样的警言："危险！慢行！千万小心！"其结果是人们根本不敢去做。现在是全速前进的时候了。当然，我们也要小心，但一定要去做。

敏茨后来回忆说，在他发表论文之前，肯特就在1953年"智囊团会议"上提到了"operational"一词。当时，他们考虑了几个名词，最后觉得operational一词听起来顺耳。

上述两篇文章和作者所表现出来的热忱，使许多内部审计师深受启发和鼓舞。除财务审计以外，他们也积极地投身于新兴的经营审计事业。从此，经营审计在内部审计领域蓬勃发展起来。

三、三支发展经营审计的劲旅

一种新的内部审计业务，光有几个经验丰富的倡导者写出不算很多的经营审计文章，并不足以表明它的成长。在发展经营审计事业过程中，引人注目的还是三支精干的队伍：一支来自内部审计领域；一支来自企业管理领域；最后一支来自民间审计领域。

肯特和敏茨发表关于经营审计的文章以后，各种专业杂志上连续发表了数百篇有关这一主题的论文。

1958 年，内部审计师协会出版了《经营审计》(*Operational Auditing*)。这是一部论文集，收录了在第 17 届内部审计师协会年会上宣读的所有论文。

1964 年，内部审计师协会出版了布雷德福・卡德默斯（Bradford Cadmus）会长编著的工具书《经营审计手册》(*Operational Auditing Handbook*)，它很快成为现代内部审计师的良师益友。

1975 年，内部审计师协会就公司内部审计的一些问题，对数十家公司进行了调查。其结果表明，95% 的被调查单位实施经营审计的目的是对效率性、效果性和经济性作出评价。同时还表明，审计时间的 51%，已用在经营审计活动上。

在内部审计师开发经营审计概念的同时，被称为管理审计的类似活动由管理队伍发展起来。

1932 年，T・G・罗斯（T.G.Ross）在伦敦出版了第一本管理审计专著。该书名为《管理审计》(*The Management Audit*)，其突出特点就是建议按问卷形式对被审计单位进行调查，问卷是专为分析有关部门各项活动而设计的。最初，《管理审计》是提交给工业管理协会的一篇论文，后来扩充成一本不到 40 页的专著。罗斯是管理科学的忠实信徒，是工业顾问，也是“机械工程师协会”“生产工程师协会”和“英国管理协会”会员。他建议将企业分解为各职能部门，将管理分为可用效率来加以衡量的工程技术，并指出了经营成功的关键因素。他认为，一个既具有管理才能，又拥有数年实际经验的管理者（至少应具有 15 年的工作经历），应该能够评价每一环节的效率和成就，正像经过良好训练的会计师审查会

内部审计协会“职业文库”：《卡德默斯经营审计》

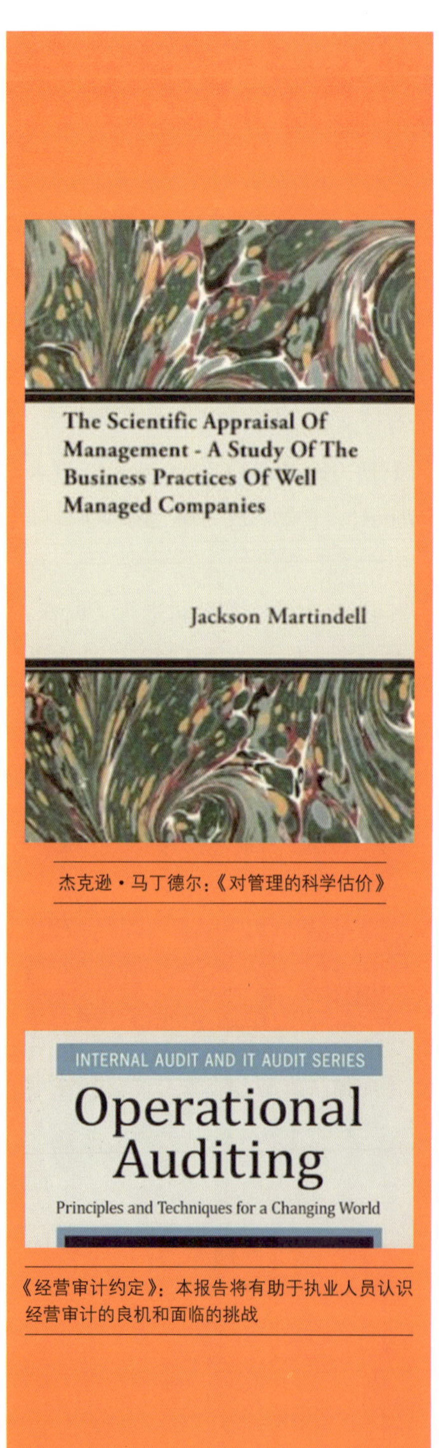

杰克逊·马丁德尔:《对管理的科学估价》

《经营审计约定》:本报告将有助于执业人员认识经营审计的良机和面临的挑战

计记录那样。

1940年,"大城市人寿保险公司"颁发了题为《管理审计概要》(*Outline for a Management Audit*)的管理审计指南。该书发展了罗斯所倡导的管理审计思想。

1948年,霍华德·本尼迪克特(Howard G. Benedict)出版了内部审计史上著名的《管理标准》(*Yardsticks of Management*)一书。本书是探索访问式管理审计的力作,由9个部分组成,试图通过因素分析法对管理进行评价。

进入20世纪50年代以后,管理学术界在管理刊物上发表大量的论文。很快,管理审计的名气越来越大了。其中,理论上的响应,以美国管理协会会长杰克逊·马丁德尔(Jackson Martindell)最为活跃。他于1950年出版了《对管理的科学估价》(*The Scientific Appraisal of Management*)一书。该书总结了马丁德尔认为管理成功的公司之经验,是美国管理协会在管理审计方面的开拓性文献。在整个50年代,美国管理协会通过对数百家大公司进行管理审计,从实践上对管理审计进行了推广。该协会甚至一度出版了著名的《管理审计》(*The Management Audit*)期刊⑥。

20世纪60年代初期,经营审计开始与管理审计合二为一。因为管理职业后来不再对管理审计感兴趣,内部审计师协会全面接管了经营审计工作。比较起来,在开发扩大范围审计的过程中,管理界运用的是宏观方法,而内部审计界运用的则是微观方法。各自的贡献都是突出的,值得载入史册。

经营审计在内部审计领域的运用,推动了内部审计工作的蓬勃发展。它的作用和成就,引起了民间审计界有识之士的关注。

1978 年，美国注册会计师协会设立了经营和管理审计特别委员会，负责研究经营审计的理论与实践问题，并为协会会员提供适当的信息。该委员会的成员由协会的审计标准委员会、管理咨询服务部和联邦政府部推荐。经过两年的研究，委员会公布了一份意向性讨论稿。委员会认为：经营审计业务是一种管理咨询服务，但也带有财务审计的某些特点，故执业人员在制定经营审计标准时，可以查阅管理咨询服务部所颁发的管理咨询服务标准和审计标准委员会公布的有关审计标准。同时，明确指出：所有为政府单位或联邦资助项目进行经营审计的执业人员，还应熟悉美国会计总署发布的审计标准；独立执业的会计师，也应按照该署的有关审计标准，进行经营审计业务。

1982 年，协会正式出版了《经营审计约定》(*Operational Audit Engagement*) 报告。该报告在导言中指出[7]：

虽然注册会计师执行的经营审计并不是一种新的服务，但特别委员会相信，独立执业的会计师会更多地被邀请为私营部门和政府的当事人提供这类服务。因此 ……本报告将有助于执业人员认识经营审计的良机和面临的挑战。

委员会编写该报告的目的有二：

一是对经营审计作出定义，并为注册会计师提供经营审计业务方面的详细信息；

二是明确经营审计与财务审计的异同之处。

目前，内部审计职业正在面临与日俱增的猛烈挑战：

——公营部门和企业经营行为的商业化，要求进一步从财务审计和合规审计转向以经济性、效率性和效果性为内容的经营审计；

——企业承担的经营风险迅速增加，要求内部审计加强对控制系统进行评价，并对经营决策进行审查；

——企业面临日益激烈的经济竞争，要求内部审计对生产技术方面的问题进行评价，并采用新的审计程序和方法，深化经营审计工作。

所有这些，都为经营审计提供了发挥作用的场所，而且，也预示着经营审计必定会有一个美好的明天。

注释：

① Arthur H.Kent：Audits of Operations，Internal Auditors，1948，March，p.11.

② Arthur H.Kent：Audits of Operations，Internal Auditors，1948，March，pp.19-20.

③ F.E.Mints：Operational Auditing，Internal Auditors，June 1954，pp.32-33.

④ F.E.Mints：Operational Auditing，Internal Auditors，June 1954，pp.33-34.

⑤ F.E.Mints：Operational Auditing，Internal Auditors，June 1954，p.45.

⑥ Dale Flesher：The Roots of Operational Auditing in English—speaking Nations，p.16-19. Collected Papers of the Fifth World Congress of Accounting Historians，1988，University of Sydney。

⑦ 美国注册会计师协会：《注册会计师的经营审计业务》，《审计研究资料》，1989年第5期，第3页。

第四篇

专题审计史

审计方法的发展

第一章

在世界审计发展的长河中，审计方法的发展是一个重要的侧面。

日新月异的科学技术，越来越细的专业分工，不断变化的审计目标，迫使审计队伍不断改进审计方法，以适应新的形势对审计工作提出的新的要求。

归纳起来，审计方法的发展大致经历了三个阶段：

一是账表导向审计（古代至20世纪40年代）；

二是系统导向审计（20世纪40年代至现在）；

三是风险导向审计（现在）。

一、第一阶段：账表导向审计

早期审计工作的主要目的是查错防弊，这时，一般采用账表导向的审计方式。这种审计方式是围绕着会计账簿、会计报表的编制过程进行的。它通过对账表上的数字进行详细核实来判断是否存在舞弊行为或技术性错误。这种以会计账表为基础的审计必须进行大量的检查、核对、加总和重新计算等工作，所以，要求审计师具备良好的簿记和会计知识。审计师对于财务记录以外的事项不感兴趣，审计师取得的证据主要是来自会计部门内部。

当财务报表审计盛行之时，审计方式开始向以会计报表为基础的抽查方向发展。在这个阶段，审计工作主要是围绕财务报表项目进行的。随着审计范围的扩展和组织规模的增大，审计人员开始采用审计抽样技术，只是抽查数量仍然很大，而且在抽查样本的选择方面仍然是以判断抽样为主。由于当时审计师们并没有认识到内部控制系统的有效性，样本的选择带有很大的盲目性。

账表导向审计是审计方法发展的第一阶段，在审计方法史上占据着十分重要的地位。它的确为几千年审计工作的展开创造了条件，其丰厚的遗产恩泽至今。然而，这种方法自身也包含着难以克服的局限性，进入20世纪40年代以后，其显露出来的困境一度使审计人员进退维谷。

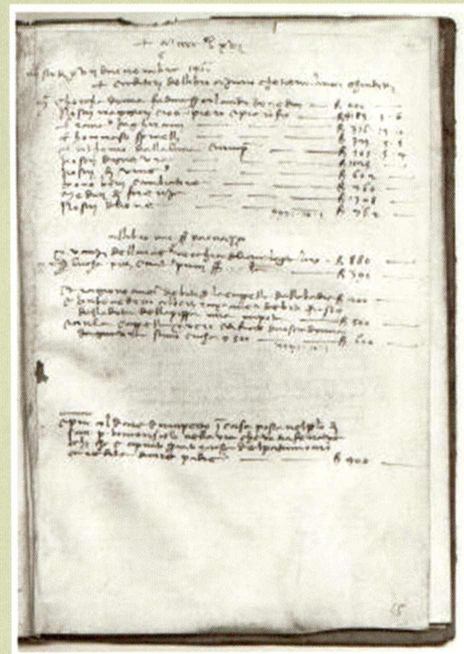

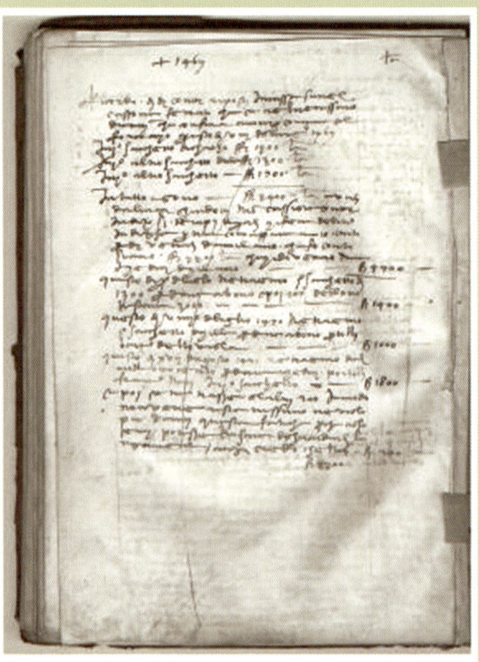

麦迪奇银行（the Medici Bank）总会计师弗兰西斯科·萨瑟提（Francesco Sassetti，1421—1490年）的私密账簿的账页显示他作为会计师的失误。这些账户编制于15世纪70年代初期，萨瑟提对它们疏于审计和监督，导致银行处于财务崩溃的边缘

经过长时间的探索，审计师们越来越清楚地认识到单纯围绕着账表事项进行详细审查，既耗时又费力，已经无法圆满地完成审计任务。为了保证审计质量，必须寻找更为可靠、更有效率的审计方法。在审计实践过程中，审计师们逐渐发现控制系统的可靠性对于审计工作来说具有非常重要的意义。当控制系统中责任明确、控制健全时，可以促进审计工作，审计风险也很小；而对一个存在缺陷、运转不顺利的控制系统进行审查时不仅费时、费力，而且存在很大的审计风险。于是，审计师们开始将他们的注意力转移到控制系统的可靠性上面了。

二、第二阶段：系统导向审计

以系统为基础的审计方式（system-based auditing）是以内部控制系统为主要审查对象的一种审计方法。它的出现与审计目标的改变有很大的关系，由于审计工作的主要目标已经不再是强调发现记账差错和揭发舞弊行为，而是验证财务报表是否真实、公允地反映了被审组织的财务状况和经营成果，财务报表的外部使用者也将注意力越来越多地转向企业的经营管理方面，这就要求审计师对组织的内部控制系统有全面的了解。以系统为基础的审计方式改变了传统的对于经济业务结果进行详细检查的做法，强调对于内部控制系统的评价。如果评价的结果证明内部控制系统值得信赖，那么，在实质性检查阶段只抽取少量样本便可以得出审计结论；如果评价结果认为内部控制系统不可靠，那么，就应根据内部控制的具体情况扩大审查范围。

从账表导向审计向系统导向审计的转换，与20世纪40年代以后经济和管理的种种变化有着深刻的关联。这主要表现在①：

（1）第二次世界大战以后，西方资本主义国家出现了多种经营形式的大型企业，经济业务量愈来愈大，会计系统也愈来愈复杂，对每笔经济业务合理性的判断也因为经济业务环节的增加而愈来愈困难。在这种情况下，审计工作不得不依赖于企业内部控制系统的自身控制作用。

（2）由于企业规模的不断扩大，统计抽样技术在审计工作中得到了广泛的应用。企业内部控制系统是否健全与可靠已经成为能否成功地应用抽样技术的先决条件。如果内部控制系统健全，那么，只需抽取少量样本就可以对全部经济业务做出评价。如果内部控制系统中存在许多薄弱环节，那么，就要相应扩大抽查范围和增加样本容量。

在这样一个伟大的历史时期中，审计方法开始自觉地摆脱内在与外在的束缚和限制。经过在实践和理论方面不断进行总结和提高，以系统为基础的审计方式在20世纪40年代初期开始在英美等主要资本主义国家得到应用。这是现代审计发展和成熟的重要标志。目前，内部控制系统已经成为世界审计实践与理论的核心基础。

以系统为基础的审计方式是以内部控制系统为主要审查对象的一种审计方法

系统导向审计的发展经历了两个阶段：

一是预防性控制（preventive control）导向审计的发展阶段；

二是侦破性控制（detective control）导向审计的发展阶段。

预防性控制系统导向审计采用“内部控制问卷”“流程图”“内部控制薄弱环节记录表”等方法，并且在确定测试数量时广泛应用了统计抽样技术，强调对于内部控制系统有方向、有重点的检查，改变了过去那种盲目的机械检查方法，大大提高了审计工作的效率。

如果将系统导向审计与账表导向审计相比较，就会发现，后者强调直接对控制系统所产生的结果进行检查，即直接对围绕系统所产生的凭证、账卡、报表等进行检查和验证，对经济业务的合法性和经济业务结果计算的准确性作出判断，并不深入检查系统的内部，而以控制系统为基础的审计方式则着重剖析系统内部结构，分析产生最后结果的全部过程中各个步骤之间的关系，研究系统内部是否存在足够的控制环节，检查这些控制环节是否充分发挥了作用。如果整个系统经过分析和一些选择性测试后，显示有足够的控制因素在发挥作用，可以防止错误的发生，则标志着系统所产生的结果是正确的。

系统导向审计将重点放在对于系统内各个控制环节的审查上，目的在于发现控制系统中的薄弱环节，找出问题发生的根源，然后针对这些环节扩大检查范围。这种审计方式不是漫无目的的大海捞针，而是方向明确的重点审查。由于着眼于对整个系统的总体情况进行了解和分析，这种审计方式可以发现一些程序上的错误或工作步骤不合理的现象，因此，可以就如何进一步提高经营效率，向组织管理部门提出建设性意见。

早期的系统导向审计实际上是一种以预防性控制为基础的审计方式。它虽然比账表导向审计前进了一大步，但是，仍然存在一系列的问题。例如，一般的审计人员容易机械地进行内部控制的各种测试，这些人往往根据各种测试的要求，大量进行日常的测试，而很少花时间去进行思考。这一局限性影响了审计工作的效率性和效果性。许多公司和审计人员对这种情况非常重视。为了提高对内部控制进行测试的效率，保证审计工作的质量，许多审计师进行了卓有成效的改革。

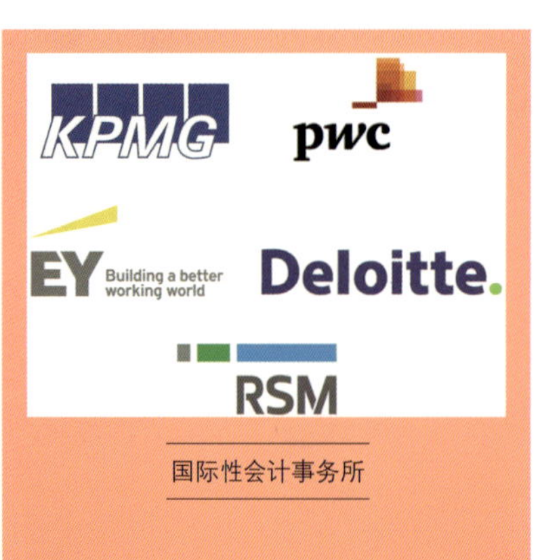

国际性会计事务所

亚瑟·扬民间审计公司（Arther Young）独树一帜，最早提出了侦破性控制导向审计。这套新的审计方式名为“修正审计模式”（revised audit framework，RAF）。它要求审计人员善于发现企业内部的自控，并利用企业本身的控制，使审计工作在充分了解被审单位的基础上顺利进行[②]。

这种审计方式发扬了审计人员的主观能动性。它与预防性控制导向审计之间的区别主要表现在：

所谓预防性控制是指那些存在于企业正常交易和经营过程中，用来防止差错和舞弊发生的控制因素。这类控制属于企业日常的控制，几乎时时刻刻起着作用。审计师要用这些控制因素来衡量整个企业的内部控制系统，往往要抽查多笔业务，才能作出合理的判断。

所谓侦破性控制则是指那些不属于企业日常的交易和经营过程，用来侦破差错的控制因素。例如，与银行定期对账制度，每月将预算数额与实际发生额对比制度，等等。对于这类控制，审计师只需要做有限的抽查，就可以了解整个企业内部控制的情况。这种审计的目的是检查企业在审计人员不存在的情况下，是否具有自动侦破、自动调整的控制系统。如果经检查，发现控制系统的确令人满意，那么，审计人员就可以据以判断企业的内部控制系统是有效的，因而在年终审计时，就可以大大缩小审计范围。

在人类审计发展的历史上的确没有哪种管理方法像内部控制系统那样强有力地冲破了束缚审计方法的种种限制，使审计科学走出不成熟状态。随着管理实践的发展，日益突出了系统导向审计的重要性，它犹如一个巨大的引力场，吸引着审计人员和审计学家将自己的聚焦点从账表导向审计转向系统导向审计。目前，在世界各国，系统导向审计已成为审计方法发展的主流。西方所有的审计学教材，几乎均采用这种方法进行论述。

三、第三阶段：风险导向审计

如前所述，现代审计的重要前提是被审单位建立了适当的内部控制系统。审计人员在进行审计工作之前，首先对内部控制系统的可靠性进行评价，然后，根据评价结果决定是否继续进行审计工作。如果被审单位没有建立适当的内部控制系统，那么，审计人员就会延缓或拒绝进行审计工作。现在，这种系统导向的审计是由公认审计标准所要求的，审计人员不管被审单位的状况如何，一般都应实施系统导向的审计。

未来学家约翰·奈斯比特（John Naisbitt）在《大趋势》（*Megatrands*）一书中指出：在日益重视信息的社会，人们与信息的关系愈来愈密切，依赖信息的人愈来愈多，因而验证经济信息可信性和保证信息质量的民间审计职业日益为公众所重视。在这种形势下，民间审计职业正在成为一项“令人尊敬”且有“高度风险”的专门职业[③]。

近几年世界范围内科学技术和政治经济的变化，激化了企业之间的竞争，增加了企业的不确定性，并导致企业纷纷倒闭，于是，社会对民间审计师提出了更高的要求，不断爆发诉讼审计人员的事件。这种形势对审计界既有诱力也有压力，它要求审计人员必

约翰·奈斯比特：验证经济信息可信性和保证信息质量的民间审计职业日益为公众所重视

须从高于内部控制系统的角度，综合考虑企业内外的环境因素。具体讲，审计人员在制定审计计划时，为了追求审计工作的效率性和效果，应先充分把握被审单位各方面的情况，应分析被审单位经济业务中出现差错和舞弊的风险情况。

适应这种局面的方式之一，是发展一种新的、多维的审计技术，以解缓审计人员所面临的错综复杂的风险。

最近，在英美两国的财务报表审计中，开始强调审计战略，使用审计风险模式，并积极采用分析性检查。这种审计可以称为风险导向审计，是高度风险社会的产物，是现代审计方法的最新发展[④]。

它要求审计人员重视对企业环境和企业经营进行全面的风险分析。以此为出发点，制定审计战略，制定与企业状况相适应的多样化审计计划，以达到审计工作的效率性和效果[⑤]。

风险导向审计才刚刚萌芽，但是对现代审计的发展所产生的影响却是重大的。它迫使现代审计从系统导向转向业务导向。这是因为：

第一，企业环境，即经济、社会、政治和技术等发生了急剧的变化，这些变化对企业的经营管理产生了重大的影响。为了更好地实施追求有效性和效率性的风险导向审计，有必要向业务导向转化。

第二，信息系统的高度发展，也促进了审计向业务导向的转化。企业信息系统的联机实施系统和数据库管理系统化，使会计系统不再是孤立的和独立的，而与其他信息系统有着密切的关系，并与企业的业务密切相关。

第三，在风险导向审计中，重视和广泛地利用分析性检查，也使审计人员业务导向的观点成为必要。因为分析性检查不仅重视会计信息，而且重视经济信息、产业信息和业务信息。

第四，近年来，会计师事务所之间的竞争日趋激化，企业要求降低审计收费的呼声愈来愈高。现在，随着电子计算机的引进，使固定费的增加和职工工资的提高成为突出的问题。所以，会计师事务所从管理角度出发，应认真考虑审计工作的效率性问题。

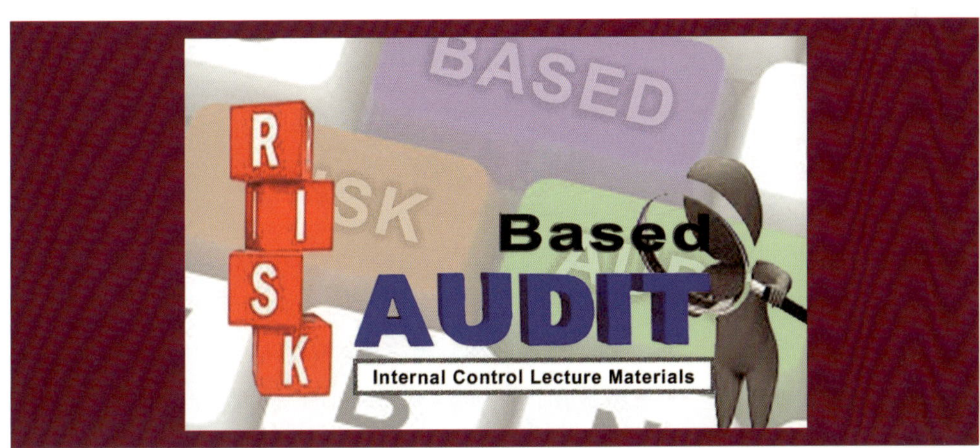

审计风险模式一般以下列方程式表示：审计风险（AR）= 固有风险（IR）× 检查风险（DR）。所以，审计风险乃是在审计人员表明意见的财务报表中，存在审计人员没有注意到的重大舞弊和差错的概率。

固有风险指的是在管理人员进行控制和审计人员进行审计之前，财务报表中出现舞弊和差错的风险。它要求通过结合个别的风险和全面的风险，将审计信息的范围扩大到企业内外环境的各种要素。这意味着，企业内外环境的要素对财务报表的影响是重要的，因而不仅应重视与会计系统直接相关的要素，而且，应重视种种环境要素。这两种要素均是财务报表出现舞弊和差错的原因。

控制风险指的是因企业内部控制系统不能查出差错和舞弊所引起的审计风险。无论多么有效的内部控制系统，都不可能彻底根除管理当局谎报财务报表的风险。内部控制系统越有效，风险越低；反之，风险越高。

检查风险指的是因审计过程中出现失误，或方法使用不当所引起的风险。

固有风险和控制风险是审计人员在实施审计工作以前出现舞弊和差错的概率，审计人员无法加以控制。在系统导向的审计中，只强调将控制风险作为出现舞弊和差错的风险，或者，没有明确地将对危险性的评价和对内部控制的评价结合起来。而风险导向审计将危险性的概念扩大到固有风险，并将固有风险和控制风险结合了起来。

检查风险由分析性检查和经济业务与余额内容的审计风险构成。以前，对分析性检查还不太重视。最近，人们开始认识到，不仅在审计计划和最终检查阶段，应采用分析性检查，而且，在审计实施阶段，为了使审计具有有效性和效率性，也应采用分析性检查。

目前，风险导向审计正以胚胎和萌芽的形式孕育于现代审计之中。无论在审计实务中，还是在审计理论中，已经可以到处听到它的回音。这是现代审计方法发展的新飞跃。这种适应现代实践的要求，站在一个新的高度的现代审计方法，必将是当代审计技术发展的趋势。

四、小　结

从上述审计模式发展的三个阶段，我们可以看到世界审计方法模式发展的历史趋势：

（1）账表导向审计模式仅仅是以账表论账表，不涉及企业的经营管理，而且费时费力，客户的负担亦重，所以，以账表为基础的审计模式基本被淘汰。

（2）系统导向审计模式将重点放在企业自身的控制系统上，审计师不仅能得到更可靠的信息，而且能明了控制的薄弱环节，估算出审计风险，使审计工作的质量不断提高。同时，审计与企业的经营有机地结合起来，建立完善的企业内部控制系统已成为外部审计师与内部管理人员共同的目标。尤其是侦破性系统导向审计模式对进一步节约审计时间，提高审计质量起到了积极的作用。

（3）风险导向审计模式是对系统导向审计的发展，代表了现代审计方法发展的最新趋势。它强调审计战略，要求制定适合被审企业状况的审计计划，要求不仅应检查与会计系统有关的因素，而且应检查企业内外的各种环境因素，不仅应进行与会计事项有关的个别风险分析，而且应进行涉及各种环境因素的综合风险分析。再者，与系统导向审计模式强调内部控制系统与审计测试之间的关系不同，风险导向审计模式要求从固有风险、控制风险、检查风险这一更广范围来考虑审计测试。

注释：

① 徐玉棣：《审计技术的发展》，载于《审计专题》，中国财政经济出版社，1988年版，第39页。

② 葛明：《浅议审计模式》，载于《审计文选》，中国财政经济出版社，1987年版，第75-76页。

③ 约翰·奈比斯特：《大趋势》，梅艳译，中国社会科学出版社，1984年版，第18-19页。

④ 森实：《现代审计的最新发展》，文硕译，载于《中国审计》，1989年第9期，第41-43页。

⑤ 森实：《现代监查思考的转换》，载于《企业会计》，1989年第4期，第6-7页。

第二章 审计抽样的产生和发展

现代审计的一个重要理论，就是要求审计人员运用一定的审计方法收集充分、相关和适当的审计证据，为表明审计意见和出具审计报告提供合理的保障。也就是说，审计人员不必在详细审计的基础上提出审计报告。审计抽样就是根据这种思想产生和发展起来的。

抽样技术在审计中的运用，乃是 20 世纪审计方法最重要的发展。这种新的审计技术改变了审计程序，表现了现代审计发展的一个重要方面。从此，审计人员从验证所有事项转变为抽查某些选择出来的经济业务。

一、审计抽样的萌芽阶段

抽样技术作为一种审计方法，可以追溯到 19 世纪末叶。

在审计发展的早期阶段，审计人员大都运用详细审计技术对会计资料或其他记录进行逐笔审查。这种方法由于起自英国，是英国审计人员的首创，故史称“英式审计技术”。当时，企业规模较小，经济业务不很复杂，审计人员有能力做到这一点。但是，随着社会生产力的发展，企业规模的扩大，经营活动日趋复杂，会计记录成倍地增加，无论从审计费用的开支，还是从审计所要办理的程序来看，都无法继续运用详细审计。

于是，改革传统的审计方法，成为审计人员的燃眉之急。

1895 年，英国已倡议在审计工作中采用抽样技术。在当年伦敦总行案中，首席法官作了如下说明[①]：

在没有疑问的地方，少作些调查是合乎情理的，是充分的。事实上，商人们随机地抽取一些样本，如果这些样本正确，那么，由此可以推断类似的其他样本也是正确的。

几乎同时，美国也运用了抽样技术[①]：

审计由英国向美国的传输过程，也就是审计方法由详细审计向抽样审计转变的过程。图为 20 世纪初的美国会计师事务所

西班牙与美国战争结束以后，美国经济得到迅速发展、企业规模的扩大和对大公司进行审计的发展，客观上要求审计人员抽取一些账户进行审查，而不是对该时期发生的所有经济业务进行详细审计。

1900 年以前的一份纽约注册会计师问卷（New York CPA Examination Questions）中写道[②]：

在审计过程中，费时耗力的详细审计……按规定没有进行或不可行，需要何种审计，才能保证……准确性？

审计由英国向美国的传输过程，也就是审计方法由详细审计向抽样审计转变的过程。

英国民间审计是在公司法、职业团体和法院判决三大因素的影响下发展起来的，具有法定审计的特点。而美国却不是如此。美国是一个新兴的、正在快速发展中的年轻国家，工业历史很短，没有提出法定审计的要求，民间审计的起步只受职业团体和法院判

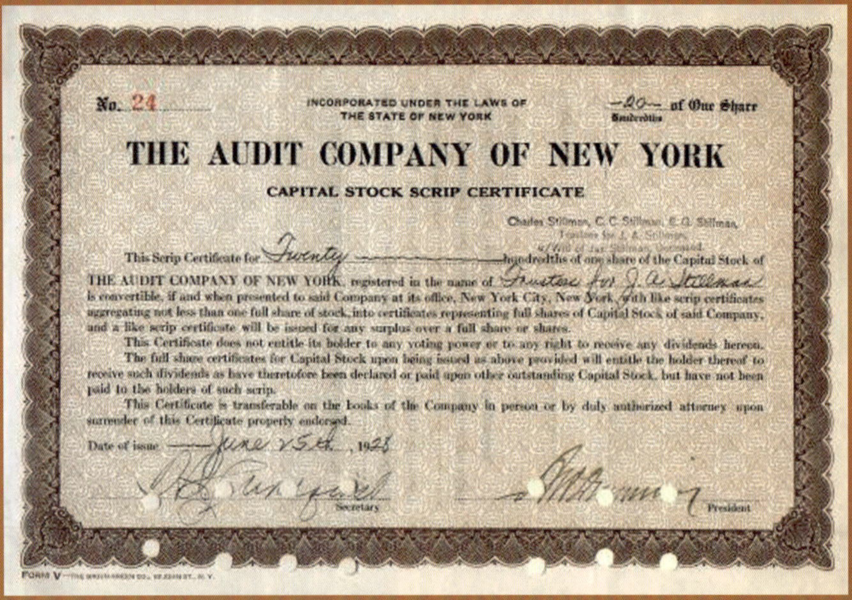

No. 24

INCORPORATED UNDER THE LAWS OF THE STATE OF NEW YORK

-20- of One Share
Hundredths

THE AUDIT COMPANY OF NEW YORK

CAPITAL STOCK SCRIP CERTIFICATE

Charles Stillman, C. C. Stillman, E. G. Stillman,
Trustees for J. A. Stillman,
u/Will of Jas. Stillman, Deceased.

This Scrip Certificate for Twenty hundredths of one share of the Capital Stock of THE AUDIT COMPANY OF NEW YORK, registered in the name of Trustees for J. A. Stillman is convertible, if and when presented to said Company at its office, New York City, New York, with like scrip certificates aggregating not less than one full share of stock, into certificates representing full shares of Capital Stock of said Company, and a like scrip certificate will be issued for any surplus over a full share or shares.

This Certificate does not entitle its holder to any voting power or to any right to receive any dividends hereon.

The full share certificates for Capital Stock upon being issued as above provided will entitle the holder thereof to receive such dividends as have theretofore been declared or paid upon other outstanding Capital Stock, but have not been paid to the holders of such scrip.

This Certificate is transferable on the books of the Company in person or by duly authorized attorney upon surrender of this Certificate properly endorsed.

Date of issue June 25th, 1928

Secretary

President

FORM V

20 世纪初，查错防弊成为审计的次要目标。图为 1928 年纽约审计公司颁发的证书

决的制约。所以，对于美国的客户来说，只有聘请审计人员进行审计工作会取得明显的效果，才愿意承担聘请审计人员而发生的费用。他们认为，如果采用英国式详细审计，所花费用实在太高。审计技术和目标构成了美国早期审计职业发展的基础。但是，进入 20 世纪以后，美国民间审计便沿着与英国不同的道路而独立地向前发展。因为英国审计目标和技术被发现不能适应美国经济发展的需要，旨在揭露舞弊、检查技术上的差错、检查原理和理论上的差错的英国式审计受到了美国审计人员的否定。

第一部美国式审计专著在谈到审计目标的变化时明确指出[③]：

在审计形成的日子里，学生们被灌输，审计的主要目的是：

（1）揭露和预防舞弊；

（2）发现和预防差错。

但是，后来在要求和业务上发生了决定性的变化。具体的目标是：

（1）确认企业实际的财务状况和收益；

（2）查错防弊，但这是次要目标。

审计目标的变化，多方面地推动了审计思想的发展和审计技术的更新。审计人员和企业家逐渐接受了下列建议：仔细审查由随机选出的低于 100% 的经济业务，将能获得其

余同类经济业务是否正确的可靠推论。

可见，在现代审计诞生的前夕，审计又面临着一场重大的审计方法的变革。但这仅仅是开始，要使这个开始获得一个好结果，还需要许多客观和主观方面的条件。

二、审计抽样的发展阶段

分析起来，可以发现，在20世纪40年代之前，导致抽样技术在审计工作中运用的条件有三：

一是会计制度的完善。当时，改革会计制度，提高会计工作的准确性、减少差错舞弊发生的可能性，成为企业会计人员和审计人员的一致要求。随着会计制度和组织机构的加强，审计人员逐渐从详细审计中解脱出来，开始接受审计抽样技术。

二是经济业务量的增加。随着社会经济的发展，经济业务愈来愈频繁复杂。在这种情况下，如果继续采用详细审计法，不但工作量大，花费时间长，而且容易造成注意力分散，无法抓住重点。所以，现代审计不可能，也没有必要对全部经济业务和会计资料进行详细审计。

三是职工忠诚保险的实行。忠诚保险不仅可以保证公司免遭雇员非法挪用造成的损失，而且保险公司在给予保险之前，常常对雇员的经历和背景进行调查，从而提高了雇员的可靠性。

用抽样审计代替详细审计，的确成了审计向前发展的大事。随着内部控制思想和实践的普及，审计抽样的发展进入一个新的阶段。这是一个重要的时期。它为审计方法现代化进程，奠定了较好的基础。

在泰罗倡导的科学管理理论和方法的形成过程中，由于合理地进行经营管理的需要，管理者在企业内部建立起各种各样的控制。通常所说的内部控制，就是管理者所设控制的主要部分。凡建立这种控制制度的企业，就能够预防和发现日常会计业务中的舞弊和差错。因此，会计记录的正确性和可靠性是非常高的。这样，在决定抽样范围的时候，如果内部控制系统运行良好，会计记录中包括舞弊和差错的可能性就小，审计人员在抽样范围较小的情况下，也可以收集必要且充分的审计证据；相反，如果内部控制不健全，运行状况不佳，那么，会计记录的正确性和可靠性就小，从而有必要适当地扩大审计抽样范围，以取得充分的审计证据。

在现代审计工作中，审计抽样与内部控制系统有着非常密切的关系。如果审计客户没有建立适当的内部控制，那么，就无法开始审计测试。也就是说，内部控制至少应达到进行审计测试的程度，这是实施现代审计的重要前提条件。从这一意义上说，审计测

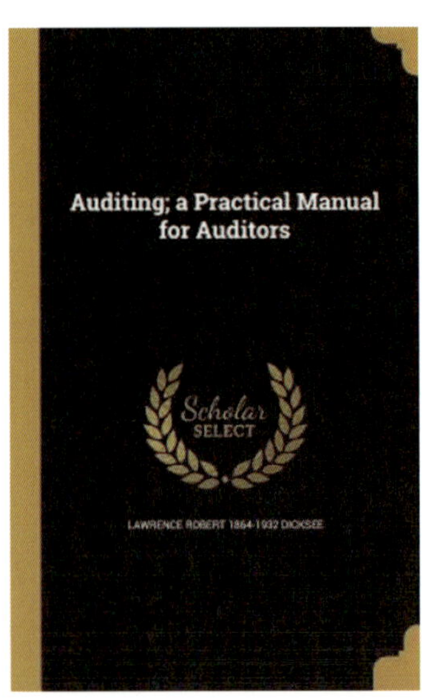

L·R·迪克西《审计学：审计师实用手册》

试与内部控制两者之间的关系如何，在很大程度上决定着现代审计的发展。

20 世纪初，一些审计专著开始认识到内部控制的重要性及其与审计抽样的关系。尽管这些思想还比较模糊，或者说是起步，但是它们最早将内部控制的作用与审计抽样联系起来，这不能不说是审计方法的一大进步。

第一个认识到内部控制是决定审计工作量关键因素的人是英国著名审计学家 L·R·迪克西（Laurence Robert Dicksee）。他在《迪克西审计学》美国版本 Dicksee's Auditing：American Edition 中指出[③]：

……合理的内部控制系统可以减轻详细审计工作。

对审计抽样作理论探索的重要文章，继迪克西之后，还有蒂普森和卡曼诸人。

1904 年，纽约注册会计师 F·S·蒂普森（F.S.Tipson）出版了他的专著《审计学》（*Auditing*）。他在书中介绍了 1896—1902 年纽约审计界所面临的问题，这些问题致使审计人员不可能进行详细审计。他建议的解决办法是通过抽样，减少一部分审计工作[④]。

1910 年，美国出版了一本名为《审计方案》（*Audit Programmes*）的审计专著。该书指出，任何类型的审计，第一步都是"验证内部控制系统"。

1933 年，在《美国会计师》（*The American Accountant*）第 12 期上，刘易斯·卡曼（Lewis A.Carman）发表了《测试的功效》（*The Effiency of Tests*）一文。据威廉·金尼

AUDITING

BY

FREDERICK S. TIPSON, C. P. A.,

Fellow of the American Association of Public Accountants

PUBLISHED BY

FREDERICK S. TIPSON

150 NASSAU STREET, NEW YORK

F·S·蒂普森专著《审计学》扉页和插图

（William R.Kinney）考证，这是第一篇专论审计抽样的论文。作者在论文中重点论述了舞弊行为，并强调指出，审计结论的正确性并不取决于百分率，而是取决于绝对的项目数量。最后，他对抽样风险和非抽样风险之间的差别进行了分析⑤。

美国审计人员已经认识到⑥：

会计制度的设计应该遵循一个指导原则，即必须能够提供控制手段。大凡内部控制系统健全，审计人员就不希望，也不应该进行详细审计。如果审计师能够证实会计记录工作是按照内部控制系统进行的……那么，他就可以将系统执行的结果视为正确的、已经过审查的……

由上述可见，审计理论对内部控制与审计抽样关系的重视从在20世纪初就已开始。但是，在实际工作中，审计人员在确定审计范围的时候，虽然也在不断地扩大运用抽样技术的范围，但并没有将它与内部控制评价直接联系起来。

这种状况直到20世纪30年代末40年代初才明

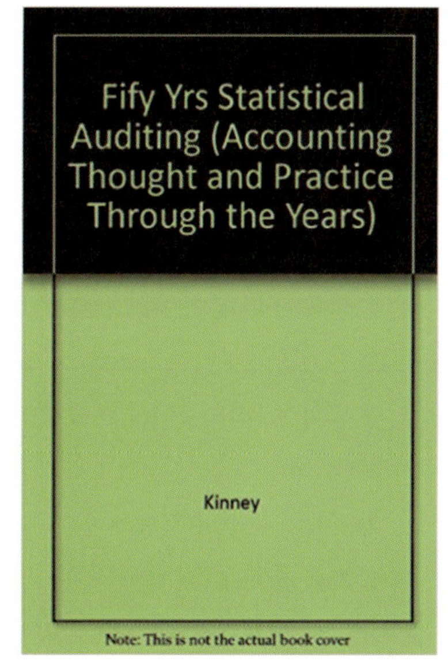

威廉·R·金纳：《统计审计50年》(1986年第一版)

显改变。一些审计理论家和实务工作者在当时纷纷发表文章，在审计方法上主张结合内部控制运用审计抽样法，大声疾呼将内部控制和审计抽样结合起来的科学价值，研讨改革审计方法的方向和途径。这的确改变了各方对审计抽样和内部控制关系的看法。

下面三段论述可以表明，美国审计人员已经广泛接受了内部控制决定抽样范围这一观念：

在制定审计计划时，采用抽样技术的第一个步骤就是全面检查会计制度……检查内部牵制执行情况并非审计人员的唯一职责，他之所以要检查内部牵制系统，是为了确定他能够在何种程度上依赖内部牵制去完成自己的审计任务[⑦]。

“注册会计师们已经普遍接受这样一种做法，即在确定检查范围时，首先要考虑内部牵制系统的健全性。”[⑦]

“……审计主要由抽样、测试和检查组成。它们存在的价值取决于所谓内部牵制和检查。审计人员应该弄清这些内部牵制和控制是否健全。如果是健全的，他就没有必要作更加全面的审查。”[⑦]

这样适应社会需要而进行的理论倡导，不能不对审计抽样方法的运用产生重大的作用。到 20 世纪 40 年代，人们普遍认为，内部控制检查是审计工作的起点，检查的结果决定着审计测试的范围。当时，由于审计人员和管理人员的提倡，审计工作的需要，作为挑战传统审计方法的审计抽样，已经受到了普遍的重视。

三、审计抽样的科学化时代

随着审计科学的发展，审计抽样表现出它的新特点。

如果说在以前，审计抽样是运用经验抽样的时代的话，那么，自从在审计工作中运用了被称为统计抽样（statistical sampling）的技术，审计抽样便迎来了它的科学时代。

在审计工作中运用统计抽样，较之运用经验抽样，可以说，划分了审计抽样历史的两个时代。

前后两个时代审计抽样的区别，概括地讲，有如下五个方面。

1. 两者的科学性不同

在经验抽样的时代，审计人员在抽样过程中所应决定的种种事项，均由审计人员根据本人的实际经验和直接观感，通过主观判断加以确定。这种方法有时亦称为判断抽样（judgemental sampling）或非统计抽样（nonstatistical sampling）。

在统计抽样的时代，审计人员以应用统计理论的技巧所获得的资料作为依据，对与抽样有关的种种事项进行推断。这种推断不仅根据实际经验和直接观感，而且要根据客观资料来确定。

2. 样本的选择方式不同

在经验抽样的时代，审计人员根据自己的主观判断选择样本，总体中不同特征或性质的细目被选中的机会是不均等的。

在统计抽样的时代，样本的选择是随机的，总体中各细目被选中的机会是不同的。

3. 证据的客观性不同

在经验抽样的时代，完全依据审计人员的主观判断进行审计抽样，所以，收集的审计证据的客观性不如统计抽样时代的审计证据。因为统计抽样是以概率论为基础，而不是以审计人员的主观判断为基础的。

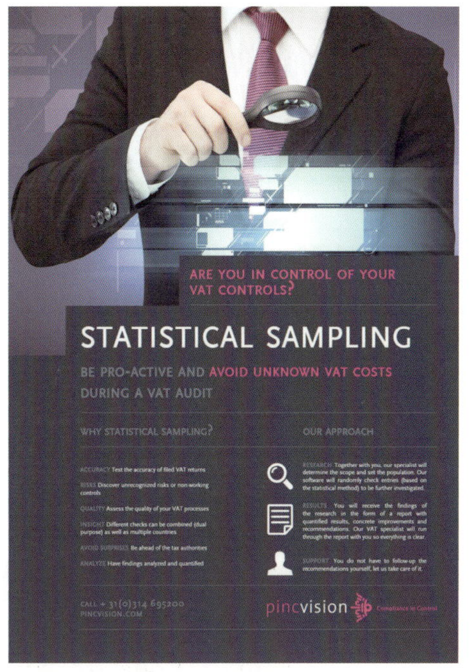

4. 对抽样风险认识的程度不同

在经验抽样的时代，没有根据概率论的原则选择样本，所以，无法采用数学公式准确地测量抽样风险。

在统计抽样的时代，由于样本是按照概率论原则抽取的，故可以通过一定的数学方法准确地计算出抽样风险。

5. 对样本容量的要求不同

一般来说，经验抽样所需要的样本容量较之统计抽样的样本容量要大些。有的人认为要大 20%，有的人甚至认为要大 100%。

统计抽样开始于 20 世纪 40 年代末。很快，便兴起了审计抽样发展的高潮。

理论上的响应，以约翰·内特（John Neter）最早。1949 年，哥伦比亚大学贸易学院的约翰·内特应《会计杂志》编辑部之约，发表了《统计抽样方法的调查和有用性》（*An Investigation of the Usefulness of Statistical Sampling Methods in Auditing*）一文。在这篇探索性论文中，作者介绍了在审计测试中运用统计抽样的技术和方法，明确指出统计抽样法是审计人员的有益工具，它可以促使审计工作更有效率、更准确、速度更快而成本更低[⑧]。

进入 20 世纪 60 年代以后，统计抽样审计的发展速度明显加快。从理论上对审计抽样，尤其是统计抽样进行探讨的人和文章比以前多了。除理论上的探讨以外，美国注册会计师协会相继出版了关于统计抽样的公告，也促进了审计抽样实践的繁荣。而审计抽样实践的繁荣，又必然为理论上的探讨提供了实践的经验和教训，反过来促进了理论探讨的广泛和深入。许多民间审计公司认识到了这一审计技术的优越性，并制定培训项目，重点培养审计抽样人员，这实际上是实践中的反响和实绩，对审计抽样发展的深入和广泛，也起到了促进作用。

1961 年，肯尼斯・W・斯特林格（Kenneth W. Stringer）在《会计杂志》第 11 期上发表了《统计抽样审计的基本概念》(*Some Basic Concepts of Statistical Sampling in Auditing*)一文。作者在论文中指出："统计抽样审计已发展到这样一个阶段：许多对统计抽样审计不太感兴趣的审计人员现在对有关的基本概念开始关心起来。"所以，作者对统计抽样的特点、置信度、精确度、样本容量和概率诸概念进行了系统的论述[⑨]。

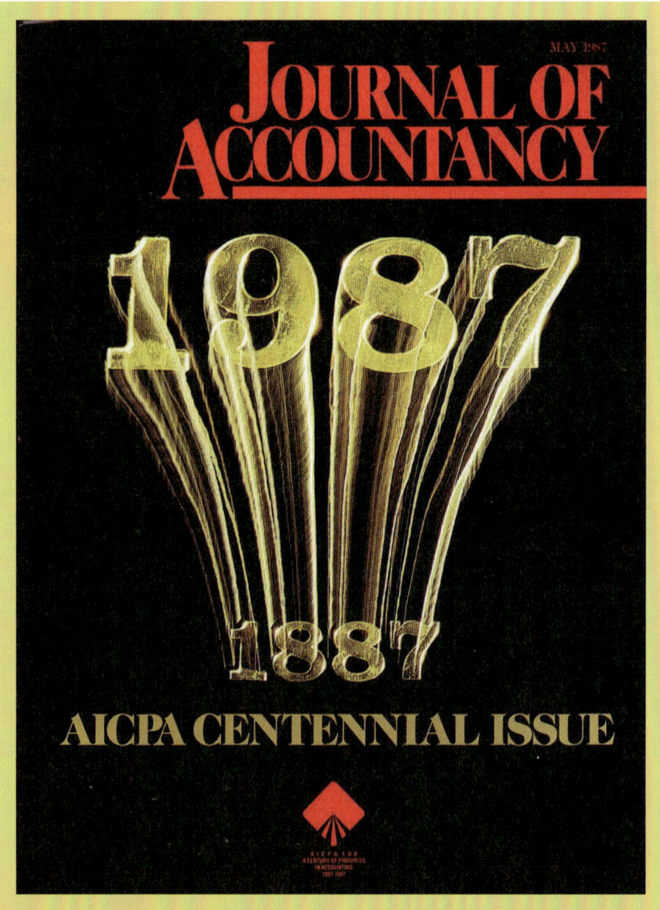

AICPA《会计杂志》成为推动抽样审计的理论阵地。图为美国注册会计师协会在《会计杂志》的百年特刊

1962年，美国注册会计师协会（AICPA）在《会计杂志》（*The Journal of Accountancy*）第二期上，发表了第一篇关于统计抽样的正式文章。这篇文章系统计抽样委员会（Committee on Statistical Sampling）集体研究的专题报告。该委员会认为：统计抽样并不排除专业判断；在一些审计工作中，某些审计人员对运用审计抽样技术存有戒心，是由于错误地认为审计抽样将排除专业判断。可以说，这是统计抽样技术发展过程中最积极、最震动审计界的反响。

1963年12月出版的《审计程序说明》第33辑指出[10]：

在决定审计测试的范围和选择检查项目的方法时，审计人员可以考虑运用在某些场合具有优势的统计抽样技术。使用统计抽样并不减少审计人员的专业判断，相反，它能提供某种统计计量，作为审计测试的结果。

1966年出版的审计程序说明第36辑指出：如果运用有效可靠的统计方式，就不需要100%地检查全部项目。

1967年，美国注册会计师协会出版了名为《审计人员使用统计抽样的方法》（An Auditor's Approach to Statistical Sampling）的培训教材，其中介绍了5门关于基本统计抽样技术的自学课程。

1972年11月，美国注册会计师协会出版了《审计程序说明》第54辑《审计人员对内部控制的研究与评价》（*The Auditor's Study and Evaluation of Internal Control*），其中不仅倡导将统计抽样技术运用于审计测试之中，而且还提供了审计程序与统计抽样相结合的指南。

1978年，美国注册会计师协会出版了抽样审计手册。该手册乃是审计人员运用审计抽样技术的指南，它帮助会计师和审计人员在审计工作中学会如何运用统计抽样审计技术。

1981年6月，《审计标准说明》第39辑《审计抽样》（Audit Sampling）将统计抽样从附属地位变成一个独立的说明，其中详细介绍了统计抽样与非统计抽样的基本关系。

美国注册会计师协会反复从理论公告上进行动员，向会员介绍抽样技术和方法，一再重申审计抽样的重要性和地位，对于审计抽样技术的繁荣，无疑是一种促进。

在审计领域，如果只是民间审计对审计抽样寄予厚爱，恐怕还不足以表明它的兴旺。当我们将眼光再移向内部审计和国家审计领域时，也是令人兴奋的。一般而言，内部审计师和国家审计师在审计方法上总是步民间审计师的后尘，所以，他们总是从民间审计人员那里接受新的审计技术。

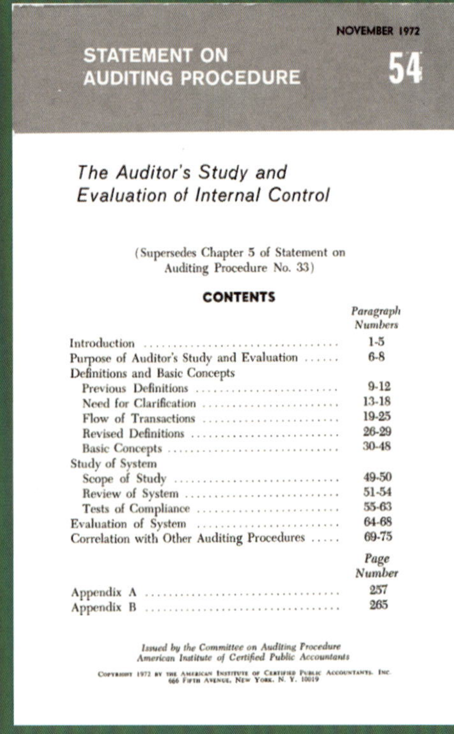

NOVEMBER 1972

STATEMENT ON AUDITING PROCEDURE 54

The Auditor's Study and Evaluation of Internal Control

(Supersedes Chapter 5 of Statement on Auditing Procedure No. 33)

CONTENTS

	Paragraph Numbers
Introduction	1-5
Purpose of Auditor's Study and Evaluation	6-8
Definitions and Basic Concepts	
Previous Definitions	9-12
Need for Clarification	13-18
Flow of Transactions	19-25
Revised Definitions	26-29
Basic Concepts	30-48
Study of System	
Scope of Study	49-50
Review of System	51-54
Tests of Compliance	55-63
Evaluation of System	64-68
Correlation with Other Auditing Procedures	69-75
	Page Number
Appendix A	257
Appendix B	265

Issued by the Committee on Auditing Procedure American Institute of Certified Public Accountants

COPYRIGHT 1972 BY THE AMERICAN INSTITUTE OF CERTIFIED PUBLIC ACCOUNTANTS, INC. 666 FIFTH AVENUE, NEW YORK, N. Y. 10019

Statement on Auditing Standards 39

June 1981

AICPA American Institute of Certified Public Accountants

Audit Sampling

(Supersedes Statement on Auditing Standards No. 1, sections 320A, "Relationship of Statistical Sampling to Generally Accepted Auditing Standards," and 320B, "Precision and Reliability for Statistical Sampling in Auditing.")

1. Audit sampling is the application of an audit procedure to less than 100 percent of the items within an account balance or class of transactions for the purpose of evaluating some characteristic of the balance or class.[1] This Statement provides guidance for planning, performing, and evaluating audit samples.

2. The auditor often is aware of account balances and transactions that may be more likely to contain errors.[2] He considers this knowledge in planning his procedures, including audit sampling. The auditor usually will have no special knowledge about other account balances and transactions that, in his judgment, will need to be tested to fulfill his audit objectives. Audit sampling is especially useful in these cases.

[1]There may be other reasons for an auditor to examine less than 100 percent of the items comprising an account balance or class of transactions. For example, an auditor may examine only a few transactions from an account balance or class of transactions to (a) gain an understanding of the nature of an entity's operations or (b) clarify his understanding of the design of the entity's internal accounting control system. In such cases, the guidance in this statement is not applicable.

[2]For purposes of this Statement, *errors* includes both errors and irregularities as defined in SAS No. 16, *The Independent Auditor's Responsibility for the Detection of Errors or Irregularities.*

Copyright © 1981 by the American Institute of Certified Public Accountants, Inc. 1211 Avenue of the Americas, New York, N.Y. 10036

1 2 3 4 5 6 7 8 9 0 AudS 8 9 8 7 6 5 4 3 2 1

国际内部审计师协会也大力倡导内部审计人员在自己的工作中运用抽样技术，并于1970年出版了《审计人员抽样手册》(*Sampling Manual for Auditors*）一书[11]。

国家审计领域同样积极地引进审计抽样技术，并培养了一大批具备审计抽样知识的人才。许多国家审计机构明确指示，必要时，国家审计人员应在审计测试工作中运用统计抽样技术。例如，1962年9月4日，美国出版了《军队审计机关手册》(*Army Audit Agency Manual*)。其中第317节指出：美国军队审计机关应在审计测试工作中运用统计抽样技术，以便通过抽查部分对整个总体表达专业意见。美国军队审计机关成为将统计抽样运用于美国审计工作的先驱[11]。

四、小　结

审计抽样，是指从作为一定审计对象的总体中抽出样本，再根据这些样本的审查结果来推断总体的正确性和恰当性的审计方法。

审计抽样是20世纪审计技术令人瞩目的成就之一。它的发展经历了一个从简单到复杂、从放任到科学的过程。具体来讲，审计抽样经历了任意抽样审计、判断抽样审计和科学抽样审计3个阶段。

任意抽样审计是指审计人员在对总体进行审查时，不是以科学为根据，而是随意地抽取样本，并以此推断全部审计事项的方法。任意抽样审计较之详细审计，无疑是审计方法的一大进步。因为它在一定程度上减轻了审计人员的工作量，使他们得以从单调而繁重的事务性工作中解脱出来，以更低的成本，更高的效率，在更大的范围之内开展审计工作。但是，审计人员在运用这种方法抽取样本时，没有考虑合适的样本容量，没有考虑样本的代表性，所以，得出的审计结论往往缺乏正确性和科学性。

判断抽样审计是在逐渐取代任意抽样审计的过程中产生和发展起来的。审计人员在运用此法过程中，完全根据自己的实际经验和判断能力行事。他们认为，审计质量取决于自己的实际经验与判断能力。如果审计人员的经验丰富，判断也准确，那么，审计工作将能收到事半功倍之效。但是，判断抽样避免不了主观性，样本容量也难以科学地决定，于是，统计抽样应运而生。

统计抽样法亦称科学方法或客观方法。审计人员在运用这种方法时，完全以随机原则为基础，没有重点地从总体中抽取样本，并运用数理统计方法对总体进行判断。

一般认为，统计抽样法优于判断抽样法。但是，至少到目前为止，这两种方法是各有千秋，互有长短。《审计标准说明》第39辑指出："对于审计抽样来说，不论是非统计抽样法还是统计抽样法，只要运用得当，都可以提供充足的证据资料。"⑫

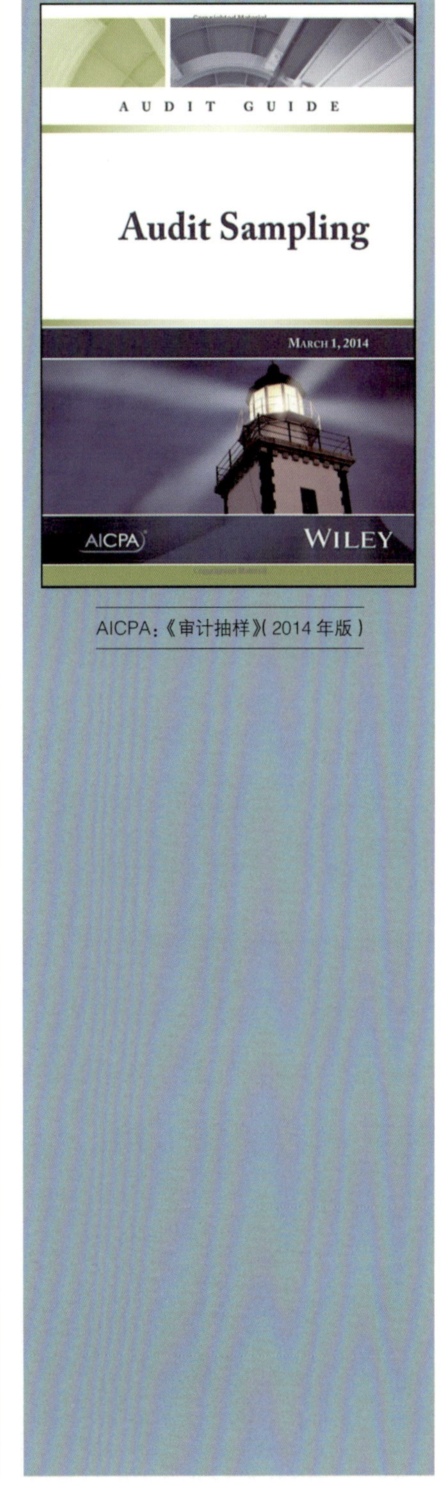

AICPA：《审计抽样》（2014年版）

注释：

① R.Gene Brown：Changing Audit Objectives and Techniques Accounting Review，37 Oct.1962，p.698.

② R.Gene Brown：Changing Audit Objectives and Techniques Accounting Review，37 Oct.1962，pp.698-699.

③ R.Gene Brown：Changing Audit Objectives and Techniques Accounting Review，37 Oct.1962，p.699.

④ C.A.Moyer：Early Developments in American Auditing，Accounting Review，Jan.1951，pp.5-6.

⑤ William R.Kinney：Fifty Years of Statistical Auditing，Gerland Publishing，Inc.1986，pp.2-8.

⑥ R.Gene Brown：Changing Audit Objectives and Techniques Accounting Review，37 Oct.1962，p.700.

⑦ R.Gene Brown：Changing Audit Objectives and Techniques Accounting Review，37 Oct.1962，p.701.

⑧ William R.Kinney：Fifty Years of Statistical Auditing，Gerland Publishing，Inc.1986，p.26.

⑨ William R.Kinney：Fifty Years of Statistical Auditing，Gerland Publishing，Inc.1986，pp.45-51.

⑩ William R.Kinney：Fifty Years of Statistical Auditing，Gerland Publishing，Inc.1986，p.72.

⑪ Herbert Arkin：Sampling Methods for the Auditor，Mcgraw-Hill Book Company，1982，p.7.

⑫《蒙哥马利审计学》翻译组译：《蒙哥马利审计学》，中国商业出版社，1989年版，第346页。

第三章 内部控制的发展

这个今日在经济管理领域的许多方面仍然发挥重要作用的内部控制思想，其发展应归功于历代企业家、政府官员、会计人员和著书立说者们的不懈努力。他们不是在实践中应用这一思想，就是至少提倡应用这一思想。

——T.A.Lee

汉斯·曼姆林：最后的审判（Hans Memling, The Last Judgement），1476年意大利美地奇银行分行行长Tomasso Portinari请汉斯画了这幅画，其中大天使拿着尺规，为所有人进行最后的控制、担保和仲裁，后来Tomasso Portinari因为投资失误导致美地奇银行垮台，身败名裂，迎来了职业生涯“最后的审判”

审计人员从抽样技术中获取经验以后，逐渐认识到了内部控制系统的重要性：内部控制系统愈健全，审计人员所需的抽查就愈少。

古代美索不达米亚牧羊人记录的年度平衡账户
(balanced account of a shepherd recording year-names)
负责记账的会计员必须由直接对奴隶主负责的人密封账目，再呈报奴隶主

古代埃及第 18 王朝两个记录官同时记账

公元前 23—公元前 24 世纪美索不达米亚地位令人羡慕的女性记录官们（les femmes scribes de Mésopotamie）

其实，内部控制（controls）思想早就出现。只要有人类群体活动，就会有控制系统的存在。只是形态的繁简和运用的策略或技术水平各不相同而已。

内部控制的最早标志，可以从早期苏美尔文化（公元前 3600 年到公元前 3200 年）的记载中找到踪迹。当时，审核人员在会计账簿数字的旁边标上微小标记、点、核查账目的记号（如√，\）和圆圈，表明检查账目的工作已经完成①。

古埃及人通过让两个官吏同时对税收加以记录，来进行简单的控制。如果没有签发的支出令单，任何东西也不能出库。当粮食运到仓库时，谷物必须在监工的监督下装入粮袋，并当场记录下入袋粮谷的数目，然后将粮袋运到库内的顶部，再将袋中的粮谷倒出，同时，在库房中还另设一个记录官（scribe），专门记录倒出粮谷的数量。

威利亚德·斯通（Williard Stone）指出：在古代埃及，法老的中央财政部门运用了内部控制和审计。数名记录官编制会计记录，其中一位记录仓库的进项，一位记录仓库的出项，审计工作由第三位记录官通过比较两名记录官的会计记录进行。

在古代波斯，国王大流士（公元前521年到公元前486年），运用了政府记录官，称为“国王的左膀右臂”（king's eyes and ears），在政府财政机构中发挥着重要的控制职能。

在希腊雅典，首次出现了“财务披露”（financial disclosure）这样的重要概念。这在审计史上是第一次。此举旨在达到有效审计的目的。

在古代罗马官厅，建立了一套内部牵制制度。只有出具书面证明才能从国库提取货币，掌握现金的财务官没有擅自批准支出的权限。财政记录官负责记录所有的经济业务，财务官负责对全部的政府财务事项进行监督和审查。

在中世纪查理时代，查理皇帝继承了古罗马和波斯运用审计人员对国家财政事项进行控制的传统。当时规定，同一笔经济业务应由两位记录官独立地进行记录，以预防舞弊行为，同时确保报告工作的正确性。盘存工作也定期进行，以解脱有关官员的经济责任，并保证会计记录的正确性。

在我国西周时代，周王朝为了加强财政收支的核算和控制，实施了分权控制方法、九府出纳制度和交互考核制度。这三种制度构成较为科学的原始内部牵制制度的基本成分。著名史学家迈克尔·查特菲尔德赞誉道：“在内部控制、预算和审计程序方面，周代在古代是无与伦比的。”②

但是，controls一词直到17世纪才正式问世。1600年左右，一本英语词典第一次使用了control一词，并定义为“一本账的副本，具有与原本相同的品质和内容”。该词是从

利用算盘和账簿对账的日本会计主管（1914—1918年）

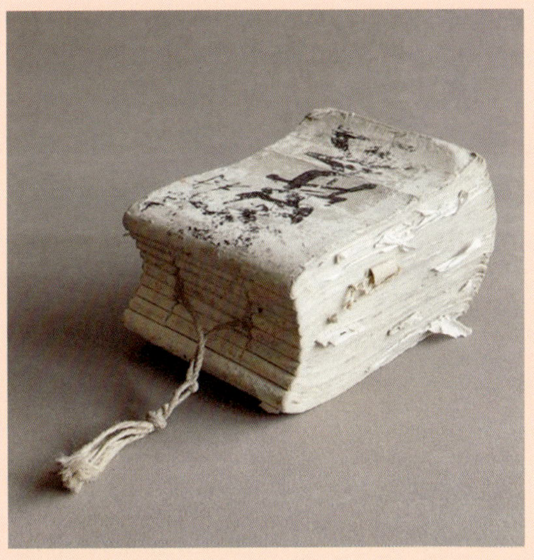

明治（Meiji）时期的日本账簿（1888—1918 年）

拉丁语 contrarotulus 派生而来的，其中 contra 意为“对比”，rotula 意为“宗卷”。著名学者塞缪尔·约翰逊（Samuel Johnson）将这一最初的意思定义为“由另一个职员保管的登记簿或账册，可由他人逐项检查”[③]。

本章阐述的内容，旨在说明，20 世纪以前的审计方法的旧有形式，如何抑制新的经济责任关系下审计内容的表现，人们怎样在废除详细审计方法、兴起内部控制评价的革命进程中迎来了现代审计的诞生，内部控制系统在现代审计中具有什么样的重要性。

一、内部牵制系统的发展

内部控制系统的最初形式是内部牵制系统（internal check systems）。在 20 世纪以前，审计测试与内部牵制并无关系。决定能够采用审计抽样的条件是会计制度，而不是内部牵制。

理论总是走在实践的前面。

第一个认识到内部牵制对审计人员的重要性的，是劳伦斯·罗伯特·迪克西。1905 年，他在《迪克西审计学》（*Dicksee's Auditing*）美国版中最早指出内部牵制是决定详细验证工作量的关键。该书指出：

……合理的内部牵制系统可以减少详细审计工作。

图为主计长、店员和供应商正在就同一笔业务各自做账。题目是："1343 年 1 月 1 日至 1 月 13 日锡耶纳公社的双鱼座的收入和费用"，其余是委员会成员及其职员的姓名

劳伦斯・罗伯特・迪克西漫画

美国著名审计学家蒙哥马利、斯托布和其他学者初步认识到，审计抽样的范围应该与评价委托人的内部控制系统联系起来。内部控制组织愈健全，花在检查舞弊和差错上的时间就愈少，审计人员就可以将更多的时间用在对重要的账户进行实质性分析上。R・吉恩・布朗（R. Gene Brown）指出：1905—1933 年这一段时期是详细检查和审计测试与稍微认识到内部控制重要性的时代。

1910 年，E・V・斯派塞（E.V.Spicer）和

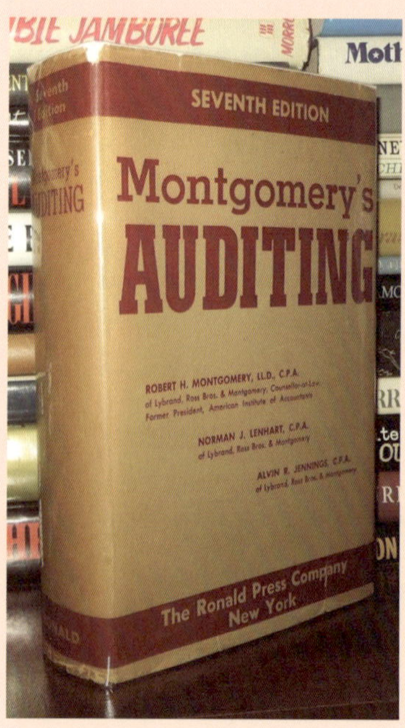

《蒙哥马利审计学》（第 7 版）

E・C・佩格勒（E.C.Pegler）在伦敦出版了一本名为《审计方案》(*Audit Programmes*）的专著，其中指出，任何类型的审计，第一步都是“查证内部牵制系统”。

R・H・蒙哥马利在1912年出版的《审计——理论与实践》一书中指出：所谓内部牵制组织，一般指的是一个人不能完全支配账户，另一个人也不能独立地加以控制的制度，即某位职员的业务与另一位职员的业务必须是相互弥补、相互控制的关系。

他认为：“如果存在良好的内部牵制组织，审计人员就无需进行详细审计（detailed audit)。”而且，“审计人员如果认为内部牵制组织是适当的，就不需要其他人再重复操作会计业务”[④]。可见，蒙哥马利当时已认识到，审计人员在评价内部牵制组织的同时，应根据评价结果采用测试的方法。

F・R・卡内基・斯蒂尔（F.R.Carnegie Steele）1913年10月在《会计杂志》上发表的《控制系统的发展》(*The Development of System of Control*）一文中指出[⑤]：

会计制度的设计应该遵循这样一个指导原则，即它必须能够提供控制手段。

德威特・卡尔・埃格尔顿（DeWitt Carl Eggleston）在1926年出版的《审计程序》一书中指出[⑤]：

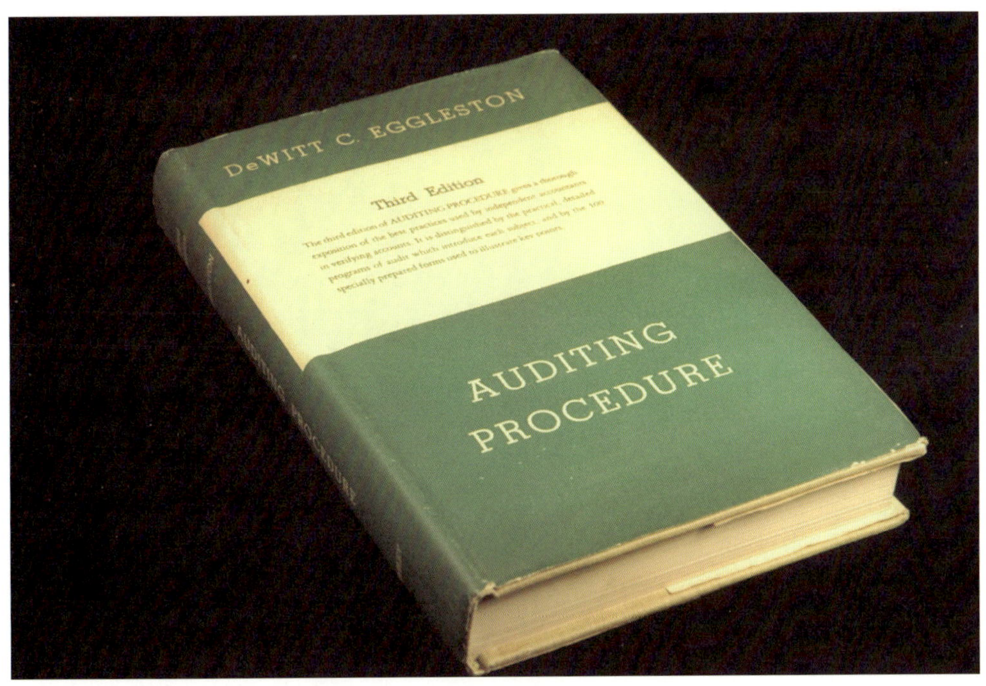

德威特・卡尔・埃格尔顿《审计程序》(第3版）

如果审计师能够证实会计记录工作是按照内部控制系统进行的……那么，他就可以将系统执行的结果视为正确的、已经过审查的……

遗憾的是，审计理论太超前了。在实际工作中，审计师虽然在不断地扩大抽样技术的使用范围。但是，他们在确定审计范围的时候，并没有将它与内部牵制的评价直接联系起来。那时关于内部牵制理论的探讨，只是为现代审计方法的诞生作了准备，是催生现代审计方法的理论动员。

这样的局面是不能不改变的。要是无法在实际工作中将内部控制与审计联系起来，审计技术现代化的一系列问题就得不到解决，现代审计的诞生，就无从说起。

进入20世纪30年代以后，情况发生了一些变化。这时，传统的审计观念再次受到挑战，人们在寻找审计现代化武器的时候，又一次注目于内部牵制系统了。部分实际工作者开始认识到：研究一个客户的内部牵制系统，特别是会计控制系统，考虑其工作流程和自我检查的效果，可以有效地确定客户会计制度的可靠性程度，然后，可以根据内部牵制的效果来决定抽样范围，从而制定出既有效率又有效果的审计程序。

这种观念的出现，在很大程度上归因于20世纪30年代末麦克森·罗宾斯公司破产案件。或者说，对内部控制的发展和完善的主要推动力，是来自实务界的，是一大批审

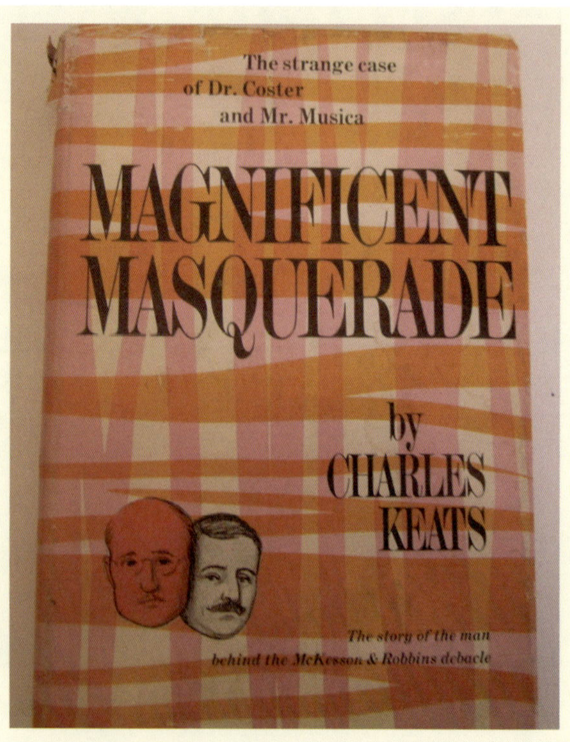

1938年麦克森·罗宾斯公司财务欺诈案件导致企业治理和审计改革。图为1964年出版的专著《华丽化妆舞会》，揭露了这起案件幕后两位高层操盘手的真实丑陋内幕

计实务人员的努力。尽管建立内部控制系统，是管理部门的主要义务，但是，审计人员为了避免法律责任，也有责任对委托人的内部控制系统是否完善进行评价。而这种责任正是在证券交易委员会调查麦克森·罗宾斯公司破产事件的过程中牢牢地确立起来的。

罗宾斯公司破产后，人们对将揭发舞弊作为审计人员的责任和审计目的提出了异议。在争议过程中，实务界普遍地将审计测试作为一种审计技术，并广泛地接受了这样一种观念，即内部控制乃是决定检查范围的基础。

较早对该问题进行详细论述的，是阿诺尼模斯（Anonymous）。1936年，他在《审计测试方法》（*Test Methods in Auditing*）一文中毫不含糊地指出[⑥]：

检查内部牵制执行情况并不是审计师的唯一职责，之所以要检查内部牵制系统，是为了确定能在何种程度上依赖内部牵制系统去完成自己的检查工作。

维克托·斯坦普佛（Victor H. Stempf）的《内部控制对审计程序的影响》（*Influence of Internal Control Upon Audit Procedure*）一文关于内部控制的重要见解，主要表达在下面一段话中[⑦]：

注册会计师们已经普遍接受了这样一种做法，即在确定检查范围时，首先要考虑内部控制系统的健全性。

在德国，早在20世纪30年代，就出现了各种管理控制的概念，如监督（uberwachung）、审计（revision）和控制（kontrolle）。当时，经济审计师（wirtschaftsprufer）不仅从事财务审计，而且辅助和指导有关管理控制的全面经营业务。

以上论述的，均是令人耳目一新之论。但是，那时候，这些理论家只是单独立论，泛泛而谈，而且，语不惊人，反响不大，终究没有汇聚成一股强大的思潮，更没有形成审计领域的实践运动。但是，它本身已透露出一个重要的信息：近代审计理论界和实务界开始将人类审计的进化与内部控制系统的管理作用联系起来，代替传统的详细审计方法，并借此历史的契机，引导审计走上现代审计的发展之途了。

二、内部控制系统的发展

20世纪40年代，是内部控制发展的一座分水岭。此刻，近代审计的发展开始谢幕，历史正转向一个新的阶段。在审计工作中进一步引进内部控制思想和实践，成为审计发

The Pope may declare a marriage null
"on ~~frivolous~~ canonical grounds —
"But the Pope has no power to divorce
"parties canonically married, even
for the most urgent reasons of expediency.
"Marriage in the Roman Catholic church
"is a sacrament, which in it's nature is
indelible — and a Man can no more
"be unmarried than he can be unbaptized.
Edinburg Review of July 1858

I was like the Egg of the ostrich laid
in the sand for any thing or any
person who chose to crush, or to
cherish me — The Skeleton of old affection

Mean & low thoughted Egotists

when in the home of Wm P. I really
felt a weight on my Brain like
the torturing cap of certain savage
nations — Deserted by all human assistance
utterly left & laid aside by all whose
duty it was to protect me I am a ruin in a desert
"That precious parent, after having so coolly
"exempted himself from his duties, does not
"appear to have hesitated, when a question
"arose in regard to the amount of devotion
(a sort of Shylock's Bargain) which he
thought himself entitled to claim from his
Son —

从 19 世纪拿破仑的美国妹妹 Elizabeth Patterson Bonaparte 的 21 张红色信件与账簿（1861—1878 年）中可以了解，一个女人面对与丈夫和儿子的法律关系，应该如何进行合法的财务控制。当时，一个已婚妇女要想自行管理财务，必须有丈夫的合同做支持。其中，她写道“它教会了我记账，保存我的收入，避免牺牲将来的舒适以换取今日的娱乐或者用来攀比的以及不必要的花销——E.P. 1841”

展的最强音。

决定内部控制系统进一步发展的主要因素如下所述。

（1）经济业务规模扩大，审计人员完全抛弃了详细审计技术。

（2）降低外部审计成本的需要。

（3）企业规模越来越大，越来越复杂，要求建立更完善的控制技术，以便：

a）及时提供差错的舞弊方面的反馈；

b）提供特别分析；

c）确保内部行政控制。

（4）随着分支机构的出现，要求建立内部控制，以便：

a）确保会计程序的统一性和运用会计程序的一致性；

b）验证各分支机构的经济业务和利润中心的报告。

（5）外部审计程序从检查过去的经营状况，转向评价内部控制系统。其结果，对内部控制系统的信赖持续提高。

麦克森·罗宾斯事件以后，美国民间审计发展的一些趋势日益明显。测试范围愈来愈依存于内部控制的可靠性程度。对内部控制进行评价已成为审计工作的出发点。这是现代审计中一股最激进、最进步的洪流，是审计界前所未有的现象。在现代审计中，被审单位的内部控制发挥着极为重要的作用。

在20世纪初，人们将控制视为预防性的。亨利·法约尔（Henri Fayol，1841—1925年）系古典管理理论在法国的杰出代表。他认为[8]：

亨利·法约尔（1841—1925年）

哈罗德·孔茨（1909—1984 年）

在一个企业中，控制在于检验每一件事情是否同所拟订的计划、发出的指示和确定的原则相符合，旨在发现、纠正和防止重犯缺点和错误。对物、对人、对行动都可以进行控制。

现在，控制不再是套在人们身上的枷锁，相反，它已经成为管理人员的助手。

美国著名的管理学家哈罗德·孔茨（Harold Koontz）认为，控制职能就是按照计划标准衡量计划的完成情况并纠正计划执行中的偏差，以确保计划目标的实现。在某些情况下，控制职能可能导致确立新的目标、提出新的计划、改变组织机构、改变人员配备或在指挥和领导方法上作出重大的改变等。控制职能在很大程度上使管理工作成为一个闭环系统。孔茨还提出了控制的 13 项主要原则：

（1）保证实现计划的目标；

（2）控制要针对未来；

（3）控制的职责要明确；

（4）控制要讲究经济效益；

（5）应尽可能采取直接控制方式；

（6）控制必须反映计划要求；

（7）控制必须有适当的组织来保障；

（8）控制必须采用适合具体人员的技术信息；

（9）控制必须有客观的、精确的和适合的标准，用来衡量一个计划方案完成的情况；

（10）控制必须抓住关键点；

（11）控制必须主要集中于例外情况；

（12）控制必须灵活；

（13）发现偏差后必须及时采取行动，予以纠正。

可见，现代管理与传统管理是不同的，它已经将控制看作是一种帮助，而不是一种压制。控制可用于自我衡量，能够激励人们改进工作。良好的控制不仅保护企业，也保护雇员。

内部控制观念和方式的改变，对现代审计的影响也是深刻的。

约翰逊·海伍德（Johnson Heywood）1940年在著名的《国民经济》杂志上撰文指出[⑨]：

……审计主要由抽样、测试和检查组成。它们存在的价值取决于所谓的“内部牵制和控制”。审计师应该弄清楚内部牵制和控制是否健全。如果是健全的，那么，审计师就没有必要进行更全面的检查。

该文发表以后，马上被《会计师文摘》杂志转摘。

1949年，蒙哥马利和他的合作者出版了《审计理论与实务》的第7版《蒙哥马利审计学》。其中设专章对内部控制系统进行了详细论述，并设73页附录列示了内部控制问卷。这些问卷适用于各种不同的企业。

一个时代的一个样式的审计，光有几个人写出了不算很多的成功作品，并不足以表明它的成长。如果说在20世纪30年代末40年代初，由于传统审计思想依然十分盛行，新审计观念只是刚刚兴起，社会上尚缺少对于内部控制的强有力的支持，那么，到40年代末，民间审计组织正式站出来说话了。它们在当时为推动世界审计从内容到形式向现代时期过渡所作的努力，所建树的历史功绩，是不会磨灭的。

1947年，美国会计师协会（AIA）审计程序委员会发表了《审计标准说明草案》（*Tentative Statement of Auditing Standards*）。1954年略加修改和增补再次公布，并指出：“委员会认为，该报告中提出的观点不再是草案。”无论在1947年版本还是在1954年版本中，均包括3条实施标准。其中第2条指出：

应对现行的内部控制进行适当的研究和评价，并在此基础上，决定对内部控制的依赖程度，确定受审计程序限定的测试程度。

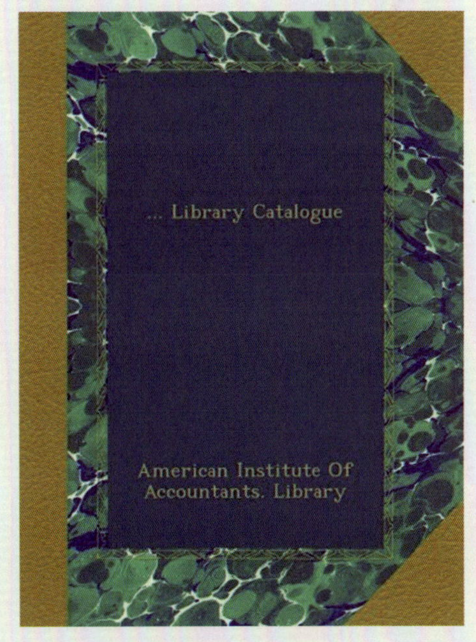

美国会计师协会图书馆书目

1949年，民间审计组织第一次正式公布了内部控制的定义。当时，美国会计师协会出版了《内部控制——调整组织的各种要素

INTERNAL CONTROL

ELEMENTS OF A COORDINATED SYSTEM AND ITS IMPORTANCE TO MANAGEMENT AND THE INDEPENDENT PUBLIC ACCOUNTANT

☆

SPECIAL REPORT BY THE
COMMITTEE ON AUDITING PROCEDURE

☆

Published by
AMERICAN INSTITUTE OF CERTIFIED PUBLIC ACCOUNTANTS
666 FIFTH AVENUE, NEW YORK 19, N. Y.

AICPA《内部控制》，首次定义“内部控制”

Examination of
Financial Statements
by
INDEPENDENT PUBLIC ACCOUNTANTS

A revision of the Bulletin prepared by the American Institute of Accountants in 1929 and published by the Federal Reserve Board under the title "Verification of Financial Statements"

Prepared and published
by the
AMERICAN INSTITUTE OF ACCOUNTANTS
January, 1936

AIA 出版《独立职业会计师对财务报表的检查》

及其对管理当局和独立职业会计师的重要性》（*Internal Control—Elements of a Coordinated System and its Importance to Management and the Independent Public Accountant*）。其中对内部控制作出了下述定义：

内部控制包括企业内部采用的机构计划和所有有关的调整方法和调整措施，旨在保护企业资产、检查会计数据的准确性和可靠性，提高经营效率，促使有关人员遵循既定的管理方针。本定义承认内部控制系统不仅仅局限于直接与财务和会计职能有关的事项。

民间审计组织的公告，在现代审计形成的20世纪40年代，数量确实非常有限，就篇幅而言，也没有鸿篇巨制，然而，较之个别理论家的热情提倡，他的经验总结，由于其职业地位，对日后审计方法的发展有着更重大、更深远的影响。下一节自然要作进一步的评述。

无论从理论上还是从实践上看，将内部控制系统归入审计之伍，都是现代审计兴起的标志。这么多的理论家和实践家们苦苦思索于此，也确实是整个现代审计发展的一个重要标志。

三、内部控制意义的演变

从历史上看，内部控制的含义是不断发展的。从横向看，由于人们认识问题的角度不同，对内部控制也有不同的看法。

1936年，美国会计师协会出版《独立职业会计师对财务报表的检查》。其中指出：

内部牵制和控制这一术语是指为了保护公司现金和其他资产，检查簿记事务的正确性，而在公司组织内部采用的手段和方法。

Statements on Auditing Procedure

No. 1

October 1939

*

Issued by the
Committee on Auditing Procedure,
American Institute of Accountants,
13 East 41st Street, New York, N. Y.

Extensions of Auditing Procedure

TO THE MEMBERS OF THE
AMERICAN INSTITUTE OF ACCOUNTANTS:

GENTLEMEN:

Under date of May 9, 1939, the council of the American Institute of Accountants adopted a report submitted by the special committee on auditing procedure entitled "Extensions of Auditing Procedure," and at the same time it was anticipated that the committee would make a supplemental report at the September meeting. The report of May 9th emphasized that it was the ultimate responsibility of the independent certified public accountant to adopt such procedures as in his professional judgment he deemed appropriate, but recommended that certain additional procedures regarding inventories and accounts receivable should be considered as generally accepted practice. It further recommended that, where these additional procedures regarding inventories and accounts receivable had not been undertaken, that fact should be disclosed in the auditors' report or opinion.

The action of the council received widespread support of state organizations of certified public accountants, and the recommendations evoked the hearty approval of investors, credit grantors, the press, and the public.

During the four months which elapsed between the issuance of the report and the September meeting, the committee had considerable discussion and correspondence with informed people, both within and without the profession, and held a number of meetings. While the recommended additional procedures had the united support of independent accountants, it was evident that there was some misconception as to the meaning intended to be conveyed by the term "physical tests" as applied to inventory quantities, that considerable misunderstanding had arisen as to the responsibility which the auditor might be assuming, and that the recommended reference in the auditors' report of opinion to the omission of such procedures had been misconstrued.

1

美国会计师协会又发表了《审计程序的扩展》（1939年）

可见，《独立职业会计师对财务报表的检查》已从概念上将“内部牵制”扩大到“内部牵制和控制”，并使之成为确保会计记录正确性和资产完整性的手段和方法。这意味着，它从美国会计师协会的角度建议审计人员在决定测试的范围时，应检查企业的内部牵制和控制，从而从文献上正式确立了“以内部牵制和控制为前提的测试审计”。

1939年，为了吸取麦克森·罗宾斯公司破产事件的教训，美国会计师协会又发表了《审计程序的扩展》(*Extensions of Auditing Procedure*)，其中第一次使用了“内部控制”(internal control)这一用语，明确指出：“审计抽样和测试的范围，应以独立审计人员对内部控制有效性的判断为根据。”但是，没有对“内部控制”的定义进行详细说明，一般而言，它与“内部牵制和控制”同义。

由上述内容可见，“以内部控制为基础的测试审计”这一财务报表审计的框架已经在20世纪30年代的后期得以确立，但无论是《独立职业会计师对财务报表的检查》还是《审计程序的扩展》均没有对内部牵制和控制以及内部控制的调查与评价作出任何具体的指示，审计人员也没有对此给予充分的认识。因为美国证券交易委员会(SEC)在调查麦克森·罗宾斯事件的过程中，根据许多会计师的证言，发现关于内部控制检查的审计程序很不完善和具体。所以，当时，关于内部控制的手段与方法、检查的范围、检查的方法等，依然不甚明确，更没有要求审计人员在审计报告中必须指出是否对内部控制进行了检查。

1941年，SEC开始要求在审计报告中记载是否依据“公认审计准则”进行了审计业务，并在财务报表规则S—X中规定：“在决定必要的审计范围时，审计人员应适当考虑内部牵制和控制组织的妥当性。”

所以，1947年，美国会计师协会审计程序委员会发表了《审计标准说明草案》

（*Tentative Statement of Auditing Standards*）。

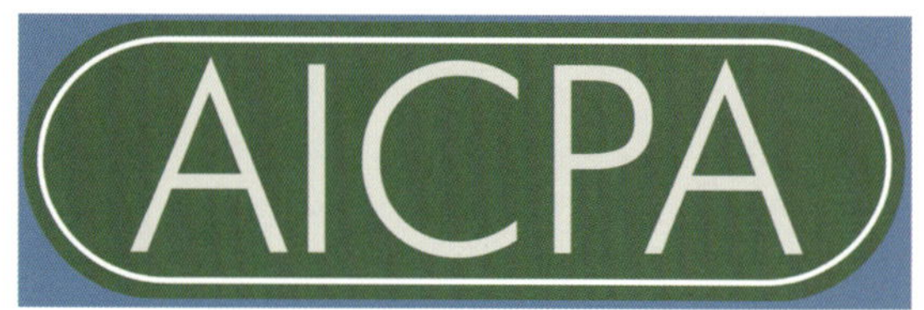

这份草案强调了内部控制的调查与评价的意义，而且，比以前的说明书更多地介绍了内部控制的构成要素、审计计划的重要性和检查内部控制的方法，但是，内部控制的更具体的内容和审计人员的调查范围与评价方法则由审计人员自行确定。

1949年，美国会计师协会又出版了《内部控制——调整组织的各种要素及其对管理当局和独立职业会计师的重要性》（*Internal Control—Elements of a Coordinated System and its Importance to Management and the Independent Public Accountant*）。

这是民间审计组织第一次正式公布内部控制的定义。它所包括的内容是非常广泛的。许多人认为，该定义为人们了解内部控制这一重要课题作出了独特的贡献。

但是，该定义马上暴露出缺点。它是对内部控制的定义，而不是对审计职业真正感兴趣的、内部控制的评价范围的定义。所以，该定义过于宽泛。一些审计人员申明，如果要求他们的工作包括对被审单位的所有内部控制进行检查，他们不准备接受该定义。于是，一个难题摆到了审计人员的面前：就改善作为委托人的会计和管理工作而言，该定义确实令人满意；但从审计人员承担检查内部控制的责任而言，它无疑加重了独立会计师的法律责任。为了解决这一矛盾，会计师协会建议将内部控制分为"会计控制"和"业务控制"两部分。前者的目的在于保护企业资产、检查会计数据的准确性和可靠性；后者的目的在于提高经营效率、促使有关人员遵守既定的管理方针。独立审计师只负责检查会计控制，不负责检查业务控制。但是，业务控制对被审单位财务报表的可靠性同样具有重要意义，所以，审计人员在必要时，也可以检查并依赖企业的业务控制[10]。

1958年，由于AIA发表的审计说明中有狭义和广义的内部控制概念之分，民间审计界曾一度陷入混乱，所以，AICPA发表了SAP No.29，其最显著的特点就是在接受了1949年《内部控制》广义的内部控制概念的同时，将审计人员的评价责任限定在会计控制上。这些思想一直影响到1963年的SAP No.33和1971年的SAP No.49。

1950年，日本经济安定本部发表企业会计标准审议委员会中间报告《审计标准》。它提出企业内部控制组织包括内部牵制组织和内部审计组织两部分。

1951年，日本通产省产业合理化审议会发表了日本审计史上著名的《企业内部控制大纲》，其中指出：

所谓内部控制，是管理者根据企业最高方针，从企业整体的观念，对执行活动进行计划，对其实施状况进行调整，并对实际绩效进行评价，这些活动是通过计算性控制的方法进行的。内部控制是经营管理的一种形态，与直接进行经营活动的工程管理和质量管理不同，它是根据计算性数值进行的间接控制。

1961 年，英国的英格兰·威尔士特许会计师协会出版了《一般审计原则》(*General Principles of Auditing*)，其中指出：

内部控制不仅是指内部牵制和内部审计，而且指管理者按有条不紊的方法为进行公司经营、保护资产，尽可能确保会计记录的正确性和可靠性而设立的财务和其他管理制度。

英国的英格兰·威尔士特许会计师协会徽标

1972 年，加拿大特许会计师协会在会员手册中指出：

内部控制是指企业管理当局所制定的一系列组织、计划和调节控制的制度，以便尽可能确保经营活动有秩序和有效地运行，实现保护企业财产、提高会计信息可靠性和及时提供正确的财务报表的目标。

在内部审计领域，内部控制系统也受到高度重视。被誉为“现代内部审计”之父的劳伦斯·索耶指出[11]：

对内部审计师来说，控制既是一种机会，也是一种责任。

基础广泛的内部审计将内部审计师推到一个陌生的领域。在他们必须进行宏观评价的领域里，如广告、农业、关税、工程、外贸、退休金、质量保证、安全、运输、福利，以及其他大量公共的和私人的事务中，他们不可能都成为专家。

但是，胜任的内部审计师有一个“芝麻开门”的秘诀，这一秘诀给了他们在所有这些事务中作出有效贡献的机会。运用这一秘诀，他们能打开通常只有技术专家才能进入的大门，运用这一秘诀，他们能帮助解决这些大门背后的许多问题。这一“芝麻开门”的钥匙便是控制。

进入 20 世纪 70 年代以后，内部控制的重要性得到了进一步提高。其主要表现在：

一是 1972 年的 SAP No.54《审计人员对于内部控制的调查与评价》。

二是 1977 年《国外行贿法案》(*The Foreign Corrupt Practices Act*，FCPA）的颁布，促使企业和审计人员大大提高了对内部会计控制的兴趣。该法案要求，公开上市的公司均必须建立足以达到控制目标的内部会计控制。

三是美国注册会计师协会内部会计控制特别顾问委员会于 1979 年发表了一份报告，其中明确区别了管理当局和外部审计人员对内部控制的责任。它通过强调内部会计控制环境的重要性，阐述审计人员长期使用的有关内部控制的概念，为内部控制的发展作出了特别重要的贡献。

四是 1980 年的 SAS No.30《内部会计控制的报告》。

五是证券交易委员会于 1979 年明文规定所有公司出版的年度报告应该说明管理当局是否达到了《国外行贿法案》所规定的内部会计控制的目标。

六是美国注册会计师协会审计标准委员会于 1980 年 7 月出版了审计标准说明第 30 辑，名为《内部会计控制报告》(*Reporting on Internal Accounting Control*）。

七是 1982 年的 SAS No.43。

国外行贿法案（The Foreign Corrupt Practices Act）的缩写

四、小　结

通过考察内部控制的发展历程（见表 4.3.1），我们可以看出：

表 4.3.1　内部控制发展简表

时期	审计目标	审计范围	内控的重要性
古代—1500 年	揭发舞弊	详细检查	没有被认识
1500—1850 年	揭发舞弊	详细检查	没有被认识
1850—1905 年	揭发舞弊 揭发事故性差错	部分测试 主要详查	没有被认识
1905—1933 年	决定财务报表的公允性 揭发舞弊和差错	详细检查与审计测试	有些被认识
1933—1940 年	决定财务报表的公允性 揭发舞弊和差错	测试	感兴趣
1940—1960 年	决定财务报表的公允性	审计测试	高度重视

资料来源：转引自 R. Gene Brown：Changing Audit Objectives and Techniques，Accounting Review 37（October，1962），p.696.

（1）内部控制不是一国的专利品，而是古今中外审计工作和管理工作的经验结晶。在不同的时代、不同的国度，都存在某些内部控制的因素。现代内部控制几乎集各种文化所创造的控制思想之大成。

（2）现代内部控制的发展源于两方面的动力：一是外部审计的飞速发展；二是企业内部管理的压力。

在企业规模愈来愈大，经济业务愈来愈复杂的情况下，对企业所有的经济业务进行详细审计，无论从时间方面还是从费用方面考虑均不可能，也无此必要。要在合理的期间内有效地完成审计任务，就必须依赖内部控制，对内部控制进行适当的研究和评价，用以确定审计范围，制定审计程序。

内部控制系统是现代化大生产发展的产物，具体讲，是应现代管理科学之需迅速发展起来的。20 世纪 40 年代以后，由于企业之间竞争日益加剧，企业兴衰存亡难以把握，各企业为了提高自己的竞争实力和生存能力，在内部制定了一系列协调和监督机制。这些内部控制系统已成为企业在激烈市场竞争环境下赖以生存和发展的有效管理工具。甚至有人提出："我们相信，内部控制先于审计和会计职业的其他因素。内部控制作为一种常识出现，是利润动机的自然产物。第一位倡导者一旦发明获取利润的方法，就会建立控制和保护利润的制度。"[12]

（3）内部控制与会计原则和审计标准一样，是现代审计的三大支柱之一，是现代审计出现的重要标志。许多学者将内部控制系统在审计工作中的运用视为近代审计和现代审计的分水岭。目前，在审计界已经普遍接受了这样一种观念：进行审计工作，必须实施测试，而能够实施测试的基本条件，就是被审计单位确立了适当的内部控制系统。

（4）内部控制与现代审计的结合，是 20 世纪审计方法和技术的突出进步。从 20 世纪 40 年代开始，审计工作明显转向依赖和利用企业的内部控制系统，从而大大地减少了审查经济业务和会计记录的数量。一般而言，企业的内部控制系统愈健全，会计记录就愈准确，所以，依赖和利用内部控制系统的程度就愈高，这样，就可以缩少审计范围，节省审计工作的人力、物力和财力。

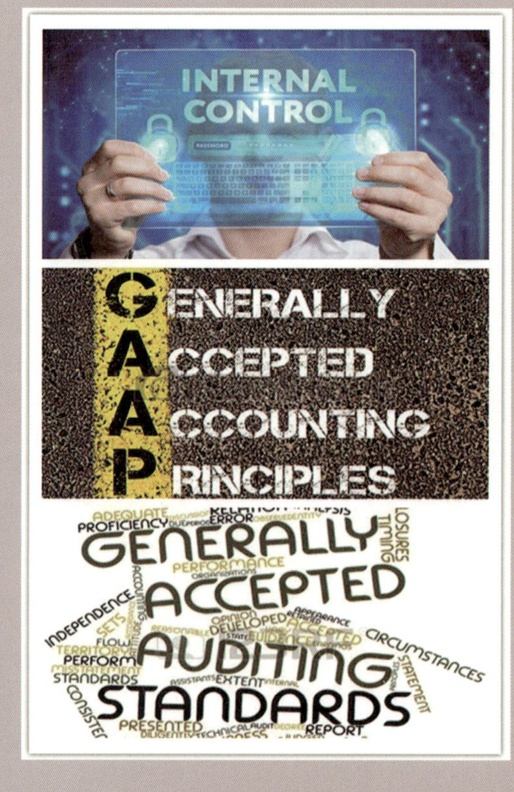

内部控制、会计原则和审计标准，是现代审计的三大支柱

注释：

① T.A.Lee：The Historical Development of Internal Control from the Earliest Times to the End of the Seventeenth Century，published in A Scottish Contribution to Accounting History，Garland Publishing，Inc. New York and London，1986，p.33.

② 迈克尔·查特菲尔德：《会计思想史》(A History of Accounting Thought)，文硕、董晓柏等译，中国商业出版社，1989 年版，第 8 页。

③ Lawrence B.Sawyer：Sawyer's Iternal Auditing，The Institute of Internal Auditors，1988，p.86.

④ Robert H.Montgomery，Auditing，Theory and Practice，Ronald Press Co.，1912，pp.83-85.p.82.

⑤ 转引自 R.Gene Brown：Changing Audit Objectives and Techniques，Accounting Review 37（October 1962），p.700.

⑥ Anonymous：Test Methods in Auditing，Accountants Digest，1（March，1936）p.240.

⑦ Victor H.Stempf：Influence of Internal Control Upon Audit Procedure，Journal of Accountancy，62（September，1936）p.170.

⑧ 孙耀君：《西方管理思想史》，山西人民出版社，1987 年版，第 165 页。

⑨ Johnson Heywood：Are Auditors Hard of Hearing，Nations Business，January，1940.

⑩ R.K.Mautz and James Winjum：Criteria for Management Control Systems，Financial Executive Research Foundation，1981，pp.6-8.

⑪ Lawrence B.Sawyer：Sawyer's Internal Auditing，The Institute of Internal Auditors，1988，pp.83-84.

⑫ Willie Hackett and Sybil C.Mobley：An Auditing Perspective of the Historical Development of Internal Control. Auditing Symposium III，edited by Howard F.Stettler，University of Kansas，1976，p.1.

第四章 民间审计报告的发展

审计报告是审计人员对被审计单位财务报表发表意见的工具，也是审计人员正式认可发表审计意见责任的手段。编写审计报告的目的，在于就被审计单位的财务报表是否公允地反映了财务状况和经营成果，表明专业意见，同时，正式认可对自己发表审计意见的责任，从而限定审计人员的责任。所以，审计报告不仅对利益集团，而且对审计人员自身的利益，均是非常重要的。

从历史上看，世界审计报告的发展大致可以分成四个阶段：第一阶段为非标准审计报告的发展阶段；第二阶段为标准审计报告的探索阶段；第三阶段为标准审计报告的确立阶段；第四阶段为标准审计报告的发展阶段。

一、非标准审计报告的发展阶段

研究审计人员审计报告的发展，必须首先研究 19 世纪英国审计师的审计报告。因为这一时期英国民间审计实务界采用的审计报告，成为世界各国，尤其是美国的范例。现在流行的审计报告，就是从早期英国审计人员开发的审计报告发展而来的。

英国的审计程序和审计报告主要取决于法律的要求。这些程序和报告于 19 世纪后半期被应英国投资者之邀来到美国进行审计工作的英国审计人员介绍到了美国。正如乔治・科切拉纳（George Cochrane）在 1950 年 11 期《会计师》(*Accountant*）杂志上所指出的那样："实际上，直到第一次世界大战结束以后，美国仍然没有法院判决涉及审计人员的义务和责任问题。而英国则不同，他们的法庭判决对美国会计师的思想和程序产生了很大的影响。" ①

在 19 世纪，英国公司法最早要求审计人员对资产负债表的准确性作出审计报告，但是，没有统一规定审计报告的标准用语和格式。许多审计报告没有标明日期；只有很小一部分审计报告写明了收件人。而且，审计报告通常没有标题。通过什么方式将审计意见传达给股东，全由审计人员自己决定。当时，也没有什么职业机构出面在报告标准化方面进行组织工作。

True and Fair View

True means an accounts must be prepared in accordance with fact and reality.

Fair means accounts must not be bias, it should be just and equitable.

Accounts will not be true and fair unless the quality and quantity of information is sufficient to satisfy reasonable expectations of the readers to whom they are addressed (stakeholders,banker and etc) .

审计人员在审查保险公司会计账簿和报表以后，经常使用“全面而公允”(full and fair)、“全面而真实”(full and true)、“正确而真实”(correct and true)、“真实而可靠”(true and faithful) 和 “公允而正确”(fair and correct) 等词组。个别审计人员在审计报告中使用了“前面的资产负债表……与公司账簿相一致”词句[②]。

早期美国审计的范围包括对资产负债表的全面检查，与英国一样，不存在标准的审计报告格式，每个审计人员或企业都采用自己认为合适的审计报告。直到 1930 年，审计报告中经常采用诸如“表明了真实且正确的观点”“准确地记录了状况”和“真实地反映了财务状况”等短语。在各民间审计公司中也没有一个统一的格式。有的审计人员甚至通过在财务报表的底部标明“以上是正确的”来表明审计意见。

西尔斯 • 罗巴克公司 1907 年信笺抬头图案

西尔斯 • 罗巴克公司 (Sears Roebuck and Company) 1907 年的财务报表附有一份没有标明收件人的审计报告。该审计报告的格式如下[③]：

我们来到伊利诺伊芝加哥并对公司 1907 年 6 月 30 日的会计账簿进行了审查。我们认为，资产负债表与会计账簿一样正确地反映了公司的状况。

德洛伊特 • 普伦德 • 格里菲斯公司的审计人员

纽约市华尔街 49 号，1907 年 9 月 7 日

二、标准审计报告的探索阶段

20 世纪初美国股票拥有权的广泛分散，导致许多人要接受会计师的审计报告。在这

些人看来，审计报告就是一份保证书。

在财务报表标准化的尝试中，美国会计师协会（美国注册会计师协会的前身）带了一个好头。该协会根据联邦贸易委员会（the Federal Trade Commission）的要求，编制了一份名为《资产负债表审计备忘录》(*A Memorandum on Balance Sheet Audits*）的小册子。联邦贸易委员会对其中体现的思想表示赞同，并将它转交联邦准备局（the Federal Reserve Board)。准备局以“统一会计”(*Uniform Accounting*：*A Tentative Proposal Submitted by the Reserve Board*）为题，在联邦准备公告 1917 年 4 月号上将它正式公诸于众。第二年，又改题目为“编制资产负债表的公认方法”(*Approved Methods for the Preparation of the Balance Sheet Statements*）广泛散发，促进了资产负债表编制方法和资产负债表审计的标准化。在 1917 年的小册子里，不仅建议将检查工作标准化，而且建议将审计报告标准化，所以，它提出了短文式审计报告的格式。

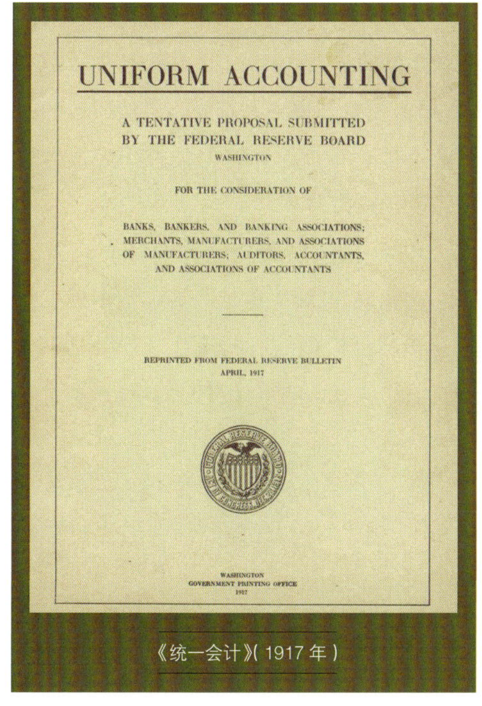

《统一会计》(1917 年)

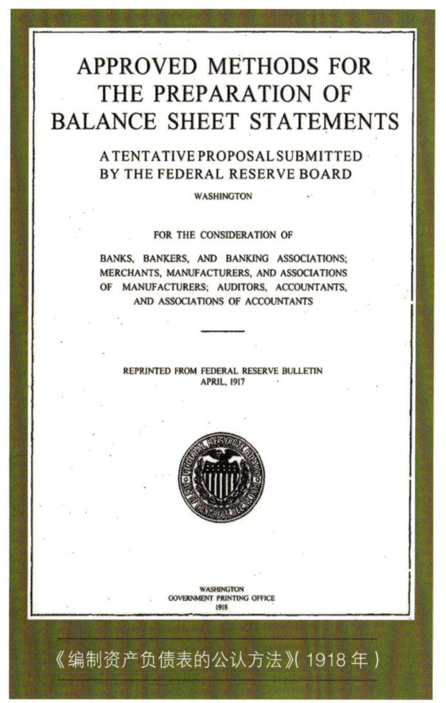

《编制资产负债表的公认方法》(1918 年)

该审计报告的格式如下④：

我对 ABC 公司 1917 年 1 月 1 日至 1917 年 12 月 31 日会计期间的账簿进行了审查（audited the accounts）。我经过证明（certify），认为上述资产负债表和损益表是根据联邦准备委员会建议和劝告的方针编制的，它们反映了该公司1917年12月31日的财务状况和该期间的经营成果。

一般认为，这份审计证明书（certificate），即审计报告，显然深受英国的影响，是英国式审计报告的变形或翻版。其中，使用了“证明”（certifiy）一词，而且，使用了“根据联邦准备委员会建议和劝告的方针编制的”这样的句子，因为在没有公认会计原则和审计标准的年代里，联邦准备委员会建议和劝告的方针就是财务报表的编制准则，因而也是审计人员发表意见的判断标准和审计行为的指南。

第一次世界大战以后的一段时间里，随着美国经济的发展，投机和通货膨胀导致会计报告和审计报告的实践活动误入歧途。不幸的是，会计师在审计报告方面无任何良策。直到20世纪20年代，会计师才开始在审计报告中使用“鉴于”（subject to，ST）一语，发表保留意见书。

后来，美国会计师协会将“编制资产负债表的认可方法”与审计实务经验进行对照，发现仍然存在不明确之处。于是，经联邦准备委员会同意，于1929年5月改名为《财务报表的验证》（*Verification of Financial Statements*）再版发行。该书重点介绍了信用目的的资产负债表审计，并将损益表作为报告程序作了详细论述。

《财务报表的验证》（1929年）

Verification of Financial Statements

Revised May, 1929

Revised by edition of Jan 1936

1929年，《财务报表的验证》正式发行。它建议，“如果审计人员确信审计工作是适当的且根据一般的指针进行”，那么，就应该作成以下的审计报告[⑤]：

我们对ABC公司1929年1月1日至同年12月31日会计期间的账簿进行了检查（examined the accounts）。

我们经过证明，认为附上的资产负债表和损益表反映了该公司1929年12月31日的财务状况和经营成果。

可见，这份审计报告将“我们已审计（audited）了会计账册”改为“我们检查（examined）了会计账簿”。其中没有包括

Ultramares Corp. vs Touche, Niven & Co. (1931)
厄尔特拉马里斯公司对塔奇•尼文公司（1931年）
Ultramares,a finance company is 3nd Party
厄尔特拉马里斯公司（Ult）是一家属于第三方的财务公司
Ult.relied upon Fred Sterns(audited F.S.)
Ult.信赖已经被审计过的弗雷德•斯特恩公司（F.S.）
Ult.Said that F.S.were false and TN was negligent
Ult说F.S.造假、TN不作为
Auditor's client, Fred Stein borrowed money from Ult
作为审计师的客户，F.S.从Ult借过款
TN did know this TN当时不知道这件事
F.S.declared Bankruptcy 斯特恩宣布破产
Thus TN not negligent 所以，TN没有不作为

厄尔特拉马里斯事件前因后果

标题和收件人，但初步对审计范围和审计意见进行了划分。当然，审计范围和意见的内容还非常简单。

而且，这份审计报告还省略了“根据联邦准备委员会建议和劝告的方针编制的”这样的句子，因为在当时的审计工作中，已不再采用联邦准备委员会的建议与劝告。

许多大型民间审计事务所采用了这种新的审计证明书。新的审计报告强调报告工作的公允性（fairness），不再提及会计记录的检查和财务报表的“正确性”（correctness）。

厄尔特拉马里斯事件（The Ultramares Case）也导致了对审计报告的修正。在该事件发生之前，审计人员对第三者不负任何责任。在不成文法规中，只有委托人才能对有过失行为的职业会计师提出诉讼。因为审计人员与企业外部者没有契约关系，只要不进行舞弊，就对第三者不负责任。1924 年，塔奇・尼文公司（Touch，Niven & Company）审查橡胶进口商弗雷德・斯特恩（Fred Stern）公司以后，公布了无保留审计证明书，而没有发现管理者为了夸大应收账款篡改了账簿记录这一事实。审计人员明知他们会用它来获取信用，仍然给该公司提供了 32 张已审核过的资产负债表的副本。代理商厄尔特拉马里斯公司根据这些资产负债表向弗雷德・斯特恩公司进行了贷款。1925 年，弗雷德・斯特恩公司宣告倒闭，厄尔特拉马里斯认为如果审计人员仔细地实施了审计，就可以判断弗雷德・斯特恩公司在资产负债表编制日无偿债能力，所以，它控告审计人员，要求赔偿弗雷德・斯特恩公司的负债金额。法院根据当事人关系的原则，认为审计人员不构成欺诈罪，而只有过失罪。但同时也指出，塔奇・尼文公司没有明确揭示他们的检查范围，尤其没有将审计范围与审计意见划分开来。民间审计界马上作出反响，对短文式审计报

告的形式作出了改进。

改正后的短文式审计报告格式如下[⑥]：

我们对 ABC 公司 1931 年 12 月 31 日为止会计年度的账户进行了检查。我们认为，附上的资产负债表和损益表反映了该公司 1931 年 12 月 31 日的财务状况和同一天为止会计年度的经营成果。

在这份审计报告中，删除了“证明”（certify）用语，以表明审计报告不是一种保证，不能证明财务报表的正确性，而只是审计人员表明财务报表是否适当的手段。正如美国会计师协会所强调的那样，审计报告是一种意见，而不是一种保证，是对委托人行为的意见，而不是对审计师的意见；对会计账簿进行检查，不是为了验证什么，而仅仅是为了将利害关系集团的注意力引向公司业务内容。

三、标准审计报告的确立阶段

纽约证券交易所所徽

1929 年经济危机以后，各方面对报告制度提出了尖锐的批评，并要求通过立法的形式，强制公司接受注册会计师的审计。1933 年 1 月 6 日，纽约证券交易所要求所有申请上市的公司（铁道公司除外）必须提交经独立的注册会计师审查的财务报表，而且，每年应报送同样的经审核的财务报表。自 1930 年起，纽约证券交易所和美国会计师协会之间为了改善报告标准进行了长达 3 年之久的协商。

1933 年 1 月 31 日，纽约证券交易所理事长要求所有上市的公司应根据 1932 年度的审计报告，提供以下信息[⑦]：

（1）审计范围是否以《财务报表的验证》为依据？

（2）所有的分公司是否接受了审计人员的审查？否则，是否披露了没有接受审计的分公司的重要信息？

（3）按审计人员的意见，是否提供了有效审计所必要的全部信息？

（4）按审计人员的意见，资产负债表和损益表是否公允地反映了财务状况与经营成果？

（5）按审计人员的意见，财务报表是否持续地根据公司采用的会计制度加以编制？

（6）按审计人员的意见，公司采用的会计制度是否遵守认可的会计惯例？是否遵守五项会计原则？

纽约证券交易所股票上市委员会要求 AIA 特别委员会做到，审计人员的意见必须明确地回答上述（4）（5）（6）三个问题，并按该方向提出审计报告的模式。

当时，由乔治·O·梅（George O.May）领导的会计师协会与证券交易所合作的特别委员会（Institute's Special Committee on Cooperation with Stock Exchanges）建议，不再制订所有公司均应依据的统一的会计程序，而是由公司自行选择会计方法，但是，这种选择必须在认可的会计原则框架内进行。1933 年 10 月，纽约证券交易所同意了这项建议。

同年 12 月 21 日，AIA 特别委员会考虑到以下几点：

（1）审计报告可以回答纽约证券交易所提出的（4）（5）（6）三个问题；

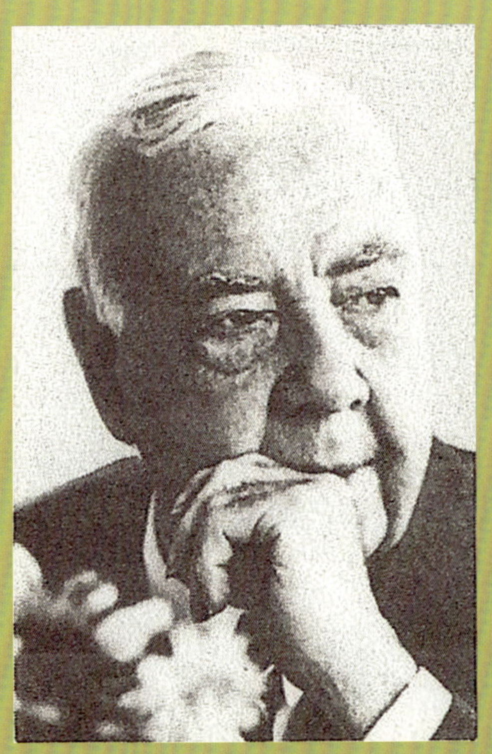

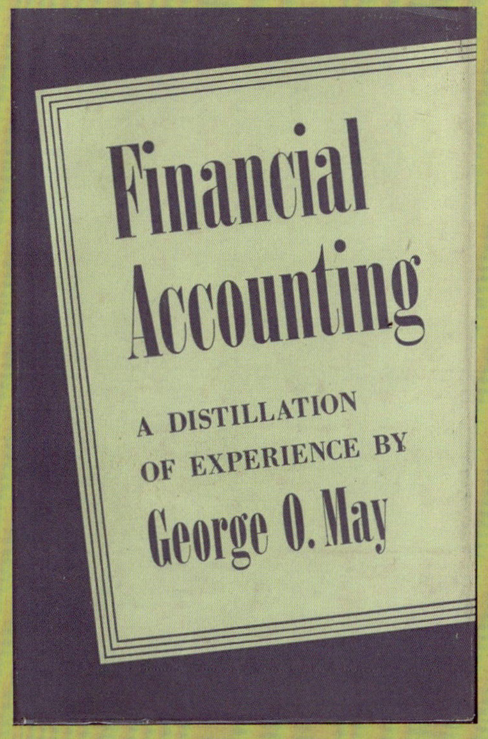

乔治·O. 梅与他的经典名作《财务会计》

（2）可以以会计原则作为判断财务报表公允性的标准；

（3）审计报告是审计人员对财务报表表明的意见；

（4）注册会计师签字的文书并不是审计证明书而只是报告书；

（5）应使用“我们（我）的意见”字眼。

于是，重新对审计报告作了修正。修正后的审计报告采纳了美国会计师协会的绝大部分建议。

标准审计报告的格式如下[⑧]：

我们对 ABC 公司 1933 年 12 月 31 日的资产负债表和 1933 年度的损益盈余表进行了检查。与此相关，我们对公司的会计记录和其他证据进行了检查或测试，并从该公司的职员和雇员处获得资料和说明。我们还对会计方法和本年度的营业账户和损益账户进行了全面的检查。但是，我们没有对经济业务进行详细审计。

我们根据检查结果认为，附上的资产负债表和损益盈余表在本年度一直依据认可的会计原则，公允地反映了该公司 1933 年 12 月 31 日的财务状况和经营成果。

同时，AIA 建议：“在会计准则或适用会计准则的上一年度出现重要的变更时，应在审计报告中提出变更的性质。”

这是第一份标准的审计报告，也是现代审计报告的原型。它由两个区段组成：第一区段为审计范围，第二区段为审计人员的意见。在意见区段，不再使用“证明”（certify）、“正确”（correct）用语，而开始使用“公允地反映”

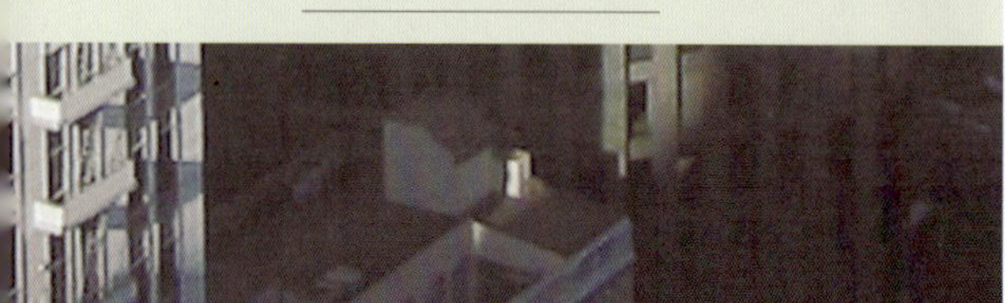

麦克森集团现在的国际总部

（fairly present）用语。AIA 在 1934 年 1 月出版发行的《公司账目审计》中向会员推荐使用这种审计报告。这种审计报告一直沿用到 1938 年。

1938 年 12 月，麦克森·罗宾斯（Mckesson and Robbins）公司倒闭。证券交易委员会对这一事件进行了调查，并于 1940 年 12 月发表了调查报告。该报告一方面建议应扩展审计程序，采用应收账款询证、存货盘存技术，另一方面建议修改审计报告，明确说明审计范围，如果遗漏公认程序，应作为除外事项加以标明。但是，在该报告发表以前，美国会计师协会也采取了行动。1939 年 1 月 30 日，该协会设立了审计程序特别委员会（Special Committee on Auditing Procedures）。该委员会于 1939 年 10 月发表了名为《审计程序的扩展》（*Expansionof Auditing Procedures*）的审计程序说明第 1 辑。该报告书建议，存货实地检查、应收账款的询证应是通常的审计程序；如果在审计过程中，省略了这些审计技术，那么，就应在审计报告中作为除外事项加以反映。委员会还建议变更标准审计报告，强调报告的连续性，应根据检查内部控制组织的结果进行审计检查。协会成员在 1939 年年会上批准了该报告书。

《审计程序的扩展》介绍的审计报告如下所示：

我们对 ABC 公司 1939 年 4 月 30 日的资产负债表和到该日为止会计年度的损益盈余表进行了审查，并检查了该公司的内部控制组织和会计程序，没有对各项经济业务实施详细审计，但通过必要的方法在必要的范围内对该公司的会计记录和有关证据进行了检查和测试。

我们认为，附上的资产负债表和有关的损益盈余表是根据以前年度一直适用的公认会计原则编制的，并且公允地反映了 ABC 公司 1939 年 4 月 30 日的财务状况和同一会计年度的经营成果。

在这份审计报告中，通过增加“检查内部控制组织和会计程序”和“通过必要的方法在必要的范围内对该公司的会计记录和有关证据进行了检查和测试”，明确了审计人员采用审计程序的责任；删除了“从该公司的职员和雇员处获得资料和说明”；将“公允反映”（fairly present）改为“公允反映”（present fairly），去掉了“根据审计结果”（based upon such examination）一语，并且，第一次提到“公认会计原则”从而明确了会计原则的性质。正如拉尔夫·约翰斯（Ralph S.Johns）所说⑨：

从某种意义上说，审计程序说明第 1 辑建议的短式会计师报告或意见也许可认为是实务性的，是我们现在使用的标准短式会计师报告的开端。这是因为，各会计师事务所

《审计程序的扩展》："公认会计原则"首次推出

UNITED STATES
SECURITIES AND EXCHANGE COMMISSION
WASHINGTON 25, D. C.

ACCOUNTING SERIES RELEASES

(RELEASES 1 TO 77, INCLUSIVE)
Amended to March 10, 1956

UNITED STATES
GOVERNMENT PRINTING OFFICE
WASHINGTON : 1956

证券交易委员会：会计系列公告

在各自的民间审计实务中运用1939年的报告语言所作的努力比以往任何时候都大。

根据对麦克森·罗宾斯公司舞弊事件和其他情况的调查结果，证券交易委员会得出审计范围部分内容不够充实的结论，故于1941年出版了会计系列公告第21辑（*Accounting Series Release No.21*），对财务报表规则S—X第2条第2项《审计证明书》（*Accountants' Certificate*）和第3条第7项《会计原则和会计惯例的变更》作了修正。其中规定[10]：

（1）为了让用户能够准确地理解，应在审计报告中明确审计范围，同时，如果对财务报表的重要项目实施了省略正常的、公认的审计程序，应记载这种审计手续和省略的原因；

Statements on Auditing Procedure

No. 5

February 1941

*

Issued by the Committee on Auditing Procedure, American Institute of Accountants, 13 East 41st Street, New York, N. Y.

Copyright 1941 by American Institute of Accountants

The Revised S.E.C. Rule on "Accountants' Certificates"

THE REVISED rule of the Securities and Exchange Commission regarding accountants' certificates known as rule 2–02 was issued on February 5, 1941, and is effective March 1, 1941.

The rule in draft form was the subject of consideration and discussions with the Commission for several months, and during this period there have been a number of meetings, considerable correspondence, and two formal hearings before the Commission. Since the release of February 5, 1941, letters have been exchanged between the committee and the Commission as follows:

SECURITIES AND EXCHANGE COMMISSION
WASHINGTON, D. C.

GENTLEMEN:

This committee has given consideration to the Commission's release of February 5, 1941, covering the revised rule regarding accountants' certificates contained in amendment No. 3 to Regulation S-X. In view of the fact that the amendment becomes effective on March 1, 1941, and in conformity with the purpose of the American Institute of Accountants to coöperate to the fullest possible extent with the Commission, this committee deems it desirable that a suggested new form of certificate for use in connection with financial statements filed with the Commission should be put forward promptly which will be acceptable to the Commission.

The committee believes that the new requirements in the normal case can be met by the insertion of an additional sentence immediately following the present statement regarding the extent of the audit, and that the language of this sentence should follow as closely as possible that of the release. In substance, the statement of the auditors which we ask the Commission to approve would be: "In our opinion our examination was made in accordance with generally accepted auditing standards applicable in the circumstances and it included all procedures which we considered necessary."

The amendment apparently contemplates that any such statement should be made as a statement of fact. However, the release clearly

37

Statements on Auditing Procedure

No. 6

March 1941

*

Issued by the Committee on Auditing Procedure, American Institute of Accountants, 13 East 41st Street, New York, N. Y.

Copyright 1941 by American Institute of Accountants

The Revised S.E.C. Rule on "Accountants' Certificates"

(Continued)

THE COMMITTEE on auditing procedure recently issued a statement (Bulletin No. 5) in which it incorporated a modified short form of accountant's report or opinion which it understood would be acceptable to the Securities and Exchange Commission in the normal case for use in connection with financial statements filed with the Commission.

The committee also called attention to other changes in the Commission's revised rule on "accountants' certificates" which in special cases would have an effect upon the accountant's report. These are now dealt with in greater detail and, for convenience, the revised rule and the accompanying release of the Commission are appended herewith.

Under subsection (b) (i) "if with respect to significant items in the financial statements any auditing procedures generally recognized as normal have been omitted, a specific designation of such procedures and of the reasons for their omission" is required. The bulletin, "Extensions of Auditing Procedure," issued by the American Institute of Accountants under date of October 18, 1939, stated that, if in the judgment of the auditor it was not practicable and reasonable in the circumstances of a given engagement to undertake the extended auditing procedures regarding inventory quantities and/or confirmation of receivables and he had satisfied himself by other methods regarding those assets, no useful purpose would be served by requiring an explanation in the auditor's report. However, under the Commission's rule a specific designation of the procedures omitted is required and also of the reasons for their omission. According to the Commission's release accompanying the rule "the designation of procedures omitted would be confined to primary auditing requirements which have been recognized as normal auditing procedures as, for example, the circularization of receivables, and would not extend to detailed or mechanical steps." This may be regarded as defining the word "procedures" as used in the rule.

Subsection (b) (ii) of the rule deals with conformity with "generally accepted auditing standards" and the release states that "in referring

45

AIA：审计程序说明（SAP）第5辑和第6辑

（2）应在审计证明书中记载是否在当时的情况下根据适当的公认审计标准进行了审计工作；

（3）应在审计证明书中记载是否在特定的情况下省略了审计人员认为必要的审计程序。

为此，AIA 于 1941 年 2 月和 3 月分别颁发了审计程序说明（SAP）第 5 辑和第 6 辑，二者的标题都是《证券交易委员会关于会计师证明书的修正规则》（*The Revised SEC Rule on Accountants Certificates*）。通过与证券交易委员会进行协商，美国会计师协会对短式审计报告的范围区段增加了下列文字（重点部分）：

我们对 ABC 公司 1941 年 2 月 28 日的资产负债表和到该日为止会计年度的损益盈余表进行了审查，并检查了该公司的内部控制组织和会计程序，没有对各项经济业务实施详细审计，但通过必要的方法在必要的范围内对该公司的会计记录和有关证据进行了检查和测试。**检查是根据当时可以适用的公认审计标准实施的，包括办理了在当时认为必要的审计程序。**

我们认为，附上的资产负债表和有关的损益盈余表是根据以前年度一直适用的公认会计原则编制的，并且公允地反映了ABC公司1941年2月28日的财务状况和同一会计年度的经营成果。

Statements on Auditing Procedure

★

Issued by the Committee on Auditing Procedure, American Institute of Accountants, 13 East 41st Street, New York 17, N. Y.

Copyright 1948 by American Institute of Accountants

No. 24

October 1948

Revision in Short-Form Accountant's Report or Certificate

1. The special report of the committee on auditing procedure on "Auditing Standards—Their Generally Accepted Significance and Scope" was issued in October, 1947. The summarized statement of auditing standards appearing on page 11 of the special report was approved in a resolution adopted by the council of the American Institute of Accountants in May, 1948. In accordance with that resolution, the summary of auditing standards was submitted for approval to the members attending the annual meeting of the Institute in September, 1948, and was approved. The resolution adopted by the members present is appended to this statement.

2. The foregoing actions give an official status to the meaning of the term "generally accepted auditing standards" which has been used for several years in the accountant's short-form report or certificate. It is the view of the committee on auditing procedure that the clarification thus accomplished makes it possible to simplify and improve the first paragraph of the short-form of accountant's report or certificate.

3. The committee believes that the first paragraph of the short-form report or certificate should be amended in the following respects:

(a) Exclude reference to the examination of the system of internal control.

(b) Exclude reference to the omission of a detailed audit of the transactions.

(c) Correct the inconsistent expression relating to auditing standards applicable in the circumstances.

163

审计程序说明第24辑

当然，那时候，并不存在所谓的“公认审计标准”，所以，SEC要求AIA尽快制订审计标准。

1947年，审计程序委员会发表了名为《审计标准草案——其公认意义和范围》(*Tentative Statement of Auditing Standards—Their Generally Accepted Significance and Scope*）的报告书。该报告书在会计师协会1948年年会上通过。1948年10月，又发表了审计程序说明第24辑，名为《会计师短式报告或证明书的修改》(*Revision in Short-form Accountant's Report or Certificate*)。这一辑对审计报告的审计范围进行了修改，比如，删除了“没有对经济业务进行详细审计”一语，因为审计工作已以测试为前提，没有必要再对经济业务进行详细审计；删除了“检查内部控制组织和会计程序”，因为审计标准的实施标准第2条要求对内部控制进行调查和评价，所以，只要财务报表审计是根据审计标准进行的，就必然要调查内部控制组织和会计程序；同时，删除了“当时可以适用的公认审计标准”的不当表达，因为“当时可以适用的”应是审计程序，而审计标准则是必须普遍采用的。

修改后的审计报告的格式如下所示⑪：

我们对ABC公司1948年12月31日的资产负债表和本会计年度的损益盈余表进行了检查。我们的检查是根据公认审计标准进行的，所以，包括在当时认为必要的情况下，对会计记录进行的测试，并办理了其他的审计程序。

我们认为，附上的资产负债表和损益盈余表是根据从上一年度起一直适用的公认会计原则编制的，公允地反映了ABC公司1948年12月31日的财务状况和同年度的经营成果。

基本上可以说，这份审计报告是现在仍然有效的标准短式报告。后来，只在个别地方作了修正。1963 年，以“留存盈余”（retained earnings）取代了“盈余”（surplus）。1971 年，在范围区段和意见区段增加了“财务状况变动表”。

四、标准审计报告的发展阶段

在审计报告的发展过程中，不仅报告用语、内容和格式日益标准化、规范化，报告种类也逐步多样化，从而保证审计人员在各种情况下能将自己的审计意见准确地、简明扼要地传达给利害关系集团。根据审计标准说明第 2 辑和其他有关资料，审计报告可分为短式审计报告（short-form report）和长式审计报告（long-form report）两种，其中短式审计报告又称为审计师意见书（auditor's opinions），根据不同的审计结论，可以进一步分成无保留意见书（unqualified opinions）、保留意见（qualified opinions）、否定意见（sdverse opinions）和放弃意见（fisclaimer of opinions）4 种。目前，美国审计标准的格式和种类在世界许多国家广泛推行与应用。

20 世纪 70 年代以来，有关方面对标准审计报告提出了批评，认为标准审计报告已无法充分地叙述审计人员的职能。

审计人员责任委员会报告指出，目前的标准报告：

（1）在审计职能范围与管理部门责任和审计人员责任的界限方面，造成了混乱；

（2）不能确切说明它的信息而依靠使用者的推断；

（3）包含了审计职业之外的人不能理解的含糊的技术性名词；

（4）没有适应审计和财务报告环境的发展，不足以表达目前存在或将来发展的审计人员作用和责任。

审计标准委员会对审计人员责任委员会提出的批评作出了反应，在修改标准审计报告计划上花了大约 3 年时间。最后得出结论，认为现行的报告格式尽如人意地服务于职业界和用户，无须耗费太多的精力给予进一步考虑。

1980 年 9 月，美国注册会计师协会的审计标准审议会（ASB）发表了名为《审计师标准报告》（*The Auditor's Standard Report*）的审计报告修正草案。该草案建议对审计报告的用语作多处修改，主要包括：

（1）在审计报告的标题中增加“独立”（independent）一词；

（2）在审计报告中表明被审的财务报表是管理当局的陈述；

（3）在审计报告中增加“审计为财务报表中没有重要的虚假记载，提供合理的保证”；

（4）用“审计”（we have audited）取代“检查”（we have examined）；

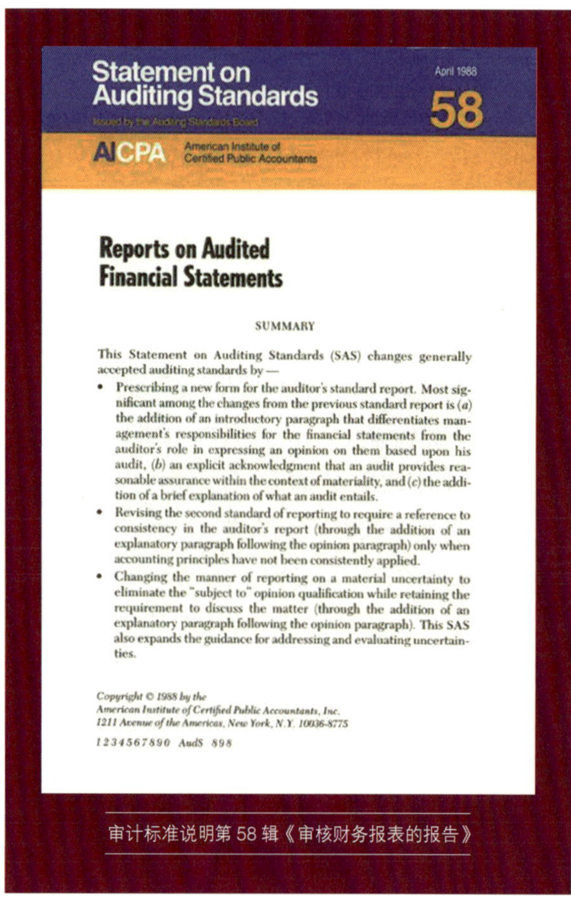

Statement on Auditing Standards

Issued by the Auditing Standards Board

April 1988

58

AICPA American Institute of Certified Public Accountants

Reports on Audited Financial Statements

SUMMARY

This Statement on Auditing Standards (SAS) changes generally accepted auditing standards by —

- Prescribing a new form for the auditor's standard report. Most significant among the changes from the previous standard report is (*a*) the addition of an introductory paragraph that differentiates management's responsibilities for the financial statements from the auditor's role in expressing an opinion on them based upon his audit, (*b*) an explicit acknowledgment that an audit provides reasonable assurance within the context of materiality, and (*c*) the addition of a brief explanation of what an audit entails.
- Revising the second standard of reporting to require a reference to consistency in the auditor's report (through the addition of an explanatory paragraph following the opinion paragraph) only when accounting principles have not been consistently applied.
- Changing the manner of reporting on a material uncertainty to eliminate the "subject to" opinion qualification while retaining the requirement to discuss the matter (through the addition of an explanatory paragraph following the opinion paragraph). This SAS also expands the guidance for addressing and evaluating uncertainties.

Copyright © 1988 by the American Institute of Certified Public Accountants, Inc. 1211 Avenue of the Americas, New York, N.Y. 10036-8775

1 2 3 4 5 6 7 8 9 0 AudS 8 9 8

审计标准说明第 58 辑《审核财务报表的报告》

（5）在审计报告的范围区段说明测试和其他程序的性质、实施期间、范围和评价有关程序的结果；

（6）从审计师的意见中删去“公允”（fairly）一词；

（7）删除对“一惯性”（applied on a consistent basis）的说明。

对审计报告进行这样的修订，并不是要改变审计目的和审计人员的责任，而是要通过明确审计报告中的不明确概念，进一步明确审计的性质和审计人员的责任。

1983 年，国际会计师联合会（IFAC）属下的国际审计实务委员会（IAPC）向民间审计行业公布了“国际审计准则第 13 辑——《关于会计报表的审计报告》，其中详细列举了审计报告的构成要素：①标题；②收件人；③审核会计报表的确认；④审计依据；⑤关于会计报表意见的表述或拒绝表示意见；⑥审计人员的签名；⑦审计人员的地址；⑧审计报表日期。由于 IAPC 的权威性，该标准规范了世界范围内各国审计报告的格式和内容，从而促进了标准审计报告的发展。

1988 年 4 月，美国审计标准委员会公布了审计标准说明第 58 辑《审核财务报表的报告》（*Reports on Audited Financial Statement*），对审计报告的种类作了重大修正，并提出了一份标准的“独立审计人员的报告书”。

现将这份审计报告列示如下⑫：

独立审计人员的审计报告

我们对 ABC 公司 19×3 年和 19×2 年 12 月 31 日的资产负债表，以及到 19×3 年 12 月 31 日为止的前 3 年的损益表、利润盈余表与现金流量表进行了审计。这些财务报表的责任在公司的管理当局。我们的责任是根据审计结果对上述财务报表表示意见。

我们是根据公认审计标准进行审查的。这些标准要求我们有计划地实施审计工作，以合理地确保财务报表中不存在重要的虚假记载。审计包括通过测试有关财务报表金额和披露证据来进行的验证程序，评价管理当局采用的会计原则和所作的重大估计，并评估财务报表的整体表达。我们相信这项审计为本所的审计意见提供了合理的基础。

依我们的意见，上述财务报表在所有重要的方面均根据公认会计原则加以编制，适当地反映了 ABC 公司 19×3 年和 19×2 年 12 月 31 日的财务状况，以及到 19×3 年 12 月 31 日为止前 3 年的经营成果与现金流量情形。

这份新的审计报告主要由 4 部分组成：在前言区段，明确了公司管理当局和审计人员的责任关系；在范围区段，指出了财务报表审计的性质；在意见区段，表明审计人员的审计结论与审计意见；对于重要会计原则的变更、重要的未确定事项或对被审查公司持续经营能力心存重大怀疑时，应在意见区段之后设立解释区段，由此唤起财务报表利用者的注意。

1988 年最引人注目的一项修正，就是废除审计标准说明第 2 辑对“鉴于”(subject to，ST) 保留意见（即 ST 保留意见）的规定，并以附有解释区段的无保留意见取而代之。

五、小　结

自 1948 年以来，标准审计报告的格式一直没有改变，因为它接受了时间的考验，不仅能为有专业知识的读者所理解，而且，在涉及审计人员的诉讼中也未引起法庭的误解。人们一再对审计报告试图进行修改，但进展甚微。

通过以上论述，我们可以发现：

(1) 审计报告的发展走过的是一条由复杂到简单的路，是一个由多样化转向规范化的过程。20 世纪的审计报告不像 19 世纪的那样丰富多彩，反而变得有点单调古板。这显然是由于自 20 世纪初以来，为了避免不同的审计人员使用不同的审计报告形式而引起混乱或误解而对审计报告进行标准化和制度化的缘故。

(2) 审计报告并不证明财务报表的正确性，而只是对财务报表的适当性表明意见的手段。这一意见现在已为许多国家所接受。

(3) 审计报告的目的经历了从“证明”(certify) 到“公允表达”(presentfairly) 的过程。这是因为：

第一，财务报表不只是包括事实，而且还包括对各种会计原则和程序的判断，所以，其真实性是相对的；

第二，现代财务报表审计旨在保护投资家，所以，投资家所期待的审计报告并不是

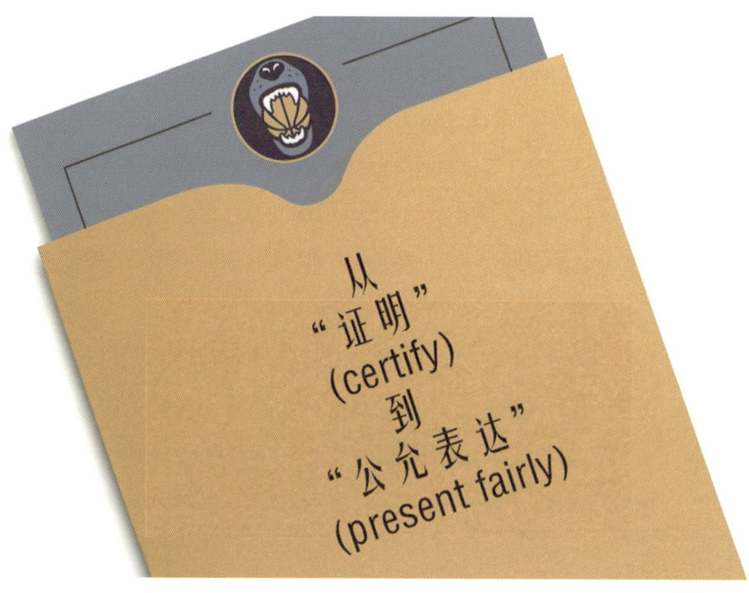

要证明不存在舞弊和差错，而是表明一个对投资家决策有用的专业意见；

第三，随着企业规模的扩大和经济业务的复杂化，审计人员通常对整个财务报表发表综合意见，而且，审计的实施取决于内部控制的可靠性，无论是测试范围还是测试程度，均根据审计人员的判断作出，这样，审计人员的审计结果相对讲带有个人色彩。在这种情况下，审计人员应尽量避免使用“证明”一词，以限定自己的责任。因为，“证明”一词容易给人以与某项规则完全相符的印象。

目前，许多人建议在审计报告意见区段中删除“公允地”一词，因为它太具主观性，不同的审计报告用户对此有不同的解释。但是，大多数人认为，没有“公允”一词，审计报告就是绝对地说明财务报表“按照公认会计原则，反映了 ×× 公司的财务状况……”，所以，“公允”一词是必需的，它体现了重要性概念。

注释：

① Tonya K. Flesher and Dale L.Flesher：Development of the Auditor's standard report in U.S.Journal of Accountancy，December 1980，p.63.

② Peter Boys and Brian Rutherford：The Most Universal Quality：Some Nienteenth Century Audit Reports，p.13.

③ Tonya K.Flesher and Dale L.Flesher：The Development of the Auditor's Report in the United States，Working Paper Series of The Academy of Accounting Historians，Volume III，pp.59-60.

④ Micheal Chatfield：A History of Accounting Thought，revisededition，Robert E.Kreeger Publishing Company，1977，p.129.

⑤ G.Cochrane，The Auditor's Report，Its Evolution in the U.S.A. Accountant 123 (november 4，1950)，p.450.

⑥ G.Cochrane，The Auditor's Report，Its Evolution in the U.S.A. Accountant 123 (november 4，1950)，p.451.

⑦ AIA，Audits of Corporate Accounts，January 1934，pp.21-24.

⑧ G.Cochrane，The Auditor's Report，Its Evolution in the U.S.A. Accountant 123 (November 4，1950)，p.453.

⑨ Tonya K.Flesher and Dale L.Flesher：The development of the auditor's standard report in the U.S.Journal of Accountancy，December 1980，p.64.

⑩ SEC，ASR No.21，February 5，1941.

⑪ AIA，Statement on Auditing Procedures No.24.

⑫ SAS No.58，AU Section 508.

第五章 审计标准的发展

约翰·凯利

所有专业团体均受着为其实务工作者所公认的标准的指导。审计职业亦不例外。一部审计史表明，审计人员如果不能以一个令人信赖的形象出现，社会一般大众就不会相信他们所进行的工作。审计标准就是对审计机构和审计人员自身素质和工作质量提出的要求，是指导审计行为的一般原则或规范，旨在确保审计工作的社会可靠性。

这种经验不是从一开始就形成的，而是从审计工作实践中逐步得出的。

美国民间审计的领袖人物约翰·凯利（John Carey，1904—1987 年）在比较分析会计原则和审计标准发展时指出[①]：

与会计原则方面的声明是在混乱中发展起来的不同，对独立审计权威性标准的公告则是一个稳健而有序的过程。

审计标准不仅是审计理论中的重要课题，也是审计实务的组成部分。它可用于多种目的：

（1）为判断已实施的审计工作是否符合特定的标准提供评价依据；

（2）为审计人员提供指南，使他们能够根据特定的标准开展审计工作；

（3）向被审计单位和其他被审计资料的使用者表明审计监督工作的特点。

国家审计机构和内部审计职业在制定审计标准时，在很大程度上参考了民间审计标准。事实上，民间审计标准的内容构成了国家审计标准和内部审计标准的主要框架。

如果用两条粗线勾画世界审计标准发展的大趋势，可以得出下述结论：

一是审计标准从美国私营部门向美国公营部门和内部审计部门传播；

二是审计标准从美国向世界各国传播。

一、审计标准产生的背景

1913 年，修正后的美国宪法授权联邦政府对企业和个人征收所得税，不仅使企业会计工作的地位进一步提高，而且对审计工作的要求也日趋迫切。由于各公司在解决会计上不断出现的问题时，均自行制定会计方法和程序，导致管理当局可以随意根据自己的需要，对会计账目加以篡改，旨在虚张公司实力。所以，联邦准备局要求申请商业票据贴现的工商企业，应向加盟银行报送经审核的财务报表。一批投资银行家也发出呼吁，要求企业向公众披露的报表应按政府标准接受审查。

在会计职业内部，对缺少一套统一的和公认的标准可资遵循的现状，也忧心忡忡。就会计工作而言，公司自行选择会计方法，各行其是，公司与公司之间不仅缺乏可比性，而且没有规范化。就民间审计而言，审计人员没有任何可以作为工作指南的标准可循，而是在各种情况下根据对具体事实的判断各行其是。

于是，几乎是在探求公认会计原则的同时，民间审计职业将审计标准的开发提到日程上来了。

1917 年，应联邦贸易委员会的要求，美国会计师协会制定了第一个关于审计范围的权威性公告。联邦贸易委员会和联邦准备局同意以后，题为《统一会计》(*Uniform Accounts*)的公告在联邦准备局公告上正式发表。1918 年，改名为《编制资产负债表的公认方法》(*Approved Methods for the Preparation of Balance Sheet Statements*)。这本小册子旨在促进资产负债表编制方法和资产负债表审计的标准化。1929 年，《财务报表的验证》(*Verification of Financial Statements*)出版。该文件不仅确立了资产负债表审计的程序，而且非常重视审计标准。1934 年对该文件进行了修正，出版了修订版《公司账目审计》(*Audits of Corporate Accounts*)。两年后，注册会计师协会与纽约

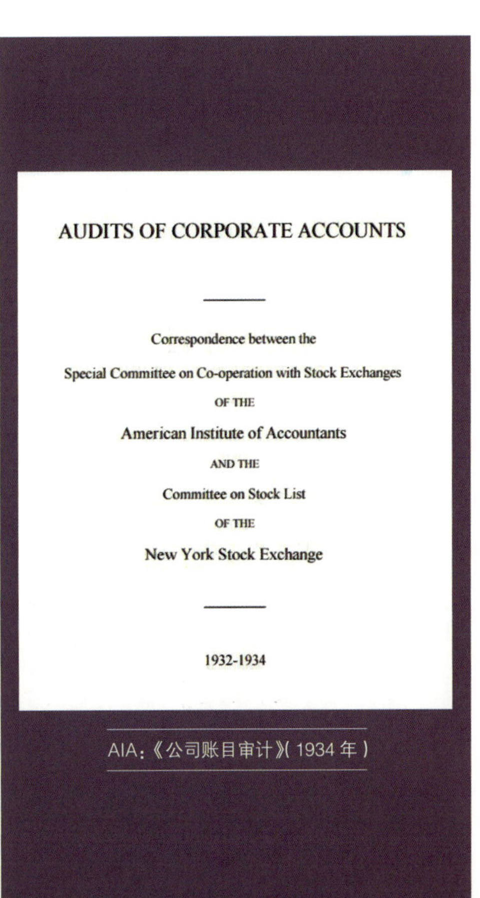

AIA:《公司账目审计》(1934 年)

证券交易所合作，共同致力于完善报告标准，并对《公司账目审计》进行修订，于1936年公布了《独立注册会计师对财务报表的检查》(*Examination of Financial Statements by Independent Public Accountants*)。使用“检查”而不是“验证”，这表明当时审计理论与实务已经发生了根本变化。1936年，人们普遍认为，用“检查”描述独立审计人员的职能要比“验证”更为准确。后者意味着对全部数据进行详细审核。但是，该意见书在两个重要的审计程序问题上采取了模棱两可的态度：一是存货观察；二是应收账款的询证。对于这两个审计程序的审计责任，多年来，一直未取得一致意见。一部分注册会计师认为，对应收账款余额应对有关债务人采取直接询证的办法；另外一部分注册会计师认为，如果内部控制健全的话，此举实无必要。同样，许多审计人员主张，应对存货数量进行证明和测试。但是，按英国和美国的传统惯例，只对经管理者签名的存货盘点进行审查，其论据是，注册会计师不是熟练的鉴证人，故不应承担审查存货盘点的责任。其结果是，1936年的意见书建议：不要求对存货进行实地检查；不要求通过信函，对应收账款直接进行询证。3年以后发生的麦克森•罗宾斯公司破产案件表明，这两个没有被要求实施的审计程序为该公司进行欺诈行为提供了掩盖手段。

综上所述，1917—1936年这20年间，美国会计师协会在探索注册会计师的审计范围方面取得了较大的进展。关于这一点，我们只需从1917年、1918年、1929年、1934年和1936年分别发布的5个小册子的名称演变就可略见一斑。1917年期望一统天下的“统一会计”后来被证明统而不死，于是由1918年的资产负债表审计取而代之；1929年，又打破资产负债表唯我独尊的局面，除资产负债表外，期间盈利受到重视，这样，损益表被摆到了平等的地位，于是有“财务报表的验证”的出现；1934年，范围更广的“公司账目审计”又取代了“财务报表的验证”；到1936年，民间审计职业认识到“验证”一词容易引起审计报告使用者的误解，促使AIA与纽约证券交易所合作，再次颁布了《独立注册会计师对财务报表的检查》。

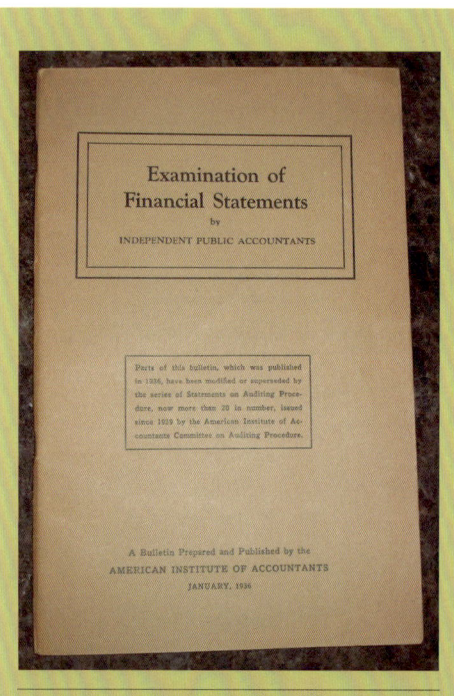

AIA:《独立注册会计师对财务报表的检查》(1936年)

可以说，1917—1936年这20年，AIA在审计范围和审计程序的探索方面收获匪浅，但就审计准则而言，这一时期未就审计准则的某一方面作深入的探讨，更未形成完整的审计准则体系。

二、麦克森·罗宾斯公司倒闭事件及其“余震”

1938 年，正当财务报表审计继续深化之时，美国爆发了审计史上最大的案件——麦克森·罗宾斯（Mckesson & Robbins）公司倒闭事件。

1938 年年初，债权人米利安·汤普森·罗宾斯药材公司进行经济往来的过程中，发现该公司在两方面令人费解：第一，尽管该公司的制药原料部门是最具盈利性的经营部门，公司管理者却对它们直接重新投资，该部门甚至没有现金积累；第二，以前的公司董事会决定减少存货金额，并要求现任经理菲利普·科斯特也这样做，然而到 1938 年年末，公司存货反而增加 100 万美元。满怀疑虑的汤普森立即表示，倘若公司管理者不提出表明制药原料存货实际存在的证据，就拒绝承认 300 万美元的债券。于是，证券交易委员会开始立案调查。

证券交易委员会的检查官发现，麦克森·罗宾斯公司的有价证券在纽约交易所公开上市，并根据 1934 年的证券交易法在证券交易所注册登记，而且，该公司及其相关公司

著名检察官亨利·昂特维斯（Henry Unterweiser）一次在阅读《每日新闻》时，惊讶地发现：有诈骗犯前科的弗兰卡·多纳尔德·科斯特（Frank Donald Coster，1890—1938 年）就是后来爬上药品批发商麦克森·罗宾斯公司高位的菲利普·姆斯卡（Philip Musica）

十余年来的财务报表是由一流的普赖斯·沃特豪斯会计师事务所执行审计的，并一直对公司的财务状况和经营成果发表了“正确、适当”的审计意见；而实际上，在1937年12月31日的合并资产负债表的总资产8 700万美元之中，有1 907.5万美元是虚构资产（其中存货1 000万美元，销售收入900万美元，银行存款7.5万美元）；在1937年度合并损益表上虚假的销售收入和毛利分别达到1 820万美元和180万美元。

检查官还发现，菲利普·斯姆卡是一位使用化名爬上公司领导岗位的有犯罪前科的诈骗犯，与他同谋的三位兄弟也使用化名，并在公司窃居重要地位。正是他们合伙舞弊，利用公司内部控制的薄弱，从公司贪污了巨款，使股东和债权人蒙受损失。

这一破产案件的披露，给社会和民间审计职业带来了很大的震动，并给当时和后来的审计留下了一个值得探讨的重要课题。这一课题的内涵是如此丰富，意义是如此深远，以致多少年来，无论是民间审计、内部审计或国家审计，都对它投入了大批的力量、倾注了大量的心血。该课题就是如何使审计人员具备起码的专业素质，并在实施工作中有明确的指南可资遵循，以便向用户保证审计工作的质量；如何保护审计人员免遭玩忽职守的控告。于是，审计标准的制订成为民间审计职业界的迫切任务。

著名史学家迈克尔·查特菲尔德（Michael Chatfield）在论及审计标准的发展时指出[②]：

麦克森·罗宾斯公司的倒闭事件将审计人员的作用及其证明职能的范围告诉了审计报告的读者，从而促进了审计标准的发展。

弗兰卡·多纳尔德·科斯特确实就是菲利普·姆斯卡，是同一个人

在调查麦克森·罗宾斯公司倒闭案件的听证会上，12 位专家提供了证词。人们普遍认为，这一事件暴露了审计程序和内部控制方面存在着严重问题。证券交易委员会为吸取教训，颁布了新的报告，对审计程序加以修改。现将新增加的内容列示如下：

（1）对应收账款进行询证（confirmation）：普赖斯·沃特豪斯会计师事务所就应收账款制定的审计计划是以公认审计程序为依据的，但是，没有办理询证程序。如果应收账款的总额在企业流动资产或总资产中占据重要位置，那么，就有必要实施询证手续。

（2）对存货进行实地检查（observation）：普赖斯·沃特豪斯会计师事务所只对结账进行了审计，而对存货盘点没有进行实地检查。

（3）对内部控制系统进行详细的评价。

（4）强调审计人员对公共持股人的责任，加强对管理部门的检查。

（5）发表审计意见。

民间审计界对证券交易委员会的行动作出了积极的反应。美国会计师协会执行委员会授权任命一个小型委员会负责“根据当前公众的讨论，检查审计程序和有关问题”。1939 年 1 月 30 日，审计程序特别委员会（the Committee on Auditing Procedure，CAuP）正式建立，并于同年 5 月 9 日提出了名为《审计程序的扩展》（*Extension of Auditing Procedures*）的文件，对审计程序作了四方面的改善：

（1）存货检查：通过实地盘存，确认存货数量，这成为通常的审计手续；

（2）应收账款的检查：应采用积极询证法或消极询证法，通过信函，对债务者直接询证；

（3）选举独立的注册会计师：审计人员应由董事会，或在股东大会上投票选举产生；

（4）审计报告：审计报告应分为范围区段和意见区段两部分，并明确内部控制系统的完备运用状况。

三、审计标准的新起点

麦克森·罗宾斯事件以后，美国证券交易委员会认识到审计程序和内部控制存在严重缺陷，通过它们无法发现管理当局合谋舞弊行为，所以，试图修订有关审计的各项规则，强化监督权。

1941 年 2 月，证券交易委员会发表了会计系列公告第 21 辑，以作为调查麦克森·罗宾斯公司的最终结果，并对财务报表规则 S—X 第 2 条第 2 项（*Regulation S—X，Rule 2–02*）《审计证明书》（*Accountants' Certificates*）和第 3 条第 7 项《会计原则和会计惯例的变更》（*Changes in Accounting Principles and Practices*）作了重要修正。

SEC 在修订后的财务报表规则 S—X 第 2 条第 2 项的条文中，美国证券交易委员会首次提出了“公认审计标准”的概念

ARTICLE 2. CERTIFICATION

Rule 2-01. Qualifications of Accountants.

(*a*) The Commission will not recognize any person as a certified public accountant who is not duly registered and in good standing as such under the laws of the place of his residence or principal office. The Commission will not recognize any person as a public accountant who is not in good standing and entitled to practice as such under the laws of the place of his residence or principal office.

(*b*) The Commission will not recognize any certified public accountant or public accountant as independent who is not in fact independent. An accountant will not be considered independent with respect to any person in whom he has any substantial interest, direct or indirect, or with whom he is, or was during the period of report, connected as a promoter, underwriter, voting trustee, director, officer, or employee.

Rule 2-02. Accountants' Certificates.[1]

(*a*) **Technical Requirements.**—The accountant's certificate shall be dated, shall be signed manually, and shall identify without detailed enumeration the financial statements covered by the certificate.

(*b*) **Representations as to the Audit.**—The accountant's certificate (*i*) shall contain a reasonably comprehensive statement as to the scope of the audit made including, if with respect to significant items in the financial statements any auditing procedures generally recognized as normal have been omitted, a specific designation of such procedures and of the reasons for their omission; (*ii*) shall state whether the audit was made in accordance with generally accepted auditing standards applicable in the circumstances; and (*iii*) shall state whether the audit made omitted any procedure deemed necessary by the accountant under the circumstances of the particular case.

In determining the scope of the audit necessary, appropriate consideration shall be given to the adequacy of the system of internal check and control. Due weight may be given to an internal system of audit regularly maintained by means of auditors employed on the registrant's own staff. The accountant shall review the accounting procedures followed by the person or persons whose statements are

[1] Rule 2-02 as amended becomes effective March 1, 1941.

3

财务报表规则 S—X 是 1940 年 2 月 21 日发表的《统一会计要求》(*Uniform set of Accounting Requirement*)中的一部分，它详细规定了同年 5 月 31 日以后应向 SEC 报送的财务报表及其附属明细表的格式和内容，较为集中地反映了美国证券交易委员会对会计工作的指示。

SEC 在修订后的财务报表规则 S—X 第 2 条第 2 项的条文中规定：在审计报告的范围区段，应记载“审计是否是根据在当时的情况下适用的公认审计标准进行的”。这样，美国证券交易委员会第一次向民间审计界提出了“公认审计标准”的概念。

SEC 在修订上述条款时解释说[③]：

本委员会认为，应由经过充分训练且具有职业能力的专家运用公认审计标准和公认正规的审计程序。

SEC 在解释“公认正规的审计程序”时指出：[④]

本委员会认为，公认正规的审计程序指的是熟练的会计师通常采用的审计程序和处理该问题的由权威团体（如各种会计团体和有管辖权的政府机关）规定的审计程序。

显而易见，SEC 并没有明确地解释公认审计标准的定义。所以，民间审计界形成两大阵营，围绕着“何为审计标准”和“为什么需要审计标准”两大本质性问题，掀起了审计史上著名的“审计标准大讨论”。

美国会计师协会和独立会计师对公认审计程序的意见都是一致的。会计师协会通过

审计程序委员会，发表了一系列的“审计程序说明”（*Statement on Auditing Procedure*，SAP），就一些特殊的审计问题，表明协会的看法。但是，有关方面对审计职业是否需要审计标准却没有取得一致的意见。人们认为，美国证券交易委员会对审计标准的见解过于抽象。一部分人认为，会计职业是一个自由的职业，会计是一门艺术，注册会计师在审计过程中，需要根据具体情况，运用其专门能力去判断和决策，所以，建立审计标准是弊多利少，因为它会干扰审计人员的自由判断，妨碍民间审计制度的健全发展。

塞缪尔·J·布罗德

相反，以美国注册会计师协会审计程序委员会主任塞缪尔·J·布罗德（Samuel J. Broad）为首的审计标准赞成派认为，审计准则的制定是社会经济和审计发展的必然结果，其理由有四：

第一，财务报表审计制度是应各项联邦证券法的要求实施的。正如资本市场对整个资本主义市场经济的发展是不可或缺的一样，经注册会计师审核的财务报表对维持资本市场的正常秩序同样是不可或缺的。

第二，注册会计师审计制度要为整个社会所信赖，就必须建立公认审计标准，旨在提高财务报表审计的质量。

第三，通过制定审计准则，可以向与审计有关的人士明确审计人员的责任范围。

第四，更重要的是，如果审计界自己反对设立审计标准，那么，政府部门（如美国证券交易委员会）就会介入，从而使职业审计人员丧失对未来公认审计标准开发的发言权。

最后，审计标准赞成派占上风。不过，对如何拟订审计标准又存在两种意见：一派认为，应制定“菜谱式”标准，使审计人员在任何复杂的情况下均有准则可资遵循；一派认为，民间审计组织应制定一个固定格式的审计标准，使审计人员可以通过一个固定模式对审计实务的重要方面作出自己的职业判断。由于第二次世界大战的影响，建立审计标准的计划一直没有付诸实施。

大战的硝烟刚刚熄灭，审计标准课题再次成为美国证券交易委员会和民间审计界的目标。

负责研究审计标准具体内容的是会计师协会审计程序委员会。该委员会认为，应从相互毫无关系的审计程序中提炼出共同的因素来形成审计标准。也就是说，在各种各样的审计程序中存在着的普遍原则就应该是审计标准。同时，委员会认为，还应该从美国

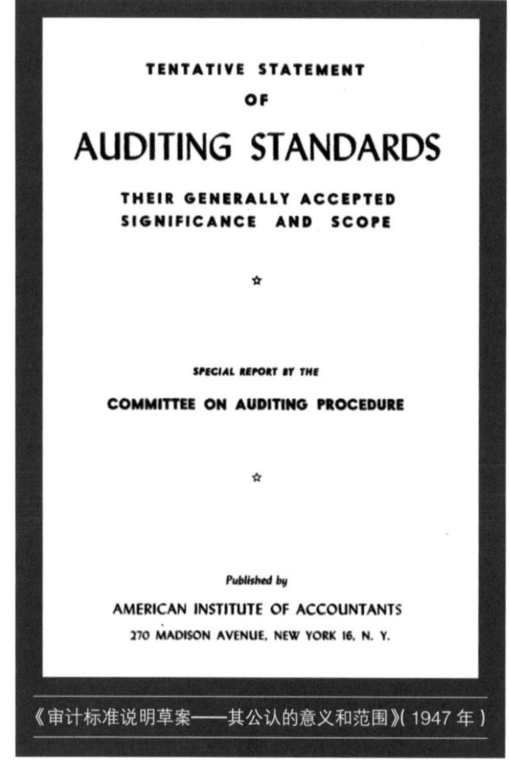

《审计标准说明草案——其公认的意义和范围》(1947年)

证券交易委员会的见解中寻求解释审计标准本质的线索。

美国证券交易委员会从审计人员的专门资格和审计程序两方面对如何制定审计标准提出了著名的双重概念(dual—nature concept)。委员会认为，一方面，审计标准指的是应由经过训练且具备职业能力的人来办理审计程序。另一方面，审计标准是支配通过办理审计程序收集的审计证据性质和范围的根本原则。

根据SEC的这一思想，审计程序委员会于1947年10月，发表了题为《审计标准说明草案——其公认的意义和范围》(*Tentative Statement of Auditing Standards—Their Generally Accepted Significance and Scope*)的专题报告。它在序言中将审计程序作为“应执行的审计行为”，并指出，审计标准就是测量这些应执行的审计行为的质量的尺度，就是在进行审计程序时应达到的目标。该报告为制定审计实施计划、评价内部控制系统，以及审计人员在表明意见以前对审计证据进行批判性评价，提供了指南。该草案在1948年9月召开的会计师协会年会上正式通过。

审计程序委员会在确认审计程序和审计标准存在本质不同的基础上，将审计标准分为审计人员标准和审计行为与报告标准两部分，并且提出了9项公认审计标准(常缩写为GAAS)。1954年，对该报告进行了部分修订，发表了《公认审计标准——其意义和范围》(*Generally Accepted Auditing Standards*, *Their Significance and Scope*)。最重要的修订是增设了第10条审计标准。

现简要介绍10项审计标准如下⑤。

1. 一般标准

(1)训练与能力。“审计工作应由受过充分技术训练且具备、精通业务能力的一位审计人员或数名审计人员去完成。”

(2)独立性。“在有关审计任务的全部事务中，审计人员应该在精神状态上保持独立。”

(3)应有的关注。“在实施审计和编制报告时，应尽到应有的职业关注。”

2. 实施标准

（1）充分的计划和监督。“审计工作应有充分的计划，如果有助手参加，则需要对他们进行适当的监督。”

（2）对内部控制的评价。“应对现行的内部控制进行适当的研究和评价，并在此基础上，决定对内部控制的依赖程度，确定受审计程序限定的测试程度。”

（3）收集合格的证据。“审计人员应通过检查、观察、询问和函询的方法取得充分有效的证据资料，以便作为审查财务报表时发表合理意见的根据。”

3. 报告标准

（1）遵守公认会计原则。“审计报告应指出财务报表的表述是否符合公认会计原则。”

（2）一致性的运用。“审计报告应指出本期所采用的会计原则是否与上期相一致。”

（3）适当披露。“财务报表所反映的信息，应充分且合理，除非在报告中另有说明。”

（4）意见的表述。“审计报告应包含一项对整个财务报表表明的意见，或者断定无法对之表明意见。无法表明总体意见时，应说明其原因。凡是审计人员在财务报表上签证后，审计报告中应明确指出审计人员检查工作的性质和审计人员承担责任的程度。”

A·C·利特尔顿教授在论述这些审计标准时指出[⑥]：

这些审计标准旨在敦促职业会计师保持真正的职业服务，而且，这些标准为公众提供了衡量职业会计师素质的尺度。只要对这些职业标准有所了解，即便是外行人、客户或第三者，也可以理解为什么注册会计师的审计报告（或审计证明）表达了一种合理与确定的意见，一种权威和专业意见，也是一种独立和负责的意见。

可以毫不过分地说，《审计标准说明草案》的颁布在民间审计发展史上具有划时代的意义。因为该说明草案确立了作为审计主体（审计人员）的各项审计标准。当时，作为审计客体的内部控制和会计原则已经确立，故审计标准的制定名副其实地确立了现代审计的基础。

对十项公认审计标准的解释和引申权属于美国会计师协会的一个高级技术委员会。在1939—1972年期间，该委

GENERALLY ACCEPTED
AUDITING
STANDARDS
THEIR SIGNIFICANCE AND SCOPE

Special report by the
COMMITTEE ON AUDITING PROCEDURE 1954

AMERICAN
INSTITUTE
OF CPAs

《公认审计标准——其意义和范围》（1954年）

AMERICAN INSTITUTE OF CERTIFIED PUBLIC ACCOUNTANTS

AICPA PROFESSIONAL STANDARDS

VOLUME 1

AUDITING

MANAGEMENT ADVISORY SERVICES

TAX PRACTICE

AS OF JULY 1, 1976

AICPA:《审计标准说明》(1976年)

员会名为审计程序委员会，共发表《审计程序说明》54辑。其中，1951年，将第1辑至第24辑编辑成册，出版了《审计程序说明汇编》(*Codification of Statements on Auditing Procedures*)；1963年，将已经发表的审计程序委员会的报告书整理成册，作为审计程序说明第33辑出版了《审计标准和审计程序》(*Auditing Standards and Procedures*)。1972年11月，审计程序委员会改称为审计标准执行委员会(*Auditing Standards Executive Committee*)，同时，对审计程序说明作了必要的修改，发表了《审计标准说明》(*Statement on Auditing Standards*，SAS）第1辑。1978年，审计标准委员会成立，取代了审计标准执行委员会的工作。《审计标准说明》旨在说明审计人员责任的性质和范围，为审计人员履行职责提供指南。1972—1984年，审计标准执行委员会和审计标准委员会共发表了49辑审计标准说明书。虽然从技术角度看，《审计标准说明》是10项公认审计标准的阐发和引申，但一般认为，它们与10项审计标准一起，被合称为公认审计标准（简称GAAS）。

从比较角度考察，可以发现，英美两国在开发审计标准的过程中呈现出各不相同的特点，综合起来，主要有以下两个方面：

（1）在英国，一系列公司法案（尤其是1844年、1855—1856年、1862年、1908年、1929年、1948年、1967年和1976年法案）对民间审计标准的发展起到了重要的立法作用；在美国，1933年的《证券法》和1934年的《证券交易法》发挥了相同的立法作用。

（2）1934年以后，英美两国之间存在的一个主要区别在于：美国的证券交易管理委员会成为发展审计标准的重要力量，而英国则没有这样的管理机构。

四、其他主要国家审计标准的发展

美国是审计标准的先行者。美国在审计标准建设方面进行的大量工作，为其他国家开发本国审计标准提供了非常丰富的经验。

1. 德国

在德国，审计标准指的是审计原则。它自成体系，独具一格。如果探讨德国审计原则发展的源流，它大致由两类组成：一类是“通常决算审计原则”的发展源流，它与审计实施和审计报告的编制有关，是从民间审计实务中逐渐产生的；第二类是“职务原则”的发展源流，它与审计人员的资格和审计行为的规则有关。

1933 年以来，经济审计师协会发表了“专业意见”和各种“意见表明”。将这些意见进一步统一，形成条文，便形成通常的决算审计原则。直到 1967 年，该协会的专业委员会公布了“审计实施原则”（相当于美国实施标准）。1970 年，又接着公布了“审计报告原则”（相当于美国报告标准）。这些原则是德国民间审计实务的指针[⑦]。

19 世纪末，各地的商业会议所负责制定宣誓账簿审计人员的选任和考试制度，试图通过制定各项职务原则，对审计人员进行严格的监督。根据 1931 年的州际协定，设立了会计审计师本部（Hauptstelle fur die offentlich bestellten Wirtschaftsprufer），专门负责执行经济审计师许可和考试制度。该本部于 1933 年公布了会计审计师规则。这是全国统一的会计审计师职业法。

第二次世界大战以后，原联邦德国经济获得很大的发展。为了提高审计人员的能力和资格，1961 年公布了《经济审计师法》（WPO），该法一公布，立刻解散会计审计师本部，废除会计审计师原则，改由根据经济审计师法新设立的会计审计师会（Wirtschaft prufer kammer）负责管理和监督民间审计职业。经济审计师法授权会计审计师会制定关于审计师职务执行的规则。于是，1964 年，会计审计师会公布了“审计业务规则”，试图提高审计职业的水平。该规则是审计人员应遵守的业务执行的标准，相当于美国人的标准。

2. 日本

日本的审计标准是以美国会计师协会审计程序委员会于 1947 年 10 月提出的审计标准为范式发展起来的，由一般标准、实施标准和报告标准三部分构成[⑧]。

1948 年 8 月开始，日本经济安定本部企业会计制度对策调查会任命第三部部长岩田严负责制定审计标准草案。其间，参考了美国于 1947 年 10 月公布的公认审计标准的体系。

太田哲山教授在《近代会计侧面志》一书中指出[⑨]：

岩田君以极为严谨的态度和近乎毕生的努力，涉猎了美国的文献，到 1950 年，制定并审议通过了审计标准草案。该草案并不太长，但是，其背后包含着无数的文献研究和深刻的思索。由于审计在日本国尚处于起步阶段，故委员们不像关心会计原则那样关心审计标准。审计标准的审议工作进展非常顺利。

日本审计标准在内容和形式上与美国的标准极为相似，都采用一般标准、实施标准

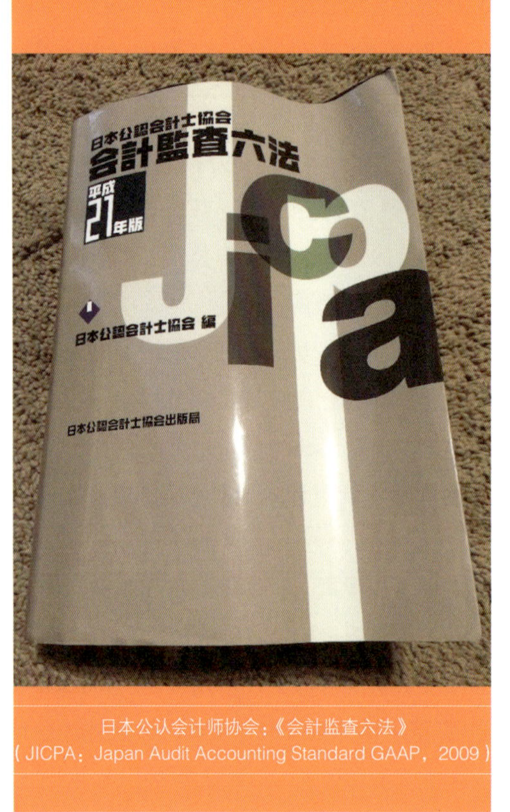

日本公认会计师协会：《会計監査六法》
（JICPA：Japan Audit Accounting Standard GAAP，2009）

和报告标准三部分。标准草案经审议后，经济安定本部企业会计审议会于1950年7月14日将审计标准和审计实施标准作为审议会的中间报告正式公布。

该中间报告名为《财务报表审计》。它提出了审计标准的两大原则[⑩]：

审计标准，是把审计业务中一般认为公正妥当的惯例加以归纳概括而形成的原则，这些原则虽然不具有法令的强制力，但职业审计人员在进行财务报表审计时，都必须经常予以遵守。

审计标准分为审计一般标准、审计实施标准和审计报告标准三种。审计一般标准是明确审计人员应具备的条件、审计人员在业务上应遵守的规范和审计人员任务界限的原则。审计实施标准是规定审计程序的选择和应用的原则。审计报告标准是规定审计报告应记载的必要事项的原则。

如果依据审计实施标准，那么，审计人员在制定审计计划的时候，对于如何选择审计程序、如何应用审计程序，只要不偏离标准框架，都可以根据当时的情况作出适当的决定。

著名审计前辈西野嘉一郎在回忆录式的专著《现代财务审计制度发展史》中，对这两条原则作了如下的评价[⑪]：

这两条原则即便在25年以后的今天，仍然是公认会计师审计的宪法。

3. 澳大利亚

澳大利亚审计标准的发展经过三个阶段[⑫]：

早期的审计标准是由澳大利亚特许会计师协会（ICAA）发展起来的，没有澳大利亚会计师公会（ASA）的协助和参与。

1942年5月，协会设立了一个研究协作委员会（Research Co-ordinationCommittee）。

该委员会建议，下一年度，将就审计标准和审计程序提出一系列的建议，作为下一届澳大利亚会计大会邀请协会编写的论文。F·E·特里格（F.E. Trigg）负责起草名为《暂行审计惯例》(*Contemporary Auditing Practice*) 的论文。特里格在实务领域工作多年，具有丰富的职业经验来合理地评价当时澳大利亚民间审计的现状。他认为，职业审计惯例的基本标准在澳大利亚没有被普遍理解，或者已经理解，但没有作为审计标准运用到审计工作中去，故他敦促民间审计各团体研究什么是最佳审计惯例。不久，协会要求特格里写出一个说明书。不幸的是，大多数会员对特格里提出的有益思想并不感兴趣。然而，特里格单枪匹马，继续追求建立澳大利亚审计标准。许多史学家认为，澳大利亚审计标准的发展最初主要归功于特里格一个人。

1948 年，在澳大利亚会计会议上，特里格宣读了他的论文。他的专著《职业审计惯例的基本的建议》(*Recommendations on General Principles of Professional Auditing Practice*) 虽然直到 1951 年才由特许会计师协会正式出版，但却是今天澳大利亚审计标准说明的鼻祖。他的审计标准思想和著作深受海外，尤其是英国的启示。他极力主张，在澳大利亚，只要根据不同条件作一些调整，英国模式包括公司法是最好的。这种追随英国模式倾向在澳大利亚比在其他地方有更厚实的基础。特里格参照英国模式也迎合了澳大利亚特许会计师协会会员的态度，因为该协会是在英格兰·威尔士特许会计师协会的大力协助下发展起来的，1928 年，协会成为大不列颠群岛以外地区第一个获取皇家特许的民间审计团体，直到现在，协会会员还为皇家特许而自豪。

1948 年，美国民间审计团体正式采用了财务审计的十大标准。在特里格的著作中没有任何美国标准的影子。由此可见，特里格并没有参照美国模式。

1954 年，澳大利亚特许会计师协会根据会员的建议和意见对特里格的报告进行了修改。两年后，撤销了负责开发审计标准的研究协作委员会，新建立了研究和服务基金会（Research and Service Foundation）。

1956 年，澳大利亚特许会计师协会（ICAA）组织结构的改变标志着第二阶段的开始，在这一阶段的大部分时期，由于协会注意力放在更紧迫的事情上，审计标准的发展处于停滞状态。

1964 年，协会总委员会收到整个未来会计职业委员会（The Committee on the Whole Future of the Accountancy Profession）送来的一份报告。该报告建议“成立两个委员会，一个负责会计原则工作，另一个负责审计惯例工作，两个委员会均有权以协会的名义发表声明”。总委员会否决了这个建议，而是决定成立一个身兼两任的委员会，名为会计原则和审计惯例委员会（Accounting Principles and Auditing Practice Committee，AP & AP Committee）。该委员会的重点放在会计原则研究上，而在审计标准方面的收效却甚小。

1954—1969 年之间审计标准之所以没有显著的进步，还有两大原因：一是民间审计职业仍然停留在主观的标准上，进行审计工作全凭主观判断；二是民间审计职业缺乏足够的财力开发审计标准。

最后一个阶段始于 1969 年澳大利亚特许会计师协会审计标准说明的出版，该审计标准说明明显地不同于以前的审计标准说明，它将澳大利亚民间审计的发展导向美国，并奠定了现行审计标准的基础。

在第十二届澳大利亚特许会计师研究协会的年会上，L・G・福克和 B・M・罗伯逊（L.G.Faulk and B.M.Robertson）在宣读的论文中极力主张引进美国公认审计标准。《澳大利亚特许会计师》杂志也发表了一系列论文，对美国注册会计师协会公布的审计标准进行了热烈的讨论。人们几乎一致认为，澳大利亚特许会计师协会应该提出作为审计行为指南的审计标准，并定期对这些标准进行修订。1970 年，澳大利亚特许会计师协会和澳大利亚会计师公会共同制定计划，试图通过澳大利亚会计研究基金会（AARF）开发审计标准。1971 年，正式任命肯勒（Kenley）为主任以后，澳大利亚会计研究基金会全力投入审计标准的研究工作⑬。

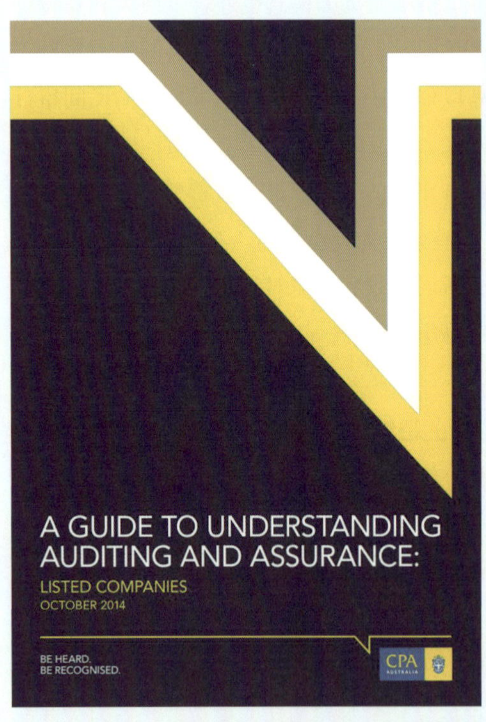

《审计与鉴证指南》（2014 年版）
（A Guide to Understanding Auditing and Assurance）
（2014 CPA Australia）

另一个促使民间审计职业界抓紧开发审计标准的原因，是 1970 年轰动一时的太平洋受贿案。该案使澳大利亚民间审计职业界从漠不关心审计标准的开发中惊醒。当然，并不是舆论的责难才会促使审计职业颁布审计标准，采取这个行动是因为民间审计职业明白了开发审计标准的重要性。

1974 年 11 月，澳大利亚审计界颁布了以美国审计标准说明为基础的审计标准修订报告，同时声称，这些标准并不违背审计职业界普遍接受的惯例。至此，澳大利亚审计界完成了从英国标准向美国标准的转变。

由上述内容可见，英国观念影响了澳大利亚审计标准的早期发展。从 20 世纪 60 年代末开始，澳大利亚逐渐将目光转向美国，而且，这种趋势还将继续下去。

五、国家审计标准的发展

如前所述，西方世界对审计标准这一术语的使用，可以追溯到美国证券交易委员会于 1941 年发表的“会计系列公告第 21 辑”，其中对财务报表规则 S—X 作了修正，建议将符合“公认审计标准”的语句写进审计师的审计报告中。这是西方世界第一次使用审计标准一词。从此，作为审计职业的重要支柱，审计标准不仅受到审计界自身的重视，而且为广大公众所注目。

在国家审计领域，各国国家审计机关的领导人也逐渐认识到制定统一的审计标准不仅有助于提高审计工作质量，而且可以改进各级政府部门的财务管理工作，于是也相继公布了各自的国家审计标准。著名学者韦斯伯瑞（Wesberry）指出[14]：

其他西方国家在很大程度上是以美国职业审计标准为监本，来设计它们自己的审计标准。

所有颁布政府审计标准的国家均参考了私营部门的公认审计标准，并将后者的内容加以扩展，以适应公营部门的需要。

美国会计总署（GAO）在制定国家审计标准方面迈出了艰难但却是重要的第一步。

从 20 世纪 60 年代中叶开始，政府计划项目的数量及其投资额有了大幅度的增长。它不仅促使政府各级部门采用新的和复杂的会计记录方法，而且迫切需要制定一套统一的、一致的审计标准指导审计人员对联邦和政府部门承担的经济责任进行审查。这种动议始于 1962 年。当时，国会通过调查和研究，发现会计总署的审计工作存在许多缺陷。

美国注册会计师协会公布了第一部全国性审计标准，但这些标准只适用于民间审计领域，而没有全部包括政府审计师的审计工作。会计总署看到了国家审计标准的必要性，而且也有制定标准的能力。从 1970 年开始，会计总署投入大批力量开发审计标准项目。初稿成形以后，立刻分发给注册会计师协会、审计和会计协会、联邦机构和部门，以及地方审计师征求意见，然后集中各方意见进行综合研究，充分吸收合理意见。

美国注册会计师协会在审议报告中指出：

本委员会成员同意会计总署在其标准中提出的指导思想和目标，并相信会计总署所作的关于审计的扩大范围的定义是对审计学科合乎逻辑的、有价值的继承和发展。

1972 年，会计总署以小册子的形式正式出版了《政府机构、计划项目、活动和职

美国会计总署与美国注册会计师协会合作开发审计标准

能的审计标准》(*Standards for Audit of Government Organization*, *Program*, *Activities & Function*)，简称“黄皮书”(The Yellow Book)，共发行125 000册。该审计标准适用于所有针对政府活动的审计，无论这种审计是由联邦、州或地方内部审计师实施的，还是由独立的注册会计师实施的。

该标准已经超越财务审计和合规性审计，而涉及经济性审计、效率性审计和计划项目效果审计。它由三部分组成：

(1)财务和合法性审计——确定：①被审机构提供的财务报表是否根据公认会计原则公允地反映了财务状况和经营成果；②该机构是否遵守了可能对财务报表产生实质性影响的有关法律和规章制度的规定。

(2)经济性和效率性审计——确定：①被审机构是否正在经济有效地管理和利用其资源(诸如人力、财力和场地等)；②工作效率不高和不经济的原因何在；③该机构是否遵守了有关经济性和效率性问题的法律和规章制度。

(3)计划项目效果审计——确定：①由议会或其他权力机关确立的预期结果或效益是否正在达到；②该机构是否考虑了可能以较低成本达到预期效果的其他可供选择的办法。

爱尔默·B·斯塔茨审计长在评价该标准时指出[15]：

事实证明，1972年颁布的审计标准是完美的，是经得起时间考验的，已为各级政府和会计界所公认。

1974年，会计总署对“黄皮书”进行了小小的修正。尔后，由于数据处理程序的变

GAO：《政府机构、计划项目、活动和职能的审计标准》（1981 年修订版）

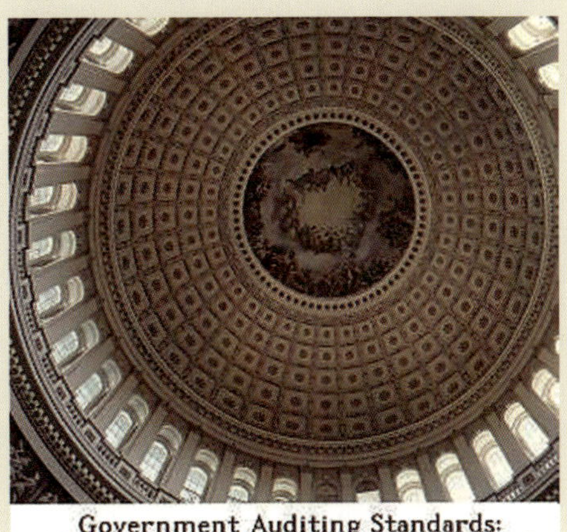

GAO：《政府审计标准：政府机构、计划项目、活动和职能的审计标准》（2013 年版）

化，要求对部分标准进行补充。所以，1979 年，会计总署又出版了《GAO 追加标准：计算机数据库审计标准》（*Additional GAO Standards：Auditing Computer Based Standards*）[16]。最近的一次修改是在 1988 年，旨在帮助确立全面的经济责任并协助政府官员和雇员们履行他们的职责。美国的国家审计标准既体现了美国注册会计师协会审计标准的精神，又兼容了内部审计师协会颁发的审计标准。

从此以后，世界上几十个国家的审计机构相继建立了符合本国国情的国家审计标准。

在澳大利亚，对于究竟应由谁来制定国家审计标准，一直存在争议。许多人认为，审计长既制定审计标准，又根据该标准进行审计工作，这一做法是否合适？显然，这是许多国家审计机关都遇到的共同问题。

希尔（Hill）介绍说，澳大利亚审计署（AAO）早在 1951 年就制定了国家审计标准，当年，国家审计机关出版了《审计指导手册》（*Manual of Audit Instructions*）。1972 年，对该手册略作了修改。1980 年，又出版了两卷本的《基本审计手册》（*General Audit Manual*）取代了《审计指导手册》，其中对国家审计标准给予了明确说明，指出国家审计机关应根据审计署公布的财务审计标准和美国会计总署于 1974 年公布的《政府机构、计划项目、活动和职能的审计标准》修订本进行审计工作。所以，澳大利亚国家审计机构尽管没有意识到，但显然已实施计划项目审计。

B·T·金博尔（B.T.Kimball）认为[17]：

之所以制定专门适用于公营部门的审计标准，是因为公营部门和私营部门的活动无论在理论或实践上均存在差异。最基本的是，公营部门对经济责任有特别严格的要求，而且，公营部门和私营部门所运用的审计授权不同，如公营部门授权一般包括绩效审计和效率审计。

1985年，澳大利亚审计标准委员会（the Auditing Standards Board）发表论文《应邀评论——公营部门审计》(*Invitation to Comment——Auditing in the Public Sector*)。该文提出了一般意义上审计标准委员会应考虑的问题，以促进公营部门审计工作方案的发展，其中建议公营部门在审计工作中采用民间审计组织制定的审计标准。审计署审计长马上表示，他怀疑，在公营部门审计中采用民间审计职业界制定的适用于私营部门的审计标准和审计惯例说明，是否能达到预期目的。他认为，法律已授权审计长，由他自主地确定审计方法和范围，其根据是：

（1）《联合国关于公共会计和审计的专家小组会议报告》(*Report of the United Nations Expert Group Meeting on Public Accounting and Auditing*）指出："在政府审计中，有关独立性和报告的审计标准与私营部门的审计标准是不同的……大家一致认为，最高审计机关应该制定审计标准，因为法律授权最高审计机关领导人负责组织审计的实施工作和报告工作。"[18]

（2）最高审计机关第十二届国际会议（Ⅻ INCOSAI）总声明指出："在某些情况下，立法机构将诸如审计范围及其应用的审计方法等事项的决定权全部授与最高审计机关。由于这些原因和公营部门机构的不同性质，每一个最高审计机关必须注意其工作和报告的法律环境，并对应用于特定情况下的标准承担责任。制定和应用那些被认为与其使命相关的审计标准和程序是最高审计机关的主要职责。私营部门的审计标准能够在一些国家大量地用于制定一般标准，这些标准不带有强制性质，对许多成员国都具有重要价值。"[19]

所以，审计署审计长坚持认为，公营部门审计人员不能放弃运用适用于他们自己任务的审计标准和程序的责任。

目前，在澳大利亚，不仅存在财务审计标准，还建立了绩效审计标准。正如联邦审计长在他最近的报告中指出的那样[20]：

……澳大利亚审计署在制定审计标准方面大量地吸收了会计职业机构的工作成果。

但是，这些标准包括了为审计长经济责任和独立性所特有的内容。他们还建立了绩效审计标准。

绩效审计标准从本质上讲，不如财务审计标准和合规审计标准那样准确，但仍然是迄今为止较为全面的一种。

1984 年，最高审计机关国际组织为了协调各国审计标准，在创建会计标准委员会和内部控制标准委员会的同时，设置了审计标准委员会。该委员会的成员有奥地利（非官方）、阿根廷、澳大利亚、巴西、哥斯达黎加、日本、菲律宾、瑞典、英国和美国。他们在制定国际审计标准的过程中，基本上是以最高审计机关国际组织集体通过的利马宣言、东京宣言和联合国专家小组关于发展中国家公共会计和审计的报告为基础的。这些标准由四部分组成：一是基本事项；二是一般标准；三是实用标准；四是报告标准。旨在为各国建立审计程序和实务，开展计算机审计提供总的框架。

六、内部审计标准的发展

内部审计师为了提高工作的质量和效率，希望内部审计界像民间审计领域一样，也制定审计标准用以评价和衡量内部审计部门的工作，并阐明内部审计工作的性质。为了满足本职业的需求，内部审计师协会于 1974 年建立了职业标准和责任委员会（Professional Standards and Responsibilities Committee），负责制定内部审计标准。在制定标准过程中，该委员会一致认为，内部审计与外部审计在许多方面侧重点都不相同，所以，不应机械地套用民间审计机构公布的标准。经过 3 年的努力，于 1977 年完成了《内部审计专业实践标准》[21]。但是，国际内部审计师协会颁布的内部审计标准实际上由三部分组成：一是内部审计职责说明；二是内部审计人员职业道德准则；三是内部审计人员专业实践标准。其中，内部审计专业实践标准是内部审计标准的核心和主要内容。

1946—1947 年，协会的研究委员会着手实施一项有关内部审计人员职责说明的计划。1947 年 7 月，内部审计师协会正式发表了这项计划的最终成果。它名为《内部审计师职责说明》（*The Statement of Responsibilities of the Internal Auditor*），是内部审计师协会的第一个内部审计师职责说明。职责说明首先对内部审计作出定义。该定义首先暗示内部审计未必只与财务记录有关，明确指出：它（内部审计）主要处理会计和财务问题，但同时也要适当处理经营方面的问题。这是内部审计的一个巨大飞跃。它带领内部审计开始从财务领域向经营领域迈进。

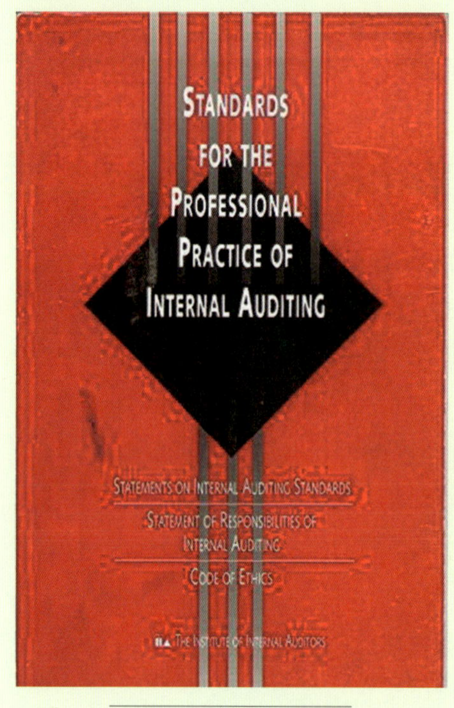

IIA:《内部审计专业实践标准》

Statement of Responsibilities of Internal Auditors

I. As originally appeared on July 15, 1947

RESPONSIBILITIES OF THE INTERNAL AUDITOR

FOREWORD

This statement of the Responsibilities of the Internal Auditor was prepared by the Research Committee and approved by the Board of Directors of THE INSTITUTE OF INTERNAL AUDITORS, INC. at its meeting of July 15, 1947. In taking this action the Board was desirous of lending its full support and that of THE INSTITUTE to the Statement. It was not intended, however, that the treatment of the various matters in the Statement was considered in any sense to be final or fixed. Rather it was recognized that the principles and concepts relating to internal auditing are evolving constantly. The approval therefore represented essentially an endorsement of what the Board believes to be a fair and considered statement of the responsibilities of the internal auditor at its present stage of development. The Statement is therefore subject to such further modification in the future as may appear to be warranted in the light of new conditions and needs and through further development in the professional stature of the internal auditor.

NATURE OF INTERNAL AUDITING

Internal auditing is the independent appraisal activity within an organization for the review of the accounting, financial, and other operations as a basis for protective and constructive service to management. It is a type of control which functions by measuring and evaluating the effectiveness of other types of control. It deals primarily with accounting and financial matters but it may also properly deal with matters of an operating nature.

OBJECTIVES AND RELATED ACTIVITIES

The overall objective of internal auditing is to assist management in achieving the most efficient administration of the operations of the organization. This total objective has two major phases, as follows:

(1) The protection of the interests of the organization, including the pointing out of existing deficiencies to provide a basis for appropriate corrective action.

The attainment of this objective involves such activities of the internal auditor as:

(a) Ascertaining the degree of reliability of accounting and statistical data developed within the organization.

IIA:《内部审计师职责说明》

几年后，协会的许多会员认为应对说明加以修改，其主要根据是应扩大内部审计师对经营领域的兴趣。所以，1955—1956 年，在阿瑟·肯特先生的领导下，研究委员会对第一版说明作了一些修订。1957 年完成修订工作。5 月 30 日被执行委员会通过。这次的职责说明又向前迈进了一步。说明指出：

内部审计是组织内部审核会计、财务和其他经营业务的独立评价活动。

尽管这一步迈得不大，却仍然将会计和财务审计放在首位，并当作内部审计的主要业务，但是，1957 年的说明书如同它的前身一样，再一次扩展了现代内部审计的概念。

1971 年 7 月 30 日对说明的第二次修改终于彻底割断了与账簿的联系。它强调内部审计师应对所有的经营业务感兴趣。负责起草文件的研究小组成员 W·詹姆士·哈梅埃（W. James Harmeyer）建议，新说明书的第一句话应将原说明中的“会计、财务和其他经营业务”一句简化为“经营业务”。

说明书的第一节“性质”中指出：

内部审计作为一种对经营管理部门的帮助是组织内部审核经营业务的独立评价活动。它是一种管理控制，其作用是衡量和评价其他控制的有效性。

“经营业务”一词用以概括一个组织所进行的全部活动。这一修改表明内部审计人员同样关心经营业务的每个重要方面。

去掉“财务和会计”这些词，并不意味着要把这些内部审计的传统活动排除在内部审计人员的工作范围之外。实际上“经营业务”这一总概念已经包括了这些职能。显而易见，这一修改表明内部审计人员已经对各种影响整个企业的活动感兴趣。

为了体现现代内部审计注重管理的思想，1971 年的职责说明在目标和范围一节中作了四点大的修改：

第一，职责说明强调内部审计人员不应仅仅局限于会计记录，而应该全面了解被检查业务。内部审计人员不仅关心地图，而且关心地图所代表的地形。审计人员必须走出各种描述而面对现实，必须摆脱历史数据而面对会计记录中得到反映或者影响会计记录的实际经营业务。

第二，告诫内部审计人员在建立有效控制时必须考虑成本。他们必须在控制的代价和防止的风险两个方面进行权衡。他们必须根据内部审计的目标考虑各种控制，而不仅是为控制而控制。

第三，将“会计和其他数据”改为“管理数据”。这又是一个现代内部审计人员面貌的表示，因为非财务活动所产生的数据对管理决策也有非常微妙的影响。

第四，增加了一个新的职责：“提出改善经营的建议。”这一职责既强调了内部审计人员工作的保护性一面，又强调了建设性一面。内部审计的建设性作用比保护和检测作用更能增加收益或减少成本。

职责和权限一节明确写明，内部审计人员对委派的任务负有责任，并有执行任务的权限，必须在管理方针说明中阐述清楚。内部审计人员必须自由地、不受限制地接触与审核有关的所有记录、财产和人员。

此外，这一节还包括两个追加内容：

第一，明确声明内部审计人员将按照与协会道德标准相一致的方式履行自己的职责，从而使内部审计向完全职业化迈进了一步。真正的职业人员不仅要对他们的客户负责，而且要对自己职业的行为标准负责。他们有义务保证不参与任何非法活动。

第二，规定内部审计人员有责任协调他与其他人的活动。当 1971 年职责说明初稿被拿出来讨论时，许多人都感到有必要说明协调内部审计师和公共会计师工作的要求。1971 年说明书的起草人认为，内部审计人员应该与组织内外的其他职业进行协作。因此，概括地写出这一条款，允许对它作最广泛的解释。

1957 年职责说明最后规定：

客观性是审计职能的基础，所以，内部审计人员不应开发和制定程序、编制记录，或从事其他任何需由他们审核和评价的活动。

1971 年的职责说明对这一规定作了修改，强调内部审计人员应关心控制。内部审计人员作为控制方面的顾问，有责任对新的程序和业务的控制标准提出意见。以电子数据处理程序的应用为例，他们常常要在一个系统进行审计和评价。

1978 年 6 月，在内部审计师协会旧金山国际会议上，协会的理事正式为内部审计人员通过了一套标准。这是一个值得注意的行动，是由以西北银行公司的罗杰・N・卡罗勒斯（Roger. N. Carolus）为主席的职业标准和责任委员会圆满完成的。这些标准对所有内部审计人员都是适用的。著名内部审计学家劳伦斯・索耶指出：这是内部审计职业化道路上的一座重要里程碑[22]。

正式发表的内部审计标准是一本只有 26 页的小册子。它是对约 100 页的标准草案进行提炼而成的。最早的草案与其说是一套标准，勿宁说是一本内部审计手册。

内部审计标准制定委员会深刻地认识到了制定内部审计标准的意义。他们希望经自己之手建立一个衡量内部审计业务的共同基础，统一全世界的内部审计；促进内部审计的改革；帮助其他人了解内部审计的作用、范围、实施和目标，并为内部审计完全成为一个职业而提供媒介。标准框架由以下 5 个部分组成。

（1）独立性。内部审计人员在执行审计业务时，必须具有独立性。

在这部分中，还强调了内部审计部门的地位，要求内部审计部门的地位应能保证充分地完成其职责。

（2）职业熟练性。内部审计人员必须以熟练的技能和严谨的态度实施审计业务。

在这部分中，对部门审计人员规定了要遵守职业道德规范，要具有必要的知识、熟练程度和训练，还提出了应会待人接物，善于交往。同时，还强调了继续教育的必要性，要求内部审计人员通过继续教育不断提高其技能。

（3）工作范围。内部审计的范围应围绕检查和评价组织的内部控制系统的适当性和有效性，以及在实施指定任务中的作业质量。

在这部分中，规定内部审计人员要审查各种经济信息和准确性与完整性；要审查对政策、计划、程序、法律和规定的遵守情况；还要审查业务或项目，查明其结果与建立的目标是否一致，是否已按计划完成。

（4）审计工作的执行。审计工作应包括：审计计划、检查和评价信息、传达结果和后续审计。

在这部分中，规定内部审计人员应规划每一项审计工作；应搜集、分析和说明信息，并使之成为文件以支持审计结果；应报告其审计结果；应进行后续审计，以查明被审单位是否按报告结果进行了适当的活动。

（5）内部审计部门的管理。内部审计部门的领导者应正确地管理内部审计部门。

在这部分中，规定内部审计的领导人应为内部审计部门制定一个关于目标、权限和职责的文件；应建立、健全计划，以实现内部审计部门的职责；应规定书面的政策和程序，以指挥全体工作人员；应建立发展规划，以正确使用和发展内部审计部门的人力资源；应协调内部审计与外部审计的力量；应建立一个质量保证规程，以评价内部审计工作。

从 1983 年 7 月开始，国际内部审计师协会发表了一系列的《内部审计标准说明》（*Statement on Internal Auditing Standards*，SIAS）。比较著名的包括：1983 年 7 月发表的第 1 辑“控制：概念和责任”；1983 年 7 月发表的《通报结果》；1986 年 11 月发表的第 4 辑《质量保证》：1987 年 6 月发表的第 5 辑《内部审计师与独立的外部审计师的关系》，1987 年年末正式发表的第 6 辑《审计工作底稿》。这些说明旨在就内部审计师关心的问题提供了指南。

国际内部审计协会制定的审计标准与美国注册会计师协会为外部审计人员制定的审计标准有所不同。前者提出内部审计实务应该怎样做，后者在很大程度上体现了审计标准委员会与审计实务人员一致的观点，即所谓的“公认”。

国际内部审计师协会制定的内部审计标准无疑是当今世界有关内部审计影响最大、最具权威性的一份标准，它被广泛地引用和借鉴，在其成员组织中已成为具有一定约束力的规程。这份标准的制定标志着内部审计在规范化和合理化方面迈出了一大步，它既是前人经验教训的总结，也是对改进内部审计工作的一次探索。这份标准的长处在于比较系统地确定了内部审计的目标、地位和工作范围，对内部审计人员的素质、职业道德、工作程序、在职教育等问题提出了全面的要求。这对提高内部审计质量，对社会各方面理解和支持内部审计工作都是很有意义的。

国际内部审计师协会要求所有已经拥有或准备建立内部审计机构的组织都来支持和运用它所颁布的标准，以此作为指导和衡量内部审计活动的基础。国际内部审计师协会希望通过标准的颁布与推行来促进内部审计水准的提高，便利教育和训练的进行，并为各种利益集团（如管理当局、股东、董事会、投资者、立法单位等）评价内部审计活动提供较为客观的基础。

内部审计师协会于1968年12月13日公布了第一个道德规范。该规范要求协会会员养成公正、客观、勤奋、忠于雇主的精神；避免利害冲突；保密；用事实证明自己的意见；披露掌握的全部重要事实，因而对协会所有的内部审计人员产生了重要的影响。

七、联合国对审计标准的贡献

多年来，联合国在公营部门财务管理活动中发挥着积极的作用。这项工作主要是通过技术合作开发部（The Development of Technical Cooperational for Development，DICD）下属机构“公共财务和企业管理分部”（The Public Financial and Enterprise Management Branch，PFEMB）进行的。

联合国指导和推动国家审计标准的开发

公共财务和企业管理分部目前由10名具有从事公营部门财务管理经验的专业人员组成，而且有一个精干的秘书班子和行政管理人员配合工作。该分部在29个国家中展开了44项技术援助项目。这些项目几乎包括政府财务管理的所有领域，涉及税收、审计、预算和会计诸方面。

除技术援助以外，联合国还着手进行有关公营部门财务管理思想的推广工作。在这一方面，联合国开辟了实验基地，举办了专题研讨会，派遣了专家工作小组，发表了难以计数的文件和报告。其中，对国家审计事务的关注具有特别重要的意义。

自 1971 年以来，联合国与最高审计机关国际组织（INTOSAI）合作，每两年在各地区举行一次地区专题讨论会，并举行了大量的专家小组会议。1977 年，联合国出版了《发展中国家政府审计手册》，其中对国家审计标准进行了较为详细的论述。1981 年，联合国在美国纽约召开的政府会计和审计研讨会上，各国代表一致认为联合国应在审计标准问题上制定一套技术指南供发展中国家在制定国家审计标准时参考。1984 年年初，联合国在墨西哥城举行一次"关于公共会计和审计的专家小组会议"（The Expert Group Meeting on Public Accounting and Auditing），旨在指导和推动国家审计标准的开发。会议认为，发展中国家有必要建立国家审计标准。同时指出：由于各地区的需要不同，制定统一的国家审计标准是不现实的，只能开展不同地区审计标准的比较研究。因此，会议呼吁联合国定期地公布国家审计标准研究成果，以便各个国家能够使用这些信息，制定和修正适合各国国情的国家审计标准[23]。

为了进行研究，专家小组奔赴 61 个国家，并要求它们提供各自的国家审计标准。以后，联合国聘请纳密特·依拉荷（Namet Ilahi）为顾问，使用来自 25 个国家的调查答案，通过与民间审计标准作比较研究，对国家审计标准进行了一次综合性研究。

他们发现，一个国家是否拥有健全的国家审计标准，并不能反映其经济状况的好坏。奥利地、丹麦、原联邦德国、日本和荷兰没有健全的国家审计标准，而哥斯达黎加、尼加拉瓜、秘鲁、菲律宾和沙特阿拉伯等国家的国家审计标准则相对比较完善。而且，许多国家在制定审计标准时，依赖私营部门开发国家审计标准。在新西兰和加拿大，会计师协会制定的标准或全部为国家审计机构所采用，或修改后为国家审计机构所采用；在澳大利亚，特许会计师协会声称它制定的审计标准适用于所有的审计，而澳大利亚最高审计机关不同意这种说法，经过努力，颁发了自己的审计标准；在斐济，斐济会计师协会的审计标准说明被公营部门审计全盘接受，甚至一些附加标准也为公营部门审计所采用。

他们还发现，几乎所有的国家都拥有一套涉及财务审计和扩大范围审计的公营部门审计标准。在被调查的国家中，只有美国会计总署制定了用于扩大范围审计的专业标准。可见，国家审计标准主要与财务合规审计有关，同样，这表明，在世界范围内，各国审计机关仍然将更多的时间花在财务合规审计上而不是绩效审计上。

1985 年 10 月，在维也纳举行了第二届"专家小组会议"，讨论了依拉何的研究报告。会议建议对该报告进行修改。报告的修改和最后的编辑工作由莫蒂默·迪伦霍弗（Mortimer Dillenhofer）负责。在这次会议上，提出了一份审计标准体系的专题文件。该文件建议一个国家的审计标准体系可以按照下列七部分制定：

（1）审计标准序言；

（2）职业标准；

（3）实施标准；

（4）审计报告标准；

（5）扩展范围的审计标准；

（6）质量保证标准；

（7）其他标准。

八、国际审计标准的新发展

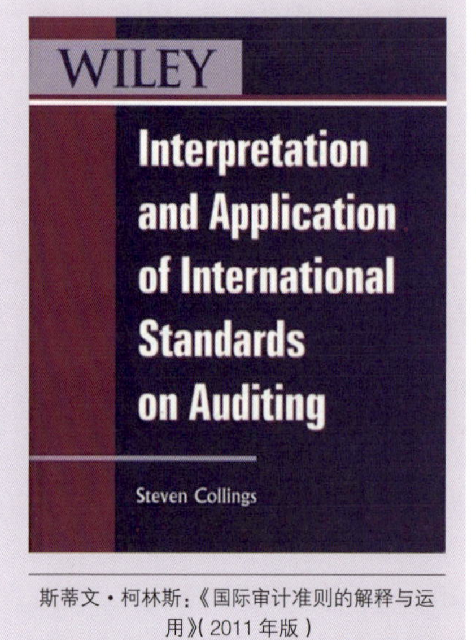

斯蒂文·柯林斯：《国际审计准则的解释与运用》（2011 年版）

随着经济国际化的深入发展，证券管理者国际组织（International Organization of Securities Commission，IOSCO）[24] 开始致力于审计标准的发展，从而促进了国际审计标准的发展。1991 年 7 月 10 日以后，将过去的国际审计指南（International Audit Guideline，IAG）改称为国际审计指南（International Standard on Auditing，ISA）。无论在内容和形式上，ISA 与 IAG 相比，均发生了一些变化。

一般来说，很多国家的财务报表审计都受到各自国家的规则的限制。比如，一些国家由监督机关发布规章，一些国家采取法律的形式，一些国家则由会计审计职业团体发布公告。这些法律、规章和公告均具有审计准则的性质，但在形式上和内容上并不完全相同。在这种情况下，国际审计实务委员会（IAPC）基于求同存异的考虑，为协调差异以便更好地促进国际经济交流与合作的发展，着手制定和公布了一系列国际审计标准。

IAPC 具有发布“审计”和“相关业务”的标准的权限。所以，IAPC 分别制定“审计”和“相关业务”的标准。把相关业务纳入 ISA 的框架中，这是针对审计人员或会计师事务所实施的业务范围扩大的现状所作的处理。

截至 20 世纪 90 年代，IAPC 已公布 ISA 约 30 个（其中第 3 号、第 20 号、第 29 号已与其他 ISA 合并，故实际上只有 27 个），相关业务方面的国际审计标准（ISA/RS）共有4个。此外，还有公告（审计的国际公告）7个，小册子2册。这种小册子是为加深对ISA及财务报表审计的理解而编制的㉕。

目前作为公开草案公布的《违法行为》《对可比数值的审计报告》《财务报表的审计报告》(现行ISA NO.13的修订版)，以及“与经营者的沟通”等最终也必将作为ISA或公告而公布。

其中，第1号《审计的目的和基本原则》是最重要的ISA。其中包括：①审计的目的；②对财务报表的责任；③审计的范围；④道德；⑤审计计划；⑥其他审计人员等的工作；⑦文书记录；⑧审计证据；⑨审计结果和审计报告。

IOSCO围绕国际审计标准也做了大量的工作，其中心是制定各国证券管理当局在政策决策中必须参考的原则、方针和最低标准，以及谋求证券管理的国际协调和管理当局的国际协调活动。

1989年，IOSCO在举行年会之际，发表了关于证券多国公开招募的报告，旨在提高多国间公开招募的效率性，并提出了如下宗旨㉕：

（1）为谋求披露制度的国际协调并基于互相承认原则，对对方国的披露文件努力做到相互能够接受。

根据这一宗旨，IOSCO首先致力于审计标准的国际协调，为此加强了与国际会计师联合会（IFAC）的关系。IFAC是负责制定国际审计标准的主要团体，一般通过其常务委员会之一的国际审计实务委员会（IAPC）来制定和公布国际审计标准。

（2）对证券管理当局来说，国际审计标准是实施多国间公开招募的发行主体（企业）的财务报告方面充分的完整的审计标准。为了促进IOSCO成员接受依据国际审计标准审计的财务报表，专门委员会于1992年10月在IOSEO年会上提出期望承认和支持国际审计标准。

年会当然接受了这一提案，并作出了承认和支持国际审计标准的决议。这个决议的基本内容如下：

（1）为促进多国发行主体在他国的公开招募，需要制定国际审计标准。

（2）审计标准可在各国国内证券市场上发挥保护投资者的作用。

（3）IOSCO的专门委员会几年来通过其第一工作部与IFAC的IAPC紧密联系，参与审计标准的制定。IOSCO的专门委员会从保护投资者的立场出发，对IAPC的国际审计标准提出意见和评论，其目的在于对国际审计标准的改进有所裨益。

（4）IOSCO的专门委员会认为，迄今为止IAPC公布的国际审计标准（包括公开草案）是完整的、系统的。根据这些标准所进行的审计工作，证券管理当局可以承认其作为在多国间的报告方面的依据。

IOSCO：证券管理者国际组织

（5）依据以上各条，IOSCO代表委员会敦促其成员国进行下列工作：

a）多国发行主体在其他国家进行公开招募以及其后进行继续报告时，要求把国际审计标准作为能够承认的审计标准之一加以接受。

b）外国的证券发行主体在他国进行公开招募和继续报告，依据国际审计标准进行审计，为了使这种审计成为能够替代依据本国承认的审计标准所进行的审计之一而加以接受，就应在各自所辖的法律领域内采取必要的和适当的一切手段。

第一项敦促并不排除各国独自承认的其他审计标准，基本点是把国际审计标准作为各国共同的能够承认的审计标准。第二项敦促是希望在进行了依据国际审计标准的审计以后不要再进行依据本国标准的二次审计。为此就需要完备的国内法规，但这并不排除各国已承认的其他审计标准。

一般来说，如果各国规则中的某些方面与国际审计标准相一致，则被认为自动地遵守了ISA。反之，如在某些方面不一致或有矛盾时，则国际会计师联合会的会员团体应根据联合会的章程努力创造条件，以期在可能的时期和可能的范围内实行国际审计标准委员会发布的标准。这应该是会员团体应尽的义务。可见，国际审计实务委员会公布的ISA并不谋求取代各国财务报表审计的各项规则。

九、小　结

通过研究世界审计标准的发展，我们可以得出下述结论：

（1）审计标准不是从有关审计职能的知识体系中产生出来的，而只是对审计工作中一般认为公正妥当的惯例的归纳和概括，是审计经验的总结和升华，是职业审计人员业务行为的根本规范。它综合地调整了与审计有关的各行各业的专家所代表的意见，具有公认性，这种公认性正是审计标准的根据。审计标准虽然不具有法律的强制力，但是审计人员在履行其职责时必须严格遵守。

（2）审计标准是对审计人员和审计机构自身素质和工作质量的要求，从某种意义上说，也是审计人员的护身符。它应该是通用的，与审计的全部对象密切相关，与审计的质量有关，也与审计的可信性有关。所以，审计标准是民间审计、国家审计和内部审计的共同追求。

（3）审计标准与审计程序是两个不同的概念。审计程序因不同行业而异，甚至因不同的公司而异，而审计标准却是通用的，是审计人员和审计机构可信性的保证。审计程序必然会因环境的变更而被修改，以适用于新的环境，而审计标准则是一种基准，对审计程序的任何变更，都必须根据审计标准作出判断。

（4）新的审计技术方法发展的必要前提之一，是科学的审计标准的开发。有了一套科学的审计技术标准，可以促进新的技术方法的有效运用。比如，绩效审计是当代国家审计的重大发展，但是，各国甚至一个国家对绩效审计的认识并不一致。如果能制定一致的和权威性高的绩效审计标准，则可澄清围绕绩效审计的许多概念，从而避免“词义诡辩”的文字游戏。

（5）审计标准与会计原则和内部控制一样，是现代审计的三大支柱之一。是否拥有审计标准，已成为一个国家审计现代化的重要标志。

注释：

① S.Davidson and G.Anderson：The Development of Accounting and Auditing，Journal of Accountancy，May 1987，p.126.

② 迈克尔·查特菲尔德：《会计思想史》(A History of Accounting Thought)，文硕、董晓柏等译，中国商业出版社，1989 年版，第 209 页。

③ SEC，Accounting Series Releases，Release No.20.

④ SEC，Accounting Series Releases，Release No.20.

⑤ Jerry D.Sullivan et al.：Montgomery's auditing，tenth edition，A Ronald Press Publication，1958.

⑥ A·C·利特尔顿：《会计理论结构》(Structure of Accounting Theory)，林志军、黄世忠等译，中国商业出版社，1989 年版，第 141 页。

⑦ 高柳龙芳：《决算审计师制度》，千仓书房，1988 年版，附录，第 11-37 页。

⑧ 三泽一：《审计学》，文硕译，中国商业出版社，1987 年版，第 30 页。

⑨ 西野嘉一朗：《现代财务审计制度发展史》，第一法规，1985 年版，第 99 页。

⑩ 西野嘉一朗：《现代财务审计制度发展史》，第一法规，1985 年版，第 101–102 页。

⑪ 西野嘉一朗：《现代财务审计制度发展史》，第一法规，1985 年版，第 102 页。

⑫ Robert W.Gibson and Roger Arnold：The Development of Auditing Standards in Australia，The Accounting Historians Journal，Vol.8，No.1，Spring 1981，p.51.

⑬ Robert W.Gibson and Roger Arnold：The Development of Auditing Standards in Australia，The Accounting Historians Journal，Vol.8，No.1，Spring 1981，pp.57-59.

⑭ Peter Dean：Government Auditing Standards in Twenty-five Countries，Advances in International Accounting，Volume II，p.235.

⑮ GAO：Standards for Audit of Governmental Organization，Programs，Activities，and Function，1981，p.1.

⑯ Roger L.Sperry et al.：GAO 1966-1981 An Administrative History，U.S.General Accounting Office，1981，p.60.

⑰ B.T.Kimball：Public Accountability and Current Developments in Auditing and Accounting Standards，paper presented to AAANZ Accountability Conference，Sydney，1987，p.3.

⑱ Report of the United Nations Expert Group Meeting on Public Accounting and Auditing，vienna，1985，para.16.

⑲ INCOSAI XII：General Statement of Performance Audit ，Audit of Public Enterprises，and Auditing Quality，paras.62 and 63.

⑳ J.V.Monaghan：In my Opinion：The Auditor-General's Approach to Performance Auditing，1987，p.6.

㉑ L.B.Sawyer：A Mini-history of The Standards，Internal Auditor，June 1988，pp.24-27.

㉒ Lawrence B.Sawyer：Sawyer's Internal Auditing，The Institute Internal Auditors，1988，p.1141.

㉓ 西野嘉一朗：《现代财务审计制度发展史》，第一法规，1985 年版，第 231 页。

㉔ 1974 年，拉美各国的证券管理委员会、美国证券交易委员会（SEC）、加拿大安大略证券委员会和魁北克证券委员会，发起成立了南北美证券管理者协会。1984 年，根据美国证券交易委员会和魁北克证券委员会的提议，发起会员决定将这一组织的成员扩展到整个世界。于是，这个组织具备了世界性。1986 年，证券管理者国际组织在巴黎召开年会，会上一致决定将常设机构设在加拿大的蒙特利尔。截至 1989 年年末，该国际组织有正式会员 49 名，候补会员 15 名，共 64 名。

㉕ 王德升：《国际审计准则的最新发展》，《注册会计师通讯》，1996 年第 6 期。

第六章 美国会计准则的发展

帕乔利雕像（意大利）：为纪念他的跨世纪著作《数学大全》出版500周年而制作

任何职业均存在基本的行为准则。正是所有的精妙协调的准则的综合使用，才确保这种职业牢牢地立足于世；正是在没有全面考虑各项准则的情况下仅仅运用其中个别的准则，才导致职业的失败。会计职业当然也不例外。

在研究和发展会计准则的过程中，以美国动手最早，贡献也最大，所以，美国对会计准则的建树，可谓首屈一指，居世界之冠。

从历史上看，美国会计准则的发展可分为四个阶段。

萌芽时期：在20世纪的1938年之前，会计人员多自作主张，各行其是，随时就遇到的个别问题，自行判断并作适当的决断。

发展时期：自1938年至20世纪50年代，有关职业会计团体设立专门的委员会，就现行的会计实务问题，提出“最佳实务”的建议。

成熟时期：20世纪50～60年代，开始重视对会计问题的研究，并寻求改进之道，建议实务界采行。

兴旺时期：自20世纪60年代迄今，确立权威性实务处理原则，并要求遵循，若为例外处理，必须具备充分理由，并公布替代方法。

一、会计准则的萌芽阶段

1494年，意大利修道士帕乔利（Luca Pacioli）出版《数学大全》一书，其中对意大利式簿记的论述，奠定了复式簿记的基础，故帕乔利被誉为“近代会计之父”。但是，这部专著

为纪念文艺复兴时期帕乔利与达芬奇和列奥·巴提斯塔·阿尔贝提（Leon Battista Alberti）的友谊，以及他对复式簿记的贡献，1878年，在西维科博物馆对面的建筑物上挂上的帕乔利匾

帕乔利故乡：意大利圣塞波尔克罗小镇的中心

缺乏完整的理论体系。而且，当时，商品经济不甚发达，独资和合伙企业是最流行的企业组织方式，故账务处理以业主权益为重点，会计报告侧重于偿债能力与流动性的表达，除供内部使用以外，仅供银行或其他贷款机关作为参考，并不对外公开。企业内部的会计人员是否存在差错与舞弊，外界无法了解，其财务状况和经营成绩是否与报告相符，亦无从稽考。

工业革命以后，机器工业逐步替代手工业，工商企业的规模与经济业务日趋庞大复杂，促使公司组织如雨后春笋般涌现。1900—1929年，股票投资投机之风日盛，有关方面愈来愈要求公司披露财务报表，其兴趣点亦由偿债能力移至获利能力。1913年美国宪法第16次修正，授权联邦政府对企业与个人征收所得税，大大提高了会计工作的重要性。由于各公司在解决不断出现的会计问题时，均自行制定会计方法和程序，致使管理当局可以随意根据自己的需要，对会计账目加以篡改，旨在虚张公司的实力。所以，会计职业内部，对缺少一套统一的和公认的标准可资遵循的现状感到不安。因为公司自行选择会计方法，导致公司之间缺乏规范化和可比性。

显而易见，会计准则产生的原因有二：一是企业会计内部的原因，这是指，当时的财务报表与其说是财务真相的客观反映，勿宁说是主观判断与惯例方法的产物，所以，在进行会计处理的时候，随意性较大，且易于揉进管理者和会计人员的舞弊念头，其结果，无法向各种利害关系者提供值得依赖的会计信息，从而使社会对财务报表和企业会计失去信任感；二是社会和经济方面的原因，这是指，会计准则是随着商品经济的发展和股份公司的兴起而产生和发展的，为了保护按所有权与管理权相分离的原则形成的一般投资大众、债权者和有关政府机构的权益，企业有义务向这些利害关系者提供有关财务状况和经营成果的可靠的会计信息。会计准则可以保证会计信息的可靠性。

1929 年的经济危机引发银行倒闭潮

当然，促使会计准则出现的导火线是第一次世界大战以后的经济发展不景气，尤其是 1929 年的经济危机。

早在 20 世纪 20 年代末 30 年代初，美国有关管理机构和学术界就明显地意识到会计实务界存在的问题已比较严重。1926 年，纽约证券交易所（NYSE）意识到对上市公司的财务报表进行更为有效监督的必要性，并任命 J·B·荷克西为证券行市委员会全职执行助理。1926—1927 年，哈佛大学经济学家 Z·R·威廉在《大西洋月报》和《美茵街与华尔街》连续发表三篇文章，指责一些大公司在披露的财务报表中采取欺骗性的、误导性的做法。1930 年，荷克西建议美国会计协会（AIA，AICPA 的前身）和 NYSE 合作，共同改进公司的财务报告。

AIA 是美国全国性的会计师民间审计组织，其权威性很高，在金融界、产业界和政界均有一定的影响。在证券交易委员会（SEC）的支持下，它组织人马，在制定会计准则方面很下了一番力气。

1931 年，AIA 的会计名词委员会编写了一本名为《会计学名词》的仅 126 页的小册子，作为协会的初步报告加以公布。

有关会计准则的第一份文献是美国会计师协会下属的与证券交易所进行协作的特别委员会于 1932 年 9 月 22 日寄给纽约股份上市委员会的信件。该信件的附件列示的五个建议被称为“会计五原则”。这五大原则是：实现主义的原则；有关资本剩余金的原则；在合并财务报表中反映利益剩余金的原则；自己股份的原则；反映公司内部债权的原则。这些原则立刻被 NYSE 所接受，并散发到所有的上市公司。

1933 年，NYSE 第一次警告一个名为联合化学公司的上市公司，如果不改善财务信息披露制度，将失去上市资格。并正式宣布，从今以后，所有要求上市的公司必须接受注册会计师的独立审计。可见，整顿证券市场，强化民间审计，已势在必行。

在各方面的强烈要求下，美国国会通过 1933 年《证券法》与 1934 年《证券交易法》，并设立证券交易委员会，以期管制证券市场，保障投资者的合法权益，同时授权证券交易委员会负责制定会计准则，规定报表格式以揭露真实资料，要求其管辖的所有公司严格加以遵循。

1936—1938年年初，SEC的委员之间发生意见分歧。以两名律师委员为一派，主张该委员会应责无旁贷地行使其法律所赋予的制定会计准则的职权。但是，首席会计师和其他委员则表示异议，认为发展会计准则之责，当委托熟悉会计业务的会计职业界承担，本委员会只保留否决权，以期幕后操纵。若会计职业界对某项会计问题不能立即采取积极行动，或所订准则不尽合意，该委员会尽可自行规定处理程序，以发挥法律赋予的职权。其结果，后一派占了上风。SEC于1938年4月21日发布第4辑会计丛刊，正式申明编制财务报表所依据的会计准则，必须具有“重大权威后盾”(substantial authoritative support)。从此，SEC所承认的会计准则，或委托会计职业界制定，或与民间会计权威团体紧密合作。

美国会计学会（AAA）

会计学术界在制定和研究会计准则方面也表现不凡。1935年12月，美国大学会计教师联合会更名为美国会计学会（AAA)，并宣布扩大研究项目。学会的执行委员会相信，通过“完善会计师据以活动的基础”，可以更充分地改进会计实务。它所希望的不是要求普遍遵循的准则，而是据以判断现存会计方法的标准。其理想是：“公司的定期财务报表应始终与单一的、和谐的会计理论体系相一致。”

当时，每位研究者都有一个共同的缺点，那就是在名词使用上非常混乱。例如，有的作者对principle、doctrine、convention、rule等词的使用非常混乱，对各名词的内容也未作严格的划分，有的学者甚至将它们作为同义词使用。在1936年的理事会上，SEC的官员乔治·C·马什（George C.Mathews）提出了争论颇多的会计政策问题一览表，并强调了政府机关采用权威文献的必要性。1年后，SEC第一任首席会计师卡门·G·布劳（Carman G. Blough）提出：为了会计实务更加统一，应探讨可以减少处理会计问题时手续太多的方法。

AAA理事会勇敢地迎接了这一挑战。在《会计评论》杂志1936年6月号上发表了研究成果。这份成果名为《对公司报告有影响的会计原则草案》，再版时改名为《作为公司财务报表编制基础的会计原则草案》，作为公司编制报表时选择程序的原则。这份小册子虽然当时在会计实务上未引起重视，但因主张使用演绎法发展会计原则而在会计学术界脍炙人口，尔后多经修订，在会计教科书中经常被引用。

乔治·C. 马什

卡门·G. 布劳

二、会计准则的发展阶段

在哈斯金斯·赛尔斯基金会（Haskins & Sells Foundation）的资助下，桑德斯（T.H.Sanders）、哈特菲尔德（H.R.Hatfield）与莫尔（U.Moore）三位教授于 1938 年合作撰写的研究报告《会计原则说明》(*A Statement of Accounting Principles*）由美国会计师协会发布。该报告的贡献在于，它将现行会计实务中一般认为公正妥当的惯例加以归纳和整理，提出了一系列改善企业会计的会计原则和披露的财务报告的规定。虽然未对会计理论作深入研究，但已集当时会计实务之大成，对同一交易的各种不同的程序处理进行了详细分析，为会计实务走向标准化之途作出了重要贡献。

1938 年，美国会计师协会为了不辜负 SEC 的重托，决定改组会计程序委员会（CAP)，由该委员会成立专门的研究部门，围绕当时引起争议的各种问题进行详细研究，并对该问题提出各种处理方法。该委员会最初雄心勃勃，准备研究出一套系统完整的会计理论体系，作为工作人员从事实际工作的指南。但后经再三考虑，认为此举决非易事，需要花费大量的人力、物力与财力，于是，将精力集中在研究和解决一些急需解决的和大众意见较大的会计问题上，希望通过对各种会计惯例加以研究，扬长避短，取其“最佳”者加以介绍，以减少任意选择的余地。

会计程序委员会在 1939—1959 年之间的 20 年内，共发表 51 辑《会计研究公报》（ARB)，会计名辞委员会共发表 4 辑《会计名辞公报》(ATB)。就此类公报的性质而言，系针对个别问题而发，旨在消除显属不当的会计实务，并促使同类企业采用统一的实务处理法，但存在头痛医头、脚痛医脚的弊病，对于完整理论体系的建立，效用不大。而

A STATEMENT OF ACCOUNTING PRINCIPLES

PREPARED BY

THOMAS HENRY SANDERS
Harvard University Graduate School
of Business Administration

HENRY RAND HATFIELD
University of California

UNDERHILL MOORE
Yale University
School of Law

1938

PUBLISHED BY
AMERICAN INSTITUTE OF ACCOUNTANTS
135 Cedar Street, New York

AIA:《会计原则说明》

桑德斯教授

哈特菲尔德教授

且，此类公报只可说服会员和工商界承诺采纳，而无任何约束力，如果不经一致公认，无法发挥权威作用。

在同一时期，以AAA为代表的会计学术界，也从新的角度，对推动会计准则的建立作出了独特的贡献。虽然其研究成果在实务上经常被束之高阁，但其贡献之大，实不亚于美国会计师协会，其作风则与美国会计师协会形成鲜明的对照。

美国会计学会作出的可以与《会计研究公报》相媲美的贡献集中体现在四份会计准则公告上。第一份是上一节介绍的《作为公司财务报表编制基础的会计原则草案》，其余三份是：

ACCOUNTING PRINCIPLES UNDERLYING CORPORATE FINANCIAL STATEMENTS

《作为公司财务报表编制基础的会计原则》(1941年)

The Accounting Review

Vol. XXIII OCTOBER, 1948 No. 4

ACCOUNTING CONCEPTS AND STANDARDS UNDERLYING CORPORATE FINANCIAL STATEMENTS

1948 REVISION

《作为公司财务报表编制基础的会计概念和准则》(1948年)

ACCOUNTING AND REPORTING STANDARDS FOR CORPORATE FINANCIAL STATEMENTS

1957 REVISION

《公司财务报表的核算和报告准则》(1957年)

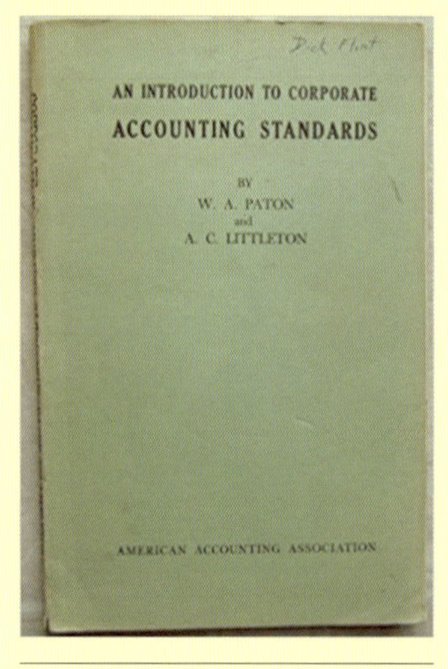

W·A·帕顿与A·C·利特尔顿:《企业会计准则导论》(AAA1964年版)

(1)《作为公司财务报表编制基础的会计原则》(1941年)(*Accounting Principles Underlying Corporate Financial Statements*);

(2)《作为公司财务报表编制基础的会计概念和准则》(1948年)(*Accounting Concepts and Standards Underlying Corporate Financial Statements*);

(3)《公司财务报表的核算和报告准则》(1957年)(*Accounting and Reporting Standards for Corporate Financial Statements*)。

上一节介绍的1936年的公告是会计原则和方法的混合物。它对当时突出的基本问题进行了研究，指明了成本和价值、收益计量和资本核算三个方面的不足。尔后的三种修订版和八份补充公告将这一套最早的会计原则扩充成为综合性的理论纲目。值得注意的是，在1948年的修订版中，标题“原则”改为“概念和准则”。

1940年，美国会计学会出版了由W·A·佩顿与A·C·利特尔顿两位教授合著的《企业会计准则导论》(*An Introduction to Corporate Accounting Standards*)，被誉为会计理论研究的经典性权威之作，是美国企业会计制度史上的一座里程碑，对20世纪40年代以后的美国会计学界产生了决定性的影响，迄今影响犹存。两位会计大师主张，“应从变化的实务中识别不变的真理”，认为从经验中开发出来的所有原则均不适当，强调采用演绎法研究会计准则。他们原是美国会计学会1936年编制《作为公司财务报表编制基础的会计原则草案》的执行委员会会员，这部导论系根据《会计原则草案》的基本理论而撰写。

本书到1966年再版14次，但本书采用演绎法，并没有直接面对实际，所以，其中的许多思想并没有为会计团体和委员会正式采用，其威信和影响范围仅限于在教室里讲授和在文献上引用。尽管如此，这部书是当时解释会计准则最成体系的说明书，也是以成本主义为基础的会计理论最优秀的解说文献，与其说是从实务中归纳出来的，勿宁说是最早采用演绎法对会计理论进行论述的集大成之作。

三、会计准则的成熟阶段

第二次世界大战以后，世界经济形势发生了重大的变化。电子计算机在企业中开始运用，跨国公司的组成，国际经济交往的增多，环境污染问题的出现，通货膨胀问题的发生，对会计实务和会计理论提出了严峻的挑战。这些问题在会计上是前所未有的，对会计提出了一系列新的要求。比如，币值的不断贬低，使会计仅仅根据一直沿用的历史成本主义处理信息，已不能满足各有利害关系的个人和集团的需要。通货膨胀的持续出现，严重地动摇了传统会计所赖以建立的实际成本基础，它要求采用时价主义和本期成本主义。又如，从国际角度看，随着资本国际交流的扩大，要求建立国际会计，从而也就要求建立一套统一的会计准则和会计理论。

在这样的情况下，会计程序委员会第一次显得力不从心。于是，会计师协会谋求演绎研究方法与实用主义研究方法之间的平衡。

1957 年，美国会计师协会改名为美国注册会计师协会（AICPA）。在这一年 10 月的年会上，AICPA 新任主席 A·R·杰宁斯（A.R.Jennings）在题为《当前财务报表的挑战》（*Present-Day Challenge in Financial Reporting*）的就职演说中指出，为推进会计原则发展，建议另辟蹊径，设立研究计划特别委员会，将重心从应用研究转向基础研究。因为现在的问题已不再是 20 世纪 30 年代缺乏准则的问题，而是需要对现有规则加以提炼和升华的问题，与建立一套统一的会计理论体系相比，应付个别事例已不再重要。同时，杰宁斯还提出了下列研究计划方案：①会计原则的研究应带纯研究性；②建立更有效的研究机构；③研究机构应由知识渊博、实践经验丰富的五六名人员组成；④产业界和会计师界应平均分担研究费用；⑤研究机构的任务是深入研究基本的会计假设，并编制对产业界和会计师界具有指导意义的报告；⑥研究机构发表的报告，事先须经 AICPA 理事会的讨论和研究；⑦公报须得到理事会 2/3 以上理事的同意，然后才能对 AICPA 的会员产生约束力。

这一提案很快被 AICPA 理事会正式通过，2 个月后，经过筹备，不久正式设置了“研究项目特别委员会”（Special Committee on Research Program, SCRP）。1958 年 9 月，该委员会向理事会提出了研究计划报告，名为《呈送研究项目特别委员会理事会的报告》（*Report to Council of the Special Committee on Research Program*）。根据这份报告可知，研究项目强调前期的研究是将重点放在会计假设和原则上，认为“假设为数不多，是作为原则基础的基本假定”，“会计原则应根据这些假设形成”。从此，AICPA 又揭开了研究会计原则的新篇章，即综合职业会计师和会计学者的长处，谋求会计原则研究的新方向。

为了达到这一研究目的，AICPA 摆开的研究姿态是：1959 年 9 月 1 日，新设会计原则委员会（Accounting Principles Board,APB），主要由职业会计师组成，取代会计程序委员会（Accounting Research Division,ARD），又设立会计研究部，主要由会计学家组成，取代会计研究处（Accounting Research Department）开始从事纯学术研究。为了向会计研究部提建议，又设置了计划咨询委员会（Project Advisory Committee）。协会还组织一批常设人员帮助编纂《会计研究公告》（ARS）。这些文集不是协会的正式公告，授权会计研究

莫里斯・穆尼茨

罗伯特・T・斯普劳斯

主任发布。然后，委员会对这些论文进行研讨，决定是接受还是否定。《会计研究公告》和《会计原则委员会意见书》(Opinion）对隐藏在会计惯例之后的理论作出详细说明。这一点是非常独特的。

会计研究部第一任部长是莫里斯・穆尼茨（Maurice Moonitz)，负责研究基本假定；另聘罗伯特・T・斯普劳斯（Robert T.Sprouse）负责研究会计原则。

AICPA 的新研究计划设想，对财务会计的问题主要从四个层次上具体加以考虑：第一是会计假设；第二是会计原则；第三是在具体环境下应用会计原则的准则或指南；第四是研究。这一计划的基础是两份会计研究论文：一是《会计研究公告》第 1 辑《会计的基本假设》(*The Basic Postulates of Accoutning*)(1961 年)，它通过表明必要的理论变化，为协会的研究计划奠定了基础；二是《会计研究公告》第 3 辑《工商企业会计原则草案》(*A Tentative Set of Accounting Principles for Business Enterprise*)(1962 年)，它勾勒出了会计实务的变更。这两份报告是姐妹篇，是综合调查研究的成果，其特点是：建立了会计假设——会计原则的结构，两者都试图运用演绎法来形成会计原则的体系。

但是，计划咨询委员会对斯普劳斯和穆尼茨的“原则”(principles）提出了不同意见：第一，认为假设并不一定会产生《会计研究公告》第 3 辑所提出的独特的原则；第二，两个报告相互矛盾，例如，假设理论（第 1 辑）强调交换价值，而原则则强调未来效益的时价；第三，《会计研究公告》第 3 辑提出了从事实务工作的会计师难以接受的过于急进的会计原则，所以 1962 年 4 月，会计原则委员会以“与当时公认会计原则大相径庭”为由，否定了假设理论（第 1 辑）和原则理论（第 3 辑）。

人们对《会议研究公告》第3辑（ARS No.3）的争论最大。学者们一致认为它与第1辑一样，具有理论性，使ARD对最初话题——基本的会计假设和综合的会计原则的调查研究更深入一步。但实务家们则从可行性、客观性和验证可能性出发，提出了许多反对意见。他们也认为ARS NO.3的内容丰富，只是与现行的GAAP存在太大的差别，现阶段很难付诸实施。

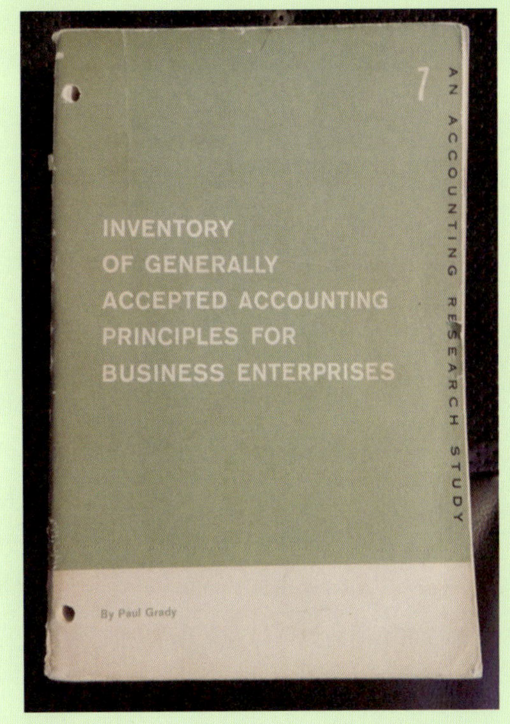

保罗·格雷迪：《工商企业公认会计原则汇编》（1965年版）

1965年，协会又组织力量进行了一次新的研究，出版了由保罗·格雷迪（Paul Grady）编著的《会计研究公告》第7辑《工商企业公认会计原则汇编》（*Inventory of Generally Accepted Accounting Principles for Business Enterprises*）。在这一份汇编中，他论述了10个会计原则：①给予财产私有权的社会；②明确的企业实体；③持续性；④货币反映；⑤首尾一贯性；⑥企业实体间的多样性；⑦稳健主义；⑧内部控制资料的可靠性；⑨重要性；⑩估价报告的及时性。他认为，他的原则仅集当时会计原则之大成，谋求从公认（general acceptance）中去寻求会计原则的本质，所以，他没有论述在实务中未采用的会计方法。这是从新的角度来形成会计原则的尝试，它与第1辑和第3辑都不同，不是注重理论研究，而是谋求通过综合调查会计惯例来进行指导实务的研究，集以前的GAAP之大成。这种新的会计原则的研究，在形成会计原则过程中具有重大的意义。可见，该书采用归纳的原则和实用主义方法，罗列了从当时的实践中概括出来的10个原则，致使会计原则委员会又站到以前的会计程序委员会的立场上。所以，《会计研究公告》的建议并非总被《会计原则委员会意见书》所确认。

总而言之，1962年以来，AICPA的APB共发表了31辑意见书和4份报告书。APB拥有正式公布AICPA的会计原则的权限。可见，AICPA通过发行ARS来公布会计原则的研究成果；通过公布意见书来指明会计工作的指针；报告书则处于两种刊物之间，具有中间的性质。在AICPA形成新的会计原则的过程中，相当于“有权威的支持”的会计原则是 APB 的意见书。为了提高这种意见书的权威，美国会计师协会理事会（The Council of the AICPA）在 1964 年 10 月 2 日，发表了一份特别公报，其要点是：

（1）GAAP 是具有“权威支持”的原则。

（2）APB 意见书构成“有权威的支持”。

（3）“有权威的支持”就是可以存在与 APB 意见书不同的会计原则。

（4）以前会计程序委员会发表的有关会计原则的 ARB，不得与 APB 意见书有区别。

（5）APB 意见书所承认的会计原则如不适用于财务报表，审计人员应判断该原则是否得到有力的权威支持：

（a）如果它没有得到有力的权威支持，审计人员应发表“保留意见”或发表“反对意见”或“拒绝发表意见”。

（b）如果它得到有力的权威支持，审计人员可以发表“无保留意见”，并在审计报告上公布意见书不同的事实，或者注明对财务报表的影响。

显然，AICPA 已明确：APB 意见书就是得到“权威的支持”的会计原则，所以，在采用与它不同的原则时，采用方就应证明该原则是否得到权威的支持。这样，就确定了 APB 意见书的权威。

四、会计准则的兴旺阶段

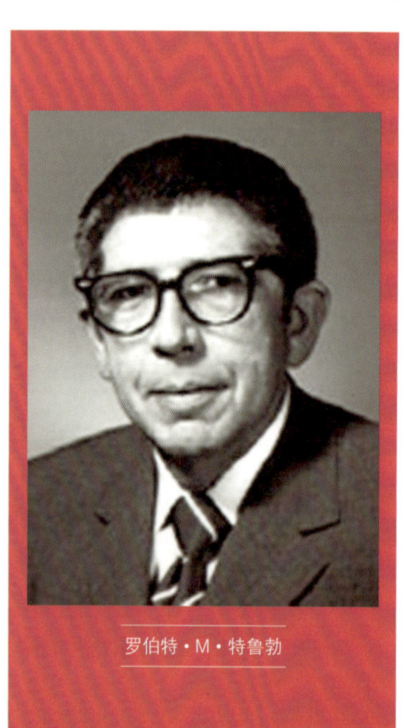

罗伯特·M·特鲁勃

1971 年，AICPA 成立了两个研究小组：一为财务报表目的研究小组，由特鲁勃（Robert M. Trueblood）主持；另一为建立会计原则研究小组，由惠特（Francis M. Wheat）主持。惠特于 1972 年 3 月提出报告，建议解散 APB，另设新机构负责制定会计规则与准则，催生了美国财务会计基金会（FAF）。

1973 年 7 月 1 日，该基金会正式成立财务会计准则委员会（FASB）和财务会计准则咨询理事会两大机构，前者负责发表和解释会计准则，后者负责筹集资金，并审阅和修改组织机构。从此，制定和解释会计准则的权利由 APB 移至 FASB。

这种变化的背景主要有三：

（1）APB 与 SEC 的关系开始紧张。如前所述，SEC 委托 AICPA 制定会计原则，对 APB 的意见书持支持立场。显然，两者犹如高层管理者和基层管理者一般，应该具有非常密切的关系。但是，APB 意见书第 2 辑《投资税额控制》没有得到 SEC 的支持。有时，SEC 也执着地发表与 APB 意见相左的 ASR。

（2）对新出现的会计问题束手无策、反对力量强大，使 APB 的工作陷入困境。进入 20 世纪 60 年代后半期以后，税收分配、企业兼并等重要的会计问题一直没有得到解决，同时，APB 作为一个非专职的委员会，职员不足，调查研究设施落后，给会计准则的制定工作带来困难。

（3）APB 制定的会计准则的强制性不够。该委员会是 AICPA 的内部机构，而 AICPA 又是注册会计师的会员组织，所以，APB 制定的会计准则无法强制被审计单位执行。这就要求建立一个从组织上独立于 AICPA 的具有客观性和权威性的组织来负责会计准则的制定工作。

FASB 的意见就是得到“有重大权威后盾”支持的会计准则

FASB 由 7 位专任委员组成，其中 4 人必须是来自会计职业界的注册会计师，其余 3 人不必是注册会计师，但必须具备与财务报告问题有关的渊博知识。至少有 5 人同意，会计准则方可生效。

该委员会发布的文告，共有四类：

（1）财务会计准则说明——对特殊会计问题确定原则与程序（今称准则），与 APB 意见书具有同等权威性。

（2）解释——对以前发表的财务会计准则、意见书与会计研究公报有冲突或质疑之处加以澄清，与准则具有同等权威性。

（3）财务会计概念说明——从 1978 年 11 月开始发布，系统论述财务会计与报告所依据的基本概念，但并不建立会计原则，故不受 AICPA 职业道德规则第 203 条的限制。

（4）技术公报——自 1979 年 12 月起，由职员编撰，其中并不建立新的财务会计与报告准则或修正现有准则，但对现有准则运用于某项财务会计与报告问题，及时地提供指导。公报虽未经委员会的正式批准，但其建议随时报告委员会，并于发布前给予复阅机会。

在发表财务会计准则与财务会计概念说明之前，委员会任命一些专家为专门工作员，搜集现有文献，进行深入研究，并编纂《讨论备忘录》，列举与各专案有关的重要问题，邀请读者参加讨论，读者可以书面答复，或于公听时口头发表意见。委员会根据讨论备忘录与读者的意见，拟订公开草案，对财务会计与报告提出特殊建议，再度广征会计界与工商界的反应，经分析后，最终发布会计准则或说明书。

1973 年 12 月，SEC 对 FASB 的成立，发表了 ASR 第 150 辑，其中明确指出：“可以认为 FASB 的说明书和解释所反映的会计准则和实务得到了 SEC 这个重大权威后盾的支持，而且，与这些准则和实务相违背的，则不能认为得到了这种支持。”这就确定了 FASB 的意见就是得到“重大权威后盾”支持的会计准则。

五、几 点 启 示

一般而言，美国多是先依据会计惯例，后形成会计准则。这些准则先适用于某些行业，后逐步推广到全国，最后影响全世界。通过考察美国会计准则的发展，我们可以得出以下几点启示：

（1）一套健全的“公认会计准则”，须能让企业的财务状况及经营成果等信息，以最攸关、可靠与符合成本效益的方法，提供给会计信息的使用者，并且有助于其决策。财务报表所披露的是企业已经发生且能用货币衡量的交易及事项，当然无法预言企业未来的成败。但是，财务报表虽有此先天限制，仍不失为决策时值得参考的信息来源，更是衡量企业营运的良好工具。会计准则与审计标准和内部控制系统一起，已构成现代会计与审计的三大支柱。是否建立一套科学的、国际化的会计准则，已成为衡量这个国家会计现代化水平的重要标志。

（2）会计准则具有相对的而不是绝对的权威性。它不需要一致的支持，甚至不需要大多数人的支持。目前，没有任何一个作为会计准则的、具有权威性的说明书，可以在任何条件下约束所有的会计人员。“公认”（generally accepted）指的是对一定的会计实践具有若干实质性的支持。

（3）会计准则是随着市场经济的逐步发展而日益完善的。美国证券交易委员会和 AICPA 均以意见书的形式制定会计准则，而且，总是在应解决的会计问题出现之后再制定会计准则。经济业务愈复杂，出现的会计问题愈多，对制定会计准则的要求就愈高。正是在经济发展的推动下，会计准则日益健全。

（4）AICPA 和 AAA 在制定会计准则的过程中，采用的方法各不相同。一般来说，美国会计学会，是站在学术的立场，对于会计准则的研究采用演绎法，以基本假定发轫，运用推理方法，演化为会计准则，然后据此产生各项规则、方法和程序；美国注册会计师协会则采用归纳法，由各种事实归纳而成各种原则、规则、方法和程序。所以，AAA

的会计准则具有规范性（normative）或理想性（idealism）的特征，以逻辑推理为依据，指示会计应如何做，而不问过去为如何（what should be, as opposed to what was），而且，不以其建议能否立即被采纳为怀，纯以长远观点，争取站在实务之前，而不甘瞠乎其后；AICPA的会计准则具有叙述性（descriptive）的特点，指出会计就是会计人员所进行的工作（accounting is what accountants do），以事实证明为基础，指示会计处理的"最佳"规则和方法。

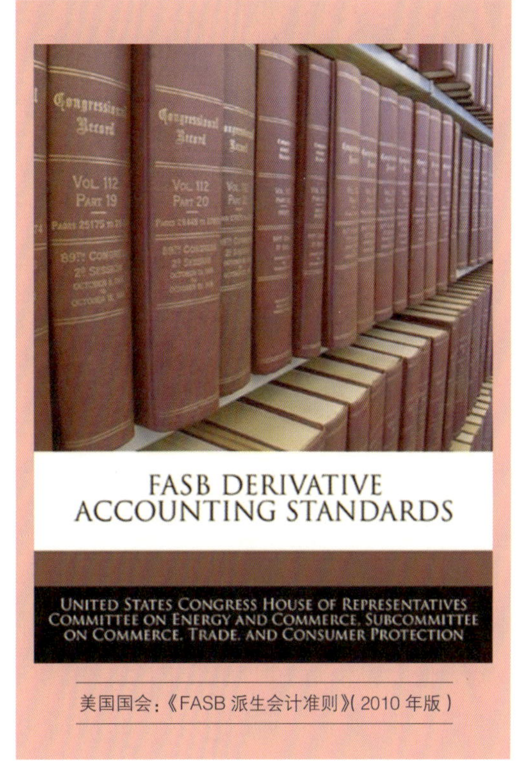

美国国会：《FASB派生会计准则》（2010年版）

（5）会计准则的制定不能僵化。随着经济活动的发展、交易形态的改变，及其他环境变迁所造成的影响，会计准则也要适时修正或增删，方有助于会计功能的积极发挥，并避免误导会计信息的使用者。

（6）学术无国界，专业知识和技能的研究及改进是人类的共同财产，没有理由不予学习。会计既然是企业的共同语言，如非绝对必要，也没有理由要求各国采用不同的会计准则，而使得不同国家的财务报表无法比较。随着国际性商业活动的急剧增加及国际间资金流通的大幅增长，可以预期，一套被各国共同了解及采用的国际会计准则，将逐渐被协调接受。

第七章

审计理论的发展

通过理解审计理论，可以引导我们合理地解决当今审计人员所面临的一些错综复杂的问题。

——Mautz and Sharaf

自从1881年F·W·皮克斯利出版世界上第一本名为《审计人员——他们的义务和职责》的审计文献以来，许多审计学术界的佼佼者贡献了一批又一批的内容丰富的审计专著。他们从不同的角度解答审计实务中出现的各种问题，并通过对各种理论因素加以整理，来指导实务工作者更有效地进行审计工作。

遗憾的是，这些人也只是探讨审计程序究竟包括几个阶段、采用不同审计程序的原因，并重视各种技术、程序和原则的区别，以及审计证据的性质和分类。他们贡献出来的审计文献中的理论因素只是枝枝节节，充其量仅仅是探讨审计理论的开端。可以不过分地说，包括皮克斯利和迪克西在内的所有的审计学者均没有为系统的审计理论作出建树。第一次从哲学的高度系统地、科学地探求审计理论的里程碑式著作是罗伯特·K·莫茨和侯赛因·A·夏拉夫合著的、出版于1961年的《审计理论结构》。本章就以该书为起点，论述成为现代审计特征的审计理论的产生和发展过程。

一、审计理论的第一座里程碑

罗伯特·K·莫茨和侯赛因·A·夏拉夫两位教授协作编著的《审计理论结构》(*The Philosophy of Auditing*，1961年）一书被认为是世界上第一部将审计理论作为一门独立的学科加以论述的的重要著作。

两位作者在本书第一章《审计理论的探求》中指出：[1]

目前，在专业性文献中还很难找到可以称为审计理论的东西。与论述会计理论的丰富资料相比，审计文献中有关审计理论的论述确实是太缺乏了。于是，人们得到这样一种印象，即审计职业团体主要是依靠审计实务来保持其地位的，并没有一套明确的审计理论体系来支持审计实务。人们对会计理论相当重视，已经出版了数册可以称得上“经典”的会计理论专著，但对审计理论却没有给予应有的重视。正是这种不合理性，激励着我们来探求建立一套完整的审计理论体系的可能性。

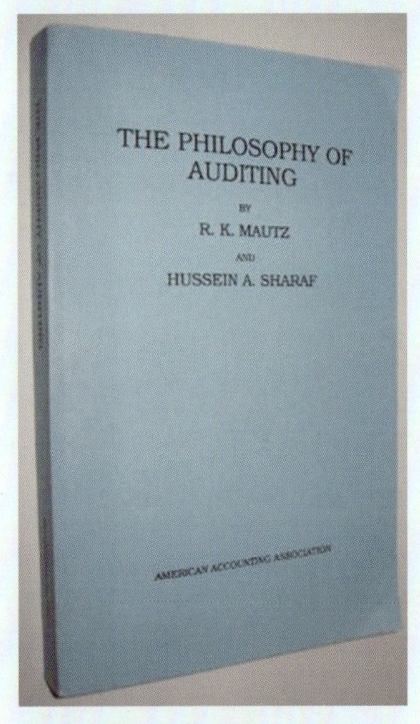

罗伯特·K·莫茨和侯赛因·K·夏拉夫：《审计理论结构》(AAA1961 年版)

现在看来，他们的努力无疑是成功了。

1915 年 4 月 12 日，罗伯特·K·莫茨出生于美国。1922 年，他考入北达科他州立大学，专修会计学和审计学。4 年后又进入伊利诺伊大学研究生院攻读，于 1942 年荣获博士学位。经过 10 多年的苦读，莫茨圆满地结束了自己的学生时代，并先后就职于几家著名民间审计事务所，通过审计实务又积累了丰富的实践知识。1948 年，他在伊利诺伊大学担任教授。他培养了一大批新一代的会计学家和审计学家。从 20 世纪 60 年代起，莫茨已确立了他在美国审计界和会计界的重要地位。1958—1961 年，担任《会计评论》主编。1965 年，担任美国会计学会会长和美国注册会计师协会顾问。从 1966 年起又连续担任审计总署顾问达 11 年。1971—1977 年，担任成本会计标准委员会和财务会计标准咨询委员会委员。

罗伯特·K·莫茨

他的研究领域广泛，不仅涉及会计学和审计学，而且涉及管理科学，共发表了 100 多篇论文和出版 14 部专著。代表作包括：《审计理论结构》(1961 年)、《高级会计师的职责》(1953 年)、《审计基础》(第 2 版，1964 年)、《基本会计假设和原则说明》(1964 年)、《管理控制系统的标准》(1981 年) 和《计算机信息系统的高级管理控制》(1983

年）。其中，以《审计理论结构》最为著名，受到世界审计领域的瞩目，成为他的全部著作中流传最广的一部。

一直到20世纪50年代，与论述会计理论的丰富资料相比，在审计文献中，很难找到论述审计理论的文章或专著。所以，很多人一直认为，审计职业主要是依靠审计实务来保持其地位，并没有一套科学的审计理论体系来支持审计实务。为了驳斥缺乏审计理论研究是因为根本无理论可言的论调，莫茨和夏拉夫合作，开始了审计理论的探索。他们坚信审计也有自己的理论，不仅存在着对开展实务有直接帮助的基本假设和知识体系，而且，通过了解审计理论体系，可以引导审计人员合理地解决他们所面临的错综复杂的现实问题。在以后的几年，他们的研究活动几乎都是围绕着建立审计理论这一中心课题进行的。1961年，美国会计学会出版了《审计理论结构》一书。本书系该学会专题论文第6辑，共10章，由审计理论探索、审计方法、审计假设、各种审计理论概念、审计证据、应有的职业关注、适当反映、独立性、道德行为和审计的展望诸部分组成。此书是莫茨和夏拉夫运用深邃的哲学思想进行理论研究的成果，详尽阐述了作者对建立审计理论学科的独特理解。《审计理论结构》的成功，不仅使莫茨和夏拉夫一跃而居于美国著名审计学家的行列，而且蜚声海外，成为世界审计理论的权威人物。

“世界会计审计名著译丛”：文硕主译的《审计理论结构》

作为两位活跃在20世纪审计领域的著名学者，莫茨和夏拉夫以他们独特的贡献，弥补了审计理论学科的空白，丰富了审计学的内容。1978年，莫茨被推荐进入会计名人堂。次年，美国注册会计师协会为了表彰他对民间审计职业的卓越贡献，授予他特别奖。侯赛因·A·夏拉夫1955年在美国伊利诺伊大学荣获博士学位以后，一直担任埃及开罗大学会计学教授，除著书立说以外，他还指导学生研究会计学和审计的许多专题。而且，夏拉夫还担任几家公司的咨询顾问，参加管理信息系统的设计工作。

《审计理论结构》一书实际上是莫茨丰富的审计实务经验和夏拉夫孜孜不倦刻苦钻研的结晶。

在审计和会计学术界，对于审计与会计的关系问题，一直争论颇大。所以，要建立科学的审计理论，必须首先探讨审计与会计的不同，赋予审计这个概念更明确的内涵。绝大多数学者认为，审计乃是会计的分支。但莫茨和夏拉夫通过旁征博引，令人信服地、毫不含糊地得出结论[②]：

埃及审计学者　夏拉夫教授

审计与会计之间的关系是密切的，但他们的性质是根本不同的。两者只是事务上的同事关系，但不存在血缘关系。

在当时就能将审计作为与会计截然不同的学科来看待，是独具慧眼的，对于审计学科健全地向前发展，有着重要的指导意义。他们正是在这块基石上，构筑了审计理论的大厦。

作者在书中指出了建立审计理论的必要性。他们认为，审计要成为一门真正的科学，就必须探求一套相应的坚实的审计理论，否则，审计就只是一门实践学。他们敏感地、先人一步发现：在审计行为和思维的背后，存在着理论根据和基本原理；将这些根据和原理抽象化、系统化，对于解决审计实践问题是至关重要的。正是这种动机，驱使他们在审计现象显现的复杂过程中，摒弃流行观念的袭扰，提出新建审计理论的独特见解。审计理论一旦产生，就会成为一种积极的力量，帮助审计实务人员了解本专业实践活动的规律，并按合理和一致的方法解决不断遇到的棘手问题。至少，较为完善的审计理论可以为解决实务问题提供线索。

在审计理论的研究途径上，作者运用哲学中的一些概念和方法，对各种审计现象进行了哲理式的思索、提炼和升华。他们认为，应同时从四个角度对审计进行全方位的探索。一是理解（comprehension），即以概括性的眼光对审计理论作全面的思考；二是展望（perspective），即从综合的、相互联系的角度考虑每一个审计问题；三是洞察（insight），即超越偶然认可的惯例或信念去深刻认识推论的前提；四是想象（vision），即超越时空，预测审计理论的前景和目标。

《审计基础》(1954 年版)

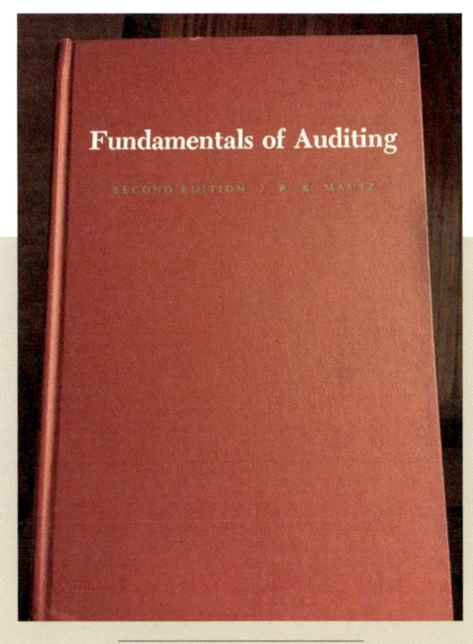

《审计基础》(1964 年精装版)

莫茨和夏拉夫接受了科学家罗宾逊（D. S. Robinson）将科学分成抽象（或形式）科学、一般记述性科学、特殊派生科学、集合科学和应用科学五类的分类法，认为审计具有集合科学的性质。所以，他们试图在不同学科之间架起桥梁，将数学、行为科学、逻辑学、沟通学、伦理学的一些研究方法渗透到审计中来，在一个更宽厚的基础上，丰富和发展审计理论这门崭新的科学。

审计概念标志着人们对审计学科的基本认识，反映了审计学的本质性。在他们看来，审计除了从其他学科中借用各种概念以外，还应该形成自身特有的概念。这些概念是审计的性质和职能所特有的，不可能从其他学科中借鉴、鉴别而来。只有将借用的和自成的概念综合起来，才能形成一个具有内在联系的概念体系。这一体系与审计固有的假设、方法和标准一起，赋予审计以一门独立学科的地位。所以，本书用绝大部分篇幅阐述了审计证据、应有关注、适当反映、独立性等概念。这是作者研究的重点。在这些章节里，他们沿着已开辟的思路，将审计理论一步步推向深化。

不过，《审计理论结构》一书作者的独到之处，并不完全在于上述提及的几点，不应忽视的，甚至是更为重要的，还有这两位审计理论的先驱者在最后一章《审计展望》中提出的审计理论的基本框架。在这精巧的结构里，我们看到，莫茨和夏拉夫首先介绍了以数学、逻辑学和形而上学为核心的基础部分，接着依次论述了由基本哲学、审计假设、审计概念、应用标准和实务应用领域五部分组成的审计理论结构框图。各种审计理论要素有序地排列在一起，较为清淅地反映了审计理论各部分之间的内在关系。

《审计理论结构》一书的影响是深远的。圣母玛利亚大学戴维·N·里基特教授（David N .Ricchiute）指出[3]：

在莫茨和夏拉夫之前或之后，没有哪一部审计专著能像《审计理论结构》一样，会产生如此深刻的影响，并如此广为引用。

中国学者在评价本书时指出[4]：

他们为使审计成为一门独立的学科所作的努力取得了举世瞩目的成绩。人们从对审计的朦胧的感性认识中醒悟过来，开始以理性的眼光看待审计这种社会活动。近 30 年来审计领域出现的著作很少能与它相比，它像一座灯塔，引导着审计理论研究的航向。

二、审计理论的第二座里程碑

莫茨和夏拉夫在《审计理论结构》一书中虚心地指出[5]：

这并不是说我们要在这部薄薄的著作中解决以上列举的所有问题。笔者仅仅尝试做一种介绍性的研究工作，只想对建立审计理论的可能性和审计的性质进行探讨。进步常常是迟缓的，我们若能指出其发展方向，就心满意足了。

这意味着，作者在本书中仅仅是为建立审计理论奠定了基础，他们激励其他对审计理论有兴趣的志同道合者继续研究尚未解决的审计理论课题。

莫茨和夏拉夫对于审计理论的重视与提倡，得到了美国会计学会的赞同。作为理论上的响应，学会不仅成立了基本审计概念委员会，而且于 1972 年正式出版了《基本审计概念说明》（*A Statement of Basic Auditing Concepts*）。该说明简称为 ASOBAC。

ASOBAC 包括五部分：①序；②审计的作用；③调查过程；④报告过程；⑤补论——调查过程（证据的收集与评价）。

ASOBAC 在论述审计作用的时候，以基本会计理论（ASOBAT）中指出的会计定义为出发点，指出："审计是与经济信息的传播有关的不可缺少的部分，所以，与信息的识别和计量有着重要的联系。"由此，对审计作出了如下定义：

审计是一个系统的过程，它客观地收集和评价有关经济活动与经济事项申明的证据，以便证实这些申明与既定标准的吻合程度，并将其结果传达给有关用户。

该定义是以 ASOBAT 中广义的会计定义为前提给出的，明确地将审计过程与会计信息的传递联系起来，它意味着审计的作用就是提高会计信息的价值，审计过程的主要受益者就是会计信息的利用者。该定义是一个广义的定义，适用于各种不同的审计类型和审计目的。

ASOBAC 还列示了会计信息的传递过程，指出该过程的主要目的就是将有关经济事项和经济活动的适当信息，从信息的编制方转换并传递给信息的用户。用户在接受信息时需要两个判断的帮助：一是解释信息内容；二是评价接收到的信息的质量。审计的作用在于帮助用户对后者进行判断。这种作用称为“验证职能”(attest function)。

ASOBAC 指出：审计具有验证职能的条件有四，一是利益冲突；二是结果的重要性；三是复杂性；四是距离遥远。所以，审计人员和审计职能是沟通过程不可缺少的部分。

ASOBAC 在论述调查过程时对证据的收集和评价进行了科学的论述。这种论述法莫茨和夏拉夫在《审计理论结构》一书中曾进行过尝试，ASOBAC 进一步发展了这种方法。ASOBAC 明确指出：“所谓调查过程，指的是努力探求，以确定命题的可信程度。”

如前所述，审计是经济信息传递过程中不可缺少的部分，包括调查过程和报告过程两部分。ASOBAC 在论述报告过程时援用了沟通理论。在审计报告过程中，审计人员相当于发送者，审计报告相当于所传送信息的内容（message），审计报告书相当于媒介体，会计信息的用户相当于受讯者。

总之，ASOBAC 所倡导的审计理论适用于所有的审计类型，具有全面性和抽象性，而且，从提高信息的质量，满足用户的要求这一点来看，属于用户导向的审计理论。

这是一本对审计理论研究者和审计实务工作者均大有帮助的出色文献。它从深度和广度两方面将审计理论的研究又向前推进了一大步。

三、审计理论的第三座里程碑

1978 年，C·W·尚德尔（C.W.Schandel）编著的《审计理论——评价、调查和判断》(*Theory of Auditing*：*Evaluation*，*Investigation and Judgment*) 一书正式出版。这部专著实际上是莫茨和夏拉夫审计理论思想的扩展和深化。

作者在前言中引用了莫茨和夏拉夫的一段话[⑥]：

本书的其余部分论述几个我们认为是重要的审计概念。这些概念是：证据、应有的审计关注、公允表达、独立性和道德行为。我们并不认为在此列举出了所有的重要概念。也许，还有其他的概念可以加入重要的概念之列。我们自信，以上列举的概念均在审计理论结构中占有重要的地位。我们希望，其他学者也加入进行这类分析的行列，直到审计中所有有用的概念都得到阐述，并能够经受哲学性检查。

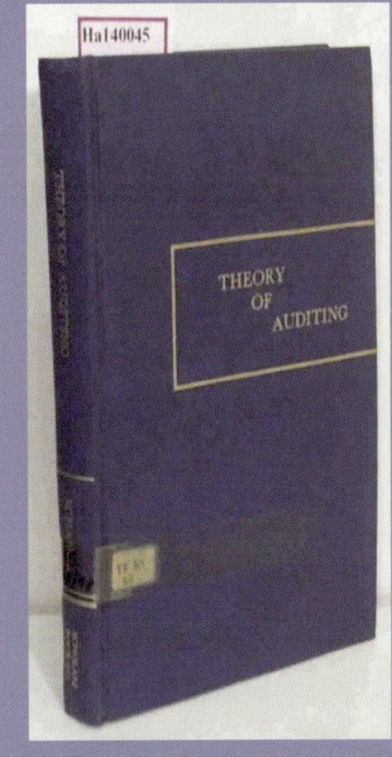

C·W·尚德尔教授：《审计理论——评价、调查和判断》（1978年精装版）

尚德尔宣称，他本人正是为迎接莫茨和夏拉夫这两位审计理论大师的挑战而着手编著审计理论专著的。1969年，他开始收集资料，至1975年完满成功并正式出版。在编著过程中，他多次在美国会计学会的年会上宣读本书的部分章节，受到与会者的一致好评。美国会计学会不仅出版了介绍性的小册子，而且在编著《审计基本理论说明》过程中，也吸取了尚德尔的部分思想[⑦]。

尚德尔在《审计理论——评价、调查和判断》一书中，以他自认为是基本要素的假设、定理、结构、原则和标准为基础，从论述审计基本原理出发，就审计理论建设问题，大胆地提出了自己的设想。

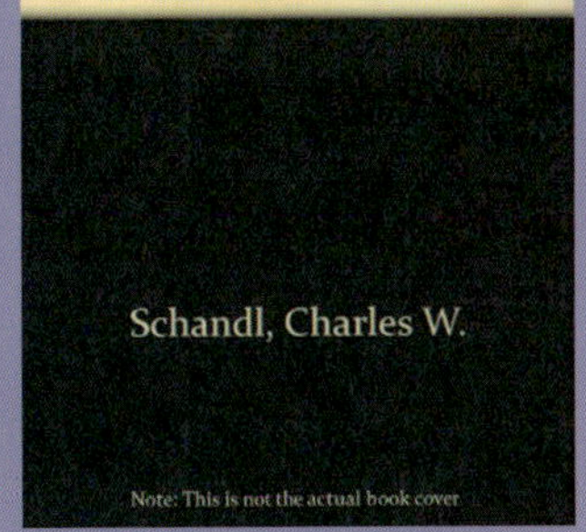

C·W·尚德尔教授：《审计理论——评价、调查和判断》（1978年版）

四、小　结

上述三部名著被公认是西方审计理论研究史上先后出现的三座里程碑。它们各具特色，呈现差异，但我们在这里不再过多地论及它们之间的差异性，而只就它们的一致性和相互影响作总体的观照。一般而言，审计理论有规范式和描述式两种。《审计理论结构》《基本审计概念说明》和《审计理论——评价、调查和判断》均是规范式审计理论的力作，为规范式审计理论的发展，作出了突出的贡献。其中当推莫茨和夏拉夫的贡献最为显著,《基本审计概念说明》和《审计理论——评价、调查和判断》的出现，只是给在莫茨和夏拉夫手中已定型化的审计理论框架注入了新的生机，把审计理论的探讨和实践又向前推进了一大步。

通过以上论述，我们可以得出下列结论：

（1）审计理论的产生既是审计实践发展的需要，又是审计实践发展的必然结果。人们的审计实践发展到一定阶段以后，作为审计主体的人在审计实践活动中积累了经验，并将这些经验上升为系统的、理论化的认识，于是，就形成了审计理论。

审计理论与审计实践是相辅相成的。当审计理论提供解释从而使人们更好地理解审计时，当审计理论严格地检查审计惯例从而证实其存在的合理性时，当审计理论教导我们如何在可供选择的方法中区别优劣时，审计理论便制约了实践。当审计实践把需要分析的现实情况与理论相联系时，当审计实践要求理论变成有益的而不仅仅是批评时，当审计实践要求理论不该僵化而应具有灵活性时，审计实践便制约着审计理论。审计理论和审计实践的相互作用和相互转化，推动着整个审计活动从简单到复杂、由低级到高级的不断发展。

（2）随着审计科学的日益成熟，对审计理论的需求也愈来愈迫切。一门职业要牢牢地立足于社会，就必须建立一套成熟的理论体系。否则，它将仅仅是一门实践学，是一种手艺，难以登上科学的大雅之堂。

（3）审计理论最基本的作用是指导审计实践的顺利进行。审计理论是人们对审计实践认识的集中的、系统的表现。通过学习审计理论，可以了解审计各要素的性质、审计活动的发展机制和运动规律，并运用理论研究所提出的方法，指导审计实践。有了审计理论作指导，审计人员在审计实践过程中就可以掌握一种全新的思维方式和行为方式，就可以减少乃至避免工作中的盲目性，按审计规律办事，运用科学的方法达到确定的审计目标。

（4）审计理论所探索的是审计发展和审计实践中具有规律性的、本质性的东西。概括面愈广，揭示的内在本质愈深，愈具有普遍的指导意义。从这一意义上说，具有生命力的审计理论专著将会产生国际性的影响。

注释：

① 莫茨和夏拉夫著：《审计理论结构》(The Philosophy of Auditing)，文硕等译，中国商业出版社，1990 年版，第 2-3 页。

② 莫茨和夏拉夫著：《审计理论结构》(The Philosophy of Auditing)，文硕等译，中国商业出版社，1990 年版，第 17 页。

③ David N.Ricchiute：Auditing—Concepte and Standards，South-western Publishing Co.1982，p.65.

④ 汤云为、吴云飞著：《审计理论》，中国审计出版社，1990 年版，第 3 页。

⑤ 莫茨和夏拉夫著：《审计理论结构》(The Philosophy of Auditing)，文硕等译，中国商业出版社，1990 年版，第 5 页。

⑥ 莫茨和夏拉夫著：《审计理论结构》(The Philosophy of Auditing)，文硕等译，中国商业出版社，1990 年版，第 86 页。

⑦ C.W.Schandl：Theory of Auditing—Evaluation，Investigation，and Judgment，Scholars Book Co. 1978，Preface.

第八章 绩效审计的发展

> 绩效审计的发展对于那些大胆开拓这种审计的审计长来说，是一个激动人心的挑战。
>
> ——John J.Glynn

一、绩效审计出现的背景

英国著名学者戴维·德尔（David Deuar）在《800 年以前的绩效审计》一文中指出，这种审计起源于 1 180 年以前，迄今已有 800 多年的历史[①]。但是，大多数学者主张绩效审计萌芽于 20 世纪 40 年代，发展于 70 年代以后。

1929—1933 年的经济危机，犹如狂风暴雨，猛烈地袭击着资本主义世界，它导致现代资本主义国家经济的一次具有历史意义的转变：原来占统治地位的以市场自由经营为中心内容的马歇尔古典经济学说顿时衰落，以国家全面干预社会经济生活为主要内容的凯恩斯“革命”开始风靡整个资本主义世界。凯恩斯的这一经济主张有效地医治了“真正的经济病症”，并为资本主义制度设计了“可以避免现行经济形态全部毁灭”的“实用政策”，因而被处于困境中的垄断资产阶级视为资本主义的还魂之术，倍加赞赏，纷纷付诸实施，在所有的资本主义国家风行了几十年。凯恩斯主义成为帝国主义国家的经济经典和长期加以奉行的教条。于是乎，第二次世界大战以后，国家在社会经济生活中的作用日益显著，公共支出占国民总产值的比例直线上升。显而易见，中央、政府和地方各级政府所承担的经济责任的内容和范围与以前相比，已大不相同了。

随着国家公共开支成倍地增加和公营企业的大批涌现，经济资源日益满足不了需要。在这样一种严峻的压力下，人们对提高公营部门支出的效益和明确支出的经济责任的要求，愈来愈高。这已成为一种国际性的现象。因此，在美国国家审计机构的带动下，许多立法模式、司法模式和行政模式的国家审计机构先后从单纯的财务审计和依法审计逐步发展到绩效审计。

由此可见，审计不仅因经济责任的产生而产生，而且因经济责任的发展而发展。在

约翰·梅纳德·凯恩斯（1883—1946 年）

民主政治的启蒙时期，人们只是要求取之于民的要有一定限度，至于取之于民的用于何处，则不关心；尔后，随着一般大众民主意识的增强，人们又要求取之于民的，必须用之于民，否则，就要追究其责任。当代世界的民主浪潮此起彼伏，汹涌澎湃，人们开始要求取之于民的，不仅应用之于民，而且应经济有效地用之于民。这就是绩效审计兴起的宏观政治背景和历史背景。

爱尔默·B·斯塔茨（1914—2011 年）

1981 年，美国会计总署审计长爱尔默·斯塔茨在《政府机构、计划项目、活动和职责的审计标准》[②]（1981 年修订版）前言中指出：

在 20 世纪 60 年代期间，政府计划项目的数量及其投资额均得到很大幅度的增长。这些计划项目旨在提高美国人民的生活质量。70 年代，新设立的计划项目数量大为减少，但总的投资金额却仍继续增长。随着政府计划项目的增加，人们亦日益要求受托管理这些项目的人员应对项目承担说明一切情况的义务。审计就是其中不可缺少的组成部分，各级政府有责任保证审计工作得到妥善执行。

在过去几年内，我们看到人们对政府部门的审计工作空前关心。无论是公职人员、立法人士还是平民百姓，他们都不仅要求了解政府款项是否处置得当，是否遵守法律规定或规章制度，而且还要求了解政府机构是否正在达到批准执行这些计划项目的预定目的，执行这些计划项目所需款项的使用是否经济和有效。

40年前，审计人员主要致力于审计各项开支的付款凭单。而今天，审计人员还需要审计政府各项业务活动的经济性、效率性和效果[③]。

1978年，加拿大亚当斯报告（Canadian Adams Report）指出：

审计人员的作用应根据公众的需要和期望的变化而不断发展。尽管审计人员的主要职能是为财务信息提供可信性，但最近的发展表明，审计人员正日益趋向在更广泛的关系中担任社会控制机构，也就是说，从第三者的角度充当企业管理者及其与信息利用者之间的经济责任关系的调解人。

1981年，英国决算审查委员会（the Committee of Public Accounts）发表报告指出[④]：

……现行法规落后于时代的要求，不能反映当前审计的性质……制定相应的法律条款，对公营审计的总体结构进行规定，是非常必要的……这样，可以在现在和未来公共支出方面向议会承担经济责任。

1986年，澳大利亚联合决算审查委员会（the Joint Committee of Public Accounts, JCPA）指出[⑤]：

审计长和审计长所领导的审计署的作用通过对联邦各部门和机构进行综合审计，并向国会报告审计结果，来改进联邦公营部门的经济性、效率性和经济责任。

同年4月16日，在澳大利亚召开的最高审计机关第12届国际会议正式发表了《关于绩效审计、公营企业审计和审计质量的总声明》，其中在论述绩效审计的必要性时指出[⑥]：

最高审计机关通过绩效审计能为经济性更强、效率性更高和效果更好的公营部门管理作出贡献，并促使公营部门的信息和全面经济责任得到改进。

2006 年，巴西审计法院举办首次 INTOSAI 绩效审计小组委员会会议

显然，最高审计机关国际组织和它的伙伴们其实是在倡导以绩效审计这种新方法，让国家审计事业与自己的时代合拍。它表明：现代国家审计发展的新时代，正在或已经来临了。

二、美国绩效审计的发展

在 20 世纪以前的美国，只有独立战争结束以后不久特许成立的两家公营银行。一直到 1904 年，国家又从私营企业那里得到了巴拿马铁路公司，尔后相继建立了一系列的公营企业，其基本目的是在整体上恢复战后美国经济发展的动力。这些新兴的财团大都具有金融性质，主要是罗斯福总统新政的产物，其中最大的有复兴金融公司、联邦储蓄保险公司、商业信贷公司和进出口银行。至 1945 年 3 月，共建立了 58 家公营企业，拥有大约 30 亿美元的资产。

但是，最初国有化运动所带来的行政管理上的后果在很大程度上没有得到解决，国家和工业之间的结合在西方国家中并没有先例可援。一些管理者、政治家和公众人士认为，为了使经营管理更有效率，公营企业的管理者应像私营企业的管理者那样进行经营管理，这是古老的传统力量的一个表现，因而主张将公营企业的管理从公共控制中独立出来。但更多的人士强调，公营企业独立于公共控制之外，意味着有权在保密的情况下进行工作，而这有悖于一个更加古老和根深

美国进出口银行：罗斯福总统新政的产物（1934 年）

蒂固的观念，即管理公共财产的人必须向公众说明财产的使用情况，而不能将其作为自己的财产任意处置。理所当然，这一观点被普遍接受。

新政时期和第二次世界大战时期的公营企业被赋予相当大的自治权。它们首次被准许自留资金，并自由地从这些投资利润中获得一部分收入，所以，这些企业没有必要每年从国会那里得到拨款。1933 年创立的田纳西河谷管理局甚至被允许拥有自己的人事制度。而且，它们也不是联邦国务院的下属机构，因此，与行政的联系同样是脆弱的。此外，这些公司几乎完全免除了会计总署的审计监督。

上述现象不可避免地受到批评。国会越来越感到这些公司正在脱离包括立法机构和预算拨款在内的控制。已经无法通过国家审计机关对国会进行监督。总统的行政管理委员会（Committee on Administrative Management）在 1937 年声称这些企业的独立性，使总统增添了难以承受的负担。

哈里・F・伯德（1887—1966 年）

以哈里・F・伯德（Harry F. Byrd）为首的委员会在通过一项调查后向美国国会建议：政府公营企业应接受会计总署的审计监督。国会对这一建议深表赞同，于 1945 年通过了《联邦公司控制法案》（*the Government Corporation Control Act of December*），促使会计总署的审计工作朝着现代化的方向迈出了新的一步。该法不仅专门保留了国会创建政府企业的权力，而且最终为公营企业的财务管理建立了一个良好的基本准则，这是一个经营型预算和一个商业型国家审计的结合。它要求，所有的公营企业均应将一个年度的经营预算，与工作计划一起经预算总局提交总统和国会，最后，由会计总署根据适用于商业团体交易中的原则和程序，对公营企业进行审计。会计总署不仅应直接评价公营企业的合规性，而且应对管理效率和内部控制系统的效率加以评价，并向国会报告。

该法提出了会计总署的“综合审计”（comprehensive audit）的方法，实现了国会所宣称的意愿，有效地将政府企业置于国会的年度审计和财政控制之下。

《联邦公司控制法案》是立法机构的一个力作，是公共行政管理艺术方面最有意义的发展之一。

当时，会计总署对一家财务公司 1945 年度的财务报表和经营情况进行了审计。在向国会提交的审计报告中，列举了一系列有关该公司效率的问题，其中包括下列引文：“履行经济责任时效率低”和“工作怠懈、玩忽职守”。这份报告引起了有关部门的浓厚兴趣。

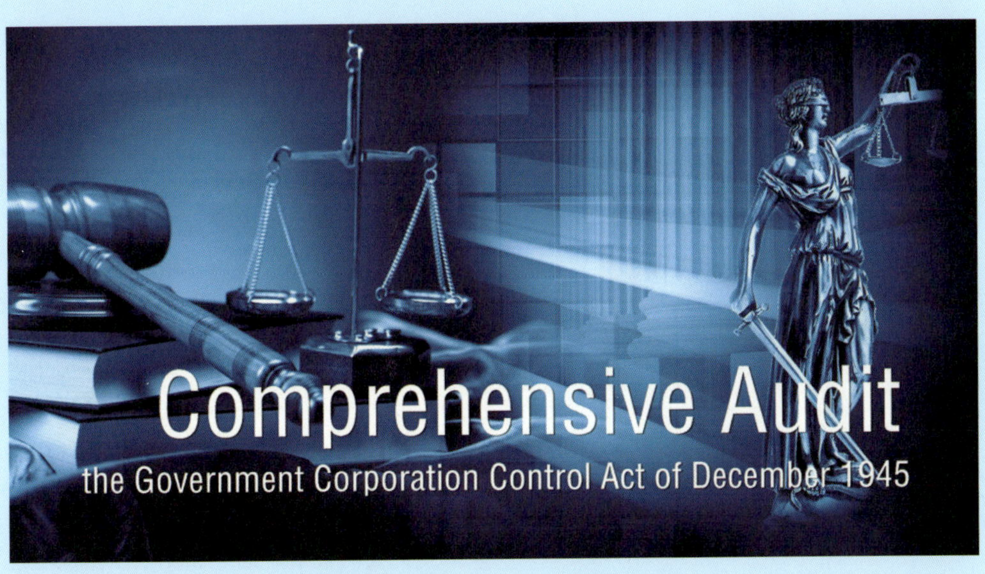

《联邦公司控制法案》提出了“综合审计”方法

会计总署的一位主计长曾在1954年对“综合审计”的目的作了如下描述[⑦]：

确定被审计单位在多大程度上履行其财务责任，也就是指在其计划和活动的范围内如何有效地、高效率地、经济地支用公共基金、使用物资和人员。

要达到一种看来比付款合规性审计更深远的目标是很困难的；事实上，它在范围上已经大大超出了惯常的民间职业审计。执行综合审计的方式包括[⑦]：

（1）对法律作预先研究；

（2）对各机关所采用的方法作批判性审计；

（3）审查实际工作的程序和组织方案；

（4）审查每一项活动的收入和付款，以便在预算范围内正确评价成本和效益；

（5）审核各项业务，验证余额，盘存实物。

最后，要将审计报告提交给国会，或者根据要求交给上级机关或同级部门，例如预算局。

看来这种审计主要关心的是审查行政工作的效益。无论如何，这是一个成功之举。会计总署本身及全体工作人员都得到彻底的更新；那种曾经由于实施如实的合规性控制而声名扫地的国家审计，最终得到了辩护。

1940—1954年林赛·C·华伦出任审计长期间，会计总署发生了具有决定意义的变

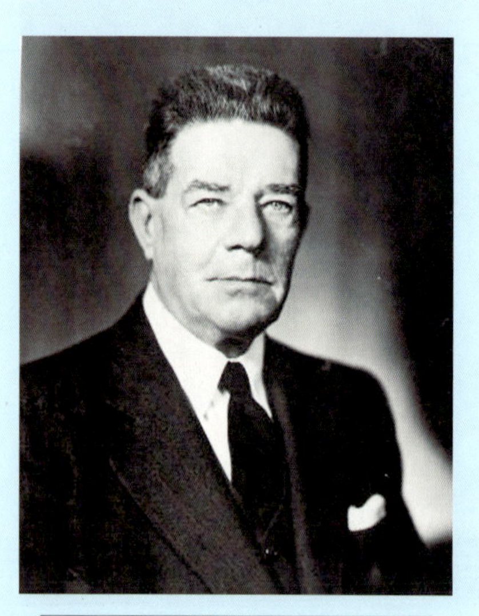

林赛·C·华伦审计长（1889—1976年）

化。华伦退休后，审计长助理这样写道：这是[8]

这样的一段时期，在其中，如果会计总署要面临时代的挑战，它的思想和方法必须发生彻底的变革。华伦先生对总署内部工作所作的广泛彻底的修正，为改进总署对国会和行政部门的服务所作的坚持不懈的努力，使纳税人付出了尽可能最低的代价，却又使会计总署成为一个有效的、过硬的机构。

华伦曾是国会的一位成员，他了解立法机关及其诸委员会的要求，也了解会计总署满足这些要求的能力。他优先考虑的是向国会提交报告并协助国会的工作，而国会反过来又欢迎这样的政策，因为国会知道，它自己需要一个有效的审计机构的帮助。向国会提交的审计和调查报告从1940年的180份增加到1954年的967份，而且，质量明显得到了改进。根据1921年法案第312（b）条，会计总署也从事调研工作，并分派人员协助国会各委员会的工作。它提出了许多有关立法或建议立法的忠告。最后，会计总署还为国会各成员提供咨询服务，这项工作光在1954年就进行了"数千"次。华伦所声称的目标，是将会计总署的工作调整到为立法机关提供真正的帮助。

这样，美国的国家审计工作经历了一场崭新的现代化过程。与此同时，所招募的工作人员的质量提高了，而人数在几年内却削减了一半以上。"我觉得，"华伦写到，"如果我自己的机构是混乱无序的，我就无法批评在审计和调查中发现的其他政府机构铺张浪费的做法。"他在他的退休告别词中说："我们大家一起已经彻底改革了会计总署，树立了它的形象，使它在整个联邦政府都有较好的影响。"这是一个自豪的宣称，众多的证据可以说明，这是有根据的。

进入20世纪70年代以后，政府项目和服务无论在数量上还是在资金数额上都有显著的增长。与这种增长相随而至的是要求受托管理政府资金的管理者们充分履行自己的责任。这是经济责任进一步演化而提出的新要求。政府官员、立法人士和公众不仅要求了解政府资金是否得到妥当管理，是否符合各项法规，而且要求了解政府组织、项目和服务是否经济地、高效率地实现了在其获批和筹资时所制定的目标。1972年，美国会计总署的文件《政府机构、计划项目、活动和职责的审计标准》(*Standards for Audit of*

1972 年，美国会计总署的文件《政府机构、计划项目、活动和职责的审计标准》，提出了"绩效型审计"(performancetype audit) 的要求

Governmental organizations，*Programs*，*Activities and Functions*）不仅对这种变化作出了解释，而且提出了"绩效型审计"(performance type audit) 的要求。这在国家审计史上还是第一次。

这份被称为"黄皮书"(Yellow Book) 的审计标准指出[9]：

对信息的这种要求，拓宽了政府审计的范围，从而使这种审计不再是一种主要与财务经营有关的职能。现在，政府审计也考虑政府组织是否达到了批准项目和筹集资金时所期望的目的，工作是否经济、是否有效率，是否遵循现行法规。

根据该标准可知，美国国家审计包括下列三大部分。

1. 财务和合法性审计——确定

（1）被审机构提供的财务报表是否根据公认会计原则公正地说明了财务状况和经营成果；

（2）该机构是否遵守了可能会对财务报表产生实质性影响的有关法律和规章制度的规定。

2. 经济性和效率性审计——确定

（1）被审机构是否正在经济有效地管理和利用其资源（诸如人力、财产和场地）；

美国会计总署 50 周年纪念奖牌

（2）工作效率不高和不经济的原因何在；

（3）该机构是否遵守了有关经济性和效率性问题的法律和规章制度。

3. 计划项目效果审计——确定

（1）由国会或其他权力机关确立的预期结果或效益是否正在达到；

（2）该机构是否考虑了可能以较低成本达到预期效果的其他可供选择的办法。

显而易见，第二部分和第三部分不属于传统的财务审计范畴，而是崭新的绩效审计。

从法律上看，会计总署是美国立法机构的左膀右臂，拥有较高程度的独立性。前任审计长埃尔默·斯塔茨上任伊始，著名的国家审计学者 H·C·曼斯菲尔德（H.C.Mansfield）就指出，已显露的迹象表明，美国会计总署将把[10]：

……常规审计大部分移交给政府职能部门和财政部，将政府职员忠诚与否的监督移交给新近建立的部门总监察长。该署将把自己的主要精力放在其他部门对财务报告、分析和控制系统加以改进上。会计总署声称……除了应国会的特别要求以外，还有义务进行调查，并向国会或其他方面作出“评价”报告。

会计总署的报告不断提出建议，要求修改宪法或联邦政策。可以想象，这预示着会计总署的姿态将发生重大变化。绩效审计将会成为美国国家审计发展的主旋律。

三、加拿大绩效审计的发展

1878 年，加拿大议会任命了第一任审计长。但是，在 1973 年詹姆斯·麦克唐纳（James J. Macdonel）出任审计长以前，审计长公署一直从事传统的财务审计工作。

麦克唐纳上任之时，加拿大政界对审计长权限的争议已经沸沸扬扬。某些部长们认为，审计长的作用已经超出了法律许可的范围，因为他经常对政策性问题作出判断，并表述意见。同时，一般公众对历任审计长一直将在查账过程中发现的非生产性开支的意见写入审计报告的做法，提出了许多不同意见，因为在这类开支中，有些从技术上看完全符合支出法规，但显然并无效益。加拿大政府对审计长的这种报告方法，同样表示怀疑。为了解决这一矛盾，麦克唐纳用更现代的术语，对国家审计的作用重新进行了说明，并设置了独立的检查委员会（Independent Review Committee）。该委员会亦称威尔逊委员会（Wilson Committee）。

加拿大审计长公署徽标

麦克唐纳审计长指出[11]：

关于支出合法性以外的事项，审计长是否有权进行检查和报告？例如，在评价支出的经济性、效率性和效果时，他能走多远？

建立威尔逊委员会，就是为了解决这一问题。该委员会由两名会计师和一名律师组成，负责检查审计长公署的职责及其与政府部门和机关的关系、报告程序和确保公署独立性的手段。决算审查委员会对威尔逊委员会的工作给予了大力支持。1975 年 4 月，检查委员会向议会提出了第一份威尔逊报告。

委员会在报告中提出的第一项建议是[12]：

应就审计长和审计长公署各自的任务、职责和相互间的关系制定单独的立法。现有的《财政管理法》必须作相应的修改。

委员会还在报告中提出了一项重要的建议：审计长应关心所花费的公共资金是否获得了效益；他应该向议会报告所发现的不良结果。

1977 年，议会通过了《审计长法》(*Auditor General Act*)，其中规定审计立法独立于《财政管理法》，并将威尔逊委员会提出的许多有益建议吸收进了《审计长法》。例如，此法令要求审计长就发现的下述情况向议会提出报告[11]：

……资金使用不符合经济性和效率性时，或者虽有条件但未能建立起衡量和报告项目效果的合适程序时。

审计长在1977年的审计报告中指出，政府大多数计算机设施的财务控制和安全系统存在着严重缺陷，而且，在1978年审计报告中披露了第一批绩效审计的结果。

麦克唐纳审计长指出[13]：

> 我认为，在政府的经营业务中普遍缺乏应有的经济性和效率性，对数以百万加元计的投资项目是否取得议会的预期目的注意不够……对18个部门中23个项目所作的检查表明，对评估项目的结果所作的努力几乎均告失败。

皇家财政管理和经济责任委员会（Royal Commission on Financial Management and Accountability）于1979年3月提出了最终报告，其中陈述了该委员会的下述观点[13]：

> 在政府管理中蔓延的严重不适感明显地削弱了经济责任的链环，有时几乎导致这种链环的全面崩溃。这种经济责任的链环首先是政府内部的经济责任，其次是政府对议会的经济责任，最后是对加拿大人民的经济责任。

该委员会就审计长至1976年3月31日为止的会计年度的审计报告中提出的意见，召开了紧急会议。审计长在报告中指出[13]：

> 我对议会，实际上是政府没有或几乎没有对公共钱袋实行有效的控制，深感忧虑。……调查由审计长审查的政府部门、机关和皇家企业各项制度的结果表明，加拿大政

1977年，议会通过的《审计长法》是一部尊重加拿大审计长总署和可持续发展监督和报告的法案。图为加拿大议会

府的财务管理和控制是非常不适当的。如果不采取强有力的和适当的手段，去改变这种严重的危机状况，这种状况将会继续下去。

上述批评对议会采取措施，推进绩效审计，起到了有效的促进作用。

在国家审计机构大力开发效益审计的同时，加拿大民间审计组织也进行了公营部门效益审计的研究。加拿大特许会计师协会（CICA）成立了一个由约翰·亚当斯（John W. Adams）为主任的特别委员会。1978 年，亚当斯确信，绩效审计适用于各级政府。他在一份报告中指出[13]：

在非营利领域里缺少诸如盈利性、竞争环境之类的刺激因素，因此，扩大对这种机构的审计范围，使之包括企业经营的经济性、效率性和效果（即绩效审计）等内容，可能是适宜的……我们认为，这种类型的审计适用于省、地区和市各级政府。应及时把审计扩大到除所有非商业性国营公司以外的公共组织中去，如医院、大学等。对慈善事业进行审计可能也是适宜的。

在国家审计领导人和民间审计倡导者的推动下，加拿大出现了一种名为综合审计（comprehensive audit）的现代审计方法。

综合审计概念是以公营部门管理的两条重要标准为基础的：一是必须最有效地使用公共资金，也就是说，负责管理公共资金的官员应该保证其符合经济性、效率性和效益性原则；二是应该有效而妥当地管理资源。

加拿大审计长公署将综合审计的内容用一首字母缩略语 FRAME 作了概括。这五个组成部分是：

F. 财务控制（financial control）；

R. 向国会报告（reporting to parliament）；

A. 证明和权限（attest and authority）；

M. 管理控制（management control）；

E. EDP 控制（EDP control）。

詹姆斯·库特：《加拿大综合审计：理论与实践》（1988 年版）

四、澳大利亚绩效审计的发展

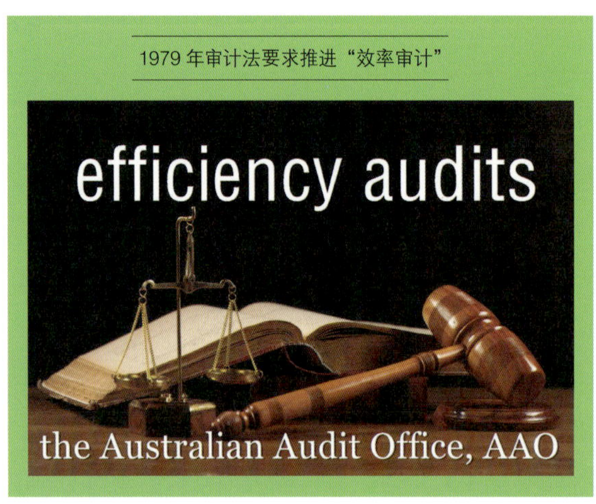

1979 年审计法要求推进“效率审计”
efficiency audits
the Australian Audit Office, AAO

澳大利亚审计署（the Australian Audit Office，AAO）绩效审计起步于20世纪70年代。这一发展相当部分是由运用《1901年审计法》第54条款赋予的权力引起的。澳大利亚审计署称这类检查为“项目审计”（project audits）。1979年对1901年的审计法进行了修改。修正案要求澳大利亚审计署除财务审计以外，还应对政府部门和其他政府单位进行效率审计（efficiency audits）。

该法第54条款授权审计长：

……为更好地筹集和支付公共资金提出计划和建议，改进公共账簿记账方法，并从总体上就与公共账目、公共资金和物资储备有关的所有问题提出报告……

1979年审计长修订案从1976年审计长报送给澳大利亚皇家政府行政管理委员会（the Royal Commission on Australian Government Administration）的报告中汲取了许多有益的营养。该委员会建议“建立一个效率审计的经常性项目，以便能够据以对各部门的绩效进行评价”。

委员会解释说[14]：

……本委员会再三考虑，认为审计长应该有权对各部门、各机构使用财力、人力和其他资源的效率进行审查……

但是，该委员会也强调[14]：

应注意的是，我们不将项目效果检查的任务包括在效率审计之中。委员会认为，审计长不考虑对项目自身进行判断，他可以对组织系统和财务管理绩效（value for money）中的效率问题进行检查。委员会还认为，对项目本身进行检查是一种政治判断

（political judgement），审计长不应卷入。同时，效率审计据以进行的许多资料与项目效果检查有关。

当时的审计长斯蒂尔·克雷克（Steel Craik）在一篇提交给委员会的报告中，提请各位注意后来出任美国会计总署审计长的埃尔默·斯塔茨先生提交给国际最高审计组织第十次大会的论文。斯塔茨认为，审计共有财务审计、管理（经营或绩效）审计和项目审计3类。管理审计主要涉及资源管理和使用的效率性和经济性。澳大利亚审计署接受了斯塔茨先生管理审计或绩效审计的基本概念，并深受美国会计总署这种审计思想的影响。

所以，审计长没有审查效果审计的权限。效果审计属于总理各部和内阁的职责范围。澳大利亚州政府也没有授予各州审计长效果审计的权力。

最近，许多迹象表明，未来的审计立法将授予审计长以效果审计的权利。一些人据理力争，指出[15]：

效率性和效果并不是截然不同的概念，两者均与如何评价承担着不同责任的各级管理部门有关。对于一个组织来说，完全有可能出现这种情况：有效率地完成无效果的任务。

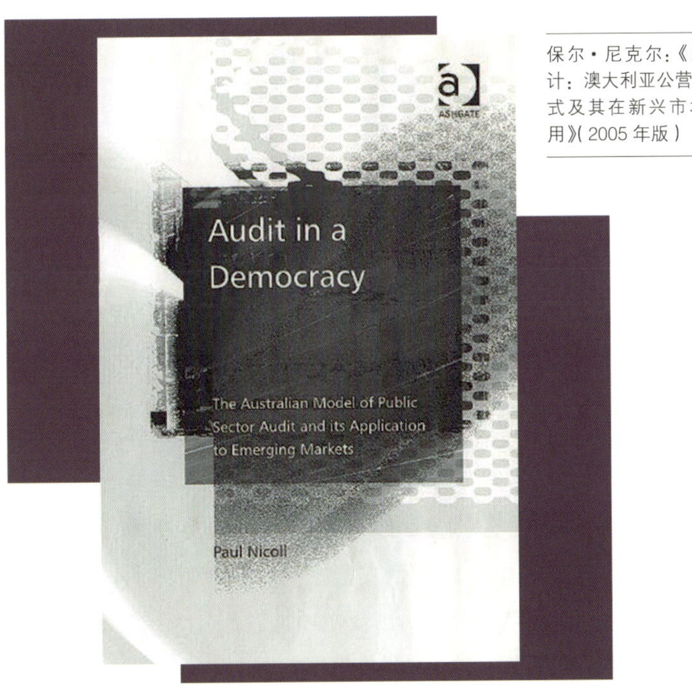

保尔·尼克尔：《民主审计：澳大利亚公营审计模式及其在新兴市场的应用》（2005年版）

五、英国绩效审计的发展

20 世纪 70 年代以来，英国的公共支出明显上升，年递增率经常达 10% 以上。为了提高公共支出的绩效，刺激政府官员追求更大的经济性和效率性，议会发动了一场改革公营部门经济责任的运动。

程序委员会在 1977—1978 年度的报告中，论述了采用自上而下的方式进行改革的必要性。其中指出[16]：

显而易见，议会现行的程序不适用于控制公共支出，也不适用于确保公共资金的有效使用。议会只审计年度支出预算、批准综合国库资金的预算和支出预算法案，但很久以来，没有对支出行使详细的控制。现在，议会审议岁出的时间很少用于与公共支出稍微有关的目的。

……

多年来，议会试图设计用于公共支出的合适方法，过去很长一段时间是采用通过公共决算委员会来控制的方法……但是，公共决算委员会的权限无论从广度上看还是从深度上看，都是非常有限的，而且，这种对支出进行控制的方法也是马后炮。

公共决算委员会当时的委员长乔尔・巴尼特（Joel Barnett）对程序委员会说：公共决算委员会和主计审计长的权限并不充分，他们无法对接受国家资助的团体进行监督。

联合国审计师 E・L・诺曼顿（E.L.Normanton）在接受采访时指出[17]：

在公营部门领域，英国审计人员的地位在西方世界主要国家中，无疑是处在最低水平上。

于是，政府就主计审计长的作用，于 1980 年 3 月发表了绿皮书。该文件归纳了与国家审计机构有关的各种建议。这是 100 年来的第一次。

绿皮书第 64 节将征求议会各委员会、其他有关团体和个人对政府的意见进行了归纳。其中列举了推行绩效审计的主要观点：主计审计长应对公共资金支出的经济性和效率性进行检查；必要时，调查计划项目是否有效地达到了规定的政策目标。但是，政府在绿皮书中也指出：主计审计长不应将国营企业作为审计对象。

公共决算委员会于 1981 年 2 月发表了三卷本的报告书，以作为对政府绿皮书的反映。这就是英国国家审计史上著名的 1980—1981 年度公共决算委员会第一次特别报告

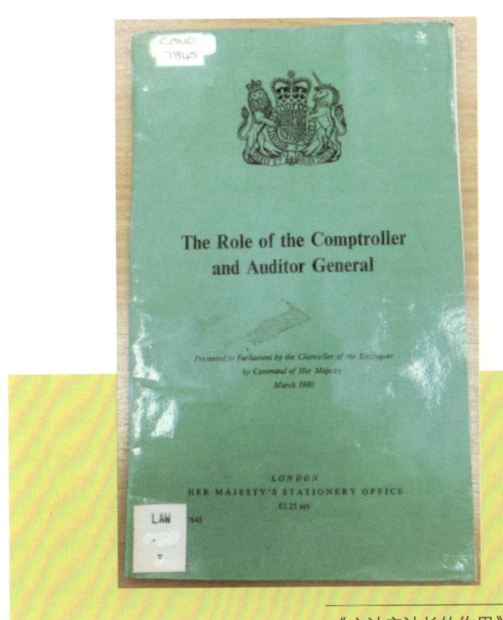

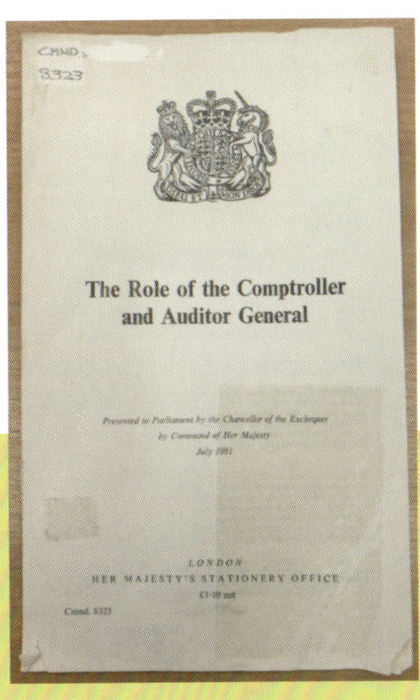

《主计审计长的作用》(1980—1981 年)

书，名为《主计审计长的作用》(*The Role of the Comptrollerand Auditor General*)。该报告基本同意绿皮书表明的意见，但也提出了有益的改进建议。特别报告书第 8.1 节指出[18]：

> ……现行法规落后于时代的要求，不能反映当前审计的性质……制定相应的法律条款，对公营审计的总体结构进行规定，是非常必要的……这样，可以在现在和未来在公共支出方面向议会承担经济责任。

委员会还建议：在议会批准向私营企业或其他团体提供补助金或贷款时，不管这些公司或团体是否具有盈利性质，主计审计长都有权对这些企业或团体进行审计，否则，不能提供补助金或贷款；主计审计长有权对接受公共资金资助的团体的会计记录进行审查，并将审计报告报送下院。同时，还积极主张新建国家审计署。

约翰·史蒂瓦斯(1929—2012 年)

1981 年 7 月，政府对公共决算委员会的提议作出了反应。它发表了一份公告(Cmnd 8323)，明确表示不赞成扩大国库和审计部的权限。该文件第 6 节指出[19]：

> 政府依然认为，通过立法适当地规定主计审计长的权限，是有益的。但是，这并未迫在眉睫。过去两年的经验表明，现在的法律，实际上未必妨碍对国库和审计部、公共决算委员会的工作作必要的改革……

正当政府与议会争论不休之时，约翰·史蒂瓦斯（Norman John Stevas）以个人名义向议会提出了一项议案。经过修改，这部提案成为 1983 年国家审计法（*the National Audit Act* 1983）。1984 年 1 月 1 日，这部由三部分组成的法案付诸实施。

该法第二部分对经济性、效率性和效果检查，进行了明确的规定。其中第 6 条规定：主计审计长可以检查任何部门、机构或其他团体在履行职能过程中使用资源的经济性、效率性和效果。第 7 条规定：如果主计审计长有充分的理由认为，适合本条款的机关和团体不论在哪一个会计年度从公共资金那里接受了收入的绝大部分，那么，就可以对该机构或团体在会计年度内使用资源的经济性、效率性和效果实施检查，但不能检查被审计单位或团体的政策目的[20]。

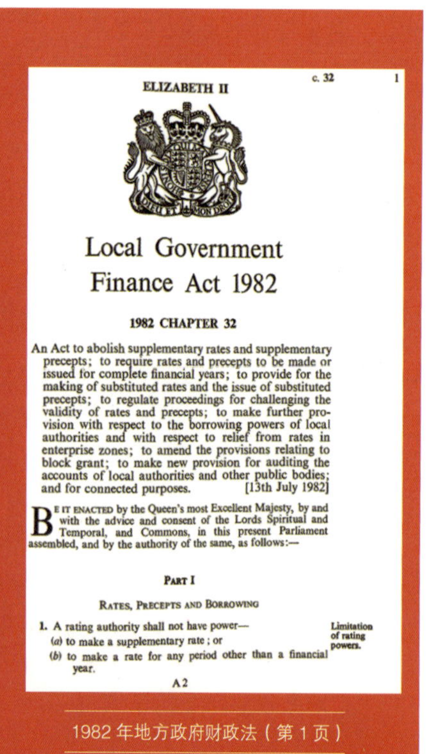

ELIZABETH II c. 32 1

Local Government Finance Act 1982

1982 CHAPTER 32

An Act to abolish supplementary rates and supplementary precepts; to require rates and precepts to be made or issued for complete financial years; to provide for the making of substituted rates and the issue of substituted precepts; to regulate proceedings for challenging the validity of rates and precepts; to make further provision with respect to the borrowing powers of local authorities and with respect to relief from rates in enterprise zones; to amend the provisions relating to block grant; to make new provision for auditing the accounts of local authorities and other public bodies; and for connected purposes. [13th July 1982]

BE IT ENACTED by the Queen's most Excellent Majesty, by and with the advice and consent of the Lords Spiritual and Temporal, and Commons, in this present Parliament assembled, and by the authority of the same, as follows:—

PART I

RATES, PRECEPTS AND BORROWING

Limitation of rating powers.

1. A rating authority shall not have power—
(*a*) to make a supplementary rate; or
(*b*) to make a rate for any period other than a financial year.

A 2

1982 年地方政府财政法（第 1 页）

可见，该法第一次从法律上正式授权英国国家审计部门实施绩效审计。虽然起步晚于其他西方国家，但最终还是紧紧跟上了国家审计发展的新潮流。

除国家审计法以外，1982 年地方政府财政法（Local Government Finance Act 1982）和 1983 年（苏格兰）地方财政法［*the Local Government*（*Scotland*）*Act* 1983］也对绩效审计作了规定，推动了英国绩效审计事业的发展。

前者规定：审计人员应通过检查会计记录和其他方法，审查被审单位是否为确保资源的经济性、效率性和效果，采取了适当的措施。用法律的形式，要求调查确保效果的程序，这是前所未有的。根据该法，设置了英格兰·威尔士地方政府委员会（Audit Commission for Local Authorities in England and Wales），由 1 名委员长和 13 名委员组成，对绩效审计工作非常重视。各地方当局均从委员会那里接受了名为《地方当局概要》(*Authority Profile*)的报告。该报告列举了应加以解决的绩效审计的主要问题，并归纳了与该地方政府有关的具有可比性的统计值和趋势信息，同时，对审计过程中应调查的绩效审计问题，给予了充分的注意。有的地方当局率先任命了绩效审计专家。

后者也作了类似的规定，促进了苏格兰地方当局绩效审计发展。

六、小 结

（1）严格讲，绩效审计并不是一种新方法。但是，它得到广泛运用，则是20世纪40年代以后的事。它首先由美国所倡导，然后波及世界各国。进入70年代以后，已经一发而不可收了。

（2）20世纪70年代后，人们对提高公营部门支出的效果和明确支出的经济责任的要求，越来越严。这是一种普遍的国际现象，而决非是某一国所独有。它源于这样的严重压力：即政府可资利用的资源越来越少，同时，政府所承担的社会和经济义务却日趋扩大。这是促使绩效审计事业在世界范围内兴起的最重要的原因。

（3）绩效审计目前正成为一股风靡全球的浪潮，成为现代国家审计发展的不可逆转的大趋势。它引起的最重大的变革，将不仅是审计范围的根本变动，而且是推动整个世界国家审计向深度的空前发展。

（4）在现代国家审计史上，绩效审计的采用是具有划时代意义的催产剂。因此，能否不失时机地选择并接受绩效审计是衡量一个国家的国家审计是否具有活力的标志之一。许多国家的审计长正是在历史的这一转折点上，勇敢地接受挑战，为本国国家审计的发展，作出了里程碑式的贡献。

注释：

① David Deuar：Value-For-Money Audit—the first 800 Years，Opinions，p.14.

② GAO：Standards for Audit of Governmental Organizations，Programs，Activities，and Functions，1981 Revision，Preface.

③ J.W.Adams：Report of the Special Committee to Examine the Role of the Auditor，CICA，1978，p.39.

④ The First Special Report from the Committee of Public Accounts，Session 1980—1981（HC 115），HMSO London，para.8.1.

⑤ the Joint Committee of Public Accounts(JCPA)：Report 253，AGPS Canberra，1986，para.1.5.

⑥ XII INTOSAI：General Statement on Performance Audit，Audit of Public Enterprises，and Audit Quality，para.4.

⑦ Long，Director of the Division of Audits，引自 Senechal，op.cit.

⑧ Annual Report of the C.G. of the U.S.，1954，p.vi.

⑨ GAO：Standards for Audit of Governmental Organizations，Programs，Activities and Functions，Washington，U.S.Government Printing Office，1972，p.i.

⑩ H.C.Mansfield：The Quest for Accountability，Public Administration Review，May / June 1981，p.399.

⑪ 约翰·格林：《绩效审计》(Value for Money Auditing in the Public Sector)，徐瑞康、文硕译，中国商业出版社，1990 年版，第 72 页。

⑫ OAG：Comprehensive Auditing Manual，1984，1.03

⑬ 约翰·格林：《绩效审计》(Value for Money Auditing in the Public Sector)，徐瑞康、文硕译，中国商业出版社，1990 年版，第 73 页。

⑭ John J.Glynn：The Development of Performance Auditing in Australia，Australian Society of Accountants，1987，p.8.

⑮ 约翰·格林：《绩效审计》(Value for Money Auditing in the Public Sector)，徐瑞康、文硕译，中国商业出版社，1990 年版，第 77-78 页。

⑯ 约翰·格林：《绩效审计》(Value for Money Auditing in the Public Sector)，徐瑞康、文硕译，中国商业出版社，1990 年版，第 93 页。

⑰ 约翰·格林：《绩效审计》(Value for Money Auditing in the Public Sector)，徐瑞康、文硕译，中国商业出版社，1990 年版，第 94 页。

⑱ The First Special Report from the Committee of Public Accounts，Session 1980-1981

(HC 115)，HMSO London，para.8.1.

⑲ 约翰 • 格林:《绩效审计》(Value for Money Auditing in the Public Sector)，徐瑞康、文硕译，中国商业出版社，1990 年版，第 100 页。

⑳ John Glynn：Value for Money Auditing—An International Review and Comparison，Financial Accountability and Management，Winter 1985.

第九章 蒙哥马利和《蒙哥马利审计学》

一、丰富的一生

罗伯特·希斯特·蒙哥马利（Robert Hiester Montgomery）1872年9月21日诞生于美国宾夕法尼亚州马哈诺伊市，兄弟6人，排行第五。他的母亲名叫安娜·克丽娜·蒙哥马利，父亲名叫托马斯·蒙哥马利（Thomas Montgomery），是一名虔诚的牧师[①]。1889年12月4日，他受雇于费城美国公共会计师协会副会长约翰·海因斯（John Heins）创办的会计师事务所，担任实习生。在此期间，也与在该会计师事务所工作的威廉·M·莱布兰德（William M.Lybrand）、T·爱德华·罗斯（T.Edward Ross）和亚当·A·罗斯（Adam A.Ross）3人结成了深厚的友谊，并在他们的帮助下，刻苦自学会计学和审计学。1898年伊始，4人联合在费城创办了莱布兰德、罗斯兄弟和蒙哥马利会计师事务所。1899年，蒙哥马利领到了公证会计师执照。1902年，会计师事务所在纽约市设立了办事处，由蒙哥马利负责。这是会计师事务所在宾夕法尼亚州以外地区设立的第一家办事处，从而为会计师事务所从一家地区性机构发展成全国性机构，迈出了可喜的第一步。尔后，该会计师事务所逐步发展成现代八大国际性会计公司之一——库珀斯·莱布兰德会计师事务所。

罗伯特·希斯特·蒙哥马利

蒙哥马利对于知识的追求，表现出一种惊人的毅力。由于父亲是一位牧师，工作地点每两年变动一次，蒙哥马利接受的正规教育是不系统的。然而，他积极上进，博览群书，在通向民间审计高峰的崎岖小道上不懈地前行。他的绝大部分民间审计知识是在实际工作中掌握的。他一天平均花9小时熟悉民间审计业务，晚上则埋头学习法律。他的法律导师是费城的两名律师。1900 年和 1904 年，他通过法律考试，先后取得了费城和纽约的律师资格。蒙哥马利曾表示，他自己并不喜欢从事法律实务工作，只是希望通过法律培训，成为一名出类拔萃的公证会计师。

1900—1940 年，蒙哥马利将大部分精力放在民间审计组织的各种活动上，且成绩显赫。19 世纪 90 年代至 20 世纪初，各州先后颁发了公证会计师法，并创办了各自的公共会计师协会，创建了一个全国性的民间审计组织。于是，伊利诺伊州民间审计职业的先锋乔治·威尔金森（George Wilkinson）于 1920 年创办了美国公共会计师协会联合会，旨在促使颁布全国性的公证会计师法案，以及鼓励各州联合成立公共会计师协会。蒙哥马利于 1903—1904 年担任该联合会的财务干事，并协助威尔金森在 1904 年圣路易斯世界博览会期间，成功地组织了第一届会计师会议。这次会议在美国民间审计职业形成时期是一件意义深远的重大事件。它为美国公共会计师协会联合会并入美国公共会计师协会打下了基础。在联合会任职期间，蒙哥马利还完成了两项重要的工作。一是组织筹资出版了一份会计专业月刊。对于一个会员不满 500 名的组织来说，这无疑是一项雄心勃勃的计划。二是接管了创刊才一年的伊利诺伊州公共会计师协会会刊《审计人员》（Auditor），并将其改名为《会计月刊》（*Journal of Accountancy*），于 1905 年 11 月出版了创刊号，其中发表了蒙哥马利一篇关于民间审计职业标准的专论文章。这份月刊堪称世界发行量最大的国际性刊物②之一。

THE JOURNAL OF ACCOUNTANCY

NOVEMBER, 1905

Contents

	Page
Education and Training of a Certified Public Accountant . . . . By J. E. STERRETT	1
Duties and Responsibilities of the Public Accountant with Regard to New Issues of Stocks and Bonds . . . . . By A. LOWES DICKINSON	16
Professional Standards (a Plea for Co-operation among Accountants) . . . . . By ROBERT H. MONTGOMERY	28
The Scope of the Profession of Accountancy . By F. A. CLEVELAND	40
Editorial	57
Book Department	63
Notes from Correspondents	70
Annual Meeting of the American Association of Public Accountants	76

NEW YORK
THE ACCOUNTANCY PUBLISHING CO.
32 WAVERLY PLACE

Professional Standards

A Plea for Co-operation among Accountants

By Robert H. Montgomery, C. P. A.

Until quite recently an article on professional standards would have seemed out of place, unless found in a journal read largely if not exclusively, by clergymen, doctors or lawyers. The recognition of accountancy as a profession, while gained in a marvelously short time when we consider its history, is yet so new a matter that it is difficult to define accurately the conditions which exist, and a far more onerous task to outline ideal standards. At first thought we might take it for granted that a code of ethics generally followed or at least particularly fitted to the legal or medical profession might with propriety be recommended to the accountant, but there are so many inherent peculiarities which differentiate the professions named that accountants find themselves forced to compile a new code.

It is not too much to say that more is expected of a professional accountant in these youthful years of the profession than was exacted from the lawyer or doctor when their professions were centuries old. The law, perhaps, made the most rapid strides, although the standards have been raised considerably in comparatively recent years. We frequently hear of attorneys who are not faithful to their trusts, but the total number of recreants is very small, and the ever vigilant bar associations honestly strive to rid the ranks of those who have violated their rules. The medical profession has been rather slow in its advance to universal public respect. Not so many years ago the barber applied the leech without thought of punishment for practicing without a license. We cannot take the time to examine the progressive steps made by these two great professions, nor follow in detail the gradual growth of their codes of ethics, but a cursory look is sufficient to convince the observant student that legislation has not been responsible for their present high standards. The moving cause has been the careful education and training of the

28

《会计月刊》创刊号（1905 年）与蒙哥马利关于会计师职业准则的论文

《会计月刊》1940 全年 12 卷

1912—1914 年，蒙哥马利出任美国公共会计师协会会长职位。该协会于 1916—1917 年之间改名为美国会计师协会。在协会任职期间，他与乔治·O·梅（George O.May）一起，成功地挫败了两个政府机构控制公证会计师职业的企图。他们说服这些机构接受了他们的建议，并在会计师协会《联邦储备公告》1917 年 4 月 6 号上发表了名为《统一会计》(*Uniform Accounts*）的历史性文件。这份文件不久又以小册子的形式再版，名为《编制资产负债表的公认方法》。这是世界上第一份由民间审计组织颁发的指导性公告。

进入 20 世纪 20 年代以后，一部分会计师对美国会计师协会实施的政策感到不满，同时也埋怨协会在推动各州通过公证会计师法方面表现不够主动，因而于 1921 年脱离协会，创立了美国公证会计师公会，与美国会计师协会分庭抗礼。1935 年，蒙哥马利通过竞选，再次当选为美国会计师协会会长以后，利用自己在协会的地位和影响，巧妙地在两个全国性民间审计领导层周旋和协调。他对美国公证会计师公会发起人的心情深表理解，同时也明确表示反对另立山头，再建一个全国性的民间审计组织。经过蒙哥马利诸人的积极努力，1936 年，美国公证会计师公会终于重新回到了美国会计师协会的怀抱。从此，美国两大敌对的全国性民间审计组织携手合作，建立起统一的民间审计团体。这是蒙哥马利对美国民间审计组织发展所作出的里程碑式的贡献。

蒙哥马利除帮助组织召开第一届国际会计师会议外，还代表哥伦比亚大学出席了 1926 年在阿姆斯特丹召开的第二届会议，主持了 1929 年在纽约召开的第三届会议，代表美国公证会计师协会出席了 1933 年在英国伦敦召开的第四届会议。

Uniform Accounts.

The following tentative proposal has been submitted by the Federal Reserve Board for the consideration of banks, bankers, and banking associations; of merchants, manufacturers, and associations of manufacturers; and of auditors, accountants, and associations of accountants:

Through the courtesy of the Federal Trade Commission the Federal Reserve Board has been enabled to take advantage of a large amount of information and data which the Trade Commission acquired in connection with the study of the statements made by merchants, manufacturers, etc., as showing the condition of their business. Because this matter was clearly of importance to banks and bankers, and especially to the Federal Reserve Banks which might be asked to rediscount commercial paper based on borrowers' statements, the Federal Reserve Board has taken an active interest in the consideration of the suggestions which have developed as a result of the Trade Commission's investigation, and now submits in the form of a tentative statement certain proposals in regard to suggested standard forms of statements for merchants and manufacturers.

The problem naturally subdivides itself into two parts. (1) The improvement in standardization of the forms of statements; (2) the adoption of methods which will insure greater care in compiling the statements and the proper verification thereof.

In recent years bankers through their associations and otherwise have made rapid progress in the direction of more uniform and complete forms of statements. Much has also been accomplished in the improvement of the quality of the statements rendered and in securing statements which do not depend for their accuracy on the borrowers' statement alone but are verified to a greater or less extent by independent scrutiny and audit. The advantage of a statement certified by trustworthy public accountants over an unverified statement is evident. At the present time, however, there is no uniformity as to the extent of verification in the case of statements put forward as having been verified.

The Federal Trade Commission in the course of its investigation of business conditions has been strongly impressed with the lack of uniformity and has enlisted the aid of the American Institute of Accountants with a view to remedying the condition. It has found that verified statements may be divided broadly into—(*a*) Those in which the certificate is based on an examination of the books without personal superivsion of inventories and independent appraisal of all assets with the aid of technical appraisers, and (*b*) statements verified with the personal supervision of inventories and independent appraisal of all assets.

The value of the two classes of audits and their relation to each other depends to a great extent upon the character and magnitude of the business involved.

In some cases method (*b*) has advantages over method(*a*). In other cases, notably those of large companies in which personal supervision of inventories is arduous and perhaps impracticable and the value of an independent appraisal of assets is liable to be considerably exaggerated, the reverse may be true. That is to say, a verification based upon the books themselves without an appraisal may be and often is the safer method of procedure. It is highly desirable gradually to educate the business world to the great importance of a complete form of audit statement, although any plan for immediate adoption intended to produce practical results must recognize that under present practice probably more than 90 per cent of the statements certified by public accountants are what are called balance-sheet audits, such as are described in paragraph (*a*) above referred to.

As a first step toward the standardization of balance-sheet audits and to insure greater care in compiling and verifying statements the Federal Trade Commission requested the American Institute of Accountants to prepare a memorandum on balance-sheet audits. This memorandum was duly prepared and approved by the council of the institute representing accountants in all sections of the country.

After approval by the Federal Trade Commission the memorandum was placed before the Federal Reserve Board for consideration. The Federal Reserve Board, after conferences with representatives of the Federal Trade Commission and the American Institute of Accountants, and a careful consideration of the memorandum in question, has accepted the memorandum, given it a provisional or tentative indorsement, and submitted it to the banks, bankers, and banking associations throughout the country for their consideration and criticism.

《统一会计》

蒙哥马利：英国迪克西《审计学：审计人员实务手册》(《*Auditing: A Practical Manual for Auditors*》)的美国版(1905 年)

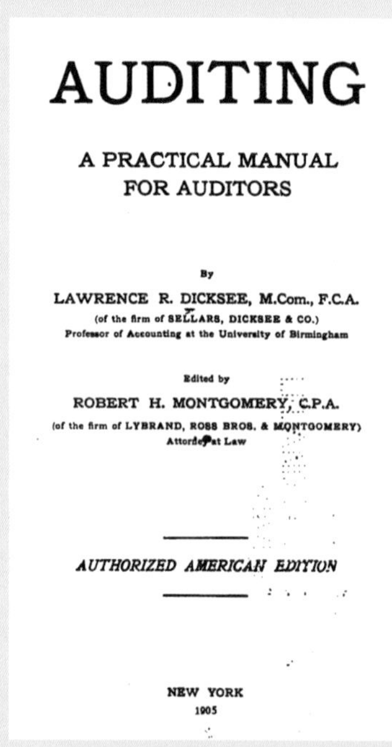

AUDITING

A PRACTICAL MANUAL FOR AUDITORS

By

LAWRENCE R. DICKSEE, M.Com., F.C.A.

(of the firm of SELLARS, DICKSEE & CO.)

Professor of Accounting at the University of Birmingham

Edited by

ROBERT H. MONTGOMERY, C.P.A.

(of the firm of LYBRAND, ROSS BROS. & MONTGOMERY)

Attorney at Law

AUTHORIZED AMERICAN EDITION

NEW YORK

1905

蒙哥马利还是一位德高望重的会计和审计教育家。1902 年，他在受宾夕法尼亚公共会计师协会赞助的夜校里，第一次操起了教鞭，讲授会计理论课程。1904 年，他在宾夕法尼亚大学讲授夜校课程。1905—1906 年，他同时在瓦顿会计与财务学校和纽约大学讲课。1910 年，他担任哥伦比亚大学函授部主任，并讲授会计学课程。1912 年，蒙哥马利任哥伦比亚大学贸易系讲师。1915 年，提升为副教授。1919 年，担任会计学教授，直至 1931 年载誉退休。在授业过程中，他不满足于仅仅讲授会计理论方面的知识，还首先倡导建立会计实验室，试图培养学生理论联系实际的意识和能力。这无疑是他锐意创新之处。

蒙哥马利是一位硕果累累的作者，共出版了 66 本专著和发表了 75 篇论文，内容涉及会计、审计和税收诸方面，其中以审计理论与实践的研究成绩最为突出。1905 年和 1909 年，他先后出版了英国迪克西

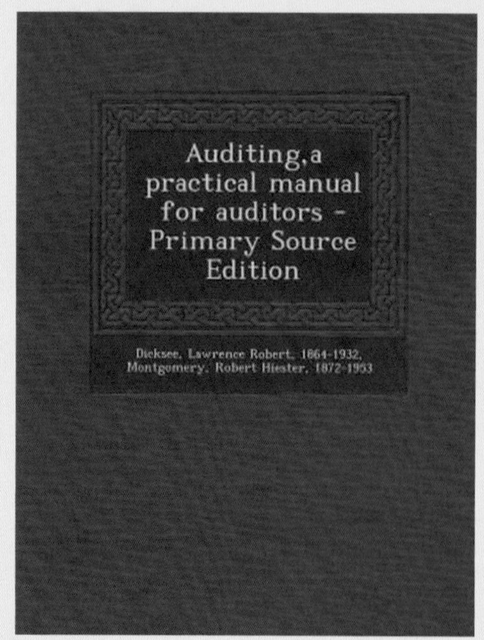

《审计学：审计人员实务手册》至今依然是世界审计界的经典

《审计学：审计人员实务手册》(*Auditing*：*a Practical Manual for Auditors*) 的美国版，从而为美国审计学界贡献了第一本审计学专著。1912 年，他又出版了自己的专著《审计理论与实践》(*Auditing Theory and Practice*)。1916 年、1921 年、1927 年、1933 年 和 1940 年先后有新版本问世。该书第七版于 1949 年问世，改名为《蒙哥马利审计学》(*Montgomery's Auditing*)。至 1985 年已出版了第十版[③]，该书是美国乃至世界现代民间审计理论与实践的最高成就，从第一版开始就被认为是审计人员的标准参考书。它跨越广袤无边的地域，在世界各地深受欢迎；它经历近 1 个世纪的岁月，传世不衰，迄今保持着旺盛的生命力。

蒙哥马利审计理论与实践（1913 年版扉页）

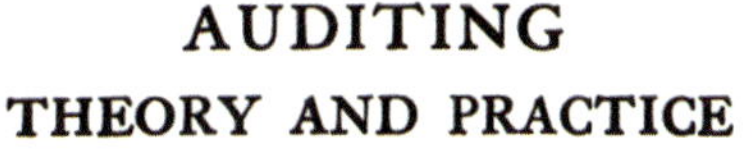

AUDITING
THEORY AND PRACTICE

BY
ROBERT H. MONTGOMERY, C.P.A.
of the firm of Lybrand, Ross Bros. & Montgomery. Editor Dickse's "Auditing" (American Edition), Instructor in Accounting, Columbia University. Formerly Lecturer on Auditing, University of Pennsylvania and New York University. Attorney-at-Law.

STANFORD LIBRARY

NEW YORK
THE RONALD PRESS COMPANY
1913

蒙哥马利对民间审计职业的出色服务和杰出贡献，使他获得了许多荣誉：1941 年，他从迪金森学院获得法学博士学位；1950 年，他入选俄亥俄大学会计名人堂；1949 年，他荣获美国会计师协会金质奖章。

蒙哥马利对事业的追求是有口皆碑的，对生活也充满了热爱。他兴趣广泛，爱好园艺。1938 年，他在佛罗里达州建立了一个儿童热带树木公园。1940 年，建立了蒙哥马利图书馆和博物馆，他还是高尔夫球爱好者和会计古籍收藏家。1926 年，他将自己在世界各地收藏的各种古籍（主要是会计和审计方面的）和 15 世纪几位国王、皇后记录的会计账簿捐赠给了哥伦比亚大学[④]。

SEVENTH EDITION
Montgomery's
AUDITING
ROBERT H. MONTGOMERY, LL.D., C.P.A.
of Lybrand, Ross Bros. & Montgomery, Counsellor-at-Law.
Former President, American Institute of Accountants
NORMAN J. LENHART, C.P.A.
of Lybrand, Ross Bros. & Montgomery
ALVIN R. JENNINGS, C.P.A.
of Lybrand, Ross Bros. & Montgomery
The Ronald Press Company
New York

《蒙哥马利审计学》(1949 年第 7 版)

1904 年 11 月 5 日，他与伊丽莎白·亚当斯·肖结婚，生育了 4 个孩子，两位于 1927 年离异。1928 年 1 月 26 日，他又与洛

蒙哥马利夫妇

伊斯·盖特·吉布结婚。离异后，又于 1934 年 7 月 26 日与埃莉诺·福斯特结婚。1953 年 5 月 2 日，蒙哥马利不幸去世。

曾经多年担任美国公证会计师协会秘书长，并与蒙哥马利共事多年的约翰·L·凯利（John L.Garey）后来回忆指出："蒙哥马利从来不扮演被动的角色。无论何处，他总是口出真言，他经常是一位有争议的人物，但他能够不计怨恨地接受失败，获胜时也不狂妄自大。他是一位天才的领导者，一个顽强果断、坚韧不拔的男子汉，随时准备迎接任何挑战。但在朋友的心目中，他却是一位和蔼可亲、富有号召力、乐于助人、考虑问题周全、忠诚的人。"⑤

二、审计人员的"圣经"

在美国民间审计理论发展史上，1905 年应该是一个起点。这一年，蒙哥马利在纽约出版了英国劳伦斯·迪克西（Lawrence Dicksee）的《审计学：审计人员实务手册》美国版。当时，正是纽约州首次引进注册会计师制度后的第 9 年。蒙氏在本书的前言中指出⑥：

我们发现我们自己正站在一个起点上，在美国，这个起点可能会带来审计职业发展的新时代。

以后的事实证明确实是如此。这部《审计学：审计人员实务手册》美国版的问世，在某种意义上标志着美国只有审计实务、没有审计理论的时代的结束，英国民间审计理论思潮对美国审计的发展产生深刻影响的开始。

蒙哥马利在本书中指出：审计目的包括检查舞弊行为、检查技术错误和检查原理错误三方面，其中检查舞弊是审计人员责任中最重要的内容。要达到这样的目的，只能承袭英国人的做法，实行详细审计，主要包括过账审计和凭证审计[⑦]，所以，这是一本自始至终、全面介绍英国式详细审计的作品。它一直影响到1909年本书的第2版。在第2版中，蒙氏对全书作了部分修正，但基本内容没有实质性变化，这些基本原理是审计职业思想中的精华。

由此可见，正是通过蒙哥马利的努力，英国的审计理论才跻身进入美国民间审计领域的，并对美国的审计实务产生了积极的指导作用。

然而，英国式的审计理论和实践在美国风行的时间并不太长。因为进入20世纪以后，美国的经济形势发生了很大变化，呈现出与英国不同的特色。在1905—1933年之间，美国公司资金的周转主要依靠银行贷款，而不是通过在证券交易市场上发行股票，因而对审计的需求更多地是来自金融家和贷款人。这些债权人迫切需要了解被审计企业的流动资产和流动负债的比例，以作出是否投资的决策。就这样，具有美国特色的资产负债表审计盛极一时。这是20世纪以来美国经济社会所发生的深刻变化在民间审计领域激起的一种回响。蒙哥马利审时度势，在糅合迪克西审计思想和先进的美国经验的基础上，于1912年在纽约推出了蒙哥马利审计学的第1版——《审计理论与实践》(*Auditing Theory and Practice*)。所以，蒙哥马利不是单纯地介绍英式审计的基本原理和技术，而且敢于提出面向本国现实的崭新思想，推陈出新。如果结合当时的经济发展背景考察，从蒙哥马利热衷于摄取异域营养，到为美国民间审计探索新路，确实是一种合乎逻辑的发展，犹如水到渠成。正因为如此，他使民间审计理论在美国获得了一个富有生机的开端，显示出强大的生命力。

在1912年版中，蒙氏指出审计的主要目的是“为下列

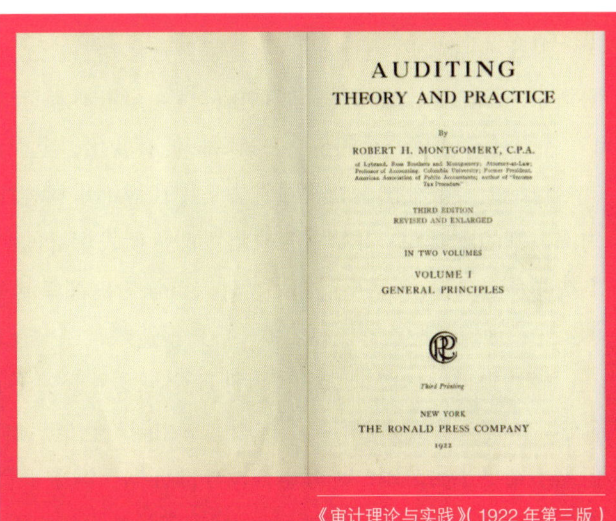

《审计理论与实践》(1922年第三版)

人士查清企业实际的财务状况和营利能力：①企业业主……②企业主管……③正考虑购买证券的银行家或投资者……④正考虑实行现金折扣和根据期票进行贷款的银行家”。只是在《审计的次要目的》这一节中，蒙哥马利才谈到检查舞弊行为⑧，而检查舞弊行为在1905年和1909年迪克西《审计学：审计人员实名手册》美国版中被视为审计的基本目的。审计目的的这种变化是很有意义的。

在1912年版中，蒙哥马利对英国式详细审计和美国式资产负债表审计均作了详细论述。

他认为，如果需要完全检查，就应该进行详细审计。这里所说的详细审计包括：①询问或亲自观察究竟是谁发的邮件、记录些什么内容；②确认现金销售是否全部入账；③把某些订货簿与分类账进行比较；④核对几天内的现金折扣；⑤询证应收账款；⑥列出所有的证券，确认收到的所有利息和股利。此外，蒙哥马利还谈到详细审计的两个基本原则：一是关于收益的，即账上反映的收益应适当说明原因，是否有遗漏；二是关于费用的，即费用和损失应适当指明并得到证明。

与前几年强调账账相符的做法相反，蒙哥马利指出：“审计中最不重要的部分是对过账和汇总金额的检查……分析表明，错误地过账和合计掩盖错误的可能性很小。”⑨

蒙哥马利指出：资产负债表审计是对资产负债表科目的审计。他接着介绍了资产负债表审计的五个“基本原则”：

（1）由账上反映的某一日资产数应是实有数；

（2）账上没有反映的其他任何资产，应在手头上；

（3）账上反映的某一日负债就是实际负债；

（4）所有负债均应在账上反映；

（5）账上反映的各种负债均是正当产生的。

对这些原则应注意两点：一是强调账实相符；二是对资本账和反映资本账户变化的明细账来作论述。蒙哥马利似乎相信，如果资产和负债正确，则两者之间的差额也应正确；如果上年正确，今年也会正确，即使有变化，至少合计额也必定正确。

与绝大多数英国学者将注意力集中在详细审计程序上不同，蒙哥马利已初步认识到内部控制的重要性，开始主张应将资产负债表审计的必要范围与评价委托人的内部控制系统联系起来⑩。他指出：如果审计人员认为内部牵制系统运行良好，他就不用重复别人的工作；他应该检查资产和负债，分析损益账，以检查它们是否反映真实。

简要地讲，1912年版的《审计理论与实务》一书在内容上已与1905年迪克西《审计学：审计人员实务手册》美国版大不相同。它虽然也谈及逆查和核对之类的详细审计，但缩小到更小的范围；尽管也强调外部证据，但愈来愈依靠内部的记录和文件。它对资产负债表审计的论述，迎合了美国民间审计的发展之需，因而在当时反响强烈。1916年、

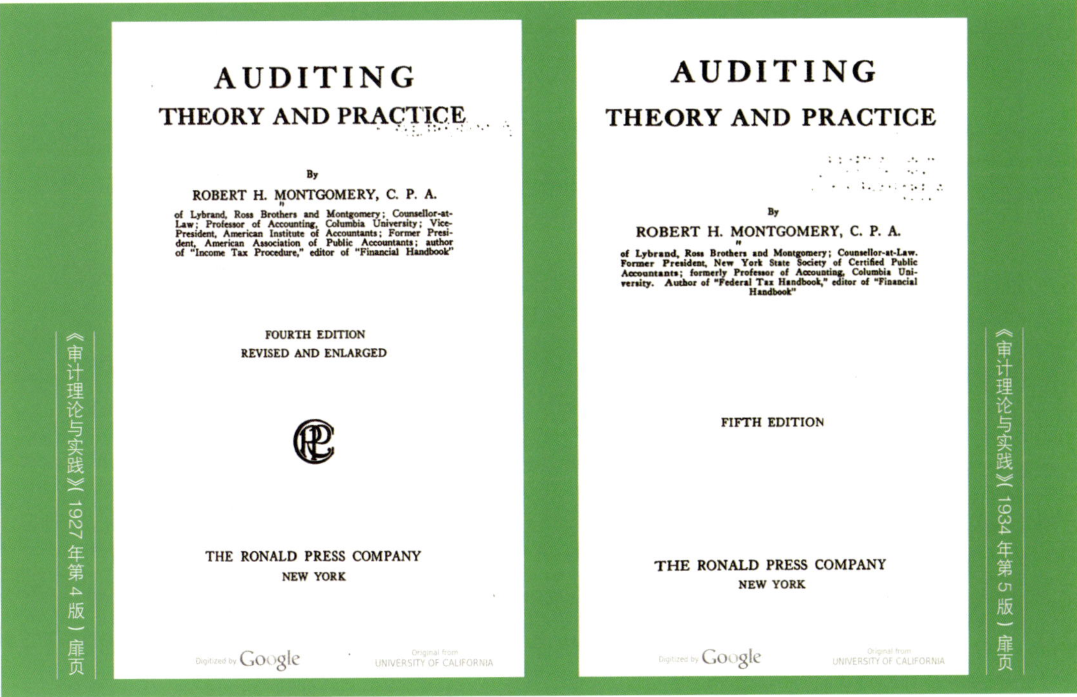

AUDITING
THEORY AND PRACTICE

By
ROBERT H. MONTGOMERY, C. P. A.
of Lybrand, Ross Brothers and Montgomery; Counsellor-at-Law; Professor of Accounting, Columbia University; Vice-President, American Institute of Accountants; Former President, American Association of Public Accountants; author of "Income Tax Procedure," editor of "Financial Handbook"

FOURTH EDITION
REVISED AND ENLARGED

THE RONALD PRESS COMPANY
NEW YORK

《审计理论与实践》(1927 年第 4 版)扉页

AUDITING
THEORY AND PRACTICE

By
ROBERT H. MONTGOMERY, C. P. A.
of Lybrand, Ross Brothers and Montgomery; Counsellor-at-Law. Former President, New York State Society of Certified Public Accountants; formerly Professor of Accounting, Columbia University. Author of "Federal Tax Handbook," editor of "Financial Handbook"

FIFTH EDITION

THE RONALD PRESS COMPANY
NEW YORK

《审计理论与实践》(1934 年第 5 版)扉页

1921 年、1927 年和 1934 年，蒙哥马利 4 次对本书进行修订和补充，分别出版了第 2 版、第 3 版、第 4 版和第 5 版，但其基本审计方法和内容却没有明显的变动，主要都是介绍资产负债表审计。

1929 年的世界性经济危机，犹如洪水猛兽，将在 20 世纪 10～20 年代风行一时的资产负债表审计，冲击得摇摇欲坠。那时候，企业筹集资金不再面向金融机关，而开始面向证券市场。在这样的情况下，会计的重点不从资产负债表移至损益表，原来的为信用目的服务的资产负债表审计不让位于新的为投资目的服务的财务报表审计，美国民间审计就不可能得到进一步的发展。1933 年证券法和 1934 年证券交易法的颁布，又使财务报表审计的普及如虎添翼[11]。这种状况，在《审计理论与实践》第 6 版中得到体现。在本版中，蒙哥马利论述了财务报表审计，指出这种审计不仅包括审查资产负债表和评价内部控制系统，而且包括审查损益表。蒙哥马利还进一步讨论了打孔卡片形式的审计记录问题。

20 世纪 30 年代的审计目的主要有三种：

（1）就财务报表是否真实公允地反映了某一特定时期的财务状况和经营成果，表明审计意见；

（2）揭露差错和舞弊；

（3）防止差错和舞弊。

美国经历了第二次世界大战的洗礼以后，审计方法和目的有了明显的发展。在大战

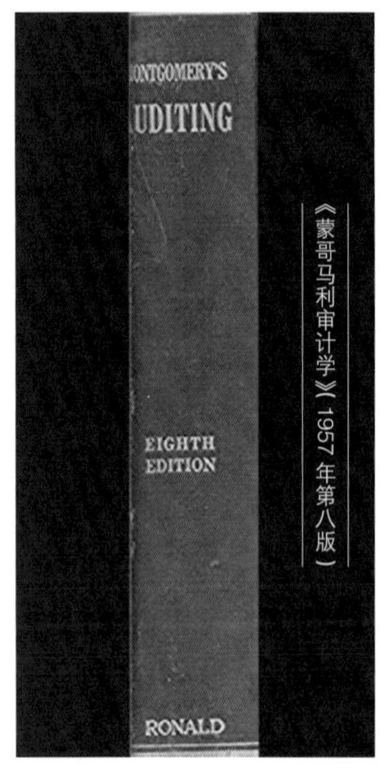

《蒙哥马利审计学》（1957 年第八版）

期间，许多年轻人入伍，造成审计人员的缺乏，这种状况加快了对编表机的采用，依靠内部控制的倾向也明朗化。在 1949 年第 7 版中，蒙哥马利和他的合作者诺曼·J·哈伦特和阿尔文·R·詹宁斯设专章论述内部控制系统。此外，还有 73 页附录，是关于内部控制的问卷，适用于许多不同的企业。蒙哥马利还要求审计师必须懂得编表机是如何工作的，知道在哪一点上会出问题，错误如何从机器上反映出来，以及如何改正错误。在战争期间，统计抽样大量运用于产成品质量控制上，而在审计工作中却运用得甚少。第 7 版正式改名为《蒙哥马利审计学》（*Montgomery's Auditing*）。

1949 年第 7 版问世以后，物价没有出现过剧烈的波动。平静的岁月使审计师和学者们有条件安下心来致力于完善审计程序和公认会计原则，扩展民间审计业务。蒙哥马利不幸于 1953 年逝世以后，1957 年，他的志同道合者诺曼·J·伦哈特和菲利普·L·德弗利斯编著并出版了《蒙哥马利审计学》（第 8 版）。两位作者在本书中继续发展了蒙哥马利的民间审计思想。当时，虽然会计人员已经开始使用电子计算机，但它还不是审计方法中的一个因素。作者们在《管理咨询》一章中，对在第二次世界大战以后得到迅速发展的新兴业务——管理咨询业务，给予了足够的重视，并谈到了电子计算机和电子数据处理。他们认为：这种计算机处理经济信息的速度如此之快，以致它对会计和审计工作将会带来什么影响，目前还难以预料。

1957 年的修订主要着眼于会计原则和其他专业问题，尚未涉及审计方法的变化。当时，已开始编纂公认审计标准。附录中的一个问卷介绍了审计领域发生的一些变化，它预示着审计重点和组织将会出现重大变革。这些直到下一版才显示出来。

在 20 世纪 70 年代，将《蒙哥马利审计学》推向完善的，是库珀斯·莱布兰德会计公司的 3 位合伙人德弗利斯、K·约翰逊和麦克劳德。他们合作编著的该书第 9 版于 1975 年在纽约正式刊行。全书共 3 篇：第一篇共 8 章，论述审计理论与实践；第二篇共 8 篇，论述会计循环中各个环节的审计程序；第三篇共 4 章，论述审计报告的内容和编制。然而，本书出版后，其社会影响并不显著，人们甚至开始怀疑这部名著的权威地位。应该承认，从当时整个世界审计发展的潮流看，第 9 版虽然已涉及审计标准、计算机之类的新问题，而且，较之第 8 版，在结构上和内容上也有所突破和创新，如将重点放在会计循环和审计实务上，但是并没有从超人的高度及时地捕捉审计理论和实务中跳跃的耀眼火花，没有全面顾及审计理论界，特别是实务界最新的、多方面的需要。这些蒙哥马利的后继者们，都无力跃到世界民间审计发展大潮的潮头上来。与同时代的其他几部优秀审计名著相比，第9版显然黯然失色了。

进入20世纪80年代以后，继承蒙哥马利研究民间审计的传统，为《蒙哥马利审计学》增添新的活力，并取得卓越成就的，无疑当数杰里·D·沙利文、理查德·A·格诺斯佩利奥斯、菲利普·L·德弗利斯和亨利·R·贾尼克。他们受命于危难之中，对《蒙哥马利审计学》第9版重新进行组合和改写，尽力让本书体现时代特色，代表当时民间审计发展的最高水平，从而使这部巨著在近年来世界民间审计领域一股否认该书第9版的现实意义的思潮中，经受了考验，维护了这部世界名著的尊严。

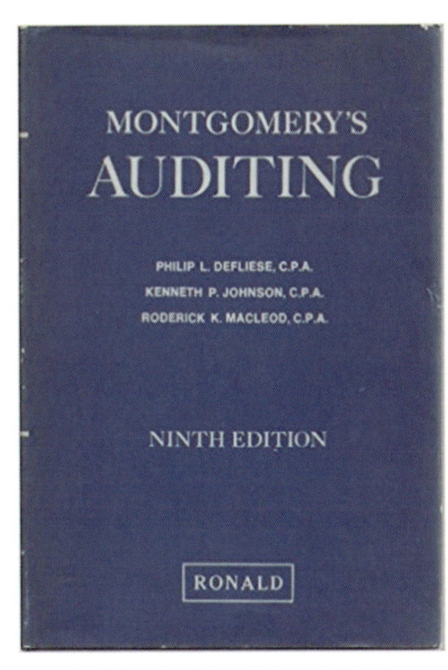

《蒙哥马利审计学》(1975年第9版)

《蒙哥马利审计学》(第10版》出版于1985年，由5篇共42章组成。它在认真总结西方现代审计经验的基础上，以民间审计为主，兼顾内部审计和国家审计，对基本审计理论知识和实践知识，进行了系统的论述。本书除在内容上对第9版进行全面翻新以外，对审计电算化和审计抽样这些以前版本没有放到应有位置的新知识、新技术、也以较大的篇幅作了详细介绍。尤其是，为了提高审计实务部分的比重，本书特增设一篇，为审计人员进行行业审计（包括金融业、大专院校、建筑行业、能源工业、卫生保健行业，高技术企业、保险公司、投资企业、采矿业、石油和煤气行业的审计），提供了指南。

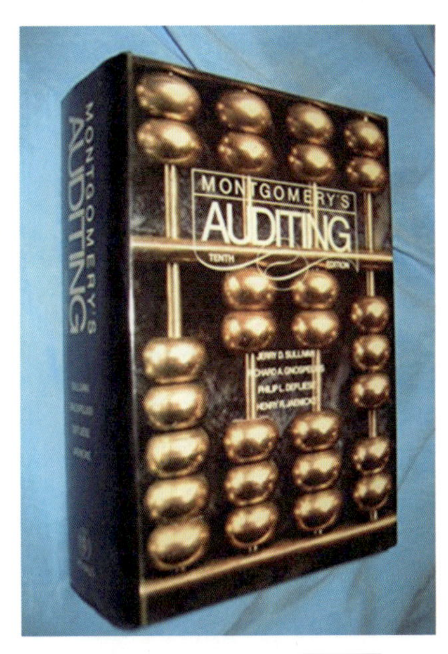

《蒙哥马利审计学》(1985年第10版)

特别值得指出的是，本书自始至终强调“效率审计”(efficient audit)。正如本书前言中指出：“最近出现的一个变化是会计界内部竞争的

中文版《蒙哥马利审计学》

不断加剧……这种竞争一方面降低了审计的收费，同时引起了审计人员对节约使用审计资源的极大关注。现在，人们把重点放在‘有效率的’审计上，而本书正反映了这一重点。”⑫ 这是我们在学习本书时应予以重视的。

《蒙哥马利审计学》(第 11 版）的问世，再次将这部作为美国审计起点的鸿篇巨作推到了时代的潮头。第 11 版共分 4 篇：第一篇介绍审计环境，涉及审计概要、职业审计人员的组织与机构、审计准则与法律责任；第二篇介绍审计理论与概念，涉及审计风险、审计战略、内部控制系统、审计风险和 EDP 环境审计；第三篇介绍特定循环与账户审计，涉及生产、销售、存货、现金、投资、固定资产和法人税的审计；第四篇介绍审计作业结束和结果的报告，涉及审计报告和特殊报告等内容。全书以 1988 年作过重大修订的 SAS 为基础，系统地、具体地和详细地介绍了美国审计最新实务。

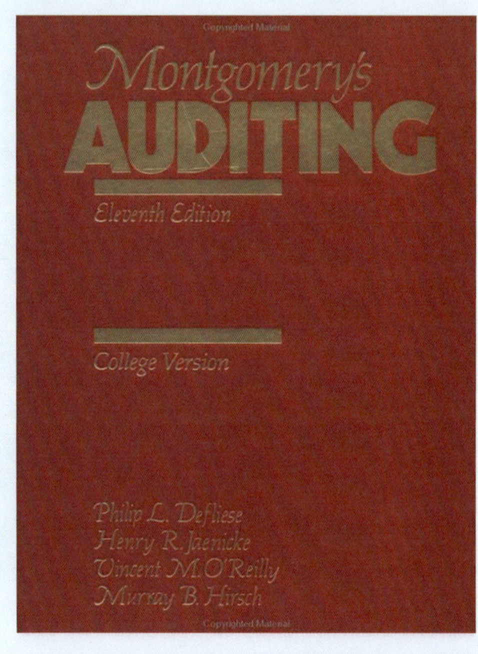

《蒙哥马利审计学》(1990 年第 11 版）

《蒙哥马利审计学》(第 11 版）基本上反映了现代民间审计理论与实践的最高成就，堪称世界民间审计领域内容最丰富、权威性最高的巨著。对于我们了解和借鉴外国最新审计理论与实务来说，这部百科全书式的审计学专著是一部最理想的权威性工具书和必读之书。

现将迪克西《审计学：审计人员实务手册》美国版和《蒙哥马利审计学》各版列示如下：

1. Dicksee Lawrence：AUDITING, Authorized American Edition, Robert H.Montgomery, editor, New York,1905.

2. Dicksee Lawrence：AUDITING, Authorized American Edition,Revised and Enlarged, Robert H.Montgomery, editor, New York, Ronald Press Co., 1909.

3. Robert H.Montgomery：AUDITING THEORY AND PRACTICE, New York, The Ronald Press Company, 1912.

4. Robert H.Montgomery：AUDITING THEORY AND PRACTICE, Second Edition, Revised and Enlarged, New York, The Ronald Press Company, 1916.

5. Robert H.Montgomery：AUDITING THEORY AND PRACTICE, Third Edition, Revised and Enlarged, New York, The Ronald Press Company, 1921.

6. Robert H.Montgomery：AUDITING THEORY AND PRACTICE, Fourth Edition, Revised and Enlarged, New York, The Ronald Press Company, 1927.

7. Robert H.Montgomery：AUDITING THEORY AND PRACTICE, Fifth Edition, New York, The Ronald Press Company, 1934.

8. Robert H.Montgomery：AUDITING THEORY AND PRACTICE, Sixth Edition, New York, The Ronald Press Company, 1940.

9. Robert H.Montgomery：Norman J.Lenhart, and Alvin R.Jennings：MONTGOMERY'S AUDITING, Seventh Edition, 1949.

10. Lenhart Norman J., and Philip L.Defliese, MONTGOMERY'S AUDITING, Eighth Edition, New York,the Ronald Press Company, 1957.

11. Defliese Philip L., Kenneth P.Johnson, and Roderick K.Macleod：Montgomery's Auditing, Ninth Edition, New York, The Ronald Press Company, 1975.

12. Sullivan Jerry D., Richard A.Gnospelius, Philip L.Defliese, and Henry R.Jaenicke：MONTGOMERY'S AUDITING, Tenth Edition, New York, Chichester, Brisbane, Toronto, Singapore, A Ronald Press Publication, 1985.

三、独特且卓越

以上，我们对蒙哥马利的生平，以及蒙哥马利审计思想在美国现代民间审计学中的

蒙哥马利画像

影响和流变，作了一番匆匆的巡礼。

过去的一切，永远是我们认识现在和未来的一把钥匙。

蒙哥马利一生对民间审计发展的卓越贡献，以及他和他的继承者不断完善的巨著《蒙哥马利审计学》，早已成为珍贵的审计文献和审计人员进行审计工作的指南流传于世界各地。在美国民间审计的产生和发展过程中，它的作用和意义是独特的，也是卓越的。

说它独特，因为蒙氏不仅与他的志同道合者一起兴办实业，有力地推动了美国民间审计的发展，而且以著作的形式，培育了一代又一代的审计实务工作者和理论工作者。

从历史上看，在美国，与蒙哥马利同样辉煌灿烂的民间审计先驱者是不乏其人的。但是，却几乎没有谁能像蒙哥马利这样，同时将自己杰出的实践和思想与美国的民间审计演变过程如此紧密地联系起来，并如此明显地影响美国乃至整个世界民间审计的发展。所以，蒙哥马利不仅是一位在实务领域活跃数十年的民间审计巨匠，而且是以民间审计思想家的耀眼理性跃入历史的非凡的审计学家。

说它卓越，是因为在迪克西《审计学：审计人员实务手册》美国版刊行以前，美国只有审计实务，而没有审计理论；在《审计理论与实践》一书出版之前，美国只有从英国移植过来的英式审计理论，而没有适合本国审计发展的具有美国特色的审计理论。正是通过蒙哥马利的“二传手”作用，英国的审计理论才在美国生根、开花、结果；正是通过蒙哥马利的“主攻手”作用，美国才首次拥有属于自己的审计理论框架，这些理论在使美国摆脱英式审计理论发展中，起过重要的作用。所以，蒙哥马利既是英式审计学的伟大继承者，也是英式审计学的无情叛逆者，既是美式审计学的杰出开拓者，也是美式审计学的卓越发展者。

数年来，在西方世界，对于蒙哥马利和《蒙哥马利审计学》的研究从未间断。许多学者在各种刊物上发表了大量的论文，甚至有人将这一课题作为博士论文选题进行深入研究。他们在文章中大量使用“amazing”（令人惊叹不已）一词，来描绘蒙哥马利的一生和成就。

蒙哥马利及其著作，对我国审计的发展也产生过积极的影响。中华人民共和国成立以前，蒙哥马利的专著曾有中译本问世。1988年，立信会计图书用品社出版了《蒙哥马

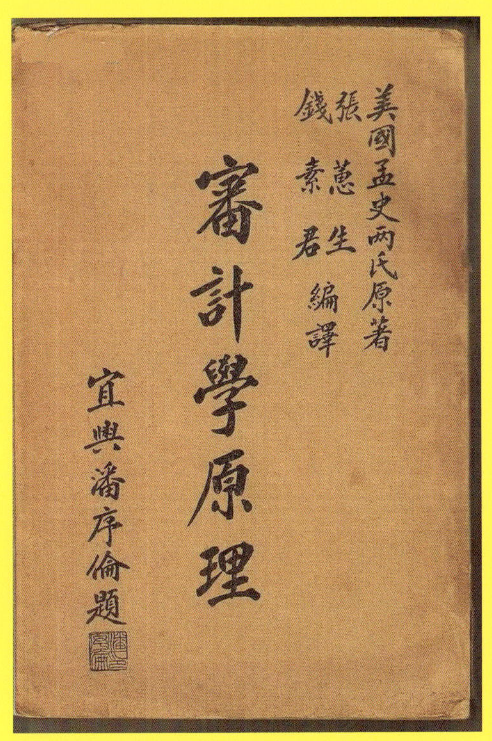

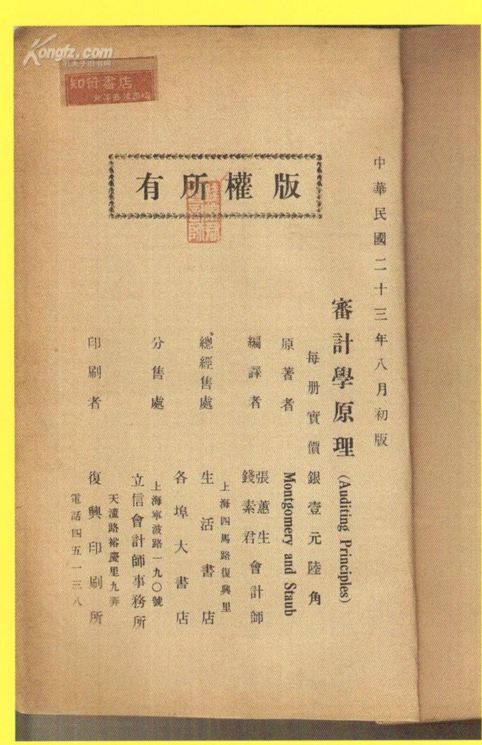

版權所有

中華民國二十三年八月初版

審計學原理 (Auditing Principles)

每冊實價銀壹元陸角

原著者 Montgomery and Staub

編譯者 張蕙生 錢素君 會計師

總經售處 生活書店 上海四馬路復興里

分售處 各埠大書店 立信會計師事務所 上海寧波路一九〇號

印刷者 復興印刷所 天潼路裕慶里九弄 電話四五一三八

中文版《审计学原理》

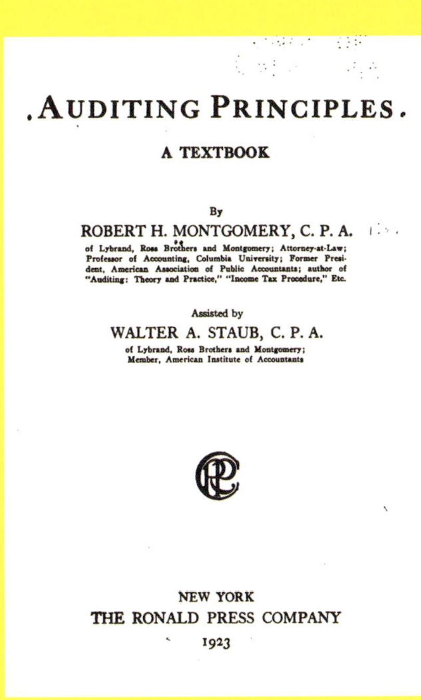

AUDITING PRINCIPLES

A TEXTBOOK

By

ROBERT H. MONTGOMERY, C. P. A.

of Lybrand, Ross Brothers and Montgomery; Attorney-at-Law; Professor of Accounting, Columbia University; Former President, American Association of Public Accountants; author of "Auditing: Theory and Practice," "Income Tax Procedure," Etc.

Assisted by

WALTER A. STAUB, C. P. A.

of Lybrand, Ross Brothers and Montgomery; Member, American Institute of Accountants

NEW YORK
THE RONALD PRESS COMPANY
1923

蒙哥马利和沃尔特·斯托夫合著《审计学原理》
（Montgomery and Walter A. Staub，1923 年）
1934 年引进中国

立信会计图书用品社:《蒙氏审计学》

利审计学》翻译组译出的《蒙哥马利审计学》第9版的第二部分——《会计和审计实务》一书。《蒙哥马利审计学》(第10版)也被文硕和汤云为组织译成中文。近年来,在《审计理论与实践》杂志和《财会探索》杂志上,也出现了一些介绍蒙哥马利的论文。

关于蒙哥马利及其著作在世界民间审计史上的突出地位,可以引用两位审计史学家的论述作为结语。

著名的审计史学家斯蒂文·A·泽夫教授(Stephen A.Zeff)在《会计职业的领导者》一文中指出:"美国会计职业在它的第一个世纪拥有许多领导者,其中14人对这门职业的完善作出了尤为重要的贡献……在这些人中,又以罗伯特·H·蒙哥马利,乔治·奥·梅、威廉·A·佩顿和卡门·G·布劳4人出类拔萃。"⑬ 他赞誉道:"罗伯特·H·蒙哥马利在美国公证会计师协会历史的数个转折点上,曾发挥了关键性的作用。他还

汤云为主译《蒙哥马利审计学》(第10版中译本)

是早期美国审计和税收文献的主要作者。”[14] 关于《蒙哥马利审计学》，他指出：“这部百科全书式的专著不仅是审计实务的权威性文献，而且是审计人员释疑所不可缺少的指南。”[15]

研究蒙哥马利的权威人士、美国会计史学家协会秘书长艾尔弗雷德·R·罗伯茨博士（Alfred R.Roberts）盛赞[16]：

罗伯特·H·蒙哥马利兼会计师、律师、教育家和作家于一身，被公认是1910—1940年间民间审计职业的杰出领导人之一。他的影响通过他编写的专著和他帮助创办的库珀斯·莱布兰德会计公司，迄今犹存。

注释：

① Thomas J.Burns & Edward N.Coffman:The Accounting Hall of Fame:Profiles of Thirty-Six Members, 1976, p.41.

② Stephen A.Zeff:Leaders of Accounting Profession,Journal of Accountancy, May 1987, p.48.

③ Horace R.Givens:Biographies of Notable Accountants,A Joint Project of the Academy of Accounting Historians and Random House, 1987, p.31.

④ Peter L.McMickle & Richard G.Vangermeersch:The Origins of a Great Profession,The Academy of Accounting Historians, 1987, Preface.

⑤ Journal of Accountancy, May 1987, p.49.

⑥ Lawrence R.Dicksee:Auditing a Practical Manual for Auditors, Authorized American Edition, 1905, p.8.

⑦ John H.Myers:Spiraling Upward:Auditing Methods as Described by Montgomery and his Successors, Accounting Historians Journal,Vol.12, No.1, Spring 1985, p.54.

⑧ 宇南山英夫编:《美国会计思潮》，同文馆，1981 年版，第 18–19 页。

⑨ John H.Myers:Spiraling Upward.p.59.

⑩ Michael Chatfield:A History of Accounting Thought, Robert E.Krieger Publishing Company, 1977, p.128.

⑪ 徐玉棣:《审计技术的发展》，载于《审计专题》，中国财经经济出版社，1988 年版，第 34 页。

⑫ Jerry D.Sullivan and et al.：Montgomery’s Auditing, Tenth Edition, A Ronald Press Publication,1985,Preface.

⑬ Stephen A.Zeff：Leaders of the Accounting Profession, Journal of Accountancy, May 1987, p.46, p.49.

⑭ 同⑬。

⑮ 同⑬。

⑯ Alfred R.Roberts:Robert H.Montgomery（1872—1953）, Biographies of Notable Accountatns, Horace R.Givens, Editor, 1987, p.29.

第十章 保留意见报告的兴衰

审计人员在执行财务报表审计的过程中，如果发现审计范围或审计结果的一部分存在不足之处，应在对此保留的基础上，发表意见。这种意见称为“保留意见”（qualified opinion）。

保留意见是一种正面意见，它肯定财务报表整体表达的公允性，即财务报表的编制或审计范围虽有重大缺陷，但并未影响财务报表整体的公允表达。

一、保留意见报告的早期发展

早在20世纪初，职业会计师审计已经以大型企业为中心广泛地开展起来，甚至在法定审计以前的1932年，在纽约证券交易所上市的、股市行情活跃的公司中，92%以上都从制度上引进了注册会计师审计制度。

但是，没有法律约束力的民间审计完全受控于管理当局，根本不具备独立性，会计实践和会计报表也缺乏统一性，甚至被管理当局人为地操纵，对此，审计人员的判断标准是稳健主义，除此以外，别无他法，所以，美国审计实务界开始使用保留意见审计报告。事实上，当时认识到未确定事项对审计报告有所影响的人并不太多。人们经常不加区别地使用“鉴于”（subject to）和“除……之外”（except for），发表保留审计意见。关于这一点，罗伯特·H·蒙哥马利曾在回忆录中指出：“在过去，我们经常低估资产，高估负债，这显然不是正确的程序。”

纽约州注册会计师协会对1931年在纽约证券交易所上市的781家公司向股东大会提交的财务报表进行了调查，结果发现，有651家公司附上了审计证明书，占83%，还有130家公司的财务报表根本没有附上审计证明书，占17%。

再者，审计范围和审计程序的运用也很有限，通常，对应收账款的询证和存货数量的实地盘存都没有实施，当时发表的《编制资产负债表的认可方法》（1918年）、《财务报表的验证》（1929年）和《独立注册会计师对财务报表的检查》（1936年）也没有提出这种要求。从形式上看，是没有要求实施询证和实地盘存的审计程序，但从实质上看，则是公司的管理当局在这方面有禁止规定或约束规定。

这些问题均与审计人员的责任密切相关，如果解决不好，审计结果有可能误导股东和债权者，从而影响民间审计职业的发展，所以，1915 年，美国公共会计师协会（AAPA）在年会上第一次提出了“审计证明书中的保留事项”（qualification in certificates）作为年会的主要议题。或许可以说，在当时任意审计的时代，审计人员在苦恼中想出的方法，就是保留审计证明书。

大卫·希默尔博劳（David Himmelblau）曾将 1926 年以前的保留意见审计证明书分成以下几类①：

（1）关于折旧的保留意见；

（2）关于未确定法人税更改的保留意见；

（3）审计范围的保留意见。

在 20 世纪 20 年代以前，各会计师事务所并没有在审计证明书中明确使用“subject to”或者“except for”，只是在审计报告中表明对某些保留事项保留自己意见的想法。20 年代以后，才开始使用运用了“subject to”的保留意见审计证明书。

二、SEC 对保留意见审计证明的发展

按《证券法》和《证券交易法》的规定，独立审计人员审核的财务报表应接受 SEC 的再检查。这种“SEC 对审计人员的审计”制度对独立审计人员的审计实践产生了重大的影响。

对于审计证明书，SEC 最初发表的规则要求：应在审计证明书中记载“确信财务报表是真实的，没有省略重要的事实”。这意味着，SEC 重视有关财务报表的真实性原则，并要求审计人员确证这一点并在审计证明书中加以反映。

但是，在 AIA 特别委员会公布审计证明书的标准形式以后不久，SEC 立刻作出反应，对这一规则进行修订，要求独立注册会计师在审计证明书中应记载证明的日期、合理地说明审计的范围、明确地反映遵守会计原则和会计程序的情况，以及对财务报表的意见。SEC 的这一规则全面采纳了 AIA 特别委员会的意见，虽然没有明示 AIA 审计证明书的标准形式，但在规则中显然包括了“记载对会计原则与会计程序遵守情况的意见”。

这样，独立审计人员应按 SEC 规则，在审计证明书中记载自己对受审公司遵守会计原则和会计程序情况的意见。在这样的情况下，审计人员应表达的意见首先是公司的会计原则和程序是否依据认可的会计原则；其次是在公司变更会计原则和程序时，应通过与前一年度相比，表达这种变更会产生哪些重要的影响这样的审计意见。所以，注册会

计师在签发保留意见审计证明时，保留意见不仅包括以前的审计范围的保留事项，也包括有关会计原则和程序及其变更的保留事项。

1938 年 5 月，SEC 发表了以下有“缺陷”的审计报告[②]：

（1）没有明确地反映审计人员对财务报表的意见和对公司采用的会计原则与程序的妥当性的意见；

（2）采用以下意义含糊的词句，如 subject to the foregoing，subject to the above comments，subject to the comments and explanation in exhibits，subject to the accompanting comments；

（3）对审计范围的记载不明确；

（4）有的审计人员没有实施通常应实施的审计程序；

（5）没有就损益表和合并财务报表发表审计证明书；

（6）经审核的财务报表的内容不明了；

（7）经过审计，证明公司采用的会计准则是以州管理机构规定的会计准则为根据的，但没有指出该会计准则是否依据认可的会计原则；

（8）尽管公司变更重要的会计政策，或没有遵守认可的会计原则，没有说明它们对财务报表的影响；

（9）有的保留意见，显然是审计人员的问题，但又不愿承担责任，或者是审计人员以外的法律问题，而导致在财务报表中没有得到适当的反映；

（10）有的审计报告没有日期和签名。

进入 20 世纪 40 年代以后，除有关会计原则和程序及其变更的保留事项以外，又出现了大量反映对财务报表影响的保留意见报告书。

直到 20 世纪 60 年代，实务界开始更多地使用 ST 保留意见。1962 年 3 月，美国证券交易委员会发布会计系列公告（Accounting Series Release，ASR）第 90 辑，其中明确规定：对于审计报告中间段或财务报表附注中提及的在资产负债表编制日仍然没有解决的事项，审计人员在审计报告中使用“鉴于”保留用语，较之使用“除……之外”保留用语更为妥当。所以，该委员会指出：本委员会只接受 ST（subject to）保留意见，而拒绝 EF（except for）意见，即对使用“除……之外”用语的保留意见。美国注册会计师协会根据 SEC 的这一规定，紧跟着发表了审计程序说明第 32 辑，其中对 ST 保留意见和 EF 保留意见作了明确区别，并且指出：在因为未确定事项而发表保留意见时，应采用 ST 保留用语。

然而，在 1960—1970 年，民间审计界出现了许多会计师在审查财务报表时没有充分披露未确定事项便签发了保留意见的事例。所以，美国注册会计师协会向证券交易委员会提出建议，希望一律以EF保留意见取代ST保留意见。但遭到SEC的拒绝。SEC坚持认为，ST保留意见是会计师在说明未确定事项时专用，EF保留意见只在不同意管理当局意见时使用。

三、保留意见审计报告的消失

1974年，AICPA发表了审计标准说明第2辑，不仅对未确定事项作出明确定义，而且严格限制使用ST保留用语的时机，旨在防止审计师故意以ST保留意见代替EF保留意见。

但是，由于愈来愈多的审计人员发现保留意见在一定程度上可以限定和明确自己的责任，因而在实务中广泛使用，同时，其弊端也引起人们的关注。美国注册会计师协会审计人员责任委员会于1977年提出初步报告，建议取消所有因未确定事项签发的ST保留意见，而改为以附注的形式在财务报表中详细披露。如果财务报表符合该要求，表明被审单位的财务报表是根据公认会计原则编制的，审计人员应签发无保留审计意见；反之，审计人员应视之为违反公认会计原则，签发EF保留意见；如果严重违反公认会计原则，应签发否定意见或放弃表示意见。所以，实际上，ST保留意见已无存在的必要。1978年，审计责任委员会（由于主席名叫Manuel F.Cohen，故该委员会又叫Cohen委员会）正式提出取消ST保留意见的建议。该建议为AICPA接受，但被SEC拒绝。SEC认为，按类似于披露会计政策的方式，在财务报表中详细单独披露，这一建议属美国财务会计标准委员会（FASB）而非AICPA的职责。

于是，改革ST保留意见的行动在美国暂告一段落。有趣的是，加拿大会计师协会却对Cohen委员会的建议作出了积极的反应。1980年11月，该协会正式取消ST保留意见。

1982年3月，AICPA提出《评估未确定事项披露的适当性》(Evaluating the Adequacy of Disclosure of Matters Involving Uncertainty）公告草案，其中再次建议取消ST保留意见，终止ST保留意见的使用，而使用附有解释区段的无保留意见。

1988年4月，美国审计标准委员会公布了审计标准说明第58辑，对审计报告的种类作了重大修订。最引人注目的一项修订，就是废除审计标准说明第2辑对“鉴于”保留意见的规定，并要求审计人员在下述情况下应设立解释区段，发表无保留意见或拒绝发表意见[③]：

（1）一部分审计意见是根据其他审计人员的审计报告时；

（2）发现被审公司采用非正常发表的会计原则、可能误导投资者，而审计人员没有以此为根据时；

（3）在审计报告日存在未确定事项时；

（4）对被审计企业持续经营的能力产生重大疑问时；

（5）以公认会计原则为依据的重要会计处理与程序发生变更时；

（6）在比较财务报表的场合，如果要修订前期财务报表的审计意见；

（7）在省略 Regulation S-K 要求的财务数据时，或审计人员没有对这些数据进行审核时；

（8）在省略 FASB 要求的补充信息，或者在反映这些信息时明显背离 FASB 的指南；

（9）在已审财务报表中所包含的信息与财务报表的信息在重大问题上发生矛盾时；

（10）审计人员如果要强调有关财务报表的事项和问题，可以利用解释区段。

ST 保留意见的演进如表 4.10.1 所示。

表 4.10.1　ST 保留意见的兴衰

年度	公告或文件	主要内容
1962 年	SEC-ASR No.90，Certification of Income Statements	只允许“鉴于”保留意见向委员会报告
1962 年	SAP No.32，Qualifications and Disclaimers	区分 ST 和 EF 保留意见及其使用时机
1974 年	SAS No.2，Reports on Audited Financial Statement	宣布未确定事项并限制 ST 保留意见的使用
1975 年	FASB Statement No.5，Accounting for Contingencies	定义或有损失、或有利得和应有会计处理
1978 年	Report of the Commission on Auditors’Responsibilities	建议取消 ST 保留意见
1980 年	CIAC	加拿大会计职业界取消 ST 保留意见和中间段
1981 年	SAS No.34，The Auditor’s Considerations When a Question Arises About an Entity’s Continued Existence	举例说明 ST 保留意见及其中间段的使用
1982 年	ASBED，Evaluating the Adequacy of Disclosure of Matter Involving Uncertainty	建议取消 ST 保留意见，后因财务团体在公众会上极力反对而搁置
1988 年	SAS No.58，Reports on Audited Financial Statement	正式取消 ST 保留意见，改为附有解释段的无保留意见取而代之

资料来源：颜信辉：“鉴于”下台，“无保留”上——《会计》研究月刊，第 43 期，1989 年 4 月出版，第 34–35 页。

注释：

① David Himmelblau，Auditors' Certificates，The Ronald Press Co.，1927，pp.51–54.

② SEC，ASR No.7，May 16，1938.

③ Audit Report Modification S and Auditor Switches，Accounting ENquiries Volume 5 No.2. February 1996，p.175.

第十一章 审计发展的大趋势

关于未来，我们只敢肯定一件事情，这就是变革！

——R·H·蒙哥马利

审计的过去、现在与未来是在同一条河上发展着的审计之流。所以，在世界审计史上，揭示审计发展的趋势和未来，是不容忽视的重要一章。审计发展虽然历经嬗变，风雨沧桑，但万变不离其宗，人们总能从中看到审计发展的睿智与笨拙、深刻与肤浅、清新与偏颇、进步与后退，以及成功与失误。

研究历史，追忆过去，不是陷入怀旧和空想主义中去，而是为了从以前的得失中得到启示，以完善审计工作的现状、把握审计发展的规律和展望审计的未来。

我们从渺渺如烟海的审计发展史长河中，可以揭示出许多世界审计发展的大趋势。但在本章中，笔者将重点放在下列五个方面。

一、审计形态的多样化

审计因经济责任的产生而产生，也因经济责任的发展而发展。

从审计的起源至20世纪40年代，审计关系基本上是一种财务责任关系。也就是说，维系着委托者和受托者之间的，仅仅是会计或财务上的联系。所以，审计的目的，是通过检查受托者的会计资料，解除受托者的财务责任。这时的审计是传统意义上的财务审计。

第二次世界大战以后，无论是政府经济或民间经济均出现了与以前大不相同的变化。审计关系中的受托者所承担的经济责任大大地加重了。这时的经济责任不仅涉及财务或会计责任，而且涉及管理方面的责任。提高经济效益的迫切性，分散管理方式的推广，国内外市场竞争的加剧，都要求内部审计和民间审计从传统的以查错防弊为目的的财务审计，向审核各项管理机能和管理工作的经营审计和管理咨询发展；民主意识的提高，不仅要求取之于民的必须用之于民，而且要求必须经济有效地用之于民，因而人们要求审计部门对政府部门和公营企业使用国家资金的经济性、效率性和效果进行检查，提供有关各联邦政府机构管理绩效方面的信息。

可见，绩效审计、管理审计、三E审计、经营审计、管理咨询和效益审计是在传统的财务审计的基础上发展起来的，是经济责任强化的结果，是现代审计的最新成果。所以，目前，现代审计是财务审计和效益审计水乳交融整合生成的一种新质，不仅呈现出边缘交叉、多元重构的态势，而且正呈现出百花争艳的喜人景象。

世界审计发展历程如表4.11.1所示。

表4.11.1 世界审计发展一览表

时期	审计分支	类型	备注
古代	国家审计 内部审计	财务审计	单一审计形态
中世纪	国家审计 内部审计	财务审计	
近代	国家审计 内部审计 民间审计	财务审计	
现代	民间审计 内部审计 国家审计	财务审计 管理审计 三E审计 价值为本审计 综合审计 绩效审计 经营审计	多种审计形态

二、审计工作的国际化

进入20世纪70年代以后，国际贸易、跨国经营活动和国际资本流动以前所未有的规模和速度向前发展。经济交往的国际化不仅为审计学科增加了新课题、新视角和新前景，而且使审计信息的使用者认识到了了解各国不同的审计制度、审计方法和审计实务并促进国际协调化的必要性和紧迫性。

三大国际性审计组织在国家审计、民间审计和内部审计工作国际化方面发挥了最重要的作用。最高审计机关国际组织的宗旨是“经验分享，全球共惠”(Experientia Mutua Omnibus Prodest，Mutual Experience Benefits All)；国际内部审计师协会提出的宗旨是“经验分享，携手共进”(Progress through Sharing)。国际会计师联合会的目的是“用统一的标准来发展和加强会计职业的全球协作”。

国际会计师联合会（IFAC）正试图开发一套世界统一的审计标准；欧洲经济共同体正谋求协调其成员国之间的审计标准；跨国民间审计公司在提高审计标准质量和减少各国审计惯例的差异方面作出了积极的努力；最高审计机关国际组织和国际内部审计师协会在审计工作的国际化方面同样作了很大的努力。而且，《国外行贿法案》(*Foreign Corrupt Practices Act of* 1978）对世界范围内的内部审计人员和外部审计人员，均产生了重要的影响。其中，影响最大的还是国际会计师联合会。

世界正越来越小。聚集在审计旗帜下的人，均是兄弟姐妹。兄弟姐妹之间不仅应沟通成功的经验，而且应交流失误和教训；不仅应相互鼓励，携手共进，而且应相互竞争，力争上游。

三、审计工作的电算化

目前，一场发端于西方发达国家的新技术革命正在世界上蓬勃兴起。它来势猛烈，规模空前，气势磅礴，堪称人类历史近百年来所发生的前所未有的重大事件。它对人类社会的意义，完全可以说同火的发现一样重大，同蒸气机的发明一样深远。它的到来，预示着世界的明天，整个人类社会的面貌将因之而发生巨大的变化。

人类正在进入信息社会。在这样一个社会里，战略资源是信息。知识已成为首要产业，这种产业为经济提供了必要的和重要的生产资源。在高级技术的信息社会中，人们是利用脑力，而不是像工业时代工厂的工人那样从事体力劳动。因此，最艰巨的挑战在于人的训练。掌握电子计算机知识，已成为“当代教育必不可少的一项成果”。

随着电子计算机的广泛应用，越来越多的财务会计事项可由自动化数据处理。这种无书面记录的过渡一旦完成，审计人员必须开发新的审计程序，制定更为周密的审计计划，对无书面记录的经济业务进行审查。这种形势正在向审计领域渗透。所以，不仅在审计实务上，而且在审计理论上，电算化都已成为热门课题。电算化正促使审计人员的技术手段从手工操作向电子计算机转变。

《蒙哥马利审计学》(第 10 版）前言中指出[①]：

> 最近出现的一个变化是会计职业界内部竞争的不断加剧……这种竞争一方面降低了审计的收费，同时引起了审计人员对节约使用审计资源的极大关注。现在，人们将重点放在有效率的审计上，而本书正反映了这一重点。

提高审计效率，保证审计质量，这是社会对审计人员和审计组织愈来愈严格的要求。电子计算机的普及及其派生出来的各种手段，不仅有助于审计人员提高审计工作的效率和质量，而且对审计线索、审计方法、审计技术、审计实务、审计标准、审计人员、审计理论和审计事业的未来，产生了深远的影响。

至目前为止，计算机审计的发展大致经过了三个阶段，即绕过计算机审计阶段（auditing around the computer）、通过计算机审计阶段（auditing through the computer）和利用计算机审计阶段（auditing with the computer）[②]。

最初，计算机技术的引进，对审计方法、审计实务和审计理论的影响并不明显，但是，随着计算机信息系统在工商企业管理和政府行政管理中发挥的作用越来越大，审计行业不能再无动于衷、孰视无睹了。审计人员必须顺应历史潮流，迅速掌握电子数据处理审计技术。

美国俄亥俄州立大学安·贝里教授等在《公元2000年审计师的效能》一书中预言：未来的审计将会是数据库的审计，而不是那种由数据编制出来的原始的财务报表；未来的审计人员将把主要精力集中在编制、保存和确保数据库的程序上[③]。

四、社会审计的兴起

紧紧追随在经济效益审计之后，一种新的审计形态已经破土而出了，这就是社会审计。时间上，大约始自20世纪70年代；范围上，涉及政府和企业两方面的社会责任；力量上，虽然尚未聚合成一支专门的、规模浩大的队伍，但已初具声势，摆开了阵营。

中国著名审计学家杨时展教授曾指出：

在民主的启蒙时期，人民只要求取之于民的能有所限度，过此限度，人民有权拒绝。至于取之于民的如何花费，人民并不过问。随着社会的发展，民主意识的增长，人民逐渐要求一切取之于民的，必须用之于民，不按照人民意志来使用，人民就要求他负政治责任；随着社会的再进一步的发展，民主权力的再进一步增长，人民又进而要求，一切取之于民的，必须经济有效地用之于民。用于民而不经济，用于民而没有达到人民预期的效果，政府仍要负责。近20年以来，西方社会的生产力还在发展，民主的力量还在提高。污染、噪声、职工健康福利、妇女儿童保护、生态平衡的维护等，越来越引起广泛的关切和注意，人民又要求政府在受托责任中增加社会责任的内容，出现了社会审计。

这是对社会审计出现背景的精彩论述，它预示了审计事业未来的又一个侧面。

美国会计总署官员 E・B・齐塔茨在《21 世纪审计展望》一文在对未来进行预测时指出：随着社会会计将得到广泛运用，审计人员将会对下列三类问题进行社会审计：①发展某项事业的能源消耗对整个社会是否值得；②社区和工人的生活水平是否因某些事业的开发而得到改善；③某些行业的收益，包括他们生产的产品和劳务、提供的利润和工资，是否值得社会为在污染和消耗稀有资源等方面付出的代价④。

例如，美国会计总署的审计报告每天要公布两三份。这些报告对大量的专题进行了研究和分析，如毒品交易、载重汽车工业放松了管制、酸雨、接受供养者的社会保险福利、化学战争和公平保险法影响妇女保险费用估计的比较等。

时代愈发展，民主的力量愈强大，人们要求对政府社会经济责任进行监督的呼声就会愈强烈，因而国家审计将会愈来愈重要。在世界许多先进国家，社会审计在民主政治中的重要性正被越来越多的有识之士所关注。对这一国家审计发展的重大事件和即将到来的剧烈变动，作为国家审计师，不能在事前浑然不觉。

与此同时，各国实业界在经济高速度发展的冲击下，有关企业社会责任的问题也日益突出，于是，在民间同样出现了社会审计的新课题。

目前，世界正处于“信息经济”的时代。经济的高速发展，带来了前所未有的兴旺景象。但由于缺乏经验，相应地，也带来了一系列的社会问题。例如，空气、河流、海洋、田地等环境污染问题；沼气、臭气、辐射、电波等防害方面的问题；产业废弃物的处理措施问题；由于囤积居奇引起的物价上涨问题和就业人员的福利待遇等问题。

产业界正在重新认识企业的社会责任，深深感到倘若不认真地对待这些社会问题，不仅企业正常的生产活动难以维持，而且企业的生存也将会陷入危险的境地。

在传统的观念中，企业的社会责任主要有两个：一是尽可能地向消费者提供价廉物美的商品；二是向公司股东、投资者和债权人提供真实且公允的决算报告。然而，时代的发展和社会环境的变化，已不允许企业的社会责任仍然局限于这种狭隘的传统观念之中。

克拉克・阿伯特先生在《负有社会责任的公司的经营》(*Managing the Socially Responsible Coration*，1973）一书中，虽然没有论及社会审计的定义，但已涉及社会审计。在这本专著中，他列示了阿伯特公司的社会资产负债表和社会损益表。这些社会财务报表不仅在理论上是独创的、优秀的，而且能为专家以外的大众所理解，可以解释为是对社会审计的总结。

这都说明，社会审计已经展露锋芒，开始导引着现代审计的发展方向了。如何认识我们面临的这个挑战的意义、价值和它可能对我们产生的影响，从而制订相应的对策，是所有的审计工作者需要认真思考的一个重要问题。

五、国家审计的未来

纵观人类社会的政治发展过程，1640 年和 1980 年特别值得注意：1640 年暴发了英国资产阶级革命；1980 年成立了联邦德国绿党。这两大事件乃是政治史上值得大书特书的重要里程碑。

英国资产阶级革命推翻了英国封建专制制度，确立了资产阶级在英国的统治。这不仅是人类历史上资本主义对封建主义的第一次重大胜利，而且揭开了人类社会政治史上世界革命的序幕。从此以后，人类社会开始摆脱封建专制的黑暗统治，进入民主革命、民族解放的新时代。18 世纪下半叶，北美殖民地爆发了反英独立战争，法国发生了资产阶级大革命。18 世纪末 19 世纪初，拉丁美洲人民掀起了民族独立运动的高潮。20 世纪初，亚洲各国兴起了反帝反封建的民族民主革命的风暴。第二次世界大战以后，非洲民族独立蓬勃发展。作为这个民族革命、民族解放运动的成果，一个个独立国家相继崛起在各个大陆之上。到 1980 年为止，世界上共有 170 个独立的主权国家。这 170 个国家有史以来第一次将地球上几乎所有民族纳入了国家政治的管理之内。从此，大体上说，世界上以推翻封建统治或以民族独立为基本目标的民主革命、民族民主革命已基本完成，以暴力斗争、流血为主要特征的革命时代已基本结束，人类社会的政治发展进入一个新时代。

这是一个什么样的新时代呢？从传统国家政治的角度来说，政治民主化已从发达国家转向发展中国家，成为一股世界性潮流。不但非洲一些国家的军人政权在还政于民，许多社会主义国家也在酝酿政治体制改革，以完善社会主义民主政治。和平，成为当代世界的最强音。绿党的出现，将世界民主政治运动推向高潮。绿党是西方国家誉为“12 级绿色飓风”的绿色运动的产物，绿色运动是 20 世纪 70 年代开始在西方发达国家逐步形成的一种基础十分广泛的大规模群众运动。它包括生态运动、环保运动、反核运动、和平运动和女权运动等。联邦德国是绿色运动最发达的国家，1980 年 1 月，各个绿党组织联合建立了统一的全国性政党——绿党。这是第一个具有较完整理论体系的全国性绿党。“生态学”“社会责任感”“基层民主”和“非暴力”是联邦德国绿党的四项基本原则。绿党自称是“反政党的党”，其口号是“不左！不右！而是向前！”在 1983 年联邦议会选举中，绿党进入了联邦议会。目前，各国绿党正在酝酿成立绿党国际。绿色，是一种充满生机的颜色。它象征着希望，预示着美好的未来。绿色时代是人类历史上的一个崭新时代，其特征，在政治方面是国家政治的民主化，国际关系中的和平共处和保护生态环境；在经济方面是经济的信息化和全球化；在社会方面是技术在人类的控制之下发展。

综上所述，从社会政治的角度来看，人类社会经历了“三色”时代，如表 4.11.2 所示，即从漫长的封建专制、封建压迫的黑暗时代（即黑色时代），经过历时 300 多年（1640—1980 年）的流血的民主革命、民族解放的革命时代（即红色时代），发展到了以民主、和平和保护生态环境为特征的当今时代（即绿色时代），这是充满希望、令人信心满怀的新时代。

表 4.11.2 “三色理论”的要点

时代名称		黑色时代	红色时代	绿色时代
政治要素	时限	1640 年以前	1640—1980 年	1980 年以后
	特征	封建专建 封建压迫	民主革命 民族独立	民主政治 和平共处 保护环境

政治愈民主，经济愈发展，国家审计愈重要。这是国家审计发展的一条已为世界各国所公认的规律。在“黑色时代”，君王是最高主宰，是专制制度的象征，反对专制，就势必要反对皇帝，尊皇，也就意味着维护专制。这时，国家审计是一种向皇帝负责的机构，它伸张的是王权，压抑的是民权。进入“红色时代”以后，在反对专制制度的征途上，先后掀起过三次国家审计发展的浪潮。20 世纪前后英、美、法、德、苏的有益尝试，各先进国家的遥相呼应，第二次世界大战以后，许多社会主义和资本主义国家对审计制度的重建和改良，再到七八十年代第三世界陆续建立国家审计制度，国家审计现代化犹如一江春水，一浪高过一浪地奔腾向前。那时，基本上所有的民族和国家都在不同程度上被卷入了这一血与火时代的潮流中。他们提出或引进的国家审计思想和制度尽管色彩各异，有先进和落后之分，有粗疏和精致之别，有的采用立法模式，有的采用司法模式，有的采用行政模式，有的采用独立模式，但其出发点却是一致的，就是从经济监督的角度，限制君权，伸张民权，建立民主政治，将人类世界引向光明和进步。

走完了“黑色时代”和“红色时代”历程的人类社会，现在正走向“绿色时代”。在这个时代里，具有决定意义的，是在先进科学技术的基础上创造更多的物质财富来满足全人类的需求，同时保护人类赖以生存的生态环境。因此，“绿色时代”里的人类社会将是持续稳定发展的健全的社会。在这个世界各国齐声合唱民主政治的崭新时代，国家审计事业作为民主政治的重要链环，必定会迎来它的全盛时代。下列事实是值得重视的：1953 年，当第一届最高审计组织国际会议在古巴的哈瓦那召开时，出席会议的只有 34 个国家的代表；1977 年在利马召开第九届国际会议时，共有 95 个国家的最高审计组织一致通过了财务监督的指导性文献——《利马宣言》(*The Lima Declaration of Guidelines on Auditing Precepts*)；1989 年，出席在西柏林召开的最高审计机关国际组织第十三届大会的，达到 120 多个最高审计机关的代表。这不仅表明越来越多的国家审计机构已经认识到，定期在这个济济一堂的论坛上交流思想和观点，能够获得对它们的工作富有价值的意见和建议，而且表明进入绿色时代以后，国家审计机构的地位和作用已空前提高，引起了全世界的广泛兴趣。

注释：

①《蒙哥马利审计学》翻译组译：《蒙哥马利审计学》，中国商业出版社，1989 年版，第 2 页。

② 肖泽忠：《计算机审计》，中国商业出版社，1990 年版，第 6-7 页。

③ 邵伯岐译：《技术、竞争与审计的未来（上）》，《中国审计》，1989 年 12 期，第 42-43 页。

④ E・B・齐塔茨：《21 世纪审计展望》，《审计研究》，1986 年第 1 期，第 47-48 页。

附录　审计发展大事记

年份＼内容＼项目	大事记
1215 年	英国国王约翰签证《大宪章》
1256 年	法国国王圣路易颁布《伟大法令》
1314 年	英国任命了第一任国库审计长
1389 年	葡萄牙建立审核所
1515 年	马基雅弗利出版《君主论》
1531 年	马基雅弗利出版《罗马史论》
1540 年	挪威第一次对政府账目实施审计
1669 年	英国国王签订权力法案
1690 年	洛克出版《政府论》
1714 年	德国国家审计机构创立
1720 年	南海公司倒闭
1720 年	英国颁布《泡沫公司取缔法》
1748 年	孟德斯鸠出版《论法的精神》
1761 年	玛丽亚·特利萨创立会计署
1762 年	卢梭出版《社会契约论》
1785 年	英国成立审计委员会
1785 年	英国组建了五人审计委员会
1789 年	美国设置主计长、审计官、国库官和登记官位
1791 年	法国建立会计署
1807 年	法国正式通过法令，组建了审计法院
1808 年	波兰在华沙建立审计总局
1811 年	苏联建立国家会计检查总署
1814 年	挪威颁布第一部宪法，其中第 75 条款规定由议会任命五位审计官
1816 年	挪威任命第一批国家审计官
1818 年	贝内特在纽约创立美国最早的会计学校
1836 年	苏联建立国家监察部
1844 年	英国议会颁布《股份公司法》
1851 年	路易斯安那大学创立大学水平的商业学校
1853 年	爱丁堡特许会计师协会成立
1853 年	格拉斯哥会计师和保险统计师协会成立
1853 年	设立布赖恩特和斯特拉顿学校，是最早开设会计科目和有关学科的商业学校
1856 年	英国议会颁布《公司法》
1858 年	伊利诺伊州立大学为了培养管理人员讲授簿记内容
1861 年	英国议会在下院设立常设委员会
1861 年	德国制定《商法》

项目 内容 年份	大 事 记
1862 年	英国颁布《股份公司经营的法规》
1864 年	波兰成立高级审计院
1866 年	维齐和维齐会计师事务所创办
1866 年	英国议会通过了国库和审计部法案
1867 年	阿伯丁会计师协会成立
1867 年	英国成立了国库审计部
1869 年	日本在会计官之下设立监督司
1870 年	德国颁布《股份公司第一次修正法》
1870 年	利物浦会计师协会成立
1870 年	伦敦会计师协会成立
1871 年	曼彻斯特会计师协会成立
1872 年	英国会计师协会成立
1876 年	纳尔逊·谢泼德和库克会计师事务所创办
1877 年	谢菲尔德会计师协会成立
1878 年	格拉斯哥银行倒闭事件发生
1878 年	加拿大里查德·卡特赖特提出改革审计制度的议案
1880 年	蒙特利尔会计师协会成立
1880 年	日本取消检查局，在太政官内设立会计检查院
1880 年	苏格兰会计师协会成立
1880 年	英格兰·威尔士特许会计师协会成立
1881 年	宾夕法尼亚州立霍顿财经学校建立——美国最早在课程表中开设会计学的商业大学
1881 年	皮克斯利出版《审计人员》
1882 年	美国成立纽约会计师和簿记员协会
1883 年	安大略特许会计师协会成立
1883 年	巴罗·韦德和格思里会计师事务所创办
1883 年	詹姆斯·耶尔德会计师事务所创办
1885 年	财政官和会计师协会成立
1885 年	会计师和审计师协会成立
1885 年	南澳大利亚州会计师协会成立
1886 年	美国公共会计师协会成立
1886 年	纽约会计师和簿记员协会改名为会计师协会
1887 年	利兹地产建筑投资公司对谢泼德事件发生
1887 年	纽约州法律正式承认美国公共会计师协会
1888 年	爱尔兰特许会计师协会成立
1889 年	利对纽查特尔沥青公司案件发生
1889 年	日本公布会计检查院法
1890 年	德洛伊特·德弗和格里菲思会计师事务所创办
1890 年	国有银行创办德国信托公司

年份 \ 内容 \ 项目	大　事　记
1891 年	普赖斯·霍特豪斯会计师事务所创办
1891 年	苏格兰会计师公会成立
1892 年	迪克西出版《审计学》
1893 年	美国创建多克里·克雷科雷尔委员会
1893 年	芝加哥阿瑟·扬会计师事务所创办
1894 年	美国通过克雷科雷尔条例
1895 年	哈斯金斯和塞尔斯会计事务所创办
1895 年	伦敦大众银行案件发生
1895 年	荷兰会计师协会成立
1896 年	柏林设立柏林账簿审计人员协会
1896 年	美国纽约州制定《管理公共会计师职业的法案》
1897 年	全美注册会计师协会成立
1898 年	柏林账簿审计人员协会改称为德国账簿审计人员协会
1899 年	全美注册会计师协会与美国公共会计师协会合并
1899 年	美国第一次承认女性注册会计师
1902 年	加拿大第一次成立全国性的“特许会计师自治协会”
1902 年	美国公共会计师协会联合会正式成立
1903 年	美国注册会计师协会成立
1903 年	比利时最早的会计师协会成立
1904 年	第一届国际会计师会议召开
1904 年	伦敦会计师公会成立
1905 年	美国《会计杂志》创刊
1905 年	美国公共会计师协会联合会并入美国公共会计师协会
1905 年	中央会计师协会成立
1909 年	日本“日糖事件”爆发
1910 年	《德意志帝国监督法》正式生效
1911 年	《加拿大特许会计师》创刊
1912 年	北洋军阀政府宣布成立审计处，隶属于国务院
1912 年	巴黎会计师协会成立
1913 年	瑞士特许会计师协会成立
1914 年	北洋政府改审计处为审计院，隶属于大总统
1917 年	美国发表《统一会计》
1917 年	美利坚合众国会计师协会改名为美国会计师协会
1918 年	全俄苏维埃人民委员会通过法令关于中央监察委员会作为新的统一的国家监督系统
1919 年	奥地利颁布政府审计法，并设立最高审计法院
1919 年	成本和工厂会计师协会成立
1920 年	苏联共产党成立中央监察委员会
1920 年	苏联国家监察人民委员部改名为工农检查人民委员部

项目 内容 年份	大事记
1921年	哈定总统签字公布预算和会计法案
1921年	美国成立会计总署
1923年	苏联正式宣告合并中央监察委员会和工农检查人民委员部成立苏联人民监察委员会
1923年	墨西哥会计师协会成立
1925年	瑞士审计人员会议所成立
1926年	第二届国际会计师会议召开（阿姆斯特丹）
1927年	蒙特利尔会计师协会改名为魁北克特许会计师协会
1927年	法国制定《会计师法》
1927年	日本公布《计理士法》
1928年	中华民国国民政府成立审计院
1928年	中华民国国民政府设置五院，并改审计院为审计部，隶属于监察院
1928年	南京国民政府公布《审计院组织法》
1928年	澳大利亚特许会计师协会成立
1929年	AIA 发表《财务报表的验证》
1929年	第三届国际会计师会议召开（纽约）
1929年	菲律宾注册会计师协会成立
1930年	国际预算控制会议召开
1931年	雷克斯对凯尔桑特案件发生
1931年	德国修订《证券法》，实行强制审计制度
1932年	德国创建经济审计师协会
1932年	纽约证券交易所要求上市公司必须接受注册会计师的强制审计
1933年	刘易斯·卡曼在《美国会计师》第12期上，发表了第一篇专论审计抽样的论文《测试的功效》
1933年	美国颁布《证券法》
1933年	第四届国际会计师会议召开（伦敦）
1933年	英国要求城市必须接受特许会计师的强制审计
1934年	美国颁布《证券交易法》
1934年	AIA 发表《股份公司会计的审计》
1935年	SEC 开始公布《年度报告书》
1936年	AIA 发表《独立注册会计师对财务报表的检查》修订版
1938年	美国爆发麦克森·罗宾斯公司倒闭事件
1938年	第五届国际会计师会议召开（柏林）
1938年	AIA 发表《SHM 会计原则》，并设置会计程序委员会
1939年	美国会计师协会设立审计程序特别委员会
1939年	审计程序特别委员会发表审计程序说明第一辑《审计程序的扩展》
1940年	SEC 制定《财务报告准则 S—X》
1940年	帕顿和利特尔顿出版《公司会计准则导论》
1940年	日本设立计理士会，试图统一全国各地的计理士会

年份 \ 内容 \ 项目	大 事 记
1941 年	24 名有识之士联合倡导成立了《内部审计师协会》
1941 年	维克多・布瑞克出版第一部内部审计专著
1942 年	埃及建立了国家审计局
1942 年	法国成立专业会计师和注册会计师协会
1944 年	印度成立成本与工厂会计师协会
1945 年	美国国会颁布政府公司控制法案
1945 年	南非特许会计师协会合同协议会成立
1946 年	法国设立会计标准委员会
1947 年	内部审计师协会发表《内部审计师职责说明》
1947 年	日本公布现行宪法和会计检查院法
1947 年	审计程序委员会发表《审标准说明草案——其公认的意义和范围》
1948 年	阿瑟・肯特在《内部审计师》杂志上发表《经营审计》一文
1948 年	日本政府颁布了《注册会计师法》
1949 年	美国会计师协会出版《内部控制——调整组织的各种要素及其对管理当局和独立职业会计师的重要性》
1949 年	印度制定《特许会计师法》，并设立印度特许会计师协会
1949 年	日本成立公认会计师协会（JICPA）
1949 年	南北美会计师联合会（IAA）成立
1950 年	德国联邦审计法院成立
1950 年	美国国会颁布预算和会计程序法
1950 年	日本公布审计标准和审计实施标准
1950 年	加拿大制定《公共会计师法》
1951 年	捷克斯洛伐克成立国家监察部
1951 年	特许会计师自治协会改名为“加拿大会计师协会”（CICPA）
1951 年	苏格兰特许会计师协会成立
1951 年	欧洲会计师联盟（UEC）成立
1951 年	南非制定《公共会计师和审计司法》
1952 年	第六届国际会计师会议召开（伦敦）
1952 年	美国开始实行 CPA 统一考试
1952 年	澳大利亚会计师协会成立
1953 年	美国注册会计师协会会长设置管理咨询服务委员会
1954 年	费拉德瑞克・敏茨在《内部审计师》杂志第 7 期上发表第一篇以“经营审计”为题的技术性论文
1954 年	美国会计师协会发表了《公认审计标准——其意义和范围》
1954 年	韩国成立韩国计理士协会
1954 年	AIA 分别设立 EDP 委员会和管理咨询委员会
1955 年	CICA 发表《加拿大的财务报表》
1956 年	AIA 发表《注册会计师的教育标准与经验》

年份 \ 内容 \ 项目	大 事 记
1957 年	美国注册会计师协会（AICPA）成立
1957 年	第七届国际会计师会议召开（阿姆斯特丹）
1957 年	第一届亚太会计师会议召开
1958 年	匈牙利成立中央人民监察委员会
1958 年	韩国分别制定《企业会计准则》和《财务报表规则》
1958 年	马来西亚注册会计师协会成立
1959 年	南斯拉夫颁布《社会簿记条例》
1959 年	AICPA 分别设置会计原则审议会和会计研究调查部
1960 年	NACA 改称为全国会计师协会（NAA）
1961 年	德国公布经济审计师法
1961 年	美国会计学会出版莫茨和夏拉夫的《审计理论结构》
1961 年	坦桑尼亚颁布了国库和审计条例
1961 年	UEC 出版《会计用语词典》(五国语言对照）
1962 年	保加利亚党和国家监察委员会成立
1962 年	第八届国际会计师会议召开（纽约）
1963 年	南斯拉夫成立社会簿记局
1963 年	AICPA 发表《审计准则与审计程序》
1964 年	会计审计师会公布《审计业务规则》
1964 年	科威特组建科威特审计局
1964 年	内部审计师协会出版布雷德福·卡德默斯会长编著的工具书《经营审计手册》
1964 年	法国专业会计师和特许会计师协会设立会计准则委员会
1965 年	澳大利亚两大会计师协会共同设立会计研究基金会
1966 年	韩国制定《注册会计师法》，韩国计理士协会改称为韩国注册会计师协会
1966 年	法国制定《商事公司法》
1966 年	英国、美国、加拿大设立会计师国际研究小组（AISG）
1967 年	经济审计师协会公布《审计实施原则》
1967 年	第九届国际会计师会议召开（巴黎），并设立了国际业务运营机构（IWP）
1967 年	法国成立决算审计师协会
1968 年	内部审计师协会公布了第一个道德规范
1970 年	经济审计师协会公布《审计报告原则》
1970 年	EC 发表《欧洲公司法》(草案）
1970 年	英国六大会计师协会设立会计准则制定委员会（ASC）
1972 年	会计总署出版《政府机构、计划项目、活动和职能的审计标准》
1972 年	美国会计学会基本审计概念委员会出版《基本审计概念说明》
1972 年	美国注册会计师协会出版了审计程序说明第 54 辑《审计人员对内部控制的研究与评价》
1972 年	第十届国际会计师会议召开（悉尼）
1972 年	巴西制定独立会计审计师制度
1973 年	劳伦斯·索耶博士编著的《现代内部审计实务》出版

项目 内容 年份	大事记
1973 年	罗马尼亚新建最高财政监督院
1974 年	澳大利亚审计界颁布了以美国审计标准说明为基础的审计标准修订报告
1975 年	UEC 发表《职业伦理意见书第 1 辑——独立性》
1975 年	AICPA 出版《三十个国家的会计师业务》
1976 年	波兰颁布最高监察院法
1976 年	亚太会计师联盟（CAPA）成立
1976 年	联合国成立关于会计与财务报告国际准则的专家小组
1977 年	国际内部审计师协会颁布《内部审计专业实践标准》
1977 年	加拿大议会通过《审计长法》
1977 年	美国颁布《国外行贿法案》
1977 年	第十一届国际会计师会议召开（慕尼黑）
1977 年	国际会计师联合会（IFAC）成立
1977 年	法国实行社会资产负债表制度化
1977 年	新加坡会计师协会发表《标准会计准则说明书》第一辑
1977 年	联合国出版《跨国企业会计与报告的国际标准》
1978 年	加拿大亚当斯报告发表
1978 年	美国注册会计师协会设立经营和管理审计特别委员会
1978 年	尚德尔教授出版《审计理论——评价、调查和判断》
1978 年	AICPA 大幅修订职业伦理规则
1980 年	波兰颁布新宪法和新最高监察院法
1981 年	韩国公布有关股份公司外部审计的法令
1981 年	日本公认会计师协会发表《审计手册》
1981 年	法语圈专业会计师国际联盟（FIDEF）成立
1982 年	美国注册会计师协会出版《经营审计约定》
1982 年	第十二届国际会计师会议召开（墨西哥）
1982 年	西非地域会计师联合会（ABWA）成立
1982 年	联合国发表《国际会计报告准则》
1983 年	英国通过《国家审计法》
1984 年	英国国库和审计部改名为国家审计署
1984 年	联合国在墨西哥城举行“关于公共会计和审计的专家小组会议”
1985 年	德国颁布《联邦审计法院法》
1990 年	匈牙利国家审计署成立
1990 年	立陶宛成立国家监察局
1992 年	阿尔巴尼亚国家监察局成立
1992 年	捷克国家监察部和斯洛伐克最高审计署分别成立
1995 年	爱沙尼亚成立国家审计署

致 谢

笔者在编写和修订本书的过程中，曾得到许多中外朋友的帮助。在本书修订版的出版之际，谨向他们致以谢意。这些人是：

——中南财经大学杨时展教授和郭道扬教授，北京商学院张以宽教授，原审计署审计科学研究所杨树滋教授、蒋志方所长、邢俊芳副所长、徐玉棣高级审计师、胡安民、王抒琴处长和姚世忠先生，中国人民大学王德升教授和阎金锷教授，上海财经大学汤云为教授，财政部余秉坚、冯淑萍、高一斌先生，前中国注册会计师协会原秘书长丁平准先生，中国审计出版社原社长邵伯岐先生和刘海彬先生，审计署李锐弟、马怀平、刘占林等领导和项俊波、刘海宇先生，南京审计学院程能润教授，北京大学陈颖源教授，林志军教授，中南财经大学曹大宽教授，原暨南大学经济学院张杰明副院长，原天津财经学院副院长张立民博士、王光远教授、黄世忠教授、陈箭深博士、李若山教授和曲晓辉教授，中山大学魏明海教授，首都经贸大学傅磊教授，北京图书馆赵维屏先生，四通公司周一民先生，财政部财政杂志社蒋华先生，原北京审计科研所贾丛民所长。

——特别感谢张为国教授、蔡春教授在本书申报国家出版基金过程中给予推荐。

——难忘用友集团董事长王文京先生、原副总裁苏启强先生和吴铁先生。在会计改革的动荡岁月里，我们相互间的理解与合作，成为本人心中最激情的回忆。

——台湾管理会计学会会长李宏健先生，淡江大学蔡信夫教授，东吴大学马君梅教授和黄崇谦讲师，逢甲大学陈苍和教授和龚百魁教授，台湾大学蔡扬宗博士，原《会计研究月刊》主编谢淑惠小姐，勤业会计师事务所创办人宋作楠老先生，安候协和会计师事务所吴国风会计师。尤其感谢众信联合会计师事务所正副所长赖崇庆会计师和林柄沧会计师，他们不仅寄来了大量的关于台湾民间审计发展历史的论文，而且热情寄来了林会计师编写的《会计之战》和《会计之战》(续)。

——美国阿拉巴马大学 Paul Garner 教授，美国审计总署《政府审计国际杂志》主编 Donald R.Drach 先生，内部审计职业元老 Victor Brink 博士，内部审计师协会《今日内部审计师》杂志主编 Lisa M.Krist，肯特大学工商管理学院 Richard E.Brown 教授，美国会计史学家协会前主席 Gary J.Previts 教授，加利福尼亚大学 Micheal Chatfield 教授，密西西比大学 Dale Flesher 教授。

——日本名古屋商科大学津谷原弘教授，会计检查院田中先生和酒勾宣昭先生，国际东亚研究中心王效平博士。

——英国肯特大学坎特伯雷管理学院 John Glynn 教授，苏格兰大学会计系 Sidney Gray 教授。

——澳大利亚迪金大学管理学院 Robert Gibson 教授，莱特拉伯大学 Thomas Sing Chiu Lau 先生。

——法国审计法院院长 Andre Chandernagor。

——西德审计法院 A.Mennicken 博士和 Egbert Kaltenbach。

——菲律宾审计委员会原审计长、现任财政行政基金会会长 Francisco S.Tantuico 先生。

——挪威审计长公署审计长 Peter Furbery 先生。

——葡萄牙审计法院审计长 Antonio De Sousa 博士。

——荷兰审计法院 Saskia J.Stuiveling 先生和 Van der Zanden 先生。

没有这些人从各方面提供的帮助，笔者是不可能在世界审计史这门从未有人耕耘过的学科上有所作为的。当然，对于本书中出现的各种错误，全由笔者一人负责。

记得德国著名诗人歌德 1827 年 4 月 11 日在与爱克曼谈话时，就莱辛的美学专著《拉奥孔·绘画与诗的界限》中关于真理的论述，说过这样一句话：

你说得对。莱辛自己有一次就说过，假如上帝把真理交给他，他会谢绝这份礼，宁愿自己费力去把它找到。

言里话间，对莱辛敢于放弃舍赐，亲自寻求真理的魄力，深感敬佩。

著名的科学家丹尼尔·罗宾逊也有一段绝妙的论述：

一般认为，科学体系的最终目的是借助科学的力量去改善人类的生活条件，以达到丰富人类文明和照亮人的有限生命的目的。然而，激励诚实的科学家的真正动力是一种寻求真理的强烈愿望。没有任何东西比绝不盲从和一往直前的精神更能激励真正的科学家去探索与揭示每一事物的真正面目了。

笔者绝不是浅薄无知，狂妄比附，将自己与先贤们相提并论。我只是想说明，我在本书中所作的努力，充其量只是在寻找真理，探索世界审计发展的历史面目。

走自己的路，让别人去说吧！

文　硕

1990 年 3 月初稿

2018 年 6 月修订